HR

HUMAN RESOURCE MANAGEMENT

人力资源管理译丛

心理学与人力资源管理

（第7版）

Applied Psychology in Human Resource Management (Seventh Edition)

韦恩·卡西欧（Wayne F. Cascio）
赫尔曼·阿吉斯（Herman Aguinis） 著
孙健敏　穆桂斌　黄小勇　译
孙健敏　校

中国人民大学出版社
·北京·

译者序

本书的英文名称为 Applied Psychology in Human Resource Management，直接翻译过来应该是“人力资源管理中的应用心理学”。为了适应中文的表达习惯，最终选择了现在的中文书名。

从书名不难看出，本书把应用心理学与人力资源管理结合起来讨论。对于大多数人来说，这是两个不同的领域。正如作者在前言中所提到的，这是一本跨学科导向的著作。之所以说跨学科，是因为从概念和学科分类讲，应用心理学属于心理学科，课程一般设置在心理学院（系）；而人力资源管理属于管理学科，课程一般设置在管理学院或者商学院。需要强调的是，人力资源管理中的大多数问题都离不开心理学，或者说就是心理学原理的应用：从招聘技术到培训方法，从人员测评到绩效考核，主要内容都可以划归心理学或者应用心理学的范畴。于是，从心理学的角度分析人力资源管理问题，就有了一个独特的领域——人事心理学（personnel psychology)。人事心理学从心理学的角度研究组织管理中人的问题，致力于提高组织效率，同时使人在工作场所更加满意。人事心理学是工业与组织心理学的一个分支，尽管这个名词并不十分流行，但是作为一个单独的研究或学习领域，确实有其合理之处，在一定程度上比“人事管理学”具有更丰富的内涵和更靠谱的内容。不过，随着人力资源管理概念的流行，很多人事心理学的东西被吸收到人力资源管理教材中，人事心理学也就成了“灰姑娘”。人力资源管理肯定比人事心理学涵盖的内容宽泛，角度也不完全相同。劳动法、薪酬管理、员工关系等课题都不属于人事心理学的范畴，招聘录用、测评、绩效评估、培训开发等才是正宗的人事心理学的内容。目前国际上有两本以人事心理学为名的英文期刊：一本是美国的 *Personnel Psychology*，属于管理学和应用心理学领域的顶级期刊之一；一本是德国的 *Journal of Personnel Psychology*，属于社会科学引文索引（SSCI）国际期刊。

本书的两位作者都是应用心理学和人力资源管理领域的顶级学者。韦恩·卡西欧（Wayne F. Cascio）是美国科罗拉多大学管理学和应用心理学教授，国际著名应用心理学家，早年的学术研究为他日后的实践服务提供了坚实的理论基础。赫尔曼·阿吉斯（Herman Aguinis）则是后起之秀、一位多产学者，尤其在研究方法方面有很高的造诣。国内读者对他的《绩效管理》（第 3 版）（中国人民大学出版社 2013 年出版）应该并不陌生。两个重量级的学者联袂，把这样一本比较独特的教材编写得既严谨又可读，既具有学术风格又体现教材的共性。具体来说，本书呈现以下特点：

第一，是一本研究型教材。书中介绍的几乎所有原理、概念、技术、方法、工具都有学术研究的证据支持，这些证据大多选自一流学术期刊。正如作者所言，他们从21种权威期刊中精选了800多篇文章，在整合这些研究成果的基础上，作者在第7版中增加了很多全新的内容。

第二，理论与方法密切结合。对于任何方法的陈述，作者都从为什么的角度对其有效性进行了充分的解释，有时是从多个不同的角度或方面提供证据，令人心服口服。

第三，原理与工具并重。人力资源管理不仅需要方法，而且需要工具，面试、人格测验、绩效评价表等工具的设计，需要坚实的理论作为支撑。国内的一些实践者往往过于关注工具或方法，而忽视背后的逻辑或原理。这是一个误区。本书可以为大家提供比较完善、严谨的信息，既介绍工具及其使用指南，又介绍设计原理，使读者不仅知其然，而且知其所以然。

第四，适度。本书在介绍研究过程和研究成果时非常适度，既没有过于学术化，使得实践领域的人望而却步，又能说清楚研究过程，使得没有研究背景或对学术研究不感兴趣的人也能感受到严谨逻辑之魅力，甚至产生跃跃欲试的念头。

第五，完全反映最前沿的成果。诚如作者所言，他们想成为“引领潮流的教材”。无论是从学术研究的角度看，还是从组织管理实践的角度看，我都认为他们做到了！尽管有些概念和技术对于非专业人士来说可能有点陌生，例如效度概化、统计检验力等，但了解并熟悉这些概念和技术，对于提高实践技能、完善研究思路是十分有益的。

我相信，本书的出版对于应用心理学和人力资源管理两个专业的师生，以及组织管理的实践者尤其是人力资源管理专业人员，都是一件大喜事。大家一定会从阅读本书中收获满满。

本书的翻译历时很长，具体工作繁重。幸亏有我曾经的弟子、现在河北大学教育学院穆桂斌教授的相助，以及自由潇洒的黄小勇的全力参与，使得本书最终得以出版。先后参与本书初稿翻译的还有李原、徐贯英、张彤、李培凯、杨夕瑾、邢璐、汪佳等，在此一并致谢！

翻译也是创造，纰漏在所难免，敬请读者指正。

孙健敏

前　言

在准备《心理学与人力资源管理》（第7版）的过程中，我们通读了5 881篇期刊文章，并从21种权威期刊中精选了826篇。全书共删去174个注释，新增546个，涉及许多主流出版物。因此，与第6版相比，本书的篇幅增加了6.8%。第7版主要的调整有两处：第一，每章均新增了一个专栏——“对实践的明确启示”；第二，对部分章节的顺序进行了调整。

与之前6版一样，《心理学与人力资源管理》（第7版）也是一本跨学科导向、研究型的教材。我们所探讨的主题依然是人事心理学——心理学研究和理论在组织人力资源管理中的应用。作为心理学的一个应用领域，人事心理学致力于提高组织的效率，使其成为更令人满意的工作场所。

人事心理学是心理学和人力资源管理的交叉学科。它是人力资源管理的一个分支，但是不包括如下主题：劳动法、薪酬福利、员工安全、劳动关系等。此外，它也是工业与组织心理学——研究工作环境中人的行为的一门学科——的一个分支。如今，随着工业与组织心理学在多个方向上迅猛发展，人力资源管理似乎已经成为工业与组织心理学家所关注的众多领域中的一个重要领域。

和前6版的做法一样，《心理学与人力资源管理》（第7版）中加入了一些纯理论性、统计学和心理测量学等方面的重要内容。毫无疑问，一些读者会就上述内容对本书提出批评，他们认为“现实社会中，很多事情的处理方式并不是这样的”。这其中或许有些误解，其实我们也承认本书中的某些技术目前仅为极少数组织所用。但是，现实情况是，在之前版本中许多当时被视为“远离现实”的技术现在却成为“主流”，例如，效度概化、统计检验力分析、情境访谈等。虽然其中一些内容是以传统方式呈现的，但我们仍有意将本教材设计成具有前瞻性的、引领潮流的教材，引入统计学、心理测量学和心理学理论的内容。我们相信，归根结底，没有什么比一个好理论更加实用。

在撰写本书时，我们假定读者具备以下两个条件：（1）熟悉人力资源管理、工业与组织心理学所涉及的一般问题；（2）具备初级统计学的背景知识——至少可以理解统计过程的概念，较好地计算统计显著性，解释统计显著性的检验结果。与之前的版本一样，我们致力于：（1）推进该领域向前发展，而不是仅仅证明现有实践的合理性；（2）提出一个专业人员应该关注的模型；（3）提供科学程序和基础理论，以便为那些认真的学生今后积累大量的知识打下坚实的基础。

我们的总目标是，把心理学理论的工具和方法结合起来，帮助学生或者专业人员有效地将理论转化为实践。我们深深地意识到，在我们生活和工作的这个复杂、动态的环境中，科学和技术的发展比以往任何时候都要快。因此，要想避免陷入 Armer（1970）所说的“保罗定律”（Paul Pxinciple）陷阱——每过一段时间，人们就好像变得十分缺乏知识，无法再像以前那样得心应手地完成工作，我们必须终身学习。如果本书能体现出这一宗旨，人力资源这一专业领域必将获得极大的丰富。

本书的前 6 版在许多院校的心理学系、商业及专业院校中引起了积极的反响。尽管如此，为了反映人事心理学这门学科的发展现状，第 7 版仍有必要将各个领域的最新观点和研究发现涵盖其中。我们努力做到这一点，这在第 7 版中的直接体现就是增加了许多全新的参考文献。

非常感谢在本书完成过程中我们的家人所提供的精神支持和鼓励。对我们来说，他们的关爱和投入在困难时是雪中送炭，在欢乐时是锦上添花。

目　录

第1章 组织、工作和应用心理学

概 览

组织无处不在——企业、医院、政党、政府和非政府组织、社会团体、教会、童子军、少年棒球联盟，这只是其中几个例子。每个组织都有自己一套特定的目标，而为了有效地运转，每个组织都必须把自己的整体目标分解为各种不同的工作。不同的工作具有不同的要求。与此类似，不同的人在态度、能力、兴趣以及其他许多维度上也是不同的。面对工作以及人员的这种显著差异，能够高效利用人力资源的各种方案就显得至关重要。

随着信息时代的不断发展，对于员工而言，就业保障（employment security，即拥有雇主愿意在劳动力市场上为其支付薪水的技能）已经变得比工作保障（job security，即个体在同一个组织中工作直到退休的信念）更加重要。因此，对于组织及其员工而言，员工培训和开发活动将成为最优先的事项。社会上的人口变化将会使招募和安置员工成为许多组织的关键考虑事项。随着员工队伍的构成不断发生变化，员工多元化将成为一个重要的主题。

在一个自由的社会里，每个人都享有基本的、不可剥夺的权利来竞争自己能够胜任的任何工作。在这个基本假设的引导下，我们将思考应用心理学如何为更聪明、更人性化地使用人力资源作出贡献。如果当前的技术指标、社会指标和经济指标能够预测未来的重要事项，那么应用心理学必将在21世纪的工作世界中扮演日益重要的角色。

1.1 组织的普遍性

纵观整个人生历程，我们每个人都会密切接触到这种或那种形式的组织。正常来说，一个孩子会接触到学校、教会或宗教组织，某个少年棒球联盟或者童子军组织，以及当地社区中的社会组织。在离开学校组织后，这个年轻人可能会选择加入某个军事组织、商业组织或者政府组织。而随着其职业生涯的不断发展，这个人很可能还会经历几个不同的组织。显而易见，我们的日常生活与这种或那种形式的组织成员资格是密不可分的。

是哪些共同特征把这些不同的活动统一到“组织”这个集体标签下？这并不是一个容易回答的问题。人们已经对组织提出了多种不同的定义，而每种定义都反映了提出者的背景、理论观点以及提出者所认为的重要事项和/或相关事项。不过，有些特定的基本要素共存于这些定义之中。

一般来说，组织是为了实现某个共同目的并按照劳动分工原则在一起工作的人所形成的集合体（Hitt，Miller，& Collela，2009）。另一个有用的定义则把组织视为由投入、过程和产出构成的系统。投入（原材料）从外部环境进入组织，然后被转化或改变（例如，每天都有成吨的钢材被浇铸成汽车车体），并最终作为产出（成品）进入或返回外部环境。虽然组织拥有多种投入（能源、原材料、信息等），但人员是所有组织的基本要素，而社会关系则是将组织中的人员联系到一起的牢固纽带（见图1—1）。

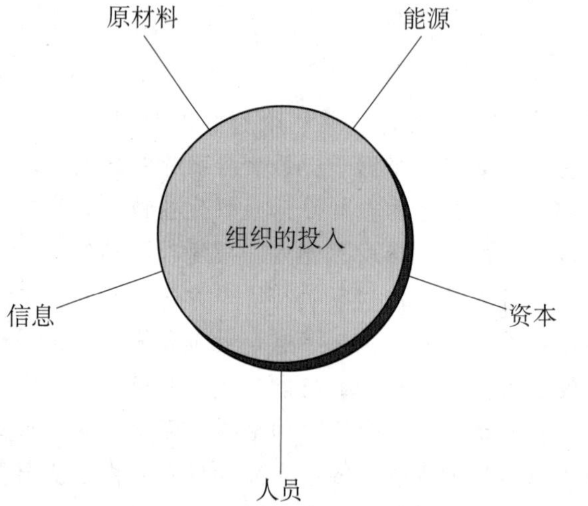

图1—1　组织的投入

本书将人员作为组织的成员和资源来考察，并且考察应用心理学能够作出什么贡献来帮助组织最聪明、最人性化地使用人力资源。作为应用心理学的一个分支，人事心理学（personnel psychology）关注不同个体在行为和工作绩效方面的差异，以及用来测量和预测这些差异的方法。在本章接下来的几节中，我们将考察这些差异的一些来源。

1.1.1　工作差异

在考察工作世界时，人们立刻就会对组织已经制造出来和正在努力制造的千百万种产品和服务充满敬畏之情。这些产品和服务的种类繁多，从有形产品（例如，食品、汽车、塑料、纸张、纺织品和玻璃制品）的制造到无形服务（例如，法律咨询、医疗、教育、安保和消防）的提供。成千上万种工作是我们工作世界的一部分，而这些工作对任务和人员的要求也是截然不同的。一方面，工作以及工作要求存在如此显著的差异；另一方面，个体在价值观、抱负、兴趣及能力方面也同样存在显著差异，因此，能够高效利用人力资源的各种方案就显得至关重要。

1.1.2　绩效差异

人员代表着企业的重要投资——当我们考虑为组织中的所有岗位招募、选拔、安置和培训员工所需花费的成本时，马上就会明白这一点。但是心理学的首要定律就是：人与人是不同的。人们在身高、体重以及其他生理维度方面存在差异，在态度、能力、人格、兴趣以及其他心理维度方面同样存在差异。而且，人们在愿意和能够投入多少努力和资源来实现组织目标方面也是大相径庭的。

观察正在从事同一种工作的一群人，我们很快就会发现，其中有些人比另外一些人更加有效。例如，我们观察一组做橱柜的木匠，就会注意到有些木匠的工作速度更快，在工作中犯的错误更少，而且似乎更享受自己的工作。这些观察提出了心理学感兴趣的一个问题：为什么会这样？也就是说，是哪些“人员差异”导致了这些“劳动差异”？劳动效果方面的这些差异也许源于这些人的能力差异。有些木匠可能更强壮，拥有更锐利的观察力，动作协调性更好。产生这些差异的另一个原因可能是这些人的动机。在不同时点上，推动个体去完成某个既定任务或实现某个特定目标的力量强度可能是截然不同的。换句话说，个体在从事任务或工作时的绩效差异可能源于能力差异，或者动机差异，或者兼而有之。这对个人才能在社会中的最优利用具有明显的启示意义。

1.1.3　一种乌托邦理想

在一种理想化的状态下，我们的目标应该是：评估每个个体的态度、能力、人格和兴趣，描绘这些特征，然后将所有个体安置在最适合他们和整个社会的工作岗位上。这样，每个个体将最大限度、最大可能地发挥自己的才能，从而在总体上使整个社会最大化地利用自己这种最宝贵的资源。

遗憾的是，实践远远落后于这种理想情况。个人能力与组织角色之间存在大量不匹配现象（从总体来看，这两者常常也是不匹配的），即便是对那些最不经意的观察者来说也是极其明显的——由于缺少专业工作岗位，历史学博士在开出租车；充满热情、干劲十足、聪颖过人的年轻人被安置在单调乏味、例行公事、毫无前途的工作岗位上。

1.1.4　观点

在对事项进行陈述时，作出直截了当的基本假设是有必要的。以下假设影响了本书内容的陈述：

1. 在一个自由的社会中，每个个体，不论其族裔、年龄、性别、宗教信仰、国籍、残疾与否或者其他特征，都享有基本的、不可剥夺的权利来竞争自己能够胜任的任何工作。

2. 社会能够而且应当提供更好的条件，以便最聪明、最人性化地使用自己的人力资源。

3. 在人力资源领域工作的个体，以及负责制定雇佣决策的管理者，必须尽可能多地掌握专业技能和信息，因为他们的决策会显著影响个体的生活和人生历程。人事心理学具有相当大的潜力来改进组织中的人力资源管理水平。该学科最近取得的一些进展已经使人们意识到了这一点。下面，我们将首先描述什么是人事心理学，然后考察其中几项进展的本质。

1.2 对人事心理学的考察

人总是作为被试接受心理学家的调查，而人在工作中的行为则是工业与组织心理学的特别研究主题。然而，科学研究中的学科以及学科分支在很大程度上并不是由它们的研究主题，而是由它们询问的问题来区分的。社会心理学家和工程心理学家都致力于对人的研究。工程心理学家关注工具、机器、工作空间和信息系统设计以及工作环境中的人性化因素。社会心理学家则主要研究权力和影响、态度变化、群体中的沟通、个体和群体的社会行为。

人事心理学是工业与组织心理学的一个分支。它是一个应用学科，聚焦于不同个体在行为和工作绩效方面的差异，以及用来测量和预测这些差异的方法。人事心理学感兴趣的一些主要领域包括：岗位分析和岗位评估；招募、筛选和选拔；培训和开发；绩效管理。

人事心理学也是心理学与人力资源管理之间的交叉领域。人力资源管理关注为实现个体目标和组织目标而对员工安置、保留、开发、调整和变换等环节的管理（Cascio，2010）。作为人力资源管理的一个分支，人事心理学排除了诸如劳动和薪酬法律、组织理论、工业医学、集体谈判以及员工福利等主题。心理学家已经为人力资源管理领域作出了显著贡献；实际上，诸如动机、领导、员工安置等研究领域中的绝大多数实证知识都来源于他们的成果。在过去10年中，市场、技术、组织设计、管理者与员工的各自角色已经发生了显著变化，这再次激起了人们对人事心理学的重视和兴趣（Cascio，2003a；2008）。本章接下来将更加具体地逐一考察这些变化。图1—2展示了这些内容。

1.2.1 产品与服务市场的持续变化性

全球化是21世纪经济生活的一个鲜明特征，它指的是无国界的商业，以及不同地区商业运营之间的相互依赖。的确，在资本、商品及劳动力（与前两者相比，程度有所逊色，但正在日益提高）的流动无比顺畅的当今世界中，全球化正在给全世界数十亿人口带来诸多重大变革，其中既有积极的变革，也有消极的变革。随着7×24（每周7天，每天24小时，永不停歇）文化在社会中的日益风行，各个领域（从即时库存到纳米科技）的变革速度正在不断加快。产品与服务市场确实已经变得全球化了。

为了适应全球化，有些公司会考虑外包。简柏特（Genpact）、埃森哲（Ac-

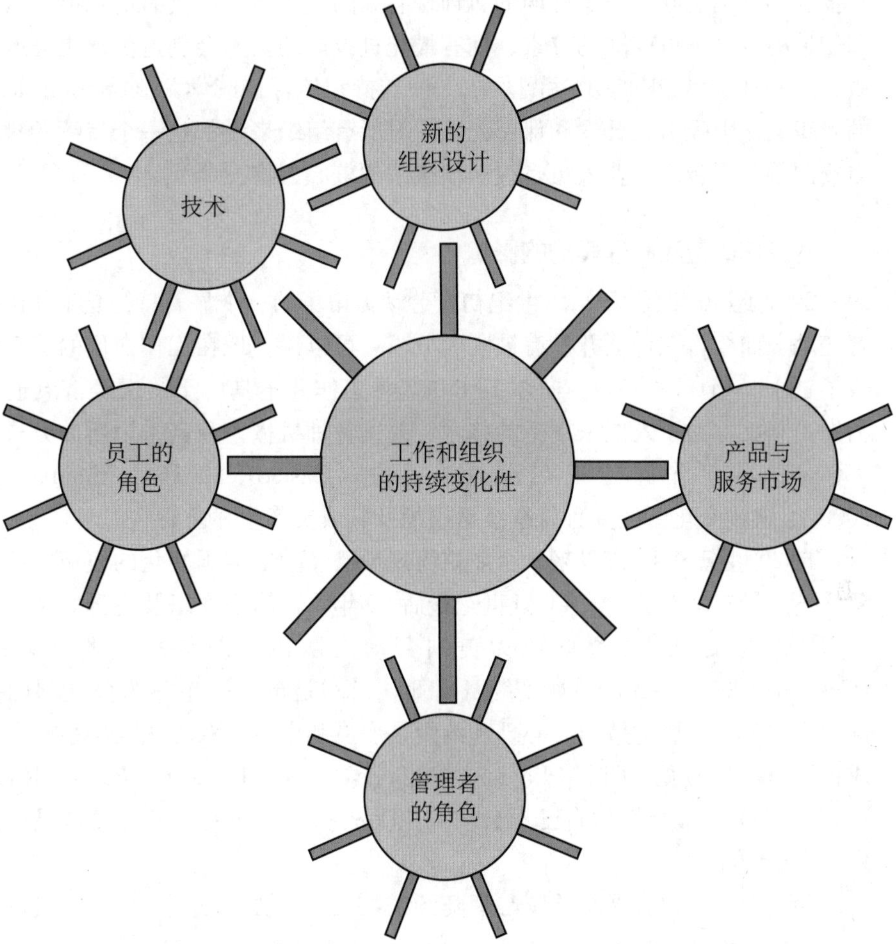

图 1—2　工作和组织的持续变化性

centure)、IBM 服务部门（IBM Services）或者其他许多大型外包公司派遣自己的团队进驻客户公司，帮助它们细致解剖某个部门——例如，人力资源部、财务部或者信息技术（IT）部——的工作流程。这些团队将帮助客户公司建立一个新的 IT 平台、重新设计所有工作流程并实施有关方案，充当客户公司的一个虚拟部门。这些外包公司的员工网络遍及全球，从美国到亚洲，再到东欧（Engardio，2006)，这样的结构变革产生了意义深远的影响，这些影响有利于全球经济，但对美国员工来说意味着更频繁的职业变更。

与这种背景相悖的是，日益严重的种族冲突和地区紧张局势，以及日益频繁的恐怖主义威胁，都进一步增加了地域冲突的可能性。尽管如此，世界各国经济的相互依赖性仍将进一步增强。通过规模空前的合并和收购，全球性的企业将不断出现。这些“巨无霸”企业将实现很高程度的规模经济，并且在全球范围内为产品、资本和劳动力而展开竞争。于是，商品价格会下降，而且消费者拥有比以前更多的选择余地（Bhagwati，2007)。

不过，要想提供世界级的产品和服务，需要的不仅仅是贸易协定、技术、资本投资和基础设施。一支称职的、训练有素的员工队伍所具有的技能、聪明才智和创造力也是不可或缺的要素。拥有最先进技能的员工会创造价值更高的产品和服务，并且获得最丰厚的薪酬。在一种支持和培育持续学习（ongoing learning）的组织文化中吸引、开发和保留人才，对所有组织来说都是一个持续的挑战。人力资源管理领域的专业人员是应对该挑战的核心人物。

对工作岗位和心理契约的影响

20世纪90年代以及21世纪初，劳动力市场的一个显著特征是工作岗位的显著变动。如今，该特征并没有被削弱分毫。可以说，现在工作岗位的变动速度更快了（Schwartz，2009）。白领工作和蓝领工作并不是由于某次经济衰退而临时消失；相反，由于人们采用新的技术，改进各种机械，并且采用新的方式来组织工作，这些工作岗位正在永久地消失（Cascio，2003b；Friedman，2005，2008）。这些变化已经并且将继续对组织及其成员产生显著影响。

自20世纪80年代以来，企业精简规模已经融入美国文化的血液。但这种现象并不是最初就有的。直到20世纪最后20年，精简规模以及终身雇佣这种“心理契约”的丧失，才逐渐成为美国劳动力队伍以及许多企业文化的特征（Cascio，1993b，2002）。所谓终身雇佣，指的是员工一生只为公共部门或私人部门中的某一位雇主效力。心理契约则是雇员和雇主对双方相互关系的期望所达成的一种非书面协议（Payne，Culbertson，& Boswell，2008；Rousseau，1995）。例如，雇员期望自己不会被雇主无故解雇，而雇主期望雇员最大限度地发挥自己的能力。

稳定性和可预测性是传统心理契约的特征。例如，20世纪70年代，每位员工在其职业生涯中平均只从事3～4份工作。变化和不确定性则是新型心理契约的特征。很快，每位员工在其职业生涯中将从事7～10份工作。跳槽已不再像以前那样被认为是一种污点。实际上，大规模的员工精减已经使得工作变动成为常态，而不是异常情况。这使得按照新型心理契约行事的员工期望缔结更加临时性的雇佣关系。公司的父爱主义已经让位给员工的自力更生，这导致了员工满意度、承诺感和留职意愿的下降，使得员工认为组织不再像以前那样诚实、值得信任和关心其成员（Lester，Kickul，Bergmann，& De Meuse，2003；Osterman，2009）。实际上，我们对努力工作、忠诚以及管理（作为一门职业）所持有的看法很可能不再是以前那样。

1.2.2 技术对组织及其成员的影响

数以百万计的员工每天都使用联网的计算机，以及数字化时代的其他各种产品，例如手机、数字化辅助设备和电子邮件。数字化设备是无边界的，因此，如果你拥有数字化的工具，那么物理距离就不再是问题（Grove，2003）。数字化革命打破了各部门之间的藩篱，促进了海量信息的共享，为忙碌的员工创造了“虚拟办公室”，瓦解了产品开发周期，并且改变了组织服务其顾客、联系其员工及供应商的方式（King，2008）。为了在一个变化无常、变革速度日益加快的世界中取得成功和兴旺发达，企业需要动力十足、拥有高超技术技能，并且愿意接受持续培训的员工。

不过，新技术也存在阴暗面：员工可能会深陷大量垃圾邮件的包围；公司的电脑网络可能会受到黑客的攻击，他们能给组织的正常运转造成灾难性的影响；而且，员工的隐私权可能会被侵犯。据一项研究估计，海量的垃圾邮件每年给公司造成的损失高达平均每个员工874美元（Baker，2003）。与其他新事物一样，新技术带来了积极的效果，也带来了消极的效果，这是必须承认的。

不过，我们在这里要提出一个告诫。它涉及一个非常普遍的假设——由于生产和服务过程已经变得更加尖端和精密，因而高科技能够取代管理员工队伍所使用的技能。人们一定要谨防这个“逻辑陷阱”。恰恰相反，正如Lawler & O'Toole（2006，p. 35）指出的那样：“需要极其称职的员工……来创造和提供复杂的、对本组织在全球经济中获得成功至关重要的服务和产品……（组织）需要开发有效的制度和实践来吸引、保留和培养技能高超、训练有素、才华出众的管理者……（因为）我们正处于人力资本时代的前夜。”因此，理想的情况是，在鼓励员工做出决策的组织中，技术将帮助员工制定决策（Ansberry，2003b）。不过，如同本章下一小节所阐述的那样，未来的组织将与过去的组织显著不同。

1.2.3　组织结构与设计的变化

有许多因素正在推动组织发生变化，其中最为重要的因素是互联网技术的崛起。就像蒸汽机和流水线一样，网络已经成为具有革命性成果的一大进步，而其中绝大多数成果我们现在还只是刚刚开始感受到。网络向组织中的每位成员——从最底层的员工到最顶层的董事会主席——赋予了随时随地获得海量信息的能力。现在，创意在全球传播并不需要几个月或几年时间，而是眨眼间就能实现。这意味着21世纪的组织必须适应通过网络进行的管理。毫无疑问，它们将持续不断地变化，而不是稳定不变；它们将围绕网络而非僵化的层级结构来进行组织；它们必须依靠不断变化的伙伴关系和联盟，而非自给自足；它们必须立足于技术优势，而非砖头和水泥（Cascio，2010）。21世纪的组织是全球导向的，并且重点强调速度。它们的特征可以用“虚拟”“无边界”和“灵活性”等词语来描述，而且不会对员工或管理者提供确切的承诺。

这种组织方法不是一种短期流行的时尚。事实上，组织正变得越来越精干，组织成员则通过获得更好的培训而成为“多面手”——对企业中的许多职能领域都很精通的人员。未来的组织将摆脱只精通一个领域的“专才”或涉猎甚广但样样都不精通的“通才”，转而依靠受过交叉培训的多面手来完成任务。管理者就是这样的一个群体，他们的角色正在发生显著变化。

1.2.4 管理者不断变化的角色

在曾经构成绝大多数官僚组织的传统层级结构中，规则很简单。管理者受控于上级的指令（本质上是单向沟通），使用严格的控制来确保各种零碎的任务（组合成明确界定的工作）能够有效地协调，并把信息分割、传达给各部分——部门、小组以及职能领域。信息就是权力（过去是，现在仍然是），至少在某些情况下，管理者通过掌握信息来把持权力。这种组织方法——逻辑命令、控制和部门化（3C）逻辑——适合实现三个目标：稳定性、可预测性和效率。

在当今这种竞争激烈、历经改造的工作环境中，专制的、自上而下的命令—控制型方法已不能适应许多组织正面临的竞争环境。为了生存，组织必须能够快速应对不断变化的市场状况。在这样一种环境中，所有管理者（尤其是最高层管理者）的一项关键任务是清晰、明确地阐述一个愿景：自己的组织致力于什么，正在设法实现什么目标，以及如何在市场上开展竞争。管理者必须能够解释和传达组织如何创造价值。下一步则是把这个价值创造故事融入每一项工作任务，包括对员工的知识和行为的重要意义，并且将这个故事作为标尺来评价长期的进步。

越来越多的组织如今意识到，为了实现自己的愿景，它们需要强调工作场所的民主化。这包括打破藩篱，共享信息，采用协作的方法来解决问题，以及引导员工致力于持续学习和改进。对许多管理者来说，根据3C逻辑来设计和构建的组织是不需要这些技能的。

这是否意味着我们正在迈向一种关于组织效力和领导效力的普适模型？几乎不可能。路径—目标理论（House & Mitchell，1974）、规范决策理论（Vroom & Yetton，1973）、最难共事者权变理论（Fiedler，1967）等各种领导权变理论都认为，专制风格适用于某些特定情境。近年来，许多组织（例如，杜邦公司和皇家壳牌石油公司）已经制定了正式的信息共享和在职教育方案，以削弱或消除适合专制型领导风格的一项重要条件：员工缺乏必要的信息或知识来作出有意义的建议或决策。与以往相比，当今组织的网络化、相互依赖性以及文化多元化往往更需要变革型领导（Avolio et al.，2003；Bass & Riggio，2006）。能够改变下属，使他们充分发挥创造性、想象力和最大努力的领导者需要具备娴熟的人际技巧，这建立在对组织中人的行为（充分）理解的基础上。这种战略型领导在不稳定和不确定的环境中表现得尤其有效率（Colbert，Kristof-Brown，Bradley，& Barrick，2008；Waldman et al.，2001）。工业与组织心理学家恰好能够帮助管理者开发这样的技能。

此外，尽管还不是非常普遍，但许多工作（包括制造产品、提供服务或制定决策）如今是通过团队来完成的。团队（team）是一个完整的、可识别的社会系统（即便是小型的或临时的系统），其成员在从事工作时有权管理他们自己的工作任务和人际关系。这样的团队被冠以各种各样的名称——自治型工作群体、项目团队、自我管理型工作团队等。所有这些都意味着管理者的工作已经完全不同于以往。

在这样的环境中，员工扮演的角色更像管理者，而管理者扮演的角色则更像员工。“控制者”“规划者”和“监管者”等管理角色正在被“教练”“协助者”和“导师”等角色取代（Srivastava，Bartol，& Locke，2006；Wellins，Byham，& Wilson，1991）。要完成这种转型并不容易，需要良好的人际技能和持续的学习，以及一种支持和鼓励这两者的组织文化。

更扁平的组织结构也意味着管理者的数量变少了。获得授权的员工将成为这些组织的一个鲜明特征。

1.2.5　获得授权的员工——并非转瞬即逝的时尚

很明显，我们如今正处在一次革命——工作革命——当中。变化并不仅仅来自那些高科技行业享有盛誉的大公司，也早已渗透到那些普普通通、技术含量低的工作中。举例来说，我们可以考察位于俄亥俄州辛辛那提市的辛塔斯公司（Cintas Corporation）（见专栏1—1）。该公司为北美一些顶级公司的员工提供工作服（Cintas Corporation，2009；Henkoff，1994；Siehl & Hessell，1999）。

专栏1—1

实践中的人力资源管理——辛塔斯公司

该公司并非仅仅雇人驾驶卡车、收集脏衣服并配送干净、整洁的工作服。相反，它提出的“客服代表”概念涵盖更多内容。这些代表是微型创业家，他们设计自己的行车路线，管理自己的账目，并且在很大程度上决定自己的薪酬水平。

该公司将员工薪酬几乎完全与对顾客满意度的测量挂钩。在你任上失去一名顾客，你的薪水就会减少。客服代表的薪酬几乎是该行业平均水平的2倍。实际上，该公司很少失去顾客；顾客年流失率不到1%。该公司的员工也很少辞职；离职率低至7%。在很大程度上，这是因为该公司花费了相当多的时间和精力来选拔员工——他们对自己的工作感到自豪，并且非常麻利和开朗。该公司的员工共涵盖46种不同的族裔群体，而且公司文化立足于信任、合作以及很高的道德标准。

该公司是世界上最大的公司制服供应商，其客户数量超过80万。此外，该公司还提供各种各样的商务解决方案，包括设备、文件管理以及消防服务。2009年，该公司被《财富》杂志评为“全球最受尊敬的公司”之一。该公司首席执行官斯科特·法尔默（Scott Farmer）说道：“作为一家公司，我们取得的成就体现了员工所实现的成就，他们被视为本公司的合伙人，在各个领域都代表着本公司。我们所做的一切都聚焦于首要目标：我们将超越顾客的期望，以使本公司的股东和工作伙伴的长期利益最大化。”

该公司的表现如何？销售额和利润额连续39年保持增长。作为强有力的组织文化的一种体现，该公司在过去10年中与员工分享了超过1.76亿美元的红利。

21世纪的组织，无论规模大小，其结构、设计以及人口统计学特征都截然不同于10年前的组织。从人口统计学特征来看，当今组织的多元化程度要高得多。它们在自己的各个级别上都吸纳了更多的女性；员工来自更多的种族和文化类型；拥有老年员工；拥有更多的残疾员工；拥有机器人；拥有灵活就业员工。父爱主义已经过时；取而代之的是员工的自力更生。如今，组织始终存在这种压力：用更少（资源）完成更多（任务）；而且，它们总是在强调员工授权、交叉培训、个体灵活性、自我管理型工作团队以及持续学习。当今的员工必须能够适应不断变化的环境，并准备从事多种职业。工业与组织心理学家正在帮助以前的、如今的以及将来的员工了解这些新的现实情况。我们在未来会看到，这些心理学家有望在这方面做更多工作。不过，我们还是先来考察一些组织对这些新的现实情况做出的应对。

1.2.6 对组织及其成员的意义

这些发展趋势对组织进行商业竞争的方式有何意义？在当今世界，几乎每一种能够对生产产品或提供服务产生影响的因素——资本、设备、技术以及信息——都是全球经济舞台上的每一位选手均可以获得的，唯独一个国家的劳动力队伍难以越过国境线。如今，一个国家的劳动力队伍是该国在全球市场上开展竞争并赢得胜利的关键决定因素。

人力资源只要满足以下三个基本要求，就能够成为可持续竞争优势的源泉：(1) 他们能够为生产产品或提供服务的过程增加实际的经济利益；(2) 劳动力所具有的技能与竞争对手的技能有显著区别（例如，通过学校教育和在职学习来实现）；(3) 这些技能无法轻易复制（Barney，1991）。人力资源系统（用来吸引、开发和保留人力资源的一套相关程序）既可能增强这种潜在的竞争优势，也可能破坏它（Lado & Wilson，1994）。

也许，著名物理学家爱因斯坦的一句话能够最好地体现本书的立场。在1942年完成第一次原子反应后，爱因斯坦评论说："除了我们的思维方式，一切都变了。"（Workplace，1993，p. 2.）总的来说，随着工业与组织心理学，尤其是人事心理学迈入21世纪，我们面临的最大挑战将会是改变我们对组织及其成员的观点和看法。本书接下来的内容将有助于你做到这一点。

这些发展趋势增强了组织对综合培训政策的需求。这样的政策将员工培训的重点放在组织3～5年后的需求上。这里有个例子：埃森哲公司让400名最有前途的管理者参加一项特别的领导力开发计划。这些管理者被划分成一些小群体，群体成员来自爱尔兰、中国、比利时、菲律宾等国家，他们精通的职能领域各不相同，如金融、营销或者技术。在长达10个月的时间内，这些群体在全球许多国家碰头并召开会议。作为该计划的一部分，这些管理者会挑选一个项目——例如，开发一个新网页——并且学会如何利用公司遍及全球的人才库来完成该项目（Engardio，2007）。综合培训政策并不是可以轻松实现的，可能需要花费几年时间来使其完全融入组织。

对员工而言，这样的政策特别有价值，因为工作保障对员工的重要性已经不如就业保障。社会人口的变化正在使员工招募和安置成为许多组织的最优先事项。随着员工队伍的构成发生变化，多元化成为工作场所中的一个重要主题。例如，如今一半以上的美国劳动人口是由少数族裔、移民和女性构成的。土生土长的男性白人，虽然仍旧占据主导地位，但从统计学角度来说已经成为少数族裔。曾经所谓的主流如今几乎如同整个社会一样变得多元化。简而言之，一支多元化的员工队伍并不是某个公司应当具有的特征，而是所有公司现在或者很快就将具有的特征。

除了人口变化，工作的本质及其对员工和社会的影响也在发生根本性的变化。以下这些潜在的问题可能会浮出水面（Colvin，2003；Engardio，2007；Howard，1995）：

- **工作无保障**：持续不断的裁员；服务行业熟练工作（例如，金融分析员、软件设计员以及报税员）的“离岸外包”。
- **不确定性**：持续的变化，多重隶属关系，无法预测未来。
- **压力**：苛刻的要求，冗长的工作时间，心力交瘁，工作与生活之间缺乏清晰的界限，全球竞争。
- **社会冲突**：两极化社会，人们在基于能力的机会方面存在显著差异，低技能劳动者缺少足够的工作。

另一方面，工作能够提供以下补偿：

- **挑战**：有无数的机会来拓展、开发和提升技能，以及保持兴趣。
- **创造性**：有机会表现自己，创造新颖的方案来解决新出现的问题。
- **灵活性**：个性化的职业以及个体—组织合同，个性化的时间和空间安排，多种职业。
- **控制**：获得授权，负责制定决策和掌控自己的人生。
- **互动**：全球沟通和“虚拟联系”，群体和团队协作，消除孤立。

未来的工作世界将不适合胆小者、不可靠者以及低技能劳动者。对于那些敢于迎接挑战、责任心强并且勇于冒险的人来说，安全感将来自他们紧紧抓住机会去适应和开发新的能力（Gunz & Peiperl，2007；Hall & Mirvis，1995）。如今，组织比以往更加需要能力出众、在许多领域接受过广泛培训的人力资源专业人员。

1.3　本书的计划

本书后面的内容将更加深入地考察当代人事心理学的一些重要主题。每章都将勾勒所考察主题的本质，考察以往的实践活动和研究成果，描述当前的重要事项和程序，并且在必要时指出未来的发展趋势和研究方向。

第2～4章的目标是为读者提供一种战略，用以审视雇佣决策过程，以及理解那些与决策结果评估有关的问题。第2章将提出一个综合模型，它把人事心理学的主要领域视为一系列按秩序进行、相互依赖的决策。此外，该模型将为本书其余内容提供一种结构，而且提供一种理论框架来考察人职匹配的复杂过程。

在第3章，我们将重点关注人事心理学领域最持久、最重要的问题之一，即制定和应用合适的绩效标准。对标准的全面理解和把握是至关重要的，因为标准与人力资源管理的其他所有领域（尤其是绩效管理）都密切相关。

在第4章，我们将考察当前与绩效管理过程有关的方法、事项和问题。绩效评估是绩效管理过程的一项关键要素。绩效管理的目标是在个体或团队的层面上改进日常绩效。

在本书第一部分的内容中，我们还将介绍实用测量中的基本概念。测量是所有雇佣决策的基础。第5章和第6章将考察人事心理学的核心内容：个体差异的测量和验证。在对各种物理测量和心理测量进行比较之后，我们将考察好的测量必须具备的条件（信度和效度），以及现实世界对各种测量程序的解读和评估。作为本书第一部分的最后一章，第7章将致力于考察雇佣决策的公平性问题。总之，第2～7章将为读者更全面地理解和领悟本书剩余章节的主题奠定良好的基础。

为了使雇佣决策更加有效，关于岗位、工作和人力资源规划的信息是至关重要的。这也是第8章和第9章的主旨。在第8章，我们将考察岗位分析（对要被完成的工作、所必需的技能和培训的研究）。岗位分析是所有雇佣决策的试金石。在第9章，我们将考察一个新兴领域：人力资源规划。人力资源规划系统的目标是预测组织未来的人员需求和要求，并且在对现有员工进行盘点的基础上制定各种行动方案（例如，通过招募、培训以及职业路径规划）来为未来的工作岗位准备合适人选。这一章的重点是将当前的人力资源规划理论与实践联系起来。

第10～13章的内容与员工安置有关——尤其是员工招募和选拔。在第10章，我们将考察招募理论和实践方面的内容，既强调传统的招募战略，也强调基于网络的招募战略。第11章和第12章则将考察选拔方法。第11章将尤其关注非测验技巧，例如求职者简历和雇佣面试。第12章将重点关注对管理人员的选拔。第13章将诠释前面3章的内容如何融入组织制定选拔决策的各种战略之中。

第14章和第15章将重点考察如何设计、实施和评估个体和团队（包括虚拟团队）的培训和开发活动。鉴于组织及其成员必须在动态的商业环境中持续开发和提升技能，这些主题已经在人力资源管理中引起特别关注。我们在考察这些主题时持有这样一种信念：无论是管理人员还是非管理人员，他们都具有丰富的潜能来帮助提高生产力，但这些潜能有待进一步挖掘。

本书最后一部分是第16章和第17章。第16章“应用心理学的国际维度”，体现了全球化所扮演的日益重要的角色。全球化更多地意味着与其他文化（而不是本文化内部）的接触和交流。人事心理学可以为此作出很大贡献，从在早期阶段就识别员工在全球管理方面的潜力，到外籍员工的选拔、培训、开发和管理。

最后，第17章将阐述人力资源管理中的许多组织责任和伦理问题。公司丑闻，其中包括安然、西门子、世通以及泰科的丑闻，已经引起公众对各种组织（无论其规模大小）所出现的道德危机予以广泛关注（Byrne，2002；Crawford & Esterl，2007；Dougherty，2008）。虽然许多道德问题并不是可以轻易解决的，但是要想取得真正的进展，公众对它们的讨论是绝对必要的。而且，人力资源部门是有道德的政策的主要来源。

对实践的明确启示

组织无处不在，但是长期以来，我们对组织的看法已经发生显著变化。请思考其中的几种变化。

- 如今，产品和服务市场是全球化、不间断运营的（24×7×365）。基于互联网的新型组织“天生就是全球化的”，而全球每个地区的劳动力市场也在为获得外国直接投资而彼此展开竞争。结果是：许多公司的员工遍及全球。
- 技术（尤其是数字化和互联网）等影响因素已经改变了无数人的工作和私人生活。
- 鉴于过去几年中全球范围内出现的大规模裁员，传统心理契约的稳定性和可预测性已经让位给不确定性、变化以及自力更生。
- 在团队中工作的能力比以往更加重要，但工作团队的成员可能分布在全球的不同地方。多元化已经融入全球所有工作场所的血液中，为了繁荣发展，组织需要实现信息共享、宽容以及对不同文化的理解和领悟。

讨论题

1. 对绝大多数员工来说，就业保障为何比工作保障更重要？
2. 全球化的产品和服务市场如何影响组织及其员工？
3. 鉴于过去10年间出现的大规模裁员，员工和组织对彼此的看法已经发生了哪些变化？
4. 信息技术怎样改变了管理者和员工的角色？
5. 工作的持续变化性会带来哪些潜在的问题和机遇？

第2章 人、决策以及系统方法

概览

个体和组织经常需要从各种行动方案中进行选择，当从中选择某个方案而不是其他方案时，他们就制定了决策。由于不同的方案往往意味着不同的成本，因而决策者需要采用一些原则来帮助自己选择最有益或者最有利可图的方案。通过促使决策者综合考虑所有备选方案的成本、效果及预期损益，效用理论提供了这类工具。

在对决策的结果进行预测时，必须考虑该决策对整个组织的影响，因而需要一种整合的框架来提供一种广阔的宏观视角。开放系统理论就是这样一种方法。组织是开放的系统，从外部环境中获取投入（能源和信息），将这些投入转化为产出（产品和服务），并最终将它们输送回外部环境中，而外部环境则对这整个过程提供反馈。人事心理学当前所关注的主要领域也可被视为一个开放系统模型。根据该模型，岗位分析和岗位评估、人力资源规划、招募、初步筛选、选拔、培训、绩效管理以及组织出口可以视为一系列有序的、相互依存的决策，而反馈环则将该过程中的所有阶段连接起来。于是，决策者就能够根据备选方案对整个系统的影响来评估该方案的成本、效果及预期损益。

2.1 效用理论：一种思维方式

决策，还是决策——应该雇用哪些求职者？谁应该获得晋升？应该为研发投入多少经费？个体或组织时刻都需要从各种行动方案中进行选择，这时就需要制定决策。对管理者和人力资源专业人员来说，他们每天的工作中都会出现这样的决策问题。录用，淘汰，或者将求职者列入备选名单，这些决策是雇佣过程的独特结果，但是决策者如何制定合理的、最终将使受影响的个体或组织获得成功的决策？决策者需要采用一些原则来帮助自己从各种产品、投资、工作、课程等内容中做出最有益或者最有利可图的选择。本章的目标不是对决策理论或效用理论

（参见 Boudreau，1991；Cabrera & Raju，2001；Cascio & Boudreau，2008；Cronbach & Gleser，1965）展开详细、复杂的数学阐述，而仅仅是激发读者对一种有争议的思维方式的兴趣和领悟。

效用理论非常具有吸引力，因为它坚持认为决策的成本和预期结果应当纳入考虑范围（Boudreau & Ramstad，2003；Cascio & Boundreau，2008）。它促使决策者明确自己所追求的目标，并预测各种备选行动方案的预期结果。它的终极目标是提高决策质量；要实现这个目标，最佳方法是找出雇佣实践与组织实现战略目标的能力之间的关联。例如，一家职业橄榄球队的管理层必须在每年的大学顶级球员选秀中制定一些人事决策。在挑选新秀时，体型和速度是两项普遍的选拔标准；当前能力和未来潜力是另外两项常用的选拔标准。任何情况下，决策者在真正制定决策之前必须明确自己的总体目标，然后根据组织的战略目标来设法预测各种备选方案的预期结果。

令人稍感欣慰的是，所有的雇佣决策过程都具有相同的特征（Cronbach & Gleser，1965）。首先，会针对某个个体来制定一项决策。根据该个体的一些特定信息（例如，能力倾向测验结果或者体检结果），决策者可以相应地制定各种不同的备选方案。让我们来看一个简单的例子。一名新员工被招募到一家电器公司的某个特定岗位上之后，可能会被分配到三个培训班中的一个。A 班适合对电器相对熟悉的快速学习者。B 班适合已经基本掌握电器知识的较慢学习者。C 班适合那些不具备任何电器知识的人员（例如，长期失业人员）或者技能严重过时以至于需要进行补习才能够进入 B 班的人员。

该公司对每个新员工都实施了能力倾向测验，然后根据某种策略或规则来处理这些测验信息，以制定决策。例如，假设能力倾向测验的满分是 100 分，那么决策者可能会选择如下策略：

测验成绩	分配
90～100 分	A 班
70～89 分	B 班
低于 70 分	C 班

在任何情况下，都会有一些策略优于其他策略。可以根据决策的可能结果（损益）来评估策略的优劣。虽然有时很难用定量数值来表示结果，但是在生意场上这并不是什么大问题，因为很多结果都可以从经济角度（美元）来表示。一旦做到这一点，对具体决策或一般策略进行比较就成为可能，如同 Cronbach & Gleser（1965）指出的那样：

> 决策理论或效用理论的独特之处在于：它通过引入损益矩阵或把标准转换为效用单位（utility unit），详细阐述了评估过程。于是，价值的大小被直截了当地表示出来，并且公开接受评判。与那些引入了价值评估却常常忽略价值评估的体系相比，这是效用理论的长处，而非缺陷（p. 121）。

在刚才的例子中，决策者可以根据新员工的能力和经验把他们分配到不同的培训班。不过，另一种替代方法是把所有新员工放到同一个培训班中，无论他们的能力或经验如何。在从这些策略中进行选择之前，我们先依据一些可能的结果来比较这些策略。

如果根据新员工的学习速度而将他们分配到不同的培训班，那么培训方案的总成本将会增加，因为管理这些不同的培训班需要额外的教师和设施。不过，这些增加的成本很可能会被获得有效培训的新员工的百分比提高弥补。因此，我们假设策略1（不同的培训班）的总培训成本为8万美元，而获得有效培训的新员工比例为75%。与之相对，策略2（单个培训班）所需的总成本相对较低，但获得有效培训的新员工比例也较低。因此，假设策略2的总培训成本为6.5万美元，有50%的新员工将获得有效培训。于是，我们可以比较这两种策略的损益情况：

	总培训成本（美元）	获得有效培训的新员工比例（%）
策略1（不同的培训班）	80 000	75
策略2（单个培训班）	65 000	50
策略2总损益	+15 000	−25

乍一看，策略2显得更有成本效益。然而，除了使获得有效培训的新员工比例下降25%，该策略还具有一些隐形成本。在以相同的速度培训所有新员工时，学习速度较快的受训者将受到不利影响，因为这样的培训对他们而言不具有足够的挑战性。而学习速度较慢的受训者也会受到不利影响，因为这样的培训速度对他们而言是难以应付的。此外，该公司也会受到不利影响，因为学习速度较快的受训者可能会认为，培训过程缺乏挑战性代表着在该公司从事全职工作也同样缺乏挑战性，于是从该公司离职（从而增加招募和选拔成本）。

总之，通过促使决策者明确界定自己的目标，列出决策的预期结果或可能后果，并为其赋予不同的效用或价值，效用理论为决策者制定决策提供了一种框架。这种方法颇具优势，因为所制定的决策很可能是基于合理的推理和有意识的预测。如同我们将在第8～15章中看到的那样，效用理论是对工业与组织心理学家或人力资源专业人员特别有用的一种工具。另一种非常有用的工具是系统分析，它能够促使决策者根据多种原因和效果来进行思考。

2.1.1 作为系统的组织

近年来，人们越来越关注“系统”这个概念，并且运用“系统思考”来构造和解决复杂的科技问题。这种方法与社会科学的关系尤其密切，而且为组织理论和管理实践提供了一种整合的框架。

什么是系统？有一种观点认为，系统是由相互关联的部分构成的集合体，这些部分通过某种设计而得以联合，以实现一个或多个目标。系统分析的目标是充分意识到管理职能执行过程中的各种变量，从而使决策者能够根据决策对组织及其目标的总体影响来制定决策。这些决策不仅要考虑组织本身，还要考虑组织在其中运营的更大系统（例如，行业、环境）（Whitten & Bentley，2006）。古典的管理理论把组织视为封闭或者自给自足的系统，系统中出现的某个问题可以分解为若干组成部分并加以解决。这种把组织视为封闭系统的方法主要关注组织的内部运营（也就是说，在组织的边界内），往往忽视组织的外部环境。

这种方法在几个方面受到批判。如果只是关注公司内部的情况，那么管理层在应对市场需求时会变得迟钝。IBM 就是这样的一个例子。进入 20 世纪 90 年代后，IBM 低估了个人电脑和工作站的普及程度。它认为企业更倾向于大型计算机，而国内外的其他电脑制造商通过“克隆”IBM 个人电脑所研发出来的产品不会占据多少市场份额。这种错误判断给该公司带来了灾难性的后果，导致它损失了巨额资产以及裁员超过 10 万人。幸运的是，该公司扭转了糟糕的局面，并最终存活下来（Garr，2000）。很显然，这种把组织视为封闭系统的方法并不能准确描述组织的现实情况。与此相反，系统的观点则要求管理者对来自多个方面和环境的投入进行整合，并且协调好各种要素的关系。

因此，现代的组织观认为，组织是开放的系统，与各种动态、为组织持续提供各种投入（以人员、资本、原材料、信息等各种形式）的环境发生持续互动，将这些投入转化为产出，并且输送回原先的各种环境中，从而被客户或顾客消费（见图 2—1）。

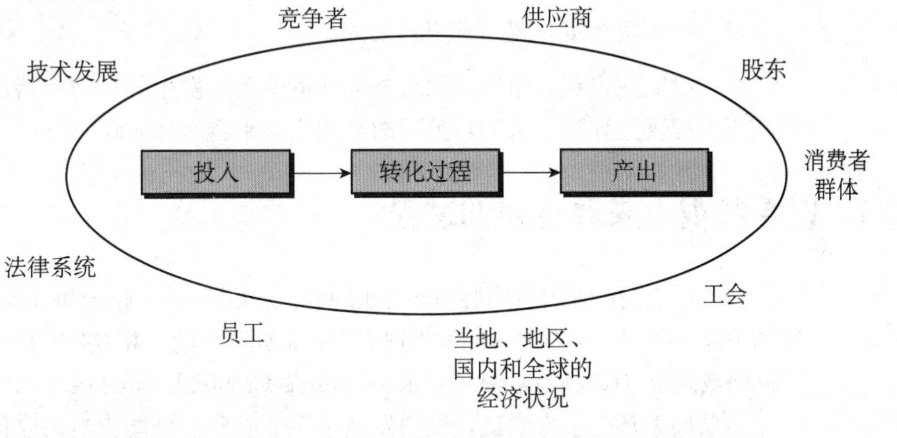

图 2—1 组织是一个与多种动态环境发生持续互动的开放系统

随后，环境（经济环境、法律环境、社会环境以及政治环境）对整个过程提供反馈（Hitt，Ireland，& Hoskisson，2009；Schein，1980）。Senge（1990）非常生动地描述了这个过程：

> 系统思维是用来考察整体的一项原则。它是用来考察各种相互关系而不是事物的一种框架，是用来考察变化模式而不是某个“瞬间”的一种框架。它是一套普遍的原则，吸取了 20 世纪历史发展过程中的精华，涵盖了物理学、社会科学、工程学、管理学等多种学科。它也是一套具体的工具和技巧……在过去 30 年里，这些工具被人们用来理解各种企业系统、城市系统、地区系统、经济系统、政治系统、生态系统以及生理系统。系统思维能够敏锐地发现那些为鲜活的系统赋予独特特征的微妙关联（pp. 68 - 69）。

系统的层次性也应当被强调。一个系统由较低层面的子系统构成，同时又是某个超级系统的组成部分。不过，一个系统或子系统的构成要素在很大程度上取决于人们需要分析到何种抽象程度或复杂程度。作为组织的成员，个体组成群体，群体组成部门，部门组成分公司，分公司组成整个公司，而公司则是某个行业和经济体的组成部分。人们似乎需要这样一种能够兼容并蓄的模式来把子系统组成更大的系统和超级系统，以更好地协调各种活动和过程。这种模式为人们提供了一种宏观视角，使人们能够更好地审视某个系统中的事件和行为，以及它们对其他相关系统和整个组织所产生的影响（Katz & Kahn，1978）。

总之，系统理论使我们触摸到一种新意识——任何事物都是一个大系统，由无数相互关联、相互依存的子系统构成。我们现在发现，管理者需要理解系统理论，但他们应当抵制理性思维中的一种本能：运用系统理论来预测和控制组织中的事件。组织的现实情况并不符合任何一种有逻辑的、系统的思维模式（Jones，2009；Senge，1999）。尽管如此，我们仍然很有必要强调系统思维对组织实践——尤其是以下几个方面——的重要意义：

- 扫描和感知外部环境变化的能力；
- 对相互依存的重要边界和领域进行搭桥和管理的能力；
- 制定适宜的战略应对的能力。

人们已经意识到，组织必须对外部环境中正在发生的事情保持敏感。这种意识在很大程度上导致了人们对公司战略的广泛兴趣（Jones，2009）。

2.2 以系统观点来看待雇佣过程

为了更全面地理解应用心理学与组织效力（organizational effectiveness）之间的密切关联，我们有必要将雇佣过程视为由一系列有序的、相互依存的决策构成的一个网络或系统（Cascio & Boudreau，in press；Cronbach & Gleser，1965）。

每项决策都是一次尝试，试图发现对一个或多个个体应当采取什么措施，而且这些决策通常会形成一条很长的决策链。有时，决策是录用谁和淘汰谁，或者是培训谁和不培训谁，或者是某位新员工最适合哪个岗位。淘汰一位求职者的决策通常意味着此事到此为止，而录用一位新员工的决策实际上意味着这个决策：进一步考察该个体。策略是依次制定的，因为在整个雇佣过程中，在某个阶段所收集的信息将决定下个阶段要收集什么信息（如果有必要的话）。图2—2展示了这个开放系统决策理论模型。

虽然我们将在后面的章节里更加详尽地描述该模型的每个环节，但我们仍有必要在此先指出两个基本特征：（1）不同的工作岗位适用于不同的招募、选拔和培训策略；（2）正如反馈环所表明的那样，雇佣过程中的各个阶段存在非常高的相互依存性。请考虑这样一个反馈环：从绩效管理到岗位分析。假设任职者及其主管都认定某种特定岗位的任务要求和任职资格已经截然不同于最初的岗位分析结果。很显然，必须对这些最初的岗位分析结果予以更新，以体现各项最新的要

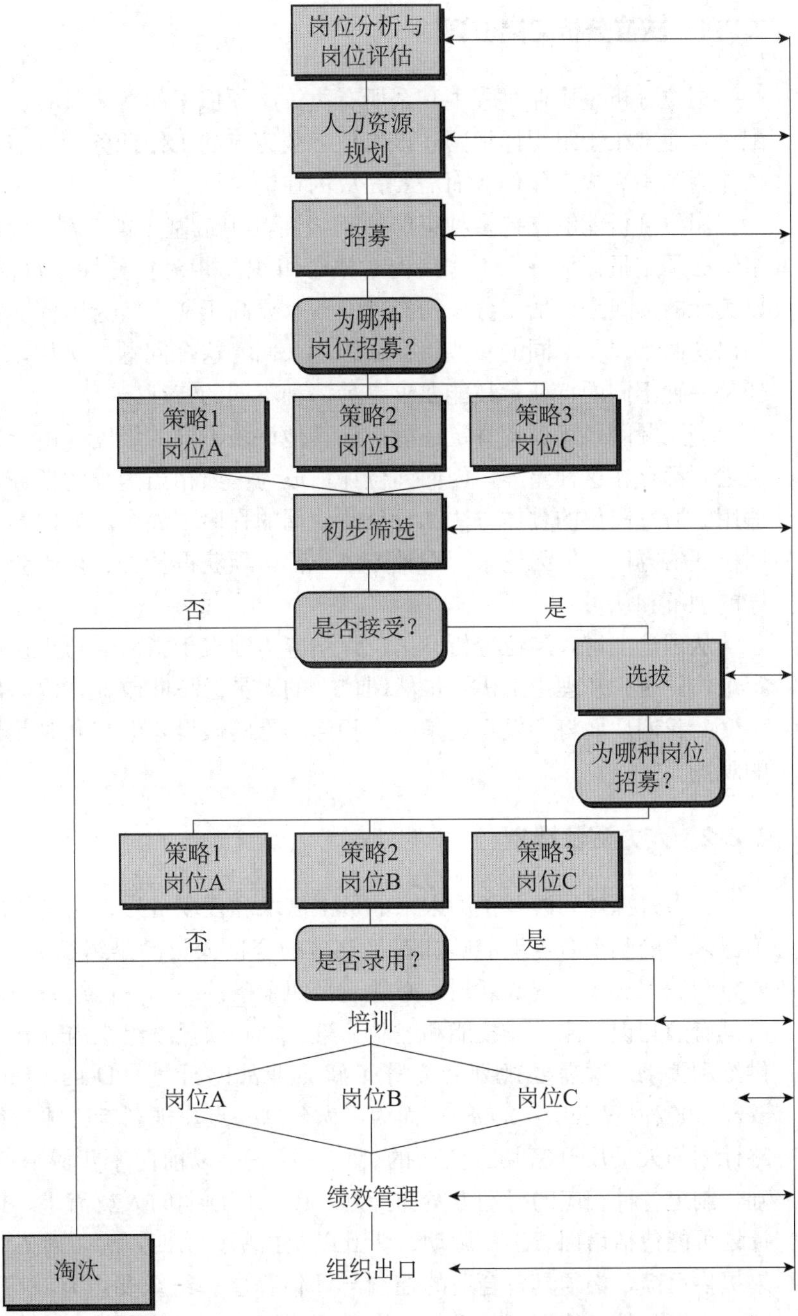

图 2—2　以开放系统决策理论的视角来看待雇佣过程

求，但这样可能会影响这种岗位的工资。此外，为了确保变化后的岗位有源源不断的合格人选，组织可能不得不修改人力资源规划策略；为了使这种岗位吸引到新的求职者，组织可能需要制定新的招募策略；为了选拔或晋升合格的人选，组织可能需要收集新的信息；而且，这种岗位的培训计划可能也需要调整。简而言之，系统中某个部分的变化会对该系统的其他所有部分产生一种“回荡效应”。接下来，我们将更具体地考察该模型中的每个环节。

2.2.1 岗位分析和岗位评估

岗位分析是雇佣过程中其余所有决策必须依据的重要基石。个体与岗位的匹配过程通常始于组织详细阐述该岗位必须完成的工作任务、所需要的技能，以及个体为圆满完成工作任务而需要完成的在岗培训。[①]

岗位分析能够支持多种组织活动，而其中最基本的一种活动就是岗位评估。组织必须定量评估每个工作岗位对整个组织的相对重要性或价值——也就是说，以美元的形式来评估。分公司经理的薪水要高于秘书。原因何在？我们可以通过列出这两个岗位不同的一些特征或维度来回答这个问题。例如，对其他员工的责任是一种不同的特征；技能要求是另一种不同的特征。

毫无疑问，读者们肯定还能想到其他许多不同的维度。由于组织中的所有岗位之间都存在这种差异，因而岗位评估成为一项相当困难的任务，需要采用能够适用于所有岗位的具体方法和可反复使用的程序。如今，人们掌握了一些不同的岗位评估方法，但无论采用哪种方法，都必须获得员工、董事会以及其他相关群体的理解和认可。

从理论上讲，岗位分析和岗位评估应当独立于当前恰巧正在从事该岗位的特定个体。至少从理论上讲，虽然岗位上的人员会不断改变，但岗位和薪水会保持不变。我们后面将会发现这是一个相当幼稚的假设，但在此时此刻却是一个有用的观点。

2.2.2 人力资源规划

人力资源规划涉及预测未来的员工需求和任职资质，制定相应的行动方案以确保未来的某个时点上能够拥有足够多的合格人员满足组织的人员需求。不过，要想圆满完成人力资源规划，必须满足四个条件。第一，组织必须厘清现有员工所具有的知识、能力、技能和经验。第二，必须预测组织内部和外部的人力资源供给和需求。这需要规划者充分了解企业战略计划（Dess，Lumpkin，& Eisner，2007；Wright，2008）；而为了做到这一点，规划者必须与负责制定企业战略计划的人员展开密切、全面的合作。第三，以前两个步骤所获得的信息为基础，制定各种相应的行动方案和计划，以满足预期的人员需求；这些行动方案和计划可能包括培训、工作调动、晋升以及招募。第四，为了对人力资源规划的效果提供反馈，必须具备合适的控制与评估程序。组织要想有效应对21世纪在经济、人口和技术等方面的重大改变，恰当、准确的人力资源规划是不可或缺的。通过考察和分析所有人力资源活动在整个系统范围内的影响，我们能够制定有效的规划，从而为雇佣过程中的后续阶段指明方向和范围。

---

① 一个具有额外重要意义的问题，尤其是随着机械化（由机器代替员工技能）和自动化（不只是由机器代替员工技能，而且是机器的自动化控制和工序的一体化）程度的不断提高，就是人员是否应当属于系统之中（Attewell & Rule，1984）。

2.2.3 招募

通过从岗位分析、岗位评估以及人力资源规划这几个阶段中获得各种相关信息，我们可以迈向雇佣过程的下一个阶段——吸引可能会被录用的求职者前来申请相应的岗位。通常来说，在人力资源部门收到组织某个部门的用人申请时，招募机制便开始运行。在招募过程中，如下问题经常会出现：我们应当如何招募？在哪里招募？应当采用何种媒介或信息资源？如果不亲自进行招募，我们在广告中应该包含何种信息以及多少信息？为了吸引到合格的或有潜质的求职者，我们应该投入多少经费？

在这个阶段，组织必须制定的两项基本决策涉及招募成本和选拔率（Landy & Conte，2009；Riggio，2008）。例如，招募一名设计工程师的成本可能比较高，而且可能需要在全国范围内进行搜寻。此外，该岗位需要非常严苛的资质和技能，这意味着合格的求职者非常少。换句话说，选拔率（被雇用的人数除以求职者人数）将会很高，这从该组织的角度来看是非常不利的。另一方面，绝大多数工人都能够从事小部件组装岗位。于是，组织只需要进行小范围的搜寻就能够吸引到足够的求职者；也许，一则在线广告或者当地新闻报纸上的广告就足够了。假设存在一个相对宽松的劳动力市场，组织很有可能会吸引到足够多的合格求职者。也就是说，选拔率将会很低，对组织比较有利，因为组织的选择余地更大。

在整个选拔—安置过程中，招募具有举足轻重的作用。公司的招募者或者公司在媒体和互联网上投放的广告给求职者留下的印象能够显著影响求职者和该公司的未来行动方案（Dineen & Soltis，in press；Rynes & Cable，2003）。例如，思科公司吸引技术人才的成功方法包括在家居和花园展、小型啤酒节以及书店等场所进行低调的招募——正是这些适合该公司目标群体聚会的地方最有可能出现理想的人选。

2.2.4 初步筛选

给定相对有利的选拔率和可以接受的招募成本，那么求职者的申请情况便会受到初步筛选过程的影响，而初步筛选的力度大小则取决于该组织所采用的筛选政策或策略。

我们以小部件组装工人和设计工程师为例，来考虑一下两种极端的策略。策略Ⅰ要求设置可以接受的最低标准。例如，在招募小部件组装工人时，可以不设置对教育背景的要求；只要通过一次有效度的手指灵活度测试便可。如果个体没有必要在应聘时就具备或精通某项特定技能（因为该技能可以在之后的培训和实践中获得），那么策略1是可以接受的。对于残疾人（例如，可凭借已形成的灵敏触觉而又快又准地组装小部件的盲人）、少数族裔以及其他弱势群体来说，这种政策可能会显得尤其公平。

另一方面，策略Ⅱ则要求一开始就设置非常高的任职资质，因为测试一位求职者要花费较高的成本。例如，设计工程师岗位可能会要求具有高级工程学学位、若干年的工作经验以及已获得证明的研发能力。该岗位需要进行力度较大、相对严格的初步筛选过程。

因为雇佣过程中的每个阶段都会给组织带来成本，而且随着每个后续阶段的展开，经费投入还会越来越大，所以仔细考虑每个阶段的决策错误可能会产生的后果就显得尤为重要。决策错误包括两种类型：错误录用和错误淘汰。错误录用指的是个体通过了前面的阶段，但在后面的阶段却失败了。另一方面，错误淘汰指的是个体在前面某个阶段就被淘汰，但如果允许该个体通过这个阶段，他能够顺利通过后面的阶段。

虽然每种错误相对应的成本有所不同，但错误录用的成本会立刻显示出来。如果组织已经为某位求职者投入2万美元，而该求职者后来却失败了，那么这2万美元就打了水漂。错误淘汰的成本则不那么明显，而且在大多数情况下根本不会被拒绝录用的组织视为“成本”——除非被淘汰的求职者为该组织的竞争对手效力并大获成功。

2.2.5 选拔

选拔是人职匹配过程的核心阶段。在这个阶段，需要利用主观判断（例如，通过面试）或者客观机制（例如，通过笔试），或者同时采用这两种方式，来收集信息。可计算分数的申请表、笔试、操作测验、面试、人格测验问卷、背景核查和推荐信就是其中一些有用的数据收集技术。不过，所收集到的信息还必须结合考官的主观判断或客观机制，或者是同时与这两种方式相结合。所得到的综合结果就是对已经进入选拔阶段的求职者进行录用、淘汰或放在备选名单上的基础。在选拔阶段，当决策者选择信息来源及数据合成方法时，对成本和效用的考虑应当成为一条指导方针。例如，面试官的薪水，离开生产或监管岗位而造成的时间损失，以及非正式面试较低的预测能力，都使得非正式面试成为一种非常昂贵的选拔技术。测验、体检以及信用与背景核查也是昂贵的，因此决策者在选择选拔工具和程序时必须权衡它们的成本和潜在效用。

我们将在第12章指出确定效用时的关键考虑事项，但此时此刻很有必要先强调一点：对于一种选拔程序来说，其成本与效用之间并不存在一种系统或者一对一的关系。也就是说，某种选拔程序成本更高并不必然意味着该程序能够更准确地预测未来的工作绩效。在现实生活中，许多拥有良好意愿的管理者经常被这种错误假设误导，以为多花钱就能够实现更好的效果。选拔程序在一定程度上提高了雇佣过程的真实效用，因为它们能够提高组织预测未来成功的概率（以可接受的成本），但成功也只限于这家组织。因此，组织必须评估以下因素：自己当前的预测成功率；空缺岗位的选拔率；想要采用的选拔程序所具备的预测能力；增添额外的预测信息将会导致的成本。然后，组织必须权衡各种备选方案并做出决策。

愿意入职的求职者如今成了组织的成员，并且将开始领取薪水。在对新员工进行上岗培训并且使他们了解组织的规章制度和流程之后，组织将面临另一项关键决策。这些新员工应当被安置在什么岗位？在很多情况下（即便不是绝大多数情况），录用新员工是为了填补特定的工作岗位（也就是所谓的一次性选拔与测试方案）。在少数情况下，例如军队或者某些大型组织，它们会首先做出录用决策，稍后再做出安置决策。不过，由于后一种情况相对较少，因此我们在这里便假设新员工由上岗培训直接进入到针对某个具体岗位或任务的专门培训。

2.2.6 培训和开发

通过广泛运用各种培训和开发技术，人力资源专业人员能够显著提高组织中的员工和管理者的工作效果。不过，只有所选择的培训技术与个体和组织的需求达到准确匹配时，才能够获得显著的回报（Goldstein & Ford，2002；Kraiger，2003；Noe，2008）。绝大多数个体都具有这种需求：感觉自己是有能力的、能胜任工作的（Deci，1972；Lawler，1969；White，1959）。也就是说，他们希望充分利用自己有价值的能力去实现自己的天赋和潜能。实际上，胜任力模型通常是培训课程的推动力量。胜任力（competency）是一系列相互关联的、对实现成功的工作绩效具有重要作用的知识、能力、技能、态度或者个人特征的集合（Noe，2008）。用来培养和提高胜任力的培训方案形式多种多样，从个体的基本技能培训和开发，到团队培训、主管培训以及高管开发计划，再到为将去其他国家工作的员工提供的跨文化培训。

人员选拔和安置策略与培训和开发策略密切相关。组织有可能使这两种策略达成一种平衡。例如，如果组织选拔的个体仅具备最低标准的资质和技能水平，那么就需要通过培训来培养有能力的、合格的员工。另一方面，如果组织选拔的个体已具备相应的能力和技能来从事自己的工作岗位，那么进一步开发技能的负担便降到最低程度。但是，如果要在选拔和培训之间进行选择，那么最好的策略还是选择选拔。如果选拔了能力更高的员工，那么他们在随后的培训计划中能够比能力较低的员工学得更多、更快。

我们先前已经强调过，组织必须使培训目标与工作岗位的要求准确匹配。就低级别的岗位而言，可以设定严格、具体的培训目标。不过，由于所面临的情况千变万化，因此必须为那些需要个体充分发挥主动性和自由度的岗位（例如，销售、研发、设备设计等岗位），或者是要求任职者接触并有效应对各种信息、情况或者不确定性的岗位（例如，管理者、侦探、工程师、宇航员等岗位），制定相应的培训方案。这些岗位非常强调培养多个领域的技能和胜任力，以有效应对各种不确定的工作要求。因为这些岗位所需要的培训方案是非常昂贵和耗时的，所以最初的资质要求和选拔标准可能是尤其严苛的。

2.2.7 绩效管理

从本质上说，当组织为某个特定岗位选拔和培训员工时，它是在冒险。虽然绝大多数人都自诩为理性的、有逻辑的决策者，但事实上我们经常会犯错误。我们对以前或当前的行为只掌握一些不完整的、局部的信息，但却试图依据这些信息来预测员工未来的工作行为。遗憾的是，只有员工在其岗位上工作了一段比较长的时间之后，我们才能够对他们的工作绩效和我们的预测进行评估。

在观察、评估和记录在职行为并且把关于这些行为的反馈及时提供给个体或团队时，我们就是在评估个体或团队实现组织目标的成功程度。虽然有些岗位的成功程度可以在一定程度上借助客观指标（例如，销售额、错误数量）来评估，但是在大多数情况下，对绩效的主观判断发挥了主要作用。

晋升、薪酬决策、调职、纪律处分——总之，个体的生计——显著取决于绩效管理。不过，绩效管理并不等同于绩效评估。绩效评估通常一年进行一次或两次，以确定和讨论个体或团队在工作方面的优缺点。另一方面，绩效管理的目标则是强调改进个体或团队的每日绩效。这就要求管理者必须尽职尽责，在始终关注终极目标（例如，提供世界级的客户服务）的同时提供及时的绩效反馈。

当然，对于某种基于价值的薪酬体系来说，绩效评估对该体系的维持和最终成功具有举足轻重的作用。从伦理方面来讲，每个员工都必须受到公平、公正的对待。但是如果通过上级的评价来评估员工绩效，而评估工具本身的设计却非常糟糕，容易引起偏见和错误，或者侧重于对有效的工作绩效不重要或不相干的因素，或者如果评估者本身没有受过培训或者采取不合作的态度，那么我们对公平、公正的追求就永远不会实现。幸运的是，通过仔细、密切地关注绩效评估体系的开发和实施，并且对使用该体系的评估者进行充分的培训，我们可以将这些问题最小化。在第4章讨论绩效管理时，我们还将就这些问题进行更深入具体的考察，而现在则只需要注意一下图2—2中与绩效管理相连的那些重要的反馈环。在雇佣过程中，前面的所有阶段都会影响绩效管理过程，同时也受到绩效管理过程的影响。例如，如果个体或团队缺乏与工作切实相关的重要技能——如解决麻烦问题的技能——那么岗位分析，以及招募、选拔和培训策略，可能就不得不加以调整。这体现了开放系统思维的本质。

2.2.8 组织出口

每个组织成员最终都会离开组织。对有些人来说，这个过程是非自愿的，例如由于某种原因或强制裁员而被解雇。这些事件的发生时间取决于组织。对于其他一些人来说，这个过程是自愿的，例如在效力多年后退休或者由于组织精简人员而自愿买断。在这些情况下，员工通常能够掌控自己的离职时机。

我们可以根据个体或组织层面的过程或结果来阐述组织出口这个主题。以非自愿的解雇为例，个体层面的心理过程包括预期的失业；受到打击、缓解和放松；大家齐心协力；犹豫不决、自我怀疑以及愤怒；离职和撤退。在组织层面，与非自愿解雇相关的过程包括沟通、参与、控制、计划以及支持（Collarelli & Beehr，1993；De Meuse，Marks，& Dai，in press)。在个体层面，非自愿失业往往与沮丧、敌意、焦虑以及失去自尊联系在一起。

在组织层面，还有一个重要结果是留下来的组织成员对裁员的反应。由于他们不确定自己是否有能力采取有效措施来应对这种情况，而且对绩效和奖励结果也感到不确定，因此会承受压力（Buono，2003；Kiviat，2009）。在社会层面，大规模裁员可能会引起本国劳动力队伍的极大不满。裁员意味着雇主缺乏承诺。于是，员工信任雇主的可能性就会降低，全心全意效忠于组织的可能性也会降低，转而追求自己的所得最大化（Cascio，2002a；De Meuse et al.，in press）。

退休也是组织出口的一种形式，但是与裁员或解雇相比，它所产生的消极影响或许要少得多，尤其当退休是个体真正自愿的选择，个体认为组织提供的财务条款非常公正，并且个体能够掌控自己的离职时机时。在这些过程中，每个过程都包含个体的自主掌控；正当程序、个体的自主掌控以及程序正义是影响个体如何应对组织出口的关键变量（Clarke，2003；Colquitt，Conlon，Wesson，Porter，& Ng，2001）。

如图2—2所示，在雇佣过程中，组织出口既会影响前面的那些阶段，也会受到那些阶段的影响。例如，大规模裁员可能会影响：剩余工作岗位的内容、设计和薪酬；新员工的招募、选拔和培训，以使他们拥有与公司战略密切相关的重要技能；绩效管理过程的调整，以体现工作的重组和新技能的要求。

在撰写本书的过程中，我们尝试更贴近现实地去构建我们的最终目标，因为伪称一本书能够为所有棘手的雇佣问题提供最终解决方案是愚不可及的。这些问题的解决方案将会为一些相关的人士——书本只能宣扬观点，而他们则在实践中运用这些观点——所发现。尽管如此，通过促使你在决策时考虑到各种备选方案的成本和预期结果，我们希望你迎接挑战，做出更好的决策，从此显著改进人力资源管理的实践水平。在组织中，人力资源管理系统与系统思维的关系最为密切。我们先前就提到，系统的概念意味着有某种设计来实现一个或多个目标。这包括对理想结果的思考。在接下来的三章，我们将考察与制定可靠的成功指标息息相关的特殊问题，即人力资源管理过程的结果。

对实践的明确启示

雇佣决策总是会包含成本和结果。效用理论能够使这些考虑事项变得直截了当，而且通过分析成本和结果，使决策者有可能对各种备选方案或策略进行比较。这种思维框架要求决策者清晰界定自己的目标，明确列出各种备选行动方案的预期结果，并且为每种结果赋予不同的分值。这是一种有用的思维方式。以下是其他两种有用的思维框架。

- 开放系统理论：它认为组织始终在与多种动态环境——经济环境、法律环境、政治环境以及社会环境——发生互动。
- 将雇佣过程视为由一系列有序的、相互依存的决策组成的网络：岗位分析和人力资源规划为招募、人职匹配、培训、绩效管理和组织出口奠定基础，并且会强化后面这些阶段。

讨论题

1. 作为一种用来决策的思维框架，效用理论如何发挥作用？对效用的考虑为什么始终要与组织的整体战略相结合？

2. 描述开放系统的三个例子。你能想到某个封闭系统吗？组织为什么是开放系统？

3. 把雇佣过程视为由一系列有序的、相互依存的决策构成的网络，这为什么对我们大有帮助？

4. 错误录用与错误淘汰之间有何差异？在什么情况下，错误录用比错误淘汰更严重或者错误淘汰比错误录用更严重？

5. 假设你不得不在以下两种备选方案中进行抉择：(1) 通过培训来“打造”能够胜任工作的员工；(2) 通过选拔来“购买”这样的员工。你会选择哪种方案？为什么？

第3章

效标：概念、测量与评估

概 览

恰当、准确的效标测量是人力资源管理中的一个基本问题。效标是对目标或理想结果的操作性陈述。效标有时被人们用于预测，有时又用于评估，无论在哪种情况下，效标都体现了什么是重要的或者理想的结果。

在研究员工绩效并更好地理解它之前，我们必须认识到这个事实：效标并不是存在于真空之中，它们是多维的、动态的。此外，我们还必须解决这个挑战：绩效、绩效观察以及能够影响绩效的各种情境因素都可能存在信度缺失。而且，在对操作性的效标进行评估时，我们必须将一些特定的干扰因素（例如，能够使绩效评估产生偏差的因素）的影响降至最低。最后，我们还必须确保所测量的操作性效标是切题的、可靠的、灵敏的和实用的。

一般来说，应用心理学家会受到这两个基本目标的引导：(1) 证明自己的研究程序和方案的效用；(2) 增进自己对职业成功决定因素的理解。为了设法实现这两个目标，他们有时会使用复合效标，有时则会使用多重效标。尽管人们对这两种方法的相对优缺点一直争论不休，但这两种方法在基本假设和终极目标方面已经表现出不同。因此，在某些特定的情形下，某种方法或者这两种方法可能都是合适的。在本章的结尾部分，我们会介绍一些有发展前景的研究设计，它们有助于解决效标困境并推动该领域的发展。

对于人力资源专业人员来说，开发合适的、能够满足需要的效标似乎总是一个挑战和一项棘手的任务。多年来，行为科学家一直都对“效标问题”感到困惑。效标问题指的是人们在对多维的、动态的、能够适用于不同目的的绩效构念（performance constructs）进行概念化和测量的过程中遇到的各种困难（Austin & Villanova，1992）。在人力资源领域，大部分知识的效力和未来进展在很大程度上取决于我们解决这个令人困惑的问题的能力。

我们现在所面临的挑战是开发出各种理论、概念和测量来实现以下两个目标：（1）增进已有程序和方案的效用；（2）加深我们对工作绩效所包含的心理过程和行为过程的理解。最终，我们必须设法开发出一种综合性的员工行为理论（Viswesvaran & Ones，2000）。

在Jenkins（1946）看来，绝大多数心理学家在应用心理学发展初期往往都接受了一个心照不宣的假设：效标要么是由上帝提供的，要么是先天存在并被人们发现的。令人遗憾的是，即使在今天，在只需多花费一些努力和思考就很有可能开发出更好效标的情况下，我们也往往会使用那些最容易获得或敷衍了事的效标。当然，随着研究者逐渐认识到效标测量是从更大的绩效总体中抽取样本，而且对理解和验证效标的重视程度应当等同于对确定预测因子的重视程度，该研究领域还是取得了一些进展（Campbell，McHenry，& Wise，1990）。Wallace（1965）很恰当地表示了这一点。他指出，“效标是为了什么”这个问题的答案必然包括“是为了更好地理解”（p. 417）。下面我们将首先介绍这些术语的定义。

3.1 定　义

人们已经从多种角度对效标进行了定义。一种观点认为，效标是用来测量员工工作成功程度的一些标准（Bass & Barrett，1981；Guion，1965；Landy & Conte，2007）。在人员选拔、安置以及绩效管理的情境下，这个定义是相当恰当的。当涉及预测时——也就是说，在确定一个变量（预测因子）和另一个变量（效标）之间的函数关系时——这个定义是非常有用的。不过，有时我们仅仅想进行评估，而并不需要进行预测。例如，我们假设人力资源部门想要评估一项旨在吸引少数族裔求职者的招募活动的效果。为了对该项活动进行恰当的评估，该部门需要采用多种效标。在这种情况下，目标并不是进行预测，而是进行评估。预测因子和效标之间的一种区别是时间（Mullins & Ratliff，1979）。例如，如果评估标准（例如，笔试或操作测验）是在制定一项雇佣决策之前实施的，那么这些标准就是预测因子。如果评估标准是在制定一项雇佣决策之后才实施的（例如，对绩效的效力进行评估），那么这些标准就是效标。

以上讨论可以得出这个结论，即无论我们是进行预测还是评估，都需要为效标提供一种更全面的定义。因此，一种更宽泛的定义是：一个效标代表着一件重要的或理想的东西。它是对某个特定方案的目标或理想结果进行的操作性陈述（Astin，1964）。它是**评估标准**（evaluative standard），能够用来测量个体的绩效、态度、动机等因素（Blum & Naylor，1968）。我们在表3—1中列出了一些可能的效标示例。这个表格是根据Dunnette & Kirchner（1965）以及Guion（1965）开发出的效标清单修改而成的。虽然其中有许多测量无法成为合适的效标，但每一项测量都值得仔细研究，以便我们对工作或方案的绩效进行全面的抽样。除了重要性和合意，对效标还有其他一些要求，但是在考察这些要求之前，我们必须先考虑将工作绩效作为效标的情况。

表 3—1　　可能的效标

产出测量
产量
销售量
销售额
打字数量
佣金收入
（招募方案）吸引到的应聘者数量
某个广告的阅读者数量
质量测量
（编码、文件归档、簿记、打字、诊断的）错误数量
（检查员、纷争调解员、服务人员）发现的错误数量
（保险推销员的）保单续签量
（客户、顾客、下属、同事）提出抱怨和不满的人数
废料率、返工率或者破损率
无效工作的成本
损失的时间
缺勤的次数（或天数）
延迟的次数
擅自中止工作的时间长度和频率
员工离职率
出于正当理由的解雇次数
自愿离职的人数
由于绩效不佳而调职的人数
服务期限
雇佣、培训和晋升
达到标准工作绩效的时间
在既定时间内所达到的熟练程度
加薪的速度
某个特定时期内获得晋升的人数
被考虑晋升的次数
两次晋升之间的时间长度
绩效评估
对个人特质或特征的评估
对行为期望的评估
对工作样本绩效的评估
对在情境模拟和角色扮演练习中的绩效的评估
技能评估
反生产行为
虐待他人
违纪行为
开小差
破坏财产
人身攻击
政治偏见
怠工
浪费材料
偷窃

3.2 作为效标的工作绩效

绩效可以定义为人们为实现组织目标而从事的能够被观察到的事情（Campbell et al.，1990）。工作绩效本身就是多维的，而且人们可以根据绩效水平对构成绩效的那些行为进行度量。另外，非常重要的一点是要区分绩效（performance）与绩效的结果或后果，后者构成了效力（effectiveness）（Aguinis，2009a）。

终极效标（ultimate criterion）这个术语（Thorndike，1949）描述绩效的整个范围，并且包括最终定义工作成功的所有内容。我们无法超越这种效标去寻找更深入的标准来判断绩效的结果，从这种意义上说，这种效标是终极的。

例如，销售员工作绩效的终极效标必须包括：该个体在公司总任期内的总销售量；该个体在总任期内引入的新客户数量；该个体在总任期内建立的忠诚客户数量；该个体对公司其他销售员的士气或销售记录的影响；该个体在规划工作活动、控制成本以及处理必要的报告和记录方面表现出的效力。简而言之，终极效标是一个严格概念化的概念，无法对其进行测量或观察；对组织来说，终极效标体现了这种理念："真实""总体""长期""终极价值"。

虽然终极效标是一个非常宽泛的术语，往往难以用于定量评估，但它是一个重要的构念，因为明确、清晰的概念有助于我们更好地理解操作性效标的适宜程度，以及选择操作性效标所依据因素的适宜程度。

3.3 效标的多维性

概念性效标的操作性测量可能会在不同的维度上有所不同。在一篇经典文献中，Ghiselli（1956）确定了三种不同类型的效标维度：静态维度、动态维度、个体维度。下面我们将逐一考察这三类维度。

3.3.1 静态维度

在任何一个时点上观察常用的工作绩效效标，我们会发现它在本质上都是多维的（Campbell，1990）。这种多维性涉及两个问题：（1）个体可能在绩效的某个方面表现很好，但同时在绩效的另外某个方面却表现不佳；（2）最大绩效与正常绩效之间存在差异。

就绩效的不同方面而言，Rush（1953）发现，销售涉及多种相对独立的技能。也就是说，销售员的学习态度（通过销售培训课程的等级分数和专业知识来进行测量）与对其工作成绩（例如，平均月销售量、销售指标的完成率）的客观测量是不相关的；以此类推，该销售员的工作成绩也独立于他的一般名声（例如，对工作的规划、公司对其潜在价值的估计），一般名声同样独立于他的销售技巧（例如，销售方法、兴趣和热情等）。

从更广泛的意义上讲，我们大致可以考察绩效的两个方面：任务绩效和关系绩效（Borman & Motowidlo，1997）。关系绩效也称“亲社会行为”或“组织公民绩效”（Borman，Penner，Allen，& Motowidlo，2001）。需要记住的一个重要事项是，任务绩效和关系绩效未必是同时存在的（Bergman，Donovan，Drasgow，Overton，& Henning，2008）。某位员工或许能够非常熟练地完成自己的工作任务，但是在关系绩效上却表现不佳（Bergeron，2007）。任务绩效被定义为：（1）将原材料转化为组织所生产的产品和服务的活动；（2）通过补充原材料供给、配送成品或者提供规划、协调、监管、人事等重要职能来为组织的转化过程提供帮助的活动（Cascio & Aguinis，2001）。关系绩效被定义为：通过为任务绩效提供良好的环境来帮助增强组织效力的行为。关系绩效包括诸如此类的行为：

- 为了成功完成自己的工作任务而一贯保持热情并付出额外的努力（例如，准时上班并且极少缺勤，格外努力地工作）；
- 自愿从事正式工作职责之外的任务活动（例如，提出组织绩效改进建议，提供建设性的意见）；
- 帮助其他员工，与其他员工进行合作（例如，帮助和协助同事或顾客）；
- 遵守组织的规章制度和程序（例如，遵守规则，尊重上级，遵循组织的价值观和政策）；
- 认同、支持和维护组织的目标（例如，表现出对组织的忠诚，向外部展示组织的良好形象）。

应用心理学家最近开始对关系绩效的“阴暗面”产生兴趣，往往将其称为“工作场所越轨行为”或“反生产行为”（O'Brien & Allen，2008；Spector，Fox，& Penny，2006）。虽然关系绩效与工作场所越轨行为似乎是同一个连续体的相反两端，但有证据表明它们是截然不同的（Judge，LePine，& Rich，2006；Kelloway，Loughlin，Barling，& Nault，2002）。一般来说，工作场所越轨行为被定义为违反组织规范并对组织及其成员的利益构成威胁的故意行为（Robinson & Bennett，1995）。Vardi & Weitz（2004）确定了100多种“组织中的不当行为”（例如，滥用酒精/药物，贬低他人，泄露机密），而且有一些量表能够根据自我的报告和他人的报告来测量工作场所越轨行为（Bennett & Robinson，2000；Marcus，Schuler，Quell，& Humpfner，2002；Spector et al.，2006；Stewart，Bing，Davison，Woehr，& McIntyre，2009）。以下是这些量表所测量的一些自我报告的越轨行为：

- 夸大工作时间长度；
- 虚开发票以报销更多商务费用；
- 制造关于公司的负面谣言；
- 传播关于同事的流言飞语；
- 掩盖错误；
- 以无助于生产的方式与同事竞争；

- 对自己的上级造谣；
- 对工作任务避而远之；
- 拿走公司的设备或机器；
- 自己犯错却责备同事；
- 有意缓慢或漫不经心地工作；
- 工作时间酗酒；
- 伺机报复同事；
- 将同事的创意据为己有。

在最大绩效与正常绩效的差异方面，正常绩效指的是一位员工的平均绩效水平，而最大绩效指的是一位员工能够实现的绩效峰值（DuBois，Sackett，Zedeck，& Fogli，1993；Sackett，Zedeck，& Fogli，1988）。当员工知道自己正在接受评估时，当他们接受了恰当的建议以使任务绩效最大化时，以及当该任务属于短期任务时，他们更有可能表现出最大绩效。此外，最大绩效（即员工能够做什么）的测量结果与正常绩效（即员工将要做什么）的测量结果仅存在非常轻微的相关性。例如，对杂货店收银员的绩效（即速度和准确性）进行客观测量之后发现，正常绩效与最大绩效之间的相关系数大约为 0.20（Sackett et al.，1988）；而对军队招募人员的绩效（即根据评估练习而获得的绩效评估）进行客观测量之后发现，正常绩效与最大绩效之间的相关系数大约为 0.40（Ployhart，Lim，& Chan，2001）。此外，一项研究考察了由 96 位程序员和 181 位出纳构成的样本后发现，总体智力能力能够预测最大绩效，但无法预测正常绩效（Witt & Spitzmuller，2007）。而且，个体的动机（即努力的方向、程度和持久性）与最大绩效之间的相关程度要高于其与正常绩效之间的相关程度（Klehe & Anderson，2007）。

遗憾的是，对效标的研究经常会忽略这个事实：工作绩效往往包括许多相对独立的层面，例如任务绩效和关系绩效，以及忽略正常绩效与最大绩效之间的重要差异。出于这个原因，员工绩效常常得不到准确的采集和描述。为了更全面地把握员工绩效，我们还应当关注效标的时间维度。

3.3.2 动态（或时间）维度

在对概念性效标进行清晰的定义之后，我们必须具体阐述和精炼效标绩效的操作性测量（即实际上所采用的测量）。无论效标测量的操作方式如何，它们都必须在某个时点上进行。那么，何时是进行效标测量的最佳时刻呢？根据情境的不同，最佳的测量时机也是截然不同的，从而使得测量结果取决于何时进行效标测量（Weitz，1961）。如果没有考虑效标的时间维度，可能会产生不恰当的测量结果。

例如，在预测人寿保险经纪人短期和长期内的成功时，通过标准化的测试来测量的能力能够显著地判断早期的销售成功程度，但是兴趣和人格因素在预测长期成功时发挥着更重要的作用（Ferguson，1960）。对于会计师来说，情况同样如此（Bass & Barrett，1981）。于是，在一个会计师在一个大型会计事务所中工作两年后能否继续获得成功方面，与同事和客户交往的人际技能要比单纯的技术技能发挥着更重要的作用。简而言之，效标测量并不是独立于时间的。

我们早先提到，终极效标体现了长期效力的理念。不过，对于日常决策或评估来说，终极效标是不实用的，因为研究者和管理者通常不可能花费那么长的时间来收集所需要的数据。因此，人们必须使用即时效标或中间效标来替代（见图3—1）。当然，所有的即时效标和中间效标都是局部的（partial），因为它们最多只能提供终极效标的近似值（Thorndike，1949）。

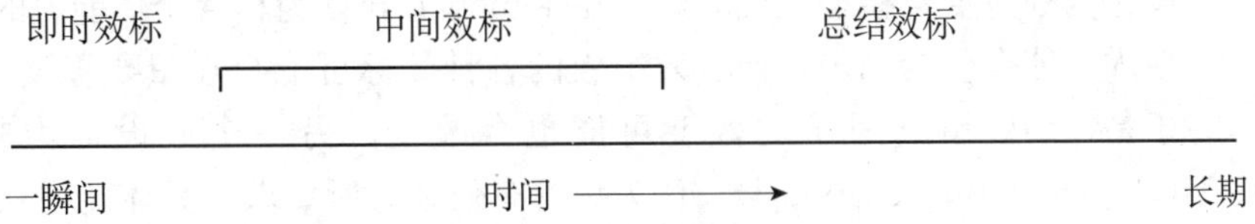

图 3—1　效标测量的时间维度

图 3—1 缺乏精确性，因为在判断即时效标何时变成中间效标时存在很大的随意性。即时效标是短期测量，例如培训课最后一天获得的测试分数或者橄榄球四分卫新秀在自己首场比赛中的表现。中间效标是在后面的某个时点上获得的，通常是在首次测量 6 个月之后（例如，上级对该员工的绩效评估，工作样本绩效测量，或者同事对该员工的效力评估）。总结效标从较长时期内的平均数或总数这个角度来表述。总结效标往往是有用的，因为它们能够避免或平衡短期的影响或趋势，以及观察和测量中的误差。于是，一名实习生在 6 个月的培训期内每周测试的平均成绩或者一个学生在大学 4 年中的平均学分绩可以视为对其总体绩效的最好估计。总结效标在对绩效进行测量时，时间范围可以从 3 个月到 3～4 年，甚至更长。

时间维度是一个广泛的概念，而且效标可能会以三种不同的方式表现出“动态性”：(1) 群体绩效的平均水平随时间改变；(2) 效度系数随时间改变；(3) 效标分数的排名随时间改变（Barrett，Caldwell，& Alexander，1985）。

对于群体绩效在时间上的变化，Ghiselli & Haire（1960）跟踪研究了投资公司的一组销售员 10 年内的发展情况。在这个时期内，这组销售员的平均生产率提高了 650%，而且没有丝毫的迹象表明这样的增长会停止。不过，这个增长率仅仅是根据 10 年来一直在从事该岗位的销售员得出的；它并不是针对最初样本中的所有销售员。为了能够对销售员的生产率进行比较，他们必须具有相同的经验，或者必须以某种方式加以平衡（Ghiselli & Brown，1955）。实际上，Barrett et al.（1985）所引用的大量其他研究证据并没有表明平均生产率会在较长时期内出现显著提高。

如果预测因子（例如，应聘时的测试成绩）与效标分数（例如，上级对该员工的评价）之间的关系随时间而发生波动，那么效标也可能是动态的（例如，Jansen & Vinkenburg，2006）。半个多世纪以前，Bass（1962）在对销售员的绩效评估进行了为期 42 个月的调查后发现，情况确实如此。他将 99 名销售员作为样本，收集了他们在三种能力测验中的分数，以及在包含三个维度的同事评价中的分数。他使用上级每半年一次对这些销售员进行的价值评定作为效标。研究结果表明，无论是能力测验还是同事评价，效度系数随时间变化而发生不规律的波动。不过，当对效度系数进行统计检验时，他获得了一种截然不同的结论。他发现，这些能力测验的效度并不存在显著差异；当将同事评价作为预测因子时，84对效标系数中仅有16对（大约20%）表现出显著的统计差异（Barrett et al.，1985）。

研究者们已经提出了两个假设来解释效度为什么会随着时间而改变。一个假设称为**任务变化模型**（changing task model），认为尽管个体能力的相对大小在长期内可能会保持稳定，但有效绩效的各种效标可能会在重要程度方面发生变化。于是，绩效预测因子的效度可能也会改变。另一个假设称为**被试变化模型**（changing subject model），认为尽管有效绩效所要求的具体能力在长期内可能会保持稳定，但每个个体的能力水平会随着时间而改变，这就是效度可能产生波动的原因（Henry & Hulin，1987）。这两个模型都缺乏有力的支持。实际上，认为效度倾向于随时间而降低的研究者（Henry & Hulin，1987，1989）和认为效度在长期内保持稳定的研究者（Ackerman，1989；Barrett & Alexander，1989）仅仅在一点上达成了共识：初始绩效与后来绩效的相关性倾向于逐渐减弱。不过，如果只对纵向研究予以考察，就会发现效度减弱要比效度增强普遍得多（Henry & Hulin，1989）。这倾向于支持这个观点：效度确实随时间波动。

效标动态性的第三种类型强调效标分数的排序可能会随时间改变。由于对人们进行效度研究和人员选拔具有重要意义，动态效标的这种形式已经引起了广泛的关注（例如，Hoffmann，Jacobs，& Baratta，1993；Hulin，Henry，& Noon，1990）。如果个体在某个效标上的排序随时间改变，那么未来绩效就成为一个不固定的目标。在这种情况下，距离初始评估的时间越长，就越难以准确预测绩效。个体的绩效水平会出现系统性的波动吗？答案似乎是肯定的，因为越来越多的证据表明，预测会随着时间的推移而变得更加糟糕（Keil & Cortina，2001）。总之，在较长一段时间内收集到的各种绩效测量结果之间的相关性表现出一种“单一的”模式：时间间隔较近的测量结果之间具有更高的相关性，而时间间隔更长的测量结果之间呈现出更低的相关性，例如，第一个月与第二个月之间的相关性要高于第一个月与第五个月之间的相关性（Steele-Johnson，Osbrun，& Pieper，2000）。

Deadrick & Madigan（1990）将缝纫机操作工（稳定工作环境中的例行工作）组成三个样本，收集了他们每周的绩效数据。研究结果表现出这种“单一的”模式，即随着时间间隔的增大，两个不同时期的绩效测量结果之间的相关性越来越低。他们得出如下结论：相对绩效并不是随着时间推移而保持稳定的。Hulin et al.（1990），Hoffmann et al.（1993），Keil & Cortina（2001）也得出了相似的结论：随着时间的推移，人们似乎会改变他们的绩效排名（见图3—2）。换句话说，不同个体的绩效变化模式存在有意义的差异，而个体评估他人绩效的方式可能会体现这些差异（Reb & Cropanzano，2007）。对预测未来绩效感兴趣的人力资源专业人员面临这样一个挑战：确定有哪些因素能够影响不同个体的绩效轨迹在长期内产生差异。

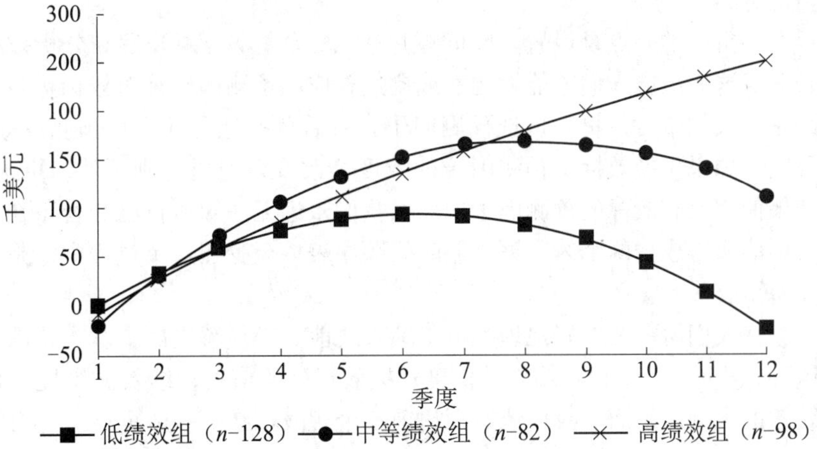

图 3—2 3 组保险经纪人——低绩效者、中等绩效者以及高绩效者——3 年内的回归曲线（最小二乘法）

资料来源：Hoffman, D. A., Jacobs, R., & Baratta, J. E. Dynamic criteria and the measurement of change. *Journal of Applied Psychology*, *78*, 194－204. © 1993 American Psych. Assoc.

3.3.3 个体维度

从事相同工作的不同个体有可能被认为是不分伯仲的，然而，他们对组织所作出贡献的本质却可能是大相径庭的。因此，应该使用不同的效标维度来评估员工的贡献。Kinsbury（1933）在 80 多年前就意识到了这个问题，当时他写道：

> 有些管理者取得成功是因为他们是优秀的计划者，虽然并不是成功的指导者。有些管理者善于协调和指导，但他们制定的计划和方案却是有缺陷的。很少有管理者在这两方面都具有同样优秀的能力。我认为，在测试和评估中未能发现和提供这种明显的差异，是大多数对管理者进行研究、评估和测试的努力无法获得满意结果的一个主要原因。测量某种管理能力的良好测验可能并不适于测量另一种管理能力（p. 123）。

在上面描述的管理场景中，只有一种岗位，但是在现实中，我们有理由认为这包括两种岗位（指导和规划）。这两种岗位仅仅在心理层面存在本质差异。实际上，要想判断不同个体从事同一种岗位时会产生相同还是不同的心理，对效标的个体维度进行研究是一种有用的方式。

3.4 效标开发所面临的挑战

与过去一样，高质量的效标研究如今仍然是人事心理学最迫切的需要之一。70 年前，Stuit & Wilson（1946）已经证明，坚持不懈地致力于开发更好的绩效测量方法会使人们更好地预测绩效。这些研究结果的效度并没有随着时间推移而降低（Viswesvaran & Ones，2000）。因此，我们在这一节将会考察效标开发所面临的三类挑战，指出效标研究中的潜在缺陷，并为效标开发勾画出一种符合逻辑的方案。

很重要的一点是设置“时间顺序表”。首先，必须开发和分析效标，因为只有完成这一点，人们才能够构建或挑选相应的预测因子来对效标进行预测。遗憾的是，人们常常是精心挑选预测因子，然后草率地寻找“可预测的效标”。毫无疑问，如果更换效标，预测因子的效度会改变，但反之则不然。更进一步来说，如果使用没有效标的预测因子，那么我们永远无法知道自己是否正在挑选那些最有可能取得成功的个体。请遵循时间顺序表！至少在这个过程中，是先有鸡然后才有蛋。

在人们研究及更好地理解员工绩效之前，必须解决四个基本挑战（Ronan & Prien，1966，1971）：绩效的信度；绩效观察的信度；绩效的维度；情境特征对绩效的影响。下面让我们依次探讨前三个挑战，在下一节重点探讨第四个挑战。

3.4.1 挑战1：工作绩效信度（缺失）

工作绩效信度是人力资源研究中的一个基本考虑事项，而且对它的假设隐含在所有预测性研究中。我们这里所讲的信度是指工作绩效在一段时期内的一致性或稳定性。第1次的最佳（最差）绩效者在第2次是否也是最佳（最差）绩效者？如同我们上一节所讨论的那样，不同个体的工作绩效排名未必会在长期内保持不变。

哪些因素能够解释绩效的这种可变性？Thorndike（1949）确定了两种类型的信度缺失——内部信度缺失和外部信度缺失——它们或许有助于人们理解这个问题。**内部信度缺失**（intrinsic unreliability）是由于个人工作绩效的不一致而造成的；**外部信度缺失**（extrinsic unreliability）则是由于工作要求或个体行为之外的一些变异源而造成的。外部信度缺失的例子包括：天气状况的变化（它对在室外从事的建筑工作很重要）；由于机器停工而造成的信度缺失；在众人的工作任务相互依赖的情况下，由于原料供应、装配线或信息的延迟而造成的信度缺失。在很多情况下，外部信度缺失可以归因于评估者的观察不仔细或控制不严格。

面对所有这些潜在的复杂因素，我们该怎么办？一种解决办法是整合（平均）各种情境或场合中的行为，借此抵消那些偶然的不可控因素所造成的影响。为了阐明这一点，Epstein（1979，1980）进行了4项研究，每项研究都对数周时间内的相同场合进行行为抽样。这4项研究所收集的数据包括自我评价、他人进行的评价、对行为的客观测量、人格问卷的回答结果，以及心理生理学测量指标（例如，心率）。研究结果非常明确地支持了这个假设：只要所研究的行为在足够多的场合中被平均，那么多种变量就会表现出稳定性。一旦获得合适的绩效信度，效度的证据就会以不同变量在统计上显著相关的形式显现出来。与此类似，Martocchio，Harrison，& Berkson（2000）发现，所整合的时间越长，预测因子（员工后背疼痛）与效标（员工缺勤）之间的效度系数越高。

这里需要进一步强调两点。第一，没有任何捷径可以用来整合各种情境或人员。在这两种情况下，都必须对我们想要进行归纳的领域进行充分抽样。第二，无论是在单项研究还是在一系列研究中实施整合，都不是万能的。某些特定的系统效应，例如性别、种族或者评估者的态度，可能会使被研究的整个群体产生偏差（Rosenthal & Rosnow，1991）。通过元分析技术来对研究对象进行大样本考察（见第7章；Aguinis & Pierce，1998b）是检测这种变量是否存在的一种有效方法。

对于有些情境来说，必须进行更广泛的整合，而有些情境则不需要，这似乎是符合逻辑的。具体来说，Rambo，Chomiak，& Price（1983）考察了Thorndike（1949）所称的外部信度缺失，结果表明，绩效数据的信度是一个关于工作任务复杂性和工作环境稳定性的函数。这些因素，再加上激励系统（如果存在的话）的总体效力，共同创造条件来决定工作绩效在一段时期内的一致性程度。Rambo et al.（1983）对一组缝纫机操作女工和一组包装女工进行了为期3.5年的研究，收集她们每周的产量数据。这两组工人的工作都是计件付酬的。女工每周（而不是每天）产量中位数的相关系数是：缝纫女工为0.94；包装女工为0.98。如果以1年内的不同周来算，缝纫女工为0.69，包装女工为0.86。最后，当计算第1周的产量与第178周的产量之间的相关性时，发现相关系数仍然很高：缝纫女工为0.59；包装女工为0.80。这些都是特别高的一致性程度。这表明，基于产量的工资激励方案，再加上稳定、严格程序化的工作任务，能够导致员工的生产率表现出很高的一致性程度。最初产量较高（或者较低）的个体在以后的时间里往往也是产量较高（或者较低）的。一项研究（Vinchur，Schippmann，Smalley，& Rothe，1991）对实行计件付酬的铸造工和磨工的一个样本进行了为期6年的考察，它的研究结果与Rambo et al.（1983）获得的结果是大体一致的，虽然工作绩效的长期信度（作为一个关于工作内容的函数）可能存在相当大的差异。

简而言之，不同个体的工作绩效排名可能会在一段时期内发生波动。有几种因素能够对这种现象进行解释。应对挑战1的方法为：整合（平均）较长一段时期内的绩效，并且对导致绩效变动现象的因素（例如，工作环境稳定性之类的外部因素及内部因素）予以密切关注。对这些因素的更深入理解或许能够让人力资源专业人员更好地理解具体的操作性效标在长期内的一致性程度。

3.4.2 挑战2：工作绩效观察

在预测绩效时，这个挑战是极为重要的，因为所有的绩效评估最终都依赖于这种或那种绩效观察，但是，正如Bray & Campbell（1968）所指出的那样，不同的绩效观察方法可能会得出截然不同的结论。为了验证评价中心对未来销售潜能的预测能力，有78名男性被雇用为销售员，无论他们在评价中心表现出的绩效如何（我们将在第12章对评价中心进行更具体的探讨）。对销售潜能的预测是与6个月后的现场销售绩效挂钩的。现场销售绩效通过两种方法来评定。在第一种方法中，一名训练有素的独立审计员尽可能多地在销售现场陪同每位销售员，以判断他是否在实际的销售活动中达到了可接受的标准。这位现场评估者并不知道销售员在评价中心获得的评价。在第二种方法中，每位销售员由自己的销售主管和销售培训学校的培训师来进行评定。销售主管和培训师同样也不知道评价中心对每位销售员的预测。

尽管评价中心的预测与独立审计员作出的现场绩效评估之间的相关系数达到了0.51，但评价中心的预测与销售主管作出的评定或培训师作出的评定之间并不存在显著的相关关系。此外，现场绩效评估与销售主管评定或培训师评定之间也不存在显著的相关关系。从这项研究中获得的教训是显而易见的：只有在确定绩效时实现足够的信度，才有可能对绩效信度进行研究（Ryans & Fredericksen，1951）。遗憾的是，虽然我们知道存在这个问题，但是并没有什么好办法能使我们更精确地确定绩效（Borman & Hallam，1991）。我们将在下一章更具体地探讨这个问题，并且介绍一些有发展前景的新解决办法。

3.4.3 挑战3：工作绩效的维度

即使对人力资源研究进行最粗略的考察，也能够发现研究者常用的预测因子是多种多样的。不过，与此相反的是，大多数研究只采用一种总体效标来测量工作绩效。不同的绩效评估可能会反映工作绩效的不同方面，它们常常会被综合成一种总体分数。Lent，Aurbach，& Levin（1971）通过对发表在《人事心理学》（*Personnel Psychology*）杂志上的406项研究进行分析之后证明了这一点。在所使用的1 506项效标中，“上级评价”在879个案例中被使用。我们只能够纯粹地推测那些未能发表的研究只使用一种总体效标的普遍程度，但是它极有可能远远高于发表的研究只使用一种总体效标的普遍程度。考虑到我们先前对效标的多维性所进行的讨论，把对绩效的测量缩减为单一指标还有意义或切实可行吗？

有些文献综述（Campbell，1990；Ronan & Prien，1966，1971）得出结论说，对工作绩效（即便是较低层次的工作）进行单维度测量是不现实的。研究者分析了对工作绩效的单一测量（例如，对公司的态度、缺勤率）之后发现，这些测量远比表面所显示的情况要复杂得多。虽然总体效标存在很多问题，但在绝大多数人员选拔场合中却“表现”得相当出色。不过，根据员工需要解决某个具体问题（例如，太多顾客抱怨产品质量问题）的程度，或许需要一种更具体的效标。如果需要解决的具体问题不止一个，那么就需要使用更多的具体效标（Guion，1987）。

3.5 绩效与情境特征

绝大多数人都会欣然同意这个观点：个体的绩效水平可能会受到相关条件的影响。然而，大多数调查研究除了考虑预测因子所测量的那些变量，并没有考虑其他变量可能会产生的影响。我们在这一节将考察6种可能会对绩效产生影响的、处于个体控制范围之外的变量。对这些变量的讨论是Cascio & Aguinis（2008b）所定义的原位绩效（in situ performance）的组成部分。Cascio & Aguinis（2008b，p.146）写道：“我们需要具体阐明可能会对个体、团队或组织的绩效产生影响的各种变量——情境变量、关系变量、战略变量以及环境变量。”对原位绩效的考虑涵盖了背景——能够对组织中行为的发生和意义产生影响的情境机遇和制约——以及各种变量之间的函数关系。

3.5.1 环境特征和组织特征

缺勤率和离职率都被证明与多种环境特征和组织特征存在关联（Campion，1991；Dineen，Noe，Shaw，Duffy，& Wiethoff，2007；McEvoy & Cascio，1987；Sun，Aryee，& Law，2007）。这些特征包括：组织因素（例如，薪酬和晋升政策、人力资源实践）；人际关系因素（例如，群体凝聚力、建立友谊的机会、对同事或上级的满意度）；与工作相关的因素（例如，角色的清晰度、任务的重复性、自主权、工作职责）；个人因素（例如，年龄、任职年限、心情、家庭规模）。轮岗是另一个经常被忽视的变量（Barton，1994；Staines & Pleck，1984）。很明显，组织特征能够对绩效产生广泛的影响。

3.5.2 环境安全

工伤以及因此造成的时间损失也会影响工作绩效（Probst，Brubaker，& Barsotti，2008）。许多因素，例如安全的工作环境、管理层的高度重视以及拥有一个能够包含安全目标和结果反馈的有效沟通方案，往往会促使员工在工作岗位上实施更安全的行为（Reber & Wallin，1984），而且有助于保护各种稀缺资源（Siero，Boon，Kok，& Siero，1989）。这些变量能够可靠地测量（Zohar，1980），而且与个体绩效是挂钩的。

3.5.3 生活空间变量

生活空间变量用来测量员工在工作中和工作之外所面临的重要条件。这种变量描述的是个体员工与组织因素、任务要求、上级以及工作条件之间的互动。Vicino & Bass（1978）采用4个生活空间变量——第一份工作的任务挑战、生活稳定性、上级—下属的人格匹配、直接上级的成功——来更好地预测被评估者在埃克森石油公司管理岗位上的成功程度。与该公司自己所具有的基于态度和人格测验的预测系统相比，这4个变量额外解释了22%的工作成功差异。所获得的复相关系数为0.79。其他一些生活空间变量（例如，个人取向、职业信心、全球取向还是本土取向、工作压力）也值得进一步研究（Cooke & Rousseau，1983；Edwards & Van Harrison，1993）。

3.5.4 工作和位置

Schneider & Mitchel（1980）为人寿保险行业的销售经理岗位开发了一套内容全面的工作职能。这套职能由6种行为性的工作职能构成。利用来自50家公司的1 282名销售经理，这两位研究者考察了这6种职能中的工作活动与5个因素的关系：销售处的起源（新成立的还是以前成立的）；销售处的类型（独立的还是受公司控制的）；保险经纪人的数量；主管的数量；销售经理的任期。之所以选择这5个情境变量作为管理职能的相关因子，是基于它们对人寿保险行业中的管理行为具有传统意义上的潜在影响。对于某种工作职能（例如，一般管理职能）的差异来说，这5个情境变量的加权组合最多能够解释其中的8.6%。也就是说，在销售经理的6种工作职能中，超过90%的差异来自这5个情境变量之外的其他因素。人们已经发现情境变量能够影响不同岗位的管理职能，但这项研究的结果表明，情境特征也能够影响同一种岗位的管理职能。因此，绩效不仅取决于工作要求，而且取决于其他结构和背景因素，例如该公司的政策和实践。

3.5.5 个体之外的差异和销售绩效

Cravens & Woodruff（1973）认识到了这种必要性：针对销售员无法控制的影响因素而调整效标标准。他们试图确定这些影响因素能够在多大程度上解释工作绩效差异。在一项利用销售额（以美元表示）作为效标的多元回归分析中，曲线模型产生的拟合优度为0.83，而且销售经验、平均市场份额以及绩效评估解释了大部分绩效差异。这项研究值得关注，因为通过把个体之外的因素（工作量、市场潜力、公司市场份额以及广告力度）和两个个体差异变量（销售经验和销售努力程度）的影响结合起来，该研究对个体工作绩效实现了更纯粹的估计。

3.5.6 领导

领导和情境因素对员工士气和绩效的影响已经得到很好的阐述（Detert，Trevino，Burris，& Andiappan，2007；Srivastava，Bartol，& Locke，2006）。这几项研究以及前面所引用的那些研究都已经证明，工作绩效差异是由个体特征（年龄、性别、工作经验等）、群体特征以及组织特征（规模、结构、管理实践等）造成的。在能够把工作绩效差异分解为个体因素造成的差异和个体之外的因素造成的差异之前，我们不应当指望那些测量个体差异的预测因子变量与被个体之外的因素影响的绩效测量之间会产生某种相关关系。

3.6 效标开发的步骤

Guion（1961）概括了一种五步骤的效标开发程序：

1. 对工作岗位以及/或者组织需要的分析。

2. 根据在前一步骤中确定的理想行为，为实际行为开发测量方法。这些测量方法应该有助于对组织结果（例如，离职率、缺勤率和产量）的客观测量。

3. 通过因子分析、聚类分析或模式分析为这些测量方法确定效标维度。

4. 为已确定的要素开发具有高构念效度的可靠测量。

5. 为每种效标测量确定每个自变量（预测因子）的预测性效度，一次确定一个。

在步骤 2 中，行为数据（behavior data）要区别于行为结果数据（result-of-behavior data）或组织结果数据，通过行为数据向行为结果数据提供补充是值得推荐的。在步骤 4 中，具有构念效度的测量方法是被推崇的。从本质上说，构念效度能判断某个测试或其他预测工具实际上是否在一种显著意义上测量了某种具体的属性或构念，它能够用来促进人们对行为的理解或预测（Landy & Conte，2007；Messick，1995）。两种泾渭分明的标准——**效用**（utility，即研究者试图找到最高的因而也是最有用的效度系数）以及**理解**（understanding，即研究者自行确定构念效度）——为心理学就这两种方法的相对价值进行持久争论奠定了部分基础。我们将在后面考察复合效标与多重效标的内容中对此予以具体讨论。

3.7 效标评估

如何评估一种既定效标的有用性？这里我们分别讨论三种不同的标准：切题性；灵敏性或鉴别力；实用性。

3.7.1 切题性

对任何效标的首要要求就是它需要具备恰当的切题性（也就是说，它必须在逻辑上与所考察的绩效范围挂上钩）。正如《验证和使用人员选拔程序时的原则》(Principles for the Validation and Use of Personnel Selection Procedures)（SIOP，2003）中所指出的那样，"（一个）切题的效标必须反映员工在重要的工作行为或结果测量方面的相对位置"（p. 14）。因此，至关重要的是对所考察的范围或领域进行清晰、明确的描述。

实际上，美国心理学会（APA）少数族裔群体就业测试特别行动组（Task Force on Employment Testing of Minority Groups，1969）特别强调：用来对就业测验进行评估的最合适（也就是在逻辑上最切题）效标，是对员工在岗位上工作一段适当的时间（比如半年到 1 年）后所形成的工作熟练度进行某种直接测量。当然，最切题的效标测量并不总是最便捷或成本最低的。构建一种设计良好的工作样本测试或绩效管理系统可能需要付出大量的智力、努力和成本（例如，Jackson，Harris，Ashton，McCarthy，& Tremblay，2000）。

很重要的一点是认识到客观测量和主观测量是不能相互替代的，因为它们的相关系数仅为 0.39（Bommer，Johnson，Rich，Podsakoff，& Mackenzie，1995）。因此，如果对兴趣的测量是客观测量，那么就不能用主观测量来替代。例如，如果把销售量作为对绩效的最好测量，那么组织就不应该基于上级对绩效的总体评价来支付员工薪酬。相反，如果从广义上界定的绩效是客观测量，那么组织就不应该仅仅根据销售量来支付员工薪酬。然而，无论使用了多少效标，如果考虑到工作绩效的所有维度，就仍然会有某个重要的方面未获得评估，此时就需要另外进行效标测量。

3.7.2 灵敏性或鉴别力

要想变得有用，效标测量还必须具备灵敏性——也就是说，能够鉴别高效的员工和低效的员工。例如，假设一个制造车间中的产品生产数量被用作一种效标。使用这种效标往往是不妥当的，因为机器速度的缘故，车间里从事相同工作的每个员工所生产的产品数量是大致相同的。在这种情况下，使用所生产的产品数量作为绩效效标就缺乏依据，因为最高效的员工与最低效的员工并没有太大区别。也许员工所产生的次品数量或错误次数是测量工作绩效真实差异的更灵敏指标。因此，只有当某个特定的效标能够揭示工作绩效中可被鉴别的差异时，使用该效标才是具有正当理由的。

不过，有必要指出的是，效标的方差和效标的切题性之间并不存在必然的联系。所测量的某种效标要素可能只有很小的方差，但是从某个不同的测量量表（例如，美元）来看，该效标要素的隐含意义可能是相当大的（例如，工伤事故所造成的以美元计算的损失）。换句话说，效标所测量的内容对组织所具有的效用可能并没有体现在效标被测量的方式中。这凸显了对组织具有重要意义的因素（即对组织具有高效用，并且与组织息息相关）的操作性测量与概念性表述之间的区别（Cascio & Valenzi，1978）。

3.7.3 实用性

使用精心开发出来的效标能够带来哪些实际好处？将这些信息完全告知管理层是很重要的。管理层可能具备，也可能不具备必要的专业知识来评价一个或一系列效标测量的合理性，但是如果用来实施效标测量的记录保存和数据收集工作显著干扰了当前的工作活动，从而变得不可行，那么就必然会招致对效标测量的抵制和反对。过分热情的人力资源研究者有时会把组织仅仅视为实现其研究目的的实验室。这不应该成为使用不恰当或不切题的效标的一个借口。很显然，必须寻求某种平衡，因为人力资源部门掌握着人事职能，要通过有效利用人力资源来帮助组织实现它的首要目标：利润、增长以及/或者服务。因此，必须确保效标测量是切实可行的。

3.8 效标的缺陷

不同的效标测量所涵盖的效标范围是不同的。例如，大学教授的工作包括与教学、科研和服务相关的任务。如果对其工作绩效仅仅使用教学和服务这两个方面的指标来测量，那么就是有缺陷的，因为它们未能包括该工作的一个重要方面。与此类似，如果我们想要测量一位管理者的灵活性，仅仅采用一种特质测量方法就可能是有缺陷的，因为管理上的灵活性是一种更高等级的构念，反映了管理者对两个领域中各种行为的掌握程度，这两个领域是社会/人际技能以及职能/组织技能（Kaiser，Lindberg，& Craig，2007）。

对效标的缺陷进行考察具有重要意义，这在一项研究中得到了重点强调。该研究考察了旨在强化管理技能和销售/技术技能的培训计划所具备的经济效用（Morrow，Jarrett，& Rupinski，1997）。培训计划的经济效用可能会不同，这并不是因为计划本身的效力存在差异，而是因为效标所测量的范围可能是不同的。换句话说，在一名员工参加一项培训计划后，被观察到的绩效变化大小将取决于效标在多大范围内测量工作任务。如果效标仅仅测量在培训中学到的一部分工作内容，那么就会低估该培训计划的价值。

3.9　效标污染

在用于学术研究或制定人力资源政策之前，如果粗心大意地收集效标测量并且没有核查它们的数值，那么效标常常会受到污染。在对军队用来制定新兵安置决策的能力倾向测验进行评估时，Maier（1988）证明了这一点。针对海军陆战队的两种专业工作——无线电修理和汽车修理——这种能力倾向测验是通过实际工作绩效考评来验证的。实际工作绩效考评是由海军陆战队的士官操作实施的，他们在各自的专业领域经验丰富，而且绝大部分时间都用来培训和管理新兵。但是，这些士官并没有就如何实施绩效考评以及为绩效考评打分接受过任何培训。此外，在收集实际数据的这4个月中，他们几乎没有受到任何监管，而且只有一位士官对一名受训者进行评估。所收集到的数据充满了错误，虽然随后的统计检验和校正对这些数据进行了补救处理。这些“被洗干净”的数据会对决策造成影响吗？这是毋庸置疑的。原始数据对这两种专业工作所产生的效度分别为0.09和0.17。不过，当这些数据“被洗干净”后，效度上升到0.49和0.37，从而改变了对能力倾向测验真实效度的解释。

当操作性或实际的效标包含与终极效标不相关的差异时，就会产生效标污染。污染本身可以分为两个截然不同的部分：误差和偏差（Blum & Naylor，1968）。根据定义，**误差**（error）是随机差异（例如，由于在测试中使用了非标准化程序或者个体的情绪波动），它与偶然因素之外的其他因素都不相关。另一方面，**偏差**（bias）则表示系统性的效标污染，与对预测因子的测量相关。

效标偏差在人力资源研究中受到极大关注，因为它的潜在影响无处不在。Brogden & Taylor（1950b）提供了一种简明扼要的定义：

> 偏差因素可以定义为：除去测量误差和抽样误差，导致所获得的实际效标分数与理论上的“真实”效标分数之间存在偏离的任何变量（p.161）。

还应当补充的是，由于实际效标分数与“真实”效标分数的偏差方向没有确定，因而偏差因素既可能会增加或减少实际效度系数，也可能会使其保持不变。不同偏差因素所导致的失真效应是大不相同的，但这种失真基本上是一个关于它们与预测因子之间相关关系的函数。必须通过实验或统计的方式来估计这种失真效应的大小以及控制它们的影响。接下来，我们将讨论三种重要的、很可能会出现的偏差源。

3.9.1 由于了解预测因子信息而引起的偏差

效标数据最严重的污染之一，尤其当数据是以评定的形式出现时，是预先了解或接触到预测因子的分数。例如，在选拔管理人员时，评价中心方法（详见第12章）是一种非常普遍的技术。如果某个体的直接上级预先了解了评价中心对该个体未来潜能所做的预测，而且如果这名直接上级后来被要求评价该个体的绩效，那么由于预先知道了评价中心所作出的预测，该上级就可能会使自己的评价产生偏差。如果该下属被评价中心的员工贴上了“流星”的标签，而且该上级重视这个判断，那么他可能也会将该下属评定为“流星”。另外，如果该上级认为该下属是自己的竞争对手，由于这个原因而讨厌该下属，并且想要阻止该下属的进步，那么评价中心对该下属的判断就可能会充当某种助力，使得该上级对该下属的评价要低于该下属本该获得的评价。无论是哪种情况——有意拔高或者有意贬低——都会引起偏差，并且导致对预测因子的效度做出不真实的估计。根据定义，这种类型的偏差与预测因子是相关的，因而使得预测因子的预测效力优于它的真实水平；然而，这种预测效力是虚幻的。最常规的解决办法就是使预测因子信息远离那些必须提供效标数据的人员。

避免这种偏差的最佳方式很可能是在任何预测因子数据公布之前就获得所有的效标数据。因此，在试图验证评价中心做出的预测时，Bray & Grant（1966）在一个实验性的评价中心收集数据，但是这些数据与随后的晋升决策毫不挂钩。8年之后，通过“晋升还是未晋升到中层管理岗位”这个效标来验证这些预测。结果表明，通过精心保护那些预测因子信息不被负责制定晋升决策的人员获悉，就能够获得“干净得多”的效度估计。

3.9.2 由于群体成员资格而引起的偏差

效标偏差也可能来自这个事实：个体属于某个特定的群体。实际上，有时会有或明或暗的政策主导了哪些人能得到聘用或晋升。例如，有些组织倾向于主要（或者仅仅）录用毕业于某些特定学校的工程学毕业生。我们知道有这么一家组织，它往往从组织内部提升那些在部队服役时也曾获得晋升的人员。

在这种情况下，那些试图把预测因子与员工随后的工作成功联系起来的研究必然会出现偏差。当某个群体对自己的产量设置了人为限制时，也会出现同样的偏差效应。

3.9.3 评价中的偏差

上级评价作为最常使用的效标（Aguinis，2009a；Lent et al.，1971；Murphy & Cleveland，1995），容易受到客观指标的各种偏差来源的影响，而且同样容易受到主观判断的影响（Thorndike，1920）。我们将在下一章更加详细地探讨这个问题，但是在这里，我们有必要强调一点：评价中的偏差可能是源于评估者的观察不一致或不充分，下属证明自身技能的机会不均衡，评估者的个人偏见或成见，或者评估者无法对工作绩效的不同维度进行有效区分和可靠评价。

3.10 效标等值

在对信度缺失进行校正之后，如果两个效标完美（或者非常接近完美）相关，那么它们就是等值的两个效标。效标等值不应该被忽视或仅停留在假设上；它是人力资源研究中的特殊现象。严格地讲，如果两个效标是等值的，那么它们应当包含完全相同的工作要素，恰好测量相同的个体特征，而且在概念性效标中也占据完全相同的部分。对于两个效标来说，如果无论使用哪一个都不会产生任何差别，那么它们就是等值的。

但是，如果两个效标的相关性明显低于完美程度，那么它们就不是等值的。这一点已经在分析培训中的绩效与实际工作中的绩效之间的关系时得到了反复证明（Ghiselli，1966；Hunter & Hunter，1984），在学习任务上也同样得到了证明（Weitz，1961）。因此，在分析效标并使用它们来观测绩效时，不仅必须考虑测量的时机，而且要考虑测量的类型——也就是所选择的特定的绩效测量，以及选择它们的理由。最后，还必须考虑代表成功或失败的绩效水平（假设有必要根据效标对绩效进行划分），并设法估计所选择的绩效水平对最终结论造成的影响。

例如，假设我们要判断一组质检员在一个工作样本任务（一台具有 10 个已知缺陷的设备）中的绩效。我们把绩效标准确定为查出 8 个缺陷——也就是说，如果查出的缺陷数量少于 8 个，绩效就是不合格的。如果把绩效标准确定为查出 5 个缺陷，那么“成功的”质检员的数量可能就会剧增。于是，我们针对质检员总体技能水平的结论同样也会改变。总之，如果掌握了效标测量准则，仅仅这一点就有助于我们更好地进行预测因子测量。

研究者可能会以几种不同的方式来处理两个高度相关的效标。他可能会选择放弃其中一个效标，其理由是认为它基本上是多余的信息；或者将这两种效标测量分开，其理由是收集的信息越多越好。第三种策略是收集与这两种效标测量都相关的数据，并且把所获得的全部数据转换为标准分数的形式，计算该个体的平均分数，把该平均分数作为对该个体在复合维度上处于什么位置的最好估计。无论采用哪种策略，研究者都应该基于合理的理论或实践原理，并且充分理解所选策略的含义。

3.11 复合效标与多重效标

应用心理学家一般都同意这个观点：工作绩效在本质上是多维的，而且对工作绩效的充分测量需要使用多维的效标。接下来的问题就是如何做到这一点。我们应该把不同的效标测量合并为一个复合分数，还是单独处理每一种效标测量？如果研究者选择对不同的效标进行合并，那么应当使用什么规则呢？与效用和理解问题一样，这两种方法多年来也都一直拥有各自强有力的支持者。下面我们将考察其中的一些观点。

3.11.1 复合效标

复合效标最强烈的拥护者——Brogden & Taylor (1950a)，Thorndike (1949)，Toops (1944)，Nagle (1953) ——的基本论点是，效标应当为每个个体的“成功”或“对组织的价值”提供一种标准或全面的测量。这样一种单一指标在决策制定和个体比较时是不可或缺的，而且即便效标的各个维度在验证时需要单独处理，当需要制定一项决策时，这些效标维度也必须以某种形式合并成一个复合效标。虽然将多个效标合并为复合效标是由研究者主观完成的，但定量的权重方案能够使组成复合效标的每个效标的重要性程度变得客观。

如果决定使用几种效标测量来形成复合效标，那么产生的问题就在于是否应该为所有的效标测量赋予相同的权重（Bobko，Roth，& Buster，2007）。我们考虑一下对反映客服质量的两种效标测量进行合并的情况。一种效标测量的数据来自外部客户（即购买公司产品的人），另一种效标测量的数据来自内部客户（即组织内不同部门的人）。为这两种测量赋予相同的权重则意味着该公司对外部客户服务和内部客户服务给予同样的重视。不过，该公司可能会做出这样一项战略决策：在形成复合效标时，给外部客户服务赋予70%的权重，而给内部客户服务赋予30%的权重。这项战略决策很可能会影响预测因子与效标之间的效度系数。具体来讲，Murphy & Shiarella (1997) 通过一次计算机模拟发现，在一套选拔测量的效度中，34%的差异可以被任务绩效和关系绩效合并成复合效标分数的方式解释。简而言之，在形成复合效标时，需要仔细考虑每种效标测量的相对重要性。

3.11.2 多重效标

多重效标的提倡者认为，对明显不同的变量所进行的测量不应当合并。正如Cattell (1957) 所指出的那样，“10个人和2瓶啤酒相加之和不等于2个人和10瓶啤酒相加之和”(p. 11)。我们可以考虑一项对军队招募人员的研究（Pulakos，Borman，& Hough，1988）。在测量招募人员的效力时研究者发现，推销技能、人际关系技能和组织技能都是与成功相关的重要维度。不过，他们还发现，这三种维度是彼此不相关的——也就是说，具有最佳推销技能的招募人员未必就具有最佳的人际关系技能或组织技能。在这种情况下，这些测量所合并形成的复合效标不仅是模棱两可的，而且不具备心理学上的意义。Guion (1961) 明确强调了这个问题：

> 复合效标的谬误在于，它假设要预测的每件事物都与要预测的其他每件事物存在相关关系——在所有效标中存在某个一般因素，它能够实质性地解释工作行为中的所有重要差异以及这些差异的不同重要后果 (p. 145)。

Schmidt & Kaplan (1971) 随后指出，把不同的效标合并成一个复合效标的确意味着工作绩效中存在一种根本性单一维度，但是这并不意味着这个单一的维度在本质上是行为属性或心理属性的。一个复合效标或许能够很好地反映某个根本性的经济维度，但是从行为维度来看却不具备任何意义。因此，Brogden & Taylor（1950a）提出，当所有效标都非常切题地测量经济变量（以美元表示）时，能够把它们合并为一个复合效标，无论它们之间的相关程度如何。

3.11.3 不同的假设

正如 Schmidt & Kaplan（1971），Binning & Barrett（1989）所指出的那样，上述两种观点在以下两个方面存在分歧：(1) 每种观点所体现的根本构念的性质不同；(2) 每种观点对验证过程本身的首要目的持不同看法。我们首先考察第一类假设。为支持复合效标的观点奠定基础的是这一假设：效标应当体现一种经济学构念而不是行为学构念。Brogden & Taylor（1950a，p. 139）的"美元效标"就诠释了这种经济取向："效标应该测量个体对组织的整体贡献。"他们认为，应当运用成本会计的概念和程序来考察员工个体的工作行为，从而测量他的整体效率。"效标问题主要聚焦于成品的数量、质量和成本"（p. 141）。

相反，多重效标的提倡者（Dunnette，1963a；Pulakos et al.，1988）则认为，效标应当体现一种行为学构念或心理学构念——在行为方面同质的构念。Pulakos et al.（1988）认定，当真正制定雇佣决策时，必须开发出一个复合效标，但是，他们也强调，当复合效标的构成成分能够很好地理解时，才会形成最佳的复合效标。

关于验证过程的目的，复合效标的提倡者认为，实施验证过程仅仅是出于实践和经济方面的原因，而不是为了更好地理解不同工作所涉及的心理过程和行为过程。因此，Brogden & Taylor（1950a）对某种特定工作的最终产品与产生这些最终产品的工作过程进行了明确区分。对于工作过程，他们认为，"诸如技能之类的因素是潜在的；它们的影响只有在最终产品中才得以体现。它们并不能满足合理效标的逻辑要求"（p. 141）。

相反，多重效标的提倡者则认为，除了实践和经济方面的目的，加深理解也是验证过程的一个重要目的："寻求更好的理解，其目标是开发一种（或者多种）工作行为理论；人类行为理论是由心理学构念和行为学构念塑造的，而不是由经济学构念塑造的。"（Schmidt & Kaplan，1971，p. 424.）

3.11.4 解决该困境

很显然，工作绩效评估效标和计划评估效标具有多种可能的用处。一般来说，它们既可以用于学术研究，也可以为实践中的管理决策提供帮助。当效标用于学术研究时，强调的重点是从心理学角度来理解预测因子与效标维度之间的关系，而就效标维度本身来说，它们在本质上是行为性的。当效标被用来为管理决策（例如，工作安排，晋升，资金预算，对招募、培训或广告方案的成本效益的评估）提供帮助时，效标维度必须合并为一个复合效标，以体现测量对象对组织的整体（经济）价值。

从本质上说，复合效标还是多重效标困境的解决办法取决于研究者的目的。

根据他们各自的目的，这两种方法都是站得住脚的。如果目的是更好地从心理学角度来理解预测指标与效标之间的关系，那么最好使用多重效标。如果目的是制定管理决策，那么无论各个效标之间的相关程度如何，都应该给它们赋予相应的权重，将它们合并成一个复合效标，从而为测量对象对组织的整体价值提供一种经济学构念。

用于学术研究的效标测量不应当取代那些用于管理实践的效标测量，而是应当补充后者，或者与后者共同发挥作用。这样做的目的，就是增强效用和理解。

3.12 研究设计和效标理论

传统上，人事心理学家一直被一种简单的预测模型指导。该模型试图把一个或多个预测因子所预测的绩效与某种复合效标联系起来。不明显的干扰变量通常忽略不计。

Binning & Barrett（1989）提出了一个更全面的效标模型，它描述了严谨地开发效标所需要的推论。图3—3展示了该模型。参与雇佣决策的管理者最关注评估信息对未来工作绩效的精确预测程度（图3—3中的推论9）。证明推论9的一般方法是找到直接的实证证据来证明评估分数与工作绩效的有效测量之间存在相关性。推论5显示了这种相关关系，传统上这一直是人事心理学家最为关心的实际问题。实际上，**效标关联**（criterion related）这个术语一直被用来表示这类证据。不过，要想获得对推论9的充分信心，就必须证明推论5和推论8。也就是说，一个预测因子应当与一种操作性效标测量（推论5）相关，而操作性效标测量应当与它所代表的绩效范围（推论8）相关。

绩效范围由各种行为—结果单元构成（Binning & Barrett，1989）。组织很重视结果（例如，以美元计算的销售额），而行为（例如，销售技能）是实现这些重要结果的手段。因此，行为体现出不同的价值，这取决于结果的价值。反过来，则意味着要想对某种特定工作的绩效范围进行最理想的描述，就需要对那些重要的结果及相关行为进行仔细、全面的表述。如前所述，复合效标模型聚焦于结果，而多重效标模型聚焦于行为。如图3—3所示，它们共同构成了绩效范围。这也正是这两种模型都不可或缺而且应当继续使用的原因。

推论8反映了效标开发过程。通常来说，它能够被一些理性的证据（以岗位分析数据的形式）证明，而这种证据可以表明所有主要的行为维度或工作结果都已经确定，并且体现在操作性效标测量之中。事实上，岗位分析（见第8章）为证明推论7，8，10和11提供了证据基础。

人事心理学家传统上通过**构念效度**（construct validity）这个术语来表述的隐含意义与推论6和推论7有关。也就是说，如果能够表明一项测验（例如，阅读理解能力测验）测试了一种对工作绩效（推论7）至关重要的具体构念（推论6），例如阅读理解能力，那么根据测验分数而做出的工作绩效推论（推论9）就在逻辑上得到了证明。构念仅仅是行为规则的标签，这些规则为预测因子和效标所取样的那些行为奠定了基础。

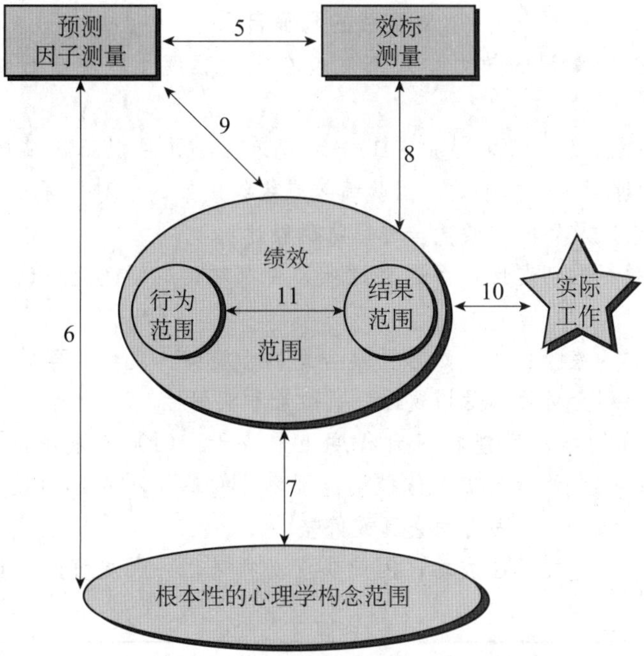

图 3—3 一种校正模型，用来确定关于效标开发的推论

资料来源：Linkages in the figure begin with No. 5 because earlier figures in the article used Nos. 1 - 4 to show critical linkages in the theory-building process. From Binning, J. F., & Barrett, G. V. validity of personnel decisions: A conceptual analysis of the inferential and evidential bases. *Journal of Applied Psychology*, *74*, 478 - 494. Copyright © 1989 American Psych. Assoc. American Psychological Association, Reprinted with permission.

在理解和验证效标的背景下，推论 7，8，10 和 11 是至关重要的。通过这个陈述——在岗位分析的基础上，为绩效奠定基础的构念已经确定——通常就可以证明推论 7。这个过程一般称为**导出工作规范**（deriving job specifications）。另一方面，推论 10 体现了对实际工作要求进行充分分析的程度，从而导致对绩效范围的有效描述。这个过程通常称为制定一份**岗位描述**（job description）。最终，推论 11 体现了工作行为与工作结果之间的联系被证明的程度。在这里，岗位分析同样被用来发现和说明这种联系。

图 3—3 中展示的这个框架有助于我们确定所谓的**效标问题**（criterion problem）的可能位置。这个问题是由于人们往往不注意寻求足够的证据来支持推论 7，8 和 10 而造成的，它会导致人们以一种短视的眼光来看待效标验证过程。可以预见的是，它还会导致两种相互关联的后果：（1）所开发的效标测量从心理测量学角度来看不如预测因子测量那么严谨；（2）所开发的绩效效标在理论关系网络中体现得不够深刻或丰富，而从预测因子的角度来看，这些理论关系网络就是构念。这样的结果是令人遗憾的，因为它们限制了理论的发展和构念的验证，并妨碍人们获得证据来支持关于员工及其工作行为的推论（Binning & Barrett, 1989）。反过来，如果找到证据来支持图 3—3 中所展示的那些重要纽带，就能够使我们制定更明智的人事决策和更好的职业发展决策，最终打造更有效的组织。

对实践的明确启示

- 人力资源管理知识的效力和未来发展在很大程度上取决于仔细、精确的效标测量。
- 很重要的一点是从广义上界定工作绩效范围，并且把工作绩效视为原位绩效（也就是说，对能够影响个体绩效、团队绩效或组织绩效的各种因素——情境因素、关系因素、战略因素以及环境因素——进行明确表述）。
- 密切关注效标的切题性，而这反过来又要求对构成绩效范围的效标维度进行严谨的推理和开发。
- 首先明确你的终极目的，然后开发合适的、能够体现经济学构念或行为学构念的效标测量。效标测量必须满足切题性、灵敏性和实用性。
- 始终关注你的结论可能在多大程度上取决于：(1) 所采用的特定效标测量；(2) 测量的时机；(3) 处于员工个体控制范围之外的条件；(4) 测量工具（人员或者其他工具）或者具体情境所固有的失真或偏差。
- 可能有许多条途径通往成功，因此我们必须采用一种更宽泛、更丰富的视角来看待工作绩效。

讨论题

1. 对工作绩效的客观测量为何常常只是对工作绩效的不完整表述？
2. 分别为一名学生、法官以及职业高尔夫球球员开发一套即时效标、中间效标和总结效标。
3. 讨论动态效标给雇佣决策带来的问题。
4. 正常绩效与最大绩效之间的区别对人员选拔有何意义？
5. 原位绩效概念对理论和实践有何意义？
6. 如何改进工作绩效观察的信度？
7. 在形成绩效的复合效标时，当对不同效标赋予不同权重时应该考虑什么因素？
8. 描述一位大学教授的绩效范围，然后开发出一套用于制定晋升决策的效标测量。你如何评定该效标的切题性、灵敏性和实用性？

第4章 绩效管理

概 览

绩效管理是一个持续确定、测量和改进个体和团队的绩效，并且使绩效与组织的战略目标保持一致的过程。绩效管理系统服务于战略目标和具体的操作目标，而且由于这种系统是在组织的社会现实中实施的，因此既要从测量/技术的角度，也要从人员/情感的角度来考察。

绩效评估是绩效管理系统的一个核心部分，指的是对个体或团队在工作中的优点和不足进行全面、系统的描述。绩效评估包括两个过程：(1) 观察；(2) 判断。这两个过程都容易受到偏差的影响。正是由于这个原因，有些人建议应仅根据生产数据和雇佣数据（例如，发生的事故或受到的奖励）之类的客观指标来评判工作绩效。虽然这样的数据具有直觉上的吸引力，但它们测量的通常并不是绩效，而是处于个体控制范围之外的因素；它们测量的不是行为本身，而是行为的结果。因为存在这些缺陷，所以主观效标（例如，上级评价）常常会被采用。不过，由于上级评价取决于人的判断，因此也容易受到其他各种偏见的影响。每种可行的工作绩效评估方法都设法以某种方式来减少偏差，但没有任何方法能够完全消除偏差。偏差可能源自评估者（例如，评估者缺乏关于员工绩效的第一手资料）、被评估者（例如，性别和任职年限）、评估者与被评估者之间的互动关系（例如，族裔和性别），或者各种情境特征和组织特征。

但是，通过对评估过程的技术层面和人员层面实施培训，能够显著减少偏见。培训也必须解决上级在绩效评估面谈中可能需要承担各种不兼容的角色（换句话说，教练和裁判的角色）的问题。此外，培训还必须解决这个问题：如何为被评估者提供有效的绩效反馈，并且为未来的绩效改进设置双方都认可的目标。

绩效管理是一个“持续确定、测量和改进个体和团队的绩效，并且使绩效与组织的战略目标保持一致的过程”（Aguinis，2009a，p. 2）。绩效管理并不是在每年一度的绩效回顾中发生的一次性事件。相反，绩效会定期接受评定，并且向被评估者提供绩效反馈，以便持续改进绩效。绩效评估指的是对个体或团队在工作中的优势和劣势进行全面、系统的描述。在人力资源管理领域，绩效评估是一个至关重要的主题，或许也是最微妙的主题。研究者对这个主题非常着迷，然而，他们并不能妥善解决绩效评估中那些棘手的技术问题和人际关系问题，这使得有一位研究者把这种情况称为人力资源管理的“阿喀琉斯之踵”（Heneman，1975）。这个表述首次出现于20世纪70年代，但是在今天仍然适用，因为定期与绩效管理系统打交道的上级和下属，无论是作为评估者还是被评估者，常常对这种系统所获得的信息持不信任态度（Mayer & Davis，1999）。他们都非常明白这种绩效评估所蕴涵的政治色彩和现实意义，而且在很多情况下，他们会在绩效评估面谈期间感到极度不安。虽然绩效评估存在这些缺点，但对大型组织和小型组织的管理者进行的调查却一致表明，管理者并不愿意放弃绩效管理，因为他们把绩效管理视为一种重要的评估工具（Meyer，1991；Murphy & Cleveland，1995）。

许多关于绩效管理的观点都没有涉及情感因素，也就是人的问题，而这类问题却与绩效管理息息相关（Aguinis，2009b）。在传统上，研究者主要聚焦于技术事项，例如不同评估系统的优势和劣势、误差的来源、绩效观察和测量中的信度缺失问题（Aguinis & Pierce，2008）。当然，这些都是至关重要的事项。但是，在绩效管理中，人的问题同样重要，因为绩效管理并不仅仅是一种技巧——它是一个过程，一种将人员和数据包括在内的对话，而且这个过程还包含社会层面和动机层面（Fletcher，2001）。此外，绩效管理应当放置在由组织的愿景、使命和战略重点构成的更广阔背景中。如果一个绩效管理系统没有与工作部门和组织的目标形成直接、明确的联系，那么它是不会取得成功的。

在本章中，我们将重点考察绩效测量，以及绩效管理的社会/动机层面，因为当员工在组织中进行互动时，他们就会对彼此的工作熟练程度做出直接或间接的判断。作为人力资源专业人员，我们的任务就是在当前的研究和进展所允许的范围内使正式的绩效管理过程变得最有意义和最切实可行。

4.1 绩效管理的目标

精心设计和实施的绩效管理系统能够帮助实现以下几个重要目标：

1. 绩效管理系统能够帮助实现战略目标，因为它们有助于把员工的活动与组织的使命和目标联系起来。精心设计的绩效管理系统能够确定实施组织战略重点所必需的行为和结果，并且使员工尽最大努力来实施令人满意的行为和产生预期的结果。

2. 绩效管理系统能够帮助实现重要的沟通目标，因为它们能够让员工知道自己的表现如何，以及组织对自己的绩效有何期望。它们体现了管理者以及组织的其他利益相关者认为很重要的那些工作层面。

3. 绩效管理系统能够充当雇佣决策的基础。雇佣决策的例子包括：晋升高绩效员工；解雇低绩效员工；对员工进行培训、换岗或处分；奖励绩效进步的员工。简而言之，绩效管理系统所收集到的信息能够作为预测因子，进而作为组织正式奖惩系统的重要输入（Cummings，1973）。

4. 关于员工绩效的数据可以充当人力资源研究（例如，测验的验证）的效标。

5. 绩效管理系统还可以帮助实现发展和改进，因为它们有助于为培训计划设置目标（当从理想的行为或结果这个角度，而不是从整体的人格特质这个角度来表示目标时）。

6. 绩效管理系统能够为员工提供具体的反馈。为了改进未来绩效，员工需要知道自己在以往工作中的缺点以及如何在未来改正它们。对于上级来说，指出员工的优点和缺点是一种辅导职能；对于下属来说，获得有意义的反馈并按照反馈去做会形成一种有激励作用的经历。因此，绩效管理系统能够充当个人发展的工具。

7. 绩效管理系统有助于组织的诊断、维持和发展。明确阐述员工的绩效水平，指出各部门的培训需求，并且表明组织在招聘员工时需要考察的必要技能，对于人力资源规划和人力资源评估来说是至关重要的。这也提高了组织鉴别高绩效员工和低绩效员工的能力。因此，员工绩效评估代表着一个过程的开始，而不是一种最终产品（Jacobs，Kafry，& Zedeck，1980）。

8. 最后，绩效管理系统使组织能够对人力资源决策和法律要求进行恰当的档案记录。

4.2 绩效管理系统的现实

独立于任何具体的组织背景，绩效管理系统在组织中的实施会使评估者面临五种现实情况（Ghorpade & Chen，1995）：

1. 绩效评估活动在任何组织中都是不可避免的，无论是大型组织还是小型组织，公共组织还是私人组织，国内组织还是跨国组织。组织需要了解员工是否胜任工作。此外，在当前的法律环境下，员工可能就不利于自己的雇佣举措（例如，解雇或裁员）提出指控，而绩效评估是组织对此所采取的防卫措施的重要内容。

2. 绩效评估与员工个体的结果（奖励或惩罚）及组织的结果（组织需要根据员工的绩效来提供合适的奖励和惩罚）是挂钩的。

3. 随着工作复杂性的提高，提供精确的、基于员工价值的绩效评估会越来越困难，即便对于那些很专业的评估者来说也是如此。

4. 参与对同事的评估时，总是会存在这种危险：评估者被自己所采取的政治行为影响——奖赏同盟者，并惩罚敌人或竞争对手（Longenecker & Gioia，1994；Longenecker，Sims，& Gioia，1987）。

5. 绩效管理系统的实施需要花费许多时间和精力，而且参与者（绩效评估者和被评估者）必须相信该系统是公正、有用的。否则，该系统可能会带来许多负面影响（例如，员工可能会离职，可能浪费大量时间和金钱，可能会出现对组织不利的司法结果）。

4.3 实施有效的绩效管理系统时面临的障碍

成功实施绩效管理系统面临的障碍可能是组织方面、政治方面或者人际关系方面的。当员工被要求对组织系统内部固有因素造成的错误承担责任时，组织障碍就产生了。政治障碍源于评估者在可能存在冲突时故意提高或保护自身利益。人际关系障碍源于上级和下属在现实中的面对面接触。

4.3.1 组织障碍

在Deming（1986）看来，绩效管理系统内的绩效差异可以归因于共同原因或特别原因。共同原因是指组织系统内存在的缺陷，而这些缺陷是由先前的决策、原材料的缺陷、组织系统设计的缺陷或者管理方面的缺陷造成的。特别原因是指某个特定事件、某个特定操作员或系统内某个子群体的属性。Deming（1986）认为，美国工业中存在的质量问题有90%以上是共同原因导致的。如果情况确实如此，那么根据员工的产出来评定他们可能就是不公平的。

虽然有这些共同的组织障碍对绩效造成影响，但个体或群体可以采用不同的策略来处理这些共同原因。不同策略的采用可能会导致不同员工的绩效水平出现差异，即便那些组织障碍保持不变。例如，一项研究对88名公路建设工人进行了考察，其中有些员工能够在面临频繁、严重的情境问题时保持群体凝聚力，从而使绩效制约因素的影响最小化（Tesluk & Mathieu，1999）。因此，共同原因可能并不像全面质量管理的提倡者所宣扬的那样是绩效的重要决定因素。

4.3.2 政治障碍

政治因素是组织生活的现实（Westphal & Clement，2008）。绩效评估发生在组织的环境中，不可能是完全理性、直截了当或者不偏不倚的。对管理者来说，在绩效评估中追求精确性的重要程度似乎不如激励和奖励自己的下属。许多管理者不愿意实施过于精确的绩效评估，以免给自己带来麻烦，而且他们会设法使用绩效评估过程来为自己牟利（Longenecker et al.，1987）。

一项研究对5个不相干组织的979名员工进行了考察，它提供了证据来支持这个观点：上级和下属之间的目标一致性有助于减少组织中政治因素的影响（Witt，1998）。因此，当评估者和被评估者具有共同的组织目标和重点时，绩效评估过程受政治障碍的影响可能会较少。

4.3.3 人际关系障碍

人际关系障碍也会妨碍绩效管理过程。由于缺乏沟通，员工可能会认为上级正在采用这一套标准来评估自己，而上级实际上采用的却是另一套不同的标准。此外，上级常常会拖延或拒绝进行面对面的绩效评估。上级常常会发现，与向低绩效员工提供较低的绩效评估、消极的绩效反馈以及低于平均水平的加薪相比，更轻松、容易的方法则是向低绩效员工提供平均水平或高于平均水平的绩效评估，以“稍微表扬”（Benedict & Levine，1988）。而且，有些管理者抱怨说，上级与下属之间应该建立一种更具建设性的指导关系，而正式的绩效评估面谈往往会影响这种关系。他们声称，绩效评估面谈强调了上级高高在上的地位，因为他把自己置于裁判（judge）的角色，这与上级的另外两种同等重要的角色——教师（teacher）和教练（coach），存在冲突（Meyer，1991）。

因此，这是绩效评估的两难问题：绩效评估被广泛认可为一种有用的工具，但组织障碍、政治障碍和人际关系障碍却常常妨碍它的成功实施。许多关于绩效评估的研究都聚焦于测量方面。这非常重要，但是通过改进绩效管理系统中的态度因素和人际关系因素，人力资源专业人员能够作出更大贡献。下面我们将首先考察所有绩效管理系统的基本要求。

4.4 成功的绩效管理系统的基本要求

任何一个绩效管理系统要想取得成功，就必须具备以下9种特征（Aguinis，2009a）：

1. **与战略一致**：绩效管理系统应当测量和鼓励那些有助于实现组织目标的行为。

2. **全面性**：所有员工都应当接受评估，所有关键的工作职责都应当被测量，而且应当评估员工在整个期间的绩效。

3. **实用性**：绩效管理系统应当是随时可用、灵活、被认可和容易使用的，而且它产生的收益应当高于成本。

4. **意义性**：绩效测量应当只涵盖员工可以控制的那些事项；绩效评估应当定期进行；该系统应当为评估者和被评估者提供不断改进技能的机会；绩效评估结果应当被用于重要的人力资源决策；该系统的实施应当被每个员工视为其工作的一个重要组成部分。

5. **具体性**：就组织对评估者和被评估者的期望是什么以及如何实现这些期望，该系统应当向他们提供具体的指导。

6. **鉴别力**：该系统应当能够明确鉴别有效绩效和无效绩效，以及高绩效者和低绩效者。

7. **信度和效度**：绩效分数应当在较长一段时期内保持一致，而且观察相同行为的不同评估者也应当提供一致的绩效分数。

8. **包容性**：成功的绩效管理系统允许评估者和被评估者的积极参与，包括参与该系统的设计（Kleingeld，Van Tuijl，& Algera，2004）。这种积极参与应当包括：允许被评估者提供自身的绩效评估，在绩效评估面谈中承担一种积极主动的角色；评估者和被评估者有机会参与该系统的设计。

9. **公正性和可接受性**：参与者应当认为该系统的过程和结果是客观、公正的。

一些研究对上述特征进行考察后发现，这些特征能够导致绩效管理系统的成功（Cascio，1982）。例如，在意义性方面，一项涵盖了176名澳大利亚政府工作人员的研究指出，绩效管理系统的意义性（即该系统的实施所导致的明显结果）是员工接受或抵制该系统的一个重要预测因子（Langan-Fox，Waycott，Morizzi，& McDonald，1998）。在包容性方面，对27项研究（包括32个样本）进行的元分析发现，员工参与与员工对该系统的反应（对信度缺失进行了校正）之间的相关系数是0.61（Cawley，Keeping，& Levy，1998）。具体来说，设计一种允许被评估者发出自己“声音”的绩效评估系统，能够带来的利益包括：提高员工对该系统的满意度；提高该系统的效用；增强员工改进绩效的动机；提高该系统的公正性（Cawley et al.，1998）。

上述这9种特征共同表明，绩效评估应当置于更广泛的绩效管理系统中，而如果没有很好地理解绩效评估的背景，则很有可能导致该系统失败。意识到这一点之后，我们接下来考察绩效评估的行为基础。

4.5 绩效评估的行为基础

绩效评估包括两个截然不同的过程：（1）观察；（2）判断。观察过程是基础，它包括对具体行为事件的测查、感知以及回忆（或者承认）。判断过程包括对信息的分类、整理和评估（Thornton & Zorich，1980）。在实践中，观察和判断体现了一种三阶段序列的最后一个阶段。该序列是以下三个阶段：

- 岗位分析——描述某个特定工作的工作要求和人员要求；
- 绩效标准——将这些要求转换为可接受的/不可接受的绩效水平；
- 绩效评估——描述每个个体在工作中的优点和缺点。

岗位分析确定了某个特定工作的成分。不过，我们在绩效评估中的目标不是对工作进行区分，而是对员工进行区分，尤其是从事相同工作的员工。绩效标准提供了这个过程的关键纽带。确定绩效标准最终还是管理层的职责：通过岗位分析来确定绩效的重要方面，并且为每个方面设置可接受的/不可接受的绩效水平。对于有些工作（例如，生产或维修）而言，管理者可以根据工程学研究来设置标准。而对于另外有些工作（例如，科研、教学或管理）来说，标准的设置是一个更加主观的过程，而且常常是上级和下属之间协商达成的。图4—1提供了一个例子来说明这种标准设置方式。请注意，这些标准是截然不同的，但都有助于实现工作目标。对从事相同工作的员工来说，他们的绩效标准通常是一样的，但工作目标常常是单独决定，或者由本群体决定的（Bobko & Colella，1994）。

在所有生产型组织和服务型组织中，绩效标准都是至关重要的，因为它们有助于确保上级在对从事相同工作的员工进行判断时保持一致性。遗憾的是，当不存在明确的绩效标准时，往往就会出现关于在工作中受到不平等对待和不当歧视的指控（Cascio & Bernardin，1981；Martin & Bartol，1991；Nathan & Cascio，1986）。我们怎么强调绩效标准的重要性都不为过。

<table>
<tr><td colspan="3">责任（来自岗位描述）：实施公司的公平就业机会和平权行动计划</td></tr>
<tr><th>任务</th><th>产出</th><th>绩效标准</th></tr>
<tr><td>评估各部门的立场，并且针对员工潜在的晋升机会提出建议</td><td>带有建议的报告</td><td rowspan="4">卓越——所有任务都在规定时间内很好地完成，而且不需要调整就可获得管理层的认可。积极参与对员工的教育计划，并且提供积极建议。
态度非常积极，不带有歧视性的言语或观点。
满意——所有任务在最后期限时完成，偶尔需要细微的调整。当被要求时才参与对员工的教育计划，并且当员工要求时才向他们提供咨询。
不合格：任务没有按时完成，总是需要进行调整。实施的计划获得认可，但是没有付出什么努力来提供支持。观点有时会体现出某种偏见。员工向其他人而不是上级寻求咨询。</td></tr>
<tr><td>参与和宣传公司在公平就业机会和平权行动方面的原则，以教育员工</td><td>参与相关计划的实施</td></tr>
<tr><td>对公司员工进行公平就业机会和平权行动计划的讲解和指导</td><td>信息</td></tr>
<tr><td>向公司管理层提交平权行动建议</td><td>建议</td></tr>
</table>

图 4—1　绩效标准的例子

资料来源：Scott，S. G.，& Einstein，W. O. Strategic performance appraisal in team based organizations ...*Academy of Management Executive 15*，111. © 2001.

绩效评估这个三阶段序列中的最后一个阶段，是在重要的工作要求方面收集员工信息的实际过程。工作绩效信息的收集是通过观察来完成的。对个体绩效水平进行评价则是一个判断过程。

4.6　谁来评估

考虑到绩效评估的目的，由谁来评估是至关重要的。除了要采取一种合作的态度以及接受评估技术培训，评估者还必须拥有关于被评估者的直接经验或第一手资料。对于许多工作来说，处于不同视角的个体都会拥有这种第一手资料。下面就是对其中五种不同视角的描述，这有助于回答“谁来对绩效进行评估”这个问题。

4.6.1　直接上级

通过把来自同事、下属及客户的评估包括进来，所谓的**360 度反馈**（360-degree feedback）系统扩展了绩效评估的基础，当然就增加了可用的绩效信息的数量和类型。不过，最终说来，直接上级负责管理整个绩效评估过程（Ghorpade & Chen，1995）。

尽管来自同事和下属的评估也是有帮助的，但直接上级或许最能够从组织整体目标的角度来评估每名下属的绩效。因为直接上级很可能也负责制定诸如薪酬、晋升和处分之类的奖励或惩罚决策，所以他必须能够把员工的有效（或者无效）绩效与自己所采取的人事行动紧密联系起来。不能在绩效与惩罚或奖励之间形成这种纽带，是绩效管理系统最严重的缺陷之一。因此，毫不奇怪的是，研究已经表明，直接上级的反馈与员工绩效之间的相关程度要远远高于其他任何来源的反馈与员工绩效之间的相关程度（Becker & Klimoski，1989）。

不过，对于诸如教学、执法、销售之类的工作以及自我管理型团队中的工作来说，直接上级或许很少能够直接观察到下属的绩效。此外，直接上级提供的绩效评估可能不仅反映了该员工是否有助于实现组织目标，而且反映了该员工是否有助于实现该上级所重视的目标，而这些目标与组织目标或许一致，或许不一致（Hogan & Shelton，1998）。此外，如果直接上级自己最近获得了一份正面的绩效评估，那么他也可能会为自己的下属提供一份正面的绩效评估（Latham，Budworth，Yanar，& Whyte，2008）。幸运的是，我们还能够使用其他一些视角来为员工个体的总体绩效提供更加全面、完整的描述。

4.6.2 同事

同事评价实际上是指群体成员评价彼此的工作绩效时所采用的三种基本方法。这三种方法是：**同事提名**（peer nominations），它对于确定在知识、技能、能力和其他特征（KSAO）方面处于最高或最低水平的员工最有效；**同事评价**（peer rating），它在提供反馈方面最有效；**同事排序**（peer ranking），它最适用于在每个绩效维度上按照从高到低的顺序确定各个员工的绩效水平。

关于同事评价方法的文献综述对这种方法的信度、效度以及偏差避免程度得出了积极结论（例如，Kane & Lawler，1978）。不过，这种方法仍然存在一些问题。首先，同事评价的两种特征似乎都各自与该方法使用者的被认可程度显著相关（McEvoy & Buller，1987）。具体来说，所感觉到的友谊偏见与该方法使用者的被认可程度负相关，而这个事实——评价是为了员工发展，则与使用者的被认可程度正相关。当员工获悉自己获得糟糕（或者有利）的同事评价时，他们会有何反应？在受控制的条件下进行的研究表明，对同事评价信息的获悉会对群体行为产生可预测的影响。负面的同事评价反馈会显著降低该群体在随后一项工作任务中的绩效、凝聚力、满意度和同事评价。正面的同事评价反馈会使得这些变量的水平在该群体随后一项工作任务中获得轻微提高（DeNisi，Randolph，& Blencoe，1983）。有一种解决办法或许既可以提高同事评价反馈的价值，又减少所感觉到的友谊偏见，那就是明确、具体地阐述（例如，采用关键事件法）同事评价所依据的绩效标准。同事评价的结果首先可用于该员工与上级共同进行的绩效反馈面谈，其次可用于关于该员工的雇佣决策。

同事评价的第二个问题是它比来自其他视角的评价产生了更多的**共同方法变异**（common method variance）。方法变异指的是在绩效测量中由所采用的测量方法本身导致的、与被评估的行为无关的绩效差异（Conway，2002；Podsakoff，MacKenzie，Lee，& Podsakoff，2003）。例如，Conway（1998a）重新分析了三个绩效维度（对熟人的利他主义、责任心以及对陌生人的利他主义）的上级评价、同事评价和自我评价。他发现，在同事评价中，方法变异的比例是0.38；而在自我评价中，方法变异的比例是0.22。这个研究结果表明，当由同事进行评价时，不同绩效维度之间的关系会因为共同方法变异而被明显夸大（Conway，1998a）。

有几种数据分析方法可以用来估计在同事评价中方法变异的大小（Conway，1998a，1998b；Scullen，1999；Williams，Ford，& Nguyen，2002）。对共同方法变异的测量至少能够为人力资源研究者和实践者提供一些关于该问题严重程度的信息。此外，Podsakoff et al.（2003）提出了两类办法来解决共同方法变异问题：

- **程序方面的解决办法**。这种方法包括：从不同的来源获得对预测因子和效标变量的测量；把对预测因子的测量与对效标变量的测量分开（例如，时间上、心理上或者方法论上的分离）；确保评估者的匿名性，以减少社会赞许性的有利评价；平衡各问题的顺序；改进量表项目的质量。
- **统计方面的解决办法**。这种办法包括：采用哈曼（Harman）的单因素检验（也就是说，检验所有的项目是否可以聚合为一种公因子）；计算偏相关系数（例如，把社会赞许、一般情感作用或者一般因素分数分离出去）；对一种可直接测量的、潜在的方法变异因素的影响进行控制；对一种未被测量的、潜在的方法变异因素的影响进行控制；采用相关独特性模型（也就是说，研究者确定方法变异的来源，从而能够对测量误差的合适校正模式进行估计）；运用直接乘积模型（换言之，对特质与方法因素之间的交互作用进行建模）。

总体的建议是遵循上面列出的所有程序方面的解决办法；而采用哪些统计方面的解决办法，则取决于研究者所面临的具体研究情境的具体特征（Podsakoff et al.，2003）。

从我们的讨论可以看出，同事评价或许最好只被视为绩效评估系统中众多信息来源的一种，它与其他信息来源一样，可以提供自己独特的信息或视角。因此，在评估特质、行为或结果时，应当考虑同事评价适用于哪些群体和情境。但无论怎样，我们都不可能具体说明什么类型的特征最适合实施同事评价。

4.6.3 下属

下属为管理者的绩效提供了一个相当不同的视角。他们直接了解管理者授权的程度、管理者的计划和组织能力、管理者最得心应手的领导风格以及管理者的沟通水平。而这也正是下属评价常常比其他信息来源能够解释更多的绩效测量差异的原因所在（Conway，Lombardo，& Sanders，2001）。这种方法常常被大学（学生评估老师）采用，有时也被一些大型组织采用，因为在这种组织中一名管理者可能拥有许多下属。不过，倘若是小型组织，那么在下属评价奏效之前必须建立很高程度的信任和开放性。

下属评价确实能够奏效。例如，在一项现场研究中，下属对管理者进行了两次评价，这两次评价间隔 6 个月，评价工具是一个包含 33 个项目的行为观察量表，该量表主要考察管理者的这些方面：对质量的承诺；沟通；对下属的支持；公正性。根据下属对管理者的评价，在第一次下属评价中被评为绩效水平低或中等的管理者在这 6 个月时间内适度提高了自己的绩效水平，而且这种提高并不能仅仅归因于向平均值的回归。而且随着时间的推移，管理者和下属都更有可能发现，管理者有机会表现出这种往上流动的反馈工具所测量的行为（Smither et al.，1995）。

研究者已经发现，下属评价可以作为未来 2 年、4 年和 7 年的上级评价的有效预测因子（McEvoy & Beatty，1989）。原因之一可能在于，针对每个管理者在每个绩效维度上都进行了多重评价，然后这些下属评价会被平均，作为对下属视角的测量。对下属评价进行平均具有几个优势。首先，取平均值比单一的评价更可信。其次，取平均值有助于确保下属评估者的匿名性。匿名是非常重要的；下属可能认为对上级的评估过程具有威胁性，因为上级能够对他们实施管理控制（例如，加薪、晋升等）。实际上，当下属评估者的身份暴露时，往往会导致管理者获得被夸大的绩效评估（Antonioni，1994）。

任何采用下属评价的组织都应该特别注意这种评价的真实目的。有证据显示，以薪酬管理或晋升为目的的评价要比以指导管理者自我发展为目的的评价更为宽容（Zedeck & Cascio，1982）。一般来说，如果是为了管理者的自我发展，而不是对管理者的雇佣管理，下属评价的质量会好得多（Greguras，Robie，Schleicher，& Goff，2003）。

4.6.4 自我

让每个员工对自己的绩效进行自我评价是有道理的。从积极方面来看，让员工有机会参与绩效评估，尤其是与目标设置结合时，能够增强员工的动机，减少员工在绩效面谈中的防御性和抵触性。本章后面将要讨论的一些研究明确支持了这个观点。另一方面，把自我评价与上级评价、同事评价及下属评价进行比较会发现，自我评价往往表现出更多的宽容、更少的差异、更多的偏差，而且与其他评价的一致性更低（Atkins & Wood，2002；Harris & Schaubroeck，1988）。这似乎是西方文化的一条标准。但是，在中国却发现了谦卑偏差（即自我评价低于上级评价）（Farh，Dobbins，& Cheng，1991），不过这可能并不是所有东方文化中的一条标准（Barron & Sackett，2008）。

从某种程度上讲，这些不一致可能源于这种倾向：评估者对工作绩效的不同方面进行了评估，或者对这些不同方面赋予的权重不一样。当上级和下属对绩效评估系统或过程具有完整的认识时，自我评价和上级评价会表现出更高的一致性（Williams & Levy，1992）。此外，当用于自我发展而不是雇佣管理时，自我评价会更加严格（Meyer，1991）。而且，当员工在自我监控（即注意根据具体情境来调整自己的行为）和社会赞许（即注意设法让自己显得形象好）方面表现较好时，他在关系绩效方面的自我评价要比同事评价更宽容（Mersman & Donaldson，2000）。最后，如同采用相关系数所测量的那样，不同评价来源之间缺乏一致性，这可能是由于全距限制所致（Lebreton，Burgess，Kaiser，Atchley，& James，2003）。具体来说，当样本方差小于总体方差时，相关系数会降低（Aguinis & Whitehead，1997），而绩效评估确实会经常受到全距限制的影响。也就是说，在大多数情况下，分布不是正态，而是负偏态的。Lebreton et al.（2003）发现，采用非相关分析方法估计不同评估者之间一致性的结果表明，不同评价来源之间的一致性与同一种评价来源内部的一致性大约一样高。

但是，情况并不是糟糕到了极点。为了提高自我评价的效度，可以考虑以下四项基于研究而获得的建议（Campbell & Lee，1988；Fox & Dinur，1988；Mabe & West，1982）：

1. 不要要求员工使用绝对（absolute）量表来评价自己，而是要向他们提供相对（relative）量表（例如，绩效等级为“低于平均水平”“平均水平”及“高于平均水平”的量表），从而使他们把自己的绩效与其他人进行比较。此外，提供关于其他同事相对绩效的信息可以提高自我评价与上级评价之间的一致性（Farh & Dobbins，1989）。

2. 为员工的自我评价提供多个机会，因为被评估的技能很可能会因为工作实践而获得显著提高。

3. 确保保密性——换句话说，要确保员工的自我评价不会被“公开”。

4. 关注未来——尤其是强调对未来行为的预测。

不过，在这些问题得到解决之前，自我评价似乎更适用于咨询和员工开发，而非雇佣决策。

4.6.5 客户

在某些情况下，能够为员工绩效评估提供另一种视角的群体是组织所服务的客户。在那些需要与公众或某些特定人员进行频繁接触和交流的工作中（例如，采购经理、供应商或者销售代表），有时可以由组织所服务的客户来对员工进行绩效评估。尽管不能期望客户完全认同组织的目标，但是客户确实可以提供有用的信息。这些信息能够影响雇佣决策（例如，晋升、换岗或培训），也可用于人力资源研究（例如，在效度研究或者在职业培训结果测量中作为效标），还可作为员工自我开发活动的基础。

4.6.6 绩效评估：个人任务与群体任务

到目前为止，我们一直假设绩效评估是由个人实施的。也就是说，每一种评价来源——无论是直接上级、同事、下属、自己还是客户——都会单独、个别地对员工绩效做出判断。然而，在实践中，绩效评估并不是一项严格的个人任务。对来自6个不同组织的135名评估者进行考察的一项调查指出，98.5%的评估者表示，自己至少会使用一种二手（间接）的绩效信息来源（Raymark，Balzer，& De La Torre，1999）。换句话说，上级在做出绩效判断时常常会利用来自外部来源的信息。此外，上级可能会根据所获得的间接信息而改变自己做出的绩效评估。例如，一项对至少具有两年管理经验的管理者进行的研究表明，当被评估者的同事提供的信息被认为有用时，上级可能会改变自己对被评估者的绩效评估（Makiney & Levy，1998）。一项后续研究对加拿大一所高校的学生进行了考察，结果表明，当间接信息与评估者对员工绩效的直接观察一致时，间接信息被认为是最有用的（Uggerslev & Sulsky，2002）。例如，当一位上级对某位被评估者的工作绩效做出正面的评估时，正面的间接观察会比负面的间接信息产生更显著的影响。此外，间接信息更有可能把绩效评估从正面改变为负面，而不是从负面改变为正面（Uggerslev & Sulsky，2002）。总之，虽然直接观察是影响绩效评估的主要因素，但间接信息也可能会影响绩效评估。

如果绩效评估过程不完全是一项个人任务，那么把绩效评估正式规定为一项群体任务是否会奏效？一项研究表明，群体在记住较长时期内的具体行为方面要比个体更有效，但是群体也会表现出更多的反应偏向（response bias）（Martell & Borg，1993）。在另一项相关的研究中，个体观看了一盘14分钟的军事培训录像带，军事培训的内容是5名男子设法搭建一个由绳子和木板构成的桥，以便使他们和一个箱子渡过水塘。在观看录像带之前，通过提供正面的或负面的绩效线索来给被试提供间接信息（例如，“你将看到的这个小组被认为是所有小组中绩效最高（最低）的小组”）。然后，由被试单独进行绩效评估，或者由4名被试组成的小组进行绩效评估（群体任务要求4名成员达成一致意见）。结果显示，单独进行的绩效评估受到绩效线索的影响，由群体进行的绩效评估则没有受到影响（Martell & Leavitt，2002）。

这些结果表明，群体在绩效评估中是有帮助的，但群体并不是解决绩效评估精确性问题的灵丹妙药。在满足两种条件的情况下，群体能够成为提高绩效评估精确性的一种有效机制。第一，任务要有一种明确的答案。例如，是否出现了该行为？第二，绩效线索的范围不应太大。如果被评估的某个绩效方面是主观的（例如，“该员工的管理潜力如何？”），而绩效线索的范围又很大，那么群体评价实际上可能会放大而不是减少个体偏差（Martell & Leavitt，2002）。

总之，在现实中有很多种绩效信息来源，而且每种来源都提供了一种不同的视角，同时也提出了一些不同的难题。表4—1展示了这些不同的信息来源及其潜在用途。一些研究指出，来自多种信息来源（例如，自我评价、上级评价、同事评价以及下属评价）的数据更符合需要，因为它们能够更完整地反映出被评估者对其他人的影响（Borman，White，& Dorsey，1995；Murphy & Cleveland，1995；Wohlers & London，1989）。

表4—1　绩效评估数据的来源和用途

用途	来源				
	上级	同事	下属	自己	客户
雇佣决策	√	—	√	—	√
自我开发	√	√	√	√	√
人力资源研究	√	√	—	—	√

4.6.7 不同来源的绩效评估的一致性和等值性

为了估计不同评估者在绩效维度内部的一致性程度（聚合效度），以及为了估计评估者根据不同绩效维度来对绩效进行区分的能力（区分效度），需要准备一个以绩效维度为行、以评估者为列的矩阵（Lawler，1967）。不过，如同先前所述，评价同一个体的不同评估者可能来自组织的不同级别，而且他们可能在对被评估者工作绩效的不同层面进行评价（Bozeman，1997）。这可能在部分程度上解释了为什么下属评价与自我评价之间的总相关（对信度缺失进行了校正）仅为0.14，以及下属评价与上级评价之间的总相关（同样对信度缺失进行了校正）仅为0.22（Conway & Huffcutt，1997）。因此，分布在组织各个级别上的不同评估者在所有绩效维度上实现绩效评估的一致性，这不仅是一种过于严格的期望，也可能是错误的。然而，虽然不应该总是期望实现一致性，但我们应当期望所使用的测量背后的潜在构念在不同评估者之间是等值的。换言之，不同信息来源所测量的潜在特质是否与观察到的量表分数之间以相同的方式相关？一般来说，如果首先没有确定**测量等值性**（measurement equivalence），即**测量稳定性**（measurement invariance），那么估计不同评估者之间的一致性程度是没有任何意义的，因为缺乏一致性可能是由于缺乏测量等值性引起的（Cheung，1999）。缺乏测量等值性意味着所测量的潜在特征不在同一个心理测量量表上，而这反过来又暗示着不同评价来源之间的差异可能是人为的、受到污染的或者是一种误解（Maurer，Raju，& Collins，1998）。

幸运的是，有证据表明，测量等值性在许多绩效评估系统中是有保障的。具体来讲，在采用同事评价和下属评价来测量管理者的团队建设技能时，研究者发现了测量等值性（Maurer et al.，1998）。另一项研究考察了包含48个行为取向的项目，自我、同事、上级以及下属根据这些项目来评价管理者在10个绩效维度上的绩效水平。该研究也发现了测量等值性（Facteau & Craig，2001）。一项元分析考察了上级和同事对员工的总体工作绩效、生产率、努力程度、工作知识、质量和领导能力的测量，同样发现了测量等值性（Viswesvaran，Schmidt，& Ones，2002）。不过，在使用上级和同事来测量员工的人际关系能力、管理能力、对权威的服从和接受时，存在缺乏测量等值性的情况（Viswesvaran et al.，2002）。就目前来说，我们仍然不清楚什么原因能够解释不同研究、不同构念具有不同的测量等值性，这是未来研究能够取得丰硕成果的一个领域。一种可能的原因是：用于员工开发、基于行为的绩效评估比那些用于学术研究、反映了更广泛的行为维度（例如，人际关系能力）的绩效评估更有可能实现测量等值性（Facteau & Craig，2001）。但是，有一个结论是显而易见的：这些研究的一个重要启示是，在假设各种绩效评估能够直接比较之前，首先需要确定测量等值性。有几种方法可以做到这一点，包括那些基于验证性因子分析（CFA）和项目反应理论的方法（Barr & Raju，2003；Cheung & Rensvold，1999，2002；Maurer et al.，1998；Vandenberg，2002）。

一旦确定了测量等值性，我们就能够估计不同评估者之间的一致性程度。为了达到这个目的，评估者可以使用一种混合的多特质—多评估者分析（见图4—2）。在这种分析中，评估者只评估自己可以有效评估、能够体现测量等值性的绩效维度（Borman，1974）。在这种混合分析中，处于组织同一层级的评估者之间的一致性可以作为一种聚合效度指标。该混合矩阵特别适用于分析绩效评估，而且它比传统的多特质—多评估者分析更有可能获得聚合效度和区分效度。

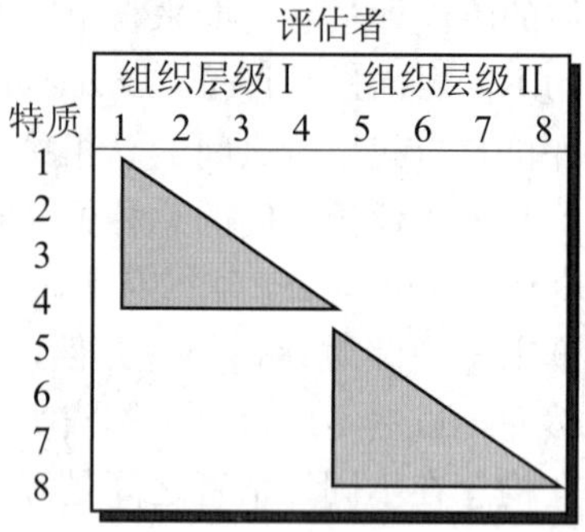

图4—2　绩效评估的混合矩阵分析示例

说明：组织层级Ⅰ只评价特质1，2，3和4；组织层级Ⅱ只评价特质5，6，7和8。

对来自多个信息来源的绩效评估进行考察的另一种方法是立足于验证性因子分析（Williams & Anderson，1994）。验证性因子分析使研究者能够把每个绩效维度作为一个潜变量，并估计这些潜变量之间的相关程度。此外，验证性因子分析也可以考察每种潜变量与每类评估者（例如，上级、同事、自我）对该潜变量的测量之间的关系。采用验证性因子分析来考察来自多种信息来源的绩效评估，可以获得的一种优势是它能够使我们更好地理解某种信息来源的方法变异（即某种信息来源的绩效维度评估变异）（Conway，1998b）。

4.7　绩效评估中的判断偏差

在传统观点看来，判断偏差源于评估者的某些系统性的测量误差。这样的话，它们就要比那些非系统性误差或随机误差更容易控制。但是，在文献中，每类偏差都有不同的定义和测量方法。这使得即便是在同一项研究中也可能会得出截然不同的结论（Saal，Downey，& Lahey，1980）。然而，在很多管理者看来，这些行为根本就不是误差。例如，在一个具有团队文化的组织中，我们是否能够证明这个观点是正确的：如果同事评价更加强调员工的关系绩效而不是任务绩效，那么这是一种应当被最小化甚至被消除的误差吗（Lievens，Conway，& De Corte，2008）？毋宁说，这种显而易见的误差实际上抓住了这类组织中一个重要的关系变量。意识到这些事项之后，我们将考察其中一些最常见的判断偏差，以及使其最小化的方法。

4.7.1　宽容和严格

对绩效评估的使用是基于这个假设：人的观察能够达到一定程度的精确性和

客观性（Guilford，1954）。他做出的绩效评估意味着对被评估者的某些特定方面进行了准确描述。客观性是该假设的主要要求，也是最经常被违背的。评估者都会认同自己的那一套假设（可能有效度，也可能没有），而且大多数人都碰到过那些显得过于宽容或过于严格的评估者。有证据指出，宽容是各种评估者所具有的一种稳定的反应倾向（Kane，Bernardin，Villanova，& Peyrfitte，1995）。由宽容和严格导致的不同分布如图 4—3 所示。

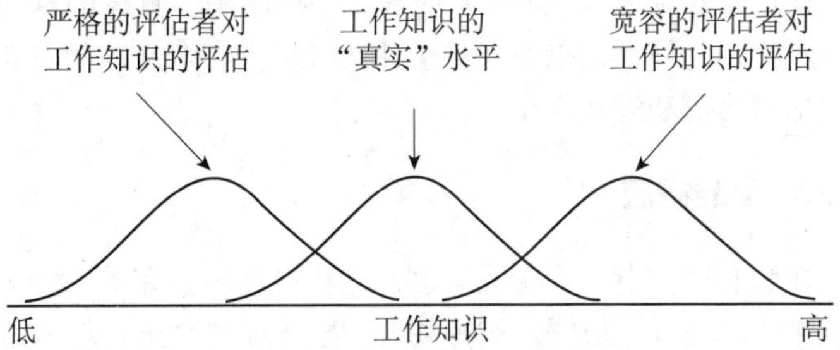

图 4—3 宽容的评估者与严格的评估者的分布

工作绩效评估呈正态分布的观点深深根植于我们的思维中，然而，在很多情况下，更加宽容的分布可能也是准确的。Cascio & Valenzi（1977）发现，对警官的绩效评估就是一种宽容的状况。一种广泛的、有效的选拔程序能够在绩效评估实施之前就成功地排除掉绝大多数不合格的求职者。因此，更合适的说法应该是宽容效应，而不是宽容偏差。即便如此，资深的管理者发现，对宽容效应也不能等闲视之。77％的《财富》100 强企业指出，宽容的绩效评估威胁到了自己绩效评估系统的效度（Bretz，Milkovich，& Read，1990）。

出现宽容评估的一个重要原因是员工如何理解当前绩效管理系统所服务的目的。一项涵盖 22 项研究、样本总规模超过 57 000 名个体的元分析得出结论说，当绩效评估用于雇佣管理时，其分数要比用于研究（例如，效度研究）或员工开发时高出 1/3 个标准差（Jawahar & Williams，1997）。而且，如果绩效评估是在现场工作环境（相对于实验室环境）中由实际的管理者（相对于学生）以及下属（相对于上级）提供的，那么这种差异甚至会更大。换句话说，当绩效评估在实际的工作环境中产生真正的影响时，它往往会更宽容。

宽容偏差和严格偏差可以通过以下几种方法来加以控制或排除：（1）把绩效评估结果强行分配到一种分布中，根据一种近似的正态分布来分配被评估者；（2）要求上级对其下属进行排序；（3）鼓励评估者定期给予反馈，从而减少评估者和被评估者对评估过程的不适应；（4）让评估者为其做出的绩效评估负责，从而增强评估者进行精确评估的动机。例如，IBM、普惠、美国军火界巨头格鲁曼公司等组织都实施了强制分布法，因为在绩效评估数据中存在的过分宽容情况会妨碍组织根据员工业绩来实施必要裁员的能力（Kane & Kane，1993）。

4.7.2 集中趋势

当政治因素占主导时，评估者可能会对所有的下属都作出既不太好也不太差的绩效评估。他们避免使用评估量表的高低两个极端，往往把所有绩效评估都集中在所有量表的中间。“每个人都是平均水平”，这是集中趋势偏差的一种表现形式。如同宽容偏差或严格偏差一样，集中趋势偏差所造成的后果是绩效评估系统的大部分价值都损失了。如果这样，绩效评估就无法鉴别不同员工的差异，也无法鉴别同一个员工在较长一段时期内的差异，那么它们作为管理决策辅助、预测因子、效标或者反馈手段实际上是毫无用处的。

通过对各种锚（anchor）的含义进行明确、具体的阐述，可以使集中趋势偏差最小化。此外，如果组织希望评估者提供有意义的信息，就必须使他们相信绩效评估的价值和潜在作用。

4.7.3 晕轮效应

在绩效评估中，晕轮效应也许是获得最多研究的一种偏差。一个受到晕轮效应影响的评估者会根据对被评估者的整体印象来进行绩效评估。因为评估者对被评估者的总体绩效所具有的整体印象（好或者差），被评估者在某些具体维度上也会被评定为好或差（Lance，LaPointe，& Stewart，1994）。根据这个理论，评估者无法鉴别被评估者在不同绩效维度上的绩效水平。受到晕轮效应影响的绩效评估呈现出一种虚假的显著正相关（Cooper，1981）。

该领域的两篇重要综述（Balzer & Sulsky，1992；Murphy，Jako，& Anhalt，1993）得出了以下结论：（1）晕轮效应并不像通常所认为的那样普遍；（2）晕轮效应的存在并不必然会降低绩效评估的质量（也就是说，对晕轮效应的测量并不是显著相关的，而且它们与对绩效评估效度或精确性的测量并不相关）；（3）在大多数现场环境中，不可能把真实的晕轮效应与虚幻的晕轮效应区分开来；（4）尽管晕轮效应或许不能很好地衡量绩效评估质量，但它可能是（或者不是）对绩效评估过程的一种重要衡量。因此，与20世纪20年代以来一直对晕轮效应研究发挥指导作用的那些假设相反的是，人们通常难以确定是否真正产生了晕轮效应，为什么会产生晕轮效应（是因为评估者，还是因为与评估者的判断无关的情境因素），以及应该采取什么措施来控制晕轮效应。为了解决这个问题，Solomonson & Lance（1997）设计了一项研究。在该研究中，真实的晕轮效应实际上被操纵为一项实验的组成部分。通过这种方法，他们能够考察真实的晕轮效应与评估者误差晕轮效应（rater error halo）之间的关系。研究结果表明，评估者误差晕轮效应在许多截然不同的绩效维度上是同质的，而真实的晕轮效应在这些维度上则显著变化。换句话说，真实的晕轮效应与评估者误差晕轮效应实际上是相互独立的。有时，某些绩效维度是相互关联的，这个事实可能并不意味着出现了评估者偏差，而很可能是因为存在一个共同的潜在绩效因子。这时就需要通过进一步的研究来探究这种潜在的绩效维度。

如前所述，判断偏差可能源于多种因素。多年来人们广为关注的其中一个因素是评定量表的类型。每种评定量表都试图以某种方式来减少偏差。每种方法都存在缺陷，但是，每种方法也有自己独特的优势。在下一节中，我们将考察一些最常用的评估个体工作绩效的方法。

4.8 绩效测量的类型

4.8.1 客观测量

绩效测量可以分为两大类：客观测量和主观测量。**客观绩效**（objective performance）测量生产数据（销售额、产品生产数量、错误数量、废料数量）和雇佣数据（事故率、离职率、缺勤率、迟到率）。这些变量直接定义了组织的目标，但正如我们在第3章提到的那样，它们常常存在一些明显的缺陷，其中最严重的缺陷之一是由于情境特征而导致的绩效信度缺失和绩效变化。例如，销售额会受到销售人员所无法控制的一些因素的影响，例如销售区域、本区域中的客户数量、市场竞争情况、客户之间的距离、产品的价格和质量等。

但是在绩效评估中，我们的目的是判断员工个体的绩效，而不是该员工无法控制的因素。此外，客观测量所聚焦的不是行为，而是行为的直接结果或后果。必须承认，行为与行为的结果之间存在某种程度的重叠，但这两者在性质上是不同的（Ilgen & Favero，1985）。最后，在很多工作中（例如，中层管理者），并没有很好的客观指标来对绩效进行测量；至于雇佣数据（例如，奖励）和越轨行为（例如，掩盖自己的错误），它们也很少被采用，只出现在不到5%的被考察案例中（Landy & Conte，2004）。因此，作为绩效效标，它们通常没有什么用处。

总之，尽管客观绩效测量在直觉上很有吸引力，但理论和实践的局限性通常使它们不合时宜。而且，虽然它们可以作为上级评价的有用补充，但客观测量与主观测量之间的相关程度通常是很低的（Bommer，Johnson，Rich，Podsakoff，& Mackenzie，1995；Cascio & Valenzi，1978；Heneman，1986）。因此，要预测员工的客观绩效测量分数并不是件容易的事情。例如，一般认知能力分数能够很好地预测销售绩效评估（$r=0.40$），但并不能很好地预测客观的销售绩效（$r=0.04$）（Vinchur，Schippmann，Switzer，& Roth，1998）。

4.8.2 主观测量

客观测量的缺陷使得研究者和管理者把重点聚焦于工作绩效的**主观测量**（subjective measure）。不过，由于主观测量依赖于人的判断，因而它们容易受我们先前讨论的各种偏差影响。为了使主观测量有用，必须仔细分析那些重要的、不可或缺的工作行为。

不同组织所采用的主观绩效测量类型是大不相同的。有些组织采用一系列精心编制的评定量表；有些组织只使用一些简单的量表；另一些组织则要求管理者对每位下属写一两段关于其工作绩效的文字总结。此外，对绩效的主观测量可能是相对的（对一群被评估者进行比较），也可能是绝对的（对被评估者的描述没有参照其他员工）。下一节将对各种测量方法进行简要描述。有兴趣的读者可以翻阅 Bernardin & Beatty（1984），Borman（1991），Murphy & Cleveland

(1995)，以了解关于某些特定方法的更详细信息。

4.9 绩效评估系统：相对的和绝对的

我们可以把绩效评估系统分为两种类型：相对的和绝对的。根据这种分类，以下评估方法可以这样划分：

相对的	绝对的
排序法	短文法
配对比较法	行为清单法
强制分布法	关键事件法
	图尺度评价法

在一项实验中，一些研究生根据教师上课的录像对其进行绩效评估。研究结果表明，绝对评估法并没有什么优势可言（Wagner & Goffin，1997）。另一方面，对多种绩效维度（相对于传统的一种整体绩效维度）进行的相对评估似乎在区分精度（differential accuracy，即根据某个绩效维度来区分不同被评估者的精确性）和刻板印象精度（stereotype accuracy，即对不同类型的被评估者在各个绩效维度上的平均水平进行区分的精确性）方面更加准确。鉴于在实验室条件下该实验中并未出现影响绩效管理系统的情感、社会和政治因素，因此要谨慎看待该研究结果。此外，最近一项研究采用了两个独立的样本，它发现，人们认为绝对评估法比相对评估法更公平（Roch，Sternburgh，& Caputo，2007）。

相对评估法和绝对评估法在组织中都被广泛采用，下面我们将对这两类评估系统逐一进行详细讨论。

4.9.1 相对评估系统（员工比较）

员工比较法易于解释，并且有助于制定雇佣决策（相关的例子参见 Siegel，1982）。员工比较法还可以为效度研究提供有用的效标数据，因为这种方法可以有效地控制宽容偏差、严格偏差以及集中趋势偏差。但是，与其他评估系统一样，这种方法也存在一些我们应该意识到的缺陷。

组织通常只根据一种总体范畴来对员工进行比较。因此，所得出的排序缺少行为具体性，而且可能会被员工提出法律指控。此外，员工比较法只能够产生定序数据——这种数据不能说明个体之间的相对差距。而且，所得出的员工排序通常无法在工作团队、部门或分公司之间进行比较。但是，通过把定序数据转换为标准分并形成一种近似的正态分布，就可以解决后面这两个问题。还有一个问题与信度有关。具体来讲，当被要求在后面某个日期对所有员工重新进行排序时，最高或最低的那些排名很可能会保持不变，但位于量表中部的那些排名则可能会显著变动。

排序法

简单排序（simple ranking）只需要评估者按照从最高到最低、从最好到最差的顺序对所有被评估者进行排序。**交替排序**（alternation ranking）要求评估者首先在一个清单上把所有被评估者都列出来。从这个清单中，评估者首先选出绩效最高的被评估者（♯1），其次选出绩效最差的被评估者（♯n），再次选出绩效第二高的被评估者（♯2），接着选出绩效第二差的被评估者（♯$n-1$），以此类推，直到所有被评估者按照绩效从高到低的顺序排好为止。

配对比较法

简单排序和交替排序都隐含地要求评估者把每个被评估者与其他被评估者进行比较，但对两名被评估者进行系统的比较不是它们的本质特征。鉴于这个原因，我们需要进行**配对比较**（paired comparisons）。被评估者进行配对比较的次数可以用公式 $[n(n-1)]/2$来计算。因此，如果有 10 名被评估者要进行配对比较，那么就需要 $[10(10-1)]/2$次，也就是 45 次比较。评估者的任务就是简单地从每个配对中选出较好的那个被评估者，而每个被评估者的排序则取决于他在配对比较中胜出的次数。

强制分布法

我们先前已经讨论过这种员工比较方法。它的主要优势在于可以相当有效地控制宽容偏差、严格偏差和集中趋势偏差。但是，这种方法假设被评估者服从正态分布，而如果一群被评估者——作为一个群体——都是高绩效或者低绩效的，则可能会带来大量误差。也就是说，强制分布法有时非但没有消除误差，反而带来了一种不同类型的误差！

4.9.2 绝对评估系统

绝对评估系统能够使评估者在不直接参照其他被评估者的情况下对某位被评估者进行描述。

短文法

最简单的绝对评估系统或许就是**叙述性短文**（narrative essay）。该方法要求评估者以书面形式来描述某位被评估者的优势、不足和潜力，并且就如何改进提出建议。这种方法背后的假设是：评估者对被评估者的绩效非常了解并且会做出公正的陈述，其效度与那些更正式的、更复杂的绩效评估方法不分伯仲。

这种方法（如果做得好）的主要优势在于能够向被评估者提供关于其工作绩效的详细反馈。另一方面，叙述性短文通常是非结构化的，在长度和内容上可能差异很大。不同个体、群体或部门之间进行比较基本上是不可能的，因为不同短文强调被评估者的工作绩效或个人资质的不同方面。最后，这种方法只提供定性（qualitative）信息。然而，为了把绩效评估作为效标，或者对绩效评估进行客观比较和排序以用于雇佣决策，某种形式的定量（quantified）评定是非常重要的。行为清单法能够做到这一点。

行为清单法

采用行为清单法时，评估者会被提供一系列关于工作行为的描述性陈述。评估者的任务只是指出（“核对”）那些能够准确描述被评估者的描述性陈述。在这种方法中，评估者更像是被评估者工作行为的报告员，而不是它们的评估者。此外，描述性评定可能比评估性评定的信度更高（Stockford & Bissell，1949），而且描述性评定能够降低对评估者的认知要求，从而使评估者可以更有效地组织其信息加工过程（Hennessy，Mabey，& Warr，1998）。

当然，有些工作行为比其他工作行为更为重要，因此，可以采用态度量表构建方法来对行为清单上的项目构建量表。其中一种方法是李克特（Likert）**累加评定**（summated ratings）法；在该方法中，一个陈述句（例如，“她完成了销售任务”）后面跟着几个回答选项，例如“总是”“很经常”“经常”“偶尔”以及“从不”。评估者仅仅选出自己认为可以最准确描述被评估者的那个选项。每个回答选项都被赋予一定的权重——例如，如果该陈述句描述合意的行为，那么回答选项的权重可以从5分（“总是”）到1分（“从不”）；反之，如果该陈述句描述不合意的行为，那么回答选项的权重也可以反过来，从1分（“总是”）到5分（“从不”）。把被评估者在每个项目上获得的分数相加，就可以得到该个体的总分数，而且通过项目分析程序还可以获得该个体在每个绩效维度上的分数（Anastasi，1988）。

对累加评定量表中的项目而言，回答选项的选择通常是任意做出的，仅假设相邻两个回答选项之间的距离在量表中是等距的。但在量表中，表示频次和数量的副词修饰语是可调整的，以配合从统计角度来看最理想的4～9点量表（Bass，Cascio，& O'Connor，1974）。对关于一致性、评估和频次的回答选项，累加评定量表也可以为它们赋值（Spector，1976）。最后一个问题涉及累加评定量表的最优点数。对于相对同质的项目来说，如果量表点数从4点增加到5点，那么项目的信度会增加，但自5点之后，例如从5点增加到6点或7点，项目的信度会趋于平稳（Lissitz & Green，1975）

虽然行为清单法易于理解和使用，但评估者有时难以根据评定结果来提供诊断性的反馈，因为行为清单并不是针对具体行为的。但总的来说，行为清单法所具有的众多优势可能就是它在当今的组织中获得广泛运用的原因所在。

迫选系统

行为清单法的一种特殊类型是**迫选系统**（forced-choice system）。它是一种专门用来减少宽容误差、为个体间比较设置客观标准的技术（Sisson，1948）。为了实现该目的，需要把行为清单上的陈述句分组，评估者从中挑选出最能够或最不能够描述被评估者的陈述句。通过采用一种特殊的计分方法来对评估者挑选出的描述进行计分，就可以得到每个被评估者的总体评定（分数）。

迫选量表是根据行为清单项目的两种统计特性构建的：（1）**鉴别力**（discriminability），该指标测量一个项目能够在多大程度上区分有效员工和无效员工；（2）**偏好**（preference），该指标测量人们在多大程度上重视（喜欢）某个项目所表示的品质。迫选系统的基本原理要求对项目进行配对，以使每对项目对评估者具有相同的吸引力。那么，从理论上讲，评估者从每对项目中选择哪一个项目就应当完全取决于该项目的鉴别力，而不是它的吸引力。

举个例子来说，我们可以考虑以下这对项目：

> 1. 在书面报告中把事实和观点分开。
> 2. 在书面报告中只包含相关的信息。

这两个陈述句在偏好值方面大致相同，但研究表明，只有项目1能够把警察部门中的有效员工和无效员工区分开来。这就是迫选技术的固有特点：并非所有具有相同吸引力的行为陈述句都具有相同的效度。

迫选量表的主要优势在于：评估者对员工绩效的歪曲会处于一个合理范围之内，因为评估者无法知道应该挑选哪些陈述句才能歪曲员工的绩效。因此，从理论上讲，宽容效应会被降低。该方法的主要不足在于评估者的抵制。评估者由于无法掌控绩效评估过程，因而无法确定下属是如何被评价的。最后，在绩效评估面谈中，迫选量表没有什么用处（甚至可能会产生负面影响），因为评估者不清楚自己所选择的项目在量表中的分数。由于评估者的认可和合作是任何绩效管理系统获得成功的重要决定因素，因而迫选系统在很多组织中并不受欢迎。

关键事件法

近年来，这种绩效测量方法引起了人们很大的兴趣，而其基本理念的一些变体如今也已经付诸使用。如同Flanagan（1954a）所述，一份工作的最关键要求是这种行为：它们使得员工有效地完成工作任务。**关键事件**（critical incidents）就是由知情的观察者报告的、员工在完成其工作时所做的特别有效或无效的事情（例如，Pulakos，Arad，Donovan，& Plamondon，2000）。上级记录在每个员工身上所发生的关键事件，这些关键事件为绩效评估提供了基于行为的起点。例如，在观察某位警官在一条拥挤的街道上追捕一名持枪抢劫嫌疑犯时，上级做了以下记录：

> 6月22日，米歇尔警官在需要开枪的情况下控制住没有开枪。如果当时开枪，可能会危及无辜的路人。

这些细微的事情迫使评估者密切关注被评估者工作行为的情境决定因素，以及被评估者成功完成工作任务的独特方式（个体维度）。关键事件法特别适用于绩效管理面谈，因为上级能够聚焦于下属的实际工作行为，而非那些界定模糊的特质。被评估的是绩效，而非人格。被评估者获得有意义的反馈，而且他们能够认识到自己需要对工作行为做出哪些调整来获得改进。此外，当对大量的关键事件进行收集、提取和分类时，它们可以提供一个关于工作和组织问题的丰富资料库，而且特别适用于确定培训方案的目标（Flanagan & Burns，1955）。

与其他绩效评估方法一样，关键事件法也存在不足之处。首先，对于上级来说，每天或每周都记录所有下属的关键事件是一种特别费时的沉重负担。因此，绩效反馈可能会延迟。而延迟反馈可能会提高被评估者之间的对比效应（Maurer，Palmer，& Ashe，1993）。评估者在日志中所记录的关键事件给组织提供的是未组织的信息（DeNisi，Robbins，& Cafferty，1989）。然而，如同我们先前提到的那样，以叙述的形式记录下来的这些关键事件不容易被转化为定量的形式，从而难以用于个体间比较和群体间比较，同样也难以用于统计分析。

由于这些原因，人们已经提出了关键事件法的两种变体。例如，Kirchner & Dunnette（1957）利用关键事件法开发出一种对销售员的绩效进行评定的行为清单法（采用累加评定法）。在关键事件被提取和分类之后，就可以把选出的项目组织成一个行为清单。以下就是一个项目的示例：

对顾客的抱怨提供优质服务				
非常同意	同意	不确定	不同意	非常不同意

第二种变体是行为锚定等级评定法。在讨论了图尺度评价法之后，我们将对这种方法予以探讨。

图尺度评价法

应用最广泛的绩效评估方法也许是**图尺度评价法**（graphic rating scale）。我们在图4—4中展示了这种方法的一些示例。根据所提供的构造，量表在三个方面有所不同：（1）回答选项的意义被界定的程度；（2）对评估结果进行解读的人（例如，人力资源管理者或研究者）能够明确判断出每个回答选项表示何种意思的程度；（3）对评估者而言，所评估的绩效维度被界定的程度。

在这种评定量表中，每个点都定位在一个连续体上。因此，对评估者而言，为了对每个绩效维度上的绩效进行有意义的区分，量表的各点必须界定得非常清楚。这个过程称为**锚定**（anchoring）。量表（a）只使用定性结果锚定。量表（b）和（e）包括定量锚定和词语锚定，而量表（c）、（d）和（f）只使用词语锚定。但是，这些锚定是没有价值的，因为完全是由评估者来决定什么构成了质量高和低或者业绩“卓越”和“不令人满意”。被这位评估者评为“值得表扬”，很可能被那位评估者评为“合格”。量表（e）比较好，因为它根据质量的具体含义来描述数字锚定。

在对评估结果进行解读的人能够明确判断每个回答选项表示何种意思的相对难易程度上，不同的量表也是不同的。例如，在量表（a）中，其他人就难以理解评估者想要表达的意思。在这方面，量表（e）则更加明确。

最后，不同量表在绩效维度的定义清晰度方面也存在差异。拿图4—4来说，质量的含义是什么？对一名护士和一名出纳来说，质量的含义相同吗？量表（a）和（c）在定义质量方面几乎毫无帮助；量表（b）把质量和数量综合到一个维度上（尽管这两者显然是独立的）；量表（d）和（e）则从不同方面对质量进行了

（a）质量　高 ——|——✓——|——|——|—— 低

工作绩效	尺度	员工与上级的评价及改进建议
（b）工作绩效的质量和数量 考察员工在执行工作任务时的整洁度、精确性、一致性以及完成工作任务的数量		

绩效等级
3. 值得表扬
2. 合格
1. 需要改进

因素	突出	高于平均	平均水平	低于平均	边缘
（c）工作质量 符合质量标准的工作量	○	○	○	○	○

评价：

（d）工作质量
（考察员工在工作中的完整性、可靠性和整洁度）

不令人满意	令人满意	优秀	卓越

评价：

（e）工作质量				
工作准确、有效、没有失误　5	工作质量一直很好，失误很罕见　4	工作质量通常很好，失误很少见　3	如果严密监管，工作质量勉强过关　2	经常出错，工作准确性差，不可靠　1

评价：

（f）工作质量
☐精确
☐目标的实现；效力
☐主动性和足智多谋
☐工作成果的整洁度
☐其他＿＿＿＿＿＿

所采用的等级　⊞ 优秀　☑ 满意　⓪ 需要改进　⊟ 不令人满意　NA 不可用

图 4—4　图尺度评价法的一些示例

界定（完整性、可靠性、整洁度与精确、有效、没有失误）。量表（f）是一种改进，因为尽管质量体现了精确、效力、主动性和整洁度（对量表（d）和（e）的定义进行了综合），但质量的每个方面至少还需要进行单独评定。

虽然图尺度评价法可能无法提供叙述性短文法或关键事件法所能提供的信息深度，但这种方法开发和操作的时间花费少，可以得到定量结果，促使评估者对多个绩效维度进行评定，同时是标准化的，因此可以进行个体间比较。另一方面，图尺度评价法为评估者提供了最大限度的掌控权，因此对宽容偏差、严格偏差、集中趋势偏差或晕轮效应都缺乏控制。由于这个原因，该方法也遭到了批评。但是，当把简单的图尺度评价法与更复杂的迫选量表法进行比较时，结果证明这两种方法具有相同的信度和效度（King，Hunter，& Schmidt，1980），而且图尺度评价法更容易被评估者接受（Bernardin & Beatty，1991）。

行为锚定等级评定法

如何改进图尺度评价法？以下是 Smith & Kendall（1963）的观点：

> 在我们看来，可以通过帮助评估者进行评估，而不是设法哄骗评估者（如同迫选量表法所做的那样），来获得更好的绩效评估。我们向评估者询问的问题应当是他能够根据自己所观察到的行为来诚实回答的。我们应当使评估者相信自己的答案不会被误解，而且应当提供一种基础，以便他和他人能够核查他的答案（p. 151）。

他们提出的程序如下。在第一次会议中，一组员工以及/或者上级设法为某个特定工作岗位确定和界定有效绩效的所有重要维度。然后，由第二组针对每个绩效维度产生能够具体阐述有效绩效、平均绩效和无效绩效的关键事件。接下来，向第三组提供一份绩效维度清单和各维度的界定，以及第二组产生的关键事件的随机清单。第三组的任务是对关键事件分类，将它们与各自最能够体现的绩效维度放在一起。

这个程序称为**再译**（retranslation），因为它类似于用来确保翻译质量的检验措施。一名翻译者把材料翻译成某种外语，然后由另一名无关联的翻译者再把它翻译回原来的语言。在绩效评估中，这个程序可以确保绩效维度的含义，以及选择用来阐述这些维度的那些行为事件的含义，都是明确、具体的。如果评估者对某个关键事件应该归属于哪个绩效维度没有达成明显一致（通常低于60%），那么该关键事件应该被抛弃。那些未能分配到关键事件的绩效维度也应该被抛弃。反之，如果许多关键事件被划分到“其他”这个范畴，那么可能就需要增加绩效维度。

然后，把经过再译程序后保留下来的每个绩效维度中的每个关键事件呈交给第四组。这个组的任务是通过一个量表来为每个关键事件赋值（例如，根据一个从“极为有效的工作行为”到“非常无效的工作行为”的7点或9点量表）。最后得到的结果类似于图4—5中的示例。

可以看出，行为锚定等级评定法的开发是一个需要投入大量人力、精力和时间的过程。此外，对不同的工作岗位必须开发不同的行为锚定等级评定量表。因此，这种方法对于许多组织而言并不太实用。

这种方法在实践中的效果如何？关于这种方法的研究已经非常多，而且还有大量新的研究不断涌现（例如，Maurer，2002）。我们冒着过于简单的风险，在表4—2中总结了这种方法的主要已知效果（参见 Bernardin & Beatty，1991）。熟悉该表格后你就会意识到，很少有实证证据表明行为锚定等级评定法优于其他绩效管理系统。

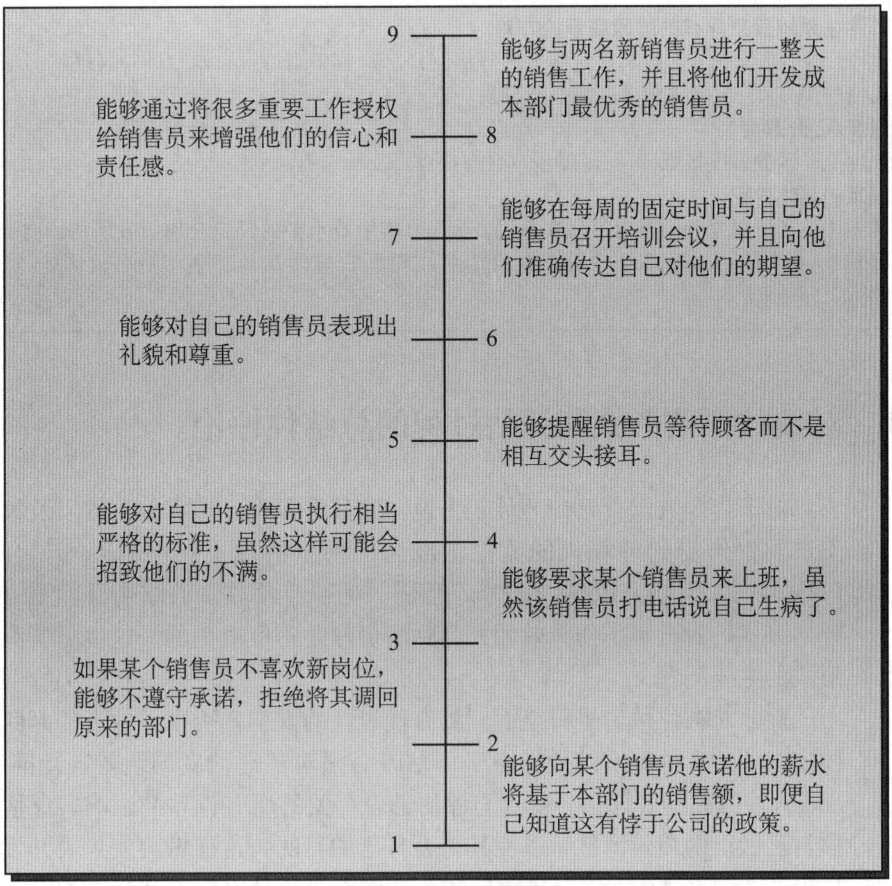

图 4—5　评估销售员工作能力的行为锚定等级评定量表

资料来源：Campbell，J. P.，Dunnette，M. D.，Arvey，R. D.，& Hellervik，L. V. The development and evaluation of behaviorally based rating scales. *Journal of Applied Psychology*，*57*，15－22. © 1973 APA.

表 4—2　行为锚定等级评定法的已知效果

参与

参与似乎确实会提高绩效评估的效度，但行为锚定等级评定法在这方面的效果与简单的图尺度评价法是不分伯仲的。

宽容效应、集中趋势、晕轮效应以及信度

行为锚定等级评定法并不优于其他方法（在已经发表的研究中，不同绩效维度的信度在 0.52～0.76 之间）。

外在效度

与绩效评估的效度上限（Borman，1978；Weekley & Gier，1989）适度相关（拟合优度为 0.21～0.47；Shapira & Shirom，1980）。

与其他方法的比较

行为锚定等级评定法与其他绩效评估方法难分优劣。

与绩效评估系统间差异有关的因变量的方差
少于5%。评估系统既不会影响评定结果的等级（Harris & Schaubroeck，1988），也不会影响下属对绩效反馈的满意度（Rusell & Goode，1988）。
聚合效度/区分效度
聚合效度低，区分效度极低。
行为锚定的具体内容
只是描述评估者所观察到的行为、但并不代表员工真实绩效水平的锚定会使绩效评估偏向该锚定的方向（Murphy & Constans，1987）。这不太可能对在现场收集的绩效评估产生明显影响（Murphy & Pardaffy，1989）。

4.10 对绩效评估形式和评估过程的总结性评论

对于当今数以百万计的员工来说，尤其是保险、传媒、交通以及银行业的员工，其工作受到计算机的监控已成为一种生活现实（Kurtzberg，Naquin，& Belkin，2005；Stanton，2000）。但是，对于绝大多数工作来说，无论采用哪种评估方式，对员工工作绩效的人为判断仍然是不可避免的。这也是所有绩效评估形式的主要问题。

除非对被评估者进行全面、具有代表性的观察，否则评估者的判断就不可能体现被评估者的真实绩效。由于评估者必须对被评估者的绩效进行推断（inferences），因此绩效评估会受到与评估量表有关的所有偏差的影响。评估者能够歪曲自己做出的绩效评估，以使其符合自己的目的。这样做会使量表开发过程中所付出的全部努力毁于一旦，而且很可能解释了为什么没有任何一种绩效评估形式明显优于其他形式。

那么，我们能对此做些什么？Banks & Roberson（1985）以及 Hartel（1993）提出了两种策略。第一，尽可能多地构建一些机制，以尽量减少评估者的自行决断权。例如，利用岗位分析来详细说明与有效的工作绩效切实相关的真正内容是什么，并且采用关键事件法从真正的工作行为这个角度来详细说明绩效效力的水平。第二，不要要求评估者进行自己不能胜任的判断，也不要让他们从事能力范围之外的任务。例如，如果所采用的绩效评估形式需要评估者经常进行观察，那么就要确保评估者有足够的机会来观察被评估者，以做出精确的判断。最重要的是认识到这一点：是绩效评估过程，而不仅仅是绩效评估方法，决定了所有绩效管理系统中这个关键组成部分的整体效力。

4.11 影响主观评估的因素

我们前面已经讨论过，绩效评估是一个复杂的过程，会受到许多因素的影响，其中包括组织障碍、政治障碍和人际关系障碍。实际上，研究已经发现，在绩效评估结果的差异中，特殊差异（也就是因为评估者而导致的差异）所占的比例要高于被评估者实际工作绩效的差异（Greguras & Robie，1998；Scullen，

Mount，& Goff，2000)。例如，一项研究表明，就上级评价而言，评估者所导致的差异是被评估者真实差异的 1.21 倍；就同事评价而言，这个数字是 2.08 倍；就下属评价而言，这个数字是 1.86 倍（Scullen et al.，2000)。因此，我们应当考察评估者之间的个体差异、被评估者之间的个体差异，以及评估者与被评估者之间的交互作用，并且考察这些变量如何影响绩效评估。表 4—3、表 4—4 和表 4—5 对每个方面的研究发现进行了总结。针对这些表格中所列的每个变量，那些希望获得更具体信息的读者可以参考我们提供的文献。

表 4—3　关于评估者特征与绩效评估的研究结果总结

个人特征

性别

没有普遍的影响（Landy & Farr，1980)。

族裔

黑人评估者对白人的评估要比对黑人的评估稍微宽容一些。在对白人的评估方面，黑人评估者和白人评估者之间差异甚微（Sackett & DuBois，1991)。

年龄

没有一致的影响（Schwab & Heneman，1978)。

受教育程度

具有统计上的显著性，但仅有极微弱的影响（Cascio & Valenzi，1977)。

自信心不足；心理距离大

更挑剔、负面的绩效评估（Rothaus，Morton，& Hanson，1965)。

兴趣、社会洞察力、智力

没有一致的影响（Zedeck & Kafry，1977)。

人格特质

随和性高的评估者更可能提供更高的绩效评估，责任心强的评估者更可能提供更低的绩效评估（Bernardin，Cooke，& Villanova，2000)。当存在面对面的会谈时，随和性与绩效评估之间的正相关关系甚至会变得更显著（Yun，Donahue，Dudley，& McFarland，2005)。自我监控度高的评估者更可能提供更精确的绩效评估（Jawahar，2001)。对责任心低的评估者来说，对绩效评估所持的态度会更显著地影响他们的评估行为（Tziner，Murphy，& Cleveland，2002)。

与工作有关的变量

责任

需要对自己做出的评估结果负责的评估者会比不需要对此负责的评估者提供更加精确的绩效评估（Mero & Motowidlo，1995)。

工作经验

具有统计上的显著性，但只对绩效评估的质量具有微弱的积极影响（Cascio & Valenzi，1977)。

绩效水平

自身绩效高的评估者往往提供更有信度和效度的绩效评估（Kirchner & Reisberg，1962)。

领导风格

对下属工作活动很少提供条条框框的上级往往避免正式的绩效评估（Fried，Tiegs，& Bellamy，1992)。

在组织中的职位

参阅前面“谁来评估”中的讨论。

对被评估者及其工作的了解

与被评估的绩效维度具有密切接触是非常重要的。当推迟评估而不是立即评估时，以及当观察程度有限时，绩效评估的精确性会降低（Heneman & Wexley，1983)。

先前的预期和信息

与期望不符（高于或低于期望）会拉低评估结果（Hogan，1987）。先前的信息可能会在短期内使绩效评估出现偏差。随着时间的推移，绩效评估结果会反映真实的行为（Hanges，Braverman，& Rentch，1991）。

工作压力

面临工作压力的评估者对第一印象的依赖更加显著，而且较少区分不同的绩效维度（Srinivas & Motowidlo，1987）。

表4—4　关于被评估者特征与绩效评估的研究结果总结

个人特征

性别

当某个工作群体中女性比例不足20%时，女性获得的绩效评估往往低于男性，但是当工作群体中女性比例超过50%时，女性获得的绩效评估要高于男性（Sackett，DuBois，& Noe，1991）。女性被评估者会比男性被评估者获得更精确的绩效评估（Sundvik & Lindeman，1998）。与从事文职工作的女性员工相比，以及与无论从事一线工作还是文职工作的男性员工相比，一线女性员工往往获得更低的绩效评估（Lyness & Heilman，2006）。

族裔

被评估者的族裔能够解释绩效评估中1%～5%的差异（Borman，White，Pulakos，& Oppler，1991；Oppler，Campbell，Pulakos，& Borman，1992）。

年龄

与对年轻下属的绩效评估相比，评估者对年长下属的绩效评估要更低（Ferris，Yates，Gilmore，& Rowland，1985），无论黑人评估者还是白人评估者均如此（Crew，1984）。

受教育程度

并不存在统计上的显著意义（Cascio & Valenzi，1977）。

情绪障碍

与正常员工相比，具有情绪障碍的员工会获得更高的绩效评估，但是当采用明确的标准之后，这种正向偏差就会消失（Czajka & DeNisi，1988）。

人格特质

同事和上级都非常重视被评估者的可靠性。但是，被评估者令人厌恶的特征对同事评价的影响要显著高于上级评价（Borman et al.，1995）。

与工作有关的变量

绩效水平

实际的绩效水平和能力对绩效评估具有最强烈的影响（Borman et al.，1991；Borman et al.，1995；Vance et al.，1983）。在绩效评估中，被评估者的负面属性比正面属性占有更高的权重（Ganzach，1995）。

群体构成

当群体中大部分员工的绩效都不令人满意时，绩效令人满意的员工往往会获得更高的评价（Grey & Kipnis，1976），但是该结论不能推广到所有职业群体（Ivancevich，1983）。

工作年限

虽然年龄和工作年限高度相关，但是有证据显示，绩效评估与被评估者的工作年限或为同一位上级效力的工作年限不相关（Ferris et al.，1985）。

工作满意度

对被评估者工作满意度的了解可能会使得绩效评估偏向该满意度的方向。也就是说，被评估者的工作满意度高，就可能会获得更高的绩效评估；而满意度低，则可能获得更低的绩效评估（Smither，Collins，& Buda，1989）。

表 4—5 评估者—被评估者的特征与绩效评估的交互作用的研究结果总结

性别
在以绩效工资和晋升为背景时，对女性持有传统刻板印象的评估者对女性员工评价更严格，并且带有更多的负面偏见（Dobbins，Cardy，& Truxillo，1988）。
族裔
与白人相比，黑人被评估者从白人评估者和黑人评估者那里获得的绩效评估都更低。白人评估者和黑人评估者对白人的绩效评估差异甚微（Oppler et al.，1992；Sackett & DuBois，1991）。当把认知能力、受教育程度和工作经验考虑在内时，族裔效应就会消失（Waldman & Avolio，1991）。
真实的相似性与感觉到的相似性
真实的相似性（上级和下属在工作方面的自我描述所具有的一致性）是绩效评估结果一个微弱的预测因子（Wexley，Alexander，Greenawalt，& Couch，1980），但感觉到的相似性是一个显著的预测因子（Turban & Jones，1988；Wayne & Liden，1995）。
绩效归因
年龄与工作绩效通常是不相关的（McEvoy & Cascio，1989）。
组织公民行为
在组织公民行为方面表现突出的被评估者，其绩效评估会表现出显著的晕轮效应（Werner，1994）。任务绩效和关系绩效共同影响奖励决策（Kiker & Motowidlo，1999）。
关系的时间长度
更长久的关系导致更精确的绩效评估（Sundvik & Lindeman，1998）。
人格特质
在责任心上的相似性会提高对关系绩效方面的工作行为的绩效评估，但是在随和性、外倾性、神经质或者经验的开放性方面，评估者—被评估者之间的相似性与绩效评估并不相关（Antonioni & Park，2001）。

正如这些表格所显示的那样，我们现在已经比较多地掌握了个体差异变量对工作绩效评估的影响。但是，还有更多内容是我们并不了解的。具体来说，对于绩效评估中的认知过程，我们知道评估者即使获得关于被评估者行为表现的信息，似乎也会推断被评估者的一般人格特质，而这些已经超出了绩效评估的正常范围，但是除此之外，我们对这种认知过程所知甚微。评估者的这种推断会对绩效评估产生一种独立的影响，此外，绩效评估可归因于实际的工作行为（Krzystofiak，Cardy，& Newman，1988）。后来的研究发现，评估者可能会根据与自己先前对被评估者的态度相一致的方式（即根据情感）来进行绩效评估，而且评估者会采用情感一致性而非简单的绩效好坏作为评判绩效信息的标准（Robbins & DeNisi，1994）。我们现在已经知道，评估者的情感状态会与能够对绩效评估产生影响的信息加工过程产生交互作用（Forgas & George，2001），但还不清楚情感—认知交互作用背后的确切机制。此外，可说明性可能会提高绩效评估的精确性，也可能会导致绩效评估变得更宽容，这取决于绩效评估结果的读者是谁（Mero，Guidice，& Brownlee，2007）。要想更好地理解组织中能够提高绩效评估精确性的情境因素，还需要更多的研究。

我们需要这类研究来帮助理解绩效评估为什么会随时间发生稳定的、系统的变化，以及绩效评估为什么是一致的（Vance，Winne，& Wright，1983）。它们也有助于我们理解绩效评估出现偏差的潜在原因，以及评估者在对评估信息进行综合时采用的信息加工策略（Hobson & Gibson，1983）。此外，它们还可以帮助我们识别在提供精确的绩效评估方面能力不同的评估者。最后，采用多层随机相关模型来考察评估者对绩效评估的影响也是一个十分有前景的研究途径（LaHuis & Avis，2007）。这些领域的研究发现都将有助于改进评估者培训方案的内容，并最终提高组织的绩效评估能力。

4.12 评估团队绩效

迄今为止，我们的讨论只关注对独自工作而不是在群体中工作的员工进行绩效测量。我们一直聚焦于个体绩效的评估和改进。但是，许多组织是围绕团队来组织的（LaFasto & Larson，2001）。在绩效方面，基于团队的组织未必优于不以团队为基础的组织（Hackman，1998）。但是，对工作团队的兴趣、围绕团队来构建组织的趋势似乎并没有减弱；相反，人们似乎越来越热衷于围绕团队来开展工作（Naquin & Tynan，2003）。因此，鉴于工作团队的普遍性，绩效管理系统不应只针对个体绩效，还应当考察个体员工对其团队绩效的贡献，以及工作团队的整体贡献。这样做是很有必要的。

对团队绩效的评估并不意味着应当忽略个体员工的贡献。相反，如果个体绩效没有被评估和确定，那么很可能会出现社会惰化（Scott & Einstein，2001）。甚至更糟糕的是，当其他团队成员认为可以“搭便车”时，他们可能会收回自己对团队绩效的支持（Heneman & von Hippel，1995）。因此，对团队绩效的评估应当视为对以下两个方面的补充：(1) 个体绩效（我们先前已经讨论过）的评估和确定；(2) 为团队绩效作出贡献的个体行为和技能（例如，自我管理能力、沟通能力、决策能力、协作能力；Reilly & McGourty，1998）的评估和确定。

但是，并不是所有团队都是相同的。对于不同类型的团队来说，对个体绩效和团队绩效的测量具有不同的重点。根据任务的复杂性（从常规任务到非常规任务）和成员资格的状态（从稳定的到动态的），我们可以确定三种不同类型的团队（Scott & Einstein，2001）：

- 工作或服务团队——从事常规任务（例如，固定的制造或服务任务）的固定团队。
- 项目团队——为某个具体目的而组建、任务一旦完成就解散的团队；项目团队的任务处于组织核心的生产或服务之外，因此其非常规程度要高于工作或服务团队。
- 网络团队——其成员资格不受时间、空间或组织边界限制的团队（也就是说，团队成员分散在不同地方，主要通过通信技术来保持联络）；这种团队所从事的工作是尤其非常规的。

每种类型的团队都有比较适合的绩效评估方法，表4—6对此进行了简要总结。例如，对于项目团队而言，某个特定项目的持续时间限制了基于结果的团队评估能够发挥的效用。具体来说，项目结束后的结果测量可能不利于该团队的发展，因为一旦项目结束，该团队就会解散。相反，可以在项目进行期间实施测量，从而在该项目结束之前能够采取必要的纠正措施。而这也是惠普公司的产品开发团队所采用的方法（Scott & Einstein，2001）。无论评估的是哪种类型的团队，团队成员之间的人际关系对绩效评估结果都具有重要影响（Greguras，Robie，Born，& Koenigs，2007）。例如，团队成员的自我评价与他如何评价其他成员相关，也与其他成员如何评价他相关；此外，特别是在与人际关系有关的绩效维度上，团队成员可能会把自己获得的评价类型返还给其他成员。

表 4—6　　不同类型的团队所适用的绩效评估方法

团队类型	谁被评估	谁来评估	评估什么			如何利用评估结果		
			结果	行为	胜任力	员工开发	员工评估	自我管理
工作或服务团队	团队成员	管理者	√	√	√	√	√	—
		其他成员	—	√	√	√	—	—
		顾客	—	√	—	√	—	—
		自我	√	√	√	√	—	√
	整个团队	管理者	√	√	√	√	√	—
		其他成员	—	√	—	—	—	—
		顾客	—	√	—	—	—	—
		自我	√	√	√	√	—	√
项目团队	团队成员	管理者	√	—	√	√	√	—
		项目领导者	—	√	√	√	—	—
		其他成员	—	√	√	√	—	—
		顾客	—	√	—	—	—	—
		自我	√	√	√	√	—	√
	整个团队	顾客	√	√	—	—	√	—
		自我	√	√	√	√	—	√
网络团队	团队成员	管理者	—	√	√	√	√	—
		团队领导者	—	√	√	√	—	—
		团队之外的同事	—	√	√	√	—	—
		其他成员	—	√	√	√		—
		顾客	—	√	√	√	—	—
		自我	√	√	√	√	—	√
	整个团队	顾客	√	—	—	—	√	—

资料来源：Scott，S. G.，& Eomsteom. W. O.（2001）. Strategic performance appraisal in team-based organizations：One size does not fit all. *Academy of Management Executive*，*15*，111. Reprinted by permission of ACAD OF MGMT in the format Textbook via Copyright Clearance Center.

无论是在个体层次上进行绩效评估，还是在个体和团队层次上进行绩效评估，评估者在赋予绩效分数时都可能会犯一些有意或无意的错误（Naquin & Tynan，2003）。可以对评估者进行培训，以尽量减少这类偏差，而这正是我们下一节所要考察的内容。

4.13 评估者培训

在设计任何培训方案时，第一步都是明确阐述培训目标。就评估者培训来说，有三大目标：（1）通过教导评估者应该关注什么来提高他们的观察技能；（2）减少或消除判断偏差；（3）提高评估者以客观、有建设性的方式与被评估者沟通绩效信息的能力。

传统上，评估者培训主要聚焦于帮助评估者消除判断偏差，例如宽容偏差、集中趋势和晕轮效应（Bernardin & Buckley，1981）。这种方法假设某些特定的评估分布要更加符合要求（例如，正态分布、某个被评估者在不同绩效维度上获得的绩效评估的变化）。虽然评估者或许能够学会一种新的反应模式，从而导致绩效评估平均值较低（宽容效应较弱），以及在不同绩效维度上获得的绩效评估变化较大（晕轮效应较弱），但是绩效评估的精确性往往会降低（Hedge & Kavanagh，1988；Murphy & Balzer，1989）。不过，需要指出的是，不同的研究者以不同的方式来界定绩效评估的精确性，因此精确性的不同操作性定义之间通常只有微弱的关系（Sulsky & Balzer，1988）。此外，那些试图消除系统误差的评估者培训方案通常只具有短期效果（Fay & Latham，1982）。在无意误差方面，**评估者误差培训**（rater error training，RET）能够让评估者认识到各种不同的误差及其原因。虽然评估者能够就他们可能会出现的各种误差接受培训，但是意识到这些误差并不必然会导致他们消除这些误差（London，Mone，& Scott，2004）。意识到这些无意误差并不意味着上级将不再出现这些误差。产生这种意识当然是一个好的开始，但是如果想要使无意误差最小化，我们还需要更进一步。一种或许能够产生丰硕成果的途径是实施**参照框架**（frame-of-reference，FOR）培训。

元分析的证据已经明确表明，在当今众多类型的评估者培训方案中，参照框架培训（Bernardin & Buckley，1981）能够最有效地改进绩效评估的精确性（Woehr & Huffcut，1994）。而且，与单独使用参照框架培训相比，把其他类型的培训与参照框架培训结合起来似乎并不能提高绩效评估的精确性（Noonan & Sulsky，2001）。根据 Pulakos（1984，1986）开发的程序，参照框架培训可以采取以下步骤：

1. 告诉参与者，他们将对三名被评估者在三个不同维度上的绩效进行评估。

2. 把评定量表发给参与者，并指导他们阅读这些量表，他们要大声读出绩效维度的定义以及量表的锚定。

3. 然后，培训师开始讨论被评估者的哪些行为分别展示了每个量表中的不同绩效水平。其目的是为参与者创建一种共同绩效理论（参照框架），以使参与者就各种不同的行为分别属于哪种绩效维度和效力水平达成共识。

4. 让参与者观看一段工作实践录像，并要求他们使用所提供的量表来对该被评估者进行评估。

5. 把参与者提供的绩效评估写在黑板上，让他们共同讨论。培训师设法确定参与者是根据该被评估者的哪些行为来打分的，以及分析这些绩效评估之间存在的任何不一致。

6. 培训师向参与者提供反馈，并解释这名被评估者为什么应当在某个特定维度上获得某个特定的绩效评估（目标分数）。

参照框架培训向受训者提供了一种“绩效理论”，使他们能够理解不同的绩效维度，如何根据这些绩效维度来对被评估者的行为进行评估，如何判断各种行为的效力，以及如何把这些判断整合成一种总体的绩效评估（Sulsky & Day，1992）。此外，提供评估标准和示范似乎也可以提高绩效评估的精确性。利用绩效标本中的绩效评估，以及对绩效评估练习提供精确性反馈，使评估者能够通过直接经验学会如何使用不同的评估标准。从本质上说，参照框架培训高效地浓缩了评估者如何获得绩效维度标准的过程（Stamoulis & Hauenstein，1993）。

然而，上面描述的这种方法假设所有评估者只适用一种参照框架。研究已经表明，绩效数据的不同来源（同事评价、上级评价、下属评价等）体现出了截然不同的参照框架，而且这些不同来源对不良绩效事件的重要性存在显著分歧（Hauenstein & Foti，1989）。因此，评估者培训应当强调这些差异，并且既要重视评估者绩效理论的内容，也要重视评估者做出判断的过程（Schleicher & Day，1998）。最后，培训过程还应当识别那些异常的评估者，并且对他们在培训中的绩效进行监控、评估和改进。

显然，评估者培训是值得花费心思去实施的，而且我们在此强调的这种方法能够特别有效地改进评估者对个体员工在各个维度上的绩效进行评估的精确性（Day & Sulsky，1995）。此外，经过评估者培训的管理者能够更有效地为其下属制定开发方案（Davis & Mount，1984）。与绩效评估有关的技术问题和人际关系问题既不是无法克服的，也不是无法理解的；它们只需要人们恰当、系统地应用合理的心理学原则来予以解决。

4.14 绩效管理系统的社会和人际环境

通览本章，我们非常强调这一点：绩效管理系统既包括测量方面的事项，也包括态度和行为方面的事项。传统上，我们往往把研究重点放在测量方面，但是，任何测量工具或评估形式都只对绩效评估分数产生有限的影响（Banks & Roberson，1985）。由于绩效评估结果可能体现了组织情境变量、评估形式、评估者的动机及被评估者的动机等因素之间的交互作用，因此我们必须更广泛地考察绩效管理中的其他重要事项。

有几项研究已经探讨了各种不同类型的绩效管理系统对态度的隐含影响（例如，Kinicky，Prussia，Bin，& McKee-Ryan，2004）。这些文献聚焦于不同类型的反应，包括满意、公正、所感觉到的效用，以及所感觉到的精确性（参见 Keeping & Levy，2000，他们对测量每种反应的方法进行了综述）。参与者对绩效管理系统的反应是非常重要的，因为它们与该系统的被接受程度及成败息息相关（Murphy & Cleveland，1995）。一些初步的证据已经表明，一种总体的多维度反应构念是存在的（Keeping & Levy，2000）。因此，这些不同类型的反应可以概念化为各种单独但却相连的实体（entity）。

作为某种反应的例子，我们现在考察的这些证据涉及参与者对绩效管理系统公正性的看法。如果从正当程序这个角度来概念化，公正包括两个层面：(1) 过程层面，或者说是人际互动公正——也就是上级与员工之间的人际交换；(2) 系统层面，或者说是程序公正——也就是绩效管理系统的结构、程序和政策（Findley，Giles，& Mossholder，2000；Masterson，Lewis，Goldman，& Taylor，2000）。其中一些研究结果如下：

- 过程层面能够解释系统层面所不能解释的关系绩效差异（Findley et al.，2000）。
- 与那些在自己最近接受的绩效评估中没有感觉到不公正的管理者相比，感觉到不公正的管理者更有可能对实施一种程序公正的绩效管理系统表现出积极反应（Taylor，Masterson，Renard，& Tracy，1998）。
- 与不自信的被评估者相比，评估者在与自信的被评估者接触或交流时更有可能表现出人际互动公正（Korsgaard，Roberson，& Rymph，1998）。

这类知识诠释了绩效管理系统中的社会和动机层面的重要性（Fletcher，2001）。在实施绩效管理系统时，与关于某个新系统能够降低晕轮效应、宽容效应和集中趋势偏见的知识相比，这类知识同样重要。这两类信息都非常有用和有意义，而且都必须在绩效管理的更广泛背景下考察它们。作为对这个观点的支持，一项研究综述考察了1980—1995年间美国巡回法院295件关于绩效评估的判决后得出结论，与绩效评估中的公正（fairness）和正当程序（due process）有关的事项是裁判做出司法判决时最重要的决定因素（Werner & Bolino，1997）。

最后，为了强调这个观点——绩效管理必须考虑具体情境，而且在绩效管理过程中既要从技术层面着手，也要从人际关系层面着手，Aguinis & Pierce（2008）就应当进一步探索的有关事项提出了以下建议：

1. **社会权力、影响力和领导**。上级的社会权力指的是其他人认为该上级能够在多大程度上影响行为和结果（Farmer & Aguinis）。如果某个员工认为自己的上级能够影响重要的有形和无形结果（例如，经济奖励、认可），那么这个绩效管理系统可能是更有重要意义的。因此，未来的研究应当设法确定上级在什么条件下可能被认为是更有权力的，以及员工所持的这种看法对绩效管理系统的意义和效力会产生什么影响。

2. **信任**。绩效管理系统要想变得有效，所有利益相关者对绩效管理过程的"集体信任"是至关重要的（Farr & Jacobs，2006）。鉴于当今的各种组织正在努力进行结构重组和规模精简这一现实情况，组织如何能够创建这种信任，从而使绩效管理系统获得成功？换句话说，未来的研究应当设法弄清楚在什么条件下群体因素、组织因素以及其他因素有可能增强这种信任，进而增强绩效管理系统的效力。

3. **社会交换**。个体（以及群体）与组织之间的关系可以在一种社会交换框架内进行概念化。具体来讲，个体和群体表现出各种行为，并且产生被组织重视的结果，而组织则提供有形和无形的结果来交换这些行为和结果。因此，使用某种社会交换框架的未来研究应当进一步理解各种交换关系给组织成员带来的公正感，以及这些交换关系在什么条件下可能会被认为更公正或更不公正，从而为绩效管理系统的设计提供更深入的信息。

4. **群体动力学和亲密的人际关系**。认为某个组织丝毫不围绕团队来组织自己的职能，这是不切实际的观点。因此，许多组织在自己的绩效管理系统中都包含对团队的绩效评估（Aguinis，2009a）。这种绩效管理系统通常既评估个体绩效，又评估个体对其所属团队的绩效所作出的贡献，而且评估团队绩效。鉴于这种类型的绩效管理系统，未来的研究应当考察群体动力学如何影响谁来测量绩效以及怎样测量绩效。未来的研究还应当设法弄清楚亲密的人际关系（例如，上级与下属之间的办公室恋情）会如何影响绩效管理系统的成功实施（Pierce，Aguinis，& Adams，2000；Pierce，Broberg，McClure，& Aguinis，2004）。毕竟，亲密的人际关系可能会牵涉到利益冲突。

4.15 绩效反馈：绩效评估和目标设定面谈

绩效管理系统的一个主要目的是作为人事开发的工具。为了改进绩效，必须对当前的绩效提供反馈。但是，简单地提供绩效反馈并不能确保对未来绩效产生积极影响。实际上，对131项研究进行的一次元分析表明，从总体来讲，绩效反馈对绩效具有积极影响（绩效提高小于1/2个标准差），但是有38%的绩效反馈面谈（或其他形式）对绩效产生了消极影响（Kluger & DeNisi，1996）。因此，在很多情况下，绩效反馈并不具有积极影响；实际上，它对未来绩效很可能会产生不利影响。例如，如果绩效反馈导致员工只关注其自身而不是手头的工作任务，那么该反馈可能就产生了消极影响。我们可以考虑这样一个例子：一位女员工做出了很大的个人牺牲，想要晋升到组织的最高层。她可能会因为得知自己失去了一位重要客户而感到无比震惊，于是开始怀疑自己的人生选择，而不是关注如何在未来不再失去重要客户（DeNisi & Kluger，2000）。

如同本章先前所述，绩效信息通常是通过多种来源收集到的（Ghorpade，2000）。通过绩效面谈而将这些绩效信息反馈给员工的责任通常是由直接上级承担的（Ghorpade & Chen，1995）。应该实施一个正式的绩效反馈系统，这是因为如果缺乏这样一个系统，有些员工会比其他员工更有可能征求绩效反馈并从中受益。举个例子来说，我们可以考虑**刻板印象威胁**（stereotype threat，即担心自己的个人行为会印证他人对自己所属群体的负面刻板印象；Farr，2003）与想要征求绩效反馈的意愿之间的关系。一项研究在考察了美国公共行业中的166名黑人管理者之后发现，成为工作场所中的唯一一名黑人是与刻板印象威胁有关联的，而刻板印象威胁与想要征求绩效反馈的意愿是负相关的（Roberson，Deitch，Brief，& Block，2003）。因此，如果不存在某种正式的绩效反馈系统来发挥作用，那么没有感觉到刻板印象威胁的员工更有可能会从自己的上级那里征求绩效反馈并从中受益。再考虑到这个事实，即人们通常愿意提供和接受绩效反馈信息，就进一步强化了我们的观点：实施正式的绩效反馈系统是很有必要的（London，2003）。

从理想的角度讲，上级与下属之间应该存在一种持续的绩效反馈过程，从而使双方都能够获得指导。在很多组织中，电子绩效管理系统（例如，监控与客户电话联系的次数或持续时间、上网时间长短等）已经成为普遍现象，这个事实有助于推动持续的绩效反馈过程。电子绩效管理（electronic performance monitoring）与收集绩效信息的传统方法（例如，直接观察）有本质不同，因为前者可以持续地在多个绩效维度上产生和收集大量数据（Stanton，2000）。然而，通过电子绩效管理系统获得的数据，虽然通常是在线存储的，员工很容易就可以获取，但是这并不能消除员工与上级进行面对面互动的需要，因为上级不仅负责提供绩效信息，而且负责对这些信息进行解读并帮助员工改进未来绩效。但是在实践中，上级经常会"保留"员工的绩效信息，想要在正式的绩效评估面谈时再"和盘托出"，这样做对上级和下属双方来讲都是一件非常难受的事情。大多数上级都拒绝"扮演上帝"（即扮演裁判的角色），从而也拒绝将自己的判断传达给下属（McGregor，1957）。因此，上级可能会选择避免面对那些令人不愉快的事项，而且即使上级选择正面处理这些事项，下属也可能会予以否认或者找出各种理由来辩解，以设法维护自尊（Larson，1989）。这样的话，绩效反馈过程对双方来讲都成为一种失败的过程。幸运的是，现实情况并不总是这样。基于许多关于绩效评估面谈的研究，表4—7介绍了上级在绩效评估面谈之前、之中和之后应该实施的一些活动。让我们逐项进行简要考察。

表4—7　　上级在绩效评估会议之前、之中和之后应该实施的活动

之前
经常与下属就其工作绩效进行沟通
在绩效评估方面接受培训
在判断他人的绩效之前首先判断自己的绩效
鼓励下属为绩效评估面谈做好准备
使用"启动"信息来帮助自己从记忆中提取信息
之中
活跃气氛并鼓励下属积极参与
评价工作绩效，而不是人格、习性或自我概念
要具体而非泛泛而谈
做一名积极的倾听者
避免破坏性地批评和威胁员工的自我
为员工的未来绩效改进设置双方都认可的正式目标
之后
经常与下属就其工作绩效进行沟通
定期评估员工的目标实现情况
根据员工的绩效来提供组织奖励

4.15.1　经常沟通

绩效评估面谈研究得出的两个最清晰结论是：每年一次的绩效评估其价值是值得怀疑的；对员工的辅导应当更加频繁，尤其是对低绩效员工和新员工（Cederblom，1982；Meyer，1991）。员工行为发生之后，应该尽快给予反馈，这样才能够使反馈发挥最大效果。如果某个下属表现得非常有效，那么立刻告诉他；如果他表现得不好，也要立刻告知。不要把这些事件当作文件保存下来并等6～9个月之后再去讨论。

4.15.2　在绩效评估方面接受培训

如同我们先前所述，组织应当更加强调培训评估者更加精确、公正地观察员工的行为，而不是更加强调提供具体的例子来诠释“如何”评估。组织需要对管理者进行培训，以使其更懂得如何向员工提供绩效评估信息和绩效反馈。这种培训应当重点关注那些难以评估的特征，以及人们认为很容易评估但评价结果常常出现分歧的特征。这样的特征包括承担风险和开发（Wohlers & London，1989）。

4.15.3　首先判断自己的绩效

我们常常把自己作为规范或标准去评价他人。虽然这种倾向可能是难以克服的，但人际知觉方面的研究结果可以帮助我们改进这个过程（Kraiger & Aguinis，2001）。相关研究结果的一部分列举如下：

1. 自我保护机制（例如，否认、放弃、自我抬高、害怕失败等）会对自我意识产生消极影响。

2. 自知之明本身就是一种管理技能，而且可以让自己更准确地看待他人。

3. 个体自身的特征会影响自己从他人身上看到的特征。

4. 认可自己的个体更有可能看到他人身上的积极方面。

5. 准确地认识他人并不是一种单一的技能（Wohlers & London，1989；Zalkind & Costello，1962）。

4.15.4　鼓励下属为绩效评估面谈做好准备

在美国中西部一家大型医院进行的一项研究表明，员工在绩效评估面谈之前花费更多时间来分析自己的工作职责和任务、自己在工作中遇到的问题以及自己的工作绩效质量，他们就更有可能对绩效评估过程感到满意，更有动机去改进自己的绩效，以及真正去改进绩效（Burke，Weitzel，& Weir，1978）。为了促进下属做好准备，可以从几个方面入手：（1）可以为此开发一种行为锚定等级评定量表，并且鼓励或要求下属使用该量表（Silverman & Wexley，1984）；（2）可以在绩效评估面谈之前把上级的看法提供给员工，并鼓励员工做出详细、具体的回答；(3) 可以鼓励或要求员工按照上级所使用的相同效标或量表来评估自己的绩效（Farh，Werbel，& Bedeian，1988）。

自我评价至少具有四种优势：(1) 它能够提升下属的尊严和自尊；(2) 它把管理者置于顾问而非裁判的角色上；(3) 它更有可能促进员工认同在绩效评估面谈中制定的方案或目标；(4) 与管理者评估下属的更传统方式相比，它可能会使双方感到更满意并实现更多成果（Meyer，1991）。

4.15.5 使用“启动”信息

评估者需要使用某个刺激来激发存储在长期记忆中的信息。在绩效反馈面谈之前，管理者有很多种方法可以帮助自己从记忆中提取下属的绩效信息。例如，阅读关于每个绩效维度及员工相关行为的材料就能够帮助提高绩效反馈面谈的效力（参见 Jelley & Goffin，2001）。

4.15.6 活跃气氛并鼓励下属积极参与

研究普遍表明，下属参与面谈时越是感觉到自己可以提出观点、意见和感受，就越有可能认为上级是有帮助的、建设性的，当前的一些工作问题已经被圆满解决，以及未来目标已经被设定。但是，只有当绩效评估面谈对下属的威胁很小，该下属以前曾经接受该上级的绩效评估面谈，该下属已经习惯与该上级共同参与，以及该下属了解绩效评估面谈中将要讨论的事项时，这些结论才会成立（Cederblom，1982）。

4.15.7 评价绩效，而不是人格或自我概念

上级越是聚焦于下属的人格和习性而非工作行为方面，上级和下属双方的满意度就越低，而且下属就越不可能有动机去改进自己的绩效（Burke et al.，1978）。此外，聚焦于下属本人或者他的自我概念，而非他的工作任务和任务绩效，可能会降低下属的未来绩效（DeNisi & Kluger，2000）。

4.15.8 要具体而非泛泛而谈

如果下属认为上级是有帮助的、建设性的，那么绩效评估面谈就更有可能成功（Russell & Goode，1988）。如果上级能够做到公正而具体，那么就可以针对下属过去的行为提供非常明确的反馈。而且，上级也可以证明自己对下属的工作任务和绩效水平非常了解。上级应当具体讨论下属工作行为的正反两面。有关资料表明，提出正面信息和负面信息时的顺序会显著影响下属对绩效反馈精确性的感觉和认可。绩效评估面谈首先要从与次要问题有关的正面反馈入手，然后再讨论关于重要事项的反馈。对下属行为的细微之处进行表扬能够让下属感到放松、自在，从而减少讨论批评意见时下属可能会产生的不良的封闭效应（Stone，Gueutal，& McIntosh，1984）。尽量挖掘与绩效改进有关的信息，并且尽量避免

与其他员工的相对绩效水平有关的信息，这也是很有帮助的技巧（DeNisi & Kluger，2000）。

4.15.9 做一名积极的倾听者

你见过处于激烈争论中的两个人吗？他们都极力表明自己的观点，以至于对对方正在说什么毫无知觉。这与积极倾听是截然相反的。积极倾听的目标是移情，能设法站在他人的立场上从他人的角度去看问题。

例如，在与上级进行的一次绩效评估面谈中，项目团队的一位成员说道："我不想再与萨莉一起共事了。她既懒惰又自大，而且总是抱怨我们没有尽力帮助她。她认为自己的能力太强，不屑于和我们大家从事这种工作，而我讨厌在她身边工作。"这位上级回答说："萨莉的态度使你们的工作变得不愉快。"

通过回应这位女下属的话语，这位上级其实是在鼓励该下属要面对这种感受，并且让该下属知道自己理解团队成员的处境。积极倾听者密切关注言语线索和非言语线索，而且更重要的是接受对方所表达的内容而不提出争论或批评。你要求别人以多少尊重和尊敬来对待你，那么就应该以同样多的尊重和尊敬来对待别人。

4.15.10 避免破坏性地批评和威胁员工的自我

从本质上说，破坏性的批评是非常普遍的，它往往通过一种挖苦、讽刺的口吻来表达，而且常常把不良绩效归咎于内在原因（例如，员工缺乏动机或能力）。有证据表明，员工总是显著倾向于把绩效问题归因于自己无法控制的外在因素（例如，缺乏原材料、设备、指导或时间），以此作为维护其自尊的一种机制（Larson，1989）。因此，不足为奇的是，破坏性批评会引起三种可预见的后果：（1）它引起接受者的消极情绪，而且激化或强化个体之间的冲突；（2）它使得接受者将来不太可能以某种配合（例如，妥协、协作）的方式来处理自己与反馈者的意见分歧；（3）它对自我设定的目标以及自我效能感产生消极影响（Baron，1988）。无须多言，这是管理者和其他人都应当极力避免的一种沟通类型。

4.15.11 设置双方都认可的正式目标

在绩效评估面谈中，制定一份正式的目标设置计划是十分重要的（DeNisi & Kluger，2000）。有三个原因可以说明目标设置为什么能够影响绩效。第一，目标设置具有提供方向的作用——也就是说，它能使活动迈向某个特定的方向而不是其他方向。第二，在目标获得认可的情况下，人们往往会根据该目标的困难程度来投入努力。第三，与容易的目标相比，困难的目标能够导致更显著的持久性（即迈向某个特定方向的长时间努力）。这三个维度——（所选择的）方向、努力以及持久性——是动机的核心要素（Katzell，1994）。

许多研究考察了组织中的目标设置计划，其结论可以总结如下：通过员工参与来设置具体的目标，因为它们准确地阐明了组织对员工个体的期望。更好的做法是通过员工参与来设置具体、困难的目标，因为与具体、容易实现的目标相比，具体、困难的目标能够导致更高的员工认可度和绩效（Erez，Earley，& Hulin，1985）。这些结论似乎适用于各种文化，而不仅仅是美国文化（Erez & Earley，1987），而且不仅适用于群体或团队，也适用于个体（Matsui，Kakuyama，& Onglatco，1987）。在绩效评估面谈中，目标设置是对未来的强调，似乎对随后的绩效能够产生最有益的效果。对目标管理计划的一项元分析指出，最高管理层的认同也是至关重要的。当最高管理层的认同度高时，平均的生产率收益为56%。当最高管理层的认同度低时，平均的生产率收益仅为6%（Rodgers & Hunter，1991）。

微软公司是实施这些原则的一个例子，它开发了一种称为SMART的目标设置系统（Shaw，2004）。SMART目标指的是具体的（specific）、可测量的（measurable）、可实现的（achievable）、基于结果的（results based）、具有时间限制的目标（time specific）。

4.15.12 就下属的工作绩效及目标实现情况进行定期沟通

当辅导成为一种日常活动而不是每年一次的仪式时，就可以从一种恰当的视角来看待绩效评估面谈：它仅仅是把一个无论如何都应当定期实施的过程正式化。定期对目标实现情况进行追踪有助于使下属的行为与目标保持一致，有助于下属更好地理解自己的绩效之所以被评为某个特定水平的原因，并且有助于增强下属对有效绩效的承诺。

4.15.13 根据员工的绩效来提供组织奖励

在这个问题上，研究结果是非常明确的。看到绩效评估结果与雇佣决策挂钩的下属更有可能为绩效评估面谈做好准备，更有可能积极参与绩效评估面谈，并且更有可能对绩效评估系统感到满意（Burke et al.，1978）。反过来，如果管理者注意到这些研究结果，也可能使绩效评估系统变得更加有效。

对实践的明确启示

- 无论是何种类型和规模的组织，其成功都取决于员工个体和团队的绩效。要确保绩效管理不只是绩效评估，还应当是受组织总体战略指导的一个持续过程。
- 绩效管理系统既包含技术成分，也包含人际关系成分。如果只聚焦于绩效测量和技术事项而忽略人际关系因素和情感因素，那么绩效管理系统很可能不会产生预期的积极效果，即改进绩效以及使个体和团队的绩效与组织目标保持一致。
- 良好的绩效管理系统与组织的战略目标是保持一致的，能够鉴别高绩效和低绩效，而且是考虑周到、切实可行、有意义、具体、有信度、有效度、包容、公正和被员工认可的。
- 绩效可以通过客观测量和主观测量来确定，也可以通过相对评定系统和绝对评定系统来测量。在测量复杂的绩效构念时，不存在什么“终南捷径”，因此人们需要仔细考虑每种测量方法在特定组织情境中的优势和劣势。

● 有几种偏差能够影响绩效评估的精确性。评估者培训方案能够使其中许多偏差降至最低程度。绩效反馈并不总是会导致积极的结果，因此，提供绩效反馈的人员应当接受培训，经常向下属提供绩效反馈，在判断下属的绩效之前首先判断自己的绩效，鼓励下属为绩效评估面谈做好准备，评价下属的绩效而非其人格或自我概念，针对具体事项而非泛泛而谈，成为积极的倾听者，避免破坏性的批评，并且设置双方都认可的目标。

讨论题

1. 绩效管理系统为什么常常失败?

2. 绩效管理和绩效评估之间有何区别?

3. 绩效管理系统有哪三个最重要的目的? 为什么?

4. 绩效管理系统在什么情况下才可以被视为有效?

5. 以下每种渠道可以提供哪些独特的绩效信息：直接上级，同事，自我，下属，客户?

6. 在实施绩效管理系统时，应当考虑哪些人际关系/社会互动维度?

7. 在什么条件下你会建议把绩效评估当作一项群体任务来完成?

8. 在设计一项评估者培训方案时，你会把哪些关键要素融入进去?

9. 假设某个组织是围绕工作团队来构建的。那么一个基于个体行为和结果的绩效管理系统在该组织基于团队的绩效管理系统中发挥什么作用(如果存在的话)?

10. 讨论绩效评估面谈的三种“一定要”和三种“一定不要”。

第5章 个体差异的测量和解释

概览

个体差异的测量是人事心理学的核心。个体在生理和心理属性上的差异可以通过称名量表、顺序量表、等距量表和比率量表来测得。尽管对心理特质的测量在本质上主要属于称名型和顺序型，但它们常被视作等距水平来进行统计处理。我们应关注量表的开发，使每个测验项目的参照点数量和间隔都能代表测量对象潜在构念的本质，减少量表的粗糙性对测验准确性所造成的影响。

我们要想对人做出有效的决策，就需要了解他们的人格。对每个人人格的了解，只有通过对不同个体的能力、技能、知识以及其他一些特征模式进行测量后才能得出。心理测量程序统称为测验，这一点已人尽皆知。人力资源专家可能会选择已经成形的测验，或者自行开发测验。包括项目反应理论和概化理论在内的分析技术，使得人力资源专家能够评估测验的整体质量以及包含在测验中的每个项目的质量。

测验可依据三个标准进行划分：测验内容、测验实施、测验记分。无论怎样划分，测验的信度均十分关键。信度测量是独立的、连续的，并且能够从测量的非系统性误差中相对地分离出来。由于所有心理测量都不同程度地存在误差，因此最好把测验分数看成一个区间或范围，而不是绝对的点值。此外，对个体分数的准确解释还需要参照同一测量程序下测出的对照组（效标组）所取得相关成绩的信息。

你去过服装厂吗？服装厂里一个最显著的特点就是拥有一排排挂着不同型号的衣架，衣架上挂满了各种衣服。你是否驻足思考过穿着这些不同型号衣服的人生理上会存在怎样的差异？我们可以想象到最终穿上这些衣服的人们各有不同：体形不一、年龄有别、发型各异，所以人与人之间的差异并不难观察。

显然，心理学的首要定律便是“人各有别”。人与人之间不但在生理上存在差别，在其他方面也各不相同。比如，同样穿 42 号男款运动服的人，他们之间就会各不相同：有人外向又合群，而有人则内向又孤僻；有人富有创造力，而有人则缺乏想象力；有人适应性很强，而有人则适应不良；有人诚实，而有人则乐于行骗。每个人生理和心理上的差异在我们周围随处可见。作为科学家和业内人士，我们的目的是描述这种差异性，然后通过定律和理论对其进行理解、解释和预测。测量便是可以帮助我们进一步了解这些目标的工具之一。一旦我们明白了“为什么要测量”，那么“如何测量”——即测量技术——就会变得更有意义（Brown，1983）。

设想一下，若没有测量我们的处境该有多窘迫：我们不能描述、比较或对比与我们自身有关的一切周遭现象；人们无法就各种物理维度（例如，长度、宽度、体积）的名称或计量单位的认识达成一致，并因此阻碍了人际交流；为系统性研究付出的努力也将毁于一旦，人才会被无情地浪费，科学进程也将被迫中止。所幸的是，科学界的现状远不像上面描述的这般糟糕。测量确确实实是存在的，那么什么是测量呢？接下来我们将展开这一话题。

5.1 什么是测量

我们可以给测量下一个简单的定义。测量就是按照一定的规则把客体或事件数量化（Linn & Gronlund，1995；Stevens，1951）。测量回答了“是多少”的问题。假如你被请去评判一场钓鱼比赛，当你测量每次钓到的鱼的长度时，数量化的规则是非常清晰的。这一“规则”就放在每条鱼的旁边，然后根据已经统一的标准（例如，英寸、厘米），便可以对每一条鱼的长度进行相当准确的测量。

另一方面，假如经过对每个应聘者的面试后，你被请去裁决一个工作岗位的应聘问题，需要你用一个1～10级的10点量表对每个应聘者的管理潜能做出评定。很明显，这一类测量的质量和精确度都不及物理测量。但是，无论是物理测量还是心理测量，两者的程序都符合对测量的最初定义。简而言之，该定义没有提到任何有关测量程序的质量的信息，只是表达了以某种方式给测量目标赋予数字的问题。Kerlinger & Lee（2000）很好地表述了这一观点：测量就是我们和客体与数字之间的一场游戏，且游戏有其自身的规则。当然，由于其他原因的存在，保证规则是“合格”的这一点很重要，但是无论规则是“好”是“坏”，这一程序仍然是测量（Blanton & Jaccard，2006）。

因此，物理测量和心理测量的过程是一致的。只要我们确定一个待测的维度（例如，重量）或者特质（例如，责任心），确定测量的实施程序，阐明测量规则，以及准备好测量所需要的特定量表，那么对任何事物的测量在理论上都是行得通的。

心理测量主要关注个体在心理**特质**（traits）上的差异。特质仅仅是一个描述性的标签，它适用于一组具有内部关联的遗传或习得的行为（例如，支配性、创造性、宜人性）。基于个体行为（例如，结构化选拔面试、认知能力测验）的标准化样本，我们可推断出个体在问卷中某一特质维度上的位置。当进行心理测量时，我们可以从四种量表类型中选择任意一种。这四种类型的量表在测量中并不是等同的，因而使用某种特定的量表也就限制了对结果数据的分析类型。

5.2 测量量表

无论哪种测量程序，第一步都是详细界定待测的维度或特质。接下来，我们就可以实施一系列的操作，从而依据事先界定的维度和特质来描述每一个个体。有时，个体间的差异是**定性**（qualitative）的——就种类（例如，性别、发色）而言属于同一群体。有些情况下，个体间的差异是**定量**（quantitative）的——就频率、数量和程度而言属于同一群体（Ghiselli，Campbell，& Zedeck，1981）。定性描述是分类，而定量描述则是测量。

正如我们所知，实际上测量被分为四种水平而非两种，而且各个水平在等级上是相关联的——也就是说，等级较高的量表除满足等级较低量表的所有假设，还需要满足其自身的假设。按照从低等到高等、从简单到复杂的分类标准，四种量表依次为：**称名型**（nominal）、**顺序型**（ordinal）、**等距型**（interval）和**比率型**（ratio）（Steven，1951）。

5.2.1 称名量表

这是测量的最低水平，代表类别上的差异。个体按性质可划分为不同的种类。该量表给物体或人赋予数字，但这些数字本身并没有数量化的含义，它们之间不能进行排序和数量上的相加。这些数字仅仅是这些事物的一个标签而已（例如，电话号码；Aguinis，Henle，& Ostroff，2001）。

人们经常使用称名量表来使个体或事件具有一定的系统性或对其进行分类。例如，我们可能会按照对某一政治问题的赞成或反对态度把人分成两类；也可能按照性别把人分成男性与女性；或者按教育水平把人分成接受大学教育者或未接受大学教育者等。运动员的队服上通常标有数字，但这些数字仅仅起到了标签的作用。在所有这些例子中，基本方法都是一样的，都具有**等同性**（equality）。我们可以用如下任何一种方法来表示，但不能两者兼有：

$$(a=b) \text{ 或 } (a\neq b) \qquad (5—1)$$

某一个种类或群体的所有成员都拥有一些非此团体成员所没有的共同特征。而且，这些团体之间彼此相互排斥——也就是说，如果一个个体属于团体 a，那么他就不能同时属于团体 b。

尽管称名测量不能说明被测内容之间的大小关系，从而除了计数，不能做其他的统计运算，但是对于人力资源专业人员而言，称名测量对被测内容所作出的分类信息也是很有用的。我们可以使用诸如卡方检验（χ^2）、百分比以及其他某种特定的相关测量（例如，列联相关系数）来计算频数。若用个人传记信息来预测一个人的任期长短，我们可以通过该个体在某一特定时期内，在教育水平、工作经验等项目上持续或中断的时间比例来进行参考判断，比如，教育水平包括个体的不同教育层次，工作经验包含一年以下、一年至两年、两年至五年、五年以上等。如果可以确定在职者和离职者之间的差异，我们便可以开发可计算分数的申请表，而且选拔的效果也可能因此得到提升。

5.2.2 顺序量表

测量的第二层水平是顺序量表，这种量表不仅可以按照种类对事物进行分类（像称名量表一样），而且可以提供量化的指标。类别是根据它们在某一特征或维度上数量的多少进行的排序。因此，顺序量表满足了等同性（公式（5—1））、**传递性**（transitivity）或等级性的要求，可以表示为：

$$\text{如果}\ [(a>b)\ \text{并且}\ (b>c)],\ \text{那么}\ (a>c) \qquad (5\text{—}2)$$

或

$$\text{如果}\ [(a=b)\ \text{并且}\ (b=c)],\ \text{那么}\ (a=c) \qquad (5\text{—}3)$$

多数物理和心理测量都能满足传递性的要求。例如，在赛马比赛中，假设我们预测了三匹马的准确比赛名次，我们打赌A马最先到达终点，B马排在第二，C马排第三，至于A马落下B马几厘米或几米，B马落下C马多远的距离，无关大局。如果得知A马快于B马，B马快于C马，我们就会因此得出A马快于C马的结论。我们不关心三匹马之间究竟相差多少距离，只需要知道它们到达终点的前后顺序就可以了。事实上，在顺序量表的测量中，我们可以用其他一些词来替换公式（5—2）中的“大于”（>），比如我们可以用“小于”“少于”“更漂亮”“更具权威性”等这样的词来替换。

在心理测量中，一些简单的顺序并不会很明显。比如，当抛开其他个体差异变量和背景信息变量来考察社会心理学的变量时，传递性这一概念就不复存在了。再举一个例子，员工A和B可能相处得很好，员工B和C相处得也很融洽，但是员工A和C之间可能互不相容，无法共事。因此，事件之间是否具有传递性这一问题，取决于其他一些变量（例如，员工A和C是否在过去发生过冲突，两人是否正在竞争同一晋升机会等）。

通过使用顺序量表，我们可以进行一些有用的数据处理。我们可以计算中位数（将一组数据分为两半的数值）、百分等级（表示低于某个特定分数的人数所占的百分比）、等级相关［如斯皮尔曼等级相关系数和肯德尔W系数（测量两列等级数据分布之间一致性的关系或程度）］、等级协方差分析（rank-order analysis of variance）。但我们不能认为顺序量表上某些特定数值间的差异在量表所有的点上都具有同样的意义。为解决这一问题，我们需要等距水平的测量。

5.2.3 等距量表

等距量表具有如下属性：(1) 等同性（公式（5—1））；(2) 传递性或等级性（公式（5—2）和（5—3））；(3) **可加性**（additivity）或者称单位等距。可以表示为：

$$(d-a)=(c-a)+(d-c) \qquad (5\text{—}4)$$

我们来看看对长度的测量。正如下图所示，a（2厘米）和b（5厘米）之间的距离完全等于c（12厘米）和d（15厘米）之间的距离——3厘米。

2	5	12	15
a	b	c	d

量表的单位（厘米）在量表所有的点上都是相等的（参见公式（5—4））。

$$(15-2)=(12-2)+(15-12)=13$$

需要注意的是，a 与 c 的距离和 b 与 d 的距离在长度上是相等的。等距测量的关键步骤是建立单位的一致性，这一点在心理测量中必须经过证实。比如，我们必须能够证明，在能力倾向测验中得分为 87 分和 97 分的两位职位申请人之间相差的 10 分与得分为 57 分和 67 分的另外两人之间相差的 10 分具有同样的意义。在一项包含 100 个项目的测试中，每一个项目都具有一个单位权重，我们必须通过实证的方式建立起对它们的认识，也就是每一个项目测得的能力倾向在数量或者程度上都是等同的。

在等距量表中，可以进行如下这些常见的运算：集中趋势指数、变异指数、相关系数、显著性检验等。等距量表还有另一个极为有用的特性：可以通过加、减、乘、除一个常数对测得的分数进行线性转换，而且不改变分数之间的相互关系。这些关系的数学表达式如下：

$$X'=a+bX \qquad (5—5)$$

式中，X'是导出分数；a 和 b 是常数；X 是原始分数。因此，一个量表分数可以通过加上和/或乘上一个常数转换为另一个不同单位的量表分数。在个体差异的测量中，对分数进行转换的最大好处在于，可以把两个或多个测验的得分按照统一的标准直接进行比较。

5.2.4 比率量表

这是科学测量的最高水平。除了同等性、可传递性和可加性，比率量表还有一个具有实证意义的真正零点或者叫**绝对零点**（absolute zero point）。高度、距离、重量和开尔文温度等都属于比率量表。比如，在测量重量时，厨房所用的天平就有一个绝对零点，它意味着某种特征是绝对不存在的。

如果一个量表没有真正的零点，我们就无法说明一个个体与另一个个体相比所具有的某种特征的量的比率或比例。在田径运动会上，如果运动员 A 用 4 分钟跑完了 1 千米，而运动员 B 跑完同样的路程用了 6 分钟，那么我们就可以得出结论：A 跑完 1 千米所用的时间是 B 的 2/3 ，A 比 B 快 33%。

另一方面，假设我们对一组办公室职员申请人做一项拼写测验。如果我们认为一个把每个单词都拼错了的人不能正确拼写任何一个单词，这是没有任何意义的。也许另一项不同的单词样本测验，该被试就会做出正确的反应。像这些情况中的比率或者比例是没有意义的，因为这些特征的大小不是按照到一个绝对零点的“距离”进行测量的，而是按照到一个任意零点的“距离”进行测量的（Ghiselli et al.，1981）。四类量表的区别如表 5—1 所示。

表 5—1　　各类测量量表的特征

量表	运算	描述
称名量表	等同性	相互独立的类别；仅仅把客体或事件归为某一种类；同一种类的所有成员被视为相等；各种类别有质的而非量的区别。

续前表

量表	运算	描述
顺序量表	等同性等级	渗透了数量的思想；一物体比另一物体更大或更小（但不能同时成立）；允许进行任何单调转换。
等距量表	等同性等级 相同的单位	可加性；所有的单位相同；可以在量表上建立等距；允许进行任何线性转换。
比率量表	等同性等级 相同的单位 真正（绝对）零点	界定了真正或绝对零点；可以推导出有意义的比率。

资料来源：Brown，& Frederick G. *Principles of Educational and Psychological Testing*. Copyright © 1970 by The Dryden Press，a division of Holt，Rinehart and Winston. Reprinted by permission of Holt，Rinehart and Winston.

5.3　心理测量中使用的量表

尽管许多通常应用于行为测量的量表和测验，为了在实践中尽显其作用而逐渐接近等距量表，但大部分心理测量量表仍属于称名量表或顺序量表。严格意义上讲，智力量表、能力倾向量表和人格量表都属于顺序量表。它们所测得的不是个体在智力、能力倾向或人格特质上的数量（amount），而是这些特质的等级顺序。但是，我们经常会信心十足地假设存在等距量表，正如 Kerlinger & Lee（2000）所指出的那样：

> 尽管大多数心理量表基本属于顺序型，但我们经常信心十足地假设量表的间距是相等的。争论在所难免。如果对同一个变量用两三种不同的方法去测量，而且这些测量方法之间都有充分的线性相关，这样一来，我们就可以假设它们之间的间距是相等的。这一假设是有效的，因为量表之间的关系越接近于线性，它们之间的间距就越接近。这至少也在一定程度上适用于某些心理测量，比如智力、成就、能力倾向的测验或量表。与此相关的一个争论是，我们使用的大多数分析方法适用于大部分心理量表。也就是说，我们通过使用量表和假设相等间距而得出的结果令人十分满意（p. 637）。

这一观点具有现实意义，并且已经在其他地方得到证实（Ghiselli et al.，1981）。总之，我们假设存在一种等距量表，是因为这个假设是行得通的。如果对这一假设的可靠性存在一系列质疑，那么**原始分数**（raw scores，即从所使用的测量工具中直接得到的分数）就会被转化成在同一个量表上具有相等单位的转换分数（Rosnow & Rosenthal，2002）。

5.3.1　在心理测量的评估中考虑社会效用

心理测量的值应该像物理测量一样按照统一的标准来进行衡量吗？物理测量的评估是按照对顺序性、等同性和可加性的符合程度进行的。在行为测量中，可加性的操作是无法实施的，因为我们无法像物理测量所使用的方法那样，把两个心理量加在一起从而得出第三个在数值上更大的心理量。但是其他一些更实用的标准是存在的，以此就可以对心理测量进行评估。无可争辩的是，心理测量最主要的目的就是做决策。在人员选拔中，决策便是录用还是淘汰某位应聘者；在人员配置中，决策便是决定应采取什么行为；在诊断中，决策便是决定采用哪种治疗方法；在假设检验中，决策便是决定理论公式是否准确；在形成假设时，决策便是决定需要哪些额外测验或者信息；在评估中，决策便是决定给个体或者程序赋予什么数值（Brown，1983）。

因此，心理测量更应该根据它们的社会效用进行评估。重要的问题不在于心理测量在特定的情况下使用时是否精确，而在于怎样把心理测量的预测效果和其他可以使用的技术或程序进行比较。

人力资源专业人员通常会面临诸如选择和使用心理测量程序、解释测量结果以及把结果告知他人的任务。这些都是很重要的任务，常常会影响到个体的职业生涯。所以，人力资源专业人员对应用性测量观念有足够的理解至关重要。对这些观念的理解，为多种测量方法的社会效用的评估提供了有效的工具。因此，本章的剩余部分以及接下来的两章都会围绕这一话题展开。

5.4 选择与编制合适的测量工具

纵观全书，我们在广义上使用**测验**（test）这一概念来概括心理测量的所有工具、技术或者程序。比如，它包含书面测验、口头测验、操作测验、面试、等级量表、评价中心技术（即情境测验）和可计算分数的申请表等。为了便于阐述说明，本书中使用的许多例子都特指书面测验。一般而言，一个测验可以定义为一种测量某一行为样本的系统性程序（Brown，1983）。测验的系统性表现为以下三个方面：内容、实施和记分。项目内容是从待测的行为主体中系统地选取出来的（例如，机械能力倾向、言语流畅性）。实施过程是标准化的，因为测验所用的时间、指导语和结果的记录都是一致的。在同样的有限时间内，尽可能地把干扰减至最少。由于事先确定了评估反应的规则，因而记分也是客观的。总而言之，为了使无关因素（例如，个人、环境变量）对测验分数的影响最小，实施程序都是系统化的。

5.4.1 选择与编制测验的步骤

全面岗位分析的结果应该为与工作（岗位分析这一主题会在第8章中进行详细说明）成功有关的个人变量的种类提供线索。假设人力资源专业人员对需要评价的内容（what）有了清晰的认识，他们应该去何处（where）、如何（how）找到这些内容呢？他们可以参考最为全面的分类系统之一——《心理测量年鉴》（*Mental Measurement Yearbook*），该书出版于1938年，到本书出版时已更新至第17版（Geisinger，Spies，Carlson，& Plake，2007）。教育学、心理学和工业中所使用的测验共分为18个宽泛的内容类别。从1985年版本到2007年版本间所有系列的测验可见网站 http：//www.unl.edu/buros/bimm/html/00testcomplete.html。总体来说，这涉及以商业盈利目的而出版的2 700种英文测验。

如果测量我们所要了解的问题构念的工具尚未开发，或者当前的测验缺乏足够的心理测量学特征，那么人力资源专业人员可以选择自行编制新的测量工具。一个新的测量工具的编制包括如下步骤（Aguinis，Henle，& Ostroff，2001）。

确定测量目的

比如，测量是用于研究还是对之后的工作绩效进行预测，是用于评估工作绩效的适宜性还是诊断个体的优势与不足，是用于对方案进行评估还是仅仅为了给出一些指导或者反馈？对这些问题的回答将决定测量采用的项目数量以及获得测量结果的复杂程度。

特征的界定

如果不能对测量的特征进行清楚的界定，形成一种高质量的测量工具是不太可能的。这需要我们既对量表涉及的概念进行清晰的界定，又对其尚未提到的概念进行详细的说明，这样一来，测验项目的内容范围就会很清晰。

提出测量计划

测量计划是包含测量内容、形式、项目和实施条件的一张路线图。

编写项目

特征的界定和测量计划的形成都是编写项目的向导。理想的做法应该是编写出最终所需项目数量两倍的项目，因为后期许多项目都会被修改甚至删除。由于要保证较高的信度，因此一个测验大概需要 30 个项目（Nunnally & Bernstein，1994），故而起初就应编写出至少 60 个项目。

进行探索性研究和传统项目分析

下一步就是对目标群体中有代表性的样本实施测量。当然，这也是从参与测试的人群中收集有关项目清晰度的反馈信息的一个好方法。

一旦实施测量后，就可以着手进行**项目分析**（items analysis）。目前有多种项目分析类型。为了理解每个项目的作用，可以进行**错误选择分析**（distractor analysis，即依据选择错误选项的频率来评估多项选择的项目）、**项目难度分析**（item difficulty analysis，即评估答对每个项目的难度）以及**项目鉴别度分析**（item discrimination analysis，即评估对某个项目的回答是否与同一测量中对其他项目的回答有关）。对于错误选择分析，每个错误反应的频率对每个项目而言在所有的错误选项上应该大致相等，否则表明某些错误的选项太明显而且应该加以替换。关于项目难度，我们可以计算 p 值（即答对某个项目的人数与回答该项目的总人数的比值）；理想的情况是，项目的平均 p 值约为 0.5。关于项目鉴别度，我们可以计算鉴别指数 d，该指数是把高分组中答对某个项目的人数与低分组中答对该项目的人数进行比较所得的比值（高分组和低分组通常是选取高分端和低分端 1/4 或 1/3 的人数而获得）。d 值大且为正值，表明项目的鉴别度高。

运用项目反应理论进行项目分析

除了上述传统的方法，还可以运用**项目反应理论**（item response theory，IRT）来实施一个完整的项目分析。项目反应理论解释了当应试者回答某个项目时，在某个特定特征上的个体差异是如何影响个体行为的（例如，Barr & Raju，2003；Craig & Kaiser，2003；Stark，Chernyshenko，& Drasgow，2006）。项目特征曲线可以评估这种潜在构念与每个项目上的反应之间的特殊关系。该曲线包含三个参数：难度参数、鉴别度参数和用来描述能力极低的应试者做出正确回答的可能性的参数。测验的项目特征曲线可以通过对所有项目特征曲线进行平均而得到。

图5—1展示了三个项目的假设曲线。项目2和项目3要比项目1更容易些，因为它们的曲线在图的左侧上升更快。项目1具有最高的鉴别力。项目3的鉴别力最低，因为它的曲线相对平坦。同时，它也最容易受猜测的影响，因为它的曲线在纵轴起始时较高。一旦准备进行测量，项目反应理论就为我们迅速评估每个应试者的能力水平提供了有利条件，而且不会因题目过于简单或复杂而浪费应试者太多的时间。鉴于对“定制的”测验有明显的要求，我们可以期望未来几年里这种方法将得到更广泛的应用。同时，项目反应理论可以用来评估在一个项目水平上存在的偏差。当两组应试者的能力水平相当时，这一理论可以使研究者判断出，一个给定的项目对同一组应试者来说是不是比另一组应试者更困难。例如，Drasgow（1987）指出，英语和数学应用的测试为西班牙人、非洲裔美国人、白人男性和女性提供的测量是等值的。

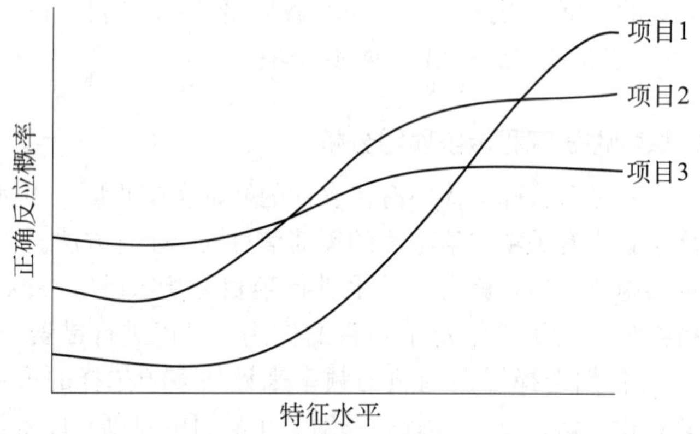

图5—1　三个假设项目的项目特征曲线

资料来源：Aginis，H.，Henle，C. A.，& Ostroff，C.（2001）. Measurement in work and organizational psychology. In N. Anderson，C. A. Henle，& C. Ostroff（Eds.），*Handbook of industrial，word & organizational psychology*（Vol. 1，p. 32）. © Sage.

选取项目

最终包含在测验中的项目可根据探索性研究和项目分析的结果来获得。在这个阶段，绘制出每个项目得分的频率分布图是很有用的。正态分布是我们所期望的结果，因为偏态分布表明，项目太难（正偏态）或者太容易（负偏态）。

确定信度并收集效度证据

下一步便是了解测量的可靠程度（即测量是否具有跨时间的可靠性、稳定性和一致性）以及从测量中得出推断的有效程度（即测量是否评估出了其想要测量的特质、基于测量的结论是否正确）。本章的剩余部分以及下一章将会对信度和效度的关键问题做进一步详细的论述。

修订和更新项目

一旦测量工具可以完全实施，就来到了最后一步：对项目不断校正和更新。由于外部情境因素（如职责的转变），有些项目的特征可能会随着时间推移而发生改变。因此，在测量水平和项目水平上，不断地修订数据收集的测量方法就显得尤为重要。

总之，人力资源专业人员可以从商家购买测验或者自己开发新的测验。但是无论哪种选择，都会面临各种各样的大量测验。出于这一点考虑，对一个详细的测验分类系统的需求也就显而易见。接下来，我们就此展开讨论。

5.4.2　选择合适的测验：测验分类方法

在选择测验的过程中，与评估测验的技术特征相反，需要考虑的重要方面是测验的内容、测验实施的方便性以及记分方式。图 5—2 列出了一种分类方式。

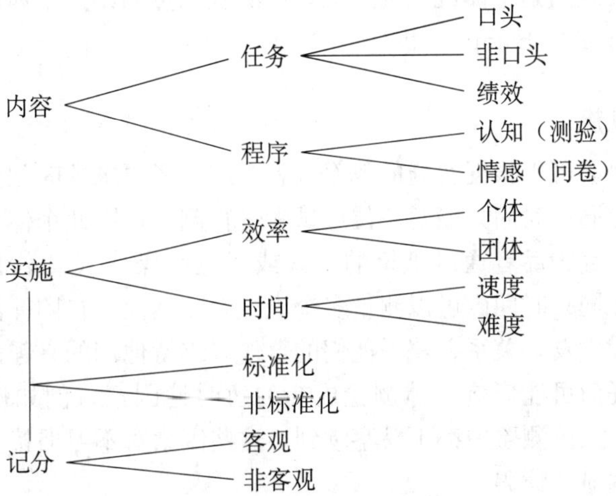

图 5—2　测验分类的方法

内容

我们可以根据给应试者呈现的任务（task）对测验进行分类。一些测验由口头内容（词汇、句子）或非口头内容（图片、难题、图表）构成。测验也可能会要求应试者操纵物体、搭积木或者追踪某个特定的模式。所有这些测验都叫做操

作测验（performance tests）。

我们也可以按照程序（process）对测试进行分类——也就是我们要求应试者做什么。认知测验测量的是心理能力（智力）的产物，它通常会细分为成就测验和能力倾向测验。一般而言，这些测验要求提供测验任务的成绩或给出事实信息。能力倾向测验和成就测验都是对能力的测量，但是它们有两点重要的区别：（1）所假设的先前经验的一致性；（2）测验的用途（AERA，APA，& NCME，1999）。因此，成就测验测量的是在相对标准化的一系列经验中所发生的学习效应（如一个学徒计划或者一堂计算机编程的课程）。另一方面，能力倾向测验测量源自日常生活中积累的各种经验的学习效应。

这些假设有助于我们确定怎样使用这些测验。成就测验通常表示对完成测验时个体能够做什么的最终评定，它所关注的是当前的胜任能力。而能力倾向测验则是用来预测日后的成就，它用来估计个体在训练中受益的程度，或者预测在新情境中获得成就的质量。但是，需要补充一点，在应用时，能力倾向测验和成就测验之间没有严格的区分。两者都是对个体当下行为的测量，而这又不可避免地反映了以前学习所带来的影响。

与认知测验相比，设计情感测验是为了测量人格的不同层面（例如，兴趣、价值观、动机、态度和性格特质等）。一般而言，被测者需要报告他们的情感、信仰或者态度（像“我认为……”“我觉得……”）。这些自我报告的工具也称作**问卷**（inventories），而能力倾向测验和成就测验这类测量工具被称作测验。问卷和测验是不同的，人们普遍对测验产生不信任就是因为他们混淆了两者的区别。问卷反映的是个体说出的感觉，而测验测量的则是个体所了解的或者能做的事情（Lawshe & Balma，1996）。

实施

测验可以根据实施的效率或者对应试者要求的时间限制进行分类。由于个体测验在同一时间只能对一位应试者进行测试，因此个体测验就不及团体测验更有效率，因为后者通过纸笔的形式或者电脑操作（或本地或远程，例如使用互联网）在同一时间内可以测量多个应试者。然而，在团体测试中，施测者与应试者之间建立友好关系、获得他们的合作以维持他们的兴趣的概率则会大大降低。此外，任何可能影响个体测验成绩的暂时性因素，例如疾病、疲劳、焦虑或烦恼等，在团体测验中都不易察觉到。这些因素对不习惯接受测验的应试者来说都会带来明显的障碍。

时间限制在测验的构建以及对测验分数的解释中都扮演着一个重要角色。单纯的**速度测验**（speed test，例如数字核查）包括许多简单的项目，但其时间限制非常严格——事实上，在这样的测验中，没有人能够在规定的时间内完成所有项目。另一种测验是**难度测验**（power test），这一类测验让应试者有充足的时间尝试完成所有的项目。然而，这种测验的项目难度会急剧增加，以至于没有人能够全部解答它们，因此也就没有人能够获得满分。需要说明的是，设计速度测验和难度测验的目的都是阻止应试者取得理想的分数。为了让每个应试者都能够充分证明他完成题目的能力，不管是从项目的数量还是从项目的难度水平上说，测验都应当有一个适当的上限。然而，在实践中速度测验和难度测验两者之间的区别只有一个程度问题，因为大多数测验均包含这两种特征，只是各自所占的比重不同而已。

标准化测验与非标准化测验

标准化测验的实施和记分都有固定的指导语。为了比较不同个体所获得的分数，这些指导语必不可少。在把一个测验标准化的过程中，必须对一个大的、有代表性的应试者样本（通常是几百人）实施测验，且这些应试者样本还必须与测验最后所施测的应试者（例如，小孩、成年人、工厂实习生）类似。这个被称为**标准化样本**（standardization sample）或**常模样本**（normative sample）的群体是为建立**常模**（norms）之用，从而为解释测验分数提供参考。常模不仅仅是应试者平均水平的体现，而且展示了高于平均分数和低于平均分数的相对范围。因此，可以根据应试者在标准化样本中的相对位置来评估其测验得分。

非标准化测验比正式出版发行的标准化测验更为常见，其典型的形式便是一些课程随堂测验，它们通常由教师或者培训者以一种非正规的方式为了单一实施目的而编制。

记分

测验记分的方式可能客观，也可能不客观。客观的记分尤其适用于雇佣活动，因为这些方法具有明确的、客观的记分标准，因而电脑和一般职员都可以记录测验的得分（Schmitt，Gilliland，Landis，& Devine，1993），在这种条件下所引起的大量误差可以忽略不计。另一方面，一些短文类测验和特定类型的人格问卷（尤其是那些应用于个体强化测验的问卷），可能记分的主观性更强，会带来大量的“评估者变异”。在后面部分我们会详细讨论这一话题。

5.4.3 在选择测验时的更深入考虑

在选择测验时，除了要考虑测验的内容、实施程序、测验的标准化和测验的记分，还需要考虑其他一些因素，例如，成本、分数的解释以及表面效度。测量成本是一个需要考虑的现实性问题。多数测验使用者在实施测量时都会考虑预算，因此他们都会选择能够满足预算的一些测验。一个完整的成本分析应该包含直接成本和间接成本两个方面。直接成本可能包含软件或测验手册（有些可重复使用）的花费、答题纸的开销、记分和报告分数等服务的花费。间接成本（在特定的情况可能会造成影响）可能包括准备测验材料所用的时间、主考人或者面试官的时间、解释和报告测验分数的时间等。在此，强烈建议施测者在使用测验之前对费用做出最有可能的实际性估计，充分有效地提前做好计划，减少随后的很多“麻烦”。

管理者常常假设，既然几乎任何一个受过教育的人都可以实施测验，那么任何人都可以对其进行解释。其实并非如此！事实上，这也是安置员工时经常被忽视的一个方面。测验解释包含的不仅仅是对测验分数简单的书面报告。要想对测验做出充分的解释，就需要对测量过程的各种优势与限制、应试者的背景信息、测量程序适用的条件、结果解释对应试者可能造成的影响进行通盘考虑。毋庸置疑，由未接受过培训的不合格的人对测验结果所做的错误解释，是社会上大多数人对心理测验（和其他一些测量程序）不满意的主要原因之一。所幸的是，现在测验的销售者都要求测验购买者在购买之前填写一份“使用者资格表”（例如，可以参见网站 http：//psychcorp. pearsonassessments. com/haiweb/Cultures/en-US/Site/Pr-oducts AndServices/HowToOrder/Qualifications. htm）。这些表格所收集到的信息与美国心理学会出版的《测验使用者资格指南》（Turner，DeMers，Fox，& Reed，2001）中的建议是一致的。它包括测验的使用者是否具有测量学的知识和概念；在进行职业测验时，测验的使用者是否很好地了解了测验环境，是否很好地理解了履行某个职位所需完成的工作任务，以及是否足够了解了工作情境对员工特点的要求。

最后需要考虑的是**表面效度**（face validity）——测量程序从表面上看是不是会测到尚未了解的特质（Shotland，Alliger，& Sales，1998）。表面效度并非指测量技术层面上的效度，而是与建立一种友好、互信的公众关系有很大的联系。在研究的大背景下，表面效度可能是一个不太值得关心的问题，但是当测量程序用于帮助个体（例如，在雇佣关系情境中）做出决策时，表面效度就可能成为一个至关重要的问题，因为它影响到应聘者的动机和对实施程序的反应。假如测验的内容显得既无关联又不合理甚至还有些愚蠢，那么即便测量具有技术上的优越性，也会导致应试者不愿合作。很显然，如果测量程序的内容可能会影响到应试者的表现，那么，在可能的情况下，应确保选择一个表面效度高的测量程序。

5.5 作为一致性的信度

正如本章之前所述，编制一项新测验的过程包括评估信度和效度的技术特征。然而，我们不但要对新编制的量表收集信度和效度等信息，还应该对任何尚未投入使用的测量工具进行收集工作。事实上，从销售商那里购得测验之前，一个有经验的测验使用者应该要求测验的销售者提供有关测验信度和效度的信息。如果不具备这些信息，就不可能判断这个测验是否可用。在这一节我们将讨论信度的概念；在下一章我们将会讨论效度的概念。

信度为何如此重要？正如我们之前所提到的，心理测量的主要目的是对个体做出决策。如果想让测量的程序在实践中发挥效用，这些测验所测得的分数就必须是可靠的。典型的选拔场景不像在室内射击场，顾客可以花一美元射击五发子弹，如果第一发没能打中，他还有四次机会。然而，在实际招聘中，个体通常只能“射击一发子弹”。因此，“一次射中”就变得很重要了，也就是说，通过一次机会把个体的能力和个人特征“最真实”的一面呈现出来。但是，这个过程还存在很多潜在的误差源——可能扭曲“真实”的面貌或产生人们不需要的变异（Le，Schmidt，& Putka，2009；Ree & Carretta，2006；Schmidt & Hunter，

1996）。随着时间的推移和情境的转换，人的行为也会趋于变化。此外，测量程序本身只是包含所有可能样本中的一个，而且该测量程序也只是被操作实施一次而不是多次。

在心理测量中，我们的目标是使误差最小化——例如，特定的项目抽样中的误差、在测验实施过程中环境造成的误差以及申请人自身存在的误差——这样一来，每个应聘者能力的"最真实"一面就可展现出来。在给个体做决策的过程中，从效率的角度（即减少误差的数量）和伦理的角度（即公平对待每一个应试者）出发，我们的测量程序是可靠的、一致的和稳定的，这一点很重要。总之，要尽可能达到测验可信。

测量程序的**信度**（reliability）指的是独立于测量的非系统误差的程度。测验的应试者或者是员工，由于各种原因在不同场合下的表现可能不尽相同。应试者可能在某次测验中比另一次表现得更努力、更疲惫、更焦虑或者仅仅是对测验内容更熟悉。由于这样或那样的原因，一个人的表现在不同的情境中不可能完全一致（AERA，APA，& NCME，1999）。

这种差异或许可归咎于通常所称的测量的非系统误差。然而，如果经验、训练或其他一些事件已经让这些差异有其自身的意义，或者反应的不一致性与正在测量的内容（如从时间1到时间2态度的转变）有关系，我们就不能把这些差异再归咎于测量误差。测量误差降低了个体在单一测量上得分的信度，也因此降低了测验的概括性水平。

问题的关键便是误差的定义。在一种情境下与测量目的无关的那些因素（即误差），在另一情境下则可能与测量目的有密切关系。正如我们将看到的那样，每种不同类型的信度估计都会以不同的方式试着对误差进行鉴定并测量。因此，理论上讲，有多少种影响得分的情况就应该有多少种信度，因为对既定的测量目的而言，这些情况可能与测量的不一致无关或者会导致测量的不一致，因而将其定义为误差。但是，在现实情况中信度的计算只有为数不多的几类。

5.6 信度估计

由于各类型信度都与两组独立样本的转换分数之间的一致性程度有关，因此用相关系数（这里称之为**信度系数**（reliability coefficient））来表示测量的一致性尤为适合。假设测量误差是随机产生的，那么同一组应试者两次测验得分之间的差异分布，会类似于同一个体在接受了大量的测验后多组分数之间的差异分布（Brown，1993）。某种程度上讲，每一个被测个体在两次测量中的得分都在同样的相对位置上，那么它们之间的相关程度就较高；若是存在一定程度的随机和不相关的测量误差，相关程度也就因此会降低，并引起在两组测量中的相对位置发生改变。从数学的观点来看（Allen & Yen，1979；Gulliksen，1950），信度系数可用占来自不同变异源的总变异的百分比来直接解释（即**决定系数**（coefficient of dertermination，r^2））。例如，信度系数为0.90表示测验分数中90%的变异是由被测量的特征或特质的系统变异引起的，只有10%的变异来自误差变异（当用作计算信度的方法时，误差是被操作化定义的）。所以，信度系数在测量工具评估中的作用在于，它估计了系统的总变异或真变异的比例。

因此，信度作为一个纯理论的概念，形成了如下假设：实得分数由真分数和随机误差两个部分构成。公式为 $X=T+e$，式中，X 为观测（即原始）分数，T 为真分数（即无误的测量分数），e 为随机误差。诚然，高信度对于测量是至关重要的，因为它代表了测验效度的上限。只有系统变异是可以预测的，因此理论上讲，一个测验对效标的预测远不及对其自身的预测来得好。

在实践中，信度系数有两个目的：（1）估计某一特定程序作为一种测量工具的精确性；（2）估计应试者在测验过程中取得成绩的一致性。但需要注意的是，第一个目的是包含在第二个目的之中的。从逻辑上讲，在一项信度好的测验中，应试者有可能取得不可靠的成绩，但是，应试者要在一项信度差的测验中得到可靠的成绩是绝无可能的（Wesman，1952）。在估计信度的各种方法中，这两个目的都显而易见。我们将要讨论的每一种方法——例如，重测信度、平行或复本信度、内部一致性信度、稳定性和等值信度、评估者间信度——把测验中对测验分数可能产生非系统变异并因此可能影响到测验误差的不同条件，都考虑进去了。

5.6.1 初测—重测

对信度最简单、最直接的估计方法便是对同一组应试者在不同情况下实施同一个测验（或其他测量程序）。对两种情况下获得的分数求相关，就会得到**稳定性系数**（coefficient of stability）。试验程序如下：

初测 ——————→ 重测

时间>0

在这个模型中，误差来自不同情境下成绩的随机波动。它的适当性取决于测验实施的时间间隔。由于时间间隔在一天到几年之间进行变动，因此不同稳定性系数的获得取决于两次测验实施的时间间隔。因此，从理论上讲，在任何测量程序中都不会存在一个固定的稳定性系数。但是，正如第3章所述，随着时间的推移，相关度有下降的趋势。结果就是，在报告稳定性系数时通常就应包含计算该系数的时间间隔长短的信息（例如，Lubinski，Benbow，& Ryan，1995）。

由于稳定性系数涉及两次施测过程，因此，仅在一次测验中出现影响个体表现的变量因素，就会产生随机误差，从而降低测验的信度。这类误差可能与施测环境（例如，微弱的灯光、噪声、嘈杂、情境中易导致分心的事物）的差异有关，或者与应试者的个体差异有关（例如，心情、疲劳程度、个人问题等）。然而，由于同一次测验是在两种情况下实施的，因此稳定性系数不会反映出因样本不同而带来的测验项目的误差。

两次测量间隔多长时间最为合适？稳定性系数应该采用哪种形式的测量程序？我们不宜立即给应试者实施重测，但是两次施测的间隔时间也不宜超过6个月（Anastasi，1988）。一般而言，当两次施测之间有足够的时间间隔来抵消练习效应时，重测就是一种恰当的技术。重测技术对大多数心理测量都不适用，但它可以用于感觉辨别测验（例如，颜色视觉、听觉）、心理运动测验（例如，眼手协调）和涵盖一定主题内所有信息的知识测验。重测还可用于效标测量，例如，在不同情况下测量操作的成绩。

5.6.2 平行（或更替）复本

由于任何一种测量程序都只包含某个内容范围中所有可能项目的一个样本，因此理论上讲，对同一测量程序编制大量平行复本（每个复本中包含相同数量和同等难度的项目，而且每个复本的平均值、方差、与其他变量的内部相关均不存在显著差异）是可行的。比如，Lievens & Sackett（2007）采用三种不同的方法为情境判断测验制作复本：随机分配法、事件同构法和项目同构法。随机分配法是指开发大量测量同一特质、满足同一要求的测验题目，然后把这些题目随机分配到各个复本中；事件同构法实际上是对题目进行复制的过程——改变不决定测验题目难度的表面特征（也指偶然性特征）的同时，又不改变对其难度有决定作用的结构性特征；项目同构法是指制作能反映同一特征的成对的题目，也就是说，这种方法只改变测验题目的叙述方式而不改变题目引用的关键事件。图 5—3 说明了这样一个事实：从某一范围全域中可以抽取很多个项目的样本。

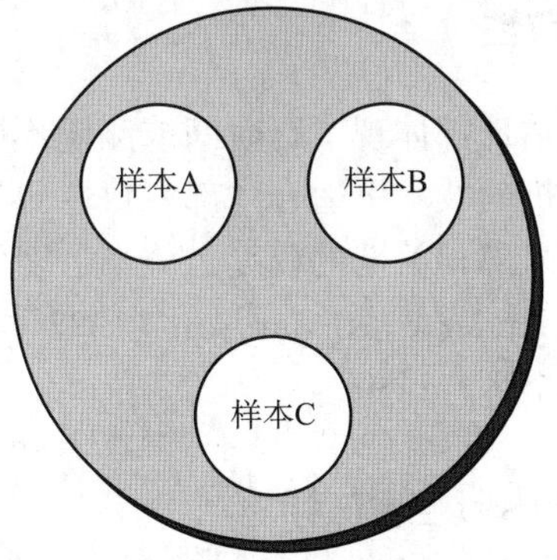

图 5—3　从内容范围中抽取的测量程序样本

对于平行复本，我们致力于评估在同一测量程序中，一个复本得分与另一个（更替）复本得分的一致性。两个复本得分之间的相关（称为**等值系数**（coefficient of equivalence））就是信度估计。实验的程序如下：

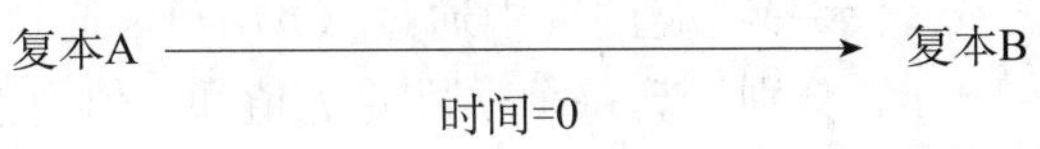

理想的情况是，两个复本同时施测。由于同时施测不太可能，因此两个复本的施测在实际操作中应该尽可能缩短时间间隔——通常间隔几天时间。

为了避免产生顺序效应，一半应试者应先做复本 A 再做复本 B，另一半应试者则应先做复本 B 再做复本 A。尽管两个复本的施测间隔时间并不长，但是施测条件或者个体的短期变化是不能完全消除的。因此，不可能获得一个完全等值的测量程序。关于稳定性评估，对平行复本信度的解释通常应包含对两次施测间隔时间以及相关干扰体验描述的说明。

在实际操作过程中，等值性是很难达到的。对界定良好的特质——例如，算术能力、机械能力倾向——进行测量并不是问题的关键；问题的关键在于为界定不明确的人格测验、动机测验开发平行复本，因为人格和动机是难以进行很好界定的。

除了减少欺骗的可能性，平行复本在评估成就测验中一些处理（例如，培训）的效应时也是很有用处的。因为平行复本只是从某一范围内得出的一些项目样本，所以抽样误差不可避免。这样一来，复本之间的相关程度就会降低，因此一般而言，它只能提供相对保守的信度估计结果。

那么开发一份可更替复本最好的方法是什么？要回答这个问题，我们首先要知道——假设我们有一个单维或多维的构念——是否可以对测验的对象进行前测？测验的使用者是否真正理解了该构念？以图 5—4 中的决策树为依据，可以选择在不同的情境中最好的开发策略。

尽管适用于大量的测量程序，但是平行复本造价高而且很难编制。正是由于这些原因，我们引入了其他用于评估项目不同样本对信度的影响的技术——内部一致性技术。

5.6.3 内部一致性

大多数信度估计都体现了跨时间或测验不同复本间的一致性。实际上，那些涉及项目方差分析的技术更适合内部一致性测量这一名称，因为它们说明了同一测验中不同项目内部相关性的程度。分半信度估计常被人们使用。这些方法中最常用的一种是由 Kuder & Richardson（1937，1939）提出的。接下来，我们对信度估计的方法逐个进行讨论。

Kuder-Richardson 信度估计

计算内部一致性只需要实施一次测验即可。在早期论文中推导出来的一些公式中，最为常用的是公式 20（KR—20）：

$$r_{tt}=\frac{n}{n-1}\left(\frac{\sigma_t^2-\sum pq}{\sigma_t^2}\right) \quad (5—6)$$

式中，r_{tt}是整个测验的信度系数；n 是测验中项目的个数；σ_t^2 是测验总分的方差。最后一个符号$\sum pq$表示一组应试者中通过（p）和未通过（q）每个项目的人数比例，其中 $q=1-p$。分别计算每个项目的 p 值和 q 值，然后把所有项目的 p 值和 q 值相加就得到了$\sum pq$。如果测验的项目在一定程度上彼此不相关，KR—20 将得到较低的信度估计；如果测验的项目彼此之间内部相关（即具有内部一致性），KR—20 将得出较高的信度估计。但是，KR—20 将会高估速度测验的信度，这是因为只有组中所有人把每个项目都尝试过后才能计算出 p 值和 q 值。所以稳定性估计或等值估计更适合速度测验。

公式 KR—20 对于那些记分项目只有对错之分或者根据要么有要么无的系统进行记分的测验是比较合适的。但是，其他一些测量，例如人格问卷，应试者可

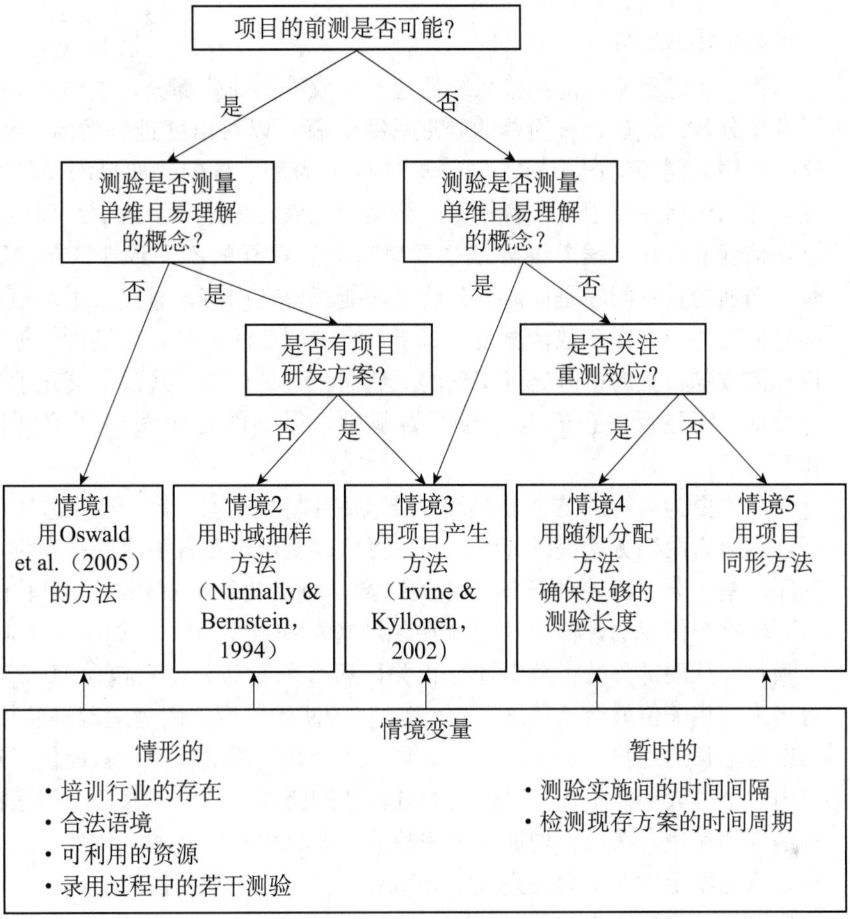

图 5—4　决策树：用于选择一个平行复本的开发方法

资料来源：Lievens，F.，& Sackett，P. R.（2007）. Situational judgment tests in high-stakes settings: Issues and strategies with generating alternate forms. *Journal of Applied Psychology*，*92*，1043-1055.

能会在同一个项目上得到不同的分值，这取决于他们选择“经常”“有时”“偶尔”还是“从不”。在这种条件下，推导出来的表示内部一致性的变量称为 **α 系数**（coefficient alpha）（Cronbach，1951）。它的计算公式与 KR—20 仅有一个不同，即用$\sum\sigma_i^2$取代了$\sum pq$来表示项目分数方差的总和。也就是说，首先把所有应试者在每个项目上得分的方差求出来，然后把这些方差相加。所以，α 系数的公式为：

$$r_{tt} = \frac{n}{n-1}\left(\frac{\sigma_t^2 - \sum\sigma_i^2}{\sigma_t^2}\right) \tag{5—7}$$

α 系数是对误差变异的一个良好测量，但是它受到项目的数目（项目越多意味着信度估计越高）、项目间的相关度（项目间相关度越高意味着信度估计越高）、测验的维度个数（如果测验所测量的构念超过一个潜在维度，α 系数就会变低）的影响。尽管可用于评价测验的一致性，但是 α 系数高并非意味着量表测量的是单维结构（Cortina，1993）。

分半信度估计

把一个已经实施的测验系统性地拆分成等值的两部分，这样每个个体就得到了两个分数，经过这种简单的处理后我们就可以对信度进行估计。从理论上说，这一程序与同等情况下对不同复本进行施测是一样的。如果测验具有内部一致性，那么任何一个项目或者任何一组项目应该与另外一个或一组项目等值。运用分半信度的方法，误差变异就主要来自内容取样的不一致性。在计算分半信度时，面临的首要问题是如何拆分测验才能获得在内容、难度、平均值、标准差上都等值的两半。在多数情况下，基于每个被测者的回答，分别计算他们在奇数题目和偶数题目上的得分是可实现的。然而，这种评估方式没能真正地估计出内部一致性；正相反，它们以等值性为基础，得到的是虚假的高信度值（Guion，1965）。

一种更为可行的方法是随机地把测验项目分为两半。随机选择可以抵消误差，从而为两半测验提供等值，同时可以改变出现在各半测验中连续项目的排列顺序。基于分半测验计算出的相关系数，将会为我们提供这个测验的信度估计值，但这个信度估计值只相当于原始测验的一半。例如，如果一项测验包含60个项目，从两部分的得分中计算相关，那么每一部分就只包含30个项目。这样得出来的相关值就会低估含有60个项目的测验信度，因为随着测验长度的增加，信度有增长的趋势。一个较长的测验（或者其他测量程序）就提供了这个内容范围内一个较大的样本，并且得出的分数范围跨度也较大，这两个因素都有提高测验信度的作用。然而，增加一个测验的长度只提高了它的一致性，随着时间的推移，它的稳定性并不会提高（Cureton，1965）。在某些情况下，单一项目测验的使用可能会得到恰当的信度（Wanous & Hudy，2001）。总之，信度与测验长度之间的关系可以用 Spearman-Brown 预测公式表示：

$$r_{nn}=\frac{nr_{11}}{1+(n-1)r_{11}} \quad (5—8)$$

式中，r_{nn}表示测验增加n倍后的信度估计；r_{11}表示实得信度系数；n表示测验增长的倍数。该公式广泛适用于借助分半法进行的信度估计，在分半法中n等于2，也就是说测验长度翻倍。在这些条件下，公式简化为：

$$r_{11}=\frac{2r_{1/2\ \ 1/2}}{1+r_{1/2\ \ 1/2}} \quad (5—9)$$

式中，r_{11}表示测验“校正”后达到完整长度时的信度；$r_{1/2\ \ 1/2}$表示两半测验得分之间的相关系数。例如，如果奇数项目和偶数项目得分之间的相关系数为0.80，则整个测验的信度估计为：

$$r_{11}=\frac{2\times 0.80}{1+0.80}=0.89$$

分半信度估计可以理解为等值系数，但由于两个平行复本（两半）是同时实施的，因此只有在此情形下，影响一个项目的简短间隔的误差才会影响信度。因此，鉴于在使用此方法时只有极少数的污染性因素有可能起作用，校正后的分半相关系数通常会得到最高的信度估计。

最后，需要指出的是，测验分半系数有很多可能的方法，Cronbach（1951）曾指出，事实上 Kuder-Richardson 信度系数是所有可能分半系数的平均值。

5.6.4 稳定性和等值

通过单纯地延长两次施测的时间间隔，把重测法与等值法相结合，也可用于对信度进行估计。两组分数之间的相关表示**稳定性和等值系数**（coefficient of stability and equivalence）（Schmidt，Le，& Ilies，2003）。程序如下：

复本A ——————→ 复本B

时间>0

为了避免顺序效应，一半的应试者应先接受复本 A 再接受复本 B，另一半的应试者应先接受复本 B 再接受复本 A。由于在重测设计和平行复本设计得分中，所有可能引起不一致的因素都会在这个设计中起作用，因此稳定性和等值性系数提供了最严格的检验，并且得出信度的最小值。运用稳定性—等值性来计算信度值的主要优势在于，考虑了三种不同形式的误差（Becker，2000；Schmidt et al.，2003）：

- 随机反应误差，由在特定情境下的注意力、心理效能、分心的事物等暂时的变异引起。
- 特定因素误差，由应试者对测量情境（例如，对词义不同的解释）某个方面的特异反应引起。
- 暂时误差，由应试者的情绪或情感在时间上的变异，或者由答卷时信息加工机制效率的变化引起。

总之，等值系数估计了由特定因素误差和随机反应误差——而非暂时误差——引起的测量误差的大小。重测估计值评估了暂时误差和随机反应误差——而非特殊因素误差——的影响。另外，稳定性和等值系数估计了三种形式的误差所产生的影响（Schmidt et al.，2003）。例如，Schmidt et al.（2003）运用等值系数（即 α 系数）、稳定性和等值系数计算了 10 个个体差异的变量（例如，一般心理能力，包括责任心和外倾性的人格特质）的信度。结果显示，等值系数平均要比稳定性和等值系数大 14.5%。

5.6.5 评估者间信度

到目前为止，我们已经探讨了由于跨时间的不稳定、项目样本的不均等和项目的异质性导致的误差。这些误差要么归咎于应试者，要么归咎于测量程序。其实，误差同样可能来自主试者或评估者，即所谓的**评估者变异**（rater or scorer variance）。这个问题对于客观的记分测量并无大碍（这个问题在客观评分的测量中并不是很明显）。但是，对于那些非客观的测量而言（例如，涉及细微区分的观察数据），这个问题就变得很严重。对于后者（非客观的测量），对评估者间信度的需求与对一般类型信度的需求一样大。评估信度可以定义为：评估独立于来自应试者或评估者的非系统误差的变异的程度（Guion，1965）。

用三种方法可以估计评估者间信度：（1）评估者间一致性；（2）组间相关；（3）组内相关（Aguinis et al.，2001；LeBreton & Senter，2008）。评估者间一致性聚焦于不同评估者对某些维度上做出评估的准确一致性。两种常用的统计方法是评估者间一致性和 Cohen（1960）的 Kappa 系数。当一组评估者对单一属性（例如，整体的管理潜力）做出评估后，可以使用 James，Demaree，& Wolf（1993）的 r_{wg} 系数来判定各评估间的相似程度。当两位评估者一起来评估多个事物或个体（例如，绩效评估）时，可以使用组间相关。组内相关则用于估计评估者间差异，看这些差异多少是由不同个体在某测量属性上的差异引起的，又有多少是由测量误差引起的。

所有这些指标都把关注点放在相似情境下评估者所评定的等级水平或者所做出相同等级评定的一致性程度上。它们大多假设，可以把不同的评估者看做同一测量工具的“替代复本”，并且认为评估者之间的一致性反映了等级评定的真分数变异，而评估者之间的不一致则很好地反映了测量误差（Murphy & DeShon，2000a）。估计评估者间信度的理想做法是，提供一个能让评估者充分与应试者接触的研究设计。但是，这种情况在实践中并不常见，相反，在实际运用的测验中，我们采用的是评估者与应试者不能充分接触的“结构不良的”设计（Putka，Le，McCloy，& Diaz，2008）。这类设计可能会导致不精确的评估者间信度估计，尤其是当评估每个应试者的评估者集合和评估者效应变异对真分数变异的比例有很大重合时，这种不精确体现得更为明显。

但请注意，评估者间信度并不是一个“真正”的信度系数，因为它没有提供关于测量程序本身的任何信息。虽然评估者间信度确实提供了一些信度的证据（因为记分的客观性是影响信度的一个因素），但它仅仅说明了我们有多大的信心来阐明两个评估者对同一个体是否能给出相似的分数（或等级）。此外，评估者间共识（即评估者之间对某个维度达成的绝对性一致）与评估者间一致性（即基于等级顺序的相关或相似性，对等级评定做出的评估者间信度或相似性的判断）是有区别的（Kozlowski & Hattrup，1992）。当然，分数之间缺乏一致性则可以归咎于非系统误差源（例如，第 4 章所讨论的一些误差）。但是，缺乏一致性也可能表明，除了随机测量误差，还可能存在系统评估者效应（Hoyt，2000）。一般而言，评估者之间出现评估不一致的情况不仅是源于非系统性的（例如，随机）测量误差，也可能是源于以下几个系统差异：（1）观察内容；（2）获得信息的方法，而非对测量特征的观察；（3）解释观察内容的专家意见；（4）对观察内容的评估（Murphy & DeShon，2000a，2000b；Scullen，Mount，& Goff，2000）

通过对这些问题的考察，我们对有关绩效评估信度的结果有了新的了解（例如，下级评价＝0.30，同事评价＝0.37，上级评价＝0.50；Conway & Huffcutt，1997）。例如，同事之间的平均评估者间相关为 0.37 并非必然意味着在绩效评估中误差解释了 63%的变异，或者说真实绩效在评估中解释了 37%的变异。相反，该结果表明，在评估中，测量误差解释的变异量不会大于 63%（参见 Murphy & DeShon，2000a）。

5.6.6 总结

不同类型的信度系数及其误差变异源如表5—2所示。

表5—2 各种信度估计的误差源

估计信度的方法	误差源
初测—重测	时间抽样
平行复本（即时）	内容抽样
平行复本（延时等值）	时间和内容抽样
分半	内容抽样
α系数	内容抽样
KR—20	内容抽样
评估者间一致性	评估者间共识
组间相关	评估者间一致性
组内相关	评估者间一致性

资料来源：H. Aguinis，C. A. Henle，& C. Ostroff，C. （2001）. Measurement in work and organizational psychology. In N. Anderson，D. S. Ones，H. K. Sinangil，and C. Viswesvaran（Eds.），Handbook of industrial，work，and organizations psychology（vol. 1），p. 33. London，U. K.：Sage. Reprinted by permission of Sage Publications Inc.

从这个意义上看，测验信度并不是无中生有的事情。我们可以用估计信度的不同方法对误差源进行解释。例如，内部一致性信度的估计为我们提供了下面这些信息：包含在测量工具内的项目之间的一致性程度，以及能够推广到同一领域内的其他项目的程度。但是，内部一致性信度估计的方法不能提供推论在不同的时间、研究背景、情境、评估者或实施方法之间得以推广的程度大小的信息(Baranowski & Anderson，2005)。《教育与心理测量标准》（AERA，APA，& NCME，1999，p. 31）中强调："没有对信度量化单一、最佳的方法。没有任何单一的指标能够把所有相关事实都表达完整。也不存在一种在所有情境中都是最优的研究方法。"

用一个简单的例子可以说明总变异是如何分解成不同成分的。假设我们进行等值信度估计及稳定性和等值信度估计，等值信度估计值为0.85，稳定性和等值信度估计值为0.75。再假设让另一个评估者单独对测验的随机样本进行评分，从而得出评估者间信度为0.94。这样一来，变异的各种成分就可以得到分解，如表5—3所示。

表5—3 某测验中误差变异的来源

来自平行复本（延时等值）	1−0.75=0.25（时间和内容抽样）
来自平行复本（即时）	1−0.85=0.15（内容抽样）
差异：	0.10（时间抽样）
来自评估者间信度：	1−0.94=0.06（评估者间差异）
总测量误差变异：	0.15+0.10+0.06=0.31
系统变异或真变异：	1−0.31=0.69

需要指出的是，由时间和内容抽样引起的误差变异（0.25），减去由内容抽样单独引起的误差变异（0.15），所得到的10%的变异可以认为是由时间抽样单独引起的。如果把三种成分加在一起——由内容抽样（0.15）、时间抽样（0.10）和评估者（0.06）引起的误差变异——总误差变异为31%，剩余总变异的69%就是由系统源引起的。各成分的比例分布如图5—5所示。

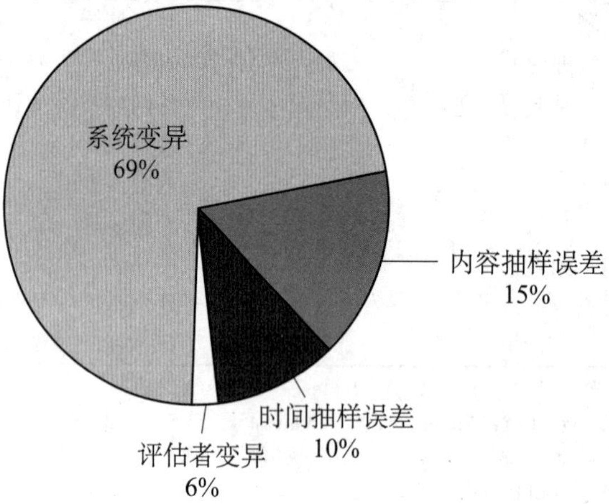

图5—5　误差变异和系统变异的比例分布

5.7　信度的解释

令人遗憾的是，现实生活中并不存在某个固定值，低于该值信度就不可接受，而高于该值信度就能令人满意。其实这取决于人们如何处理分数。Brown（1983）恰当地表达了对此的看法：

> 信度就其自身而言并非一个终点，而是到达目的地过程中的一个步骤。换言之，除非测验分数一致，否则对于这些分数与其他变量之间的关系就没有任何把握可言。因此信度制约着效度，关键问题便是测验的信度是否足够高从而得到令人满意的效度（p.88）。

因此，所需做出的决定越重要，对测量程序的精确性就越要有信心，从而对信度系数的要求便会越高。如果某一测量程序被用做一个人与另一个人的比较，其信度应该在0.90以上。但是，事实上，很多信度低至0.70的标准测验也很有用，而且就研究目的而言，甚至一些信度更低的测量也能发挥作用。但是，当考虑到其他一些可能影响信度系数大小的因素时（除了反应速度、测验长度和实施测验的时间间隔），我们则需要重新考虑这种做法的可行性。

5.7.1　个体差异的范围

虽然测量的准确性可以保持不变，但是随着群体内个体差异范围的变化，信度估计的大小也会发生相应的变化。也就是说，随着分数变异的增加（或减少），分数间的相关性也不断增加（或减少）。

在绩效测量中这是需要考虑的一个重要因素。一般而言，绩效测量的信度会因所研究群体的同质性特点（例如，仅包含受雇时间长的员工所提供的绩效资料）而变低。诸如此类的信度估计便会降低或者削弱相关系数，如评估者间信度系数（例如，来自不同来源的等级评定之间的相关；LeBreton，Burgress，Kaiser，Atchley，& James，2003）和效度系数（例如，测验分数与绩效之间的相关；Sackett，Laczo，& Arvey，2002）。

5.7.2 测量程序的难度

变异范围的类似局限可能是由于测量的难度太高（所有的应试者此时成绩都很糟糕）或太低（所有的应试者此时成绩都出奇地好）所致。为了使信度最大化，难度水平应该产生较宽的分数全距，因为没有变异就不会有相关。

5.7.3 样本的容量及代表性

尽管样本容量和信度系数大小之间并不存在必然的系统联系，但基于大样本得出的信度估计会比基于小样本得出的信度估计得到更小的抽样误差；也就是说，较大的样本提供了更可靠的信度估计。当我们借用标准误 r 的传统公式来看时，就一目了然了：

$$\sigma_r = \frac{1-r^2}{\sqrt{n-1}} \tag{5—10}$$

一个基于 26 个样本的信度估计值 0.70 所得出的估计标准误为 0.10，但当样本容量为 101 时标准误为 0.05，这个值仅为 0.10 的一半。

不仅样本容量必须大，而且用于测量的还必须是代表性群体。例如，为评估实习生绩效而设计的程序的信度就不能完全通过对熟练工人的施测程序来确定。产生信度系数的群体与我们需要判定他们相对能力的群体越相近，信度系数就越有意义。

5.7.4 测量的标准误

信度估计的各种方法对于评估测量程序都是很重要的，但是对于不一致性的大小或个体得分的误差，它们都无法提供一个直接的指标。为此，我们引入**测量的标准误**（standard error of measurement），一种以测验分数（标准差）为单位的统计方法，但它可以直接由信度系数推导而来。用公式表达为：

$$\sigma_{\text{Meas}} = \sigma_x \sqrt{1-r_{xx}} \tag{5—11}$$

式中，σ_{Meas}是测量的标准误；σ_x是实得分数的标准差；r_{xx}是信度系数。如果个体接受了很多次测验——原则上是接受无数次测验，那么他获得的分数就会呈现正态分布，测量的标准误便是对这一呈正态分布的分数的标准差进行估计。这个假设分布的平均分数便是个体的真分数（Thurston，1931）。公式（5—11）表明，测量的标准误随着信度的降低而增加。当 $r_{xx}=1.0$ 时，此时由个体的观测分数来估计其真分数就没有误差。当 $r_{xx}=0.0$ 时，测量误差最大，等于观测分数的标准差。

σ_{Meas}这一统计量很有用，因为它会对我们探讨个体的真分数和误差分数起到帮助作用。给定一个观察分数，我们便可以用 σ_{Meas} 来估计该分数的浮动范围，在一定程度上，这个范围包含真分数。换言之，我们可以建立置信区间。

类似地，σ_{Meas} 也可以用来确定重测时产生变异的预期大小。举例来说，假设一组观测分数的标准差是7，信度系数是0.90。那么 $\sigma_{Meas}=7\sqrt{1-0.90}=2.21$。假设一个人的得分为70，那么我们便有95%的置信度认为，在进行重测时，个体的分数会落在原始分数（70）上下4分（$1.96\sigma_{Meas}=1.96\times2.21=4.33$）的范围内，并且其真分数很可能位于65.67～74.33之间（$X\pm1.96\sigma_{Meas}$）。这里要注意，我们使用了±1.96，因为它标识着包含正态分布中间95%的分数这一区间的最高端和最低端。随置信区间的不同类型应使用不同的值（例如，90%）。

人事心理学中，测量的标准误有以下三个方面的用处（Guion，1965）。第一，它可用于确定描述个体的测量是否存在显著性差异（例如，假设两位申请人之间有5分的差异，如果该测验的 σ_{Meas} 是6，这个差异就完全可以归因于偶然性）。事实上，Gulliksen（1950）认为，两个人在同一测验上分数间的差异，不应解释为存在显著性差异，除非此差异超出了两个标准误（SED），$SED=\sigma_{Meas}\sqrt{2}$。第二，它可用于确定个体的某次测量与某个假设的真分数之间是否存在显著性差异。比如，假设测验的切点分数就是真分数，那么实得分数有2/3的可能将落在切点分数的$\pm\sigma_{Meas}$之内。处于这个区间内的申请人便有高于或低于切点分数的真分数，因此，实得分数便可通过理论真分数得到“预测”。第三个用处是，它可以确定一项测验是否可以对不同组（例如，高能力组和低能力组）做出实质性的区分。假设分数趋近正态分布，并且实得分数在整个可能范围之内，那么高分组的 σ_{Meas} 和低分组的 σ_{Meas} 几乎是相等的（Guilford & Fruchter，1978）。另一方面，当分量表评分或测验本身具有的某些独特性，导致测验在分数段的某一部分比另一部分能做出更好的区分时，在切点分数上或其附近报告各个层次分数的 σ_{Meas} 是有益的。为此，我们有必要绘制一张散点图来表示同一测验的两个复本（或两半）之间的关系。在不同的分数水平上，各列或行的标准差将显示最准确的预测值位于何处。

σ_{Meas}的最后一个优势在于，它迫使人们不把测验分数视为一些精确的点值，而是一些分数范围或区间。由于测量误差，至少目前而言，在所有的心理测量中都不同程度地存在，因此上述观点既合理又正确。

5.8 量表的粗糙性

量表的粗糙性（scale coarseness）与测量误差有关，而误差是导致测量结果不准确的一个直接因素（Aguinis，Pierce，& Culpepper，2009）。当一个构念在本质上具有连续性，又被一个把不同真分数拆分成同一种类的项目测量时，这个测量量表就是粗糙的。在这些情况下，连续性构念的拆分会产生误差。这个事实很少得到关注，人事心理学研究者和实践者几乎每次都在运用粗糙性量表——使用李克特类型项目或顺序型项目测量连续性构念。我们习惯于使用这种类型的项目，以至于我们好像早已忘记了它们本质上是不精确的。正如Blanton & Jaccard（2006，p. 28）所提到的："……由于已用范畴的宽度不同，并且获得不同真分数的个体被拆分，因此严格意义上讲，量表不总是连续的。这一问题在很多心理测量方法中普遍存在，而且研究者普遍认为量表的粗糙性不是个问题。"

Aguinis，Culpepper，& Pierce（2009）给出了如下解释。考虑一个典型的李克特类型项目，它包含5点测量记分，从"1＝非常不同意"到"5＝非常同意"。当使用一个或多个李克特类型项目来评估人格、一般心理能力、工作绩效等连续性构念时，依据受测者潜在的构念，施测者认为获得不同真分数的个体都拥有同样的特征，这一错误导致了有效信息的损失。具体来说，所有真分数为4左右的个体都被归类为4，所有真分数为3左右的个体都被归类为3，依此类推。然而，个体真分数（如3.60与4.40或3.40与2.60）之间的差异是存在的，但是这些差异却会因粗糙性量表的使用而消失，因为被试被迫选择系统性偏高或偏低的分数。这种信息缺失会使预测值X与标准值Y之间的观测值相关系数偏低。总之，包含李克特类型项目或顺序型项目的量表是粗糙、不精确的，无法给人们提供具有充分区分性的数据，然而这类量表却在人事心理学中广泛应用，测量具有连续性特征的构念。

正如之前所提到的，由于缺乏精确的测量信度而产生的随机误差在本质上不同于因量表的粗糙性引起的系统误差，因此它们是有区分的，应该分别进行考虑。前面讲到，$X=T+e$，式中，e是误差项，包含随机成分和系统（例如，偏差）成分（即$e=e_r+e_s$）。例如，假设一位经理在潜构念"领导技能"上的真分数为4.4（即$X_t=4.4$）。由于对此构念的测量不可能完全可靠，因此如果我们使用多项目的李克特类型量表，在假定e_r由于随机性可正可负时，X_o就可能因某些项目而大于4.4，或者可能因某些项目而小于4.4。一般而言，测量中的项目越多，正的e_r值和负的e_r值相互抵消的可能性就越大，而X_o便会接近4.4。所以，量表的项目数量越多，随机测量误差对真分数和观测分数之间的差异造成的不良影响就越小，这也就是多项目（multi-item）量表优于单项目（single-item）量表的重要原因。

现在我们考虑量表的粗糙性的效应。例如，如果我们使用一份单项目李克特类型的5点记分量表，X_o就会系统性偏小。这是因为若只能从1，2，3，4，5中选择一个时，个体被试将被迫选择4作为他的回答（即此回答最接近$X_t=4.4$）。如果我们增加一个包含两个项目的量表，在每个项目上的回答会因量表的粗糙性而系统性偏低0.4。所以，与测量误差效应相比，由量表的粗糙性引起的误差是系统性的，而且对每个项目均等。因此，单纯增加项目的数量无法抵消误差。类似的例子还有，一名$X_t=3.7$的个体在多项目的李克特类型量表中同样会在每个项目上选择选项"4"（即在给定1，2，3，4，5作为唯一可选范围时，这是最接近真分数的）。所以，不管量表包含一个项目还是多个项目，量表的粗糙性均会造成信息的不完整，因而真分数为4.4和真分数为3.7的两个个体会呈现出相同的分数 4.0。

量表粗糙的后果是什么呢？我们对此的认识较少。由粗糙性量表引起的准确性缺失，在计算变量相关系数时会产生偏低效应，这种偏低影响是在运用此量表收集预测项、标准项时产生的。例如，来看一个基于 5 点记分项目的测量计算相关的例子：0.50 的总体相关衰减为 0.44，这两个不同相关间 0.06 的差异表明，相关减弱了大约 14％。

统计学和方法论中存在的误差可以导致相关系数的计算值偏低，在数据收集之前通过实验设计消除方法论中存在的误差，会优于在数据收集之后进行统计校正（Hunter & Schmidt，2004，p. 98）。因此，关于连续性构念测量的一种方法，是使用一种连续性的图尺度等级评定量表（例如，一条没有比例点值的线段）来取代李克特类型量表。但是在实践中，这种数据收集过程大多是无法操作的，除非电子化地收集数据（Aguinis，Bommer，&Pierce，1996）。第二种较好的方法是在数据收集后运用数据统计校正程序。幸运的是，这种源自 Peters & van Voorhis（1940，pp. 396 - 397）的数据校正程序是可以运用的。由 Aguinis，Pierce，& Culpepper（2009）设计开发的一个软件程序使这种数据校正程序可以在线操作。此程序的屏幕截图如图 5—6 所示。该图表明，在这个特定的图例中，所得到的相关为 0.25，此相关基于包含 3 个锚定参照的预测项（例如，测试）与包含 5 个锚定参照的绩效测量的相关计算得到。所获相关的校正值为 0.308 6，这意味着观测相关低估了 24％的结构水平相关（假设预测项分数和标准项分数在本质上都是连续的）。

总之，量表的粗糙性这一问题在测验中普遍存在，它会导致在计算相关系数时产生系统性的趋低偏差。尽管与测量误差有明显区别，但终极效应是类似的：实际上，构念间的相互关系比表象上看起来更少。因此，在设计或开发测试来评价连续性构念时，量表的粗糙性是需要考虑的误差因素。

5.9 概化理论

截至目前，我们一直是用经典或传统的方法来对信度进行讨论。最近发展起来的一种名为**概化理论**（generalizability theory）的统计方法把测验分数的信度定义为一种精确度，借助该精确度，测验分数或样本可以表征更为一般性的全域分数值（Baranowski & Anderson，2005；Cronbach，Gleser，Nanda，& Rajaratnam，1972；Murphy & Deshon，2000a，2000b）。

在概化理论中，观测值（例如，应试者的测验得分）被视为来自**可接受的观测**（universe of admissible observation）全域中的一些样本。全域描述的是应试者接受观测或测试的条件，在这些条件下产生的结果在某种程度上是等值的。一位应试者的**全域分数**（universe score）可界定为：在所有可接受的观测条件下他的观测分数的期望值。全域分数正好类似于经典信度理论中的真分数。概化理论强调存在不同的全域，并且要求测验出版者负起严格界定全域的责任。这个定义是依据**侧面**（facet）或维度来确定的。

观测相关：	0.25
X测量的尺点数量：	3
Y测量的尺点数量：	5
样本量：	150
	计算
校正相关：	0.308 6
观测相关的抽样误差变异：	0.005 9
校正相关的抽样误差变异：	0.009
观测相关的90%置信区间：	0.123 7≤0.25≤0.376 3
观测相关的95%置信区间：	0.099 5≤0.25≤0.400 5
观测相关的99%置信区间：	0.052 2≤0.25≤0.447 8
校正相关的90%置信区间：	0.152 7≤0.308 6≤0.464 6
校正相关的95%置信区间：	0.122 8≤0.308 6≤0.494 5
校正相关的99%置信区间：	0.064 4≤0.308 6≤0.552 9

图5—6　屏幕截图

资料来源：Aguinis，H.，Pierce，C. A.，& Culpepper，S. A.（2009）. Scale coarseness as a methodological artifact：Correcting correlation coefficients attenuated form using coarse scales. Organizational Research Methods，Online，Aug 2008；Vol. 0，p. 1094428108318065v1. © 2008 Sage Publications，Inc.

概化理论的运用涉及两类研究：概化（G）研究和决策（D）研究。G研究是作为测量工具开发的一部分来进行的。阐明不同的测验条件下所获得测验结果的等值性程度是G研究的主要目的。简而言之，G研究涉及收集特定条件下（例如，特定侧面的各种水平）受测者的资料，运用方差分析估计由于这些侧面和它们的交互作用引起的变异成分，进而得出概化系数。概化系数是全域分数变量与观测分数变量间的比值，它与经典信度理论中使用的信度系数相对应。一个测验并不是只有一个概化系数，而是有很多个，这取决于G研究中所考察的侧面。G研究同样提供了关于如何最准确地估计应试者全域分数的信息。

在D研究中，测量工具提供了用于作出决策或达成结论的数据，例如为人们做决策提供向导。人们用G研究的信息来解释D研究的结果，并得出合理的结论。尽管概化理论有精巧的统计方法，但它无法取代测验信度的经典理论（Aiken，1999）。

近期发表的若干研究阐明了概化理论这种方法的用处。例如，Greguras，Robie，Schleicher，& Goff（2003）开展了一个现场研究，对一家大型通信公司的400多位管理者，通过其同事和下属，使用某一工具针对发展和管理这两个目的进行等级评定。结果表明，在发展和管理两种情况下，对于同事和下属两种评估者而言，评估者与评估者×被评估者交互作用的联合效应显著大于个人效应（例如，被评估的客体）。但是，当在发展条件下而非管理条件下进行等级评定时，对于下属评估者来说个人效应解释了更多的变异量，而对于同事评估者则没有发现这样的结果。因此，概化理论的应用揭示了当下属评价用于发展而非管理的目的时，会产生具有显著性的好结果，但是同样的结论并不适用于同事评价。

5.10 对测量程序结果的解释

在人事心理学中，有关个体人格的知识——例如，个体的能力、价值观、兴趣和人格的独特模式——是设计有效人力资源方案的关键。这类知识能使我们对个体将来可能的行为做出预测。但是，为了能明智地解释测量程序的结果，我们需要知道在实施同一测量程序时，相关他人表现出的某些特定信息。例如，萨拉正在当地的一所职业高中申请工业美术课程的入学资格。作为申请程序的一部分，她进行了一次机械能力倾向测验。她取得的原始分数为48分，即68道题中答对了48道题。这个分数是平均分数，还是高于或低于平均分数呢？就其本身而言，这个48分毫无意义，因为心理测量是相对而非绝对的。因此，为了对萨拉的分数做出有意义的解释，我们需要把她的分数与相关他人——接受相同目的测验，并且年龄、性别、受教育条件和所在地区大致相同的个体——的分数分布进行比较。这些个体便构成了一个常模群体。理论上，根据特定测验目的的多少、不同特征群体的多少，会存在多个不同的常模群体。因此，当把萨拉的48分与她的参照组进行比较时，可能相当于平均分数；当与音乐专业组的成绩比较时，很显然就会高于平均分数；当与机械师组的成绩比较时，很明显这便是一个糟糕的分数。总之，常模必须为接受测验的个体提供一个相关的比较群体。

一旦将测验及其测量程序引入，就有必要使用以测验手册形式呈现的常模，但是当人数达到了100或更多时，也需要准备地区常模（以特定组织或地域的申请人的分数为基础）。随着额外数据的累积，这些常模应该及时进行修订（Ricks，1971）。在雇佣选拔中，地区常模尤其必要，因为它们的代表性强，并且更为精确地符合特定的组织目的。地区常模允许在申请人的得分与其直接竞争者的得分之间进行比较。

截至目前，我们一直都是以平均、高于平均、低于平均这样的方式讨论常模比较。显然，我们需要一种更为精确的方式来表示每一个体相对于常模群体的位置。我们很容易把原始分数转换成某种相对量数（通常为百分等级或标准分数）。一个特定原始分数的百分等级是指在常模群体中低于此分数的人数百分比。标准

分数既可表示为 z 分数（即每个原始分数与以标准差为单位的平均分数之间的距离），也可以表示为消除了负数和小数的 z 分数的某些变式。表 5—4 展示了一个假设的常模表。任意分数集的百分等级、标准分数、常模曲线之间的一般性关系如图 5—7 所示。

表 5—4　包含百分等级（四舍五入取整数）和标准分数的假设分数分布

原始分数	百分位数	z 分数
50	93	+1.51
46	89	+1.21
42	82	+0.90
38	73	+0.60
34	62	+0.30
30	50	0.00
26	38	−0.30
22	27	−0.60
18	18	−0.90
14	11	−1.21
10	7	−1.51

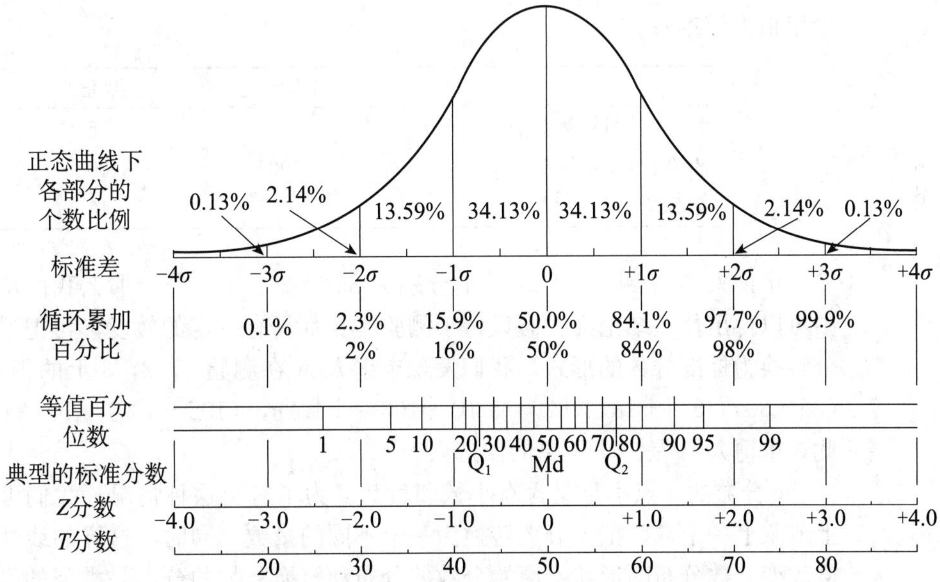

图 5—7　表示百分位数和标准分数之间关系的正态曲线图

需要注意的是，曲线的基线上并未显示原始分数。该基线是以整体的形式呈现，并以标准差为单位进行划分的。比如，某一分数分布的平均分数为 30，标准差为 8，那么 ±1 个标准差分别对应于 38（即 30＋8）和 22（即 30－8）。另外，由于曲线下的整个区域表示总的分数分布，那么我们可以把该区域划分为几个小的分区，分别对应 ±1，2，3，4 个标准差。这些分区里的数字代表总人数的百分比。因此，一个正态分布中，位于 ±1 个标准差之间的人数大约占总人数的

2/3（68.26%）。同时，这个区域也包括位于第 16 百分位数（-1σ）至第 84 百分位数（$+1\sigma$）之间的所有分数。基于表 5—4 的分数，假如一个人的分数为 38 分，则我们可得出结论：这个分数在平均分数的 0.6σ 以上，处于常模测验中第 73 百分位数的等级（假定在常模群体中分数接近正态分布）。

尽管计算和理解百分等级并不难，但却存在两个重大的缺陷。第一，它们属于等级，那么自然就是顺序水平的测量，因此就不能进行合理的加、减、乘、除运算。第二，百分等级是一个直角分布，但测验分数的分布一般近似于正态曲线。所以，量表上各点的百分位数单位并不是等值的。注意，在图 5—7 等值百分位数量表中，百分等级 5 和 10（或者 90 和 95）之间的距离在数值上同样为 5，但两者之间的百分位数距离明显要大于 45 和 50 之间的百分位数距离。这种趋近于量表中央百分位数单位逐渐变小的趋势，导致在解释变化时存在很大的困难。因此，在等值百分位数量表上，由 45 到 50 的变化和由 94 到 99 的变化体现的成绩差异是不一样的，因为由 45 到 50 的距离要小于由 94 到 99 的距离。总之，如果要使用百分位数，那么就应该给予量表两端点的等级差异比中央的等级差异更大的权重。

另一方面，标准分数属于等距量表测量（它具有相等的单位），因此可以进行普通的算术运算。此外，标准分数还可以对个体在不同量表上的成绩进行直接比较。例如，作为选拔测量的一部分，3 项测验的平均分数和标准差如下（某一个申请人样本）：

	平均分数	标准差
测验 1（可计算分数的申请表）	30	5
测验 2（书面测验）	500	100
测验 3（面试）	100	10

申请人 A 在测验 1，2，3 上分别为 35，620，105 分。那么我们从他的成绩中可以得出什么结论呢？假设每项测验本身都具有一定的效度，再把这些测验得分转换为标准分数的形式，我们发现申请人 A 在测验 1，2，3 上的得分分别为：$(35-30)/5=+1\sigma$，$(620-500)/100=+1.2\sigma$，$(105-100)/10=+0.5\sigma$。因此，申请人 A 是一个不错的候选人。

z 分数的一点不足是含有小数和负数。为了避免这种情况，我们可以通过加上或乘上一个常数把 z 分数转换为一个不同的量数。同时，这样的线性转化并不会改变分数分布的形状：原始分数的分布和转换分数的分布是类似的。若原始分数的分布是偏态的，那么转换分数的分布也将是偏态的。通过将原始分数转换为正态化标准分数可以避免这个偏态形式。要计算正态化的标准分数，首先要计算原始分数的百分位数，然后根据正态曲线下的面积对各个对应于每个百分位数的 z 分数进行定位。为了消除小数和负数，z 分数通过以下的公式转换为 T 分数：

$$T=50+10z \tag{5—12}$$

式中，平均分数和标准差分别设定为 50 和 10。

正态化的标准分数符合绝大多数目的，因为它们可以消除抽样误差，但并不是所有分布都能够正态化。只有当样本量足够大并具有代表性，而且有理由相信正态化的离差是由于测量程序的缺陷而非样本的特征或影响行为的其他因素造成时，才能够进行正态转换（Anastasi，1988）。当然，当分数的原始分布接近正态时，线性转换分数与正态化的分数将非常相似。

我们在本章中全面关注了信度的概念，但是要想达到目的，还要对信度系数进行计算。而这个最终目的便是在不同时间、用不同的测量方式、通过测量不同的项目、在不同评估者之间能够得出测量事物属性的一致性分数。拥有一致性的分数便能够进行预测，进而正确地决策。做出准确的预测和进行正确的决策在雇佣选拔中显得尤其重要，此时测量程序便用作预测绩效的工具。在下一章，我们将关注效度问题，它关心的是基于测验的预测和决策的准确性，同时它与信度概念也密切联系。

对实践的明确启示

- 个体差异的精确测量（例如，测验）是人力资源实践的本质所在。测验必须具有可靠性、一致性，能相对地摆脱测量的系统误差，从而可以有效地运用。
- 无论是选择开发新测验还是使用现有的测验，诸如项目反应理论、概化理论这类的统计分析方法都提供了关于测验质量的信息。在选择测验时，我们应该关注其内容、实施过程以及分数的计算与解释。
- 测验的信度估计至关重要，因为存在很多影响测验精确性的误差源。这些误差源包括时间、项目内容、评估者的个人特质（当测量包括参与评估的个体时）。并不存在“唯一”正确的信度这类说法。不同的信度估计基于不同的误差源提供相应的信息。
- 在开发面向连续性构念的测验时，项目的参照点数目越少，由量表的粗糙性引起的测验精确性就越低。量表的粗糙性减弱了测验分数与其他构念之间的联系，因此，在设计测验和收集数据后进行校正时，要尽力降低量表的粗糙性带来的影响。

讨论题

1. 为什么心理测量在性质上被定义为称名型或顺序型？
2. 说一个测验具有信度合适吗？为什么？
3. 信度估计的哪种方法能得出最高和最低（最保守）的信度估计？
4. 评估者间一致性是否与评估者间信度相同？为什么？
5. 通过项目反应理论和概化理论能收集到哪类知识？
6. 测量的标准误告诉我们什么？
7. 什么是量表的粗糙性？在数据收集的前后，我们如何处理量表的粗糙性？
8. 测验常模能告诉我们什么？又不能告诉我们什么？

第6章 个体差异测量的效度化及应用

概 览

只有与其他具有心理学意义的行为特征联系起来，个体差异测量分数才有意义。收集或评估必要数据的过程称为效度化。因此，要想使分数在人力资源研究和实践中变得有用，信度只是一个必要而非充分条件。

与效度有关的两个最主要问题是：一个测验或其他某个程序测量什么；它能够多好地测量。关于效度的证据可通过以下几种方式予以评估：对程序的内容进行分析（内容关联证据）；把在该程序上的分数与在某个相关效标上的绩效测量联系起来（预测性证据和同时性证据）；更全面地考察该程序测量某个心理学构念的程度（构念关联证据）。当实施实证性效度化策略时，我们需要考虑到这一点：群体差异、全距限制、测验在雇佣过程中位于哪个阶段，以及测验—预测因子关系的形式，都能够对实得效度系数的大小产生显著影响。

如果本组织的效度化研究在实践中不可行，例如在一些小型组织中就是如此，那么可以采用其他一些策略。这些策略包括效度概化、综合效度、测验的可传递性。这些类型的证据并不是相互排斥的。恰恰相反，如果几种证据所得到的结果出现了收敛，那正是我们所追求的，也是十分合意的。实际上，一些新的策略，例如实证性的贝叶斯估计（Bayes estimation），允许把不同的方法结合起来（元分析和本组织的效度研究）。

个体差异测量的效度是进行恰当、有效的人力资源实践的基础，为什么公共部门和私人部门中的组织都对这个问题如此关注？或许存在其他某种更为迫切的原因。如果被当作雇佣决策之基础的员工选拔程序对某种弱势群体具有不利影响，那么相关的司法指导方针会要求该程序具有充分的、获得证明的效度证据。

6.1 信度与效度的关系

从理论上讲，我们或许能够开发出一种完全可靠、其分数与其他任何变量毫不相关的测量。但是这样一种测量没有任何实用价值，也不能被有意义地解释，因为它的分数只与再次实施同一测量所得到的分数相关，而与其他任何事物无关。这种测量的信度很高，但没有效度。例如，在一个考察警察局各种职位的重要性和价值的研究项目中，三种不同的研究方法得出了相同的结论：警员的薪酬水平应当高于探员（Milkovich & Newman，2005）。因此，从对警察局职位等级顺序的看法一致性程度来判断，这些研究方法是有信度的。然而，如同许多流行的电视节目已经表明的那样，在美国的警察系统中探员通常比警员的等级更高。因此，尽管研究结果是可信的（也就是说，结果是一致的），但并没有效度（也就是说，研究结果与一些有重要意义的变量不相关，因此其推论是不正确的）。总之，只有与其他具有心理学意义的行为特征联系起来，个体差异测量分数才有意义。

高信度是高效度的必要而非充分条件。这在数学上可以表示为（Ghiselli，Campbell，& Zedeck，1981）：

$$r_{xy} \leqslant \sqrt{r_{xx}} \tag{6—1}$$

式中，r_{xy} 表示实得效度系数（在程序 X 上的分数与某个外部效标 Y 之间的相关关系）；r_{xx} 表示该程序的信度。因此，信度是效度的极限值或上限。换句话说，信度缺失会降低效度。但是，效标和预测因子出现某种程度的信度缺失是不可避免的。当效标的信度已知时，可以用下面这个公式在统计上对这种信度缺失进行校正：

$$r_{xt} = \frac{r_{xy}}{\sqrt{r_{yy}}} \tag{6—2}$$

式中，r_{xt} 表示在某个程序上的分数与某个完全可靠的效标（即真分数）之间的相关关系；r_{xy} 表示实得效度系数；r_{yy} 是该效标的信度。该公式被认为是只对效标变量的衰减进行校正。在人事心理学中，这种校正特别有用，因为它能够让我们把某些高度相关但信度不太高的测量作为效标来使用。该公式使我们能够根据效标信度缺失所产生的上限与实得效度系数之间的相关程度来对实得效度系数进行评估。

举例来说，假设我们已经知道一项测验与一个效标之间的实得效度系数为0.50，效标信度为0.30。在这种情况下，我们拥有的是一种特别不可信的测量（也就是说，效标中仅有30%的变异可以被系统地预测，而另外70%的变异都来自误差源）。把这些数值代入公式（6—2），可以得到：

$$r_{xt} = \frac{0.50}{\sqrt{0.30}} = \frac{0.50}{0.55} = 0.91$$

如果该效标是完全可靠的，那么效度系数为0.91。对于这个假设的相关关系来说，其决定系数（r^2）为$0.91^2 = 0.83$，这意味着预测因子 X 解释了效标 Y 中83%的总变异。现在，我们把这个结果与未校正的值进行比较。实得效度系数（$r_{xy} = 0.50$）导致的决定系数为$0.50^2 = 0.25$，也就是说，效标中只有25%的变异与该测验的变异有关。因此，针对效标信度缺失而对效度系数进行校正，这使得效标中被解释的变异比例提高到原来的3倍以上！

对信度和效度的综合了解使得我们有可能对特定情境中的预测因子做出切实评估。但是，当我们决定如何评估所存在的某种测量时，不需要考虑衰减的校正效应，这些信息为人力资源研究人员判断效标中是否存在足够多未解释的系统变异提供了基础。如果足够多，那么就证明有必要寻找更多、更好的预测因子。然而，如果研究人员对效标的衰减进行了校正，那么就应当把未校正的和校正后的系数，以及校正所使用的所有统计方法都予以报告（AERA，APA，& NCME，1999）。

正如我们在第5章讨论的那样，有多种方法可以用来估计信度。Schmidt & Hunter（1996）描述了26种实际的研究场景，用以阐明在校正公式中如何根据所面临的研究情境来使用不同的信度估计方法。使用不同的信度估计方法可能会得出关于效度的不同结论。例如，就员工总体工作绩效的上级评价来说，其内部一致性系数 α 的平均值为0.86，而评估者间信度估计的平均值为0.52；而且，就员工总体工作绩效的同事评价来说，评估者间信度估计的平均值仅为0.42（Viswesvaran，Ones，& Schmidt，1996）。如果 α 被用作上面所描述的那个例子中的 r_{yy} ，那么校正后的效度系数为：

$$r_{xt} = \frac{0.50}{\sqrt{0.86}} = 0.54$$

而如果使用上级评价的评估者间信度，则校正后的效度系数为：

$$r_{xt} = \frac{0.50}{\sqrt{0.52}} = 0.69$$

因此，相应的决定系数分别为：$0.54^2 = 0.29$；$0.69^2 = 0.48$。这意味着使用评估者间信度所产生的校正决定系数比使用 α 所产生的校正决定系数要高出65%。显而易见，对信度估计方法的选择会显著影响效度系数的大小（Schmitt，2007）。因此，概化理论强调，没有任何单个数值能够界定评估的信度。信度的界定取决于收集数据的方式以及根据评估所做出的概化的类型（Murphy & DeShon，2000b）。

除了要选择恰当的信度估计，考虑如何计算系数也是很重要的。例如，如果系数 α 的计算是基于某种异质或多维的构念，那么信度可能会被低估（Rogers，Schmitt，& Mullins，2002）。需要注意的是，对 r_{yy} 的低估会导致对效度系数的高估。

总之，信度和效度的概念是紧密相连的。如果测量程序缺乏一致性，我们就无法知道根据测验分数所做出的推论是否正确。因此，信度为效度设置了上限，使用信度估计来校正效度系数时，需要仔细、认真地考虑对测量产生影响的误差源，以及信度系数的计算方式。对这些事项的密切关注或许会使得我们对可能的效度系数做出有用的估计。

6.2 效度的证据

传统上，效度被视为某个测量程序真正测量到它想要测量的内容的程度。这种观点是不完整的，因为它意味着一个程序只有一个效度，并且是由一项研究决定的（Guion，2002）。相反，要充分了解来自某个特定程序的测量分数与其他变量之间的相互关系，就需要进行多次研究。这一收集或评估必要数据的研究过程称为**效度化**（validation）（AREA，APA，& NCME，1999）。各种效度化方法都是围绕两个问题展开的：（1）某个测验或其他程序测量什么（即所假设的基本特质或构念）；（2）它能够多好地测量（即该程序的测量分数与某种外部效标测量之间的关系）。因此，效度不是一种二分变量（即有效或无效），而是一个程度问题。

效度也是一个整体概念（Landy，1986）。不存在不同种类的效度，只存在不同种类的证据被用来分析效度。可以通过多种方法来收集效度的证据，但效度始终是指证据对根据测量分数所做出的推论的支持程度。效度涉及的既不是单个的数值，也不是单个的论据，而是一种从所有已得的证据中得出的推论（Guion，2002）。可以效度化的是对某个测验或其他测量程序的具体使用所做出的推论，而不是测验或测量程序本身（AERA，APA，& NCME，1999）。因此，测验使用者首先必须准确、详细地说明自己为什么要采用某种选拔测量（也就是说，要从该测量中得出什么推论）。这意味着对个人属性测量与工作行为测量之间的关系提出了一种假设，而对假设进行检验正是效度化的全部内容（Landy，1986）。

总之，测验使用者需要判断已得的效度证据是否足以支持某种特定的工具被用于某个特定目的。分数和行为对不同的情境或背景以及对不同的个体或群体所具有的意义是一个持久的实证问题。这也是效度被视为一种逐渐形成的指标以及效度化被视为一种持续过程的主要原因（Messick，1995）。

可用于评估效度的程序有多种，《教育与心理测量标准》（AERA，APA，& NCME，1999）描述了三种主要策略：**内容关联证据**（content-related evidence）；**效标关联证据**（criterion-related evidence）（预测性的和同时性的）；**构念关联证据**（construct-related evidence）。这些分析效度的策略在可能做出的推论类型方面有所不同。尽管由于教学原因我们要分别讨论这三种策略，但它们在逻辑上和具体操作上是相互联系而不是相互排斥的。接下来，我们将考察为每一种策略奠定基础的基本概念。

6.3　内容关联证据

基于内容关联证据的效度推论关注测量程序是否包含一个恰当的样本来呈现其应当代表的情境总体。由于这一过程涉及由样本推论总体，因此对内容关联证据的评估需要从抽样的适宜性方面着手。这种评估通常是一种推理、判断过程。

在雇佣背景中，我们主要关注对某个工作绩效区域——工作绩效总体中某个可识别的部分或方面——做出推论（Lawshe，1975）。使用内容关联证据以三个假设为基础：（1）使用者所关注的领域可以视为一个有意义的、可界定的反应总体；（2）能够以某种有目的、有意义的方式从总体中抽取样本；（3）样本和抽样过程可以足够精确地界定，从而使使用者能够判断绩效样本代表绩效总体的适宜程度。

在成就测验中，总体可以严格地确定和界定，但是绝大多数工作都具有好几个工作绩效区域。因此，我们常常会操作性地确定和界定某个工作绩效区域，而它只是工作绩效总体的一个部分（例如，对某名秘书实施打字测验，而该秘书的工作绩效总体是由好几个工作绩效区域构成的，打字只是其中一个工作绩效区域）。构成工作绩效区域的行为是多种多样的，从可以直接观察的行为到可以报告的行为，再到那些高度抽象的行为。

抽象水平越高，就需要幅度越大的"推论性跳跃"，以通过效标关联之外的方法来证明效度。在连续体的"观察"一端，当前任职者、上级或其他职业专家通常可以做出合理的判断。来自测量程序（例如，简单的熟练度测验、工作知识测验、工作样本测验）的内容关联证据最适用于这类情况。在连续体的"抽象"一端（例如，归纳推理），构念关联证据最为合适。"在内容—构念连续体的中间部分，内容与构念应当与具体工作挂钩，从工作职能方面来确定。如果被测量的特性并非过于抽象，而且是该工作的重要组成部分，那么应当可以对用来测量该特性的测验内容进行内容效度化。"（"Guardians Assn. of N. Y. City Police Dept. v. Civil Service Comm. of City of N. Y."，1980，p. 47.）

似乎可以据此得出这个结论：如果某个选拔程序聚焦于工作产品（例如，打字），那么内容关联证据较为适宜；如果聚焦于工作过程（例如，推理能力），那么内容关联证据就不适合。但是，即便是工作产品（例如，打字），也是由工作过程（例如，打一份文稿清样）决定的。打字能力意味着对一种重要特征做出的一个推论，而不同个体在这种特征方面是不同的。该连续体不能直接观察到。相反，我们需要通过收集一个行为样本来阐明该连续体。根据假设，该行为样本是作为一个关于这种重要特征的函数而变化的。在这种意义上说，打字能力与推理能力、"力量"或记忆并没有区别。它们都不能直接观察到（Landy，1986）。

因此，问题并不是构念能否被测量，而是应该测量什么类型的构念。这个问题一旦确定，就可以确定相应的程序来考察在构念测量的基础上所做出推论的适宜性（Tenopyr，1977，1984）。为来自人格构念（例如，情绪稳定性）测量的推论提供支持的程序，不同于为来自能力构念（例如，打字能力）测量的推论提供支持的程序。因此，内容关联策略与构念关联策略之间的区别只是程度问题，这主要是因为构念为所有心理测量奠定了基础。于是，内容关联效度证据可以视为构念关联效度证据的一种前提条件（Schriesheim，Powers，Scandura，Gardiner，& Lankau，1993）。

举例来说，我们需要对那些衡量教育背景、经验以及其他个人背景数据的测验（通常称为最低资质测验）收集内容关联效度证据（Buster，Roth，& Bobko，2005）。这些类型的测验（将在第11章进行更加具体的考察）通常用来对求职者进行初步筛选。Buster et al.（2005）实施的内容效度策略包括以下几个步骤：

步骤 1：进行一次岗位分析（第 8 章将对该问题进行更具体的讨论）。岗位分析应当确定各种不同类型的 KSAO 对该岗位是否重要或关键，以及它们是否“在工作之初就需要具备”（也就是说，在工作的“第一天”就需要具备）。

步骤 2：与相关专家（通常是该岗位的当前任职者或上级）分享这份 KSAO 清单。

步骤 3：提醒相关专家以及参与开发测验项目的其他任何人员注意，他们应当考虑一名刚被招募的任职者。这个步骤有助于他们从最低标准的方面来为测验项目开发过程设置一个框架，以使测验项目在法律方面更站得住脚。

步骤 4：提醒他们注意，应当考虑作为替代品的其他项目。例如，其他类型的教育经历（例如，不提供学分的课程、研讨班）是否可以替代学历？或者说，某种专业证书是否可以代表最低资质（例如，Aguinis，Michaelis，& Jones，2005）？

步骤 5：让最低资质显得直截了当，并且采用相同的格式来表述它们。这将使测验项目更加可信、更加容易评估。

步骤 6：要求相关专家各自对这份潜在的测验项目清单进行评估，以便能够计算和报告对各个潜在的测验项目的评估统计数据。

步骤 7：将每个潜在的测验项目，或者至少将最终的测验项目清单，与步骤 1 中确定的 KSAO 联系起来。

步骤 8：以一种周全的方式对潜在的测验项目进行组合。这个步骤可以提供证据来证实测验项目所衡量的最低资质水平。例如，负责内容效度化的个体可以把受教育程度和工作经验组合到一起。

上述 8 个步骤遵循了科学的最佳实践，而且能够经受美国联邦的司法审查（Buster et al.，2005）。因此，这是获得内容效度一种非常有前景的方法，未来的研究可以设法将其扩展到和应用于其他类型的测验。

从操作层面看，内容关联证据可以通过内容评估小组（content-evaluation panel）成员认为该测验与工作绩效区域（或者是该测验所衡量的构念）之间重叠的程度来评估。通常可以采用 Q 分类技术（即要求无偏见的专家把每个项目分配给它想要衡量的构念）或评估量表（即专业人员评估每个项目是否包含在所衡量的区域）来收集与对每个项目的判断有关的数据。量表项目归属于所衡量的构念区域的程度可以通过以下四种方法之一来定量确定：

1. **内容效度指数**（content-validity index，CVI）。给内容评估小组（由数量相等的当前任职者和上级组成）的每个成员提供一套测验项目，并且要求各自指出每个项目所衡量的技能（或知识）对于工作绩效来说是“关键”“有用但并不关键”还是“不必要”（Lawshe，1975）。然后，收集所有成员的回答，并且确定每个项目被认为“关键”的次数。于是，就可以确定每个项目的**内容效度比率**（content-validity ratio，CVR）：

$$\mathrm{CVR} = \frac{n_e - N/2}{N/2} \tag{6—3}$$

式中，n_e 表示有多少名小组成员认为该项目“关键”；N 表示小组成员的总人数。

把CVR在统计上不显著（由Lawshe（1975）提供的统计表决定）的项目删除。然后，对保留下来的项目计算CVR平均值（即CVI）。CVI表示在工作绩效区域中发挥作用的能力与在该测验上获得的成绩之间存在重叠的程度。

2. **真实效度指数**（substantive-validity index）。该程序是Lawshe（1975）程序的扩展，它能提供如下信息：小组成员将某个项目分配给它想要衡量的那个构念而非其他构念的程度（Anderson & Gerbing，1991）。于是，可以采用二项式测验（binomial test）来分析每个项目能够显著衡量目标构念的概率。

3. **内容适宜性程序**（content-adequacy procedure）。从严格意义上说，该方法并不是衡量内容效度，因为它并不包含一个实际的CVI，但是它允许项目与构念之间进行匹配（Schriesheim et al.，1993）。小组成员不是对项目进行分类，而是采用一个李克特类型的量表来评估每个项目，以指出每个项目与每种构念定义相对应的程度。然后，采用主成分分析来对结果进行分析，并且根据项目所衡量的构念数量来获取与先前期望相一致的因子数量。

4. **方差分析法**（analysis-of-variance approach）。这种方法以Anderson & Gerbing（1991），Schriesheim et al.（1993）提出的方法为基础，要求小组成员根据每个项目与所针对的构念定义的一致性程度来对每个项目进行等级评定（例如，从1“完全不”到5“完全是”）（Hinkin & Tracey，1999）。使用某种被试间设计，向每一组评估者提供所有项目，但只有一种构念定义（虽然所提供的这些项目代表好几种构念）。采用主成分分析对结果进行分析（具体方法参见Schriesheim et al.，1993）。然后，通过对每个项目在一个构念上的平均等级评定与该项目在其他构念上的等级评定进行比较，可以采用方差分析（ANOVA）来衡量每个项目的内容效度。成员数量为50人左右的一个内容评估小组似乎适合这类分析。

上面描述的这些程序表明，内容关联证据主要关注与测验建构（construction）有关的推论，而不是与测验分数（scores）有关的推论，而且从定义上讲，效度指的是根据测验分数所做推论的精确性，因此所谓的内容效度其实根本不是效度（Tenopyr，1977）。也许，我们应当称其为“内容取向的测验开发”（Guion，1987）。当然，这并不是意图降低它的重要性。

> 有些人可能会认为，与效标关联效度相比，内容效度可能要逊色不少，或者更不具备科学性。但我认为这种观点是错误的。内容效度是任何效度的基础。如果测验不具备内容效度，那么用来验证该测验的效标测量就必须具备内容效度。在验证某个测验时，我们永远不应该对必须进行判断而心存疑惑。数据永远不可能取代良好的判断（Ebel，1977，p. 59）。

尽管如此，在雇佣情境中，如果某个测量程序是以内容为基础开发出来的，那么使用该程序的分数仍具备预测的基础。也就是说，所测量的是工作活动中某个部分的绩效，而这个部分将会由任职者在未来的工作中予以实施。因此，如果测验用于雇佣决策，那么主要的关注点应该是该测验的预测性（predictive）内容，而不是描述性内容。的确，来自一个设计完善的打字测验的分数可以用于描述个体操作键盘的技能，但是当我们将打字测验用于招聘决策时，描述并不是我们的首要目的。我们采用打字测验来预测（predict）某人如果从事某个与打字有关的岗位能够取得多大成功（Landy，1986）

效度的内容关联证据在效标测量中极其重要。例如，定量指标（例如，CVI值，或者工作内容与培训内容之间的整体相似性指数）能够被有意义地用来评估工作知识标准或培训方案内容。因此，内容关联证据使得人们能够客观评估雇佣方案的行为内容的代表性（Distefano，Pryer，& Craig，1980；Faley & Sundstrom，1985）。

总之，尽管效度的内容关联证据的确存在局限性，但不可否认的是，这类证据由于密切关注以下几个方面而作出了积极贡献：（1）更好的区域抽样和岗位分析程序；（2）更好的行为测量；（3）专家判断对证实抽样和计分程序公平性的作用，以及对确定分别抽取的各内容区域之间的重叠程度的作用（Dunnette & Borman，1979）。

6.4　效标关联证据

无论什么时候采用个体差异测量来预测行为（这在技术上是可行的），都需要效度的效标关联证据。通过这种方法，我们检验这个假设：测验分数与某个效标测量上的成绩是相关的。如前所述，在内容关联证据中，效标是专家判断。在效标关联证据中，效标是一个分数或等级评定，而该分数或等级评定要么在预测因子测量时获得，要么在后面某个时点获得。如果效标测量与预测因子分数同时获得，那么被测量的是效度的同时性（concurrent）证据。反之，如果效标数据在预测因子分数获得之后一段时间才能得到，那么被测量的是效度的预测性（predictive）证据。这两种设计涉及同一个范式，就是要在预测因子成绩与效标成绩之间建立某种关系：

预测因子成绩 → 效标成绩（关系的测量）

从操作方面讲，预测性研究和同时性研究可以根据时间来予以区分。**预测性研究**（predictive study）指向未来，所发生的事件之间存在时间间隔（例如，员工要接受培训或者获得工作经验）。**同时性研究**（concurrent study）指向当前，仅仅反映某个特定时点的现状。

从逻辑上讲，对这两类研究进行区分的基础并不是时间，而是测量的目的（Anastasi，1988）。因此，各种效度策略适用于不同的场合。同时性研究适用于那些描述现状而不是预测未来结果的测量（例如，成就测验、资质测验）。在雇佣背景下，差异可以通过询问“劳拉现在能够从事这份工作吗”（同时性设计）“劳拉将来能够从事这份工作吗”（预测性设计）之类的问题来予以说明。

效标关联（criterion-related）这个术语关注这个事实：问题的根本所在是预测因子分数与效标分数之间的关系，而不是预测因子分数本身。预测因子分数主要是充当指向其他某种事物——效标成绩——的符号。简而言之，就预测因子测量来说，其内容是相对不重要的，因为它仅仅是用来预测效标成绩的一种工具。但是，我们在第3章已经讨论过，工作绩效在本质上是多维的，因此从理论上讲，存在多少种需要预测的效标，就存在多少种对效度的效标关联证据的描述。

6.4.1 预测性研究

为获得效标关联效度的证据而实施的预测性设计是个体差异测量的基础。如果目标是根据预测因子测量的分数来预测行为，那么就不能用其他设计代替预测性设计。预测性研究以一种客观、统计的方式来证明某种特定情况下预测因子与效标之间的真实关系。在这种模型中，一个程序的预测能力是显而易见的，但是在同时性模型中，预测能力必须由决策者进行推论。在进行一项预测性研究时，流程如下：

1. 测量该岗位的求职者。
2. 在不使用测量程序结果的情况下对求职者进行选拔。
3. 在后面某个时间测量效标成绩。
4. 评估预测因子与效标之间的关系强度。

在效度研究的规划阶段，有几个问题应当受到特别关注。其中一个问题是样本规模。过小的样本规模往往是由现实条件下可获得的个体数量有限造成的，但有时只是反映出研究者缺乏理性的研究规划。实际上，样本规模问题仅仅是一个更基本的问题——**统计检验力**（statistical power）——的一个方面。统计检验力指的是当一个假设确实错误时拒绝该假设的概率。正如 Cohen（1988）所指出的那样，从更广义的角度讲，对无效假设的任何统计检验都可以视为以下四个参数之间的一种复杂关系：（1）检验力（$1-\beta$，式中，β表示犯第Ⅱ类错误的概率）；（2）第Ⅰ类错误，或者α，即无效假设的拒绝区间，以及该检验是单尾还是双尾的（随着α增大，检验力随之增强）；（3）样本规模，即N（随着N增大，检验力随之增强）；（4）总体效应的大小或远离无效假设的程度（随着效应增强，检验力随之增强）。这四个参数是如此紧密相连，以至于只要其中三个参数固定，就完全可以确定第四个参数。

作为实施研究规划的一种工具，检验力分析是相当重要的，因为如果检验力不足，就要修正研究方案（如果不能修正，就要放弃该研究方案），以提高检验力（通常是通过增加样本规模N，有时是通过增大α）。需要注意的是，应当在研究实施之前就进行检验力分析。在效度化分析完成之后进行的事后检验力分析，其效用是值得怀疑的，当实得的效应大小被用作自己希望考察的效应大小时更是如此（Aguinis，Beaty，Boik，& Pierce，2005）；Hoenig & Heisey，2001）。

理性的研究规划通过明确阐述α（通常为0.05或0.1）、合意的检验力（例如，0.80）以及所估计的总体效应大小来进行。在估计效应大小时，可以通过检验在以前的相关工作中所获得的值进行；也可以通过指定某个最小的、在实践中或理论上具有显著性的总体效应进行；或者通过使用传统定义来界定“小”（0.10）、“中”（0.30）和“大”（0.50）的效应进行（括号中的值表示相关系数）。α、检验力和效应大小一旦确定，就可以确定所需要的样本规模，而一些可以在线实施（例如，http：//www.StatPages.net）的表格（Cohen，1988）和计算机程序都可用于这个目的。

如果总体效应大小容易确定，那么进行检验力分析也不会有多困难。在效标关联效度研究中，由于无法考虑到预测因子和效标的全距限制、效标的信度缺失，以及其他各种能够降低已得效应大小和总体效应大小的人为因素所造成的综合效应，检验力通常会被高估（Aguinis，2004b；Schmidt，Hunter，& Urry，1976）。因此，产生足够检验力所必需的样本规模要比我们通常所估计的样本规模大得多。有时可能需要数百名甚至数千名被试，这取决于影响效度系数的人为因素的类型。对此，可以采取什么措施？

假设在一项效度研究中使用了多个预测因子，而且每个预测因子解释某些独特的效标变异，那么这些预测因子线性联合的效应大小可能大于其中任何单个预测因子的效应大小。由于效应大小是统计检验力（从而也是所必需的样本规模）的一个主要决定因素，因此如果研究者对样本规模的要求是以所有预测因子单位权重的线性联合而非单个预测因子为基础，那么更多的效标关联效度研究在技术方面将变得可行（Cascio，Valenzi，& Silbey，1978，1980）。简而言之，更大的效应意味着只需要更小的样本规模就可实现足够的统计检验力。

另一方面，如果样本规模固定，而且效应大小不能增加，那么合意的统计检验力水平仍可以通过操纵 α（即犯第Ⅰ类错误的概率）来获得。为了达到维持统计检验力所必需的 α 水平，所有可得的信息（包括关于效应大小的先前信息）都应该融入到研究的规划过程中。Cascio & Zedeck（1983）展示了各种程序来做到这一点。

如果所有这些策略都不可行，则应该尽可能多地获取被试，承认样本规模太小，甚至在最初的效度研究完成之后还继续收集数据。无论在实践中还是在统计上，产生相同结果的重复研究可以比基于不充分数据的单项研究获得更高的置信度。

另外还需要考虑的是实施测验与收集效标数据之间合适的时间间隔长度。简而言之，一个员工从事工作多久才适合接受绩效评估？答案是：当有证据表明最初的学习阶段已经过去时。当然，有些工作的学习阶段要远远长于其他工作，因而不同工作的培训计划具有不同的时间长度。对于许多工作来说，员工绩效评估一般在培训结束 6 个月后进行比较合适，但是这个数字具有很大的变化性。对于只需短期培训以及人际交往相对较少的工作来说，时间间隔或许要短得多；反之，则可能要在 1 年或更长时间之后才能够收集到可靠的效标数据。

对于效度化样本，另外还有两个需要进一步考虑的问题。首先，样本本身必须具有代表性——也就是说，样本应当与预测因子所测量的人群具有相同的年龄、受教育程度和职业背景。其次，预测性设计应当使用真实的求职者，他们有动机在测验中表现良好。毋庸置疑，与那些被告知如果测验成绩不佳就意味着可能失去工作机会的求职者相比，那些被告知该测验仅仅用于研究、如今已被雇用的个体面临截然不同的激励条件。

6.4.2 同时性研究

对于人力资源研究者来说，用来获取效标关联效度证据的同时性设计具有几个方面的用处。效标测量效度的同时性证据尤其重要。效标测量通常被用来替代其他更加重要、成本高昂或者复杂的绩效测量。只有满足以下两个条件，这种替代才有价值：（1）更便于实施或获得的测量与更复杂或成本更高的测量之间存在一种密切关系（通过判断而获知）；（2）作为替代的测量在时间或金钱方面要比真正去收集那些更复杂的绩效数据更有效率。当然，效度的同时性证据在绩效管理系统开发方面也很重要，然而在绝大多数情况下，这类证据要么不被注意，要么被直接视为已知条件。另外，这类证据在工作知识测验或成就测验、商业测验、工作样本或其他任何用来描述当前绩效的测验中也相当重要。

在认知能力测验中，同时性研究常用来替代预测性研究。也就是说，预测因子数据和效标数据都来自当前的员工，而且人们还假定：如果在预测因子上获得高（低）分的员工在实际工作中也被评定为高（低）绩效者，那么这种关系同样适用于求职者。有一篇综述对采用预测性设计和同时性设计的认知能力测验的效度估计进行了实证比较。该综述指出，至少对于这些测量来说，这两种设计没有导致显著不同的效度估计（Barrett，Phillips，& Alexander，1981；Schmitt，Gooding，Noe，& Kirsch，1984）。但是，我们必须马上指出的是，同时性设计忽视了动机和工作经验对能力的影响。虽然这些影响的大小可能不会对认知能力测验造成显著影响，但更有可能对问卷测量（例如，态度或人格的测量）造成显著影响。例如，Jennings（1953）以实证方式证明，对于工作有保障、参与的测验是被用于学术研究而不是雇佣决策、认识到测验分数绝不会影响其工作岗位的个体来说，他们受到的激励程度与求职者是不同的。

同时性设计也忽略了工作经验对实得效度系数的影响。本书作者之一曾经观察一组警察（他们的平均工作经验是3年）在一项同时性研究中完成几项测验。其中一项是测量情境判断，另一项是测量他们对人的态度。认为那些在警察院校接受过专业培训、已经具有3年街头执勤经验的现役警察在回答情境判断测验和态度问卷时会与毫无工作经验的求职者采用相同的方式，是十分荒谬可笑的。人们在从事工作的过程中会不断学习，因而所发生的事件或许会显著影响其对预测因子测量的回答。因此，效度既可能会提高，也可能会降低，而且我们无法事先知道这些影响的走向。

总之，对于认知能力测验，同时性研究似乎对预测性研究的实证效度提供了有用的估计。尽管这个事实已得到实证证明，但显然我们还需要另外的研究来帮助理解产生这种等值的原因所在。无论是在理论上还是在实践中，不同的效度设计并非在各种情境中都是等值的或可以相互替换的（Guion & Cranny，1982）。如果没有仔细考虑那些不受控制的变量（例如，全距限制，年龄、动机或工作经验方面的差异）在该特定情境中的影响，就不能简单地用同时性设计替代预测性设计。

6.4.3　预测性研究和同时性研究中效标测量的要求

任何一种预测因子测量差不多都类似于用来建立其效度的效标。如同适用于预测因子一样，任何把随机误差带入效标分数的因素都会降低效度。遗憾的是，人们经常简单地假设效标测量是切题的和有效的。如同 Guion（1987）曾经指出的那样，这两个方面是不同的，对它们进行区分很重要。之所以选择某个工作关联构念，是因为它体现了雇主所重视的工作绩效或行为。之所以选择某个构念关联效标，是因为它与被测量的构念之间存在或缺乏一种理论联系。“它起作用吗”是一个不同于“它测量到了我们想要测量的东西吗”的问题。这两个问题都是有用的，而且都需要进行效标关联研究。例如，在判断主观等级评定可接受的构念关联效度证据时，可能要基于等级评定与生产数据或工作样本的高相关关系，并且独立于资历或出勤率数据。

在我们开发用来预测未来绩效的测验之前，必须清晰、明确地界定绩效区域。如同第 3 章所述，由 Cascio & Aguinis（2008）提出的原位绩效概念在这方面是至关重要的。绩效不能孤立地研究，忽视它的具体背景。我们可以回忆一下，原位绩效涉及“具体阐明可能会对个体、团队或组织的绩效产生影响的各种变量——情境变量、关系变量、战略变量以及环境变量”（Cascio & Aguinis，2008，p. 146）。更精心、更仔细地描述绩效区域能够使我们更有效地开发预测因子。

效标具有信度也是很重要的。正如第 5 章所述，虽然效标的信度缺失可以通过统计方法来加以校正，但是信度缺失毕竟不是微不足道的问题。如果等级评定就是效标，而且上级对有些员工的等级评定在一致性方面不如对另外某些员工的等级评定，那么效标关联效度就会受到损害。反之，如果对所有员工都给予相同的等级评定（例如，都是“令人满意的”），那么这种情况其实是在试图预测不可预测的事物。预测因子无法预测在上级看来根本就不存在的工作行为差异。

最后，我们应当谨防效标关联效度研究中的效标污染。至关重要的是：效标数据的收集要独立于预测因子数据的收集，而且参与效标等级评定的人员必须对个体的预测因子分数一无所知。Brown（1979）已经证明，没有考虑到效度失真的这些来源，会完全误导那些不熟悉整个选拔和培训过程并且不熟悉该效度研究的具体细节的研究者。

6.5　影响实得效度系数大小的因素

6.5.1　全距扩大

如前所述，效标关联效度证据会随着验证测验的目标群体的特征变化而变化。一般来说，当验证预测因子时使用的群体比最终要采用该预测因子来测量的群体更加异质时，对效度的估计就会不真实地偏高。假设一项空间关系能力测验最初打算用作工程师求职者的筛选工具，却是通过某公司的机械工、机修工、工具仓库保管员及工程师等多种不同岗位的求职者来验证的。这个群体的异质性显著高于该测验最初想针对的群体（只有工程师求职者）。于是，测验分数中将会存在更多的变异（即全距扩大），从而显得该测验能够有效地区分求职者。把仅使用工程师求职者而获得的效度系数与使用更异质的群体而获得的效度系数进行比较，可以实证证明高估的相对大小。

6.5.2 全距限制

相反，由于效度系数的大小是关于两个变量的函数，因此限制预测因子的全距（即截短或删改）或效标的全距都将降低效度系数的大小（见图6—1）。

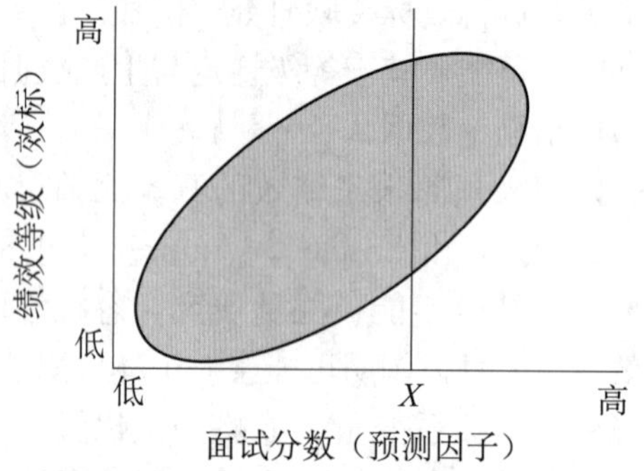

图6—1 全距限制对相关关系的影响

在图6—1中，面试分数与效标数据之间的关系是线性的，遵从椭圆形双变量正态分布，表明存在大约0.50的系统正相关。分数在预测因子和效标中都未被删改，并且在几乎所有可能的类别中都由低到高分布。但是，当只考虑某个有限的群体时，例如分布在直线X右侧的分数，相关程度就会显著降低。当出现这种情况时，分数所假设的形状完全不是椭圆形的，表明预测因子与效标之间的相关程度要低得多。我们似乎可以从中得出这个结论：对效度系数的选择效应是由于变量的方差发生变化造成的。然而，Alexander（1988）指出，这种选择效应更适合视为非随机抽样，而非随机抽样会分别影响平均值、方差，以及变量间的相关关系。

例如，如果只考虑通过初步筛选的求职者，或者把测量用于效度化之前的选拔过程，从而使得效标数据没有包含未被雇用的低分者，那么预测因子就出现了全距限制。这称为预测因子的**直接全距限制**（direct range restriction）。如果对求职者实施了某个实验性的预测因子，但它却没有用作选拔决策的基础，那么就会出现预测因子的**间接全距限制**（indirect range restriction），也就是**偶发全距限制**（incidental range restriction）（Aguinis & Whitehead，1997）。更确切地说，求职者往往是根据当前所使用的程序来进行选拔的，这可能与新预测因子是相关的。偶发全距限制在效度研究中极为常见（Aguinis & Whitehead，1997）。Thorndike（1949，p. 175）早在60多年前就认识到了这一点："由于根据另外某些变量而不是被比较的那些变量来实施间接选拔，这样引起的全距限制……到目前为止，似乎是任何人员选拔研究项目中最普遍、最重要的全距限制。"在这两种情况下，被雇用的低分者可能会变得对工作很失望，并且在效标数据被收集之前就离职，而这进一步限制了可获得分数的全距。

分数的全距也可能因为预选而变窄。例如，在一些个体被雇用之后但是获得效标数据之前，就进行一次预测性效度研究，这样就发生了预选。该程序的效度估计将会降低，因为这些员工只是从所有求职者中选拔出来的优秀者，从而截短了预测因子分数和效标数据的全距。简而言之，根据雇佣分数进行的选拔缩小了预测因子变量的全距，而根据工作或培训过程进行的选拔则缩小了效标变量的全距。这两种类型的全距限制都有降低效度估计的作用。

为了正确地解读效度系数，应该把关于这两种变量的全距限制程度的信息都包括进来。幸运的是，通过统计方法对各种形式的全距限制进行校正的公式是存在的（Sackett & Yang，2000；Thorndike，1949）。以下 3 类信息可以用来确定我们该使用哪个校正公式：（1）出现全距限制的是预测因子、效标，还是与预测因子以及/或者效标相关的第三个变量；（2）有关变量的无限定变异是不是已知的；（3）第三个变量（如果存在的话）有没有被测量。Sackett & Yang（2000）根据这 3 类信息的不同结合描述了 11 种不同的全距限制情况，并且为每种情况提出了相应的公式和程序来校正效度系数。但是，在进行校正之前，首先应当弄清楚哪些变量受到了直接选拔以及/或者间接选拔的影响，因为公式的错误使用会导致校正后的效度系数出错。

在不涉及第三个变量的条件下，为了校正预测因子的直接全距限制，合适的公式如下（在不涉及第三个变量的条件下，该公式也可以用来校正效标的直接全距限制）：

$$r_u = \frac{r\dfrac{S}{s}}{\sqrt{1 - r^2 + r^2\dfrac{S^2}{s^2}}} \tag{6—4}$$

式中，r_u 表示无限定样本的估计效度系数；r 表示限定样本的实得效度系数；S 表示无限定样本的标准差；s 表示限定样本的标准差。

在实践中，我们可能无法获得运用公式（6—4）所必需的所有信息。于是，另一种可能的情况是，选拔发生在某个变量上（要么是预测因子，要么是效标），但是无限定变异是未知的。例如，在收集效标数据之前由于员工离职或转岗，就可能使得效标发生这种情况。面对这种情况，合适的公式为（公式中的符号定义同上）：

$$r_u = \sqrt{1 - \frac{s^2}{S^2}(1 - r^2)} \tag{6—5}$$

在另一种情况下，如果第三个变量 z 出现了偶发全距限制，并且 z 的无限定变异是已知的，那么用来计算 x 与 y 之间无限定相关的公式为：

$$r_u = \frac{r_{xy} + r_{zx} \cdot r_{zy}(S_z^2/s_z^2 - 1)}{\sqrt{1 - r_{zx}^2(S_z^2/s_z^2 - 1)}\ \sqrt{1 - r_{zy}^2(S_z^2/s_z^2 - 1)}} \tag{6—6}$$

在实践中，还有一些更难以用校正公式来处理的全距限制情况。这些情况包括：（1）不清楚是预测因子、效标还是某个第三变量出现无限定变异；（2）多个变量存在同时或序列的全距限制。幸运的是，都有相应的程序来处理上述每一种情况。

Alexander，Alliger，& Hangers（1984）描述了一种方法来处理无限定变异未知的情况。例如，假设该情况包括预测因子 x 的直接全距限制，但 x 的无限定变异未知。首先，计算科恩（Cohen，1959）比率 $= s^2/(\bar{x}-k)^2$，式中，s^2 表示限定样本的方差，$\bar{x}$ 表示限定样本 x 的平均值，k 表示对可能出现的最小 x 值的估计。由于这个比率对任何选拔分数都有一个唯一值，因此以这个比率为基础来估计无限定方差（即 s_x^2）的减少比例是可能的。Alexander et al.（1984）提供了一个表格，其中包括科恩比率的不同数值以及相应的方差减少比例。根据该表格中的数值，我们可以计算出公式（6—4）中所用的无限定变异的估计值。这个程序也可用来估计第三个变量 z 的（未知的）无限定变异，而该信息可以用于公式（6—6）中。

对于多个变量同时或序列的全距限制，Lawley（1943）提出了所谓的**多变量校正公式**（multivariate-correction formula）。当（一个或两个变量的）直接全距限制和偶发全距限制同时发生时，可以采用这个多变量校正公式。此外，如果一个已经被限定的样本出现全距限制，那么该公式可以重复使用。实施多变量校正相当复杂，不过 Johnson & Ree（1994）开发了计算机程序 RANGEJ，使得这种校正易于实施。

在对这些统计校正的精确性进行检验的一项实证调查中，Lee，Miller，& Graham（1982）对海军基本测验系列（Navy Basic Test Battery）未校正和校正后的效度估计值与测验的无限定真实效度进行了比较。根据 5 个不同的选拔率选取几组水兵。在所有情况下，校正后的效度系数都更好地估计了测验的无限定真实效度。但是，Lee & Foley（1986），Brown，Stout，Dalessio，& Crosby（1988）后来进行的研究则表明，校正后的相关关系往往随着测验分数全距的不同而发生显著波动，更高的预测因子分数全距会导致更高的效度系数。实际上，如果预测因子与效标之间的关系事实上是非线性的，但所假设的却是一种线性关系，那么使用校正公式将会显著高估真实总体的相关。另外，在有些情况下，效度系数的符号在实施校正后会发生改变（Ree，Carretta，Earles，& Albert，1994）。

同样值得注意的是，校正后的相关直到最近才拥有一种已知的抽样分布。不过，Raju & Brand（2003）针对全距限制以及预测因子和效标的信度缺失，推导出了一些公式来校正相关的标准误。因此，我们现在有可能对校正后的相关的信度进行估计，并且对经过 3 次校正的相关进行统计显著性检验。

虽然这种统计显著性检验是一种有力的工具，而且犯第Ⅰ类错误的概率被控制在微不足道的水平上，但是在特定的条件下（即统计检验力未达到足够高的程度），其始终一致地拒绝某个错误的无效假设的能力仍然值得怀疑。较低的检验力可能是因为这个事实：Raju & Brand（2003）提出的这种显著性检验假设校正后的相关是正态分布的。这个假设在许多元分析数据库中是站不住脚的（Steel & Kammeyer-Mueller，2002）。因此，“迫切需要为由于信度缺失和全距限制而必须校正的相关开发出新的显著性检验”（Raju & Brand，2003，p. 66）。

从这一节关于全距限制的内容中明显可以看出，我们拥有许多种校正程序。Van Iddekinge & Ployhart（2008）的一篇综述得出结论说，采用一种错误程序会使得我们对效度得出不同的结论。例如，如果假设已经实施了一种严格的从高到低的选拔过程（第 7 章会更加具体地讨论测验分数分层程序），但实际上它并不是，那么可能会出现的情况就是相关会高估全距限制的影响，进而使得我们所认为的效度证据要强于真实水平（Yang，Sackett，& Nho，2004）。此外，如前所述，如果仅仅校正直接全距限制，但间接全距限制也是存在的，那么我们就会低估对效度系数的影响，进而得出结论说效度证据要弱于真实水平（Hunter，Schmidt，& Le，2006；Schmidt，Oh，& Le，2006）。与此类似，大多数选拔系统都包含一连串测验，这称为多重障碍法（见第 13 章）。于是，聚焦于某种多重障碍法的效标关联效度化努力应当仔细思考采用哪些合适的校正程序，而这些程序必须把每项测验实施后出现的全距限制或者数据遗漏考虑在内（Mendoza，Bard，Mumford，&Ang，2004）。

最后，我们要强调的是，只有在目标总体（即我们希望把所获得的校正效度系数进行概化的总体）的基础上进行了验证，校正才是合适的。例如，如果我们希望估计某个岗位的未来求职者的效度系数，但效度系数是在一项同时性效度研究中使用一个由（已选拔的）当前员工构成的样本而获得的，那么这种情况就适合进行校正。另一方面，如果我们希望在一个由预选员工构成的样本中使用某个测验来制定晋升决策，那么就不适合进行校正。一般来说，我们建议对未校正的效度系数、校正后的效度系数以及关于所采用校正类型的信息都予以报告（AERA，APA，& NCME，1999，p. 159）。当那些未被测量的变量发挥重要影响时，这种做法尤其重要（Sackett & Yang，2000）。

6.5.3　在雇佣过程中的位置

根据个体差异测量是用作一种初步筛选工具还是最后一项测验，预测性设计的效度估计会发生改变。这是因为，当预测因子用作一种初步筛选工具时（即由一组更加异质的个体提供数据），变异被最大化；而当预测因子用于选拔过程的最后阶段时（即由一组更加同质的个体提供数据），变异常常会受到限制。

6.5.4　预测因子—效标关系的形式

为了防止极度偏离计算预测因子—效标关系的测量值所依据的那些统计假设，我们需要对描述预测因子—效标关系性质的散点图进行检查。如果假设的关系类型不能正确描述数据，效度将被低估。计算皮尔森积矩相关系数时，假设这两个变量都呈正态分布，它们之间的关系是线性的，而且分数的二分变量分布（从低到高）被分解为各个部分，纵列上的方差是相等的。这称为**方差齐性**（homoscedasticity）。从非专业的角度来解释，这意味着数据得分在整个回归线上呈均匀分布，而且测量工具在高分端和低分端能够进行同样好的预测（Aguinis，

Petersen，& Pierce，1999；Aguinis & Pierce，1998）。在实践中，研究者很少检验这些假设的依从性（Weinzimmer，Mone，& Alwan，1994），而且这些假设也常常不能得到满足。在一项研究中（Kahneman & Ghiselli，1962），所检验的效度大约有40%是非线性和/或异方差的。但是，一般来说，如果这两个变量的分数均呈正态分布，那么它们也是同方差的。因此，如果我们能够证明分数的正态化，也就非常有可能表明预测因子—效标关系是同方差的（Ghiselli et al.，1981）。

6.6 构念关联证据

内容关联效度策略和效标关联效度策略都没有把理解一项测验所测量的某种特质或构念作为自己的基本目标。内容关联证据考虑的是项目覆盖该目标区域的程度，而效标关联证据则关注预测因子与效标之间的实证关系。然而，当我们想要获得更好的预测时，需要某种概念框架来组织和解释数据，并且为进一步的研究提供方向。这一概念框架要具体阐明该构念的含义，将该构念与其他构念区分开来，并且指出对该构念的测量应当如何与其他变量联系起来（AERA，APA，& NCME，1999）。这就是**构念关联效度证据**（construct-related evidence of validity）的功能。构念关联效度证据为解释分数提供了实证基础（Messick，1995）。

要验证关于一个构念的推论，我们需要证明测验测量的是一个对工作绩效至关重要的具体构念。一旦证明了这一点，根据测验分数得出的关于工作绩效的推论就在逻辑上获得了证明（Binning & Barrett，1989）。关注的重点是描述更宽泛、更抽象的行为。构念效度化并不是一次研究就能完成的；它需要从许多不同的来源收集证据，以确定测验分数的意义和评估测验分数的社会影响（Messick，1995）。因此，这既是一个逻辑过程，也是一个实证过程。

在构念效度化过程的最开始，研究者要对某个特定测量程序上的高分者的特征（相对于那些低分者）提出假设。从它们的整体来看，这些假设对该测验或其他程序所测量的某个特定构念的本质构成了一种试探性的理论。然后，这些假设可以用来预测在该测验中处于不同分数水平的人将会在其他某些测验或特定情境中表现如何。

需要注意的是，在这个过程中，测量程序充当了一种符号（Wernimont & Campbell，1968），阐明我们感兴趣的行为区域的性质，进而阐明该构念的关键特性。构念（例如，机械理解能力、社会权力）不是由某个孤立的事件界定的，而是由一种**逻辑关系网络**（nomological network）界定的。逻辑关系网络指的是由相互关联的概念、命题和规律构成的系统，该系统能够把特征与其他特征联系起来，把可观察到的特征与理论构念联系起来，或者把某个理论构念与另一个理论构念联系起来（Cronbach & Meehl，1955）。例如，要想测量上级被察觉到的社会权力（即能够被下属察觉到的上级影响下属的能力；Nesler，Aguinis，Quigley，Lee，& Tedeschi，1999），我们需要具体阐明该构念的前因后果。该构念的逻辑关系网络可能包括多种前因，例如展示特定的非言语行为——举例来说，进行直接的眼神交流会使一位女性（而不是男性）上级被视为具有很高的强制权力（Aguinis & Henle，2001a；Aguinis，Simonsen，& Pierce，1998）——其后果是可能导致该上级与下属的关系变得糟糕，进而对该下属的工作绩效产生负面影响（Aguinis，Nesler，Quigley，Lee，& Tedeschi，1996）。

与构念有关的信息，或者与围绕该构念的理论有关的信息，可以通过多种来源予以收集。每种来源都能产生有助于该构念的定义变得更加丰满的假设。以下就是其中一些证据来源：

1. 向受测者询问关于回答特定项目时的绩效策略或反应的问题，或者向评估者询问关于他们为什么做出如此等级评定的问题（AERA，APA，& NCME，1999；Messick，1995）。

2. 对测量程序的内在一致性进行分析。

3. 由专家判断该测量程序所取样的内容或行为区域与该构念的紧密程度。有时这会导致内容效度与构念效度的混淆，但是由于内容效度针对的是关于测验构建的推论，而构念效度关注的是关于测验分数的推论，因此内容效度充其量只是构念效度的一种证据（Tenopyr，1977）。因此，在一项研究中（Schoenfeldt，Schoenfeldt，Acker，& Perlson，1976），阅读行为是直接通过工作中的真实材料阅读来测量的，而不是借助于各种假设指标的推论链（例如，来自某项智力测验的言语能力分数）。测验中的任务与工作中的任务匹配得如此良好，以至于基本上可以肯定在这两方面的成绩背后具有共同的构念。

4. 针对同一个构念的新测量程序与已获得证明的既有测量程序之间的相关。

5. 对一组测量程序的因子分析，证明其中有哪些程序共享了一个公共方差并因此测量了同一个构念（例如，Shore & Tetrick，1991）。

6. 结构方程建模（例如，使用 AMOS，EQS 或 LISREL 之类的软件包），以检验能够把观测变量与潜在构念联系起来的测量模型，以及检验关于各种构念之间的关系的结构模型（例如，Pierce，Aguinis，& Adams，2000）。举例来说，Vance，Coovert，MacCallum，& Hedge（1989）使用了这种方法来更好地理解在三类任务（引擎配件安装、部件检查、完成表格）上可选择的预测因子（能力、经验、上级支持）是如何与不同类型的效标（例如，自我评价、上级评价和同事评价；工作样本绩效；培训的成功度）发生联系的。这种理解可能会有利于我们开发出一套具有广泛适应性的任务分类系统。

7. 来自测量程序的分数区分自然形成组或人为实验设计组（组的区分）的能力，或者是来自测量程序的分数证明分数差异与其他变量（根据这些变量，不同的组会呈现出差异）之间的关系的能力。

8. 证明来自某个特定程序的分数与对特定情境中的行为的测量之间存在系统关系。在这些特定情境中，所考察的这个构念被认为是一个重要变量。例如，可以对一组随后将面临某种焦虑激发情境（例如，参加期末考试）的个体实施一项用来测量焦虑的纸笔测验。那么，该纸笔测验的分数与对这些个体在考试中所表现出的焦虑进行的心理测量应当显示出某种相关。该实验获得的某种正相关关系将提供证据来证明测验分数的确反映焦虑倾向。

9. 聚合效度化和区分效度化与上面讨论过的第3种和第4种证据来源是密切相连的。新测量程序所获得的分数不仅应当与针对同一个构念的其他测量程序的分数有关（**聚合效度化**（convergent validation）），而且应当与不能测量该构念的工具所获得的分数无关（**区分效度化**（discriminant validation））。

Campbell & Fiske（1959）提出了一种系统的实验程序来分析聚合效度和区分效度。他们指出，任何一种测验（或其他测量程序）实质上都是一种特质—方法单元。也就是说，一项测验通过一种方法来测量一种特定的特质。因此，如果我们想要了解特质变异和方法变异对测验分数的相对贡献，就必须使用多种方法（例如，同事评价、面试）对多种特质（例如，支配性、从属性）进行研究。通过采用多特质—多方法（MTMM）矩阵，这种研究是可行的（见图6—2）。

		方法1		方法2	
	特质	A1	B1	A2	B2
方法1	A1	a			
	B1	b			
方法2	A2	c			
	B2	d			

图6—2　多特质—多方法矩阵的示例

一个多特质—多方法矩阵只不过是一个表格，罗列出以下各种相关：(a) 同一种方法所测量的同一种特质；(b) 同一种方法所测量的不同特质；(c) 不同方式所测量的同一种特质；(d) 不同方法所测量的不同特质。这个程序可用于研究由任何一种方法测量的任何数量和类型的特质。为了获得令人满意的证据来证明某个构念的效度，(c) 相关（聚合效度）应当大于零，并且高到足以鼓励进一步的研究。此外，(c) 相关应当高于 (b) 相关和 (d) 相关（即显示出区分效度）。

举例来说，如果两种被认为不同的特质（例如，果断和情绪稳定性）所获得的面试（方法1）等级评定之间的相关，要高于用来测量同一种特质（例如，果断）的面试（方法1）等级评定与纸笔测验（方法2）分数之间的相关，那么作为测量果断这个构念的面试等级评定，其效度应当受到严重质疑。

需要指出的是，在这种方法中，信度是采用同一种方法对同一种特质进行两次测量来估计的，也就是图6—2中的 (a) 相关，而效度则被界定为采用不同方法对同一种特质进行的两次测量之间的一致性程度，也就是图6—2中的 (c) 相关。这再一次表明，信度和效度这两个概念存在内在联系，而要想收集构念关联效度证据，就必须很好地理解这两个概念。

虽然这种方法的逻辑性在直觉上非常有说服力，但也存在一定的局限性，这主要表现为：(1) 缺乏定量效标；(2) 不能解释不同的信度；(3) 该方法依赖一些内隐假设（Schmitt & Stults，1986）。其中一个假设是要求使用那些最不同的或最无关联的方法，因为如果所使用方法之间的相关系数为0.0，那么共同方法变异就不会影响对共同特质变异的估计。

但是，当方法之间存在相关性时，应该使用验证性因子分析。通过这种方法，研究者可以界定那些以推理方式提出特质因子或方法因子（或者这两者）的模型，并且检验这种模型与数据拟合的能力。参数估计值以及各种可选择的模型与数据拟合的能力，可以用来评估聚合效度、区分效度以及晕轮效应。实际上，当方法之间存在相关性时，使用验证性因子分析来替代多特质—多方法程序也许会得到与先前研究截然相反的结论（Williams，Cote，& Buckley，1989）。

如果是首先分析每个特质×方法组合的多重指标，那么应该使用二阶或分层验证性因子分析（HCFA）（Marsh & Hocevar，1988）。在这种方法中，由多个项目或分量表界定的一阶因子是针对每个量表所作的假设，而且方法因子和特质因子被认为是二阶因子。

分层验证性因子分析支持了几个与MTMM数据背后的潜在结构有关的重要推论，而传统的验证性因子分析则对此无能为力。这些重要推论如下（Lance，Teachout，& Donnelly，1992）：

1. 一个令人满意的一阶因子模型可以确保各个指标正确地分配给各个特质×方法单元。

2. 给定一个令人满意的测量模型，分层验证性因子分析能从唯一的系统变异中分离出测量误差。在对MTMM数据的传统验证性因子分析中，这些误差始终是混淆的。

3. 分层验证性因子分析允许对特质与测量方法之间的相关程度进行推论。

6.6.1　例证

Borman，Ross，& Abrahams（1980）提出了一种构念效度化范式，用于研究海军招募人员工作中的预测因子—工作绩效关系；Pulakos，Borman，& Hough（1988）对该范式进行了完善和扩展。我们在这里描述他们所提出的这种方法，是因为该方法美妙地阐明了先前提到的各种构念关联证据来源之间的相互关系。先前对海军招募人员测验进行的一项效度研究已经证明，有些人格和职业兴趣项目是有效的，而通过对这些项目进行因子分析，得到了几个被解读为潜在构念（例如，推销技能、人际关系技能）的因子，这意味着个体差异对海军招募人员的工作成功具有潜在的重要意义。挑选或编制一些用来探究这些潜在构念的新项目，再加上在先前那项效度研究中被证明有效的项目，共同施测于一个不相干的海军招募人员样本。而且，收集关于这些招募人员工作绩效的同事评价和上级评价。

数据分析表明，对其中许多构念的测量都具有良好的聚合效度和区分效度。对大约一半的构念来说，新项目的加入提高了绩效效标的效度。这种方法（即设法去发现、理解进而证实那些对某个岗位具有重要意义的个体差异构念）是一种能够帮助我们更好地理解预测因子—效标关系的可行策略，而且是对人员选拔研究的一项重要贡献。

6.7 交叉验证

使用测验分数来预测效标，通常是通过假设预测因子（即各种测验）与效标之间存在某种线性、加成的关系得以实现的。这些关系一般使用普通最小二乘（OLS）回归法来予以操作化，在这种回归法中，通过给各个预测因子赋予权重，可以使实得的效标分数与预测的效标分数之间的差异最小化。

这个假设，即从一个样本中获得的回归权重可以应用于具有相似预测效力水平的其他样本，在绝大多数情况下是不正确的。具体来说，回归权重的计算会被所依据样本的特性影响，而且回归权重的计算还利用了机会因素，从而使得预测在样本中被优化。于是，当把在一个样本（即当前员工）上计算出来的权重用于来自同一总体的第二个样本（即求职者）时，多元相关系数可能会变小。这种现象称为**收敛**（shrinkage）（Larson，1931）。收敛在以下几种情况下可能变得尤其大：（1）初始效度化样本小（因此，具有更大的抽样误差）；（2）使用了“猎枪”方法（也就是说，在收集各种各样的问题时没有考虑它们与效标行为的关联，而且能够导致与某个效标产生显著正相关或负相关的所有项目随后都保留下来）；（3）预测因子的数量增加（是因为在效度化样本中起作用的机会因素）。在挑选项目时，如果以先前已形成的、源于心理学理论的假设为基础，或者以已经表明与效标存在明确关系的先前研究为基础，那么收敛可能会变小（Anastasi，1988）。

给定收敛的概率，一个重要的问题是来自某个样本的权重可以交叉验证（即概化）的程度。**交叉效度**（cross-validity，p_c）指的是来自某个样本的权重，是否能够同样预测整个总体的结果或者来自同一总体的其他样本的结果（例如，Kuncel & Borneman，2007）。如果交叉效度低，来自某个样本的测量工具和预测系统可能就不适用于同一总体的其他样本。遗憾的是，研究者似乎没有意识到这个问题。对1990年1月到1995年12月发表在《管理学会杂志》（*Academy of Management Journal*）、《管理科学季刊》（*Administrative Science Quarterly*）和《战略管理杂志》（*Strategic Management Journal*）上的论文进行的一项综述发现，所综述的论文中没有一篇标明实证性的或基于公式的交叉验证估计值（St. John & Roth，1999）。幸运的是，现在已经出现了一些可用来计算交叉效度的程序。Cascio & Aguinis（2005）详细阐述了两种类型的方法：实证交叉验证和统计交叉验证。

实证交叉验证

实证策略指的是：在某个样本中拟合一种回归模型，把获得的回归权重应用于另一个独立的交叉验证样本中。把来自第一个（即起源）样本的权重应用于第二个（即交叉验证）样本，所得到的多元相关系数可以用作对 p_c 的估计值。另一种做法是，仅使用一个样本，但该样本被分为两个子样本，从而形成一个起源子样本和一个交叉验证子样本。这称为单样本策略。

统计交叉验证

统计策略指的是：通过一个关于样本规模（N）和预测因子数量（k）的函数来调整基于样本的多元相关系数（R）。很多公式都能够完成这种统计策略（Raju，Bilgic，Edwards，& Fleer，1997）。用来估计交叉效度的最常用公式如下（Browne，1975）：

$$\rho_c^2 = \frac{(N-k-3)\rho^4 + \rho^2}{(N-2k-2)\rho^2 + \rho} \qquad (6—7)$$

式中，ρ 表示总体多元相关。总体多元相关的平方（即 ρ^2）可以通过以下公式来计算：

$$\rho^2 = 1 - \frac{N-1}{N-k-1}(1-R^2) \qquad (6—8)$$

需要注意的是，公式（6—8）是大多数计算机计算出的结果，称为"调整后的 R^2"，而且该公式只是计算交叉效度（即公式（6—7））的一个中介步骤（intermediate step）。公式（6—8）并没有直接处理当前样本中机会因素的利用情况，它是通过调整以回归模型中的样本规模和预测因子数量为基础而获得的多元相关系数，从而部分地处理收敛问题（St. John & Roth，1999）。遗憾的是，Kromrey & Hines（1995，pp. 902 - 903）证明，ρ^2 的估计值和 ρ_c^2 的估计值存在混淆。所获得的调整后的 R^2 由于样本的特性而未能解决预测优化问题，从而低估了收敛程度。公式（6—7）和公式（6—8）的联合使用可以解决这个问题。

实证策略与统计策略的比较

Cascio & Aguinis（2005）对实证策略和统计策略进行了一项综述并且得出结论：实证交叉验证研究对后勤方面的要求以及所花费的成本可能都是相当高的。此外，采用实证交叉验证策略似乎也并不会带来任何优势。就统计策略来说，Raju，Bilgic，Edwards，& Fleer（1999）对目前所用到的各种公式进行了最全面的比较。他们考察了 11 种用来估计交叉效度的程序。这些研究的总结论是：只要总的样本规模大于 40，公式（6—7）就可以提供精确的结果。

教训是显而易见的。交叉验证，包括在必要时对项目进行重新调整和重新赋予权重，应当是一个持续的过程（我们建议每年进行一次），因为随着价值观、工作岗位以及人员的改变，根据测验分数所做出的那些推论的适宜性和效用也会发生变化。

6.8　当本组织的效度化不可行时收集效度证据

在很多情况下，由于后勤方面或现实情况的限制（包括无法获得大规模的样本，无法收集可靠、有效的效标测量，没有足够资源来进行全面的效度研究），在本组织进行效度研究是不可行的（Van Iddekinge & Ployhart，2008）。例如，小型组织可能会发现自己特别难以进行效标关联效度和构念关联效度研究。公司中只有一个员工，最多几个员工，从事同一种工作，而且在几年时间内只雇用了为数不多的新员工。很显然，能获得的样本规模并不允许进行适当的预测性研究。幸运的是，在这种情况下我们有以下几种策略可用来收集效度证据：综合效度；测验的可传递性；效度概化。

6.8.1 综合效度

综合效度（synthetic validity）（Balma，1959）指的是对某种特定情况下的效度进行推断的过程，即通过一次系统的分析将工作分解为各种成分，确定这些成分的测验效度，并且将各成分的效度组合或综合为一个整体效度（Johnson，Carter，Davison，& Oliver，2001）。这个程序在逻辑上具有一定的吸引力。正如我们在第3章指出的那样，效标是多维的、复杂的，而如果工作绩效的各个维度是相互独立的，那么一套预测因子中的每个预测因子都可以被它所测量的那个绩效维度之外的其他绩效维度验证。这种分析根据效标行为的多个维度来对预测因子分数赋予意义。综合效度有几种操作方法（Mossholder & Arvey，1984），但所有方法都基于这个共同特征：使用关于某个工作岗位的所有可得信息来收集某个测验与该工作紧密关联的证据（Hoffman & McPhail，1998）。

例如，办公室职员、工业产品销售员、卡车司机以及教师是不同的工作岗位，但是教师和工业产品销售员或许在语言流畅性方面具有共同的基本要求；办公室职员和卡车司机在手的灵巧性方面、教师和办公室职员在数字能力倾向方面、工业产品销售员和卡车司机在机械能力倾向方面或许都具有相同的要求。尽管没有一个测验或预测因子适用于所有这些工作岗位，但有许多测验可用来测量这些工作所要求的更基本的工作能力。但是，为了确定可以使用哪些测验来为特定的工作岗位选拔求职者，我们必须首先对该工作岗位进行分析，将其分解为各种成分，并且详细阐述不同工作岗位的共同行为要求。在了解这些成分之后，就可以推断出每种成分应该被赋予的具体统计权重（权重大小是一个关于每种成分对整体工作绩效的重要程度的函数）。在这些统计权重与这些成分的测验效度进行组合之后，我们或许不仅能够确定应该使用哪些测验，而且可以估计那些适用于该工作岗位的测验所具有的预测能力。这样一来，或许可以为每种工作岗位构建一种“具有综合效度的成套测验”。职位分析问卷（Position Analysis Questionnaire）（McCormick，Jeanneret，& Mecham，1972）是一种岗位分析工具，它涵盖了在工作情境中所需要的一般化行为。职位分析问卷可以对所分析的每种工作岗位进行综合效度预测。这些预测以一般能力倾向成套测验（General Aptitude Test Battery）为基础。一般能力倾向成套测验包括12种测验，测量以下领域的能力倾向：智力；言语能力；数字能力；空间能力；形状知觉；书写知觉；运动协调性；手指灵活度；手部灵活度。

如今，研究已经证明，综合效度是可行的（Steel，Huffcutt，& Kammeyer-Mueller，2006），在法律上是被认可的（Trattner，1982），所得到的效度系数也相当于（虽然稍微低一点）效标关联效度研究所得到的效度系数（Hoffman & McPhail，1998）。此外，将O* Net（见第8章）融入综合效度框架，可以使进行一项综合效度研究变得不那么困难和耗费时间（Lapolice，Carter，& Johnson，2008；Scherbaum，2005）。

6.8.2　测验的可传递性

当本组织的效度研究不可行时，测验的可传递性是另一种可以用来收集效度证据的策略。《员工选拔程序统一指南》（Uniform Guidelines on Employee Selection Procedures，1978）指出，为了能够使用某项在其他组织使用过的测验而无须在本组织进行一次效度研究，必须提供关于以下内容的证据（Hoffman & McPhail，1998）：

- 在另外某个组织进行的效标关联效度研究的结果。
- 以其他某个组织进行的研究为基础，进行测验公平性分析所获得的结果（测验公平性将在第7章予以具体讨论）。
- 本组织现任员工所从事的工作岗位与已经进行过测验的那家组织中的相应工作岗位的相似程度；这可以通过任务取向或员工取向的岗位分析数据来实现（Hoffman，1999；岗位分析将在第8章予以具体讨论）。
- 进行过测验的那家组织的求职者与本组织的求职者之间的相似程度。

鉴于其他组织所收集的数据是必不可少的，在很多情况下可能就不需要以测验的可传递性这个名义来收集效度证据。另一方面，如果某个测验的提供商在进行最初的效度研究时就已经采取了必要的步骤来证明该测验的可传递性，那么采取测验的可传递性这种策略就是很可行的（Hoffman & McPhail，1998）。

6.8.3　效度概化

元分析是一种量化而不是描述性的文献综述（Hedges & Olkin，1985；Huffcut，2002；Hunter & Schmidt，1990；Rothstein，McDaniel，& Borenstein，2002）。元分析的目的是要理解两个变量在不同研究中的关系，以及这两个变量之间的关系在不同研究中的变化性（Aguinis & Pierce，1998；Aguinis，Sturman，& Pierce，2008）。在人事心理学中，元分析广泛用于对不同样本计算出的效度系数进行量化整合。鉴于所观察到的效度系数在不同的研究中存在相当大的差异，而且有些效度系数具有统计显著性，而其他一些效度系数则不具备统计显著性，即便那些工作岗位和测验显得相似或本质上相同（Schmidt & Hunter，1977），对关于就业测验的文献进行元分析也是非常必要的。实际上，如果效度系数会随着雇主、地区、时间等因素的不同而变化，那么情境特异性假设就是正确的，就需要在每个组织都进行实证效度研究，也就不可能提出一般化的原则和理论，而这样的原则和理论对该领域超越纯技术范畴而提升为一门学科是不可或缺的（Guion，1976）。旨在检验情境特异性假设的元分析称为心理测量元分析（psychometric meta-analysis）或效度概化研究（Schmidt & Hunter，2003b）。

效度概化研究已应用于500多项就业选拔研究，每项研究都代表了某种不同的预测因子—效标结合（Schmidt & Hunter，2003b）。Rothstein（2003）对这样的一些研究进行了综述，这些研究为多种多样的预测因子，例如平均学分绩（Roth，BeVier，Switzer，& Schippmann，1996）、个人简历资料（Rothstein，Schmidt，Erwin，Owens，& Sparks，1990）以及工作经验（McDaniel，Schmidt，& Hunter，1988），证明了效度概化。但是需要指出的是，检验某个效度系数是否可以概化与情境特异性假设是否正确之间存在细微的差别（Murphy，2000，2003）。效度概化问题是通过获取不同研究的一个效度系数平均值并把它与某个标准进行比较来予以回答的（例如，如果90%的效度系数都大于0.10，那么就可以进行效度概化）。情境特异性问题是通过测量效度系数在不同研究中的变异性（例如，标准差）来回答的。效度可以概化是因为大多数效度系数都大于预先设定的某个标准，但是不同研究所得到的效度系数之间仍然可能存在显著差异（在这种情况下，就需要寻找能够解释这种差异的调节变量；Aguinis & Pierce，1998b；Aguinis，Sturman，& Pierce，2008）。

如果效度概化研究得出结论说某种特定的测验—绩效关系的效度可以概化，那么该信息也可用来替代本组织的效度研究。这样就使得小型组织可以采用在其他组织已经使用过的测验而无须在本组织中收集数据。但是，理解本组织中的工作任务仍然是很有必要的。此外，仅仅依赖效度概化证据来支持测验的使用也可能是一种不成熟的做法。Cascio & Aguinis（2005）对效度概化的法律地位进行了综述，他们指出，仅有三起基于效度概化证据的案件被提交给美国联邦上诉法院，而法院并不总是会认可效度概化证据。例如，在 Bernard V. Gulf Oil Corp.（1989）一案中，法院驳回了这个观点，即从同一组织中两个岗位上得到的效度系数表明，在无须进一步分析其他岗位的情况下就可以将这一套选拔测量应用于本组织的其他岗位，并据此拒绝了效度概化的证据。根据这个证据以及其他证据，Landy（2003，p. 189）得出结论："任何人，如果想把使用效度概化证据的可能性作为某个（种）测验的唯一防卫措施，那么他很严肃地考虑添加其他防卫措施（例如，测验的可传递性分析），同时，我们也真诚地建议他很好地了解所考察的这个工作岗位的关键职责，以及该岗位在本组织中的作用。"

如何进行效度概化研究

一般来说，进行效度概化研究的步骤如下：

1. 计算或获取包含在该文献综述中的每项研究的效度系数，并且计算这些研究的效度系数平均值。

2. 计算这些研究的效度系数的方差。

3. 从步骤2中减去由于抽样误差而导致的方差，得到总体中 r 的方差估计值。

4. 针对抽样误差之外的其他已知的人为统计误差（例如，效标测量的信度缺失，将预测因子和效标变量进行人为的二分，预测因子和效标的全距变异，质量糟糕的量表），对平均值和方差进行校正。

5. 把校正后的标准差与平均值进行比较，以评估这些研究的结果中潜在变异的大小。

6. 如果仍然存在较大的变异（例如，大于 25%），则需要挑选调节变量（即能够解释该变异的变量；见第 7 章），并且对子群体进行元分析（Aguinis & Pierce，1998；Aguinis，Sturman，& Pierce，2008）。

举例来说，我们可以假设有 5 项虚构的研究，这些研究考察的是一项就业测验 X 与工作绩效之间的关系。

研究	1	2	3	4	5
样本规模（n）	823	95	72	46	206
相关（r）	0.147	0.155	0.278	0.329	0.20

步骤 1：

$$\bar{\rho}=\frac{\sum n_i r_i}{\sum n_i}=0.17$$

步骤 2：

$$\sigma_r^2=\frac{\sum n_i\,(r_i-\bar{r}^2)^2}{\sum n_i}=0.002$$

步骤 3：

$$\sigma_\rho^2=\sigma_r^2-\sigma_e^2$$

$$\sigma_e^2=\frac{(1-\bar{r}^2)^2}{k-1}=0.003\,8$$

于是

$$\sigma_\rho^2=0.002-0.003\,8=-0.001\,8$$

这意味着，考虑到抽样误差的因素，这 5 项研究的效度系数的变异性大约为 0。

步骤 4：这一步仅根据已获得的数据是无法完成的。但是，通过使用关于人为误差（artifact）（例如，测量误差、全距限制）的信息，我们可以实施校正。这种信息可用于以下目的：(a) 使用每项研究提供的信息（例如，每个效度系数的信度估计、每个效标变量的全距限制程度）来分别校正每个效度系数；(b) 借助以往研究（人为误差分布的元分析）中收集的关于人为误差的信息来对 $\bar{\rho}$ 和 σ_ρ^2 进行校正。因为这些关于人为误差的信息在单独某项研究中通常是无法获得的，所以在实施校正的元分析中，大约有 90% 都采用了人为误差分布的方法（Schmidt & Hunter，2003b）。

步骤 5：拿这个假设的例子来说，在总体中，测验 X 所测量的构念与工作绩效之间关系的最佳估计值是 0.17，而且所有的效度系数都接近或大于 0.15。这是一个有用的效度水平，因此我们得出结论：效度可以概化。此外，这些研究所得到的相关之间的差异完全是由抽样误差引起的，从而没有证据支持情境特异性假设，也就不需要寻找调节变量（因此，不需要步骤 6）。

鉴于以上结果，我们可以在本组织内使用测验 X，而无须进行另外的效度研究（假设进行这些研究的组织中的工作岗位与本组织中的工作岗位是类似的）。

但是，像任何其他数据分析技术一样，元分析并不是万能良药（Bobko & Stone-Romero，1998），而且进行效度概化所涉及的技术难题也会降低我们对所得结果的置信度。幸运的是，最近几年已经出现了效度概化技术的一些改进措施：

1. 效度系数的抽样误差变异估计得到了改进（例如，Aguinis，2001；Aguinis & Whitehead，1997）。

2. 贝叶斯模型的应用使我们可以使用以前的效度系数分布并整合新的研究，而无须再次进行全面的效度概化研究（Brannick，2001；Brannick & Hall，2003；Steel & Kammeyer-Mueller，2008）。

3. 不仅强调平均效度系数周围的置信区间（confidence intervals），而且强调可信区间（credibility intervals）（Schmidt & Hunter，2003a）。由于可信区间的下限被用来推论效度是否可以概化，因此对可信区间的强调可能有助于我们理解效度概化与情境特异性测验之间的差异。

4. 对随机效应模型与固定效应模型之间的差异具有更清晰的理解（Field，2001；Hall & Brannick，2002；Kisamore & Brannick，2008）。固定效应模型假设相同的效度系数，这为包含在文献综述中的所有研究奠定了基础，而随机效应模型则不做这个假设，在有可能存在情境特异性的情况下更加合适。现在已经形成广泛共识的是：随机效应模型几乎总是比固定效应模型更加合适（Schmidt & Hunter，2003a）。

5. 在常规基础上提供了估计$\bar{\rho}$和σ_{ρ}^{2}的新方法。例如，当因为信度缺失和全距限制而对效度系数进行校正时，Raju & Drasgow（2003）推导出了最大似然程序来估计平均值和变异参数。Nam，Mengersen，& Garthwaite（2003）提出了新方法来进行涉及多个效标的多变量元分析。

6. 鉴于方法和路径的增值性，有些研究者主张提取出每种方法的最佳特征，把它们合并成一种元分析方法（Aguinis & Pierce，1998）。

7. 第一，关于调节效应的检验，蒙特卡洛模拟（Monte Carlo simulations）认为，Hunter & Schmidt（2004）提出的程序对调节效应的大小进行了最精确的估计，因此该程序应当用于分数估计（point estimation）。第二，关于同质性的检验，Hunter & Schmidt（2004）的方法在测量第Ⅰ类错误比率方面稍具优势，而Aguinis & Pierce（1998）的方法在测量第Ⅱ类错误比率方面稍具优势。因此，Hunter & Schmidt（2004）的方法最适合这种情况：理论开发处于初始阶段，而且没有强有力的、基于理论的假设要被检验（即探索性检验）。相反，当理论开发处于更加晚期的阶段时，Aguinis & Pierce（1998）的方法最为合适（即验证性检验）。第三，Hunter & Schmidt（2004）的方法、Hedges & Olkin（1995）的方法以及Aguinis & Pierce（1998）的方法对调节效应的检验得出了相似的第Ⅰ类错误和第Ⅱ类错误总体比率，因此其中任何一种方法都没有相对于其他方法的明显优势。第四，全距限制变大，以及同质性检验第Ⅰ类错误比率的测量误差变大，对Hunter & Schmidt（2004）的方法影响最小；研究设计的条件对Aguinis & Pierce（1998）同质性检验第Ⅱ类错误比率的影响最小（就测量误差而言，当调节效应大小为0.2左右时，这个观点尤其成立）。简而言之，Aguinis，Sturman，&

Pierce（2008，p. 32）得出结论：“选择这种方法还是那种方法，需要考虑全距限制和测量误差在研究设计中的严重程度。”

尽管上面提到了很多改进和完善，但是在实施和解释元分析时，还是存在许多理论上和方法论上的挑战。以下就是其中一些挑战：

1. 使用不同的信度系数会对最终校正后的效度系数产生复杂的影响（例如，使用 α 系数或者评估者间信度；见第 5 章）。此外，还需要清楚地理解某种特定的信度估计可以用来校正哪种类型的测量误差（DeShon，2003）。

2. 在对效度系数进行相加时存在潜在的构念效度问题。如果不同的研究采用了不同的测量，那么对这些研究进行效度系数平均就会引起潜在的“苹果和橘子”问题（Bobko & Stone-Romero，1998）。例如，如果效度系数在一种类型的样本（例如，由求职者构成的样本）上获得很好的估计，而在另一种样本（例如，将尚未毕业的大学生作为潜在的求职者来申请一个虚构组织中的虚构工作岗位）上出现偏差，那么计算效度系数的平均值是毫无意义的。

3. 用来探测调节变量的统计检验力相当低，尤其是残差变异（即减去由抽样误差和人为统计误差引起的变异后所剩余的变异）可能会被低估（Sackett，2003）。这种情况具有讽刺意义，因为元分析的倡导者声称，实施该技术的一个主要原因就是单项效度研究的统计检验力不充分（Schmidt & Hunter，2003b）。大体来说，如果用来相加的效度系数数量较少（即 10～15 个），而且样本规模大约为 100（这在人事心理学中是很典型的），那么探测总体效度系数（0.1～0.2）差异的统计检验力会很低。

4. 预测因子概化的范围通常没有进行充分、详细的说明（Sackett，2003）。例如，我们可以考察诚实度测验与反生产行为之间关系的概化结果（Ones，Viswesvaran，& Schmidt，1993）。诚实度测验和反生产行为的精确范围是什么？这种关系能够概化到什么工作岗位和组织？在 Ones et al.（1993）的效度概化研究中，60%～70%的效度系数只来自 3 项测验（Sackett，2003）。因此，鉴于 3 项测验贡献了大部分效度系数，所有种类的诚实度测验的概化结果可能是站不住脚的。

5. 选取的研究样本可能无法代表所有研究的总体。例如，与未能发表的研究相比，获得发表的研究往往报告了更高的效度系数。这称为“文件—抽屉问题”（file-drawer problem），因为效度系数高的研究通常也具有统计显著性，能够在同行评审过程中脱颖而出并获得发表，而效度系数较低的研究则不然（Rosenthal，1995）。

6. 需要注意调节变量之间是否存在相互关系。例如，Sackett（2003）描述了一项效度概化研究，该研究考察的是关于诚实度测验与反生产行为之间关系的文献。研究表明，测验的类型（该综述所包含的 3 种类型）和设计的类型（即自我报告型效标与外部效标）是完全混淆的。因此，关于何种测验类型能够获得最高效度系数的结论实际上是反映不同类型的设计，而未必是反映不同测验类型之间的效度差异。

7. 在对效应大小正确地相加之前，需要仔细考虑这些研究所使用的设计类型。具体来说，来自匹配组设计或重复测量设计的效应常常会导致对效应的高估（Dunlap，Cortina，Vaslow，& Burke，1996）。

8. 当人为统计误差（例如，全距限制）与情境变量（例如，组织氛围）相关时，实施校正可能会掩盖情境差异（James，Demaree，Mulaik，& Ladd，1992）。

9. 当各种人为统计误差彼此相关时，校正可能会引起效度系数的高估。

10. 关于调节变量的检验，论文作者常常没有为读者提供所有必需的信息来检验调节变量和解释显著变化的效度系数（Cortina，2003）。

11. 元分析所面临的选择越来越技术化和复杂化（Schmidt，2008）。关于元分析方法的文献数量增长得如此之快，以至于在进行元分析时面临困难的抉择，而且常常没有明确的、基于研究的指导方针来告诉我们在某种特定情境下最适合做出什么选择（即预测因子和效标的类型决策，人为统计误差和方法误差的类型决策，对什么进行校正以及如何校正）。

事实上，以上列举的每一种概念性挑战或方法论挑战都代表了研究者在进行一项效度概化研究的过程中需要做出的一次"正确判断"（Wanous，Sullivan，& Malinak,1989）。需要做出如此多的正确判断，这个事实或许解释了为什么各种元分析会提供截然不同的结果，尽管它们考察的是一个完全相同的领域。例如，有3项元分析都是对"大五"人格特质与工作绩效之间的关系进行综述，而且是在几乎相同的时间发表的，然而它们的主要结论却大相径庭（Barrick & Mount，1991；Hough，1992；Tett，Jackson，& Rothstein，1991）。

各种效度概化研究，例如这些考察人格特质—工作绩效关系的元分析，获得了不一致的结果，使得Landy（2003，p. 178）得出结论："可以提出这样一个论点：元分析中也存在与传统的文献综述一样多的主观性和偏差。但是，通过使用元分析，至少显示出了精确性的迹象。"这也引出了最后一个观点：要想使统计方法变得有用，在使用它们时就必须深思熟虑，考虑周全。数据分析是思想的辅助工具，而不是对思想的替代。精心的、遵循以下标准的定量综述能够对我们进一步理解组织现象发挥重要作用（Bobko & Roth，2008；Bullock & Svyantek，1985；Dalton & Dalton，2008；Rosenthal，1995）：

1. 以某个理论模型作为元分析的基础，并检验该模型的假设。

2. 精确地确定这些假设将被检验的区域。

3. 把所有可以公开获得的研究（而不仅仅是已经发表或者容易获得的研究）都包含在所界定的内容区域中。

4. 避免基于方法的严密程度、研究的发表日期或者刊物的地位来筛选研究。

5. 把分析中所用到的研究的最后清单公布出来或让人易于获知。

6. 根据理论基础而非方便性来选择和编码变量。

7. 提供详细的记录来阐述编码计划以及在应用该编码计划的过程中如何解决相关问题，包括用来估计缺失数据的程序。元分析应该对数据收集和分析提供足够多的具体细节，以便一组独立的研究者能够复制该元分析。

8. 使用多位评估者分析该编码计划，并且严格测量评估者间信度。

9. 报告所有被分析的变量，以避免利用变量子集中的偶然关系。

10. 为效应大小的分布提供直观、视觉化的展示。

11. 进行一次文件—抽屉分析（也就是说，判断需要多少项拥有无效效应的额外研究才能够获得与零无差异的总效度系数）。

12. 把分析中所用到的数据集公布出来或让人易于获知。

13. 为获得的结果考虑其他替代解释。

14. 把结果的概化限制在本研究具体考察的这个区域。

15. 报告研究的特征，以指出本研究实际分析的这个区域的性质和局限性。

16. 足够具体地报告整项研究，以便于他人直接进行复制研究。

6.8.4　实证的贝叶斯分析

由于效度概化研究以及在本组织中进行效度研究都具有缺陷，因此 Newman，Jacobs，& Bartram（2007）主张使用实证的贝叶斯估计来利用这两种效度研究方法的优点。简而言之，这种方法首先计算元分析的平均不准确率，以及某个组织进行的一项效度研究在各种条件下的平均不准确率，然后计算实证的贝叶斯估计值，而该估计值是对元分析获得的估计值与效度研究获得的估计值赋予不同权重后得到的平均值。

实证的贝叶斯分析是一种非常有前景的方法，因为模拟的结果已经证明，该分析所获得的效度估计值要比单独使用元分析或者单独使用一项效度研究所获得的效度估计值更加精确。可以看出，贝叶斯估计利用了元分析和效度研究的优点。但是，如果从实践角度来考虑，它就不那么有前景了，因为贝叶斯分析既需要进行一项元分析，又需要在某个组织中进行一项效度研究。因此，从现实的制约因素和所需要的资源来看，只有当一项元分析和在某个组织中进行一项效度研究都可行时，贝叶斯分析才是可行的；之所以这样，是因为贝叶斯估计需要把元分析获得的估计值和效度研究获得的估计值作为输入来进行分析。

6.8.5　各种效度化策略的应用：例证

与内容关联证据、效标关联证据和构念关联证据一样，在无法用某个组织来进行效度研究的情况下可以用来收集效度证据的各种策略并不是相互排斥的。实际上，正如我们在上面讨论效度概化时所提及的那样，我们并不建议单独使用效度概化证据。

Hoffman，Holden，& Gale（2000）提供了一个很好的例子来说明一项将各种策略结合起来的效度化努力。虽然该项目不是在一个小型组织中进行的，但是该研究采取的方法和手段很好地展示了对来自各种证据的结果进行综合可以带来的好处，而这往往是小型组织所需要的。该效度研究的目的是收集效度证据来支持人们更广泛地使用那些最初在公司研究项目中获得验证的认知能力测验。总之，Hoffman et al.（2000）收集了好几种类型的证据，包括认知能力测验的效度概化研究、内部效度研究以及综合效度。这几种证据的综合为使用认知能力测验来预测非管理岗位的培训和工作绩效提供了强有力的支持。

在第5章和第6章中，我们考察了对合理的雇佣决策至关重要的应用型测量的概念。这些概念是对人力资源专业人员具有极大帮助的有用工具。在下一章，我们将借助这些概念来更深入地考察当代人力资源管理中备受争议的一个主题——雇佣决策的公平性。

对实践的明确启示

- 信度是效度的一个必要而非充分条件。在其他条件相同的情况下，信度越低，效度就会越低。
- 效度，或者说根据测验分数所做出的推论的精确性，是一个程度问题，而且人们可以通过进行内容关联效度研究、效标关联效度研究或者构念关联效度研究来做出关于效度的推论。这些效度研究方法并不是相互排斥的。相反，具有的效度证据越多，我们对基于测验分数的推论就越有信心。
- 有许多不同类型的统计校正可以用来帮助我们理解预测因子与效标在构念层次的关系。但是，不同类型的校正适用于不同类型的情境，没有任何一种校正适用于所有情境。
- 我们既可以用统计策略，也可以用实证策略来帮助理解从一个样本那里获得的效度证据可以概化到另一个样本（即交叉验证）的程度。每种方法都有自己的优点和缺点，我们在采用某种方法之前必须进行仔细的权衡。
- 如果无法在本组织内进行效度研究，那么可以考虑替代办法，例如综合效度、测验的可传递性以及效度概化。贝叶斯估计是收集效度证据的另一种方法，但是它需要进行一项元分析以及在组织内进行一项效度研究。
- 在效度化努力中，没有任何一种方法能够充当万能灵药，而且各种方法并不是相互排斥的。效度化最好被视为一个程度问题。因此，收集的证据越多越好。

讨论题

1. 使用不正确的信度估计而导致对效度系数的过高或过低估计，这会产生什么后果？
2. 为什么说效度是一个整体概念？请予以解释。
3. 内容关联效度量化的各种策略是什么？
4. 为什么说构念效度是所有效度的基础？请予以解释。
5. 交叉验证为什么很有必要？收敛与交叉验证之间有何差异？
6. 什么因素可能会影响效度系数的大小？可以采取什么措施来处理每个因素？
7. 举例说明在什么情境下适合或不适合为了全距限制的影响而校正效度系数。
8. 效度概化对人力资源选拔具有什么贡献？
9. 在进行效度概化研究和使用效度概化证据时，可能会遇到哪些挑战和未解决的问题？
10. 在大型组织中收集效度证据与在小型组织中收集效度证据，存在哪些异同之处？

第7章 雇佣决策的公平性

概　览

公平是一个社会概念，而非统计概念。但是，如果技术可行，选拔测量的使用者应当考察潜在的测验偏差，这涉及对预测系统在测量不同的种族、族裔和性别亚群体时可能会出现的差异进行考察。传统上，这种考察已经考虑到了亚群体效度系数的可能差异（区分效度）。但是，更完整的测验偏差评估还包括对估计的标准误的可能差异，以及亚群体回归线的斜率和截距的可能差异（区分预测或预测偏差）进行考察。从理论上说，存在多种形式的区分效度和区分预测，但是众多证据表明这两者并非经常出现。此外，对区分预测的评估受到许多缺陷的困扰，这些缺陷常常会导致第Ⅱ类错误（也就是说，当可能存在偏差时却得出结论说不存在偏差）。

如果对不同群体的成员的工作绩效进行区分预测的某种测量并没有用来测量所有求职者，那么该测量可能会不公平地歧视某个（些）亚群体，因为该测量在针对这个（些）亚群体时效度较低。必须把工作绩效与测验成绩共同考虑，因为如果某个亚群体较差的测验成绩与该亚群体较低的工作绩效是紧密相连的，那么就不能说存在不公平的歧视。但是，即使确实不存在不公平的歧视，各亚群体均值的差异也可能会导致不利影响（即群体间不同的选拔率），这或许会带来负面的法律后果和社会后果。因此，减少不利影响是使用测验时需要考虑的一个重要事项。建议采用各种形式的测验分数区间来平衡不利影响和各种社会问题。这个问题的终极解决方案不可能只依赖于技术层面，还必须考虑到各种相互竞争的价值观。虽然在雇佣决策中不可避免会出现一些误差，但关键问题是：在考虑所有评估方法的前提下，采用某种特定的评估方法所带来的组织和社会成本是否低于当前为雇佣决策中的这些误差所付出的组织和社会成本。

从本质和必然性方面来看，个体差异测量是鉴别性的。情况本来就应该这样，因为在雇佣背景下，随机录用求职者只会导致人力资源和经济资源的明显使用不当（除非该工作岗位如此简单，以至于每个人都能够从事）。忽视个体差异就是放弃了通过考虑个体的能力模式和不同工作的要求而可以获得的所有潜在的经济利益、社会利益和个人利益。简而言之，最明智的做法是人职的准确匹配。采用这种做法时，最开始要通过各种类型的选拔测量来评定个体的能力模式。这些测量被设计用来对个体进行区分，而且为了获得足够的效度，它们必须这样。如果某种选拔测量在某种特定情境中是有效的，那么我们就可以合法地对高分数和低分数分别赋予不同的行为意义。一种有效的选拔测量应当能够准确地区分出在工作中成功概率高的个体和成功概率低的个体。不过，问题的症结在于，该测量是否实施了不公平的区分。在这个问题上，或许 Guion（1966，p. 26）提供了最清楚的陈述："如果不同个体在工作中的成功概率相等，但被该岗位录用的概率却不相等，那么就存在不公平的区分。"

公平是从社会层面来界定的，并且具有多种不同的定义。因此，公平并没有一种普遍的、获得一致认可的定义。实际上，一项涵盖 57 位人力资源实践者的研究发现，对于什么构成了一套公平的测验实践，这些人具有大相径庭的认识和定义（Landon & Arvey，2007）。在这项研究中，有 40 位实践者是校友，而且有 17 位实践者在美国某所大学的人力资源和产业关系专业获得了硕士学位或博士学位，因而具有相似的专业背景。这个事实更加凸显出公平并不是一个已获得广泛共识的概念。不过，《员工选拔程序统一指南》（1978）和《教育与心理测量标准》（AERA，APA，& NCME，1999）都建议，选拔测量的使用者应当考察不同群体（根据性别、族裔、残疾状况或年龄等因素来划分）的测验分数与其他变量之间的联系模式，并确定这些模式之间的差异。这种考察称为测验偏差（test bias）评估、区分预测（differential prediction）评估或预测偏差（predictive bias）评估。不过，只有在技术可行时才应当进行这种考察——也就是说，一方面，每个群体的样本规模都要足够大，以便对各群体进行可靠的比较；另一方面，还必须具有切题、无偏差的效标。因此，公平是一个在社会层面构建的概念，而且被人们以各种不同的方式进行界定，测验偏差则是一个心理测量学概念，已经获得相当清晰明确的界定。

遗憾的是，区分预测研究的技术可行性远远低于人们普遍认为的水平。为了提供足够的统计检验力，每个群体都必须有数百名被试作为样本（Aguinis，2004b；Aguinis & Stone-Romero，1997；Drasgow & Kang，1984）。此外，通常很难以实证的方式证明某个效标是无偏差的。

过去，对测验偏差的考察主要关注区分效度（即不同群体间的效度系数差异）（Boehm，1977）。然而，我们需要超越不同群体间的效度系数差异，去更好地理解区分效度（differential validity）与区分预测这两个概念之间的区别（Aguinis，2004b；Bobko & Bartlett，1978）。我们需要比较各种把预测因子和效标联系起来的预测系统（prediction system），因为与单独使用相关系数的差异相比，这种分析更加直截了当地针对选拔中的偏差问题（Hartigan & Wigdor，1989；Linn，1978）。《教育与心理测量标准》（AERA，APA，& NCME，1999，p. 82）指出："如果发现不同的群体或处理措施在测验和效标的均值和方差上都不近似相等，那么相关系数就无法提供足够的证据来支持或反对区分预测假设。

在这种情况下，需要考虑回归线的斜率和截距。”换句话说，相同的相关系数并不必然意味着估计的标准误相同，也并不必然意味着这些群体的回归方程具有相同的斜率或截距。记住这些事项之后，我们将考察区分效度的各种潜在形式，接着考察区分效度和区分预测的研究证据及其含义。

7.1　对区分效度的评估

在我们所熟悉的预测因子与效标数据的二分变量散点图中，每个点代表某个个体在预测因子和效标上的分数（见图 7—1）。在该图中，这些点倾向于聚合成一个椭圆，而且由于大多数点都落在第 1 象限和第 3 象限，落在第 2 象限和第 4 象限的点相对较少，因此存在正效度。如果这种关系（即预测因子责任心与效标反生产行为之间的关系）为负相关，那么大多数点将会落在第 2 象限和第 4 象限。

图 7—1 表明这种关系为正相关，预测因子分数高（低）的个体往往也具有较高（低）的效标分数。在考察不同群体（例如，少数族裔与非少数族裔）的区分效度时，如果预测因子分数和效标分数的联合分布在每个群体的散点图中都相似（见图 7—1），那么就不存在问题，可以继续使用该预测因子。另一方面，如果每个群体的预测因子分数和效标分数的联合分布都相似，但是呈圆形（见图 7—2），那么也就不存在区分效度，该预测因子就是没有用处的，因为它不能提供任何预测性信息。因此，如果缺乏一种整体的预测因子—效标分数模式来预测有关效标，那么考察区分效度是毫无意义的。

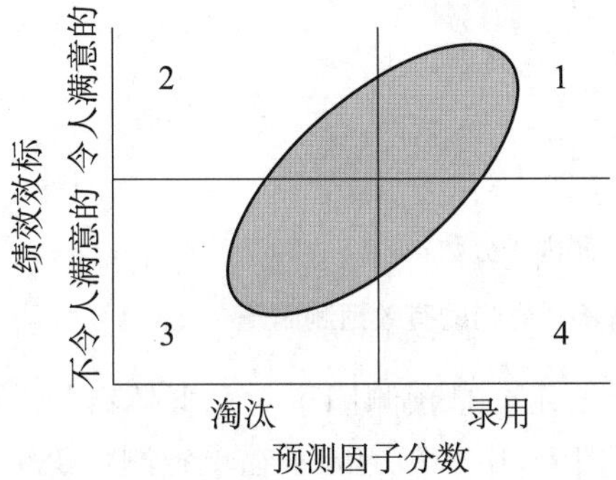

图 7—1　正效度

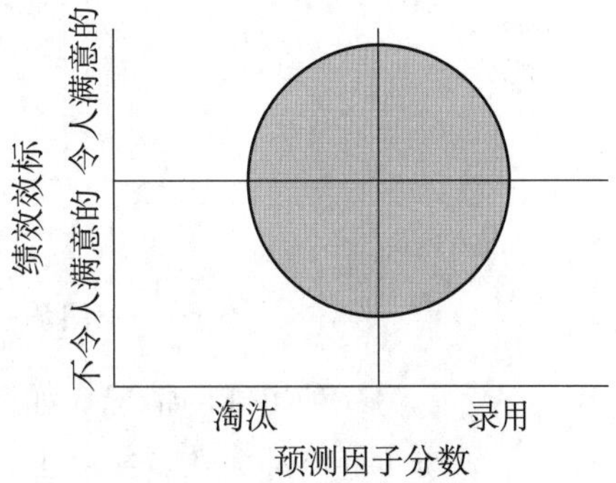

图 7—2　零效度

7.1.1　区分效度与不利影响

在评估区分效度时，需要考虑的一个重要问题是所考察的这项测验是否会产生不利影响。《员工选拔程序统一指南》（1978，p. 123）指出：“对任一种族、性别或族裔群体而言，其选拔率如果低于最高选拔率（属于另一个群体）的 4/5，那么通常可以被联邦行政机构视为不利影响的证据；其选拔率如果高于最高选拔率的4/5，则通常不会被视为不利影响的证据。”换句话说，不利影响意味着某个群体的成员被选拔的实际比率明显高于另一个群体的成员。为了更好地理解这种情况是否属实，我们可以比较不同群体的选拔率。例如，假设求职者包括 300 名少数族裔成员和 500 名非少数族裔成员，而且假设有 30 名少数族裔成员被录用，其选拔率为 $SR_1 = 30/300 = 0.10$；有 100 名非少数族裔成员被录用，其选拔率为 $SR_2 = 100/500 = 0.20$。不利影响比率为 $SR_1/SR_2 = 0.50$，这明显低于所建议的比率 0.80。我们可以考虑各种不同的情境来考察区分效度与不利影响的关系。以下列举的图形中，许多图形的思想来自 Barrett（1967），并且体现了图7—1 和图 7—2 所阐述的那些概念的不同组合。

图 7—3 展示了一种合法的、合适的区分预测因子—效标关系。在该图中，对少数族裔群体和非少数族裔群体的区分效度是相等的，但是少数族裔群体的预测因子分数较低，而且工作绩效也较差（当然，也可以把少数族裔和非少数族裔的位置互换）。在这种情况下，降低测验分数的那些因素同样会降低工作绩效分数。因此，在这种情况下，不利影响是可以解释的，也是站得住脚的，因为少数族裔成员在该组织认为与工作成功密切相关的重要测量中表现较差。另一方面，政府管理机构或许还希望该组织提供证据来表明该效标是切题、重要的，并且效标本身不存在偏差。此外，还必须考虑能够使不利影响减少的其他替代效标，并且考虑这种可能性：其他某种因素（例如，任职的时间长度）导致了所观察到的工作绩效差异（Byham & Spitzer，1971）。

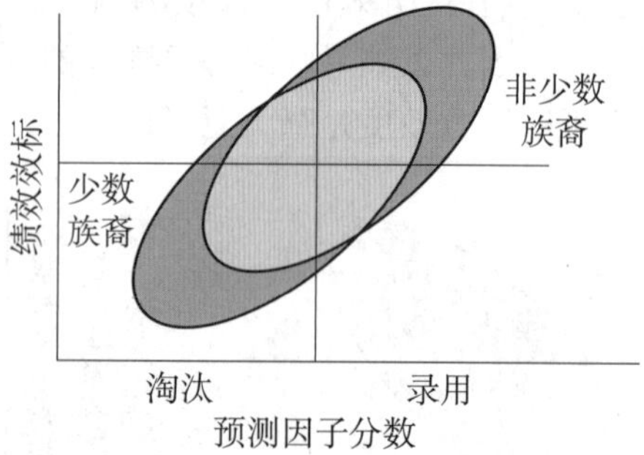

图 7—3　带有不利影响的有效预测因子

另一种可能的情况，如图 7—4 所示，是预测因子对总群体有效，但是对单独每个群体却无效。实际上，在有些情境中，预测因子在单独测量每个群体时效度系数为零或接近于零，但是该预测因子在测量这些群体组成的一个总群体时效度系数达到了中等水平甚至更高（Ree，Carretta，& Earles，1999）。在不存在单独群体效度的大多数情况下，选拔误差是来自使用了没有获得效度化的预测因子，或者来自没有在第一时间对区分效度进行检验。在这种情况下，预测因子就变成了对分群变量（例如，族裔）的一种粗糙测量（Bartlett & O'Leary，1969）。如果从族裔、性别或其他任何非法依据出发来使用选拔测量对个体进行区分，就很容易出现这种情况。此外，使用某种未获得效度化的选拔工具也是不道德的。

还有一种可能的情况是，在两个群体中具有相等的效度，而且这两个群体的预测因子分数均值或效标分数均值不相等（不利影响可能存在，也可能不存在）。这种情况如图 7—5 和图 7—6 所示，着重强调我们需要考察区分预测和区分效度。

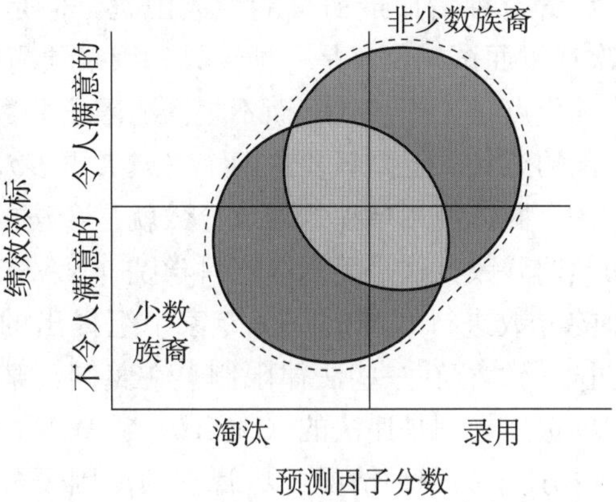

图 7—4　对总群体有效、对单独每个群体无效的预测因子

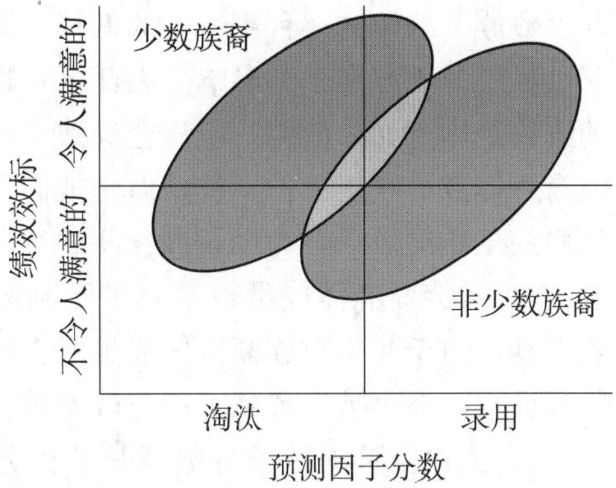

图 7—5　效度相等，预测因子分数均值不相等

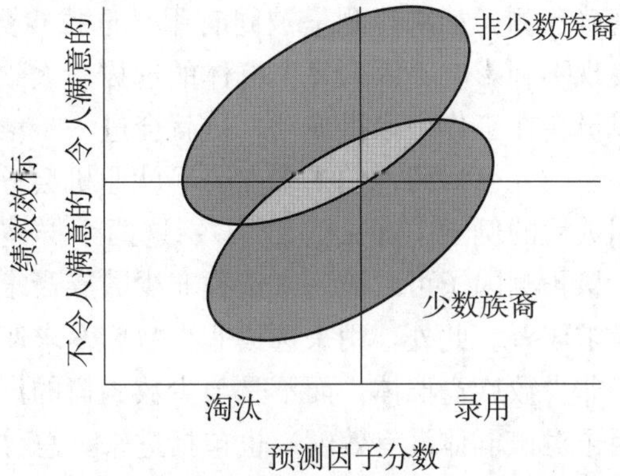

图 7—6　效度相等，效标分数均值不相等

在图 7—5 中，尽管这两个群体在工作中获得成功的概率大致相等，少数族裔群体成员被录用的概率却较低。在这种情况下，一种替代性的策略是在每个群体中根据预测因子分数来使用单独的切点分数，并且使工作中获得成功的概率仍然保持相等。于是，一名面试分数为65分的拉丁裔求职者有75%的概率在工作中获得成功，而一名面试分数为75分的白人求职者同样有75%的概率在工作中获得成功。尽管这种情形最初可能令人困扰，但是我们要记住的是，预测因子（例如，一次选拔面试）仅仅是一种工具，用来预测在工作中获得成功的可能性。我们所关注的焦点是工作绩效，而不是预测因子分数。尽管面试分数对不同群体可能具有不同的意义，但是只要这两个（或者更多）群体的工作成功预期是相等的，那么对每个群体使用单独的切点分数就是合法的。实际上，报告每个求职者的工作成功预期分数，这是美国国家科学院（NAS）负责对个体在一般能力倾向成套测验上的分数进行解释的一个专家小组提出的建议（Hartigan & Wigdor，1989）。不过，仍然存在一些法律限制。在美国，某些情况下对可识别的不同群体使用不同的选拔规则是违法的（Sackett & Wilk，1994）。

图7—6描述了另一种情况：尽管在预测因子分数上不存在明显差异，但非少数族裔群体成员往往在工作中具有比少数族裔群体成员更高的工作绩效（或者将这两个群体的位置互换）。如果预测是基于这两个群体的混合样本，那么该结果应该是对非少数族裔群体的一种系统性的低预测以及对少数族裔群体的一种系统性的高预测，尽管并不存在不利影响。因此，在这种情况下，没有对不同的群体使用不同的选拔规则（如果使用，应该会导致对这两个群体的更精确预测）可能使得少数族裔群体成员获得工作岗位，但是他们在这些岗位上获得成功的概率较低，而且他们的工作绩效只会为助长歧视提供额外证据（Bartlett & O'Leary，1969）。而且，非少数族裔群体成员也受到了不利影响。例如，如果一项测验被用作员工安置工具，由于非少数族裔群体成员的工作绩效在预测时被系统性地低估，那么这些成员很可能会被安置到不能充分发挥其才能的工作岗位上。

在图7—7中，无论是预测因子分数还是效标分数，这两个群体之间都不存在差异，然而，预测因子只有在针对非少数族裔群体时才有效度。因此，如果法律允许的话，该选拔测量应该只用于非少数族裔群体，因为少数族裔群体的工作绩效无法精确预测。如果该测量被同时用来选拔少数族裔和非少数族裔求职者，那么不会发现不利影响，因为每个群体的选拔率大致相等。但是，更多的非少数族裔群体成员会在工作中取得成功，这就会进一步增强过去对少数族裔群体所持有的刻板印象，并会妨碍他们未来在公平就业机会方面所付出的努力。

在我们最后的例子中（见图7—8），这两个群体在效标分数均值和效度上都存在差异。该预测因子可以被用来选拔非少数族裔求职者，但是不应当被用来选拔少数族裔求职者。此外，用来选拔非少数族裔求职者的切点分数或决策规则必须完全源于非少数族裔群体，而不是与少数族裔的混合群体。如果把少数族裔群体（预测因子对该群体没有效度）也包括进来，总体效度会降低，而且效标分数的总体均值也会降低。预测的精确性会降低，因为估计的标准误会变大。如同上一种情况一样，组织应当只把该选拔测量用于非少数族裔群体（当然也要考虑到法律标准），并且继续寻找能够精确预测少数族裔群体工作绩效的预测因子。《民权法案》（1991）规定，基于种族、肤色、宗教、性别或国籍来使用不同的切点

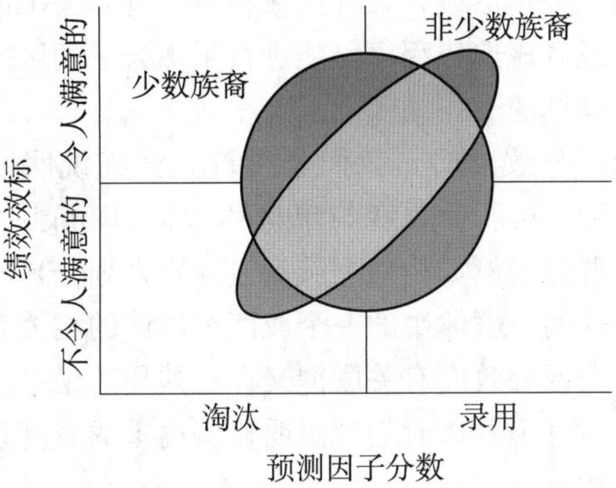

图7—7　预测因子分数均值相等，但只对非少数族裔群体有效度

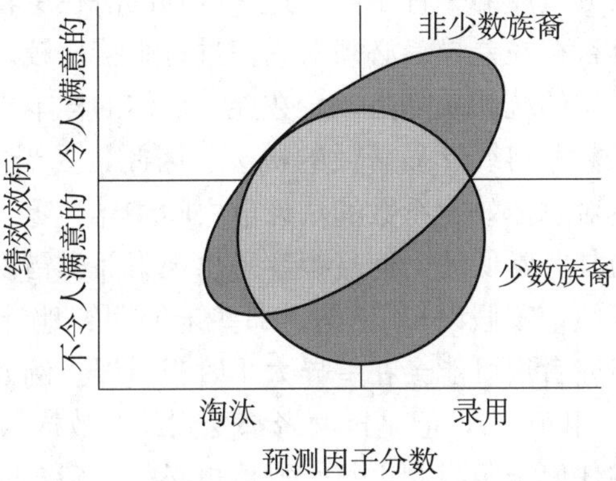

图7—8　效标分数均值和效度都不相等，而且只适用于非少数族裔群体

分数是非法的。但是，根据法院颁布的平权行动方案，或者当法院批准某项调整措施时，雇主可以根据测验分数来做出调整。

总之，在对异质群体（由不同群体组合而成）进行预测时，存在多种可能性。如果存在区分效度，那么只使用一条回归线、一个切点分数或者一种决策规则可能会导致严重的预测误差。人们可能会在法律层面上质疑组织使用族裔或性别作为选拔变量，但真正的问题是区分选拔测量分数与工作绩效（Guion，1965）。如果雇佣的基础是对未来工作绩效的预期，而且使用各种不同的选拔规则来更好地预测未来的工作绩效，而不是根据种族、性别、族裔等因素来区分求职者，那么这个程序就是既合法又合适的。但是，在实践中实施区分系统是非常困难的，因为如果对不同群体采用不同的标准，那么这个程序的公平性就很可能会被质疑（“More”，1989）。

7.1.2　区分效度：证据

我们首先需要明白的是，区分效度的证据只能提供关于某种选拔工具是否能被用来进行群体内（within）比较的信息。无法仅仅依据区分效度的差异就推论出关于两个亚群体之间（between）存在不公平区分的证据；工作绩效均值也必须考虑在内。换句话说，某种选拔程序也许是公平的，但是对工作绩效的预测是不准确的，或者该选拔程序可能进行了不公平的区分，但却能够相当精确地预测某个特定亚群体的工作绩效。

在讨论区分效度时，我们必须首先详细说明区分效度所赖以存在的效标。Boehm（1972）对区分效度与单群体效度（single-group validity）进行了区分。如果两个亚群体（例如，根据族裔或性别来划分）的实得效度系数之间存在显著差异，或者这两个群体中的一个或两个群体的相关系数明显偏离零，那么就存在区分效度。与区分效度有关联但又存在差异的是单群体效度：某个特定的预测因子仅仅在针对某个群体时表现出明显偏离零的效度系数，而在两个效度系数之间不存在显著差异。

Humphreys（1973）已经指出，单群体效度既不等同于区分效度，也不能视为评估区分效度的一种手段。这一区别的潜在逻辑很清楚：为了确定两个相关系数之间是否存在差异，必须对它们进行直接比较。此外，单群体效度范式所存在的一种严重的统计缺陷是，少数族裔群体的样本规模通常更小，这降低了该群体的效度系数获得统计显著性的机会。因此，妥当的统计检验是检验这个零假设：不同样本对总体效度系数的估计值之间差异为零。但是，对于这种检验来说，统计检验力是非常低的，而且很容易出现第Ⅱ类错误（也就是说，当零假设错误时并没有拒绝该零假设）。于是，那些未能明智地计算统计检验力并实施相应研究计划的研究者很可能会在差异太小时犯错误。例如，如果总体中被比较的真实效度为0.50和0.30，但是这两者都受到某个效标（信度为0.70）的削弱，那么即使不存在任何全距限制，每个群体也必须达到528人的规模才能有90%的机会发现所存在的区分效度（$\alpha=0.05$）更多内容参见 Trattner & O'Leary，1980）。

因此，通常在任何一项研究中所使用的样本规模都不足以有意义地检验区分效度假设。但是，如果效度系数通过多项研究来加以累积（如同第6章讨论的那样，这可以通过元分析来完成），那么就有可能获得更高的统计检验力。大量证据表明，具有统计显著性的区分效度比较少见而不是常见（Schmidt，1988；Schmidt & Hunter，1981；Wigdor & Garner，1982）。Hunter，Schmidt，& Hunter（1979）对866对黑人—白人就业测验的效度进行了一次全面回顾和分析，他们得出结论说，样本中所发现的明显的区分效度是由于随机因素以及统计方面的一系列人为误差造成的。真实的区分效度或许并不存在。此外，并没有发现证据来支持 Boehm（1972）以及 Bray & Moses（1972）提出的这个观点：不同族裔群体之间的效度差异是与主观效标（等级评定、排序等）的使用息息相关的，而如果使用更加客观的效标，就很少会出现效度差异。

对拉丁裔美国人就业和教育测验中得到的1 337对效度系数进行的类似分析也未发现存在区分效度的证据（Schmidt，Pearlman，& Hunter，1980）。研究者也对男性与女性之间的区分效度进行了考察。Schmitt，Mellon，& Bylenga（1978）考察了6 219对男性—女性效度系数（主要涉及教育成绩）后发现，女性的效度系数略微（<0.05个相关单位）高于男性的效度系数。只有当预测因子在性质上具有更少的认知成分时（例如，高中教育经历变量），男性的

效度系数才高于女性。Schmitt et al.（1978，p. 150）得出如下结论："男性和女性之间的效度系数差异非常小，在绝大多数实际情况中或许只能够产生细微的差异。"

总之，现有的研究证据表明，在控制良好的研究中很少有区分效度存在。充足的控制包括：每个亚群体都要有足够大的样本规模，以达到至少0.80的统计检验力；选择预测因子时要基于预测因子与所预测的效标行为之间的逻辑关联；选择无偏、切题、可靠的效标；对结果进行交叉验证。

7.2 评估区分预测和调节变量

在任何关于公平性和公平就业机会的讨论中，选拔程序中存在预测偏差的可能性都是一个核心议题。如前所述，这些问题要求我们考虑预测系统对于不同群体的等值性。对不同亚群体回归线的斜率或截距可能存在的差异进行分析，要比仅仅分析区分效度更有助于我们全面、深入地考察预测偏差，因为总回归线决定了某个测验是如何进行预测的。

缺乏区分效度并不一定导致缺乏预测偏差。《教育与心理测量标准》（AERA，APA，& NCME，1999，p. 82）明确指出："当进行实证研究来考察某个效标对不同群体的区分预测时，研究中应该包括单独计算每个群体或处理措施的回归方程（或某种合适的等值），或者包括把群体变量或处理措施变量作为调节变量来进行分析。"换句话说，当区分预测是基于某个分群变量（例如，性别或族裔）时，该分群变量就称为**调节变量**（moderator）。相似地，《员工选拔程序统一指南》（1978）（Ledvinka，1979）采用了Cleary（1968）提出的测验偏差模型：

> 在某项测验对效标的预测中，如果对某个亚群体的成员做出了系统性的非零预测误差，那么对总体中的这个亚群体来说，该测验存在偏差。换句话说，如果根据共同回归线来预测的效标分数对该亚群体的成员来说总是太高或太低，那么该测验就存在偏差。就偏差的这个定义而言，或许它已经把"不公平"包括在内，尤其是在所使用的测验对某个亚群体做出过低的预测时。如果该测验用于选拔求职者，那么该亚群体的成员在能够实现合格绩效的情况下也可能会被淘汰（p. 115）。

在图7—3中，尽管有两个不同的椭圆，一个代表少数族裔群体，另一个代表非少数族裔群体，但是某一条回归线能够同时适用于这两个椭圆。因此，该测验可以被证明缺乏区分预测或预测偏差。但是，在图7—6中，计算回归线位置的方式显然存在明显差异。如果一条回归线适用于这两个群体（假设它们的样本规模相同），那么对非少数族裔群体效标分数的预测将会系统性地变低，而对少数族裔群体效标分数的预测将会系统性地变高。在这种情况下，就会出现区分预测，因此只使用一条回归线是不合适的，因为非少数族裔群体受到了不利影响。这两条回归线的斜率相同，但是它们的截距不同。于是，相同的预测因子分数对于这两个群体具有不同的预测含义。第三种情况出现在图7—8中。图中两条回归线的斜率不同。如前所述，在这种情况下预测因子对少数族裔群体显然是不合适的。当两条回归线不平行时，测验分数相同的个体会获得不同的绩效分数预测。在这种情况下，一旦确定这两条回归线交叉的位置，过高或过低预测的程度就将取决于预测因子分数在分布中的位置。

上面，我们通过图形讨论了区分预测，其实还可以利用一种更为正式的统计程序。《验证和使用人员选拔程序时的原则》（SIOP，2003，p.32）指出："对预测偏差的检验可以使用多元调节回归分析（MMR），即基于预测因子分数、亚群体成员数量以及这两者的交互作用项来对效标测量进行回归。"假设针对两个群体（例如，少数族裔群体和非少数族裔群体）来检验区分预测，那么多元调节回归分析模型用符号表示如下：

$$\hat{Y} = a + b_1X + b_2Z + b_3X \cdot Z \qquad (7—1)$$

式中，$\hat{Y}$是效标Y的预测值；a是截距的最小二乘法估计值；b_1是预测因子X的总回归系数的最小二乘法估计值；b_2是调节变量Z的总回归系数的最小二乘法估计值；b_3是交互作用的总回归系数的最小二乘法估计值，它包含关于Z的调节效应的信息（Aguinis，2004b）。调节变量Z是一个分类变量，代表所考察的二分变量。多元调节回归分析也可用于包含两个以上群体（例如，根据族裔来划分的3个群体）的情形。这时，模型中就必须包括$k-2Z$个变量（或代码变量），其中k是被比较群体的数量。

Aguinis（2004b）详细描述了多元调节回归分析程序，其内容涵盖了诸多事项，例如使用虚拟编码（例如，少数族裔：1；非少数族裔：0）或其他类型的编码对结果解释的影响。假设采用虚拟编码，b_3的统计显著性（对零假设$\beta_3=0$进行检验）将指出效标在预测因子上的斜率是否在不同群体间存在差异。b_2的统计显著性（对零假设$\beta_2=0$进行检验）将检验这个零假设：不同群体的截距存在差异。作为替代，我们也可以检验在方程中增加乘积项（其中包括X和Z的一阶效应）是否仅仅增加Y所解释的方差比例（即R^2）的统计显著性。

Lautenschlager & Mendoza（1986）指出了传统的逐步（step-up）回归法与逐层（step-down）回归法之间的差异。逐步回归法检验增加乘积项是否会在X和Z的一阶效应基础上改进对Y的预测；而逐层回归法则涉及下列模型之间的比较（其中所有字母的含义与公式（7—1）相同）：

1：$\hat{Y} = a + b_1X$

2：$\hat{Y} = a + b_1X + b_2Z + b_3X \cdot Z$

3：$\hat{Y} = a + b_1X + b_3X \cdot Z$

4：$\hat{Y} = a + b_1X + b_2Z$

首先，可以通过比较分别从模型1和模型2中得到的R^2来检验关于区分预测的总体假设。如果这两个R^2存在具有统计显著性的差异，我们就可以考察区分预测是由斜率的差异、截距的差异还是这两者共同造成的。要检验斜率的差异，我们可以比较模型 4 和模型 2；要检验截距的差异，我们可以比较模型 3 和模型 2。Lautenschlager & Mendoza (1986) 研究了从一所军事训练学校得到的资料之后发现，采用逐步回归法得到的结论是：仅仅是斜率的差异导致了区分预测；采用逐层回归法得出的结论则是：斜率的差异和截距的差异共同导致了区分预测的存在。

7.2.1　区分预测：证据

当对预测系统进行比较时，通常不会发现斜率的差异；而如果发现截距的差异，这种情况往往有利于少数族裔群体（也就是说，过高地预测少数族裔群体成员的工作绩效）(Kuncel & Sackett, 2007; Rotundo & Sackett, 1999; Rushton & Jensen, 2005; Sackett & Wilk, 1994; Schmidt & Hunter, 1998; Sackett, Schmitt, Ellingson, & Kablin, 2001)。Aguinis, Culpepper, & Pierce (2010) 得出结论：在工作和教育环境中用来评估各种不同构念（从一般心理能力到人格以及安全适应能力）的选拔工具也呈现出这种情况。他们指出："因此，可以毫不夸张地得出这个结论：测验偏差通常并不存在，但是当它存在时，往往并不涉及斜率差异，而是涉及有利于少数族裔群体成员的截距差异。这个结论是工业心理学/组织心理学以及那些需要采用选拔测量的相关领域的一个既定事实。" Bartlett, Bobko, Mosier, & Hannan (1978) 报告了根据 1 190 次比较所得出的区分预测结论。他们指出，大约有 6%的比较在斜率上存在显著差异，大约有 18%的比较在截距上存在显著差异。换句话说，在大约 24%的测验中发现了某种类型的区分预测。最常见的情况是，针对非少数族裔群体的预测系统会对少数族裔群体的工作绩效做出稍高的预测。也就是说，少数族裔群体成员的实际工作绩效往往要低于测验分数所预测的水平，因此不存在针对少数族裔群体成员的明显不公平现象。

Hartigan & Wigdor (1989) 也报告了相似的结果。他们分析了对美国劳工部编制的一般能力倾向成套测验进行考察的 72 项研究，其中每项研究都至少包括 50 名黑人雇员和 50 名非少数族裔雇员（这两个群体的平均样本规模分别为 87 人和 166 人）。在这些研究中，出现斜率差异的概率小于 3%，而出现截距差异的概率大约为 37%。但是，对求职者总体使用单一的预测方程并不能表明对黑人求职者进行了不利的预测，因为使用单一的预测方程会稍微过高地预测黑人的工作绩效。在拉丁裔美国人与非少数族裔群体之间存在斜率差异或截距差异的 220 项测验中，大约 2%的斜率差异和大约 8%的截距差异达到显著性水平 (Schmidt et al., 1980)。截距差异的趋势表明，拉丁裔美国人的截距较低（也就是说，对拉丁裔美国人的工作绩效预测过高），但是缺乏坚实的证据来支持这个结论。

在生理能力测验分数的性别差异方面，预测系统在预测户外电话操作工的工作绩效时对男性和女性并不存在显著差异 (Reilly, Zedeck, & Tenopyr, 1979)。但是，在用来选拔警察的生理能力测验中，男性和女性的测验分数和工作绩效预测分数都存在相当大的差异 (Arvey, Landon, Nutting, & Maxwell,

1992）。如果采用一条共同的回归线来进行选拔，那么女性的工作绩效将被系统性地过高预测。

对区分预测的考察并不仅仅针对于那些测量一般心理能力的测验，而且针对于那些测量其他构念的测验。例如，一项研究考察了美国陆军部队测验工具库中的3种人格复合问卷对9个军事岗位工作绩效的5个维度的预测（Saad & Sackett，2002）。该研究发现，在30%的情况中发生了基于性别的区分预测。区分预测是通过截距而非斜率发现的。总的来看，女性的分数往往被高估（即男性的截距更高）。因此，这个研究结果类似于先前讨论过的那些研究结果（也就是说，对女性和少数族裔群体的工作绩效都做出了过高的预测）。

研究者发现缺乏区分预测，这是否可以部分归因于效标本身存在偏差？Rotundo & Sackett（1999）考察了这个问题，他们采用的方法是对黑人雇员样本和白人雇员样本的能力—绩效关系（使用一般能力倾向成套测验来测量）进行区分预测检验。在以下两种条件下，所得到的数据允许进行被试间和被试内比较：（1）白人上级对所有员工进行等级评定；（2）每个雇员都由同一种族的上级进行等级评定。所基于的假设是，如果工作绩效数据由与被评估者相同种族的上级提供，那么效标发生偏差的可能性将被最小化甚至消除。对25 937名个体进行的分析并没有获得证据来支持这个观点，即存在针对黑人的预测偏差。

总之，大量证据都表明，认知能力测验和其他类型的测验总体上缺乏基于族裔群体或性别的区分预测（Hunter & Schmidt，2000）。研究指出，当发现区分预测时，差异往往出现在不同群体的截距而非斜率上，而且截距差异通常表明女性和少数族裔群体的工作绩效被过高地预测，这意味着在使用测验分数时常常会有意识地偏向于这些群体。

7.2.2 检验区分预测时存在的问题

尽管存在这些一致的研究结论，Aguinis et al.（2010）仍然主张研究者关注和进行区分预测研究，因为根据过去50年的区分预测研究所得出的研究结论可能并不正确。他们提供的分析型证据表明，人们认为截距差异往往有利于少数族裔群体，但这个结论可能只是一种统计假象。此外，过去20年中收集的实证证据也表明，对斜率的检验通常只具有较低的统计检验力（Aguinis，1995，2004b）。

对斜率的检验只具有较低的统计检验力，这通常是因为使用小样本，但也可能是因为统计上和方法论上的各种人为误差（例如，信度缺失、全距限制，或者是违背了误差方差同质性的假设）所产生的交互效应（Aguinis & Pierce，1998a）。净结果（net result）应该是从总体效应中减去所观测到的调节效应后的剩余量（Aguinis，Beaty，Boik，& Pierce，2005）。在实践中，较低的统计检验力会影响对公平性的评估，因为人们可能会错误地得出结论说某个选拔程序对于不同族裔或性别的亚群体具有同等的预测效力——也就是说，不同群体之间不存在区分关系。但是，根据样本所得出的这个结论可能是不正确的。实际上，该选拔程序可能确实对不同亚群体做出了区分预测。不过，由于该程序的效度研究本身较低的统计检验力，这种区分预测可能无法检测到。

需要考虑能够对多元调节回归分析的检验力产生影响的一系列已知因素及其影响。例如，我们要考虑不同群体的样本规模差异。在效度研究中，通常会出现这种情况，即少数族裔群体或女性群体中的个体数量要少于非少数族裔群体或男性群体中的个体数量。一项蒙特卡洛模拟表明，在包括两个群体的区分预测检验中，当群体1的样本规模只占总样本规模的1/10时，无论总样本规模有多大，检验力都会显著下降（Stone-Romero，Alliger，& Aguinis，1994）。群体1的样本规模是总样本规模的3/10（这已经更接近于最优的5/10）时，多元调节回归分析的统计检验力还是会下降，不过下降程度较小。能够影响该检验力的另一种已知因素是误差方差的异质性。多元调节回归分析假设 Y（由 X 来预测 Y）的方差在这 k 个亚群体中是相同的（具体细节参见 Aguinis & Pierce，1998a）。如果违背了误差方差同质性假设，就会影响多元调节回归分析对测验的不公平性进行检测的能力。在每个群体中，误差方差是通过计算 Y 对 X 回归的残差平方均值来估计的：

$$\sigma_{ei}^2 = \sigma_{Y(i)}(1-\rho_{XY_{(i)}}^2) \tag{7—2}$$

式中，$\sigma_{Y(i)}$ 和 $\rho_{XY_{(i)}}$ 分别是每个群体的 Y 标准差和 $X-Y$ 相关系数。在总体中存在某种调节效应的情况下，这两个亚群体的 $X-Y$ 相关系数是不同的，因此误差项也必然不同。

误差方差的异质性既能够影响第Ⅰ类错误（不正确地得出结论说该选拔程序不公平），又能够影响统计检验力。但是，Alexander & DeShon（1994）表明，当拥有更大样本规模的亚群体与更大的误差方差（即更小的 $X-Y$ 相关系数）时，统计检验力会显著下降。Aguinis & Pierce（1998a）指出，这种特定的情况，即样本规模 n 更大的亚群体只具有更小的相关系数，是许多组织的人员选拔研究中最为典型的情况。作为一项后续研究，Aguinis，Petersen，& Pierce（1999）对1987—1999年间《管理学会杂志》《应用心理学杂志》（*Journal of Applied Psychology*）和《人事心理学》上使用多元调节回归分析的论文进行了综述。其结果表明，有大约50%的多元调节回归分析检验违背了误差方差同质性假设。通过对一般能力倾向成套测验的区分预测检验中的误差方差异质性进行考察，Oswald，Saad，& Sackett（2000）得出结论：已经发现足够高的异质性，这个事实迫使研究者对区分预测进行考察，以确定是否符合误差方差同质性假设，并且在违背该假设的情况下考虑使用其他替代的统计检验。

区分预测检验的统计检验力较低，那么我们能否采用元分析技术来解决这个问题？一般来说，尽管元分析有助于解决检验力低的问题，正如该技术被用来检验区分效度一样（虽然并不完美），但是对关于区分预测的文献进行元分析处理实际上是不可能的，因为回归系数涉及每项研究所使用的特定量表矩阵。如果使用的测量工具不同，即使测量的构念相同（例如，一般认知能力），也不可能对不同研究的回归系数进行累加。这就是元分析更青睐对不同研究的相关系数而不是回归系数进行累加的原因（Raju，Pappas，& Williams，1989）。或许能够对区分预测检验进行元分析的一种情况是：对几个样本施以同一测验，而且该测验的编制者能够使用所获得的数据库。

在截距检验方面，Aguinis et al.（2010）进行了一项蒙特卡洛模拟，它涵盖了由各种值构成的3 185 000种独特组合。这些值来自总体中基于斜率和截距的测验偏差、总样本规模、少数族裔群体样本规模占总样本规模的比例、预测因子（即雇佣前的测验分数）信度、效标（即工作绩效）信度、预测因子全距限制、预测因子分数与虚拟编码的分群变量（例如，族裔或性别）之间的相关，以及不同群体的预测因子分数之间的差异均值。根据15.925亿个个体样本的测验分数得出的结果表明，当实际上并不存在有利于少数族裔群体成员的截距差异时，这种截距差异也很可能会被“发现”。而且，当这种截距差异确实在总体中存在时，那些用来评估测验偏差的样本往往也会夸大该截距差异。这项蒙特卡洛模拟的结果表明，当不同群体之间的测验分数差异变大而且测验分数的信度下降时，能够表明截距差异有利于少数族裔群体成员的第Ⅰ类错误比率会提高。简而言之，就雇佣前测验的典型条件来说，研究者可能会在并不存在截距差异的情况下得出结论说存在有利于少数族裔群体成员的截距差异，或者在截距差异较小的情况下夸大该截距差异。

对于测验的销售方、使用者、咨询顾问和研究者来说，关于测验偏差的现有结论是非常有利的。如果测验并不存在偏差，或者它们有利于少数族裔群体成员，那么少数族裔群体成员在一般心理能力测验中的平均分数低于非少数族裔群体成员这个事实就未必会妨碍人们使用这种测验。Kehoe（2002）指出：“这个困境的一个关键部分是一般心理能力测验总体上被认为是没有偏差的。”（p. 104）如果并不存在针对少数族裔群体成员的测验偏差，那么对少数族裔群体产生了不利影响就是一种值得怀疑的观点，该观点会产生非常负面的社会影响，而且使得学术界陷入尝试权衡效度与不利影响的一种两难困境，而实际上这种困境并不存在（Aguinis，2004c；Ployhart & Holtz，2008）。对测验所采取的一种矫枉过正的方法是永远认为少数族裔群体成员在一般心理能力测验上获得的平均分数低于非少数族裔群体成员，进而编制出信度水平低于完美信度的测验，并且采用获得广泛认可的Cleary（1968）回归模型来评估潜在的测验偏差。这种方法将使得“这些测验看上去很不错，因为它使人们更有可能看到不同群体获得相等的测验分数”（Linn & Werts，1971，p. 3）。这种矫枉过正的方法将保证人们不会发现斜率差异，而且如果发现截距差异，那么截距差异将会有利于少数族裔群体成员。换句话说，不会再有人指责说这些测验存在针对少数族裔群体成员的偏差。

总之，Aguinis et al.（2010）质疑了以过去40年中的测验偏差研究为依据而得出的结论。他们的研究结果指出，用来评估测验偏差的这种获得广泛认可的现有程序其本身就存在偏差：很可能没有发现斜率偏差，而且在实际上并不存在截距偏差的情况下却有可能“发现”有利于少数族裔群体成员的截距偏差。雇佣前的测验常常被描述为工业心理学/组织心理学领域的摇篮（例如，Landy & Conte，2007）。Aguinis et al.（2010）的研究结果为工业心理学/组织心理学的研究者提供了一个重要的机遇，他们可以重新关注和振兴测验偏差这个主题，并且为组织和整个社会作出重要贡献（例如，Griffore，2007；Helms，2006）。

7.2.3　如何提高基于斜率的区分预测检验的准确性

幸运的是，对于多元调节回归分析的低检验力问题还具有一些补救措施。表7—1列出了几项能够使多元调节回归分析的统计检验力降低的因素，以及用来解决每个因素的相应策略。如该表所示，我们可以采用一些策略，但都需要付出某种代价。因此，人力资源研究者应该评估每种策略的可行性。很幸运，我们在实施某项研究之前可以先利用在线的计算机程序来计算统计检验力，而且这些程序允许研究者对实施各种策略的优缺点进行调查（Aguinis，Boik，& Pierce，2001；http：//mypage. iu. edu/～haguinis/mmr/index. html）。例如，我们可以比较以下两种情况，并计算由此产生的统计检验力：（1）样本规模增加20%；（2）通过将测量工具的长度增加30%而使预测因子分数的信度增加。在增加样本规模所需付出的成本以及提高预测因子信度所需付出的成本都确定的情况下，哪种策略在提高统计检验力方面更有成本效益呢？有一点是非常明确的：如果我们等到效度研究完成以后才开始考虑区分预测检验的统计检验力，可能为时已晚。因此，早在收集数据之前就需要考虑统计检验力的问题。

表7—1　　如何使MMR统计检验力不利因素的影响最小化

影响统计检验力的因素	增强统计检验力的策略
总样本规模小	对研究设计加以规划，以使样本规模大到足以探测到所预期的效应大小。 使用Aguinis（2004b）所描述的程序来计算各种样本规模下的统计检验力，从而可以从时间和费用方面保证样本规模不至于大到付出不必要代价的程度；详情可以登录http：//mypage. iu. edu/～haguinis/mmr/index. html。 采用综合效度法来进行区分预测检验（Johnson，Carter，Davison，& Oliver，2001）
预设的第Ⅰ类错误水平低	不要认为采用传统的0.05的显著性水平是一种义务。可以通过判断犯第Ⅰ类错误的严重性和犯第Ⅱ类错误的严重性来预设第Ⅰ类错误的显著性水平。
调节效应小	使用合理的理论而不是“合理的怀疑”来预测调节效应。 使用在线的计算机程序来计算实得效应大小；详情可以登录http：//mypage. iu. edu/～haguinis/mmr/index. html。
预测因子变量的全距限制（Aguinis & Stone-Romero，1979）	从总体中随机抽样。 采用极端组设计（承认样本方差被人为增大）。
测量误差	开发和使用可靠的测量工具（见第5章）。
量表的粗糙性（Aguinis，Bommer，& Pierce，1996）	使用一种连续的效标量表；在绘制的线段上记录被试的反应，然后通过人工计算；或者采用计算机辅助质量程序（可以在http：//mypage. iu. edu/～haguinis/mmr/index. html上获得），或者采用其他某种能够使被试迅速点击屏幕上显示的绘制好的线段以指出其答案的程序，就可以做到这一点。

续前表

影响统计检验力的因素	增强统计检验力的策略
以调节变量来划分的不同亚群体之间的样本规模差异（Stone-Romero，Aliger，& Aguinis，1994）	从较小的亚群体中多取样，以保证不同亚群体的样本规模相等（这样做就牺牲了样本的代表性）。于是，显著性检验将更加准确，但效应大小则可能存在问题。
效度系数小	利用合理的理论来确定一个与效标紧密挂钩的预测因子，因为效度系数（即 r_{xy}）与统计检验力正相关。
误差方差异质性	核查 MMR 是否符合误差方差同质性假设，如果不符合，则使用其他替代的统计方法。可以利用计算机程序来执行这些任务；详情可以登录 http：//mypage. iu. edu/～haguinis/mmr/index. html。

资料来源：Adapted from Aguinis，2004b.

总之，尽管我们可以确切地说，在对亚群体进行比较时通常不会产生区分预测，但是如果使用一条共同的回归线来进行选拔，则很可能会导致出现预测偏差。此外，最近的研究还揭示出这个事实：即使总体中确实存在区分预测，统计上的众多人为误差也会削弱统计方法发现区分预测的能力。我们的基本要求（底线）是什么？那就是对效度研究进行精心、周密的规划，以确保区分预测检验在技术上可行，并且结果可靠。

7.3 对不利影响、区分效度和区分预测的进一步考虑

如前所述，《员工选拔程序统一指南》（1978）建议人们在进行不利影响分析时采用“4/5 规则”作为效标。假设不利影响的比率为 $SR_1/SR_2=0.60$。那么在这个例子中，我们就已经在样本中观察到不利影响，因为 0.60 低于《员工选拔程序统一指南》（1978）所建议的比率 0.80。但是，我们感兴趣的是总体中是否存在不利影响，以及我们能否对以后的求职者继续使用该测验。有一些统计显著性程序可以用来检验总体中的不利影响比率是否不同于 0.80。Morris & Lobsenz（2000）提出了一种新的统计显著性检验，它基于与“4/5 规则”相等的效应大小。但是，这种检验的统计检验力，以及经常用到的、以正态分布为基础的统计量 z 的统计检验力，都是很低的。相应地，Collin & Morris（2008）进行了一项计算机模拟来比较现有的各种统计工具，其中包括广泛使用的、对两个比例之间的差异进行检测的 z 检验，由 Upton（1982）提出的一种检验，费希尔精确检验（Fisher exact test）以及耶茨连续性校正卡方检验（Yates'continuity-corrected chi-square test）。总体来说，在样本规模小的情况下，这些检验发现不利影响的能力都非常低；z 检验表现得还不错，但是在样本规模非常小的情况下，它的表现也不好。鉴于这些研究结果，当我们报告不利影响时，还应当报告不利影响比率的总体估计值以及显示该估计值精确度的置信区间。

上述有关效度和不利影响的内容已经说明了这种情况：一个测验具有效度，但同时却产生了不利影响。因此，不利影响的存在并不是宣称存在不公平区分的充分理由（Drasgow，1987）。不过，当对工作成功的测量本身就存在偏差而且

该偏差与族裔背景对预测因子分数的影响具有相同的方向时，就可能会出现明显但却是错误的非歧视结果（Green，1975）。因此，如果某个特定群体在某一测量上的分数不如对照群体，但这两个群体在工作（该选拔测量是该工作的预测因子）中表现得完全一样，那么该选拔测量就进行了不公平的区分。这就是区分预测或预测偏差的准确含义（也就是说，从斜率、截距或者这两者来看，不同群体具有不同的回归线）。

但是，我们亟须强调的一点是，那些使预测因子分数降低的因素（例如，语言能力、空间关系能力）可能同样会使工作绩效降低。在这种情况下，不同群体的斜率可能完全相同，而只有截距不同（也就是说，不同群体的测验分数均值存在差异）。基于黑人和拉丁裔美国人在认知能力测验中的平均分数通常都要低于白人这一事实，Gottfredson（1988，p. 294）提出了下面这个问题："测验的弱点不是源于它们在测量重要差异时的局限性，而是源于它们在这方面做得非常成功……作为对一般认知能力的测量，这些测验越有效，那么不同群体在这些测验中的分数均值就会出现越大的差异。"鉴于不同群体在认知能力测验中的分数均值差异以及由此产生的不利影响，上述观点是否意味着效度与不利影响之间必须存在某种不可避免的折中？

幸运的是，这个观点，即认为效度与不利影响之间负相关，在许多情况下是不正确的。具体来说，Maxwell & Arvey（1993）已经利用数学方法明确证明，只要一项测验未表现出区分预测，那么这种最有效的选拔方法必然只带来最小的不利影响。因此，为了使不利影响最小化，人力资源研究者应该设法开发出无偏差、有效的测验。不过，测验使用者和开发者最不易发现的是，当某项测验存在偏差并且投入使用时，就会产生问题。Aguinis & Smith（2007）开发了各种运算法则和一个计算机程序，它们可以让使用者输入关于某个测验的信息，其中包括每个群体（例如，男性群体和女性群体）的测验分数均值、每个群体的效标分数均值，以及测验分数和效标分数的均值和标准差。基于这些信息，这些运算法则可以估计出使用某项可能存在偏差的测验是否有可能导致选拔误差和不利影响，以及选拔误差和不利影响会达到何种程度。图 7—9 展示了该计算机程序的一个界面，该程序可以通过登录 http：//mypage. iu. edu/～haguinis/mmr/index. html 在线获得。

将 Aguinis & Smith（2007）的整合框架应用于真实选拔情境中的测验，使测验开发者和雇主可以在该测验投入使用之前就了解选拔决策的后果。该程序允许人们在无须考虑测验偏差评估结果的情况下，就可以对使用某个特定测验会导致的有实际意义的后果（例如，预期的选拔误差以及预期的不利影响）做出估计。因此，这个整合框架（即这些运算法则）和程序使人们在无须考虑统计显著性结果（常常会导致第Ⅱ类错误）的情况下，就能够了解潜在的测验偏差在现实中的显著性。

但是，在某些类型的测验（尤其是认知能力测验）中也确实发现了基于族裔的不利影响（Quttz，2002；关于这个问题的更多内容见第 11 章）。而且，在其他许多测验（尤其是那些含有认知成分的测验）中也发现了类似的结果（例如，

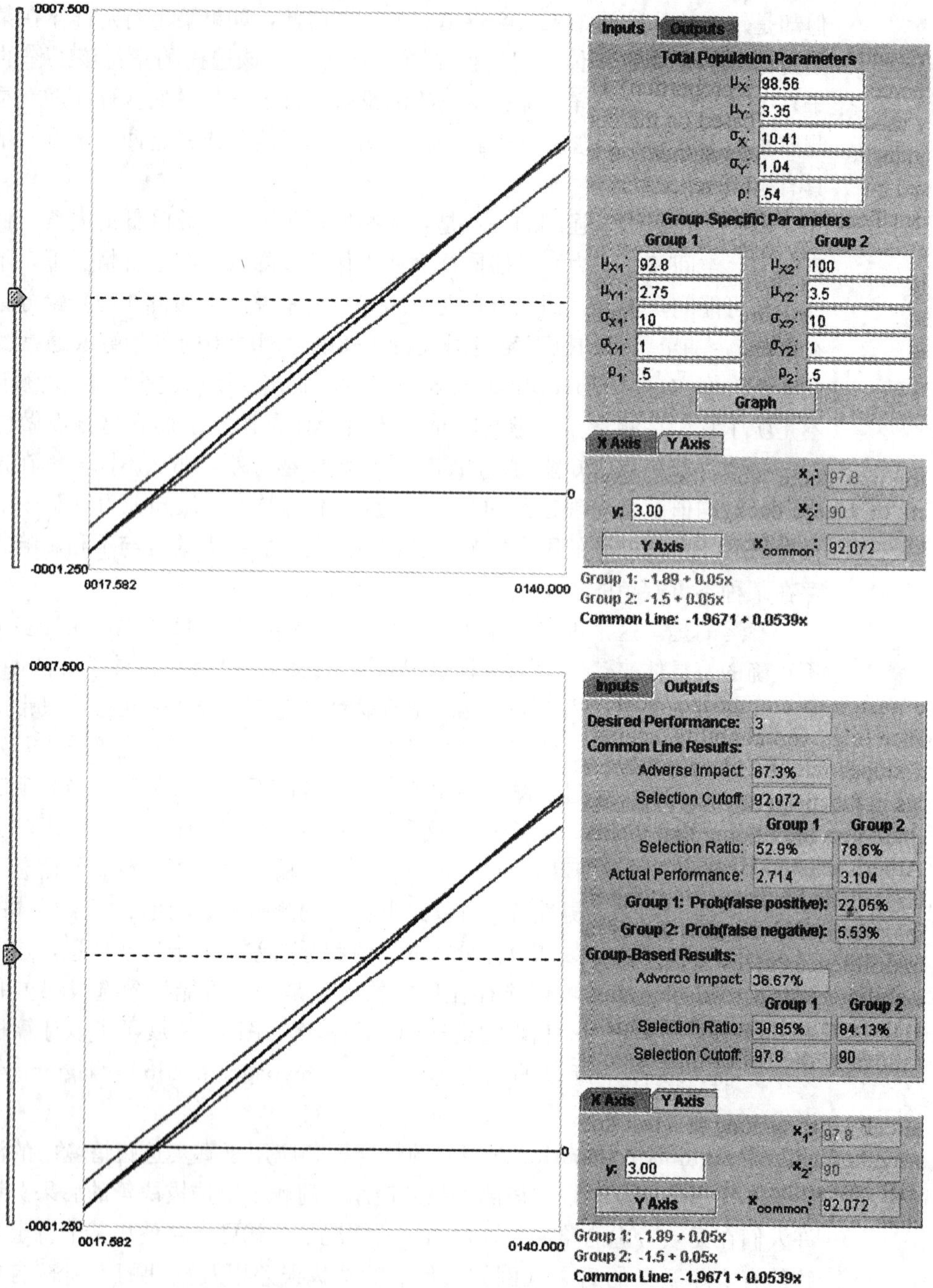

图 7—9 某计算机程序的输入界面（上）和输出界面（下）

说明：该程序能够进行所有必需的计算来对使用某个测验（该测验被认为不存在偏差，但实际上存在偏差）所导致的预测误差和不利影响进行估计。登录 http：//mypage. iu. edu/～haguinis/mmr/index. html，可以在线获得该程序。

资料来源：Aguinis，H.，& Smith，M. A.（2007）. Understanding the impact of test validity and bias on selection errors and adverse impact in human resource selection. *Personnel Psychology*，60，165－199.

Whetzel，McDaniel，& Nguyen，2008)。如前所述，这并不意味着这些测验进行了不公平的区分。不过，使用带有不利影响的测验很可能会导致负面的组织后果和社会后果，并且让一些重要的人群感觉到测验的不公平性，特别是在人口统计趋势表明，加利福尼亚、夏威夷和新墨西哥这三个州以及哥伦比亚特区的那些以前所谓的少数族裔如今已经成为主要族裔的情况下（Hobbs & Stoops，2002)。这种不公平感能够破坏认知能力测验的形象，以及人事心理学的整体形象。因此，《员工选拔程序统一指南》(1978）建议，当发现存在不利影响时，人力资源专业人员应该设法使用那些效度水平相似但不利影响较少的替代测验。当然，这也是说起来容易做起来难。从现实情况来说，使用现有的检验程序来减少不利影响可能是一种更有效率的方法。如何做到这一点呢？我们可以在实施测验之前、之中和之后使用以下策略（Hough，Oswald，& Ployhart，2001；Ployhart & Holtz，2008；Sackett et al.，2001)：

- **改进招聘少数族裔员工的策略**。不利影响取决于每个群体的选拔率，而选拔率则取决于求职者的数量。因此，少数族裔群体中合格的求职者数量越多，选拔率就越高，而产生不利影响的概率就越低。但是，吸引合格的少数族裔群体成员或许很困难。例如，在一项包括大学生在内的受控制的研究中，只有当招聘职位是主管级别的岗位时，看到招聘广告的美国黑人才有可能被多元化策略吸引。更重要的是，不同族裔对广告中的多元化策略所做出的反应又在一定程度上取决于广告收看者对族裔多元化的接受程度（Avery，2003)。有一种改进招聘效果的方法是实施平权行动计划。平权行动被定义为“在终止歧视行为之外用来纠正或补偿过往或现有歧视行为，或者用来防止未来发生歧视行为的任何措施”（United States Commission on Civil Rights，1977)。不过，需要指出的是，当平权行动主要是为少数族裔群体成员提供特权或优先权时，它往往会受到抵制。此外，以特权或优先权来体现的平权行动通常还是非法的。因此，实施不包含特权或优先权的平权行动时，通过有针对性的招聘计划和多元化管理计划常常更有可能成功地吸引、选拔、录用和留住弱势群体成员（Kravitz，2008)。
- **把认知能力预测因子和非认知能力预测因子结合使用**。不同族裔群体在测验分数均值上的最大差异来自一般认知能力测验。因此，可以通过把其他一些非认知能力预测因子，例如个人简历资料、人格问卷和结构化面试，作为成套测验的一部分来减少不利影响。增加非认知能力预测因子不仅可能减少不利影响，而且可能增加测验过程的总体效度（Schmitt，Rogers，Chan，Sheppard，& Jennings，1997)。不过，需要指出的是，在有些情况下使用非认知能力预测因子（例如，人格问卷）可能并不会显著减少不利影响（Foldes，Duehr，& Ones，2008；Potosky，Bobko，& Roth，2005)。
- **使用多元回归和其他方法将多个预测因子合并为一个复合预测因子**。作为上一条建议的后续措施，将多个预测因子合并为一个复合预测因子的传统方法是使用多元回归。不过，De Corte，Lievens，& Sackett（2007，2008）提出了一种新方法来使一套预测因子实现效度与不利影响的最优均衡。通过这种新方法所获得的一套预测因子，与通过多元回归而获得的一套预测因子，并不总是相同的。

虽然这种新方法能够产生有前景的结果，但人们需要意识到组织在决策过程中可能不只是考虑效度，还会考虑其他事项（Kehoe，2008）。此外，这种新方法有时可能不会被接受，因为它可以视为这样一种方法：需要组织牺牲一些效度，从而有望在某种程度上减少不利影响（Potosky，Bobko，& Roth，2008）。

- **测量具体的认知能力而不是一般认知能力**。尽管在一般认知能力上存在较大的平均差异，但是在具体的认知能力（例如，推理能力和定量能力）上，平均差异则较小。尤其是对于那些非常复杂的工作，组织可以采用更具体的认知能力作为预测因子（Lubinski，2000）。
- **为效标的各种不同层面赋予不同权重**。对那些需要更多一般认知能力的效标层面赋予较小的权重。正如我们在第3章讨论的那样，工作绩效是一个多维的构念。效标的某些特定维度所承载的一般认知能力可能比其他维度要少（例如，关系绩效所承载的认知能力可能要少于任务绩效的某些区域）。对那些与一般认知能力更密切挂钩的效标层面赋予较小的权重，从而保证最大的组间差异也有可能导致预测系统产生较小的不利影响（Hattrup，Rock，& Scalia，1997）。
- **使用替代模式来表现出测验刺激**。不同群体之间的差异至少在部分程度上是源于进行纸笔测验操作时的言语和阅读成分。因此，采用对言语和阅读要求不高的测验形式，例如基于视频的测验或者不带有认知成分的工作样本（即要求被试完成实际的手工操作，而不是要求该被试用言语来描述如何进行操作），可能会减少不利影响（Chan & Schmitt，1997）。
- **提高表面效度**。表面效度并不是技术层面的一个术语；它是求职者相信测验分数有效的程度，而不管测验分数是否有效。如果某些特定的群体认为该测验的效度低，那么他们的动机以及随后的测验成绩就很可能也会降低（Chan，Schmitt，DeShon，Clause，& Delbridge，1997；Ryan，2001）。例如，有一项研究对197名大学生进行了一项认知能力测验，研究结果表明：（1）对前测的反应影响了测验成绩；（2）对前测的反应是对测验所持信心与测验成绩之间关系的中介变量（Chan Schmitt，Sacco，& DeShon，1998）。在某些特定的条件下，提高动机能够帮助减少不利影响（Ployhart & Ehrhart，2002）。我们将在本章后面的内容中再次讨论雇佣选拔中的测验公平感和人际关系问题。不过，我们的建议非常简单：设法开发出能够被所有受测者认可并认为有效的测验。
- **利用测验分数分区来选拔求职者**。测验永远不可能做到绝对可靠，而且测验分数与效标之间的关系也永远不会达到尽善尽美。测验分数分区就是以这两个前提条件为基础的一种决策过程。这种方法可用来减少不利影响，但引发了颇多争议（Campion et al.，2001）。实际上，有一本已出版的著作是专门讨论这个话题的（Aguinis，2004c）。我们随后将具体讨论测验分数分区。

总之，即使并不存在群体间的区分效度，不利影响也可能会出现。不过，不利影响很可能与区分预测检验（尤其是与截距差异）同时出现。人力资源专业人员应该尽最大努力来使不利影响最小化，不仅因为不利影响可能会导致更严格的司法审查，而且因为使用能够产生不利影响的测验可能会对该组织、该组织的顾客以及整个社会带来负面影响。

7.3.1　通过测验分数分区使不利影响最小化

公平这个概念并不仅仅局限于技术层面的定义，即缺乏区分预测。《教育与心理测量标准》（AERA，APA，& NCME，1999，p. 73）非常明确地表述了这一点："对公平的完整考虑应当考察测验的多种功能和多种目标，包括在社会中实现机会均等这一广泛目标。"作为一种对求职者进行选拔的方法，测验分数分区强调的就是机会均等这一广泛目标，以及那些基于测验的、作为决策基础的重要构念或规则（即分配公平）的适宜性。

人力资源专业人员有时会面临一种自相矛盾的情况：使用认知能力及其他有效的工作绩效预测因子往往会导致不利影响（Schmidt，1993）。如果测验分数与工作绩效之间确实存在相关关系，那么除了严格地按照从高到低的顺序择优录取，使用其他任何策略来进行选拔都将导致工作绩效出现某种程度的损失（假设这些选拔策略不是基于与工作绩效相关的次级效标）。因此，选择那些能够使经济效用最大化的预测指标（在人力资源管理以及工业心理学/组织心理学领域，研究者和实践者通常都是这样概念化的；Schmidt，1991）往往会导致弱势群体成员被排除在外（Sackett & Wilk，1994）。对于一些努力提高员工队伍多元化程度的雇主来说，这可能会导致一种两难困境：为了实现更广泛的社会目标，可能需要牺牲一些经济效用。

Cascio，Quttz，Zedeck，& Goldstein（1991）提出了一种**滑动分区方法**（sliding-band method），以作为一种在人员选拔过程中对经济效用和不利影响进行整合的方法。该方法试图在一个由人们普遍接受的程序（这些程序用来检验关于个体测验分数差异的假设）构成的框架内对经济效用和社会目标进行调和。这种滑动分区方法是一系列测验使用（分区）方法中的一种。根据滑动分区方法，处于某个特定分数范围内的所有个体都被视为具有等值的分数。这种方法并不需要校正不同群体之间可能存在的测验分数真实差异，它只是使人们在决策时获得更大的灵活性。

滑动分区方法基于这个假设：没有任何测验是完全可靠的，因此，所有测验分数都会在某种程度上存在误差。信度系数是衡量整个测验中误差大小的指标，而测量的标准误（σ_{Meas} 或 SEM）可以让我们为获得某个实得分数的个体确定真分数范围，而差异的标准误（SED）可以让我们确定两个个体的真分数之间是否存在差异。

基于该测验的信度估计，Cascio et al.（1991）提出了下面这个公式来计算区间宽度（bandwidth）：

$$C \cdot \text{SED} = C \cdot \text{SEM}\sqrt{2} = C \cdot s_x \cdot \sqrt{1-r_{xx}}\,\sqrt{2} \qquad (7\text{—}3)$$

式中，C 是标准分数，它能够指出理想的置信水平（例如，1.96 表示 95%的置信区间，1.00 表示 68%的置信区间）；s_x 是该测验的标准差；r_{xx} 是该测验在连续量表上的内部一致性。实质上，$s_x \cdot \sqrt{1-r_{xx}}$ 就是该测验的 SEM（使用基于样本的统计方法来计算），而 $s_x \cdot \sqrt{1-r_{xx}}\,\sqrt{2}$ 则是该测验中两个分数之间的 SED。取决于愿意承受犯第Ⅰ类错误或第Ⅱ类错误的相对风险，研究者可以通过改变 C 值（例如，1.96 对应着 0.05 的概率）来为任何所需的区间宽度确定置信区间（例如，95%，90%或者 68%置信区间）（关于这个问题的详细信息参见 Zedeck，Cascio，Goldstein，& Quttz，1996）。滑动分区方法利用这一心理计量学信息来设置一个临界值。假设 $C \cdot \text{SED}=7$。如果两个实得分数之间的差异为 7 分或者更少，那么这两个分数在统计上就被认为是无法区分的；而如果差异为 8 分或者更多，则认为这两个分数在统计上是可以区分的。

我们可以举个例子来说明。90 分和 83 分被认为是无法区分的，但是 90 分和 82 分就可以进行区分。因此，SED 充当了一个对关于个体能力差异的假设进行检验的指标。

滑动分区方法的实施步骤如下。首先，确定一个区间（之前已经按照从高到低的顺序对分数进行排序）的上限（最高分数），进而创建该区间（比如，区间宽度为 1 个或 2 个 SED）。由于存在测量误差，我们认为落入这个区间的所有分数都与这个最高分数不存在显著差异。如果这些分数与这个最高分数并无区别（实际上，它们被视为一类），那么就可以采用次级效标（例如，工作经验、培训、工作绩效，或者基于员工队伍多元化的考虑）来打破这个区间并且确定其中哪些求职者应当被提名。

如果某个区间的上限得分者已经被选上，并且还需要对其他求职者进行选拔，那么该区间就可以下滑，从而使下一个最高分者成为参照物。通过从这个新的最高分减去 7 分来确定一个新区间。如果这个最高分者没有被选上，那么该区间不能滑动，并且任何额外的选拔都必须在上一个区间内进行。这是一种极小化极大（minimax）策略。也就是说，尽管没有按照严格的等级序列来选拔，但选拔是以一种从高到低的方式进行的，雇主可以使效用的最大损失最小化。

Aguinis，Cortina，& Goldberg（1998）对 Cascio et al.（1991）的方法进行了拓展。这种新方法不仅包括预测因子的信度信息，而且包括效标的信度信息，以及预测因子分数与效标分数之间的明确关系。他们之所以提出这种**以效标为参照的分区模型**（criterion-referenced banding model），是因为公式（7—3）并没有明确考察预测因子与效标之间的准确关系，并且需要依赖于这个假设：实证效度或内容效度达到了可接受的水平。于是，依据这一“可接受的效度水平”前提，预测因子分数上的等值也就意味着效标分数上的等值。然而，雇佣前所实施的测验很少能够解释 1/4 以上的效标差异。因此，这个假设，即认为在预测因子构念上无法区分（即位于同一个区间）或者可以区分（即并不位于同一个区间）的两位求职者在效标构念上同样无法区分或者可以区分，可能是站不住脚的（Aguinis，Cortina，& Goldberg，1998，2000）。

我们来看一下 Aguinis et al.（1998）所举的例子：预测因子的 $r_{xx}=0.80$，$s_x=5.0$。为了便于描述，假设预测因子与工作绩效测量之间的相关为零（即 $r_{xy}=0$）。在这种情况下，如果 $C=2.00$，那么利用公式（7—2）计算得出的区间为 6.32，或者 1.26 个标准差。于是，位于同一个区间内的所有求职者都被认为是等值的，而对这些“等值”的求职者进行选拔则需要依据其他因素（例如，组织对员工队伍多元化的需要）。但是我们需要注意的是，这个例子中的预测因子与工作绩效是不相关的。所以，某个特定区间的求职者的工作绩效并不一定优于该区间外的求职者。那么，这个区间就产生了误导作用，因为它为我们区分两组求职者（一组是位于该区间内的求职者，另外一组是位于该区间外的求职者）提供了一种逻辑基础，但是拿我们最终感兴趣的变量——工作绩效——来说，这两组求职者实际上是无法区分的。$r_{xy}=0$ 是一个极端的、不切实际的例子，但是对于效度较低的（但不等于零）、更典型的预测因子，我们也可以得出类似的结论。

在计算以效标为参照的区间时，需要采取以下三个步骤。第一步，用公式（7—3）计算工作绩效测量中在统计上无法区分的分数区间的宽度：

$$C \cdot s_y \cdot \sqrt{1-r_{yy}}\sqrt{2} \tag{7—4}$$

第二步，确定 Y 的区间上限和下限。通过获得与预测因子最高实得分数相对应的工作绩效预测分数，可以确定 Y 的区间上限。这可以通过解答（$\hat{Y}_{上限}=a+b \cdot X_{最大值}$）来获得，而如果是标准化的数据，也可通过解答（$\hat{Y}_{上限}=r_{xy} \cdot X_{最大值}$）来获得。以上限减去区间宽度就可以得到区间下限（即 $\hat{Y}_{下限}$）。

第三步，依据在第二步中确定的 Y 分数区间来确定相应的 X 分数区间。为了做到这一点，需要利用未标准化的回归方程，来确定哪些预测因子分数会产生与效标区间上限和下限相同的工作绩效预测分数。换言之，就是利用回归方程来确定预测因子分数，而如果这些分数被输入回归方程，所得出的 Y 的预测分数就等于第二步中确定的区间上限和下限。于是，已知（$\hat{Y}_{上限}=a+b \cdot X_{最大值}$），我们就可以求出 $\hat{X}_{上限}=(\hat{Y}_{上限}-a)/b$；与此类似，$\hat{X}_{下限}=(\hat{Y}_{下限}-a)/b$。

Aguinis et al.（2000）对以预测因子为参照的分数区间（Cascio et al.，1991）与以效标为参照的分数区间（Aguinis et al.，1998）进行了详细比较，并且重点指出了以下差异：

1. **效度证据的使用**。这两种分区方法在对效度证据的使用方面存在差异，而这种差异导致了区间计算方法的差异。在可以获得效标关联效度信息的情况下，以效标为参照的分区方法可以把这些信息包含进去。不过，并不是在所有情况下都可以获得效标数据，因此在许多情况下，以预测因子为参照的分区方法可能是唯一的选择。

2. **区间宽度**。以效标为参照的分区方法比以预测因子为参照的分区方法产生的区间宽度更宽。更宽的区间宽度可能会降低该测验的经济效用，但是同样会降低“错误拒绝”（即在工作中可能会成功的求职者被拒绝）的次数。Laczo & Sackett（2004）的实证研究表明，在以效标为参照的分区方法中，少数族裔群体的选拔率要高于以预测因子为参照的分区方法。不过，如果采用以效标为参照的分区方法，工作绩效预测分数会显著降低。因此，这种方法在提高少数族裔群体选拔率方面的有效性受到了较低的工作绩效预测分数的制约（Laczo & Sackett，2004）。

3. **效标信息的融入**。以效标为参照的分区方法会利用已有的效标数据，而这些数据可能是不完整的（例如，可能是有缺陷的）。另一方面，以预测因子为参照的分区方法在计算区间宽度时则不把效标数据包括在内。

4. **信度信息的使用**。正如第6章讨论过的那样，使用多个信度估计值会对校正效度系数产生复杂的影响。与此类似，使用各种信度估计值也会对区间宽度产生复杂的影响。在以预测因子为参照的分区方法中，只需要一个信度系数（即预测因子分数的信度系数），而以效标为参照的分区方法则需要使用两个信度系数（即预测因子信度系数和效标信度系数）。因此，后一种方法要求人力资源专业人员进行额外的决策。

分区有用吗？它能否在测验效用最大化与提高多元化程度之间实现一种平衡？那些被认为受到“优待”的个体会做出什么反应？分区会被法律接受吗？这些都是在学术文献和法律体系中引起激烈争论的问题。事实上，一本专注于分区的社会事项、技术事项及法律事项的著作已经出版了（Aguinis，2004a）。这本著作明确指出，人力资源实践者和研究者在支持或反对使用分区来解释测验分数时都持有非常牢固的、强有力的观点。例如，Schmidt & Hunter（2004）提出，分区的内在逻辑存在矛盾，在科学上是不可接受的。根据他们的观点，分区违背了科学、理性的价值观，因此，是否使用分区就体现了选拔专家究竟是遵循“科学的价值观”还是“其他的重要价值观”。Guion（2004）指出了分区问题如此备受争议的原因（例如，对平权行动的情感控诉，学术界的目标与组织的目标之间存在的潜在冲突）。Cascio，Goldstein，Quttz，& Zedeck（2004）则对18条反对使用分区的意见提出了反驳，包括在测量、科学效度、统计、法律等方面的反驳。Laczo & Sackett（2004）研究了采用不同选拔规则（包括8种选拔策略）所导致的预期结果（例如，效用、员工队伍多元化方面的考虑）。具体而言，这8种选拔策略包括从高到低排序以及各种形式的分区。Schmitt & Oswald（2004）指出了应当将多少权重赋予测验分数所体现的构念（例如，一般认知能力），以及在制定选拔决策时对同一区间所使用的次级效标；他们还考察了这些决策的结果。

最后，正如Murphy（2004）所提出的那样，组织或个体是否支持使用分区很可能反映了人们在兴趣、价值观以及对人力资源选拔所持的假设等方面存在更广泛的冲突。例如，研究者已经发现，利己主义（即分区和平权行动之间的关系，以及使用分区会提高还是降低自己被录用的概率）与人们对分区的反应是相关的（Truxillo & Bauer，1999）。另一个需要考虑的问题则具有讽刺意义，那就是实施分区可能会给我们认为将从中获益最大的那些个体（例如，女性和少数族裔成员）带来负面影响。例如，Heilman，Simon，& Repper（1987）发现，那些认为自己被选拔到领导岗位上主要是因为自身性别而不是才干的女性表现出消极的自我知觉。更近期的一项研究已经表明，这种负面影响可能正在弱化，而且不会在少数族裔成员身上发生（Stewart & Shapiro，2000）。

鉴于人们在实施分区时持有各种不同的目的，而且实施分区也会导致各种不同的预期结果，Murphy（2004）指出，人们有必要开发出新的方法来帮助组织解答关于公平和效率孰轻孰重的问题。Aguinis & Harden（2004）提供了这样一种方法。他们建议采用多特质效用分析来判断究竟是分区选拔还是严格按照从高到低的顺序进行选拔更有利于处于某个特定情境中的某个特定组织。虽然很耗费时间，但是这种方法使人们在决定是否实施分区选拔时能够直截了当地考察和对比各种相对立的价值观和目标。

即便采用了分区选拔，也可能会出现不利影响；求职者总体的特征（来自低分数群体的求职者占求职者总人数的比例）、不同亚群体的分数均值和标准差的差异，以及测验的信度等因素共同决定了分区选拔在任何特定情境中的作用。尽管如此，在对分区选拔的意见书中，工业与组织心理学会（SIOP，1994）科学事务委员会仍总结道：

> 分区选拔的基本前提是与心理计量学理论相一致的。测验分数之间的细微差异可以合理地归因于测量误差，而且根据经典的测量理论来看，选拔系统可以忽略如此细微的分数差异，或者至少不能因为测验分数的细微差异而忽略了录用求职者时需要考虑的其他所有事项（p. 82）。
>
> 有合法的、科学的证据来支持这个观点：测验分数的细微差异可能并不意味着个体在该测验所测量的这个构念上，或者在未来的工作绩效上，存在有意义的差异（p. 85）。

最后，从法律的角度来看，各级法院以及具有不同管辖权的法院都认可了分区选拔的概念以及次级效标的使用，虽然 Barrett & Lueke（2004）认为这些判决只适用于特定的情况（例如，法院同意组织对以往的歧视做出补救，因为分区选拔会减少不利影响）。例如，美国联邦第九巡回上诉法院的一项裁决（Officers for Justice v. Civil Service Commission of the City and County of San Francisco，1993）批准雇主在使用次级效标的情况下可以采用分区选拔。该法院总结道：

> 市政府与工会、少数族裔求职者及法院合作，最终设计了一种表面上对实际分数的解释保持不偏不倚立场的选拔过程，该过程既能够保留选拔过程的主要效标，又能够减少对少数族裔求职者的不利影响。今天我们认为，依据宪法和联邦法律，分区选拔是合法的（p. 9055）。

在2001年5月的一次判决中，美国联邦第七巡回上诉法院在一个案件（Chicago Firefighters Local 2 v. City of Chicago）中做出了如下判决：

> 在一项测验中，如果黑人的平均分数是100分，而白人的平均分数是110分，那么将黑人的平均分数重计为110分将被视为严禁使用的种族调整措施；与此类似，如果对黑人和白人的平均分数置之不理，认为黑人与高他们10分的白人具有完全相同的工作绩效（换句话说，黑人在工作中比在测验中表现更好），从而简单地依据种族将每个黑人的分数增加10分，也是被禁止的。芝加哥市政府实际上是在对原告所质疑的各种选拔考试的分数进行分区，而落入同一区间的分数被认为是相等的。例如，如果92分和93分都落在A区，那么得到92分的黑人和得到93分的白人被认为是完全相同的……

毫无疑问，如果采用分区选拔是为了使黑人的低分看起来更高一些，那么这样做实际上就是某种形式的种族调整措施，是应该被禁止的。但是芝加哥市政府所采取的措施并不是种族调整措施。实际上，这是一种普遍的、通用的、无异议的、通过取消无意义的排序来对测验分数进行简化的方法……在接受测验的一个群体中，成员能力的分布范围越窄，分区选拔就越具有吸引力。如果答对200个问题和答对199个问题的人之间的技能差异细微到没有意义的程度，那么给予他们不同的排序就是误导而不是启迪……从这种意义上说，分区选拔不会对在百分制测验中得到85分的学生和得到84分的学生进行不公平的区分，因为两者的成绩都是B（pp. 9－10）。

7.4 雇佣测验的公平性和人际关系背景

虽然到目前为止，我们主要强调的是测验公平性的技术层面，但是绝不应当忽视测验情境中的社会过程和人际关系过程的重要性。正如《教育与心理测量标准》（AERA，APA，& NCME，1999，p. 73）所指出的那样："考官与考生之间的互动应当是专业、有礼貌、有同情心和彼此尊重的……在使用和解释测验时必须关注这些方面，其重要性并不亚于测验的技术层面。"

人们之所以要求组织必须坚持公平规则，并不只是因为这是良好职业行为的组成部分。当求职者和考生认为测验程序中存在不公平时，他们对该组织的看法以及对这些测验程序的看法都会受到负面影响（Gilliland，1993）。此外，如果认为测验程序中存在不公平（即使这些测验程序在技术层面是公平的），他们有可能会提起法律诉讼（Goldman，2001）。因此，要想理解某个选拔系统的公平性和影响，我们不仅要对数据进行技术层面的分析，而且要考虑到测验参与者对该系统的看法和感受（Elkins & Phillips，2000）。

从求职者和考生的角度来看，公平包括两个维度：（1）分配公平（对结果公平性的看法）；（2）程序公平（对招募程序公平性的看法）。在分配公平方面，结果是否有利于自己会影响到他们的看法。当求职者认为自己在某个测验中的分数没有达到预期，或者当他们没有被某个工作岗位录用时，可能会认为该选拔过程是不公平的（Chan，Schmitt，Jennings，Clause，& Delbridge，1998）。测验的目标是要精确地雇用那些合适的求职者，而不是其他求职者。很显然，在绝大多数雇佣情境中，这种自我服务偏见机制的影响是无法避免的。不过，一项针对现实中的494名初级骑警岗位求职者的研究表明，与求职者对自己测验分数的看法相比，程序公平似乎能够更显著地影响该个体对测验整体公平性的看法（Chan et al.，1998）。此外，求职者的人格特质与他们对测验公平性的看法是挂钩的。例如，在神经质维度上得分高的个体往往对测验公平性持有更负面的看法，而在随和性维度上得分高的个体往往对测验公平性持有更正面的看法（Truxillo，Bauer，Campion，& Paronto，2006）。

幸运的是，雇主可以控制程序的实施，从而提高测验过程的公平感。例如，Truxillo，Bauer，Campion，& Paronto（2002）对应聘警察岗位的求职者进行了一项研究。有些求职者在参加测验之前观看了一个5分钟的视频和一份书面传单，而另外那些求职者则没有。视频强调该测验是与工作紧密相关的（例如，“该测验能够预测一个人在警察岗位上表现得多么好”）。那些看过视频和传单的求职者认为该测验更公平，而且即使在收到测验结果后，他们认为测验过程不公平的可能性也更小。因此，选拔过程中的一种简单而且相对廉价的程序变化就能够增强求职者的公平感。

总之，尽管测验可能在技术层面是公平的，并且不存在预测偏差，但求职者仍然有可能认为实施测验和制定选拔决策的过程是不公平的。求职者的这种不公平感可能会给组织带来消极后果，并且可能会给求职者带来消极后果（例如，更低的自我效能）。最后，正如《教育与心理测量标准》（AERA，APA，& NCME，1999，p. 85）所指出的那样，“公平、平等地对待测验参与者，这包括在测验之前就提供关于以下各方面的信息：该测验的性质、测验分数的预期用途，以及测验结果的保密性。”这样的程序有助于减少那些因为在测验中表现不够好而没有获得录用的求职者的负面情绪（包括不公平感）。

7.5 公平雇佣与公共政策

社会批评家常常强调，书面测验是雇佣过程中实施不公平区分的主要工具。但是，我们需要强调的一点是，不能脱离某种雇佣实践（例如，测验）在整个雇佣决策系统中扮演的角色来看待该雇佣实践。犯这种错误的人是缺乏社会远见的，并且隐含这样的假定：只要废除测验，不公平的区分就会随之消失——就如同外科医生用手术刀切除了威胁病人生命的肿瘤一样。

诚然，不公平的区分是一种长期存在的缺陷，在雇佣关系的所有方面往往都可以发现这种情况。它体现在公司的招聘实践（例如，实施消极的非歧视行为）、选拔实践（例如，要求办公室文员岗位的求职者具有博士学位，或者采用过于困难的或没有经过效度化的测验来进行招聘或晋升）、薪酬实践（例如，对于相同的工作岗位，女性和少数族裔群体成员的工资水平低于能力相当的白人）、人员安置（例如，将特定群体的成员安排到最不重要或最苦最累的工作岗位上）、岗前培训和在职培训（例如，拒绝为少数族裔群体成员提供深入的岗前培训和在职培训）以及绩效管理（例如，允许上级评价中存在偏差，或者对少数族裔群体成员提供次数更少、质量更低的绩效反馈）之中。简而言之，尽管测验毫无疑问是公众抨击的明显靶子，但是不公平的区分并不仅仅存在于雇佣测验之中。

公众对测量的三种重要功能比较感兴趣：（1）对需求进行诊断（为了实施补救方案）；（2）对完成工作所需的资质进行评估（例如，在雇佣情境中）；（3）防止错误或虚假的凭证。以上每一种功能都具有悠久的历史。在16世纪的西班牙，一份要求使用测验来确定哪些申请者可以学习专业课程的文件就曾提及以上每种功能（Casteen，1984）。

在过去30多年中，我们已经从被动地接受测验（因为它们是事物运行的组成部分），发展到强烈地反对测验（因为人们说测验所反映的情况与我们的社会原则不一致），再到更高程度地接受测验（因为我们陷入对学校质量、员工质量以及自身质量的怀疑之中，需要寻求救助）（Casteen，1984）。

测验和其他选拔程序对社会是有用的，因为社会必须对各种机会进行配置。各种专门化的角色（或岗位）必须被填充。通过教育分类和雇佣选拔，测验有助于我们确定谁应当获得财富和影响力（Cronbach，1990）。测验充当公共政策的工具，而公共政策必须定期进行重新评估。的确，每一代人都必须认真思考“机会均等”这个词语的含义。是否应当将特别好的机会给予那些从家庭中获益最少的人？关于个体的哪些证据应当用于选拔决策？而且，在可以获得有关证据的情况下，应当由什么政策来指导人们制定决策？

回答这些问题确实很困难，而且，每一代人对这些问题的回答也是不一样的。不过，有一件事情是非常明显的：合理的政策不是支持或反对测验，真正重要的是如何使用测验（Cronbach，1990）。从公共政策的角度来看，美国国会、最高法院、公平就业机会委员会以及联邦合同执行程序办公室（OFCCP）相继重申了在公平雇佣的框架内明智地使用人事程序所能够导致的巨大利益（想了解更多内容，参见 Sharf，1988）。

在雇佣决策中不可避免会存在一些误差，对于每种程序来说，需要询问的关键问题是：在考虑所有评估程序的前提下，采用某种特定的评估程序所带来的组织和社会成本是否低于当前为雇佣决策中的这些误差所付出的组织和社会成本。在对测验的 8 种替代方案的所有已得证据进行仔细回顾之后，Reilly & Chao（1982，p. 55）总结说：“除了极少数的特例，关于测验公平性的研究为少数族裔群体的可预测性提供了支持，尽管存在不利影响……没有理由期望各种替代的预测因子会产生不同的结果。”但是，正如 Schmidt（1988）所指出的那样：“替代方案”实际上是一种误称。如果它们有效，那么就应当与能力测验一起使用，从而使整体效度最大化。因此，将它们称为“补充方案”而不是“替代方案”更为合适。实际上，对几篇元分析综述的一项综合分析表明，将认知能力测验与其他预测因子结合起来使用，就能够十分准确地预测未来工作绩效（Schmidt & Hunter，1998）。

最后，在回顾了 50 年中公众对心理测量的争论之后，Cronbach（1975）总结道：

> 无论过去和现在，测验的代言人都坚信他们是在提高社会效率，而不是对社会哲学做出不同的选择……社会科学家接受专业训练的结果是自己并不认为自己知道所有的答案，他们并没有被训练成认识到自己并不知道所有的问题。这就是其社会影响缺乏持久建设性的原因所在（p. 13）。

就未来而言，我们的观点是：在认真考虑情境因素之后，如果能够具体、明确地说明个体的个人特征与工作要求之间的联系，人员选拔程序将会产生更好、更公平的结果（Cascio & Aguinis，2008）。由此导致的必然结果则是人力资源获得更明智、更合理的使用。

在第5～7章，我们考察了多种应用型测量的概念，它们对合理的雇佣决策至关重要。在本书后面的章节中，我们将会考察这些概念如何应用于实践。在接下来的第8章，我们将讨论岗位分析——随着立法和司法的发展，这个主题正变得日益重要，并且越来越受到关注。

对实践的明确启示

- 公平是一个社会概念，但测验偏差（也称为区分预测或预测偏差）是一个心理测量学概念，并且可以通过实证研究来予以考察。当技术可行时，应当进行一次测验偏差分析，以了解不同群体（例如，根据族裔或性别来划分的群体）成员的测验分数在测验与效标之间的关系方面是否存在差异。
- 如果只考察区分效度（即相关系数之间的差异），那么并不足以搞清楚不同群体在测验分数与效标之间的关系方面是否不同（即区分预测）。
- 对区分预测的考察包括检查斜率差异和截距差异。测验偏差评估存在几个问题，而且研究者所面临的情况通常有可能会导致他们得出错误结论：斜率差异并不存在，而且如果存在截距差异，那么这种差异对少数族裔有利。
- 可以使用在线的运算法则和计算机程序来对基于斜率的区分预测检验的统计检验力进行估计，以及对使用可能存在偏差的测验所导致的不利影响和选拔误差进行预测。
- 请记住，测验并不只是一个技术问题，它还包含多种情感因素和社会因素。

讨论题

1. 为什么区分预测评估比区分效度评估能够提供更多关于测验公平性的信息？
2. 对关于区分效度的已有证据以及关于区分效度与不利影响之间关系的已有证据进行总结。对于这个问题，你能够为雇主提供什么建议？
3. 进行一项区分预测分析会面临哪些困难？有哪些解决方案？请予以讨论。
4. 描述可以减少不利影响的可行策略。
5. 在什么情况下，对个体差异的测量会导致不公平的区分？
6. 为支持和反对测验分数分区的观点提供论据。
7. 与以预测因子为参照的分区方法相比，以效标为参照的分区方法具有哪些优势和劣势？
8. 有哪些可行的策略可用来增强考生的测验公平感？
9. 讨论一些与测验有关的公共政策事项。

第8章 对岗位和工作的分析

概览

虽然工作的结构发生了显著变化，但个体的工作岗位仍然是实现更广泛组织目标的基石。岗位分析的目标是从每个岗位所必须从事的行为方面来界定该岗位，并对完成这些行为所必需的个人特征做出假设。岗位分析包括两大要素：岗位描述和岗位说明书。岗位描述具体说明需要完成的工作内容，而岗位说明书则指出完成这些工作内容所必需的个人特征。

岗位分析可用于多种不同的目的，但任何一种类型的岗位分析数据都无法支持所有人力资源活动。因此，至关重要的一点是使方法与目的保持一致，并且在可获得的多种岗位分析方法和类型之中做出战略性的选择。

胜任力模型致力于识别个体的更广泛特征，并且利用这些特征来为人力资源实践提供参考信息。胜任力模型与岗位分析的主要区别在于前者与组织的业务背景及竞争战略的关联程度高。也就是说，胜任力模型是规定性的，而非描述性的。另一方面，岗位分析所具备的严谨和文档记录则使得岗位分析更经得起法律的检验。这两种方法都有助于我们更深入地理解员工素质、工作岗位的要求以及组织的成功程度之间的关联。

20世纪90年代中期，Bridges（1994a，1994b）声称“工作岗位将会终结”。他认为，把工作岗位（job）作为对工作（work）进行组织的方法“是一种已经变得无用的社会产物”。如果组织想要取得成功，就需要“摒弃工作岗位”，并且“重新进行设计，以便最大限度地利用这些不拘泥于工作岗位的员工”。或许有人会问：如果我们不再持有工作岗位，那么是否至少可以持有一个职位？遗憾的是，答案是否定的，因为职位也“过于僵化”。角色呢？抱歉，太单一了，而且只具有单一的目的。技能和胜任力呢？太过时了。根据这一推理，不再拘泥于工作岗位的员工很可能会变成自我雇佣的合同员工，被组织招募进来并在项目或团队中工作。看看诸如英特尔、微软之类的公司，它们就是围绕项目来组织工作的。员工会同时从事 6～10 个项目，或许是在为不同的雇主效力。所有这些可能会在未来某一天成为现实，但现在还不是这样。

在这方面，已经发生的一件有趣的事情是互联网革命。只要登录任何公司的网站，都会发现该公司正在为工作岗位招募求职者。诚然，员工可以同时从事6～10个项目，但只是为同一个雇主。这并不意味着工作的概念没有发生变化。当柔性组织为保持竞争力而要求员工不断做出调整以适应动态环境时，变化往往就会以令人眩晕的速度发生。员工需要适应各种战略创新，例如员工授权、结构重组、自动化、基于内部局域网的自助型人力资源管理、使得职权和责任下放给一线员工的自我管理型团队、虚拟团队和远程办公等各种替代性的工作安排（Cascio，2010；Cascio & Aguinis，2008）。能够改进沟通和信息管理的各种技术，例如无线通信、电子邮件和电话会议，已经使得"随时随地"的工作场所变成现实（Cascio，2003c）。

我们来看看"传统的"工作岗位所发生的两个变化。图书管理员过去习惯于推荐图书、将图书上架以及为研究项目提供引导，而现在他们则负责演示如何在一个信息爆炸的互联网世界中进行计算机化的分类搜索。汽车装配厂正在替换那些即将退休的、高中毕业后就被招聘进来的年长员工，取而代之的是那些经过培训后能够操作计算机化的机器、在团队中表现良好的员工。然而，尽管存在这些变化，工作岗位作为一种对工作任务和职责进行组织和组合的方式仍没有消失，尤其是在大型组织中（Milkovich & Newman，2008）。

为了弄清楚对工作和工作岗位的分析为什么是重要的和相关联的，我们可以考虑下面这种情况。如果要启动一个全新的组织，或者某个大型组织中的一个新部门，我们立刻就会面临各种各样的问题，而其中有些问题会涉及人事决策。这个新组织或部门的主要目标是什么？为了实现这些目标，应当如何构建它的结构？由于它的全部工作（例如，喷气式飞机的生产）对任何一个人来说都过于庞大而无法独自承担，如何将这项整体工作分解为足够细小的但对个体或团队来说又具有足够挑战性的部分（或过程）？我们需要为多少职位配置人员？这些职位的本质是什么？它们要求哪些知识、能力、技能和其他特征？我们应当招募多少员工？在员工选拔过程中应当考虑哪些（个体的、社会的和技术的）因素？我们应当如何培训他们？我们将运用什么标准来衡量他们的工作绩效？在制定上述任何决策之前，我们首先必须界定所讨论的工作岗位，具体阐述从事这些岗位所必需的员工行为，并且就完成这些工作行为所必需的个人特征做出假设。这个过程称为**岗位分析**（job analysis）。

怎么强调工作分析或岗位分析对雇佣研究和实践的重要意义都不为过（Sanchez & Levine，2001）。如同 Sackett & Laczo（2003）一样，我们也认为在工作分析这个标签下所开发的工具和技术可以用来改变工作的结构，而且使用岗位分析这个术语并不意味着人们要对工作岗位进行严格的规定。如果岗位分析实施得当，那么它能够使我们更深入地理解个体的工作岗位以及该岗位的行为要求，进而为我们制定雇佣决策奠定坚实的基础。正如《教育与心理测量标准》（AERA，APA，& NCME，1999）所指出的那样，"对选拔、分类和晋升而言，某种形式的岗位分析为界定（所考察的）内容范围提供了首要基础”（pp. 160－161）。

“对工作进行分析将确定员工在某种具体工作环境中获得成功所需要具备的特征，或者确定该组织的工作要求与其他组织的工作要求之间的相似程度”（SIOP，2003，p. 10）。有些法院坚持组织要实施广泛的岗位分析（例如，作为提供内容关联效度证据的基础），一些特定用途（例如，效度概化）则不要求这样的具体细节（Guion & Gibson，1988；Landy，2003；Schmitt，Cortina，Ingerick，& Wiechmann，2003）。如图 8—1 所示，岗位分析所收集到的信息具有多种用途。

组织设计	人力资源管理	工作和设备设计	其他用途
组织 人力资源规划 角色定义	岗位评估 招募 选拔 安置 岗前培训 培训和开发 绩效考评 晋升和换岗 职业发展路径规划 劳动关系	工程设计 岗位设计 方法改进 安全	职业指导 康复咨询 工作分类系统 人力资源研究

图 8—1 岗位分析信息的用途

通过对角色（即组织中某个职位的预期行为模式）进行明确阐述，岗位分析能够为组织的结构和设计奠定基础。在所有的组织等级中——从清洁工到董事会主席——员工职责都可以明确、具体地阐述，从而避免人力的重叠和浪费，并且提高效率以及个体之间和部门之间的和谐。岗位分析是一种最基本的工具，可用于雇佣研究和实践的每个阶段；实际上，岗位分析对人力资源专业人员而言就如同扳手对管道工人一样。

8.1 术 语

同其他专业领域一样，人力资源也有自己的专有术语，而且虽然有些术语在日常沟通中可互换使用，但是从技术层面看，它们之间存在很明显的差异。当我们更仔细地考察各种岗位分析方法时，这些差异会变得更加明显。下面这些定义与美国劳工部（U. S. Department of Labor，1972，1982），Wills（1993），McCormick（1979），Gael（1988），Brannick，Levine，& Morgeson（2007）所使用的术语是大体一致的。

元素（element）是在不对所包含的不同动作、移动及心理过程进行分析的情况下工作可被划分成的最小单元。在锯木头以制作产品之前先把锯从工具箱里拿出来，这便是工作元素的一个例子。

任务（task）是为一个明确的目的所进行的一项明确的工作活动。运行一个计算机程序、打印一封信和卸载一车货物都是工作任务的例子。

职责（duty）是个体所从事的主要工作领域，可能包括许多项工作任务。工作职责的例子包括：进行面试；为员工提供咨询；为公众提供信息。

职位（position）由某个特定的员工在特定的公司和特定的时间里所从事的一项或多项工作职责组成，例如一名三级打字办事员。有多少名员工，就有多少个职位。

岗位（job）是主要职责很相似的一组职位，例如两名或多名二级机修工。不过，一种岗位可能只包括一个职位，这取决于组织的规模。例如，一家地方性的汽车修理站可能只雇用一名二级机修工。

岗位群（job family）是由岗位分析确定的、具备相似的员工特征或包含相似的工作任务的一组岗位。

职业（occupation）是在不同时间、不同组织里发现的一组相似的岗位——例如，电工和机工。**行业**（vocation）与职业有些类似，但这个术语更多地用于描述工人而非员工。

事业（career）涵盖一个人在自己整个职业生涯中从事过的所有职位、岗位或行业。

8.1.1　使方法与目的保持一致

首先，很重要的一点就是要强调我们有多种方法和技术可用来收集工作和岗位信息。它们在许多维度上存在差异，而这些差异为我们提供了选择的机会。岗位分析方法必须与收集这些信息的目的保持一致。任何一种类型的岗位分析数据都无法支持所有的人力资源管理活动。例如，用来为组织所有工作岗位制定薪酬结构的那类信息（岗位评估）往往还不够具体，不能用来对一名设法重新设计一种人机界面的人机工程师进行有效管理。首先，要界定岗位分析的目的（见图 8—1）；然后，选择一种与该目的相匹配的方法。

8.1.2　选择

岗位分析人员至少面临 8 种不同的选择（Sackett & Laczo，2003）；当然，一旦分析人员确定了收集工作和岗位信息的具体目的，选择范围就会变得狭窄一些。简要地说，这些选择包括如下内容：

1. **活动还是属性**？有些技术只聚焦于需要完成的活动或任务，而另外有些技术则聚焦于工作是如何完成的（员工属性，例如知识、技能、能力和其他特征）。前者称为工作导向的（work oriented），后者称为员工导向的（worker oriented）。还有一些方法则包括独立的活动分析和属性分析，然后通过某种过程将这两种分析联系起来（确定哪些属性有助于完成哪些活动）。

2. **概括的还是具体的**？这些选择涉及岗位分析的详尽程度。与以关键的知识、技能、能力和其他特征为基础的雇佣前评估程序相比，为进行薪酬调查和比较而进行的简要岗位描述就只需要少得多的具体细节。

3. **定性的还是定量的**？对于同一份工作，可以用叙述的形式来表述，即定性的方式；也可以采用固定的一套量表（时间、频率、重要性或关键性）进行量化评估来表述，即定量的方式。定性方法适合职业规划之类的用途，而不同工作之间的比较则需要采用某种类型的定量方法。

4. **基于分类还是采用行为记录表格**？本章后面将要提到的职位分析问卷和弗莱什曼能力要求量表（Fleishman Ability Requirements Scales）都是基于分类法的，它们所考察的相对一般化的工作活动可以应用于许多种岗位。替代办法是，训练有素的观察者或者当前的任职者可以列出工作活动或属性的一份清单，而该清单只适用于某些特定的岗位或岗位群（Banks，2009）。然后，根据上面所描述的方法，通过特定的量表来评估这些工作活动或属性。与分类法相比，这种行为记录表格法有可能获得更具体的细节。

5. **采用观察者还是当前的任职者和上级**？有时训练有素的岗位分析人员会直接观察岗位，然后将自己的观察转换为对工作活动或属性的定性描述或定量评估。替代办法是，这些信息可以来自当前的任职者与其直接上级；组织可以要求他们确定岗位的工作活动或属性，并且通过数值量表对它们进行评定。当有多名任职者和上级提供这样的评定时，组织或许能够评估这些评定的一致性，并确定那些具有不同工作活动模式的回答者。

6. **知识、技术和能力还是 KSAO**？在进行以工作属性为导向的岗位分析时，知识、技能和能力（KSA）是很有用处的，但是，在增加其他个人特征（O）之后，将会使得岗位分析考察更多的工作属性。其他个人特征可能包括人格特质、价值观以及态度。涵盖所有这些特征是胜任力模型（competency modeling）的一个鲜明特征。本章稍后将对该内容进行更加具体的阐述。

7. **单个岗位还是多个岗位之间的比较**？有时我们的关注点是某个具体岗位，例如当我们为银行出纳员这个岗位开发一项初级测验时。而在其他一些情况下，我们的关注点则是记录不同岗位之间的相似之处和不同之处（例如，为了证明对不同岗位使用同一个选拔系统是正确的，或者为了证明对不同组织中的同一种岗位使用同一个选拔系统是正确的，或者为了确定岗位群和职业发展路径）。

8. **描述还是规定**？岗位分析通常是描述当前状态下的某个岗位。然而，如果该岗位当前还不存在呢？在这种情况下，我们有必要为即将设置的岗位规定它所要求的工作活动或属性。这种方法称为**战略性的岗位分析**（strategic job analysis）。本章稍后将对此予以更深入的讨论。

8.2 定义岗位

我们前面已经指出，岗位分析指的是对该岗位进行界定（例如，根据该岗位所必须从事的工作任务），明确阐述员工为完成这些任务而必须实施的行为，并且对完成这些行为所必需的个人特征做出假设。根据这个定义，有两个要素显得尤其重要：任务要求和人员要求。在这一节，我们将考察岗位的任务要求；在下一节，我们将考察岗位的行为要求。

在很多情况下，工作特征是“授予”员工的。它们包括：员工所使用的设备；工作空间的安排；劳动分工；在该岗位上所使用的程序、方法和标准等。通过这些数据，岗位分析人员可以制定一份**岗位描述**（job description）或书面报告，以陈述某个员工实际上要做什么、如何去做以及为何要这样做。然后，这些信息可以用来确定哪些知识、技能、能力和其他特征是从事该岗位的人员所必需的。图 8—2 是城市Ⅰ类建筑师的岗位描述示例。

城市Ⅰ类建筑师

工作性质

这是一份专业化、技术性的工作，它要为各类市政或公共建设项目和设施准备建筑规划、建筑设计以及建筑手册。

最低资质要求

教育和经验

毕业于正规高校的建筑专业、建筑工程专业或其他等同专业。

知识、能力和技能

在建筑原理和实践方面具有丰富的知识；能够进行建筑方面和数学方面的计算，并且为建筑方面的问题提供解决方案；能够设计中等难度的建筑项目；能够解释本地的建筑规范和分区条例；能够与私人承包商及员工保持良好的工作关系；能够以一种有助于提高绩效的方式培训和监管技术助理和其他下属的工作；能够以口头和书面形式清楚、简明扼要地表达观点和想法；能够熟练使用各种建筑工具和设备。

职责说明

为市政厅实施的各种建筑工程，包括消防队、公园及娱乐场所、办公楼、仓库以及其他类似的建筑物，准备或协助准备建筑规划和设计图；准备或监督准备最终的工作图纸，包括位置图、地基图、平面图、立视图、剖面图和示意图在内的建筑图纸，并且安排透视图外貌着色和比例标注；准备或监督准备工程计算和机械图纸，例如管道设施、空调及照明的图纸；编制作业标准和项目说明；准备包括平面图、立视图、位置图、透视图在内的草图，对既定的城市建筑项目提供可行性和费用报告；编制包括结构、机械、电力和空调在内的建筑项目的所有规格；与参与建筑物构造图准备工作的工程人员进行协商，对建筑材料及建筑物建设提出建议和意见，并且对建筑设计图提出必要的调整，以使其符合建筑结构的要求；在施工现场核查建设过程是否符合建筑规划及材料规格；检查现有的建筑物，以判断是否有必要进行改造或完善，并且在有必要的情况下准备好相关图纸；按照要求从事其他相关工作。

所受监管

接受总体和具体的工作安排，并且按照指定的方法和程序完成工作，在完成工作任务的过程中需要进行一定程度的独立判断。

所施监管

通常只限于监管技术助理。

图 8—2　一份典型的岗位描述

岗位描述的要素可能包括：

1. **岗位名称**——既方便公司内的文档记录，也方便向政府机构汇报。
2. **工作活动和程序**——描述所从事的工作任务、所使用的材料、所操作的机器、与其他员工的正式互动，以及所获得或所实施监管的性质和范围。

3. **工作条件和物理环境**——热度、照明、噪声程度、室内/户外设施、地理位置、危险条件等。

4. **社会环境**——例如，工作团队的成员数量、从事该岗位所必需的人际互动程度，以及诸如此类的信息。

5. **雇佣条件**——例如，包括工作时间、工资结构、付酬方式、福利、该岗位在组织中的正式地位，以及晋升或换岗的机会。

我们刚刚描述的是一种传统的、以工作任务为导向的岗位描述。然而，有些组织如今正致力于开发行为型岗位描述。由于技术和客户需求经常会发生变化，行为型岗位描述提出的是更容易做出调整的更广泛能力（Joinson，2001）。例如，行为型岗位描述不是强调沟通技能（例如，写、说和演示），而是提出更广泛的行为陈述，例如“积极倾听，建立信任，调整自己的风格和策略以符合听众的需要”。这些行为并不会发生变化，即使实施这些行为的方式会随着技术的发展而相应变化。如今，员工不是只负责简单的程序和可预测的工作任务，而是被期望能够进行推理及做出诊断、判断和决策，并且往往是在面临严格时间限制的情况下（Pearlman & Barney，2000）。

8.3 岗位说明书

岗位说明书描述了要从事某个岗位所必需的知识、技能、能力和其他特征。例如，良好的视力是宇航员和试飞员所必需的。

然而，许多岗位的说明书既不严谨也不灵活；它们仅仅作为招募、选拔和安置的指导方针。岗位说明书取决于可接受的绩效水平以及某些能力可以被其他能力取代的程度。例如，在一次对电动缝纫机操作工的调查中，人们之前一直认为视力好对缝床单是不可或缺的，但是该调查表明，手的灵巧度更加重要。有些操作工甚至可以闭着眼睛缝床单！这说明了非常重要的一点：由于岗位说明书制定得不灵活，人为设置过高的要求，或者没有效度，使得有些人被排除在某些岗位之外。考虑到这个原因，岗位说明书应当为选拔和以后的工作绩效设置可接受的最低标准。

8.3.1 设置最低资质

岗位说明书应该确定对筛选、选拔和安置过程有用的个人特征（例如，教育水平、经验或培训）。这些资质是如何设定的？我们应该如何定义最低资质？

鉴于当时的一个法律案件对采用效度不明确但不利影响非常显著的最低资质提出了质疑，Levine，May，Ulm，& Gordon（1997）提出了一种用来确定最低资质的方法。他们的方法值得一提，因为这种方法与合理的工作实践相一致，并且最终获得了法院的认可。

利用一份关于某个特定岗位的工作任务和KSA的草案，由相关专家组成的几个独立小组各自根据四个量表（见图8—3）来评估工作任务和KSA。由于随后会根据平均值或百分率来对评分进行相加，因此不需要这些专家达成一致意见。那些能够满足图 8—3 中所示标准的工作任务和 KSA 将用来构建工作任务和 KSA 区域，而最低资质则来自此处。在完成评估之后，这些专家将针对教育水平、工作经验以及适合作为最低资质的其他数据提出建议和意见。利用已经确定的工作任务和 KSA 区域，再结合这些专家的建议和意见，岗位分析人员就可以准备一系列最低资质条目。每个条目都是一个陈述句，阐述员工在某个特定岗位上实现满意绩效所需具备的教育水平、培训或工作经验。最后，再召集另外一组相关专家来完成以下三项任务：

1. 描述一位达到最低录用标准的员工；

2. 判断最低资质清单是否完整、是否需要修正；

3. 根据两个量表（水平量表和清晰度量表，见图 8—4 上半部分）来对最终的最低资质清单进行评估。

工作任务

入职时的表现：被录用的新员工是否应当立即或在简短的岗前培训之后从事这项任务？（是/否）

最低录用标准：是否即使是只达到最低录用标准的员工，也能够在正常的监管下正确完成这项任务？（是/否）

正确绩效的重要性：正确执行这项任务有多么重要？请仔细考虑，如果犯下一个错误（例如，服务延迟、返工、给病人或同事带来危险），将会导致什么后果。（从 1 非常不重要到 5 非常重要）

难度：与这个岗位需要从事的其他所有任务相比，正确从事这项任务有多么困难？（从 1 非常容易到 5 非常困难）

用来确定最低资质区域的标准：在前两个是/否量表上，大部分专家回答是；在正确绩效的重要性这个量表上得分等于或高于 3；在难度这个量表上得分等于或高于 2。

KSA

入职必要条件：被录用的新员工是否必须在刚被录用或简短的岗前培训之后就具备这些 KSA？（是/否）

最低录用标准：是否即使是只达到最低录用标准的员工也必须具备这些 KSA？（是/否）

在招聘中的用处：在选拔和录用新员工时，这些 KSA 具有多大用处？（从 1 没有用处或只有极少用处到 5 具有特别大的用处）

不合格的员工：这些 KSA 能够多么有效地把达到最低录用标准的员工与不合格的员工区分开来？（从 1 不能或几乎不能到 5 特别有效）

用来确定最低资质区域的标准：在前两个是/否量表上，大部分专家回答是；在后两个量表上，得分都必须等于或高于 2；在后两个量表上的总得分必须等于或高于 5。

图 8—3 用来确定工作任务和 KSA 的量表，以及用来确定工作任务和 KSA 区域的标准

资料来源：Levine，E. L.，May，D. M. Ulm，R. A.，& Gordon，T. R. (1997). A methodology for developing and validating minimum qualifications (MQs). *Personnel Psychology*，*50*，1013. © 1997.

水平：该最低资质条目有多么适合用来确定达到最低标准的求职者？

（0 根本不适合；1 太低而难以预测；2 适合；3 太高而难以预测）

清晰度：对求职者以及将利用该条目来对求职者进行筛选的招募人员来说，该最低资质条目有多么清楚、明确？（就条目本身而言，0 根本不清楚；1 不太清楚；2 基本上清楚；3 非常清楚）

最低资质条目必须满足这个标准：在水平量表上的得分为 2，并且在清晰度量表上的得分为 2 或 3。接下来，需要根据以下两个量表来把符合标准的条目与先前已经确定的每项工作任务和 KSA 进行比较。

联系

工作任务：该最低资质条目是否为员工以最低标准完成这项任务所必需的？（是/否/不确定）

KSA：该最低资质条目是否为员工达到最低标准的 KSA 所必需的？（是/否/不确定）

如果某个最低资质条目与最低资质区域中半数以上的工作任务或 KSA 有联系，或者与前 5 项最重要的工作任务或 KSA 有联系，那么它就是有效的最低资质。

图 8—4　用来确定最低资质条目的量表，以及用来确定内容关联效度证据的标准

说明：通常是在评估之前或之后对最低资质条目进行编辑，以保证是根据该条目的内容而不是书写的清晰度来决定它是否有效。

资料来源：Levine，E. L.，May，D. M. Ulm，R. A.，& Gordon，T. R.（1997）. A methodology for developing and validating minimum qualifications（MQs）. *Personnel Psychology*，*50*，1013. © 1997.

挑选出与图 8—4 上半部分中那两个量表所列出的标准相一致的最低资质条目，然后通过另外两个量表（一个是工作任务量表，另一个是 KSA 量表；这两个量表都位于图 8—4 的下半部分），采用图 8—4 下半部分所提出的标准，将这些条目与工作任务和 KSA（位于先前所创建的最低资质区域中）联系起来。为了体现出内容关联效度证据，每个条目都必须满足这条联系标准。在 Levine et al.（1997）的研究中，9 条最低资质条目中有 6 条做到了这一点。

后来，Buster，Roth，& Bobko（2005）提出了一种与此息息相关的方法来为教育水平和工作经验方面的最低资质提供内容关联效度证据，而且这种方法获得了联邦法院的认可。他们为岗位分析实践提供了以下 8 项建议：

1. 首先进行一次结构化的岗位分析，以确定关键的工作任务和 KSA，而且需要指出哪些 KSA 是开始工作的第一天就需要具备的（入职必要条件）。

2. 在第一次最低资质开发会议上就分发一份该岗位的工作任务和 KSA 清单。

3. 向相关人员强调，最低资质的参照对象是这种岗位上的一位新任职者。

4. 要求最低资质条目的编制人员仔细考虑各种替代性的最低资质（例如，职业证书）。

5. 使用有针对性、直截了当的最低资质，因为可以更容易、更可靠地评估它们。

6. 相关专家应该各自单独评估最低资质清单。

7. 让相关专家将所有最低资质条目与先前确定的工作任务或 KSA 联系

起来。

8. 根据难易程度对最低资质条目进行分类。

8.4　岗位分析信息的信度和效度

对46项研究及299个信度估计值进行的一项元分析得出了岗位分析的评估者间信度和评估者内信度的平均水平。评估者间信度指的是不同评估者对某个特定岗位或工作角色的组成要素持一致意见的程度，或者是他们的评估发生共变的程度。评估者内信度则是对稳定性的一种测量（在不同时间评估和再评估同一个岗位的相同项目）。数据是按照特异性（概括化的工作活动或工作任务数据）、来源（当前任职者、分析人员或者技术专家）及描述性量表（频率、重要性、难度或所需时间）来分类的。在119项研究中，工作任务数据的评估者间信度和评估者内信度要高于概括化的工作活动数据（分别是0.77对0.60以及0.72对0.58)。无论数据的特异性情况如何，分析人员都给出了最高的评估者间信度，而当前任职者则给出了最低的评估者间信度。在工作任务数据中，用来考察相对价值感的描述性量表（重要性量表和难度量表）往往具有相似的、相对较高的评估者间信度水平，而用来考察时间判断的描述性量表（频率量表和所需时间量表）则显示出相似的、相对较低的评估者间信度水平（Dierdorff & Wilson，2003)。

岗位描述的效度水平取决于它们能够多么准确地描述工作内容、环境以及雇佣条件。岗位说明书的效度水平则取决于拥有岗位说明书所提出的这些个人特征的员工在从事实际工作时比缺乏这些个人特征的员工更加有效的程度。

但是，正如Morgeson & Campion（1997）所指出的那样，许多岗位分析过程基于人的判断，而这种判断常常会出错。岗位分析不准确的主要潜在来源有两个：社会来源和认知来源。社会来源主要存在于由群体而非个人做出岗位分析判断的场合。例如，如果要求群体达成共识，那么从众压力可能会成为岗位分析不准确的一种来源。另一方面，认知来源则反映出我们处理信息的能力有限这一问题。例如，要求进行数量庞大的评估或者对各种工作特征进行非常精确的区分可能会引起信息超载。Morgeson & Campion（1997）共确定了16种潜在来源。这些来源更有可能影响评估者对主观的、容易混淆的属性（例如，对多种KSAO进行评估时）的评估，而不太可能会影响评估者对具体的、可观察的工作任务的评估。例如，与对“关键性”进行评估相比，诸如“你在工作中做这个吗”之类的问题所涉及的主观性和判断就少得多。

在后来的一项研究中，Morgeson，Delaney-Klinger，Mayfield，Ferrara，& Campion（2004）考察了某种特定的偏差来源所产生的影响。这种偏差来源是自我展示（self-presentation），即个体试图控制他人对自己的印象。他们的这项研究表明，自我展示或许会导致评估出现偏差，尤其是在能力陈述中。

我们还了解到，评估者可以获得的岗位描述信息量会显著影响岗位分析的准确性。与那些只知道岗位名称的大学生评估者相比，获得更详细工作信息的大学生评估者总是能提供更准确的评估（以对当前任职者的平均等级评定为依据）。此外，对该岗位了解甚少的评估者所提供的数据与工作内容专家（job-content experts）所提供的数据也是非常不一致的（Harvey & Lozada-Larsen，1988）。

但是，在真实的组织中，不存在可轻易获得的标准来评估岗位分析的准确性。正如Guion（1998）所指出的那样，岗位分析并不是科学。它总是会反映主观判断，因此最好将它视为一种信息收集工具，用来帮助人们决定下一步该做什么。应当就收集什么信息以及如何收集这些信息进行仔细的斟酌和记录，这样才能够最好地确保获得可靠、有用的信息（Sackett & Laczo，2003）。在下一节，我们将考察如何获得这样的信息。

8.5 获取工作信息

描述岗位的方法有多种，在精确性、覆盖的宽度以及对岗位所做出的假设方面，这些方法是大相径庭的。有些方法以工作为导向，有些方法则以员工为导向，但每种方法都有自己独特的优势和劣势。为了便于讲解，我们会分别陈述每种方法，但是在实践中，多种方法应该相互配合，以最终形成对工作任务、职责和行为的全面、有效的描述。

8.5.1 直接观察法和工作绩效法

由分析人员直接观察当前任职者和测量实际工作绩效是收集工作信息的两种方法。数据被记录在某种叙事形式的表格或如图8—5所示的某种清单或工作表中。这两种方法都假设岗位是相对静态的——也就是说，它们在长期内保持不变，而且不会因为任职者的改变或情况的改变而发生变化。直接观察法适用于这样的岗位：需要从事大量手工、标准化、周期短的工作活动。工作绩效法则适用于分析人员容易了解的岗位。

观察内容应该包括工作行为的代表性样本。例如，“处理紧急情况”这一工作活动对有效的护理绩效是至关重要的；而连续8小时观察一群护理人员看管十几个做完手术后昏昏欲睡的病人，则不太可能发现许多有效的工作要求。

此外，岗位分析人员在观察过程中必须做到不冒失和不唐突，以免测量过程本身会歪曲所测量的内容（Webb，Campbell，Schwartz，Sechrest，& Grove，1981）。这并不意味着分析人员应当把自己隐藏起来，从员工的视线中消失，但确实意味着分析人员不应当影响员工的正常工作。请考虑下面这个真实的事件：作为对警察岗位分析的一部分内容，分析人员坐进了警车与警察一同巡逻。当巡逻警车向前行驶时，分析人员和一名警察聊了起来。大声的谈话掩盖了收音机的声音，当时报道的是正在发生的抢劫事件。赶到案发地点时，分析人员和警察都从巡逻警车里跳了出来。但是在处理案件的过程中，过分热心的分析人员把自己置于劫匪和警察之间，导致劫匪得以用分析人员作为掩护而逃离犯罪现场，不过劫匪最终还是被逮捕。

员工姓名：	日期：
工作类型：	分析人员：
所属部门：	所属分公司：
在该岗位的工作年限：	在本组织的工龄：

请描述现在的职责是什么以及从事该岗位需要具备什么条件。无须指出雇佣后所获得的经验、能力或培训。

1. 对该岗位（主要职责）的概述：
2. 工作任务（前面带有 X 标记的工作任务是实际观察到的职责：使用实际例子来说明频率、错误的后果（0～10）、难度（0～10）、所获得的培训，以及监管）：
3. 所分配的工作任务有多具体？请描述工作中已经做出的决策形式以及以后还需要做出什么决策。
4. 与同一职位上其他员工的关系：
5. 该岗位可以直接晋升到的职位：
6. 同等职位：
7. 工具、机器及辅助设备：
8. 体力活动（攀爬、提举、行走、站立、操作重型设备等）：
9. （观察）危险或异常的工作条件：
10. （上级或部门主管）资质（所需的胜任力）：
11. （上级或部门主管）从事该岗位所需具备的知识、技能和能力：
12. （上级或部门主管）特殊要求、许可证等：
13. 对员工资质的书面说明（如果有的话）：
14. 沟通（组织内/组织外）：
15. 所需承担的监管职责（如果有的话）：

图 8—5　岗位分析表（精简版）

直接观察法和工作绩效法并不适用于那些需要大量脑力劳动和注意力的岗位，例如律师、网络分析师或者建筑师，但也有数以千计的岗位非常适合使用这两种方法。人们经常采用一种称为职能岗位分析（functional job analysis，FJA）的技术来记录所观察到的工作任务（Fine，1989）。FJA 试图准确地确定员工在工作中做了什么，以及员工的行为所导致的结果是什么——也就是说，员工完成了什么。图 8—6 是 FJA 量表的一个例子，该图总结了岗位分析人员对消防员在收到紧急呼叫后所采取抢救和检修行为的观察。我们来看一下该图的各个组成部分。

工作职责是责任的一般范畴。工作任务描述的是完成了什么。在“什么”这个栏目下，需要完成两类信息：“从事什么活动”（也就是说，用行为动词描述员工做了什么），以及“针对谁或什么东西”（也就是说，描述该动词的宾语）。“为什么”这个栏目迫使分析人员必须思考员工行为的目的（也就是说，“为了导致或实现什么”）。“如何”这个栏目要求分析人员描述员工完成工作任务时所使用的工具、设备或辅助设施，以及具体说明指导的性质和来源。这一部分还指出了某个工作任务是规定性的（例如，按照上级指示或部门程序），还是员工可以自行决定的。

职位系列：消防员 工作职责：应对紧急派遣 工作任务描述：执行消防抢救和检修							
什么		为什么	如何		员工的职能 （定位和程度）		
从事什么活动(行为动词)	针对谁或什么东西 （动词宾语）	为了导致或实现什么	使用什么工具、设备或辅助设施	依据什么指导	数据	人	物
1. 堆积和覆盖	家具、衣物以及其他有价值的东西	为了避免各种物品受到火灾或水灾的损坏	救生衣	规定性的内容： a. 上级领导 b. 部门程序 自行决定的内容： a. 把物品放到最安全的地方以防止损坏	10% 2	10% 8	80% 7
2. 检查	墙壁、天花板、地板和家具	为了定位并消灭继发性火源	水龙带，便携式喷嘴，电锯，斧头	规定性的内容： a. 上级领导 b. 部门程序 自行决定的内容： a. 检查继发性火源的位置 b. 用以定位继发性火源的工具	50% 2	10% 8	40% 4
3. 搬运	建筑物中烧毁的褥垫和家具	为了减少火和烟对建筑物及各种物品的损坏	撬棍	规定性的内容： a. 上级领导 b. 部门程序 自行决定的内容： a. 是否要将文件和材料从建筑物中搬出	20% 2	10% 8	70% 7

图 8—6　职能岗位分析的行为观察表

在“员工的职能”这个栏目下，分析人员用数据、人和物来描述员工活动的定位和程度。所有岗位在某种程度上都要把员工与信息或想法（数据），客户、同事、上级等（人）以及机器或设备（物）联系起来。数据、人和物之下的百分比表明了这几种要素在每种职能中的相对含量（定位）。数字则表明了复杂程度。复杂程度是根据美国劳工部开发的下列量表来评定的：

数据	人	物
0 综合	0 辅导	0 安装
1 协调	1 谈判	1 精加工
2 分析	2 指导	2 操作、控制
3 编辑	3 监管	3 驱动、操作
4 计算	4 安抚	4 操纵
5 复制	5 说服	5 看管
6 比较	6 传达	6 供料
	7 服务	7 处理
	8 执行指示	

当然，这些量表中的每个条目都会被定义得更加详细和完整，以便于分析人员使用。但是需要指出的一件重要事情是：由于对定位和程度的测量可以应用于所有工作任务，进而应用于所有岗位，因此这些员工职能岗位分析量表提供了一种方法，使人们可以根据一种共同的基础来比较所有工作任务以及所有岗位。

我们先前已经提及，有些特定的工作环境（例如，餐馆）可能并不适合分析人员亲自进行直接观察。但是，通过先进的、高清晰度的数码相机，观察者能够很好地观察员工的工作活动。所获得的视频信息可以被评估、编辑和整理。数码视频的另一个优势是观察者可以采用专业的编辑软件来处理视频文件，从而使观察者能够从拍摄器材中直接获得有关数据。这种软件使观察者可以根据直觉对工作任务进行简单的分类和整理。观察者只需要观看视频并且点击屏幕上的按钮，就可以把观察直接转换为数据包。然后，观察者把经过类似处理的所有视频片段放到一起，按顺序逐一观看它们，或者对不同员工进行比较。此外，利用这种数码视频信息，观察者可以利用专门的软件来指挥镜头以最合适的方式拍摄。通过这种方法，当员工在某个工作区域闲逛或无所事事时，观察者可以指挥镜头一直追随他们，就如同观察者始终跟随在他们后面一样。在完成视频观察之后，观察者可以对视频文件进行编辑和处理，并且在必要时进行调整和更新（Saad，2009）。

8.5.2　访谈法

无论标准化的工作活动还是非标准化的工作活动，无论体力劳动还是脑力劳动，要想确定它们所必需的工作任务、职责和行为，访谈法都是最为常用的技术。由于员工在访谈过程中扮演着自己的观察者，因此可以报告那些通常没有被观察到的活动和行为，以及那些在较长一段时间内才可能发生的活动。此外，由于员工熟悉其工作的详细内容，因此能够报告分析人员通过其他渠道无法获取的信息。但是非常明显的是，访谈作为一种“有目的的对话”，它的成败在部分程度上取决于访谈者的技巧。

分析人员在正式访谈进行之前应当事先制定一个完善的计划，并且接受访谈技巧培训，而且，为了保证信度和效率，分析人员应当采用某种结构化的访谈表。该表系统地涵盖了访谈过程中应当收集的材料。作为一种指导，访谈者可以对照下列标准来检查自己所要询问问题的适宜性（McCormick，1979）：

- 该问题应当与岗位分析的目的有关。
- 措辞应当清楚、明确。
- 该问题不应当“引导”回答者；也就是说，它不应当暗示某个特定答案是所期望的。
- 该问题不应当被“赋予”这种含义：某种回答比另一种回答更合乎社会期望。

- 该问题不应当询问回答者不了解的知识或信息。
- 不应当包括那些可能会引起回答者不满的个人资料或隐私资料（p.36）。

员工经常用怀疑的眼光看待访谈者，因此他们在吐露工作信息时采取谨慎态度也是可以理解的。由于这个原因，分析人员应当营造一种能够让员工或员工团队放松下来并自由讨论工作任务和职责的良好氛围。

对访谈技术而言，主要的绊脚石是信息失真——无论是由于完全的弄虚作假所致，还是源于真正的误解。例如，如果员工知道（或者认为）岗位分析的结果会影响自己的工资，那么他就有可能夸大某些职责而弱化其他职责。因此，为了获得有效的信息，访谈可能需要花费较长的时间，并且设计大量灵巧的问题。

为了核查单个任职者所提供的信息，访谈多名任职者以及熟悉他们工作情况的直接上级是一种明智的选择。任职者及其直接上级无论是低绩效者还是高绩效者，所提供的信息往往是类似的（Conley & Sackett，1987），对于来自不同的人口统计学亚群体的成员来说，情况也是如此（Schmitt & Cohen，1989）。不过，这可能仅仅适用于简单工作，而非复杂工作（Mullins & Kimbrough，1988）。多次访谈可以使分析人员充分考虑到那些由于时间、人员和情况不同而变得动态的工作因素。不过，这只是解决这个问题的部分方案，因为通常很难把几种不同的访谈结果合并成一幅完整的图案。鉴于这个原因，分析人员还需要使用其他一些信息收集技术来补充和完善访谈结果。

8.5.3 专家组

在岗位分析中，经常会因为不同的目的而召集6～10名相关专家组成小组，他们将收集关于工作任务或KSAO的信息，以用来编制岗位分析调查问卷，以及在测验开发过程中，在工作任务与KSAO之间、KSAO与测验项目之间、工作任务与测验项目之间建立联系。这些相关专家通常代表由当前任职者及其上级构成样本的10%～20%，并且能够代表整个任职者群体的种族、性别、工作地点、轮班以及任务构成。但是，有证据表明，在相关专家群体中最重要的人口统计学变量是经验（Landy & Vasey，1991）。如果该群体缺乏丰富的跨领域工作经验，那么可能会导致评估变得失真。不过，有代表性的专家组所提供的结果与对该领域的员工进行广泛调查所获得的结果非常类似（Tannenbaum & Wesley，1993）。

我们鼓励这些相关专家开诚布公地讨论问题和消除分歧。例如，为了促进对KSAO的讨论，可以向专家组成员询问下面这类问题：

- 想一想，你认识的哪些员工（在某项特定的工作任务上）比其他员工表现更好。他们为什么表现更好？
- 如果想指派一名员工来完成（某项特定的工作任务），你希望该员工具备哪些KSAO？
- 你希望员工在培训中学到什么内容，从而有助于他们有效地完成工作任务？

- 对比高绩效员工和低绩效员工。是什么KSAO把他们区分开来？

如果这些相关专家的任务是在测验开发过程中建立各种联系，那么应当运用质量控制方面的统计技术来确保他们的判断或工作成果是有意义的（Hughes & Prien，1989）。例如，调查问卷中可能包括重复的项目和不严谨的项目（该项目不适合所考察的这个岗位）。较高程度的评估者间一致性，以及每名专家都确保不严谨的项目数量接近于零，是核查所获得的数据是否有意义的两条重要标准。

8.5.4　问卷法

调查问卷通常是标准化的，它或者要求回答者核对与工作有关的项目，或者要求回答者根据项目与工作的关系来对项目进行评定。一般来说，与其他各种岗位分析方法相比，采用调查问卷法要成本更低，所费时间也更少，而且有时可以由回答者在空闲时间内完成，从而避免浪费生产时间。此外，当每种岗位上有许多员工时，调查问卷法可以提供非常广泛的覆盖面，而其他方法要想达到这种效果，必定要花费特别多的时间和费用。

不过，问卷法也存在问题。通常来说，开发调查问卷既耗费时间，又会产生很高的费用，而且那些在访谈中本来可以澄清的歧义和误解不太可能被纠正。此外，很难进一步弄清楚并扩展在调查问卷中获得的信息。而且，采用这种没有人情味的工具，要想实现在面对面的沟通中可以获得的和谐与融洽也是不可能的。这可能会对回答者的合作和动机产生不利影响。另一方面，结构化的调查问卷最有可能对岗位分析信息进行量化，然后通过计算机来处理这些信息。

任务问卷和项目清单（task inventories and checklists）是用来收集关于某个特定岗位或职业的信息的调查问卷。根据项目的重要性、从事一项工作任务的频率、从事该任务的难度、需要学习多长时间才可从事该任务以及该任务与整体工作绩效的关系，岗位分析人员可以对与所考察岗位有关的每一个项目进行核对或评定，从而完成一份工作任务或活动清单。虽然这些数据可以通过计算机来分析，但是项目清单往往忽略了工作任务的顺序或者这些工作任务与其他岗位的关系。因此，仅仅依据项目清单信息很难完整描述一个岗位。

不过，如果任务问卷的目的是评估每项工作任务的相对重要性，那么分别对每项任务的关键性、学会从事该任务的难度及所费时间进行评定，然后对这些评定结果进行单位加权和相加，所得到的总评定或许能够最好地预测专家组整体对每项工作任务相对重要性的评估结果（Sanchez & Fraser，1992）。

8.5.5　职位分析问卷法

由于任务问卷基本上是以工作为导向，而且假设岗位是静态的，因此难以确定行为的含义。与之相反，以员工为导向的信息描述了工作是如何完成的，并且更加关注一般化的员工行为。职位分析问卷（position analysis questionnaire,

PAQ）就是这样一种工具，它主要是基于对员工导向的工作元素所进行的统计分析，并且本身也适合进行定量的统计分析（McCormick & Jeanneret，1988；McCormick，Jeanneret，& Mecham，1972）。职位分析问卷由194个项目或工作元素组成，这些项目或工作元素的分类如下：信息输入（员工从哪里以及如何获取自己在工作中用到的信息）；心理过程（在工作中所使用的推理、计划、决策等）；工作产出（员工进行的体力活动以及所使用的工具或设备）；与其他人的关系；工作环境（从事工作时的物理环境和社会环境）。由个体回答的项目要求回答者核对某种工作元素是否适用，或者根据某种合适的量表（例如，重要性、时间或难度）来评估该工作元素（见图8—7）。

与其他人的关系

这一部分考察的是不同人员之间的互动的不同方面。

编码	对岗位（1）的重要性
DNA	不适用
1	非常低
2	低
3	中等
4	高
5	非常高

4.1　沟通

依据该活动对完成工作的重要性对以下内容进行评估。有些岗位可能包含这部分中的多个或所有项目。

4.1.1　口头（言语沟通）

99 1 建议（就某些问题对某些个体提供咨询和/或指导，这些问题可以通过法律、财务、科学、技术、临床、宗教以及/或者其他专业途径予以解决）

100 1 谈判（与他人接触，以共同达成一致意见或解决方案，例如劳资谈判、外交关系等）

101 1 劝说（与他人接触并且影响他们，使其采取某种行动或接受某种观点，例如销售、政治竞选活动等）

102 1 指导（用正式或非正式的方式向他人传授知识或技能，例如公共学校的教师、教导学徒的熟练工人等）

103 1 访谈（直接针对某个具体目标进行面谈，例如对求职者进行面试、人口普查等）

图8—7　PAQ项目样本

资料来源：McCromick，E. J.，Jeanneret，P. R.，& Mecham，R. C. Position Analysis Questionnaire，copyright 1969 by Purdue Research Foundation，West Lafayette，Indiana 47907.

PAQ项目的平均信度达到了非常可观的0.80。PAQ的一个德国版本也获得了类似的结果（Frieling，Kannheiser，& Lindberg，1974）。对使用PAQ的83项研究进行的一次元分析表明，评估者间信度平均为0.66。该元分析还显示，评估者内信度平均为0.82（Dierdorff & Wilson，2003）。

个人因素和组织因素似乎对PAQ结果没什么影响。在一项受控制的研究中，无论分析人员是男性还是女性，无论任职者认为自己的工作有趣还是枯燥，无论所提供的工作信息量是多还是少，最终都获得了相似的结果（Arvey，Davis，McGowen，& Dipboye，1982）。不过，正如使用其他岗位分析方法所发现的那样，来自专家评估者和工作新手评估者的PAQ评定是不同的（DeNisi，Cornelius，& Blencoe，1987）。使用PAQ时是没有任何捷径可走的。例如，有一项研究发现，在使用PAQ时，与分别评估每个工作维度的项目然后再把这些项目合并相比，从整体上评估每个工作维度会导致所得结果的趋零聚合（near-zero convergence）（Butler & Harvey，1988）。

McCormick，Jeanneret，& Mecham（1972）认为，结构化的、以员工为导向的岗位分析工具具有相当大的潜力来构建那些能够把不同岗位联系起来的"公分母"。因此：

> 我们所寻找的"公分母"在性质上应该是以员工为导向的方法，因为它们有可能在所使用的技术截然不同的岗位之间建立起桥梁或"公分母"。我们不可能在技术层面把宰杀、烘焙和烛台制作等工作任务严格地联系起来，但如果按照这些岗位所涉及的更一般化的人类行为，也就是对以员工为导向的工作元素进行分析，则有可能很好地揭示这些岗位之间的共同点（如果存在的话）（p. 348）。

尽管存在这些观点，但是研究表明，相对于那些专业岗位、管理岗位以及某些技术岗位而言，PAQ的很多内容还是更适合生产性的蓝领岗位（Cornelius，DeNisi，& Blencoe，1984；DeNisi et al.，1987）。而且，PAQ也受到以下两方面的限制。首先，由于没有对具体的岗位活动进行描述，因而工作中行为的相似性可能会掩盖工作任务之间的真实差异——例如，对警察的岗位描述非常类似于对家庭主妇的描述（Arvey & Begalla，1975），因为这两种工作的特征都是解决纷争和处理紧急情况。PAQ存在的第二种限制在于其可读性，因为要理解PAQ的项目需要具备本科毕业生的阅读水平（Ash & Edgell，1975）。这意味着什么？除非任职者及其上级的受教育年限确实超过10年，否则不要对他们使用PAQ。

为了让这种以员工为导向的方法能够使用得更加广泛，人们开发了工作元素问卷（job element inventory，JEI）。JEI是一种包含153个项目、仿照PAQ创建的结构化问卷，但是所要求的阅读水平要低得多（10年级）。一项受控制的研究表明，JEI的因素与PAQ的因素是极其类似的（Harvey & Lozada-Larsen，1988）。

8.5.6 弗莱什曼岗位分析调查

弗莱什曼岗位分析调查（Fleishman job analysis survey，F-JAS）（Fleishman，1975，1992；Fleishman & Reilly，1992a）是获得最充分研究的岗位分析方法之一。这种方法的目标是根据从事该岗位所必需的能力来描述该岗位。能力要求分类法（基于Fleishman & Quaintance，1984）旨在体现数量最少的、独立的能力类型，这些能力类型能够描述各种工作任务的绩效。该分类法包括21种认知能力（例如，口头理解能力、演绎推理能力、数字能力），10种心理运动能力（例如，反应时间、控制精度、手指灵活度），9种身体能力（例如，身体的总体协调性、静态力量、耐力），以及12种感觉/知觉能力（例如，对深度的感知、色彩鉴别力、听力）。此外，21 种社会/人际关系能力（例如，说服能力、可靠性、社会敏感性）如今也已经包括进来。而且，这种方法还被人们不断扩展，用来确定和界定 33 种一般化的行业知识和技能要求（例如，客服能力、管理能力、建造能力；Costanza，Fleishman，& Marshall-Meis，1999）。

为了帮助评估者形成一种共同理解，评估量表为每一种能力提供了定义，将它与其他各种相关或相似的能力区分开来，并且提供具体的工作任务示例，而每项任务对这种能力的高低具有不同要求。图 8—8 就提供了这样一个量表的示例，该量表被用来测量第 10 种认知能力，即数字能力。这些量表的评估者间信度一般都在 0.85 左右，而且许多研究提供了相当多的构念效度证据和预测性效度证据来支持这些评定量表（Fleishman & Reilly，1992a；Fleishman & Mumford，1988，1991）。此外，《人类能力手册：定义、测量以及工作任务要求》（Fleishman & Reilly，1992b）把以下三类信息整合到了一起：（a）各种人类能力的定义；（b）需要使用其中某种能力的工作任务类型和岗位类型；（c）各种已出版的、可以用来测量其中某种能力的测验。图 8—9 展示了《人类能力手册》中关于数字能力的部分内容。

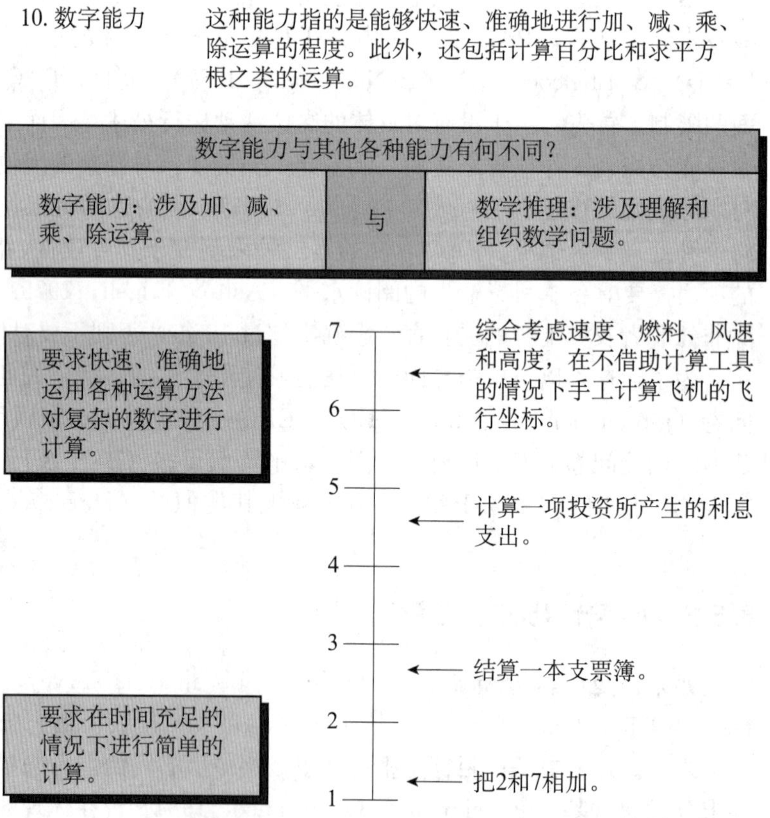

图 8—8　F-JAS 中用来测量数字能力的评定量表

资料来源：Fleishman，E. A.（1992）. *Fleishman job analysis survey rating scale booklet*（F-JAS）. Potomac，MD：Management Research Institute.

定义：数字能力是指迅速、准确地进行加、减、乘、除和数字处理的能力。它也包括其他运算，例如计算百分比和求平方根。这种能力并不包括理解或组织数学问题。
任务：数字能力涉及填写所得税申报表、记录财务账户、计算利息支出、计算餐馆账单、结算支票簿。
岗位：要求具备高水平数字能力的岗位包括会计师、审计员、记账员和出纳。
测验的示例：数字能力测验通常要求被试快速进行诸如加、减、乘、除之类的数字运算。这种类型的测验要求被试提供正确答案或者从多个选项中选择正确答案。

吉尔福特-齐默曼能力倾向调查：数字运算

心理咨询师出版社（Consulting Psychologists Press）

这是一个由多项选择题组成的纸笔测验，包括简单的加法、减法和乘法题目。对大学生群体而言，测验结果会形成C量表常模、百分位数和T量表常模。测验时间为8分钟。该测验已被用来测试会计、销售员以及其他多种文职人员。

员工能力倾向调查测验＃2——数字能力（EAS ＃2）

心理服务公司（Psychological Services）

这是一种由75道多项选择题组成的纸笔测验，用来评估加、减、乘、除的运算能力。测验时间为10分钟。该测验已被用来选拔和安置管理者、主管、工程师、会计、销售人员和文职人员。

图 8—9　《人类能力手册》关于 F-JAS 中数字能力的部分内容

资料来源：Fleishman，E. A.，& Reilly，M. E.（1992b）. *Handbook of human abilities：Definitions，measurements，and job task characteristics*. Potomac，MD：Management Research Institute.

8.5.7 关键事件法

我们在讨论绩效管理（第4章）时，已经阐述了关键事件法。采用这种方法时，需要收集一系列能够对特别好或者特别差的工作绩效进行准确描述的工作行为事件（从上级、任职者以及熟悉该岗位的其他人员那里收集）。这种方法很有价值，因为它既可以描述岗位的静态维度，又可以描述动态维度。每个行为事件都需要描述以下内容：（1）该事件发生的原因以及发生时的环境；（2）该员工从事了哪些特别有效或无效的行为；（3）这些行为所导致的结果；（4）这些结果实际上是否在该员工的可控范围内。

通常来说，岗位分析人员会以从事同一种岗位的许多员工为观察对象来收集广泛的行为样本；取决于该岗位的性质，岗位分析人员可能需要收集成百上千个行为事件才能够充分涵盖所有工作行为内容。然后，根据每个行为事件所体现的工作维度来对它们进行分类，并且形成一种行为清单的格式。所收集到的这些行为事件结合起来，就能够为该岗位的行为要求提供一副完整的图画。

8.6 岗位信息的其他来源和其他岗位分析方法

人们还可以通过其他几种来源获得岗位信息，而且这几种信息来源可以作为上述各种岗位分析方法的有益补充。对培训材料（例如，培训手册、标准操作程序、所用设备的设计图）的考察或许会揭示出员工需要掌握什么技能、能力和行为才能够成功地从事工作和操作重要设备。由知识渊博、经验丰富的专家举行技术会议，以及由任职者记录每天工作任务的工作日志，也被证明是有用的。

8.6.1 岗位分析能手

岗位分析能手（job analysis wizard，JAW）是由朗讯科技公司（Lucent Technologies）开发的（Pearlman & Barney，2000）。它充分利用了万维网、先进的计算机技术和有效的信息搜索与检索方法。JAW 融合了以下特征：

● 把成千上万种不同的元素组合成与工作相关的维度以及与员工相关的维度。例如，JAW 分类法的一个一级维度是工作要求。它的二级维度包括工作环境、一般化的工作行为、所使用的工具和设备。另一个一级维度是员工要求。它的二级维度包括能力、知识、技能、受教育程度、资格证书、语言水平，以及工作风格。

● 把模糊逻辑（fuzzy logic）作为一种决策辅助手段，来帮助把新维度（例如，关于新技术的知识）融入 JAW 分类法中。通过把对新知识（通过一次验证性调查而收集到）的定量评定与数据库中所有知识元素的数据模式进行比较，模糊逻辑可以为这些新知识创建一个新身份。如果发现一种新的编程语言（例如，Java）很重要，那么系统将计算它与数据库中其他所有知识元素之间的相似指数。然后，系统可能会建议把该编程语言放在靠近其他编程语言（例如，C＋＋）的位置，因为它们在与工作任务和工具的联系方面具有相似的模式。

● 它能够实现整个岗位分析过程的自动化，并且能够提供关于以往产品的信息来支持业务创新。

● 它允许人们使用由世界各地的任职者、主管以及其他相关专家（只要他们能够登录朗讯公司的内部网站）完成的电子版问卷调查。

● 它能够运用统计软件来过滤数据。该系统会开发一系列的关联—矩阵调查（linkage-matrix surveys）来把关键的工作维度（任务、工具、设备）和员工维度（知识、技能）联系起来。

● 它能够提供高质量的报表，从而使人们更容易解释数据。在岗位分析完成之后，JAW 允许分析人员把结果上传到网站，以方便他人使用该结果或者即刻找出与某个特定岗位有关的现有资料（例如，测验或面试）。

8.6.2 把人格维度纳入岗位分析

人格是个体的一系列特征，可用来解释该个体应对各种情境的一致方式。近年来，“人格作为工作绩效的一种决定因素”再次引起了人们的广泛兴趣，这在很大程度上是因为人们已经证明某些人格特质与工作绩效在某些情境中存在正相关关系（Ones，Dilchert，Viswesvaran，& Judge，2007；Tett & Christiansen，2007）。与工作绩效的其他预测因子相比，人格究竟能够作出多大贡献，人们对此仍有争论（Morgeson et al.，2007）。但是，某些人格特质，例如责任心，在多种不同的职业中都可以作为工作绩效的有效预测因子（ones et al.，2007）。

基于人格的岗位分析（personality-based job analysis，PBJA）或许特别适用于跨职能、难以准确界定的岗位，因为人们无法根据简单的工作任务或者具体的 KSA 来描述这些岗位（Brannick et al.，2007）。在 21 世纪的组织中，这样的工作岗位越来越普遍（Cascio & Aguinis，2008）。

在公共领域可以获得的最可信的、经过同行评审的 PBJA 或许就是人格关联职位要求表（personality-related position requirements form，PPRF）（Raymark，Schmit，& Guion，1997）。它是一种以员工为导向的岗位分析方法，用来评估某个特定岗位需要“大五”人格特质中每一个维度的程度。在工作环境中，“大五”人格是获得最充分研究和最广泛认可的人格分类法（Barrick & Mount，2003；Ones et al.，2007）。它包括以下五个维度：神经质；外倾性；经验的开放性；随和性；责任心。

由于我们将在第 12 章详细描述“大五”人格模型，因此在此仅仅界定它的每个维度。**神经质**（neuroticism）是个体感觉到不安全、焦虑、沮丧和情绪激动（相对于平静、自信和冷静而言）的程度。**外倾性**（extraversion）是个体合群、有主见和善于交际（相对于内向、胆小和安静而言）的程度。**经验的开放性**（openness to experience）是个体富有创造力、好奇和有修养（相对于拘泥于兴趣的狭窄性而言）的程度。**随和性**（agreeableness）是个体合作、热情和随和（相对于冷漠、挑剔和不友善而言）的程度。**责任心**（conscientiousness）是个体勤奋工作、有条理、可靠和坚韧（相对于懒惰、散漫和不可靠而言）的程度。

PPRF 由几套与“大五”人格特质有关的行为指标组成。回答者（通常是该岗位的任职者）指出每个行为指标与该岗位的关联程度。所有回答者的平均分数可以表明每种人格特质（或者每种人格特质的子维度）与该岗位的关联程度。

最近的一项研究（Aguinis，Mazurkiewicz，& Heggestad，2009）表明，认知偏见可能会夸大 PBJA 评定与评估者自己的人格特质之间的相关关系，而且 PBJA 评定可能会高于它们的真实水平（也就是说，它们的平均评定被夸大）。几位研究者开发了一种 15 分钟的基于网络的参照框架培训方案来为评估者设置一种共同的思维框架，结果表明，该培训方案能够有效地减少这些偏见。这应该能够提高 PBJA 评定的整体准确性。

8.6.3　战略性或未来导向的岗位分析

有时，组织想要了解目前尚不存在的工作岗位或职位的具体技能和能力要求。这样的例子包括：与在未来 3～5 年内才能投入使用的新技术或设备有关的岗位；采用不同寻常的方法来组织工作的新工厂（例如，索尼公司用 3 名工人组成一个制造单元来组装配件）中的岗位；把现有的工作岗位重组为基于流程的工作结构（例如，信贷发行、采购）。鉴于近年来工作世界中所发生的显著变化（Cascio，in press；2003c），未来发生更多、更显著变化的可能性使得战略性的岗位分析变得愈发重要。胜任力模型（稍后予以阐述）是以未来为导向的，而各种标准的岗位分析方法也能够进行调整以适合这个目的。

Landis，Fogli，& Goldberg（1998）创新性地使用了各种标准的岗位分析方法（相关专家的观察和访谈，结构化的调查问卷，在 KSA 与工作任务群之间建立联系）。一家大型保险公司要把现有的 11 种岗位压缩为 3 种新岗位，于是聘请了一个咨询团队来为这 3 种新岗位开发有效的选拔测量。咨询人员意识到，对于这些新岗位而言，至少存在 3 种不同的视角：该公司内筹备委员会的视角；负责该公司技术升级（例如，电脑系统升级）的一家外部公司的视角；该公司现有成员（例如，类似岗位的任职者及其上级、系统设计方面的专家、培训协调员）的视角。为了很好地考虑这些差异，咨询人员在整个岗位分析过程中都使用了来自上述群体的相关专家。于是，能够对未来这些岗位产生影响的技术变革、工作设计和培训很早就被确定和解决了。在岗位分析过程的各个关键阶段如期举行的会议就员工关心的各种问题向该公司的筹备委员会提供了重要的反馈和预警。

应对这种情况的另一种方法是由 Arvey，Salas，& Gialluca（1992）提出的。利用把工作任务和技能—能力特征评估包括在内的岗位分析问卷结果，他们首先对工作任务与技能—能力之间的相关关系开发了一个矩阵。接下来，通过假设决策者可以使用不同数量的工作任务来描述未来工作岗位的要求，他们在多元回归分析中利用这套工作任务来预测哪些技能—能力是未来的这个岗位所必需的。然后，他们利用不同的评估者样本对这些决策结果进行了交叉验证。

这样的预测可以为决策者提供有用的预测信息，它们的效度取决于以下两个假设：(1) 工作任务与技能—能力之间的协方差关系在长期内保持稳定；(2) 包含在数据库中的工作任务和技能—能力与所预测的任务和技能—能力是相同的。

8.6.4 胜任力模型

胜任力模型试图确定与组织总体绩效有关的变量，以及与组织的愿景相一致的人格特质（例如，以结果为导向、坚韧、创新、灵活等）(Schippmann et al.，2000)。因此，胜任力模型是从基层管理者能够使用的层面阐述的。

胜任力模型是一种员工导向的岗位分析方法，聚焦于更广泛的个人特征以及运用这些特征来完善人力资源管理实践。它们关注的是在岗位上实现有效的工作绩效而必须具备的、能够界定高绩效者的全部 KSAO（例如，动机、特质、态度，以及人格特质）。从理论上讲，这样一个模型是由一套已被确认为成功绩效所必需的胜任力，以及与所确定的每种胜任力紧密挂钩的行为指标组成的（Goffin & Woychesin，2006；Mihalevsky，Olson，& Maher，2007；Sackett & Laczo，2003）。

遗憾的是，胜任力（competency）这个术语缺乏统一的定义（Schippmann，et al.，2000）。正如 Pearlman & Barney（2000）指出的那样，在文献和胜任力模型中出现的许多胜任力概念（例如，愿景能力）界定得很糟糕，意义也不清楚。无须多言，这些缺陷会影响到以这些概念为基础的选拔工具。

胜任力模型与岗位分析有何区别？一项严谨的比较得出结论：胜任力模型通常非常注重于理解某个组织的外部环境和竞争战略，并且在对个体员工的胜任力要求与该组织的更广泛目标之间建立一种直截了当的关联。另一方面，岗位分析通常并不建立这种关联，但是它们的严谨程度和详细程度使得它们更有可能经受法律的严密审查。因此，就目前而言，胜任力模型并不是对岗位分析的替代或取代。

值得指出的另外一点是，胜任力模型的分析单位是多变的，既可以是某个特定的岗位，也可以是整个组织。当胜任力模型聚焦于某个特定的岗位或岗位群时，胜任力模型与传统的岗位分析之间的差异往往就比较小。不过，当胜任力模型聚焦于整个组织时，它与岗位分析之间的差异就非常显著。明确阐述整个组织都非常重视的一套属性，这可能体现了最高层管理者关于什么特征将会在未来受到重视和获得奖励的愿景，而且也是组织变革努力的组成部分。从这种意义上说，胜任力模型是规定性而不是描述性的，或者说是以未来为导向的；从性质上说，岗位分析则是描述性的，而不是规定性的（Sackett & Laczo，2003）。

岗位分析和胜任力模型是人们对工作进行研究的不同方法，它们并不是相互排斥的。在实践中，它们的实施方法具有很大的弹性（Schmieder & Frame，2007）。此外，没有任何单独一种内容（例如，胜任力、KSAO、工作活动或者绩效标准）能够适用于所有目的，在选择某种特定的方法来对工作进行研究时，目的是一个至关重要的考虑因素。

8.7　岗位、职业和部门之间的相互关系

在达成合作验证，效度概化，有效实施绩效评估系统、晋升系统和职业生涯规划系统等目的时，一个由来已久的普遍问题是如何对岗位进行分组（Harvey，1991）。这种分类有助于人们对岗位的描述、预测和理解。人们可以根据完成工作所需的能力、工作任务的特征、对工作行为的描述，或者对工作行为的要求，来对岗位进行分类（Fleishman & Mumford，1991）。

例如，人们可以找出不同岗位之间的差异，这称为方差分析或多元方差分析。或者，人们可以找出不同岗位之间的相似之处，这是聚类分析或Q型因子分析的目的（Colihan & Burger，1995；Zedeck & Cascio，1984）。不过，在实践操作中，当分别采用工作任务数据和能力要求数据来描述多种职业中的152种岗位时，每类指标都获得了相似的职业分类（Hartman，Mumford，& Mueller，1992）。

当然，由于人们设计岗位群系统时的目的不同，岗位或岗位群之间的差异程度可能也会不同（Harvey，1986；Pearlman，1980）。请考虑这样一个目的。

如今，组织都是由信息驱动的。许多公司正在使用由PeopleSoft、甲骨文和SAP等软件公司提供的企业资源计划（ERP）系统。为了建立一个信息平台来支持广泛的人力资源应用，这种系统需要准确理解工作和工作要求的潜在定义和结构。胜任力模型或许能够提供这样的信息，但是组织也应当采用严谨的岗位分析技术来界定核心胜任力。这意味着，为了支持一体化的人力资源应用系统，人们应当对传统的岗位分析的聚焦点进行扩展，使这些技术也要聚焦于记录、分析和展示不同岗位、岗位级别、职能和部门的核心内容或共同内容（Schippmann et al.，2000）。关于职业的信息反映了一种更广泛的岗位分类法。下面我们来讨论这个主题。

8.8 关于职业的信息——从《职业名称字典》到职业信息网络

美国劳工部在20世纪30年代公布了《职业名称字典》(Dictionary of Occupational Titles，DOT)，从而使新的公共就业系统能够将技能供给和技能需求联系起来，以帮助应对大萧条期间的经济危机。美国劳工部在1991年出版了《职业名称字典》的最后一个版本，它包含12 000多种岗位的描述信息。但是，这些信息都是针对具体岗位的，并没有提供一种跨岗位的分析框架以便于人们比较不同岗位之间的相似之处和不同之处。而且，《职业名称字典》关注的是工作任务，即员工所做的事情；它并没有直接指出员工在从事该岗位时必须具备哪些个人特征，也没有指出员工从事该岗位时所处的环境（Dunnette，1999）。

为了解决这些问题，美国劳工部赞助了一项称为职业信息网络（Occupational Informational Network，O* Net）的大型研究项目。该项目包含《职业名称字典》出版60年来所收集到的关于岗位和工作的全部信息。它是一个全国性的职业信息系统，能够对员工和工作的属性提供全面、完整的描述。它立足于四项设计原则：(1) 采用多种描述符来为工作世界提供多种视窗；(2) 采用一种通用语言来描述工作和员工，并涵盖所有职业；(3) 根据一种从广泛到具体的分类法来描述各种职业；(4) 采用一种全面的内容模型，融合前三项原则（LaPolice，Carter，& Johnson，2008；Peterson et al.，2001)。

多种视窗

有必要让人们获得和利用对其所询问的问题最有用的描述符类型。这些描述符包括工作任务、能力、技能、知识领域以及工作环境。这样的结构使人们能够发现某种（些）特定的技能与不同种类的工作活动是如何联系起来的。

通用语言

关于具体岗位的信息可能是随时变化的，因此O* Net采用的是更加稳定的通用描述符。O* Net允许使用关于具体岗位的信息，但是这些信息要处于更广泛的描述符的框架之内，例如“销售或者影响他人”和“帮助或关心他人”之类的一般化工作活动（如同在PAQ中那样）。

职业描述符的分类和层级

这种职业分类法使人们能够对信息进行概括并将其划分为更少的种类。因为O* Net既关注职位，又关注职业，所以开发了许多种描述符。例如，有些描述符聚焦于从事某种（些）特定岗位所必需的关键技能，而有些描述符则聚焦于更广泛的组织因素和情境因素（例如，组织氛围）。每个内容领域（content domain）的描述符按照一种层级结构排列。

O* Net的内容模型

这一模型融合了前面三项设计原则（多视种窗、通用语言以及层级分类法），以涵盖各种主要的跨岗位描述符，并且为职业信息提供一种通用的描述框架。图8—10展示了该内容模型的六个主要领域，以及每个领域的主要分类。所有这些信息都包含在一个相关的数据库中，公众可登录 http：//online. onetcenter. org 获取这些信息。该系统是十分灵活的。人们可以先输入一种技能或能力描述，然后找出与其相匹配的职业。反过来，人们也可以先输入一种职业，然后找出具有相似特征的其他职业。想要更深入地了解 O* Net 系统，请参阅 Peterson et al.（2001）或者 Peterson，Mumford，Borman，Jeanneret，& Fleishman（1999）。

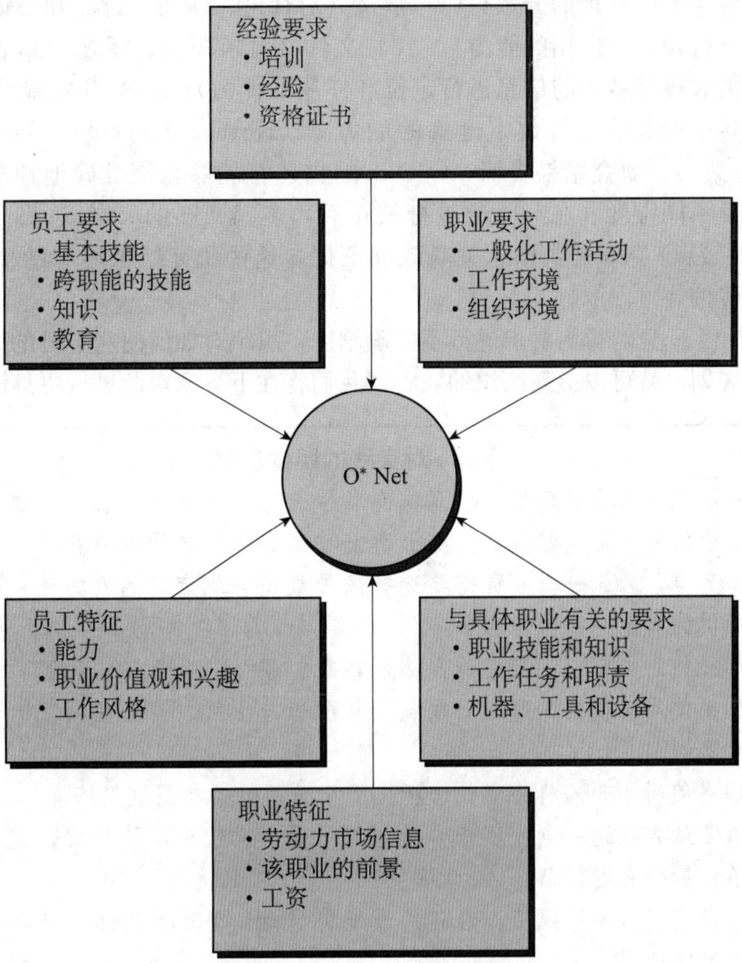

图8—10 O* Net内容模型

资料来源：Petersen，N. G.，Mumford，M. D.，& Borman，W. D.（2001）. Understanding work using the occupational information network（O* Net）：Implications for practice and research. *Personnel Psychology*，*54*，458. © 2001.

人们投入了巨大的努力，这使得 O* Net 仍然在不断发展和完善（Sackett & Laczo，2003）。对职业信息进行概念化的基本框架现如今已构建完毕，而且未来的研究成果会进一步提高 O* Net 的价值。通过采用工作成分效度（综合效度的一种形式），一项研究已经确定了不同职业对成年员工的文化程度要求（LaPolice et al.，2008）。这种方法背后的逻辑是：如果能够为任何一种特定工作成分确定员工要求，那么通过了解某个岗位的所有工作成分，就有可能为该岗位确定所有员工要求（Scherbaum，2005）。

LaPolice et al.（2008）使用来自 O* Net 数据库（涵盖 902 种职业）的以员工为导向的描述符（某种特定职业所要求的 KSA）和以工作为导向的描述符（完成主要工作职能所必需的一般化工作活动），以预测每种职业在 3 个文化程度量表中获得的分数：（1）散文（对社论、新闻、诗歌和小说等文章中的信息进行理解和使用的能力）；（2）文件（对求职表、运输计划表、地图、表格和图表等材料中的信息进行定位和使用的能力）；（3）数字能力（利用包含在资料中的数字进行数字运算的能力）（Kirsch，Jungeblut，Jenkins，& Kolstad，2002）。研究结果表明，O* Net 的描述符能够相当准确地预测文化程度的这 3 个不同维度（在对收敛进行校正后，多元回归的 r^2 在 0.79～0.81 之间）。除了为 O* Net 提供构念关联效度证据，这些研究结果还有助于职业指导和职业咨询。

一旦对行为要求进行了明确阐述，组织对如何使用自己的人力资源进行合理规划，就可以提高组织的效力。我们将在下一章对此进行更具体的讨论。

对实践的明确启示

当人们收集岗位信息时，会面临许多种选择。分析人员首先需要明确界定自己的目的，即为何要收集这些信息。由于用来收集有关信息的每一种方法都具有自己独特的优势和劣势，因此分析人员需要选择多种最适合既定目的的方法。以下是研究成果为我们提供的其他一些明确启示：

- 如果使用专家组，那么他们必须具备丰富的跨领域工作经验。
- 如果使用访谈法，那么必须包括任职者与上级，而且必须花时间对访谈者进行访谈技术培训。
- 如果使用基于人格的岗位分析，那么必须包括参照框架培训。
- 需要认识到这一点：胜任力模型并不是对岗位分析的替代。这两种方法都为实践提供了大量的有用信息。
- 当设置教育水平或工作经验的最低资质时，必须使用本章所描述的方法来评估内容关联效度证据。

讨论题

1. 请描述人们在决定如何进行岗位分析时需要做出的一些选择。你如何在某种特定情境下选择一种合适的方法？

2. 为专家组的一次岗位分析讨论会设计一份提纲。

3. 上级要求你把人格特质纳入岗位分析中。你会如何操作？

4. 胜任力模型与岗位分析之间的不同之处和相似之处分别是什么？

5. 如果要求你对在国际空间站工作的宇航员进行岗位分析，那么哪种（些）技术最适合这种情况？为什么？

6. 请讨论一些与进行战略性或者未来导向的岗位分析有关的特殊问题。

7. 登录 O* Net 的网站（http：//online.onetcenter.org）。陈述5种技能或能力，然后找出与之相匹配的职业。

第9章 战略性的人力资源规划

概 览

人是任何组织中最为关键的资源之一，然而，人力资源规划和预测的系统方法，以及为了使员工在接受培训后能满足组织对特定技能的需求而制定的行动方案，都还有待进一步完善。

人力资源规划系统包括几种具体的、相互关联的活动。人才库提供了一种评估现有资源（技能、能力、晋升潜力、职业履历等）的方法。人力资源供求预测使规划人员可以预测雇佣要求（数量、技能要求）。人才库和人力资源供求预测有助于组织确定人力资源需求，而这一需求可以为许多不同领域（包括招募、选拔、安置、绩效管理，以及大量的培训活动）的行动方案指明实施意义和方向。最后，控制与评估程序可以为人力资源规划系统提供反馈，并且监控人力资源目标的实现程度。

人力资源规划的最终成功取决于以下几个因素：人力资源规划与战略计划的整合程度；用来编制人才库和人力资源供求预测的数据库的质量；所制定的行动方案的质量；组织实施这些行动方案的能力。最终达到的实际效果应该是更明智、更高效地利用组织中的所有人员。

如何明智地使用人力资源？这是社会中的一个恒久问题。许多人力资源问题也是最高管理层所面临的问题，以下是其中一些具体例子：

- 在业务拓展过程中，为特定的项目寻找和配置所需要的专业技术人才（例如，Aston，2007；Cappelli，2008；Herbst，2007）。
- 为新拓展的业务领域寻找经验丰富的人才，包括有能力晋升到高层管理职位的人才。
- 实施公平的、有竞争力的人力资源管理行为，并且确保这些行为符合公平就业机会委员会的要求，从而避免因歧视案件可能导致的巨额费用。
- 尽可能寻找其他替代措施来避免裁员；如果不得不裁员，实施公平、行之有效、考虑到各方利益的裁员政策。

- 提高生产率，尤其是管理人员和技术人员的生产率。
- 管理员工的职业发展机会，以便有效地吸引和激励人才，并且长期留住他们。

组织越来越重视改进人力资源管理实践，这在很大程度上是因为许多高层管理者认识到这一点：人才是组织在全球市场上获取和保持竞争优势的关键所在。人才是创新和升级的源泉。尽管存在这些令人鼓舞的信号，现今的实际情况却并不令人满意。虽然大多数公司如今都实施某种形式的长期经营计划，以定期评估自己的基本使命和目标，但是很少有公司在真正实施战略性的人力资源管理。

在能够回答以下问题之前，组织是无法充分利用自己的人力资源的（Cappelli，2008；Hirschman，2007）：

- 如今在组织内可以获得哪些人才、能力和技能？
- 哪些人是组织在未来可以依赖的？
- 如何更好地匹配可获得的人才与组织的需求？
- 对于组织的发展计划而言，定性和定量的人力资源需求是什么？

在这一章中，我们将首先描述人力资源规划过程，重点强调它与战略经营计划之间的联系；接下来更仔细地考察这个过程中的每个元素，包括人才库、人力资源供求预测、行动方案，以及控制与评估程序。

9.1　什么是人力资源规划

人力资源规划（workforce planning，WP）旨在预测和应对组织内外出现的需求，以确定优先事项和实现资源最优配置。虽然每个人对人力资源规划的理解不同，但对其最终目标却达成了共识，即最明智、最有效地利用稀缺或丰富的人才以实现个人和组织的利益。因此，我们可以从广义上把人力资源规划定义为：设法预测未来的经营和环境对组织的要求，然后满足这些条件所提出的人力资源需求。这种整体观认为，几种具体、相互关联的活动组成了人力资源规划系统：

1. **人才库**——评估现有资源（技能、能力和潜力），分析组织对当前员工的使用情况。

2. **人力资源供求预测**——预测未来的人力资源需求（数量、技能要求、组织内部和外部的劳动力供给）。

3. **行动方案**——通过招募、选拔、培训、安置、换岗、晋升、开发和薪酬设计来扩大合格员工的存量。

4. **控制与评估**——为人力资源规划系统其他部分提供闭环反馈，并且监控人力资源目标的实现程度。

图 9—1 描述了这样一个一体化的人力资源规划系统。需要注意的是战略性和战术性的经营计划如何充当人力资源战略的基础，以及人力资源战略如何与人才库和人力资源供求预测发生交互作用而得出实际的人力资源需求。此外，还需要注意劳动力市场如何影响劳动力的供给和需求。当劳动力市场“宽松”时，劳

动力的供给多于需求，从而导致高失业率。在这种情况下，员工离职率往往会下降，员工流动性也是如此。另一方面，当劳动力市场“紧缩”时，劳动力的需求多于供给，从而导致低失业率。在这种情况下，会出现充足的工作机会，员工流动性往往会增强。

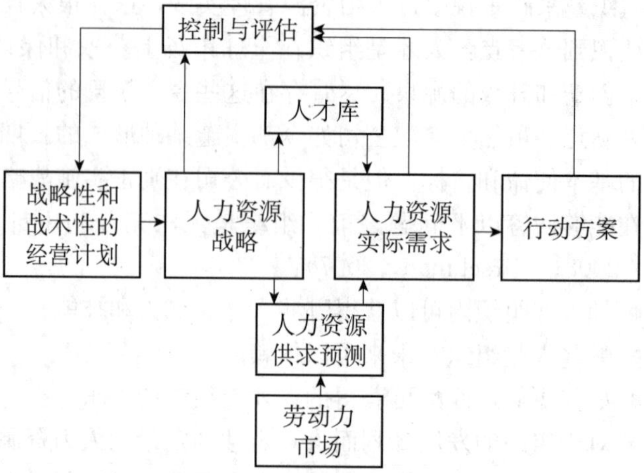

图 9—1　一个一体化的人力资源规划系统

资料来源：Cascio，W. F.（2010）. Managing human resources：Productivity，quality of work life，profit（8th ed.），p. 175. Burr Ridge，IL：McGraw-Hill/Irwin. Reprinted by permission.

通过清晰地了解组织未来某个时点上员工数量、技能和经验将会出现的盈余或匮乏——也就是说，明确阐述组织的人力资源实际需求——就可以制定行动方案来解决所预见的这些问题。最后，控制与评估程序将提供反馈，而这些反馈会影响人力资源规划系统的每一方面。在了解这几个过程如何脱胎于战略经营计划和人力资源规划之后，我们将更具体地逐一考察这些过程。

9.1.1　战略经营计划和人力资源规划

战略是组织为了竞争所采用的手段，例如，创新、质量、速度或者成本领先。组织如何竞争以及如何获得和维持竞争优势，这是战略管理的本质所在（Dess，Lumpkin，Eisner，2007）。但是，为了制定战略，组织需要进行计划。计划是管理的核心，因为它帮助管理者减少未来的不确定性，从而使他们更好地应对未来。因此，进行计划的一个重要原因在于计划可以导致成功——虽然并不总是如此，但大量研究一致表明，有计划的人要比没有计划的人具有更高的绩效（MacMillan & Selden，2008；Miller & Cardinal，1994；Mitchell，Harman，Lee，& Lee，2009）。进行计划的第二个原因在于，计划能够使管理者和组织感觉到自己掌控着自己的命运，而不是把自己的命运交给运气来决定。因此，计划可以帮助组织更好地应对变化——技术变化、社会变化、法律法规变化，以及环境变化。

进行计划的第三个原因在于，计划要求管理者界定组织的目标，从而为员工的工作提供明确的背景、意义和方向。通过界定组织的总体目标以及确保所有员工都理解这些目标——他们为什么要做现在正在做的事情——雇主能够将员工所做的事情与组织的总体目标更有效地结合起来（Pearce & Robinson，2009）。大量研究指出，目标界定过程可以导致更高的员工绩效和员工满意度。

进行计划的最后一个原因在于，如果没有界定目标，有效的控制就不可能实现。“如果不知道自己去向何方，你就可能沿着任何一条道路走下去。”但是，人们可以在不同的层次或时间框架内制定计划。

计划的层次

人们可以在战略层面、运营层面或者战术层面制定计划。从本质上说，战略计划是长期计划，它不同于短期的运营计划和战术计划。战略计划决策意味着资源的大量投入，从而可能导致经营方向的重大变化，或者继续原来的发展道路但是改变发展速度。战略计划过程中的每个阶段都可能需要收集和分析大量数据，并且由管理层进行反复评估。于是，一家制造计算机零部件的公司在对生产线或子公司的业务进行评审之后，可能决定卖掉自己的化工产品子公司，因为该子公司已不再符合该公司的总体目标和长期经营计划。战略计划决策可能会要求该公司收购新的业务、进行新的投资，或者采用新的管理方法。我们接下来将对战略计划过程进行更详细的考察。

战略计划过程

战略计划指的是确定组织目标并且为实现这些目标而制定具体行动方案的过程（Hamel，2000；Prahalad & Hamel，1994）。战略计划可以采用各种不同的业务分析技术，例如优势、劣势、机遇和威胁（SWOT）分析，政治、经济、社会和技术因素（PEST）分析，或者社会文化、技术、经济、生态和法律法规（STEER）分析（“Strategic Planning”，2009）。基于对组织开展竞争时所面临各种环境的分析，战略计划通常包括以下过程：

- 通过考察这些问题——组织存在的理由是什么，它要作出什么独特贡献，它应该从事什么业务——定义组织的理念。
- 明确阐述组织及各部门的身份、目的和目标。
- 评估组织的优势、劣势、机遇和威胁——确定可以增强或制约组织选择未来行动方案的因素。
- 确定组织的设计——（结构、流程、相互关系）适合管理组织所选择的业务。
- 制定合适的战略来实现目标——（例如，各个时期内的目标）包括定性和定量子目标。
- 设计各种方案来实施这些战略。

9.1.2　一种不同的方法

上面描述的这种方法是战略开发过程的传统观点，它回答了对管理者至关重要的两个问题：我们从事什么业务？我们如何进行竞争？尽管这种方法对精心制定战略的人而言是一种令人激动的智力练习，但是 O'Reilly & Pfeffer（2000）指出，这种方法对负责实施战略的人却不是特别具有吸引力。它认为竞争是理所当然的事情，并且针对形形色色的竞争者、目标市场、顾客喜好和组织能力设计出各种策略。与此相反，O'Reilly & Pfeffer（2000）描述了许多公司，包括西南航空公司、思科系统公司、男性服饰公司（The Men's Wearhouse）和 AES 公司（一家发电企业），它们采用另外一种不同的方法——根据自身情况实施战略开发过程。图 9—2 诠释了这种不同的方法。

基于价值观的战略观

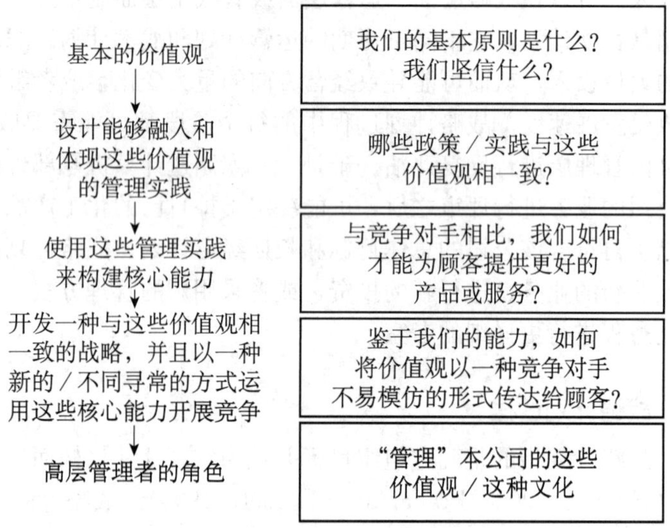

图 9—2　基于价值观的战略观

资料来源：O'Reilly，C. A.，and Pfeffer，J. *Hidden value：How great companies achieve extraordinary results with ordinary people*，p. 15. Boston：Harvard Business School Press. Adapted and reprinted by permission of the Harvard Business School Press.

在这种基于价值观的战略开发方法中，组织首先提出一套重要的、基本的价值观——例如，愉悦、公正、挑战、信任、尊重、团队和家庭——它们能够鼓舞人心，开发组织成员的潜能。接下来，组织运用这些价值观来制定（或者至少评估）管理政策和实践，而管理政策和实践则在日常操作中以切实可行的方式来体现组织的这些价值观。对于任何管理实践（从招募员工到支付薪酬等）而言，关键问题是：“这种实践与我们所坚持的关于员工和组织的核心理念在多大程度上是一致的？”

所实施的管理实践会对员工产生影响。于是，管理实践在这些公司中会逐渐形成核心胜任力和能力——在 AES 公司是团队合作、学习和速度；在男性服饰公司是服务和个人发展；在西南航空公司是生产率和质量。接下来，这些核心能力和胜任力可以改变公司所在行业的竞争动态。男性服饰公司依靠服务进行竞争，而非仅仅依靠价格。西南航空公司拥有高生产率的员工，这有助于公司在提供优质服务的同时节省资金和人力成本（“Southwest Airlines”，2009）。思科公司能够改变技术平台，并且在软件行业必须做出相应调整时获得和留住高质量的人才。这些公司相对于其他公司的优势使得它们能够制定出创新的战略和方法，从一种不同寻常的角度来展开竞争（O'Reilly & Pfeffer，2000）。柯林斯（Collins）在研究（被 Reingold，2009 引用）中发现，那些最持久、最成功的公司都把它们长期坚持的核心价值观和核心目的（永远不会动摇或改变）与运营实践和经营战略（为应对不断变化的世界而始终调整和改变）严格区分开来。在这种管理方法中，公司先要使管理实践符合自己的核心价值观，接下来形成自己的核心能力，然后才制定战略。

这并不意味着战略不重要。上述每家公司都具有精心制定的竞争战略，而这些战略能够帮助公司就如何开展竞争、在哪里开展竞争等问题进行决策。不过，相对于形成核心价值观以及使公司员工认可这些价值观而言，这些战略决策是次要的。

9.1.3 战略计划的结果

战略计划的最大益处在于它对增长的强调，因为它鼓励管理者寻找新机遇而不是简单地裁员以减少开支。但是，战略计划的风险——尤其是传统的战略计划方法——在于它把公司局限在一种特定的未来愿景中，而该愿景有可能无法成为现实。这就提出了一个难题：未来会发生极其迅速的变化，我们该如何为未来制定计划？答案是：使制定计划的过程更加民主。与过去的做法——把制定战略计划的职责交给一小撮人——不同的是，它需要扩大参与人员的范围，从直线管理者到顾客，再到供应商。最高层管理者必须认真倾听，而且时刻准备在现实情况需要时中途改变计划。这恰恰就是思科公司所采用的方法。思科公司并不拘泥于任何一种特定的技术，因为它认识到顾客才是选择的决定者。它认真倾听顾客的想法和意见，然后提供顾客想要的解决方案。有时，这意味着收购其他公司来提供能够满足顾客需求的技术。实际上，思科公司在 2005 年至 2009 年 4 月间收购了 39 家公司（Cisco Corporation，2009）。这种思维模式使得思科公司能够向市场和顾客指定的任何方向驰骋。接下来，我们将考察人力资源战略与更广泛的经营战略的关系。

9.1.4 人力资源战略与经营战略的关系

人力资源战略应当与战略经营计划保持一致，并且促进后者的实施。人力资源战略是一系列优先事项，公司利用它们来使自己的资源、政策和方案与战略经营计划保持一致。人力资源战略关注公司在经营方面所规划的重大变动，以及以下一些关键事项：所规划的经营战略对人力资源有什么影响？外部的制约因素和要求可能会有哪些？它们对管理实践、管理开发以及管理者继任有什么影响？为了应对长期需求，在短期内应该做些什么？在这种战略性的人力资源管理方法中，公司的经营战略与人力资源资源是相互依赖、相辅相成的（Becker，Huselid，& Ulrich，2001；Boudreau & Ramstad，2007；Huselid，Becker，& Beatty，2005）。

图 9—3 中的模型展示了人力资源战略与更广泛的经营战略的关系（基于 Boudreau，1998；Boudreau & Ramstad，2003）。简要地说，该模型表明计划是自上而下进行的，而实施则是自下而上进行的。该模型中有四个连接，它首先提出这个基本问题："我们如何进行竞争？"如前所述，公司可以在许多相关联的维度上开展竞争，例如创新、质量、速度或者成本领先。根据对这个问题的回答，公司有可能确定自己为了开展竞争而必须擅长的业务过程或组织过程（例如，快速交付订单）。当这些过程被很好地执行时，公司就可以通过高绩效来满足自己的内部和外部顾客。例如，当公司的员工对顾客的问题及时提供一个具有成本效益的解决方案时，就会出现这种情况。为了管理和激励员工实现高绩效，公司必须具备合适的胜任力、诱因和工作实践。战略的实施是自下而上的，足够的胜任力、具有挑战性的诱因以及良好的工作实践会导致高绩效，而高绩效则会满足公司的内部和外部顾客。反过来，这意味着公司可以高效率地执行自己的业务过程，从而使得自己能够在业务市场上竞争成功。

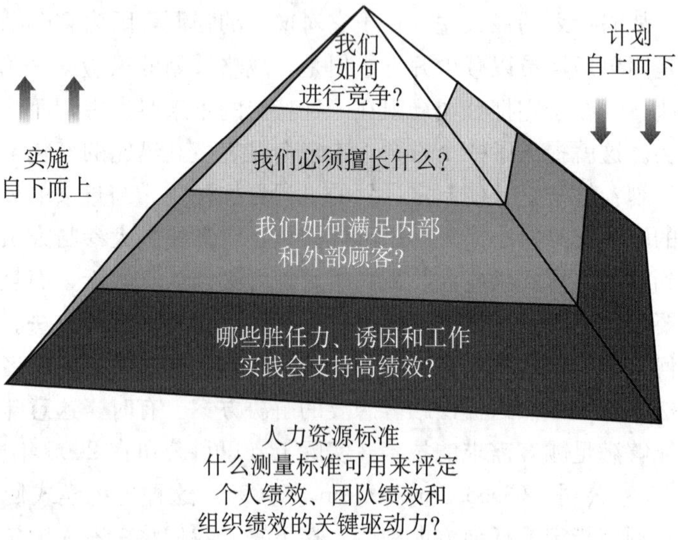

图 9—3　人力资源战略与更广泛的经营战略的关系

资料来源：*HR in alignment*. DVD produced by the Society for Human Resource Management Foundation，2004. Alexandria，VA. Used with permission.

总的来说，高绩效的工作实践具有以下五个特征（Paauwe，Williams，& Keegan，2002）：

- 在更加扁平的组织里，把职责下放给员工。
- 更加强调直线管理者充当人力资源管理者。
- 在所有的组织系统中都强调学习的重要性。
- 实施分权，把决策权授予自主的部门、小组和员工。
- 把对员工的绩效考核与组织的经济绩效指标挂钩。

人力资源规划必须源自总体的经营战略和人力资源战略，并且与后两者保持一致。图 9—4 展示了经营计划——长期的、中期的和年度的——与人力资源规划过程之间的关系。如图 9—4 所示，人力资源规划强调在整个公司层面如何应对短期、中期和长期内与人员有关的经营事项。这类事项的一些具体例子是什么？管理者如何能够发现和确定它们？举例来说，与人员有关的经营事项可能包括：“在公司未来 3～5 年的运营中，管理者需要具备哪些技能或胜任力？如何保证管理者将具备这些技能或胜任力？”从更广义的视角来说，这类事项可能还包括：日新月异的技术变革所导致的影响；更复杂的组织（从产品、位置、顾客和市场等角度来看）；对外部因素（例如，法律法规和诉讼、人口发展趋势的变化、日益激烈的国内竞争和全球竞争）的更频繁应对。在这种情况下，经营环境的变化会导致产生各种问题，问题促成行动，行动则包括用来解决这些既定问题的方案和过程。

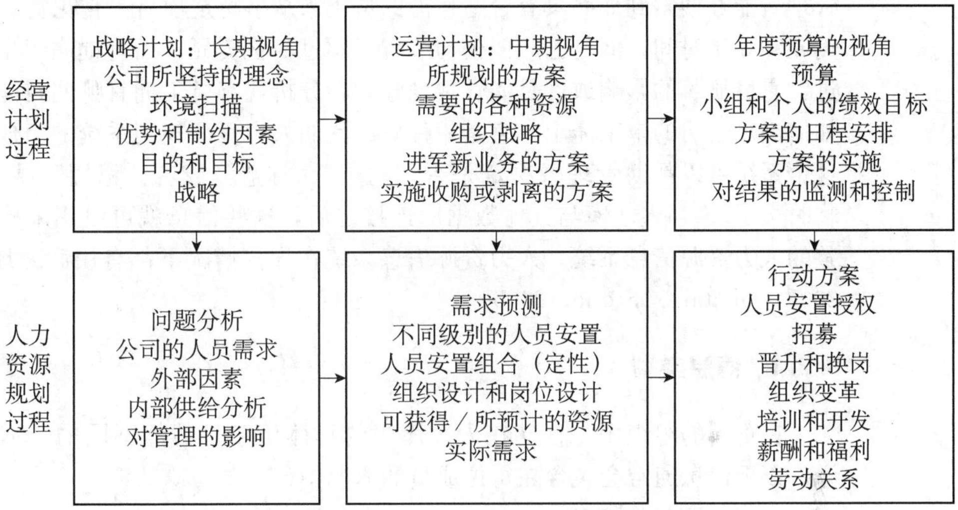

图 9—4　经营计划的三个层次对人力资源规划的影响

资料来源：Cascio，W. F. （2003）. *Managing human resources*（6th ed.），p. 177. Burr Ridge，IL：McGraw-Hill/Irwin. Reprinted by permission.

在本章接下来的内容中，我们将考察人力资源规划系统的各组成部分。如图 9—1 所示，人力资源供求预测和行动方案是人力资源规划的两种关键要素。通过对未来劳动力供给和需求的分析，再结合对外部条件（例如，技术、市场、竞争）的分析，会得出对人力资源实际需求的预测。要想在未来获得具备合适技能的人员，针对现有的人力资源建立一个人才库是至关重要的。下面我们来考察这个问题。

9.2　人才库

人才库是有效的人力资源规划系统的一项基本要求。它是由当前员工队伍的技能、能力、职业兴趣和经验组成的一个有条理的数据库。不过，在实际收集相关数据之前，必须先解决一些基本问题：

1. 人才库应该包括哪些人员？

2. 必须包括哪些具体的个人信息？
3. 获得这些信息的最佳方式是什么？
4. 记录这些信息的最有效方式是什么？
5. 如何将人才库的结果汇报给最高层管理者？
6. 必须多么频繁地对这些信息进行更新？
7. 如何保障这些信息的安全？

对这些问题的回答将为随后的努力指明方向和范围。例如，IBM采用了一种由先进技术驱动的称为人力资源管理新举措（Workforce Management Initiative）的员工安置工具（Byrnes，2005；MacDonald，2008）。它被视为在线求职网站Monster.com的一种公司内部版本。基于一个包含40万份简历的数据库，它使管理者能够搜索到那些具有合适技能的员工来从事特定项目。它花费了IBM 1亿美元和3年时间，但是已经使公司节省了超过5亿美元，而且提高了生产率。不过，它最显著的影响或许是能够帮助管理者分析现有员工拥有哪些技能以及它们如何满足公司的未来需求。它是一种更广泛的人力资源规划系统的组成部分，而这个系统可以帮助管理者决定是否“购买”“打造”或者“租用”员工（例如，临时员工）。当人才库与其他数据库连接之后，这些信息就可以用来构建一个完整的人力资源信息系统。人力资源信息系统在很多情况下都有用武之地（Davis，2007；Geutal & Stone，2005）。

9.2.1 信息类型

在不同的组织中，存储在人才库中的具体信息是截然不同的。不过一般来说，以下信息通常会包含在每位成员的概况中：

- 当前职位的信息；
- 之前在公司从事过的职位；
- 其他重要的工作经历（例如，在其他公司工作、服役）；
- 教育背景（包括学历、许可证、资格证书）；
- 语言技能以及相关的国际经验；
- 所接受的培训和开发课程；
- 团队或行业中的领导职责；
- 当前和过去的绩效考评数据；
- 违纪行为；
- 所获奖励。

人才库也可以包含由成员自愿提供的其他信息。例如，在斯伦贝谢公司（Schlumberger），员工会添加以下信息：职业目标；家庭信息；工作经历；所加入的职业群体；出版的作品；所获专利；个人兴趣。在IBM，人才库中的信息还包括员工对未来工作岗位和工作地点的喜好，例如，喜欢直线岗位还是幕僚岗位，喜欢在哪个（些）部门或分公司工作（Byrnes，2005；MacDonald，2008）。

9.2.2 用途

人才库中的数据可能有很多其他次要用途，但是在概念开发阶段，我们有必要明确阐述它的主要用途。这样做能够为人才库应该包含哪些人员及他们的何种数据指明方向和范围。人才库的一些普遍用途包括：找出和确定晋升的候选人；继任规划；为特殊项目配置相关人员；换岗；培训；对员工队伍多元化的规划和汇报；薪酬规划；职业生涯规划；组织分析。在为人才库收集数据之前，必须向员工明确阐述员工的隐私安全问题，以及公司内部人才库对员工隐私的潜在影响。

9.3 人力资源供求预测

人才库和人力资源供求预测必须相互补充；除非能够从人力资源未来需求的角度来分析现有人才库，否则该人才库对人力资源规划系统没有特别重大的作用。另一方面，只有根据可获得的内部员工当前和未来的供给情况对人力资源需求进行评估，对人力资源需求的预测才是有用的。我们只有从员工数量、技能和经验等方面对组织的人力资源在未来处于盈余还是短缺状况具有清楚认识之后，制定行动方案来解决所预见的问题才是有意义的。

人力资源供求预测试图估计未来的劳动力需求和要求。这项任务包含两个过程：预测未来某个时间段内的内部和外部人力资源供给；预测组织对各类员工的需求。对劳动力供给的预测应当独立于对劳动力需求的预测，因为每一种预测都依赖于一套不同的变量和假设（Cappelli，2008）。内部劳动力供给预测与组织的内部状况（例如，员工队伍的年龄分布情况、平均离职率、退休、换岗、不同岗位群的招募情况）联系得更紧密。劳动力需求预测则主要取决于与人力资源需求挂钩的一些经营因素（所预测的零售店数量、销售额、产量）。与劳动力供给预测相反，需求预测要更多地受一些不确定因素的干扰，例如消费者行为的变化、技术的变化、总体经济环境的变化等。

我们考虑一下人力资源供求预测中的两大矛盾之处：（1）人力资源供求预测所采用的技术是很简单易懂的，但要成功运用这些技术则极其复杂和困难；（2）在做出人力资源供求预测之后，当它作为一种未来愿景被证明最不准确时，反而可能最有价值。

我们来说说第二个矛盾之处所隐含的意义。假设一项特定的人力资源供求预测指出了未来会出现的一个人力资源问题——例如，为了应对突然出现的一次业务扩张而在同一时间雇用的具备相似技能的中层管理者出现了过剩。如果该预测能够引发组织采取各种行动（例如，实施适当的培训、换岗、晋升），从而使得过剩情况并没有真正发生，那么该预测可能体现了最大价值。如果真的如所预测的那样出现过剩情况，那么该预测就是无用的。这就是人力资源供求预测的价值所在：就预测本身而言，其价值与纸上谈兵无异，但是如果将它融入一个总体规划过程，就会体现出特别的价值，因为它能够使组织扩展人力资源规划的其他阶段，并且扩展对其他职能的规划。

9.3.1 外部人力资源供给

当一个组织打算进行扩张时，招募和雇用新员工是意料之中的事情。即使组织现在没有处于增长阶段，现有人力资源老化以及正常的人员流动也会使得招募和选拔成为大多数公司必不可少的举措。因此，对公司所需的那些员工类型进行外部劳动力市场供给预测是明智的做法。

有许多机构会定期对外部劳动力市场行情和未来劳动力供给（按职业分类）进行预测，包括美国劳工部劳动统计局、美国国家科学基金会、美国教育部，以及美国卫生和公共服务部公共医疗卫生服务中心。

对于刚毕业的高校本科生来说，全美高校和雇主协会会每季度公布一份大学本科生起薪调查（www.naceweb.org），所提供的薪酬反映了外部劳动力市场的供给/需求状况。各种不同行业（例如，石油和天然气行业、核能行业、数字媒体广告行业、建筑行业、重型设备行业等）中的组织都发现，这种外部劳动力市场预测有助于防止劳动力供给的过剩或短缺（Aston，2007；Coy & Ewing，2007；Vranica & Steel，2006）。

评估某个特定领域的未来员工供给以及对这些员工的未来需求是非常重要的。仅仅关注供给方面会导致严重错误。例如，某所高校化工专业预计明年毕业的本科生数量可能会很多，足以满足某公司明年对该专业毕业生的招聘需求——这需要将所有公司对该专业毕业生的需求总量与可能的供给量进行比较之后才会知道。这种比较可能会揭示化工专业毕业生明年会存在严重短缺，因而该公司需要实施更广泛、更细致的招募活动。组织需要把外部劳动力市场预测作为人力资源规划的起始点，以避免出现潜在的员工短缺，以及有效解决在某种程度上不可避免的员工短缺问题。

9.3.2 内部劳动力供给

一家组织当前的人力资源为预测未来的人员供给提供了基础。这是风险管理的一种形式。CAN Financial Corporation 分析公司各种关键岗位的当前任职者的年龄结构时发现，85%的风险控制与安全检查工程师（他们负责检测建筑物中的锅炉和其他机械设备）有资格退休。该公司想要继续保留这些工程师的专业技能，因为这对公司维持现有业务具有举足轻重的作用。该预测促使公司采取了有效措施，以确保所预见到的人员短缺不会成为现实（Hirschman，2007）。最常见的内部劳动力供给预测或许就是领导者继任规划。

9.3.3 领导者继任规划

在由美国人力资源管理协会基金会（SHRM Foundation）进行的一项跨国研究中，来自各行各业的500多名公司高管被要求找出在人力资本方面有哪些最大的挑战能够显著影响他们公司在未来3～5年内实现关键的、战略性的经营目标的能力。无论是来自大公司还是小公司，高达 75%的公司高管都把领导者继任规划作为自己面临的最大挑战，紧随其后的挑战是为所有级别的领导者提供晋升途径（SHRM Foundation，2007）。

在实施人力资源规划的公司中，领导者继任规划是一项普遍的、广为接受的、与战略经营规划融为一体的活动（Ogden & Wood，2008；Welch & Byrne，2001）。实际上，领导者继任规划被很多公司视为人力资源规划的主旨。领导者继任规划的制定包括以下步骤：设置一个规划框架；评估当前的绩效和晋升成熟度；确定每个关键岗位的替代人选；确定职业发展需求；把个人的职业发展目标与公司的目标结合起来。当然，总的目标是确保公司未来可以获得合格的高管人员，或者在某些情况下立即获得（Bower，2008；Holstein，2008）。下面是对几家公司如何制定领导者继任规划的概述。

几十年来，通用电气和 IBM 都具有类似的领导者继任规划过程，而且其他许多公司也在效仿这两家公司的基础上制定了自己的继任规划过程。在这两家公司，领导者继任规划的目标是“保证向公司在全球范围内的所有高管职位提供最优质的、准备就绪的人才”。负责执行该程序的人员是直线高管，从分公司总裁到首席执行官。在公司的人力资源职能中，有专门人员为高管人员安置提供支持。

承担领导者继任规划职责的每一位高管都需要向一个由董事会主席、副主席以及公司总裁组成的公司政策委员会做正式陈述。该陈述通常包括以下内容：对自己辖下的高管资源的优势和劣势做出总体评估；阐述主要高管人员和潜在替代人选（需要提供这些替代人选的照片）的当前绩效和潜力；依据当前绩效和所预期的潜力对关键职位的所有任职者进行等级评定（Conaty，2007）。图 9—5 是为一个经理岗位准备的一份典型的继任规划表。

姓名：
职务：
在职月数：

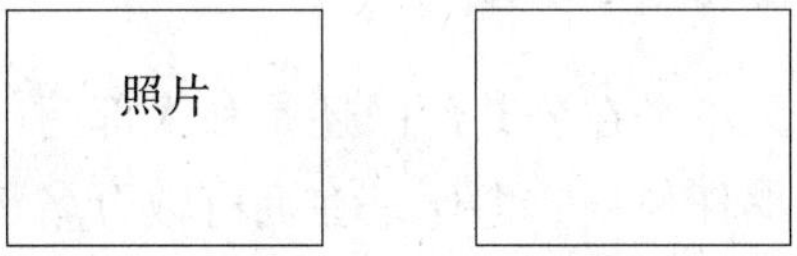

积极属性和消极属性：
＋全球思维，伟大的教练/导师，坚实的技术背景
－作为一名领导者尚未成熟
对开发的需求：
需要具备电子商务领域的经验
需要参加公司的高管开发项目

图 9—5　领导者继任规划所使用的典型图表

3M 公司的领导者继任规划过程尤其出色。2008 年，该公司的全球销售额高达 253 亿美元，其中 64%的销售额来自美国之外；该公司在全球 200 多个国家和地区销售 65 000 种产品，而且在全球范围内雇用了 79 000 多名员工（3M Company，2008）。该公司在领导者评估、开发和继任方面采用一套共同的领导属性

（“Seeing Forward”，2008）：

- 以旁观者的视角来思考公司内的问题；
- 驱动创新和增长；
- 开发、教导和激发他人；
- 勇于决策；
- 以活力、激情和驱动力来领导他人。
- 坚信3M公司的价值观。

这些领导属性描述了3M公司的领导者需要知道什么，需要做什么，以及他们需要展示出的个人品质是什么。在领导者评估方面，高管们把潜力评估作为绩效考评过程的组成部分。作为领导课程的组成部分，所有经理还将接受360度绩效反馈。新录用的所有高管人员都必须通过广泛的心理测量和评估。在领导者开发方面，3M公司的领导开发研究所（Leadership Development Institute）强调“领导者教领导者”。在3M公司的全球领导者晋升通道中，这是一项关键的领导者开发战略。3M公司还采用“实践学习”——该培训强调受训人员为公司关键的经营问题制定富有创造力的解决方案——作为领导者从实践中学会所需品质的一种方法。领导者继任规划过程的参与者把各自最终的建议提交给最高管理层。最后，在对领导者实施后续的教导以及个人开发计划后，3M公司会根据每个领导者的成长对公司产生的战略影响来对每个领导者进行评估。

在领导者继任规划方面，3M公司强调一些重要目标：发现最优质的人才，也就是在所处职能领域中和整个公司范围内最有潜力的人员；为关键职位创建人才库；为关键的领导者制定开发计划。3M公司的高管资源委员会（Executive Resources Committee）会保证公司关键管理岗位的全球继任规划政策和实践——包括发现和开发高潜力的人员，并且记录他们的成长——在长期内保持一致（“Seeing Forward”，2008）。

9.3.4 首席执行官的继任规划

有数据指出，无论是在公共部门还是私人部门，只有大约一半的公司董事会制定了首席执行官继任规划。即便是在拥有数万名员工、每年花费无数资金来招募和培训人才的大型跨国公司，情况也是如此（Ogden & Wood，2008；“CEO succession”，2007）。由于次贷市场危机，美林证券和花旗集团在2007年第四季度共亏损150亿美元以上。在这之后，这两家公司的首席执行官黯然下台，而每家公司的董事会则忙着四处寻找继任者。

这是异常现象吗？很难算是。毋宁说，这只是表明有些公司的董事会没有制定有效的领导者继任规划的几个最新例子。其他有些公司的董事会在以前犯下了相同的错误，例如摩根士丹利、可口可乐公司、家得宝公司、AIG，以及惠普公司。与这些犯错误的公司相对照的则是通用电气公司、埃克森美孚公司、高盛集团、强生公司、凯洛格公司（Kellogg）、联合包裹服务公司（UPS）以及百事公司，它们因为在公司内部建立了强有力的领导者团队并实现高层领导者的无缝对接而受益匪浅。实际上，在评估高管人员的绩效时，员工发展已经成为一项重要内容。百事公司就是一个很好的例子。以前，该公司把 1/3 的激励薪酬用来奖励员工发展，而把剩余 2/3 的激励薪酬用来奖励绩效结果。如今，该公司把 1/2 的激励薪酬用来奖励员工发展，另外 1/2 用来奖励绩效结果。

为什么那些犯错误的公司董事会不在公司内部为高层领导岗位培养候选人？这部分是因为领导者继任规划的核心在于人格、自我、权力，以及最重要的淘汰率（George，2007）。从最理想的角度来看，精心制定的领导者继任规划会在公司内部培养人才。这样做可以维持公司的智力资本，激励高管人员留在公司并且实现优异的绩效，因为他们未来某一天可能会领导公司。

另一方面，也有很充分的理由可以解释公司为何从公司外部寻找继任者。那些从公司外部招募首席执行官的董事会可能认为变革比延续性更加重要，尤其是在公司面临不利情况时，它们希望来自外部的首席执行官能够为公司的方方面面带来变革（Finkelstein & Hambrick，1996）。就公司创始人而言，许多人在自己的有生之年根本就不会任命继任者。这样一来，公司创始人的去世可能会导致公司遭受沉重打击（McBride，2003）。为了避免在未来出现领导者继任危机，可以采取以下一些重要措施（Bower，2007；Holstein，2008）：确保当前的首席执行官明白继任规划的重要性，并且使该规划成为一个优先事项；关注公司的未来需求，而不是以往成就；鼓励对管理决策提出不同意见；为高管人员提供从事各种职位的机会，让他们每 3～5 年换岗一次；为高管人员提供接触董事会的机会，以使他们了解董事会看重什么，而董事会则可以借此机会考察人才。

小公司（例如，家族企业）该怎么办？遗憾的是，仅有 30%的小型家族企业的寿命长于其创始人，这通常是因为缺乏规划。下面是家族企业为解决这一问题而采取的一些方法：

- 25%的家族企业所有者会让其后裔展开竞争，然后在董事会的帮助下从中挑选出一名或几名继任者。
- 35%的家族企业所有者会在其后裔尚年幼时就选中一个进行培养，以便将来接管家族企业。
- 15%的家族企业所有者会让其后裔展开竞争，然后从中挑选一名或几名继任者，而无须第三方的干预。
- 15%的家族企业所有者会让两个或两个以上的后裔组成执行委员会。
- 10%的家族企业所有者会让其后裔自己挑选出一名或几名领导者（Brown，1988；Hutcheson，2007；Klein，2007）。

家族企业有时也会从家族外部寻找继任者，尤其是在该公司急需新理念和新技术时。专家建议，面临这种情况的家族企业需要很早就未雨绸缪，因为来自外部的继任者可能需要 3～5 年才能够完全掌握公司的领导权。最后，最佳的继任应该是干净利落的。换句话说，一旦继任者上位，原来的领导者就应该彻底让位，“不在其位，不谋其政”。

一项研究对 228 次首席执行官继任事件进行了考察（Shen & Cannella，2002）。该研究发现，与其说是首席执行官继任事件本身，倒不如说是继任事件的背景影响了公司随后的绩效。继任者可能是外部人员，也可能是内部人员。内部继任者可能是在自己的前任正常退休之后晋升为首席执行官的，也可能是在自己的前任被解雇之后竞聘为首席执行官的。但是，如果仅仅关注首席执行官继任者一个人而不考虑其他高层管理者的变动，就无法完整地描述继任事件对公司未来财务绩效的影响。Shen & Cannella（2002）的研究指出，如果首席执行官继任者是内部竞聘上任的，那么高管人员的离职会对公司未来盈利能力产生积极影响；如果首席执行官来自公司外部，那么高管人员的离职则会对公司未来盈利能力产生消极影响。也就是说，外部继任者可能会对公司运营有所贡献，但高管人员随后的流失所造成的损失则可能会超过来自外部继任者的所有贡献。

此外，前任首席执行官的人气似乎会延续到继任者任期的最初几年。具体来讲，前任首席执行官很长的任期会产生一种惯性，使得继任者难以启动战略变革。相反，如果一位即将离任的首席执行官任期太短，公司可能还没有从前一次继任事件所导致的混乱状态中充分恢复。换句话说，即将离任的首席执行官的任职时间与下一位继任者辖下的公司绩效之间存在一种倒U形关系（Shen & Cannella，2002）。

9.4 人力资源需求

需求预测通常具有很强的主观性，这主要是因为未来存在太多的不确定因素，例如技术变革，顾客的态度和购买行为模式的变化，本地、本国和全球经济的变化，赢得或失去的合同的数量、规模和类型，能够开启新市场或禁止原有市场的政府管制。因此，人力资源需求预测往往是主观判断，而不是定量分析，虽然在实践中总是会把这两者结合起来使用。首先，让我们来确定关键岗位。

9.4.1 关键岗位

关键岗位驱动公司的战略和收益，而且将公司与市场上的其他公司区分开来（Boudreau & Ramstad，2007；Cascio & Boudreau，2008）。例如，瓦莱罗能源公司（Valero Energy）是一家拥有23 000名员工的石油精炼商和汽油零售商，它确定了300～500个高影响岗位，以及3 000～4 000个关键岗位，其中包括公司18家石油精炼厂雇用的工程师和焊工。然后，将这些岗位与自己的收益、经营目标和业务运营直接挂钩。康宁公司是一家总部位于纽约的高科技公司，在全世界范围内雇用了26 000名员工。它把自己公司内的工作岗位分为4类——战略性岗位、核心岗位、必要岗位、非核心岗位。之所以要这样划分，目的是对公司的经营战略进行解构，以更好地理解经营战略对人才的需求和影响。

9.4.2 评估未来的人力资源需求

为了合理估计公司未来某个时间段内（例如，2～3年内）所需要的员工数量和技能，很重要的一点就是充分利用对公司业务非常熟悉的所有管理者的集体智慧。例如，公司可以向他们询问以下一些问题（Hirschman，2007）：

- 我们未来两年的核心经营目标是什么？
- 为了实现这些目标，我们必须很好地实施哪三项最重要的优先事项？
- 我们当前面临的最重要的人力资源事项是什么？
- 我们需要在市场上赢得的3～5种核心能力是什么？
- 要执行该战略，需要具备什么知识、技能和能力？
- 需要设置什么类型的岗位？不再需要什么类型的岗位？
- 公司内部应该具备什么类型的技能？应该购买什么类型的技能？应该租用什么类型的技能？
- 为了使我们的资源与所设置的优先事项一致，必须采取什么行动？
- 我们如何知道是否正在有效实施所制定的人力资源规划？

9.4.3 需求预测必须多么准确

因为公司类型和行业类型的不同（例如，公共设施行业、女装行业），劳动力需求预测对准确性的要求也会不同：存在5%～35%的误差因素。当然，诸如预测多久的未来、进行预测时所依据的数据质量、人力资源规划与战略经营规划的整合程度等因素都会影响预测的准确程度。一项研究发现，对于未来一年内的需求预测来说，整体的误差率在30%左右（Cappelli，2008）。劳动力需求预测的准确程度取决于人力资源安置的灵活程度。也就是说，如果劳动力的流动性强，具备多种技能，并且易于招募，那么需求预测对准确性的要求就没那么高。

9.4.4 供给预测和需求预测的整合

要证明预测对管理者确实有用，预测就必须产生可理解的、有意义的最终结果。预测的最初努力可能只是各种各样的数据和资料，真正需要的则是对供给预测和需求预测进行整合之后简明扼要地陈述所预见到的人力资源安置需求（见图9—6）。在图9—6中，未来5年内每年年末的净人力资源需求与同一年度的净人力资源供给进行了比较。这导致了一个总计数字；该数字显示，未来5年内每年的人力资源短缺数量越来越大。这才是高层管理者所需要的那一类证据，以针对未来的人力资源管理制定明智的决策。

9.4.5 使行动方案与预测结果相匹配

劳动力需求预测会影响公司在许多方面的计划，包括招募、选拔、绩效管理、培训、换岗以及其他许多类型的职业生涯发展活动。这些活动均包含行动方案。行动方案有助于公司适应环境的变化。

晋升标准：员工必须现在或未来一年内做好准备，并且表现出优异的工作绩效。					
	2007年	2008年	2009年	2010年	2011年
需求					
最初的岗位数量	213	222	231	240	249
增加（减少）的岗位数量	9	9	9	9	10
总岗位数量（年末）	222	231	240	249	259
供给（本年度）					
最初的员工数量	213	222	231	240	249
减去晋升的员工数量	28	31	31	34	34
减去解雇的员工数量	12	12	13	13	13
减去退休的员工数量	6	6	6	6	6
减去换岗的员工数量	4	4	4	4	6
总计数量	163	169	177	183	190
加上晋升的员工数量	18	18	18	18	18
总供给数量（年末）	181	187	195	201	208
过剩/短缺（年末）	41	44	45	48	51

图9—6 劳动力供给预测和需求预测的整合

但是，假设一家公司面临这样一个选择：是选拔那些已具备完成工作所必需技能的员工，还是选择那些虽然现在暂时还不具备这些技能但是经过培训之后就能够胜任工作的员工？这是其他许多商业领域的管理者也经常需要面对的"打造还是购买"决策。作为一项一般原则，公司应当在打造和购买之间达成平衡，以避免因为错误匹配而导致不必要的成本。以下一些指导方针可以用来判断购买何时比打造更有效（Cappelli，2008）：

- 你的需求预测有多么准确？如果并不准确，那么主要通过购买。
- 你是否具有足够的能力来开发员工？如果没有，那么主要通过购买。
- 是否有合适的工作来锻炼人才？如果没有，那么主要通过购买。
- 在多长时间内需要这些人才？如果在短期内就需要，那么主要通过购买。
- 你是否想要改变文化/方向？如果是，那么主要通过购买。

管理者已经发现，购买通常比自己打造更有成本效益。在选拔还是培训的背景下，情况也是如此（Schmidt，Hunter，& Pearlman，1982）。因此，公司可以把更多的资金和资源投入到选拔过程。首先，设法开发出最准确、最有效的选拔程序，因为这可以使公司获得更优秀的员工。然后，采用最合适的行动方案进一步提高员工的工作绩效。与能力差的员工相比，精心选拔的、能力强的员工从一项培训计划（例如，一项财务分析培训计划）中获得的生产率收益可能要更高。此外，即便同一项培训计划对能力差的员工和能力强的员工产生同样效果，能力强的员工所需耗费的培训时间也可能更短。因此，精心选拔能力强的员工，再结合非常有效的员工安置程序，那么公司的培训成本将会降低，培训的实际效果会更好。如果把培训视为构建可持续竞争优势的一种策略，那么这个观点甚至更站得住脚。那些选拔能力强的员工，然后又提供资源对其进行开发的公司，将会获得其他组织无法匹配的一种竞争优势：公司所独有的、充足的人力资本库存。

9.5　控制与评估

控制与评估是任何计划系统的必要特征，在实施人力资源战略时，只有通过持续的、共同的努力，组织才有可能取得成功。由于人力资源规划活动跨越了多个职能领域，因此需要更广泛的系统控制来监测它的绩效。变化是意料之中的事情，因此控制与评估的功能就在于全程引导人力资源规划活动，发现和确定异常情况及其原因。

目标对控制与评估过程是十分重要的，因为目标可以充当绩效测量的标尺。在人力资源规划中，定量标准和定性标准都是必不可少的，不过定量标准更为适宜，因为数字可以使控制与评估过程更为客观，对理想绩效的偏离获得更准确的测量。如果一个特定的人力资源目标是要降低卡车司机在雇用后第一年的流失率——在未来3年内从现在的50%降低到20%，就符合我们刚才所说的情况。在第3年年末，评估过程就变得非常简单，因为最初的目标阐述得非常清楚，明确规定了评估的时间期限（3年）和所期望的改进（流失率降低到20%）。

另一方面，某些特定的目标，例如一个员工队伍多元化管理计划的质量，或者女性和少数族裔管理者的质量，可能难以量化。面对这种情况，一种策略是明确阐述子目标。例如，公司有一项监管质量改进计划，该计划的一个子目标可能包括每位主管参加一项为期两周的培训计划。第二次评估可能包括对比前后两次评估时测量到的员工申诉次数、员工换岗申请数或者员工生产率。虽然其他因素或许也能够解释所观察到的差异，但妥善的实验设计（见第15章）通常能够控制这些因素。虽然在构建合适且准确的效标时确实存在困难，但并不能因此就取消管理者对计划进行评估的职责。

9.5.1　对绩效的监控

有效的控制系统包括对绩效进行定期抽样和测量。例如，在一艘宇宙飞船里，计算机导航系统持续记录该飞船的飞行轨迹并提供反馈，以保持正确的飞行轨迹。为了实现本次任务的终极目标，这样做是完全必要的。同理，任何人力资源规划系统也应该包括某种类似的跟踪和记录系统。在努力实现长期计划的过程中，必须设定并监控短期、中期的目标，从而为通向更远目标的道路提供基准。短期目标使得计划者能够对绩效进行全程监控，并在长期目标的最终成功实现受到危害前采取必要的纠正措施。

有许多常用的监控程序：对当前实践的成本（例如，员工离职给公司带来的成本、新员工的盈亏平衡/回报）进行考察；员工和管理者对结果的认识（例如，通过调查反馈程序或者组织氛围审计）；测量和分析实际成本以及倘若采用其他方案将会导致的成本（例如，分析公司的招募成本以及对公司当前员工进行内部开发所需花费的成本）。

在绩效管理方面，公司可以根据年龄、经验和级别来对管理者进行分类，然后将每一位管理者在薪酬和绩效方面取得的进步与公司的平均水平进行比较。这样做将使公司能够发现和表扬高绩效者，并且为低绩效者如何实施改进提供建议。

9.5.2 确定一种合适的评估战略

我们先前已经指出，定量目标和定性目标都可以在人力资源规划中扮演有用的角色。不过，控制与评估的性质应当始终与人力资源规划其他过程的发展程度保持匹配。例如，在新创建的人力资源规划系统中，评估应当更注重定性标准而不是定量标准，对控制的强调也应相对较少。这是因为劳动力供求预测可能主要基于规划人员的直觉和主观判断，而不是依赖于确凿的数据。在这种情况下，人力资源专业人员应当设法评估以下方面（Walker，1980）：

● 规划人员准确发现人力资源问题和机遇的程度，以及他们制定的优先事项的合理程度。

● 规划人员与提供相关数据并使用人力资源规划结果的直线管理者之间的工作关系质量，他们与这些直线管理者之间的日常合作有多紧密。

● 决策者（从那些录用员工的直线管理者到制定经营战略的最高层管理者）使用人力资源供求预测、行动方案及相关建议的程度。

● 决策者认为人力资源规划有多大价值，他们是否认为人力资源规划人员所提供的信息对他们的工作有帮助。

在创建时间更久、更稳固的人力资源规划系统中，已经成型的绩效标准能够为该系统的目标和行动方案提供坚实的支持，重要的比较和评估可能包括以下方面（Dyer & Holder，1988）：

● 实际的员工安置程度与所预测的员工需求之间的比较。

● 实际的员工生产率水平与所预测的员工生产率水平之间的比较。

● 真正实施的行动方案与所规划的行动方案之间的比较。（两者之间存在什么出入？为什么？）

● 行动方案所导致的实际结果与预期结果之间的比较（例如，求职者质量的改进、更低的离职率）。

● 劳动力供求预测和行动方案的实际成本与预算之间的比较。

● 行动方案的利益/成本比率。

定量信息的一种明显优势在于它凸显了潜在的问题领域，而且能够为决策人员针对这些事项进行建设性的讨论奠定基础。

9.5.3 人力资源规划的职责

人力资源规划是组织中每个直线经理的一项基本职责。最终还是要由直线经理来负责整合各种人力资源管理职能，包括计划、监管、绩效考评以及岗位安排。人力资源专业人员的角色是通过提供工具、信息、培训和支持来协助直线经理进行有效的管理。基本的规划设想（例如，未来某个时期内的销售额或产量预期）应当定期下发到所有运营单元，每个单元的经理必须依据这些规划设想来制定自己的人力资源规划。然后，每个经理所制定的规划将由更高一级的组织单元进行评审，并逐级上报，最终整合成组织的总体人力资源规划（“Seeing Forward”，2008）。

总之，我们进行计划是为了降低未来的不确定性。我们不可能获得无限的资源供给（人员、资金、信息或者原材料），因此重要的是不仅要预测未来，而且要设法影响未来。正如著名剧作家萧伯纳（George Bernard Shaw）所说的那样：“预测未来的最佳方式就是创造未来。”人力资源规划的最终成功取决于为实现人力资源目标而制定的各项行动方案的质量，以及组织实现这些行动方案的能力。根据人力资源规划对人力资源问题进行管理可能困难重重，但是仍要比在缺乏规划的情况下进行管理容易得多。

系统思维、应用性测量的概念，再加上岗位分析和人力资源规划，共同为合理的雇佣决策奠定了必要的基础。在本书的剩余章节中，我们将会看到这些概念如何在实践中应用。接下来，我们将在第10章考察重要的招募过程。

对实践的明确启示

- 我们需要认识到，组织在人才市场上的竞争激烈程度不亚于金融市场和顾客市场。
- 在根据组织的经营战略来进行人力资源规划时，需要认识到人力资源战略与经营战略之间的紧密关联。
- 人力资源规划系统由四部分组成：人才库；人力资源供求预测；行动方案；控制与评估。这四部分并不是彼此不相干的，而是构成一个一体化的系统。
- 我们需要认识到，在领导者继任规划方面，首席执行官必须推动人才建设议程。该议程必须始于最高管理层的认同和承诺。
- 确定和宣扬一套共同的领导属性，就组织对领导者的期望向每位组织成员传达一套共同的标准。
- 组织应当定期进行绩效考评，在组织外部广泛搜寻人才，并且为关键岗位建立人才库。
- 在制定关于人才的所有决策时，必须符合组织的战略。

讨论题

1. 对传统的战略计划方法和基于价值观的战略开发方法进行比较。
2. 人力资源规划如何与经营战略及人力资源战略联系起来？
3. 请描述高绩效工作实践的五种典型特征。
4. 人力资源规划系统的四个组成部分如何应用于医院？什么因素决定了不同职能领域的具体的人力资源需求？为了满足这些需求，你会提出什么行动方案？
5. 人力资源规划为什么在精简规模的环境中尤其必要？
6. 人力资源需求预测为什么比供给预测更具不确定性？
7. 假设公司的董事会主席要求你提供关于领导者继任规划的建议。你会引用什么实践或研究结果？

第10章 招募

概览

为了增加、维持或调整员工数量，组织需要定期进行招募。对招募过程来说，合理的事先计划是至关重要的。事先的计划包括：人力资源规划；具体的招募时间、成本和人员；对劳动力来源的分析；空缺岗位的要求；雇佣标准的效度化。在实施阶段，互联网正在使招募过程发生根本性的变化，它使劳动力市场更加开放，不再受地域范围的限制。最后，为了评估招募活动的成功程度，成本和质量分析是必不可少的。这些信息为组织规划下一轮招募活动提供了闭环反馈。

当组织需要对人力资源进行扩充或补充时，就必须建立某种招募系统。技术的发展以及国内国际市场竞争的加剧，已经使得招募成为组织设法利用自己的员工队伍来持续获得竞争优势的最优先事项之一。招募是一种业务，而且是一种很重要的业务（Griendling，2008；Overman，2008；Society for Human Resource Management，2007）。管理层需要严肃、认真地关注招募活动，因为如果没有合适的人才来执行，任何经营战略都没有用武之地。在苹果公司前任首席执行官史蒂夫·乔布斯看来，“招募是一件艰巨的任务。它犹如大海捞针。在我一生当中，可能招募了 5 000 多名员工。我非常严肃地对待招募”（Jobs，2008）。

乔布斯的这句话引起了许多招募者的共鸣：组织总是难以发现优秀的员工，而且获得优秀的人才变得越来越困难而不是简单（Ployhart，2006）。举个例子来说，我们可以考虑一下那些为国内外求职者构建的社交网站如雨后春笋般涌现的情况，例如 linkedin. com 以及 doostang. com（McConnon，2007；“Online Technologies”，2008）。对招揽那些不积极主动去搜寻工作岗位的求职者感兴趣的招募者可能会使用这样的网站，因为招募者可以在竞争对手招揽到这些求职者之前就与他们建立联系（Cappelli，2001；Lievens & Harris，2003）。这样做会导致什么结果？互联网技术导致各组织在“日益激烈的信息竞技场上展开角逐”。这也是招募变得越来越困难的原因之一。

组织必须定期进行招募，根据自己对人力资源的要求来增加、维持或调整自己的员工数量。作为开放的系统（见第2章中的讨论），组织为了生存和发展需要保持这种动态均衡。组织需要具备良好的人力资源规划系统（人才库、人力资源供求预测、行动方案，以及控制与评估）来为招募活动奠定基础，以便有效地开展招募活动。当我们考察招募职能的操作层面时，这一点会表现得非常明显。

在本章中，我们的目标是描述组织如何搜寻合格的人才并影响他们来申请空缺岗位。与此相对应，我们将考察招募活动的计划、实施和评估，以及关于招募的学术研究成果；此外，我们还将通过具体的组织实例来阐述当今的招募实践。图10—1来自Dineen & Soltis（in press），它将为本章所描述的招募过程提供一种总体框架。它既融合了按时间先后顺序开展招募的传统方法（Barber，1998；Breaugh，Macan，& Grambow，2008），又融合了背景/环境因素和关键过程（Rynes & Cable，2003）。如图10—1所示，两个关键决策点（申请以及岗位选择）区分了这些主要的招募阶段。在每个阶段，该框架也确定了重要的子范畴。

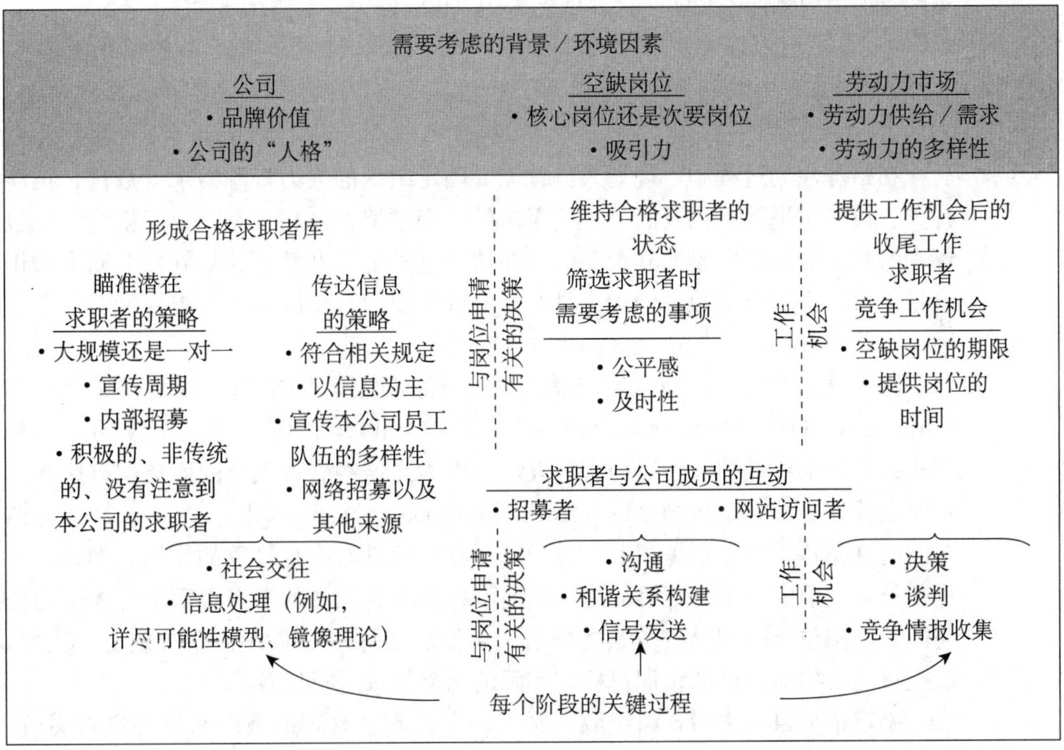

图10—1 招募过程的一个整合模型

资料来源：Dineen，B. R.，& Soltis，S. N.（In press）. Recruitment：Updating the literature. In S. Zedeck（Ed.），*Handbook of industrial and organizational psychology*. Washington，D. C.：American Psychological Association.

三种背景/环境特征会影响所有的招募努力：公司的特征（公司品牌的价值以及公司的“人格”）（Slaughter，Zickar，Highhouse，& Mohr，2004）；空缺岗位本身的特征（该空缺岗位是否承担重要任务）；公司在其中进行招募的劳动力市场的特征。相应地，三个按时间先后顺序开展的阶段体现了公司的招募努力：形成合格求职者库；维持合格求职者的状态（或兴趣）；在向合格者提供工作机会后“获得对方同意”（提供工作机会后的收尾工作）。

图10—1还确定了对其中某个阶段能够产生影响的关键活动。这些活动包括：用来瞄准潜在求职者的策略，以及用来向他们传达信息的策略；与筛选求职者有关的事项，以及与求职者同公司成员（招募者、管理者，以及求职者在访问网站时遇到的公司员工）互动有关的事项；与公司提供岗位有关的事项（例如，提供岗位的时间、在特定期限之后失效的空缺岗位）。最后，图10—1还确定了能够对某个阶段的结果产生影响的关键过程。例如，在形成合格求职者库阶段，社交过程和信息处理过程能够影响本阶段的结果（通过详尽可能性模型（elaboration likelihood model）；Jones，Schultz，& Chapman，2006）；在维持合格求职者的状态阶段，沟通过程、和谐关系构建过程以及信号发送过程也是如此；在收尾工作阶段，决策过程、谈判过程以及竞争情报收集过程也是如此。因为篇幅的限制，我们无法具体讨论图10—1中的所有事项、活动和过程，只是在这里进行简要介绍。该图对促进招募理论和实践具有显著意义，我们首先考察招募规划。

10.1 招募规划

在招募规划过程中，规划人员首先要确定组织的人力资源需求（数量、技能种类、技能水平等）以及满足这些需求的时间框架。这在具有员工队伍多元化目标和时间表的组织中是尤其重要的。在这个过程中，女性和少数族裔劳动力的供给量以及在组织内的数量和构成是非常关键的因素。美国人口普查局能够基于美国人口普查数据，为特定地区提供这些相关信息。

除了这些事项，还需要解决其他两个重要问题，即招募谁以及在哪里招募（Breaugh，2008；Ployhart，Schneider，& Schmitt，2006）。至于招募谁，一种策略是瞄准那些低绩效公司的管理人员，因为当这些管理人员的股票期权跳水严重时，他们更倾向于跳槽（Dumford，Boudreau，& Boswell，2005）。回答这两个问题（招募谁和在哪里招募）对确定招募目标具有举足轻重的作用。例如，录用新员工之前的一个目标可能是从当前不积极寻找工作的潜在求职者群体中为公司的关键岗位吸引到足够数量的候选人。招募目标对招募评估非常重要，比如，雇主可能希望对自己的预期目标与实际的招募结果进行比较。

确定招募目标之后，组织应当制定一种连贯、合理的战略来填补空缺岗位。在制定招募战略时，雇主强调的问题可能包括：（1）何时开始进行招募？（2）需要向潜在的求职者传达哪些信息？（3）谁充当招募者？正如Breaugh（2008）所指出的那样，这些问题的答案应当与先前制定的招募目标保持一致。在传达的信息方面，组织可以考虑这项研究成果：对同事的满意会增强年长员工的兴趣和投入（Avery，McKay，& Wilson，2007）。因此，用来招募年长员工的信息或许可以强调与同事的匹配感（个体与群体的匹配）。除了这类信息，Rau & Adams（2005）的研究成果表明，对公平就业机会的陈述、在工作中充分运用所学知识的机会，以及灵活的工作时间安排，都能更好地吸引年长员工。

在招募时机方面，组织应当首先考虑有效使用内部人才。如果在没有考虑现有员工的愿望、能力和潜力的情况下就实施外部招募，可能会给组织带来近期和长期的损失：从近期影响来看，士气可能会被削弱；从长期影响来看，如果组织长期忽视已有员工的潜力，就很难吸引新员工和留住有经验的员工。

在为各类员工（例如，入门级员工、管理人员、专业人员、技术人员）制定了全面的人力资源规划之后，就可以启动招募规划。为此，必须对 3 个关键参数进行估计：时间；资金；达到某个既定雇用率所必需的工作人员数量（Hawk，1967）。估计这几个参数的基本统计量是在既定时间内达到既定雇用人数所必需的求职者数量。当然，推断这一数字的最简单方法是基于先前的招募经验来判断。如果具有关于收益率和滞后时间的准确数据，就不会存在任何问题，因为组织可以确定未来的趋势并且做出可靠的预测（假定劳动力市场状况没有显著变化）。**收益率**（yield ratios）指的是一定时期内（例如，6 个月或 1 年）求职者与接到面试通知者、接到面试通知者与参加面试者、参加面试（或其他选拔工具）者与接到录用通知者、接到录用通知者与被录用者的比率。**滞后时间**（time-lapse）指的是事件之间的平均间隔时间，例如发出录用通知与录用通知被接受之间的时间间隔，以及接受录用与开始上班之间的时间间隔。

如果不存在关于先前经验的数据，则需要运用“最佳猜测”或假设，然后对招募方案的实施过程及其绩效进行监控。例如，我们假设 ABC 工程咨询公司打算新设 2 个办事处，需要在随后的 6 个月内招募 100 名工程师。该公司过去曾经进行扩张，因此它能够在此基础上做出以下预测：

> 就技术岗位求职者而言，如果需要录用 1 名员工，就必须向 2 名求职者发出录用通知，或者说接到录用通知人数与录用人数的比率是 2∶1。我们需要 100 名工程师，就必须向 200 名求职者发出录用通知。此外，如果参加面试者与接到录用通知者的比率是 3∶2，那么就需要对 300 名求职者进行面试，而且由于接到面试通知者与参加面试者的比率是 4∶3，因此必须向 400 名求职者发出面试通知。最后，如果最初的求职者与合格的求职者之间的比率是6∶1，那么就需要 2 400 名求职者。这些招募数据的金字塔如图 10—2 所示。

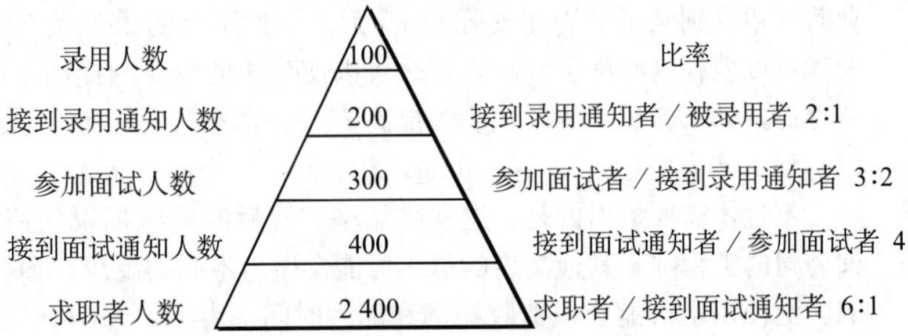

图 10—2　招募收益率金字塔——ABC 工程咨询公司的工程师求职者

资料来源：Adapted by permission of the publisher from Roger H. Hawk, The Recruitment Function. Copyright © 1967 by the American Management Association, Inc.

对500多家公司的实际调查数据表明了以下这些平均收益率：7%（14∶1）的简历能够到达招募经理手中，其中26%被邀请参加面试，而40%的参加面试者能够获得录用通知。并不令人感到奇怪的是，非技术岗位求职者接受录用通知的比率（82%）是技术岗位求职者的2倍（Lord，1989）。

对有效的招募规划非常重要的其他一些数据可以从滞后时间数据中获得。对工程咨询公司来说，过去的经验表明，收到简历到发出面试通知的平均间隔时间是4天。如果求职者仍然可以为公司所用，他在接到面试通知的5天后将被面试。平均来说，在进行面试3天后，公司将发出录用通知。发出录用通知后，求职者在1周内决定是否接受录用通知。如果求职者接受录用通知，那么平均来说，他在接受录用通知的3周内前来报到上班。因此，如果ABC工程咨询公司今天开始招募，最好的估计是第一批新员工在40天后开始上班。有了这些信息，就能够描绘出招募流程的时间框架，而招募计划要与此保持一致。根据这些数据，图10—3提供了一个简单的滞后时间表。

所花费的平均天数	
从收到简历到发出面试通知	4
从发出面试通知到进行面试	5
从进行面试到发出录用通知	3
从发出录用通知到接受录用	7
从接受录用到最终报到上班	21

图10—3　招募工程师的滞后时间

我们可以假定招募流程中的事件间隔时间都按照该图表所规划的那样推进。实际上，纵向研究指出，招募流程中的事件间隔时间的延迟会给应聘者（尤其是那些非常优秀的应聘者）留下非常负面的印象，而且常常会导致应聘者不接受公司发出的录用通知（Boswell，Roehling，LePine，& Moynihan，2003；Bretz & Judge，1998；Chapman，Uggerslev，Carroll，Piasentin，& Jones，2005；Rynes，Bretz，& Gerhart，1991；Rynes & Cable，2003）。此外，如果公司忽视了对新员工质量的测量，那么新员工的入职时间就可能带有误导作用（Sullivan，2008）。我们可以举个简单的例子来说明。假设一家公司在填补销售岗位空缺时从招募到录用平均需要耗费75天。如果不是需要耗费75天，而是耗费50天就可以填补这些岗位空缺，那么可以使公司的营业额提高3 000万美元，但另一方面，如果新员工的质量能够提高20%，那么公司在生产率改进方面的收益可以达到1 800万美元（Griendling，2008）。

不过，需要指出的是，这些收益率和滞后时间数据仅仅适用于ABC工程咨询公司的工程师。其他类型的员工可能会做出不同的反应，而且求职者对互联网的广泛使用也可能会改变收益率和滞后时间。由Recruitsoft/iLogos Research进行的一项研究发现，在互联网上寻找各级别、各类型工作岗位的周期比《财富》500强公司43天的招募周期平均少6天。如果在互联网上进行招募的公司接受在线申请而不是书面申请，那么招募周期可以再缩短4天；如果公司筛选和处理求职申请的过程实现电子化，那么招募周期可以再缩短1周（Cappelli，2001）。当然，招募周期也取决于劳动力市场的状况。一个**劳动力市场**（labor market）是一个地理区域，劳动力供给（寻找工作的人）和劳动力需求（寻找劳动力的雇主）在其中发生互动，进而决定劳动力价格。不过，由于雇主进行招募时所涵盖的地域范围部分取决于空缺岗位的类型，因此不可能明确界定当地劳动力市场的边界（Milkovich & Newman，2008）。在某个特定的劳动力市场中，如果劳动力供给高于工作需求，那么劳动力价格通常就会偏低。相反，如果劳动力供给有限（例如，假设ABC工程咨询公司需要某些特定类型的工程专业人员，而当地劳动力市场缺乏这样的人才），那么为了实现所需要的收益率，雇主就会扩大招募范围，调查其他地理区域的劳动力市场。

在传统的组织内部劳动力市场中，新员工通过少量的初级工作岗位被吸纳进组织，然后沿着职责逐渐加重、薪酬逐渐增加的职位等级链逐步晋升。然而近年来，组织内部劳动力市场的作用已经被削弱，高级岗位不再只提供给内部候选人，而新招募的员工也不再局限于初级岗位，而是遍布各级岗位（Cappelli，1999；Rynes & Cable，2003）。正如所预料的那样，这已经削弱了员工对组织的忠诚以及对管理层的信任，并且使雇主在劳动力市场紧缩时处于不利地位。

10.1.1 人员需求和成本分析

在招募专业人员/技术人员时，经验丰富的招募者每年能够招募大约50名新员工，因此为了满足工程咨询ABC公司在未来6个月内招募到100名工程师的要求，该公司需要大约4名全职招募者。不过，如果利用互联网的话，应聘者与招募者的比率可以高达80∶1（Nakache，1997）。

我们已经能够根据ABC工程咨询公司先前的招募经验来估计该公司的招募时间和人员需求。不过，还必须考虑其他几个参数，才能够完成整个规划过程。从逻辑上讲，在剩下的那些参数中，最重要的一个或许就是成本。不过，在进行成本估计之前，我们还必须回过头来假定某个公司以前并不具有招募经验（或者没有记录那些必要的数据）。在这种情况下，做出关于收益率的合理假设虽然并不是不可能的，但却要复杂得多。

很重要的一点是根据劳动力来源对外部劳动力市场进行分析，并且分析竞争对手对类似类型员工的需求。此外，对组织环境进行全方位评估以开展一次“公司优势研究”也是非常重要的。公司必须对大量因素进行评估，其中包括地理因素（气候，娱乐设施）、公司的位置、生活成本、房源、与购物中心的距离、公立和私立学校等。

公司需要充分利用可能吸引应聘者的任何因素，例如公司的形象和声誉（Collins，2007；Collins & Han，2004；Collins & Stevens，2002）。公司形象是公司吸引力的一个强有力（$\rho=0.48$）预测因子（Allen，Mahto，& Otondo，2007；Chapman et al.，2005）。当开发未来的招募战略时，以及收集基础数据以估计招募收益率时，这类信息是非常有用的。

积极的公司形象或声誉为什么会吸引潜在的求职者前来应聘？Rynes & Cable（2003）确定了三个原因。首先，人们希望归属于能够提高自尊的组织。求职者寻找声誉好的公司，意图分享这种组织所享受的荣誉，或者避免为带有负面形象的雇主效力所带来的负面后果（Ashforth & Kreiner，1999）。其次，积极的公司形象或声誉可能意味着该公司会提供其他合理的属性，例如高收入和很好的职业成长与发展机遇。最后，积极的公司形象或声誉使求职者更愿意相信该公司提供的任何信息（Barber，1998）。

在估计招募者数量和时间要求时，收益率和滞后时间数据是非常有用的。但是，在对各种招募策略的成本进行估计之前，招募规划是不完整的。为了避免以后产生任何的“惊诧”，必须提前对各种费用分门别类地进行仔细分析。总之，在决定何地、何时、如何在市场上进行招募时，成本分析是需要考虑的最重要因素之一。

从最笼统的层次来看，人均招募成本等于招募总成本除以招募人数：

$$人均招募成本 = 招募总成本/招募人数 \tag{10—1}$$

来自以往经验的数据通常能够为公式（10—1）提供输入。根据全球著名的管理咨询公司合益集团（Hay Group）的计算，在招募专业人员时，成本之高可能令人震惊：18个月的薪酬，还不包括所损失的销售额和生产率（Lavelle，2003）。这种简单的统计数据在最初的估计中是有用的，但对于周密的预先规划以及对招募努力的后期评估来说，这些数据是远远不够的。需要特别指出的是，对以下费用的估计是非常重要的：

1. **人员费用**——招募者的工资、福利和加班津贴。

2. **操作费用**——电话费；招募者的车旅费和生活费；专业机构的服务费（中介费、咨询费等）；广告费（在广播、电视、报纸、专业杂志上的广告费，实地考察费）；雇佣前进行体检的医疗费；信息服务费（介绍公司及其环境的资料）；原材料费用及邮资。

3. **间接费用**——临时设施、办公家具与设备等物品的租金。

10.1.2 来源分析

对招募来源进行分析有助于公司进行有效的招募规划。有三种分析最为典型：人均招募成本分析；对从求职者应聘到受聘的滞后时间的分析；来源收益分析。一般来说，成本最昂贵的来源是私人雇佣中介以及猎头公司，因为中介费可能会占到新员工入职后第一年薪水的35%（Maher，2003a）。第二昂贵的来源是实地考察，因为这会导致广告费以及招募者的车旅费和生活费。不那么昂贵的来源是广告招聘、互联网招聘、补选、公司内部换岗和晋升。成本最低的来源是员工推荐以及求职者自荐（通过邮件或者互联网）。

在制定招募规划时，对各种招募来源的滞后时间进行分析尤其有用，因为在各种不同的来源中，从应聘者初次接触公司到报到上班之间的时间长度是不一样的。例如，就校园招募来说，新员工的稳定流入是不可能的，因为不管初次接触发生在什么时候，他们报到上班的时间总是与毕业时间紧密挂钩的。

不过，就那些能够产生新员工稳定流入的来源来说，员工推荐和求职者自荐从初次接触到报到上班的时间间隔最短。另一方面，即使公司具有高效的招募机制，它也很难超过互联网的效率。美国军火巨头洛克希德马丁公司（Lockheed Martin）每年会收到100多万份简历，随时都有大约3 000个空缺岗位需要填补。通过运用简历管理软件和各种筛选工具，该公司能够将招募周期从数周压缩到最少3天（Forster，2003）。一般来说，实地考察和公司内部换岗会导致更长的滞后时间，而中介机构推荐和报纸广告则通常是最慢的来源。与其他许多领域一样，“组织犹豫不决就意味着机会的丧失”。现今，公司对顶尖人才的争夺十分激烈；在这样的背景下，招募部门运行良好、能够对求职者做出快速应对的组织才有可能招揽到具有较高潜力的员工。

来源分析的第三个指标是来源收益（即由某个特定来源产生的应聘者数量与被聘者数量之比）。没有任何一种来源收益排名适用于所有类型的组织和劳动力市场。Breaugh，Greising，Taggart，& Chen（2003）考察了5种招募方法（员工推荐、求职者自荐、高校就业办公室、招聘会、报纸广告）与IT类岗位求职者之间的关系。在教育水平或面试成绩方面，这5种招募方法并无差异。并不令人奇怪的是，通过高校就业办公室招募来的新员工比通过其他方法招募来的新员工具有更少的工作经验。另一方面，员工推荐和求职者自荐要比其他招募方法更有可能获得录用通知，也更有可能接受录用。因此，虽然在求职者质量方面员工推荐和求职者自荐与其他招募方法并无差异，但公司往往更愿意向这两种招募方法中的求职者发出录用通知。

Rafaeli，Hadomi，& Simons（2005）进行的一项研究也使用求职者作为样本。该研究考察了位于以色列的一家工厂，并且聚焦于3种招募方法：员工推荐；聚焦于某个区域的广告（即在当地报纸上刊登的广告）；并不局限于某个特定区域的广告（即在全国性的报纸上刊登的广告）。他们发现，与其他两种招募方法相比，员工推荐产生了更多的求职者、更多的被聘者以及更高的收益率；而聚焦于某个区域的广告则在这三条标准上都要优于并不局限于某个特定区域的广告。

在考察来源收益之后，我们就基本上为开始招募活动做好准备了。不过，一旦事先明确、周密地确定了雇佣要求，招募效率就能够得到显著提高。对技术性和非技术性的空缺岗位来说，这都是一个非常重要的步骤。招募者必须熟悉空缺岗位的岗位说明书，也必须了解（如果可能的话，直接从事过）这些空缺岗位所需从事的工作。研究已经明确表明，与招募者的特征相比，公司和岗位的特征（例如，工作地点、收入、学习机会、有趣和有挑战的工作任务）能够更显著地影响求职者接受岗位的可能性（Barber & Roehling，1993；Rynes，1991；Taylor & Bergmann，1987）。

但是，在招募的第一阶段，招募者的特征（有风度、值得信任、见多识广、能力高超）确实能够影响求职者的知觉（Chapman et al.，2005），特别是求职者对招募过程的程序公平的认识（Chapman & Webster，2006），但是并不会影响求职者接受录用通知的意愿（Stevens，1998）。无论是招募者的工作职能（人力资源管理与直线管理），还是招募者的性别，似乎都不会对求职者产生多少影响

(Chapman et al.，2005)。与此同时，至少有3个原因可以解释招募者为什么能产生重要影响（Breaugh et al.，2008）。招募者之所以扮演重要角色，是因为：（1）他们所具备（从而可以传达给求职者）的与空缺岗位相关的信息量不同；（2）在求职者看来，他们所具备的可信度不同；（3）他们向求职者传达的意思不同。尽管如此，求职者仍然可能更重视关于公司和岗位特征的信息，而不那么重视招募者的特征。

现在，招募规划已经变得完整。人力资源规划已经制定；时间、成本和人员要求已经明确；来源分析已经完成；工作要求和雇佣标准也已经确定和效度化。接下来，我们就可以开始实施招募。

10.2 实　施

在招募的实施阶段，第一步是在公司内部来源中考察合格或具有合格可能性的候选人。对于那些员工队伍遍布全球、人才库详细记录了每个员工的具体信息的大型组织来说，这一步尤其重要。这样的人才库有助于跨国公司在全球范围内实施有效的员工安置和任务安排（Gong，2003a，2003b）。无须多言，至关重要的是定期更新人才库的数据，以及时反映员工技能、教育成绩、培训成绩以及工作职务等方面的变化。

毫无疑问，内部招募所面临的最棘手问题之一是管理者不愿意批准自己的下属为了潜在的换岗或晋升而接受面试。为了克服这种障碍，内部晋升政策必须获得最高管理层的强力支持，而且公司所坚持的管理哲学也要允许员工严肃考虑公司所提供的机会，并且提供各种激励来鼓励管理者为员工内部晋升创造条件。在戴尔公司，管理者的薪酬部分取决于该管理者在培育员工方面的表现。在3M公司，由某个特定职能领域（例如，制造领域、研发领域、销售领域）的所有管理者每月进行一次的人才评估有助于确保公司发现高潜力员工（Byrnes，2005；"Seeing forward"，2008）。实际上，让有价值的人力资本"流动起来"会带来积极的效果。员工转岗或晋升有助于这些员工在新的工作领域创建社交网络，形成各种新的人际关系（Somaya，Williamson，& Lorinkova，2008）。不过，在很多情况下，为了填补初级岗位、因为公司扩张而产生新岗位以及现有员工无法胜任某些岗位，公司会借助各种外部来源。我们接下来就考察这个主题。

10.2.1 外部来源

有许多种外部来源可供公司选择；具体选择哪种（些）外部来源，取决于特定的雇佣要求以及来源分析的结果。在此我们并不详细考察每一种外部来源，总的来说，外部来源包括：

1. **广告**——报纸（分类广告和宣传广告）、互联网、专业杂志、电视、广播，以及（在某些情况下）户外广告。

2. **雇佣中介**——联邦和州立中介、私人中介、猎头公司、管理咨询公司、专门提供临时员工的中介。

3. **教育机构**——技术和职业学校、高校、工作/研究合作项目、高校就业办公室。

4. **专业组织**——专业协会以及社会安置服务机构。

5. **军队**——转业中心、地区和全国性退伍军人协会的就业服务部门。

6. **工会**。

7. **招聘会**。

8. **职业介绍所**。

9. **求职者自荐**（通过上门访问、邮件或互联网）。

10. **公司内部的换岗者和退休者**。

11. **员工推荐**。

为了说明公司在高校招募管理岗位求职者的过程中如何与竞争对手开展竞争并且获得竞争优势，请看下面这个例子。

专栏 10—1

为招揽 MBA 毕业生而展开竞争：惠而浦公司和 IBM

以前，重组、精简规模和裁员是许多公司的典型经历。因此，校园招募就成为一项非常艰巨的任务。为了提高成功的可能性，招募者进入商学院开展招募活动的时间提前了许多，而且也更加频繁，他们提高了商学院毕业生的起薪，并且强调自己公司对工作—家庭生活平衡的承诺。招募者同时也在实施其他各种策略：挖掘在线简历，进行视频面试，使用即时通信来构建更广泛的关系网，以及更有效地与当今更精通高科技的学生进行联系。例如，位于密歇根的惠而浦公司（Whirlpool）正在实施这样一种技术：学生通过电脑和摄像头来回答一系列问题。面试过程被记录下来并保存在一个安全的网站中，只有惠而浦公司的招募者能够进入该网站。许多公司正在对自己的网站进行更新和升级，以更符合当今学生的“口味”。例如，惠而浦公司在自己的网站中增添了一个聊天室，并且安排不同部门的员工在特定的时间内回答各种问题。在该公司的招募经理看来，“当今的高校毕业生想要询问某个问题时，他们希望有个合适的人站出来回答。他们希望与某个人进行直接沟通，而不是仅仅阅读其他某个人对该公司的观察报告”（Alsop，2007）。

在其他各种招募策略中，IBM 正在一个称为第二生活（Second Life）的虚拟社区中搭建会议空间和“岛屿”，并且计划在这里开展各种招募活动，例如招募者回答各种提问，提供各种指导和讲座，以及进行在线面试。学生可以登录第二生活网站，创造各种虚拟人物以代表自己，并且参观 IBM 的“地盘”。高级管理者、工程师和研发人员往往因为工作需要而无法亲自前往高校或其他招聘会进行招募，但他们可以参与这种在虚拟空间进行的招募活动。IBM 负责全球人才的总管说道：“技术是当今年轻一代基因中的一部分。他们自然而然会被第二生活之类的事物吸引，并且认为 IBM 是一家创新的公司。”（Alsop，2007.）

上面所列举的这些来源可以划分为正式来源（雇佣中介、广告、猎头公司等有组织的搜寻方法）和非正式来源（例如，求职者自荐、员工推荐）。就雇主最经常采用的来源来说，有证据（Dineen & Soltis，in press；Forster，2003；Gere，Scarborough，& Collison，2002；“Online Technologies”，2008）表明：

● 无论是什么级别的职位，非正式联系都运用得非常广泛和有效；公司在自己的起步阶段非常依赖于社会关系来填补空缺岗位，而到了成长阶段，则更加依赖于商业关系来填补空缺岗位（Leung，2003）。此外，Van Hoye & Lievens（2007）发现，通过口头表达的信息要比招募活动、宣传、网站或者其他更为传统的招募信息更能够解释公司吸引力的差异以及求职者实际决策的差异。

● 所要求的工作技能越多，对公共雇佣服务的使用就越少。

● 公司内部市场（在公司内部局域网上公布空缺岗位）是一种主要的招募方法。

● 大公司是内部劳动力市场、求职者自荐以及前雇员再次录用（又称为“吃回头草”）的最频繁使用者（White，2005）。被再次录用者离职的可能性要低于那些通过正式来源招募进来的员工（Zottoli & Wanous，2000）。

● 在招募广告方面，与只包含较少的工作相关信息的广告相比，那些包含更多的工作相关信息的广告被认为更有吸引力（例如，Allen et al.，2007）和更加可信（Allen，Van Scotter，& Otondo，2004）。研究（Roberson，Collins，& Oreg，2005）还表明，如果广告中包含关于某个职位更多、更具体的信息，就会增强求职者对该职位的兴趣，并可能导致更好的人职匹配。

然而，就招募少数族裔员工而言，对一家大型保险公司2万多名求职者进行的一项研究表明，美国的女性和黑人求职者总是更愿意采用正式的招募来源而不是非正式的招募来源（Kirnan，Farley，& Geisinger，1989）。如果员工队伍由不同性别、族裔和人种的成员构成，那么员工推荐之类的非正式招募来源对雇主是非常有利的。实际上，有证据表明，与通过传统的、基于文本和图片的材料来展示组织在员工多元化方面的成绩相比，由现有的少数族裔员工提供的视频/音频推荐材料能够对外部的少数族裔求职者产生更显著的影响（Walker，Field，Giles，Armenakis，& Bernerth，2008）。

员工推荐如今非常流行，大约43%的公司使用员工推荐（“Online Technologies”，2008）。有一些研究已经指出，员工推荐的求职者比其他来源的求职者更有可能被雇用。两项研究采取了一种更巧妙的方法来确定员工推荐的具体影响。Castilla（2005）发现，如果进行员工推荐的这个员工离开该组织，那么被推荐进来的那个员工的绩效会受到影响（即该员工晋升的速度不如推荐者仍然在组织就职的那些被推荐者）。Castilla（2005）认为，之所以会产生这种影响，是因为推荐者离职以后，被推荐者不再感受到“一种不能让推荐者尴尬和蒙羞的责任感”（p. 1249）。

另一项研究（Yakubovich & Lup，2006）考察了在一个呼叫中心就职的独立承包商。研究者重点考察3个群体：通过互联网应聘的人员；由高绩效的现有员工推荐的人员；由绩效不太好的现有员工推荐的人员。这两位研究者假设：与由绩效不太好的现有员工推荐的人员相比，由高绩效的现有员工推荐的人员会被该公司的人力资源部门视为更优秀的人员，并且能够在客观的选拔测量中获得更高的分数；而由绩效不太好的现有员工推荐的人员则会被人力资源部门视为优于通过互联网应聘的人员。这些假设在很大程度上获得了证明。这两位研究者还发现，与通过互联网应聘的人员相比，由员工推荐的人员更有可能在多阶段选拔过程中走得更远（即不太可能自愿退出），但是由高绩效员工推荐的人员走得最远。

在实践中，如果现有员工为公司推荐了一个被成功录用的求职者，那么公司通常会给推荐者提供一份现金或商品作为奖励。我们可以看看通用电气医疗集团（GE Medical Systems）的例子。它每年要招募大约500名员工，为了实现这个目标，它特别重视员工推荐。大约有10%的被推荐者最终被录用。其他任何来源（猎头公司、实习生）都无法接近这个收益率。该集团通过3件简单的事情就使员工推荐的数量翻了一番。第一，形式简单而实惠——不用填写复杂的表格，做出推荐的员工能够获得一件小礼物。第二，如果被推荐者被录用，那么推荐者将获得2 000美元的奖励，而且如果新员工是一名软件工程师，那么推荐者可以获得3 000美元的奖励。与这份奖励相比，向猎头公司支付的费用则是新员工第一年薪水的35%。第三，从新员工上班第一天起，该集团就要求他们推荐新员工。为什么？因为被录用3个月内，新员工还能够联想起在原来的工作中认识的几乎每一个人。9个月后，新员工就成了真正的通用电气人。当然，这就是目标（Useem，1999）。

哪一种来源能够产生数量最多的合格求职者？事实上，为了解工作信息，大多数求职者都采用不止一种来源。因此，如果非要确定求职者会使用哪一种招募来源，就会产生误导作用，并且完全忽视多种来源的综合影响。实际上，关于招募来源、离职和工作绩效之间的相互关系的大量证据表明，这三者之间的关系是非常微弱的（Williams，Labig，& Stone，1993）。例如，有一项研究考察了20 000多名应聘保险代理的求职者所采用的10种不同招募来源。该研究表明，招募来源只能解释求职者质量差异的5%和新员工任职时间差异的1%，而且无法解释新员工的薪酬差异（Kirnan et al.，1989）。就这些结果来看，比招募来源本身更重要的也许是公司在使用每种招募来源时能够获得的支持和信息，或者是每种招募来源能够在多大程度上预先筛选出公司所希望的求职者特征（Rynes & Cable，2003）。员工推荐在这些方面表现得尤其出色，它往往能够产生数量更多的被录用者（Breaugh et al.，2003；Rafaeli et al.，2005）。

专栏10—2

招募多元化的员工

对于希望提高员工队伍多元化水平的组织来说，第一步（也是最困难的一步）是确定自己的需求、目标以及目标人群。一旦你知道自己的员工队伍多元化项目想要实现什么目标，那么就可以采取下面这些步骤（Dineen & Soltis，in press；Kravitz & Klineberg，2000；Truxillo & Bauer，1999；Thaler-Carter，2001）：

- 通过传达公平、包容等价值观表明你对多元化的重视（Avery & McKay，2006）。
- 与能够提供社区支持的组织以及外部的其他招募和培训组织进行初步接触并收集相关信息。
- 制定一项或多项以结果为导向的项目。将要采取什么行动？涉及哪些人？何时和如何完成这些行动？
- 邀请代表参观你的组织，并且认识到他们将关注3个方面（Avery & McKay，2006；McKay & Avery，2006）：组织中的少数族裔员工数量；少数族裔员工工作岗位的级别；少数族裔员工与主流员工之间的互动类型。
- 选择多元化的招募人员（包括人力资源部门之外的员工）来展示和宣传组织的形象。
- 获得最高管理层的肯定和支持。对管理者进行培训，以使他们重视员工队伍多元化。
- 制定监控程序和后续计划；在必要时对它们进行修改，以完成既定目标。
- 仔细思考组织想通过这些多元化项目来传达的信息；不要任由求职者通过想象力来解读这些项目。例如，Cropanzano，Slaughter，& Bachiochi（2005）发现，优先待遇通常对少数族裔求职者并不具有吸引力，因为他们希望确保自己受到了公平、公正的对待，而不是受到了优待。

要想有效地招募多元化的员工，这些措施是必要而非充分条件。WetFeet.com最近进行的一项研究（Gere et al.，2002）发现，有高达44%的美国黑人求职者声称他们不考虑那些缺乏性别和族裔多元化的公司，而且有其他3种与多元化有关的属性会影响他们是否申请工作岗位或留任：培训机会和职业发展计划的可获得性；多元化的高层管理队伍（Avery，2003）；多元化的员工队伍。

10.2.2 对招募实施过程的管理

从管理的角度来看，招募是最容易搞砸的活动之一，它有可能给公司带来长期的负面影响。在传统上，招募主要依赖于纸笔。而到了今天，整个招募过程已经被改造成主要依赖于电脑。下面就是这样的一个例子。

通过采用Yahoo! Resumix的招聘平台Hiring Gateway，自动化操作能够取代整个手工操作过程。Hiring Gateway是一个基于互联网的招募和招聘流程，它能够使公司完成从公布空缺岗位，到提出求职者资质，记录工作要求，进行面试，制定雇佣决策，发出录用通知，再到新员工报到上班的整个过程。该软件创建了一种使招募经理能够公布空缺岗位的自助型环境，允许求职者上传和修改自己的简历信息，并且允许招募者使用它的“知识库”（KnowledgeBase）技术来陈述每个空缺岗位的资质要求、创建关键词检索、提出有关问题筛选求职者以及使用其他过滤手段（HiringGateway@yahoo-inc.com，2008）。

Hiring Gateway的分析系统使招募者能够完成许多种不同的报告，例如在为不同类型和级别的工作岗位进行招募时各种招募来源所产生的效果，对每个招募者绩效的测量，对新员工绩效的测量，公平就业机会报告，以及对求职者数量和类型的分析。经过15年的发展，KnowledgeBase的检索和提取技术积累了2万多种商务技能以及25万多条与工作技能和资质有关的规则。例如，这种技术能够：

- 识别简历中的单词或词组在上下文中的意思。因此，它能够识别出John Harvard是求职者的名字；140 Harvard Street是一个地址；Harvard University是一所大学；Harvard，ID是一个城镇。基于关键词的简单系统则没有这么高的效率，因为它们会把包含Harvard这个单词的所有简历归为一类。这样的话，这些简历就需要再次进行分析和归类。
- 区分工作经验方面的定性差异。例如，它能够把自己是经理的求职者与向经理汇报工作的求职者区分开来。
- 知道何时和如何做出逻辑推理。例如，它知道“对一个快速成长的团队进行管理的经验”约等于“团队建设技能”。
- 理解包含特定行业的术语、句法和行话的简历。通过对各种通信工具（例如，雅虎即时通信、在线排程以及自动化的电子邮件提醒）进行整合，Hiring Gateway使招募者、招募经理和面试官能够轻松开展协作，在第一时间发现和追踪最优秀的求职者。

该系统在实践中效果如何？得州仪器、迪士尼、先锋集团（Vanguard Group）、联合包裹服务公司已经发现，采用Resumix 6系统可以使招募每个新员工的平均费用节省50%，平均招募周期缩短48%（www. HotJobsoftware. com）。

专栏10—3

基于互联网的招募

毫不夸张地说，互联网已经使招募活动发生了根本性的变化。对求职者来说，他们可以通过3万多个求职网站中的无数条工作信息来寻找工作和雇主（Cohen，2001）。在美国最大的500家公司中，有高达94%的公司通过互联网进行招募。实际上，唯一让人感到惊讶的是居然还有6%的公司没有这样做（MacMillan，2007）。星期一通常是求职者数量最多的一天，大约有400万求职者在Monster. com（美国最主要的在线求职网站）上寻找工作。同时，成千上万的公司招募者在浏览该网站数据库中的7 000多万份求职者文档和简历。这么多的简历中，大部分来自并不积极寻找新工作的人员。实际上，公司招募者的行为举止越来越像外部的猎头公司，设法查看竞争对手的员工名册并招揽它们的员工（Rynes & Cable，2003）。

总之，互联网已经成为招募的主战场。尽管以营利以目的的求职网站非常具有吸引力，但是有证据表明，在通过互联网招募进来的新员工中，有将近60%是通过公司自己的网站招募的（Forster，2003）。那些最好的公司网站能够使求职者非常轻松、便捷地申请工作岗位。这些网站提供关于公司的丰富信息，并且给求职者留下非常好的印象（Frase-Blunt，2004）。只有1/3的公司既在公司的网站上公布空缺岗位，又在3个最主要的求职网站上公布：Monster. com，HotJobs. com，Careerbuilder. com（Maher，2003b；Steel，2007）。要想招募年薪在10万美元以上的高管，Forbes. com推荐招募人员选择以下网站：Netshare. com，Flipdog. com，Wetfeet. com，Spencerstuart. com，Quintcareers. com。

虽然在线招募非常便捷，而且覆盖范围广，但是通过互联网招募来填补的空缺岗位只占很低的比例。一项研究发现，只有6%的管理层岗位是通过互联网招募得以填补的，但是有61%的管理层岗位是通过朋友关系、家庭关系或同事关系得以填补的（Maher & Silverman，2002）。由于这个原因，在线社交网站——例如LinkedIn，Facebook，Doostang，Ryze——对求职者具有越来越重要的作用。社交网站致力于为用户创建各种工作关系，允许用户搭建一种社会关系和商务关系网络，并且与陌生人进行密切的接触和交流（"Job Sites Reviews"，2008；Kadlec，2007）。

80%的空缺岗位从不做广告，这个传统观念现在变得如何了？专家们声称，这个观念只是一个臆想；他们还指出，求职者通过浏览雇主网站中的工作信息，以及查找其他网站和传统媒介，就能够发现80%～90%的空缺岗位（Maher，2003b）。

在结束对这个主题的讨论之前，我们还需要注意最后一个事项。综合性的求职网站（例如，Monster. com，HotJobs. com）与只针对某个具体行业或某种具体职业的求职网站所提供的求职者类型存在差异吗？有证据表明，确实存在差异。Jattuso & Sinar（2003）指出，与综合性的求职网站相比，只针对某个具体行业的求职网站所提供的求职者具有更好的教育资质、更高的技能水平以及较少的工作经验。

专栏10—4

利用招募管理系统来寻找和联系求职者

诸如BrassRing Systems，Icarian，Recruitsoft之类的招募服务供应商使公司能够开发出先进的招募管理系统。这种招募管理系统能够收集以标准化格式呈现的求职申请，对它们进行筛选，判断它们来自哪里（例如，来自求职网站或者分类广告），监控招募过程的进展，以及计算出填补各种岗位所需耗费的时间（在BrassRing的系统中）或者计算出使一位新员工充分发挥出生产率所需耗费的时间（在Recruitsoft的系统中）。所有这些求职申请数据都保存在电子表格中，因此招募管理系统使得雇主能够对求职申请做出快速应对——核查推荐信，从招募经理那里获取意见，通过电子邮件与求职者进行联系。联合太平洋公司（Union Pacific）的招募管理系统允许求职者核查自己的求职申请被处理到哪个阶段，从而使求职者体会到身临其境的感觉，并且刺激公司更快速地推进招募过程。当今的许多大型公司都使用最新款的招募管理系统软件，而且使用这类软件的公司数量正在迅速增加（Cappelli，2001）。

10.3 测量、评估和控制

如果前期的招募规划非常周密，那么后面对招募努力进行评估就要简单得多。可以根据实际的实施结果来检验先前关于成本和质量的假设。而且，可以根据经验数据而不是直觉或预感来使成本与质量之间达成平衡。组织可以采用各种各样的成本和质量分析，但最关键的是选择与组织的战略存在最密切关联的分析方法（Cascio & Boudreau，2008）。

另外，组织还需要考虑的是选择与招募过程的不同阶段存在最密切关联的方法来测量招募的成功程度（见图10—1）。在招募过程的第一阶段，其目标是吸引到尽可能多的合格求职者，那么一项重要的衡量标准就是所收到的简历数量。在第二阶段，对求职者所回答的调查问卷进行分析是尤其重要的衡量标准。在第三阶段，接到录用通知者/被录用者比率，以及对求职者接受或拒绝录用通知的原因所进行的分析，都是非常合适的衡量标准。不过，遗憾的是，招募的成功程度取决于成功填补的空缺岗位数量。以下是一些可能的衡量标准（包括刚才已经提及的那些）：

- 实施成本；
- 人均招募成本；
- 每种招募来源的人均招募成本；
- 收到的简历数量；
- 每种招募来源收到简历的数量；
- 每种招募来源收到简历的质量；
- 每种招募来源的收益率和效率；
- 每种招募来源的每两个招募阶段之间的滞后时间；
- 被录用者与被淘汰者分别在每两个招募阶段之间的滞后时间；
- 求职者的地域来源；
- 招募者的积极性；
- 招募者的效率；
- 接到录用通知者/被录用者比率；
- 参加面试者/接到录用通知者比率；
- 接到面试通知者/参加面试者比率；
- 求职者/接到面试通知者比率；
- 对接受录用通知者/拒绝录用通知者数据的分析；
- 对求职者所回答的调查问卷的分析；
- 对求职者接受或拒绝录用通知的原因的分析；
- 面试数据分析；
- 被录用者与被淘汰者的测验分数比较；
- 被录用者的测验分数与实际工作绩效的比较；
- 所提供的薪酬——接受录用通知者与拒绝录用通知者；

- 薪酬与年龄、第一学历及工作经验的比较。

为了便于解释和沟通，应当使用图表来呈现这些分析所得出的结果。电脑软件能够使这项任务变得非常简单。根据这些分析所得出的信息，招募者能够分析自己的绩效，高层管理者则能够记录和分析成本和雇佣趋势。而且，还可以由此确定未来的需求和策略。

现在已经有各种正式的程序能够通过考虑招募来源和成本方面的差异来设计出回报率最高的招募/选拔活动（Boudreau & Rynes，1985；Cascio & Boudreau，2008；DeCorte，1999；Law & Myors，1993；Martin & Raju，1992）。关于招募效果的未来研究应当融合这种更有意义的框架。

10.4 从求职者的视角来看求职

个体如何发现、调查和选择工作机会？首先要指出的是，有证据（Breaugh et al.，2008；Rynes & Cable，2003）表明，许多求职者：（1）不能够完整或者准确地理解空缺岗位意味着什么；（2）不能确定自己想从某个岗位中获得什么；（3）对自己的知识、能力和技能缺乏准确的认识；（4）无法准确预测自己将如何应对某个新职位的要求。与此同时，有证据表明，求职者选择工作的过程具有很强的社会性，求职者的朋友和亲属在这个过程中扮演着重要角色（Barber，Daly，Giannantonio，& Phillips，1994）。

社会关系是非常重要的（Maher，2003b；“Online Technologies”，2008；Wanberg，Kanfer，& Banas，2000；Yang，2009），因为往往是这种非正式关系决定了人们的下一份工作。诸如LinkedIn，Twitter，Facebook之类的社交网站能够促进人们之间的虚拟关系，不过专家提醒说，由50个亲密朋友构成的牢固关系网要胜于由1 000名点头之交构成的关系网（Rosato，2009）。求职者是否都采用相同的求职流程？在一项研究中，研究者收集了高校和职业技术学校的186名毕业生在3个不同时期的纵向数据：（1）求职的早期阶段（毕业之前8～2个月）；（2）毕业时；（3）毕业后3个月内（那些仍未找到工作的毕业生）。研究结果显示，这些个体往往采取这种模式：首先，他们会进行大范围搜寻，以建立潜在的工作机会库（利用朋友和亲属等非正式来源）；然后，他们会更具体地考察这个信息库中的工作机会，并且在没有从这个信息库中获得录用通知的情况下才重新开始搜寻新的工作信息（Barber et al.，1994）。

求职者应当充分利用互联网的威力，因为94%的《财富》500强企业如今利用自己公司的网站来招募员工，而在1998年，这个比例只有29%（Forster，2003；MacMillan，2007）。求职者还应当利用多种搜索引擎和工具。一种非常有效的工具就是My Job Search Agent，当求职者在Monster.com上注册成为会员后就可以利用该工具。当在该网站上公布的某个空缺岗位与求职者所寻求的岗位相匹配时，My Job Search Agent就会在数分钟之内向该求职者发送一封电子邮件（Forster，2003）。

被邀请参加面试后，求职者有时会遇到强调招募本身的面试（即传达关于公司及空缺岗位的信息）。当然，求职者也可能遇到带有双重目的（招募和选拔）

的面试。哪种面试更有效？从雇主的角度来看，这两者似乎并无差异（Williamson，Lepak，& King，2003）。但是纵向研究表明，求职者从只强调招募本身的面试中获得并保留了更多信息，当求职者遇到带有双重目的的面试时，他们更有可能坚持申请该空缺岗位（Barber，Hollenbeck，Tower，& Phillips，1994）。不过，一个仍未解决的关键问题是：在招募过程中，应当何时提供以招募为导向的信息以及何时提供以选拔为导向的信息（Dineen & Soltis in press）。

组织的特征如何影响求职者对该组织的兴趣？这是一个非常重要的问题，因为许多求职者认为，选择合适的组织与选择合适的岗位同等重要。Chapman et al.（2005）进行的元分析表明，工作环境（$\rho=0.60$）和组织形象（$\rho=0.48$）是组织吸引力的两个强力预测因子。这项元分析还显示，组织吸引力与求职者的工作选择之间并不存在直接关联，因为这两者之间的关系至少在部分程度上被求职者的求职意向和就职意向调节。

Allen et al.（2007）发现，组织形象（但不仅仅是组织知名度）与求职者对该组织的态度之间存在关联。要想改善组织的招募形象，最切实可行的方法就是提供更多信息——不仅是与招募有关的信息，还包括组织的产品和服务广告（Cable，Aiman-Smith，Mulvey，& Edwards，2000）。专门为求职者提供的信息会产生什么效果？Dineen & Noe（2009）发现，为求职者量身定制的信息往往会鼓励那些与组织不匹配的求职者自动退出，而不是鼓励与组织非常匹配的求职者“毛遂自荐”。

哪些组织特征最能够吸引求职者？Turban & Keon（1993）发现，大多数求职者更青睐实施分权管理的组织和基于绩效的薪酬方案，而不是实施集权管理的组织和基于资历的薪酬方案。不过，他们同时也发现，求职者对绩效薪酬和组织规模的偏好程度会随着自己的成就需求强度不同而改变。

10.4.1 真实工作预览

还有最后一个研究领域值得注意。鉴于许多雇主设法让自己看起来像一个适合员工工作的地方（Billsberry，2007），求职者往往会有过高的预期。被录用之后，有过高预期的新员工比有更准确预期的新员工更有可能会对自己的岗位感到不满意，而且更有可能离职（Breaugh & Starke，2000）。为避免这些趋势，可以采取的一种方法是向求职者提供真实的信息。

有大量的研究已经考察了真实工作预览对求职者退出招募过程、求职者接受录用通知、员工满意度、员工绩效及员工离职的影响。总的来说，这些研究表明，当求职者需要将自己的最初预期调低以匹配组织的现实情况时，求职者退出招募过程的倾向很低（平均相关系数为-0.03）。对于那些在被雇用之前接受了真实工作预览的求职者来说，他们接受录用通知的可能性往往会降低，但是接受录用通知并且报到上班以后，工作绩效不会受到影响，而且任职时间往往会更长（真实工作预览与自愿离职之间的平均相关系数为-0.09）（Phillips，1998；Premack & Wanous，1985；Wanous，1977）。

正如Breaugh（2008）所指出的那样，这些研究结果可能低估了真实工作预览对自愿离职的真实影响，这是因为两个原因：（1）在 Phillips（1998）的元分析中，59%的研究是基于学生样本（而不是真实工作环境中的求职者）；（2）在那些考察真实工作预览的研究中，有50%以上考察的是在求职者被录用之后才实施的真实工作预览，而这一类真实工作预览不能被视为招募方法。此外，Phillips（1998）并没有根据空缺岗位的明显程度、求职者的能力等因素来考察真实工作预览的效果是否存在定量差异。最后，工作的复杂程度还会在一定程度上调节真实工作预览对自愿离职的影响。可以预料的是，实施真实工作预览之后，简单工作的离职率降低程度要低于复杂工作（McEvoy & Cascio，1985）。

专栏 10—5

如何找到一份新工作

在过去的几十年中，以下情况都发生得过于频繁（由于公司合并、收购、重组和精简规模），而且可以预料的是，随着经济环境的改变，将来还会经常出现这种情况。假设你是一位受人尊敬的中层管理者，待遇丰厚，而且在专业领域有很好的根基和名声。突然，由于经营战略变革或者经济环境改变，导致你被公司裁员，不得不离开这家你曾打算一直效力到退休的公司。你将怎么办？你如何找到一份新工作？在管理咨询顾问和招募经理看来，有些事情是你千万要注意的，以下就是其中的一些要点（Dunham，2002；Rosato，2009；Yang，2009）：

- **不要感到惊慌**——寻找工作需要时间，即便优秀的中高层管理者也是如此。被录用的人并不一定就是付出最多努力的人，而是最富有创造力的人。投递成百上千份简历并不是在寻找工作，而是在买彩票。你需要明确目标，并且瞄准这个领域。
- **不要感到痛苦**——痛苦使人难以开始寻找工作；它同样会使你错过潜在的雇主。
- **不要感到羞耻**——有些管理者会感到尴尬或羞耻，因而不把实际情况告知给家人或朋友。专家声称，一种更好的办法是明确说出（无论是通过电话、电子邮件还是在线社交网络）你正在寻找一份新工作。在 LinkedIn，ZoomInfo 等网站为自己创建一个账号。在成千上万个求职网站中，这是招募者真正用来寻找求职者的其中两个网站。
- **不要观望**——制定一个计划，瞄准你的目标公司，努力寻找它们。你要认识到，你的任务是寻找一份新工作。
- **不要欺骗自己**——对自己的优势和不足进行详细的自我评估，并且明确自己喜欢和不喜欢的岗位和组织。要求一次面对面的谈话，而不仅仅是申请一份新工作。作为回报，向目标公司提供某种有价值的东西，例如关于市场竞争的信息。毕竟，它们可能没有空缺岗位，但总是会存在问题。如果你能够帮助它们解决一个或多个问题，它们就更有可能向你提供工作岗位。
- **不要懒惰**——请记住，寻找好工作的核心在于仔细研究。利用互联网或者私人关系来创建一份目标公司清单。如果需要进行严肃的谈判，你应当与内部人士以及消息灵通的外部人士详细交谈以了解有关政策和实际情况。毕竟，你不希望进入一家比你前任雇主更差的公司。

● **不要害羞或者过分渴望**——私人关系是求职的最有效工具，因此你必须创建和维持这些私人关系。打听清楚谁将参加什么活动，然后你早早到场，与他们进行接触和交流。社交过程是一个与对方逐渐建立信任关系的渐进过程。此外，你也不应当仓促接受向你提供的第一份新工作。除非它完全适合你，否则你犯错误的概率会非常高。

● **向雇主或招募者发送电子简历时不要忘记填写所申请的岗位名称**——你应当知道，大多数大型组织都使用筛选软件来过滤简历。因此，你要采用与工作要求陈述严格一致的语言（例如，营销经理岗位）。如果你被邀请参加面试，那么面试之后要思考自己从面试中得到了什么，以及这次面试如何激发了你对该岗位的一些新看法和思路。如果你发现某篇文章对该岗位非常适用，你可以将它连同你的评论意见一起发送给雇主或招募者。

● **不要撒谎**——专家一致认同这一点。不要撒谎，也不要夸大某个方面——无论是在简历上还是在面试中。既要强调自己的优势，也要指出自己的不足。更重要的是，你应当在面试中说明你在工作的前30天、60天和90天内将给公司带来什么。在当今的经济环境中，公司没有时间等待你慢慢了解和熟悉工作。

● **不要直奔薪水**——让潜在的雇主主动提起这个话题，但是一旦这个话题被提出之后，你应当充分了解你未来的薪酬和福利的方方面面。

丢掉工作然后重新寻找工作的人常常把这整个过程描述为一个带来重重压力、折磨人的过程。如果在寻找新工作的过程中能够避免上面提到的这些错误，就能够节省时间，尽快找到合适的新工作。

对于真实工作预览如何发挥作用，仍然存在大量争议。在个体求职者层面，当求职者面临以下各种情况时，真实工作预览可能对其产生最显著的影响：

1. 求职者对是否接受某个工作机会具有选择余地；
2. 求职者有不切实际的工作预期；
3. 如果没有真实工作预览，求职者难以满足工作要求（Breaugh，1983，1992）。

纵向研究表明，真实工作预览应当具备合适的定位。也就是说，它们应当改进求职者过于悲观的预期，同时也减少求职者过于乐观的预期。这样做有助于求职者认为该组织是诚实的、善解人意的和值得信任的（Meglino，Denisi，Youngblood，& Williams，1988）。不过，如果最终的目标是使求职者形成切合实际的预期，那么采用多种方法来实施真实工作预览可能最为有效，因为多种不同的方法可以弥补每种方法的缺陷（Breaugh，2008）。因此，最开始在招募广告中和互联网上就应当提供真实的工作信息。而且，在通过电话进行的筛选面试中，招募者应当补充这类真实的工作信息。对于那些前来公司实地考察的求职者，公司可以安排他们进行一次工作模拟和参观工作环境。

内在的工作因素，而不是外在的工作因素，最需要通过真实工作预览来传达。招募者发现，传达实实在在的材料要比传达组织氛围微妙的、深层次的方面容易得多。然而，与外在因素相比，那些内在因素通常能够更显著地影响员工的工作满意度（Kacmar & Ferris，1989）。招募培训师和招募者应当采纳和遵循这些研究结果。

在讨论真实工作预览时，我们一直是以初级岗位招募为背景的。但是，真实工作预览在内部招募中也是相当有用的。例如，Caligiuri & Phillips（2003）进行的一项研究描述了一位雇主如何运用真实工作预览来帮助现有员工制定关于到海外任职的决策。与此类似，Templer，Tay，& Chandrasekar（2006）记录了真实工作预览如何帮助从美国到海外国家任职的员工进行跨文化调整。

为了便于讲解，我们对招募进行了单独的考察，但需要强调的是，招募—选拔过程的所有要素都是相互关联、相辅相成的。例如，Ployhart（2006）指出，如果求职者认为某个组织所采用的选拔工具与空缺岗位之间缺乏密切关联，那么求职者对该组织的兴趣就会被削弱。你在阅读本书剩余的章节时一定要记住这一点。

对实践的明确启示

● 招募并不是一次性的活动。招募者需要了解能够对所有招募努力产生影响的三种背景/环境特征。这三种特征分别是：

（1）公司的特征——公司的品牌价值和“人格”——顾客和公众如何看待该公司。

（2）空缺岗位本身的特征（该岗位是核心岗位吗）；这不仅影响为招揽求职者而投入的资源，而且影响招募者从什么劳动力市场进行招募。

（3）组织从中进行招募的劳动力市场的特征（劳动力市场宽松还是紧缩）。

● 招募的三个重要阶段是：形成合格求职者库；维持合格求职者的状态（兴趣）；提供工作机会后的收尾工作。每个阶段都需要招募者予以密切关注。

● 请注意，互联网已经成为招募的主战场。在通过互联网招募进来的所有员工中，有将近60%是通过公司的网站招募的，而且最好的公司网站能够让求职者轻松、便捷地申请工作岗位。最好的公司网站提供关于公司的丰富信息，并且给求职者留下很好的印象。

● 公司应当向求职者提供真实工作预览，并且确保它能够改进求职者过于悲观的工作预期和减少过于乐观的工作预期。

讨论题

1. 描述招募规划中的三个关键事项。
2. 劳动力市场状况如何影响薪酬和收益率？
3. 讨论互联网招募的优点和缺点。
4. 作为一位高级管理者，你认为评估招募效果的最有效标准有哪些？
5. 如何创建一项员工推荐计划？
6. 招募管理系统如何提高招募努力的效率？
7. 要想招募多元化的员工，招募努力应当包含什么内容？
8. 一名正在求职的朋友征求你的建议，你会向他提供哪五条建议？
9. 为一名潜在的城市公交车司机创建真实工作预览。

第11章 选拔方法：第1部分

概 览

有多种选拔方法可供使用。当按照时间先后顺序进行人员选拔时，我们通常将早期阶段称为筛选，而将更细致的后期阶段称为选拔。筛选也可用来称呼任何快速的、粗略的选拔过程，即便这些过程之后没有进一步的细致选拔过程。本章主要考察一些获得最广泛使用的初步筛选方法，另外也对选拔方法进行了一些探讨。其他一些选拔方法，其中许多尤其适用于管理岗位，将在第12章进行讨论。本章将考察推荐信和背景核查、个人履历数据（通过求职申请表或履历表来收集）、诚实测验、培训和经验评估、药检、测谎仪测验以及雇佣面试。上述大部分筛选方法的内在原理是：以往行为是未来行为的最佳预测因子。

现在，新技术的发展使得组织可以采用传统的纸笔方法之外的其他各种方法来收集信息（例如，个人电脑、视频会议、互联网、虚拟现实技术）。这些新技术有助于我们更灵活地收集信息，但也带来了一些独特的挑战。

11.1 推荐信和背景核查

大多数初步筛选方法都是基于求职者对自己以往经历的陈述。不过，推荐信和背景核查则是依据其他相关者的观点和意见来帮助评估求职者的以往经历和优秀程度。这种筛选方法的许多潜在使用者都提出了一个非常实际的问题：“花费那么多时间和金钱来仔细进行推荐信和背景核查，是否确实物有所值?”总的来说，通过推荐信和背景核查可以获得四类信息：（1）教育和工作履历（包括对教育程度或学业成绩的确认）；（2）对求职者的特征、人格和人际关系能力的评估；（3）对求职者工作绩效和工作能力的评估；（4）重新就业的意愿。

不过，一份推荐信要想对筛选和选拔过程作出有意义的贡献，必须满足一些特定的条件。推荐者必须有充足的机会观察求职者在工作场合的表现；必须能够胜任这样的评估工作；必须愿意实施公开、公正的评估；评估必须是清楚、明确的，以便潜在的雇主能够正确地理解它们（McCormick & Ilgen，1985）。缺少这四个前提条件的一个或多个会削弱推荐信的价值，但是最严重的问题或许是推荐者不愿意提供公正的评估。不过，根据不利信息的真实性无法证实的程度以及不利信息对求职者声誉造成的损害程度，背景信息的提供者可能会被判定在书面沟通或口头沟通中犯了诽谤罪（Ryan & Lasek，1991）。

有人认为，书面推荐信的价值很低。这种观点在一定程度上是有道理的，因为已有的研究证据表明，推荐信的平均效度只有0.14（Reilly & Chao，1982）。其中一个最严重的问题是推荐信中很少包含不利信息或负面信息，因而无法对求职者进行区分。此外，写信者的情感倾向会影响推荐信的长度，而推荐信的长度则会影响推荐信的效果（Judge & Higgins，1998）。因此，在很多情况下，推荐信可能更多地提供了关于推荐者而不是关于被推荐者的信息。

事实上，人们经常依据推荐信进行筛选决策。要想体现价值，推荐信应当包含以下信息（Knouse，1987）：

1. **推荐者对被推荐者的熟悉程度**——包括两人认识的时间长度以及每周接触的时间长短。

2. **推荐者对所推荐工作岗位的熟悉程度**——为了有助于推荐者更好地做出判断，被推荐者应当向推荐者提供自己所申请空缺岗位的说明书。

3. **被推荐者工作绩效的具体例子**——包括诸如目标实现程度、工作任务难度、工作环境、与同事的合作程度等方面。

4. **与被推荐者进行对比的个体或群体**。

对于所有类型和级别的工作岗位而言，档案和背景核查都是用来筛选外部求职者的最常用方法（Bureau of National Affairs，1988）。遗憾的是，许多雇主认为，法律不允许组织对求职者进行档案和背景核查。这种观点是不正确的。事实上，雇主可以从事下列活动：收集求职者的信息，在选拔过程中对这些信息加以解读和使用，与另一雇主分享背景核查结果（Sewell，1981）。实际上，如果雇主在本应该了解到某个求职者不适合该岗位的情况下（例如，该求职者具有与工作相关的犯罪前科、具有暴力倾向等）雇用了该求职者，而且该员工后来对另外某个人造成了伤害，那么雇主可能会被判雇佣疏忽罪（Gregory，1998；Ryan & Lasek，1991）。换句话说，未对信息进行充分调查或核查可能会让雇主承担法律责任。

背景核查是一种有价值的筛选工具。对背景核查研究进行的一项元分析表明，背景核查的平均效度为0.26（Hunter & Hunter，1984）。不过，要想发挥最大的作用，背景核查应当满足以下条件：

- **具有一致性**——如果某项标准是淘汰某个求职者的依据，那么该标准也应当同样应用于其他所有求职者。
- **具有切题性**——雇主应当核查那些能够真正区分有效员工和无效员工的信息。
- **书面化**——雇主应当对所获得的信息进行书面记录，从而为所制定的最终雇佣决策提供证据支持。

● **基于公共记录（如果可能的话）**——包括诸如法院记录、员工薪酬、破产记录之类的信息（Ryan & Lasek，1991；Sewell，1981）。

背景核查也可以通过电话交谈来完成（Taylor，Pajo，Cheung，& Stringfield，2004）。通过实施一种称为**结构化的电话背景核查**（structured telephone reference check，STRC）的程序，某个组织对申请客服岗位的 244 名求职者进行了共 448 次电话背景核查（对每位求职者平均进行将近 2 次核查）（Taylor et al.，2004）。这些结构化的电话背景核查在 8 个月内完成；它们是由 6 家招募咨询公司中一家公司的招募者实施的；每次电话核查的平均时间为 13 分钟。所询问的问题致力于测量 3 个构念：责任心；随和性；以顾客为中心。招募者请每位推荐者根据自己所了解的从事类似岗位的其他员工来评估该求职者，所采用的量表如下：1 = 低于平均水平，2 = 平均水平，3 = 中上水平，4 = 高水平，5 = 最高水平。需要注意的是，所使用的这个量表是一个相对量表，而不是绝对量表，因而能够使评估时的宽容效应最小化。作为使宽容效应最小化的一种补充措施，招募者还请求推荐者详细解释自己的回答。在选拔过程结束之后，这 244 名求职者中有 191 人被雇用，而且其中有 109 人的工作绩效数据可供使用（也就是说，在第一个绩效评估周期结束时，这些人仍然在岗）。根据 STRC 所测量的这 3 个维度，研究者使用一个多元回归模型来预测这些员工工作绩效的上级评价。该模型显示，$R^2 = 0.28$，但是在这 3 个维度中，只有以顾客为中心这一个维度能够预测上级评价（标准化的回归系数为 0.28）。

总之，虽然有些推荐者或介绍人由于担心触犯法律或违背道德准则而只是提供粗略的信息，但是推荐信和背景核查仍然能够提供有价值的信息。尽管推荐信和背景核查存在许多不足，但几乎没有组织愿意放弃使用这种方法。只需要听一下一位感激万分的管理者感谢人力资源部门的话语，推荐信和后者进行的背景核查使他能够避免向不合适的求职者提供工作机会，我们就能够明白雇主坚持使用这种方法的原因所在。此外，从实践的角度来看，雇主需要考虑的一个关键事项是推荐信和背景核查所评估的那些构念能够在何种程度上提供其他各种信息收集方法（例如，雇佣面试和人格测验）所不能提供的独特信息。

专栏 11—1

如何从背景核查中获得有用的信息

在如今大家都坚持谨慎态度的环境中，许多管理者都不太愿意提供关于某个离职员工的信息，尤其是在电话中。为了鼓励管理者提供相关信息，可以考虑尝试以下方法：

1. 使对方摆脱对离职员工的以往表现进行判断的心理，转而承担对该求职者的能力进行评估的角色。

2. 向对方询问如何才可以最大限度地发挥该求职者的能力，从而避免让对方产生这种感觉：对某个离职员工的以往绩效进行判断是一种潜在的负担。

以下问题可能会有所帮助（Falcone，1995）：

- 我们是一家快速发展的、从事银行抵押业务的公司。我们的电话响个不停，文书工作无休无止，而且正在考虑让玛丽在客服部门任职，负责处理那些最挑剔的顾客。请问，她能够胜任这种环境吗？
- 有些员工总是寻求各种方法来重新设计自己的工作岗位，并且承担岗位说明书要求之外的职责。而有些员工则严格遵循自己的岗位说明书，“不敢越雷池半步”。请问，你觉得埃德在这个连续体上处于什么位置？

11.2 个人履历资料

如果把个人履历资料（通常是通过求职申请表或履历表来收集）和其他相关信息结合起来进行考虑，往往可以改进选拔和安置决策。在这一节，我们将考察这些信息来源。

毫无疑问，**求职申请表**（application form）是最常用的选拔工具之一。与测验一样，求职申请表可以用来对过去或现在的行为进行简要但却可靠的取样。对200家组织使用的求职申请表进行的研究表明，申请表所询问的问题通常聚焦于与工作相关的、对制定雇佣决策不可或缺的信息（Lowell & DeLoach，1982；Miller，1980）。不过，95%以上的求职申请表中都包含一个或多个在法律方面站不住脚的问题。为了避免潜在的法律问题，组织可以考虑删除下列各种问题：

- 可能对受保护群体的成员产生不利影响的问题；
- 与工作无关或者与真正的职业资质无关的问题；
- 可能侵犯隐私权的问题（Miller，1980）。

当求职者遇到一个自己认为与工作无关或者侵犯自己隐私权的问题时，他们该怎么办？有些人会选择不对该问题做出回答。不过，有研究指出，雇主往往会把这种不回答视为求职者试图隐瞒对自己不利的信息。因此，求职者（尤其是那些无须隐瞒什么信息的求职者）选择不回答是不明智的（Stone & Stone，1987）。

可以用心理测量学的原则对求职者的反应或者观察结果进行量化，而且可以对所得到的量化数字进行信度和效度分析，就像对其他各种测量方法得到的分数进行信度和效度分析一样。对这类数据的统计分析非常有助于诠释求职者的个人特征，而个人特征则能够很好地预测未来的工作成功程度。此外，求职申请表的评分系统充分利用了选拔过程的3种显著特征：标准、量化和可理解性（England，1971）。

11.2.1 加权的求职申请表

起初，人们可能会质疑求职者整体背景中的某些特定方面（例如，受教育年限、以往工作经验等）是否与求职者获得某个特定岗位后的工作成功存在相关关系。加权的求职申请表技术提供了一种方法来识别哪些特定方面能够可靠地区分有效员工和无效员工。权重是根据每一个项目的预测能力来确定的，每个求职者都可以获得一个总分。于是，组织可以设置一个合格分数，并且通过该分数来最大限度地淘汰那些不太可能在工作中取得成功的求职者。因此，加权的求职业申请表的一种用途就是作为一种快速的筛选工具，但是组织也可以将它与其他有关数据结合起来使用，以提高选拔和安置决策的质量。该技术适用于任何一家拥有大量员工从事类似工作并且对这些员工的绩效拥有详细记录的组织。对于那些需要长期、昂贵的培训的岗位，离职率特别高的岗位，或者是在大量求职者竞争少量岗位的招聘场合，该技术具有尤其显著的价值（England，1971）。

加权程序是简单、直截了当的（Owens，1976），但是，一旦按照这种方式对权重予以确定，那么权重能够被交叉验证就是至关重要的事项。由于加权程序是完全凭借经验来完成的，因此人们所观察到的权重数值差异或许并不是真实差异的体现，而只是随机波动的结果。如果能够对招募、加权的求职申请表、普通的选拔程序、岗前培训和在职培训的实际成本进行估计，那么人们就有可能通过计算来估计出实施加权的求职申请表可以产生的经济回报（Sands，1973）。

11.2.2 履历信息表

履历信息表与加权的求职申请表息息相关。与后者一样，履历信息表也是一种自述工具；不过，虽然项目都是多项选择形式，但是履历信息表通常会包含更多的项目，而且这些项目往往是加权的求职申请表所没有涵盖的。Glennon，Albright，& Owens（1966）以及 Mitchell（1994）都提供了非常全面的履历信息条目分类手册，其中的条目涵盖了求职者以往的方方面面（例如，早期的生活经历、爱好、健康状况、社会关系），以及当前的价值观、态度、兴趣、理念和偏好。履历信息表不仅将以往的行为作为未来行为的一个主要预测因子，往往还根据当前的行为来预测未来的行为。通常来说，需要为某种特定类型的工作专门编制特别的履历信息表，以预测求职者在从事这种工作时的成功程度。履历信息表之所以获得如此显著的成功，其中一个原因就是它们往往包含效标所要求的所有要素（Asher，1972）。履历信息表的开发机制以及为项目赋予权重的方法与加权的求职申请表所采用的方法在本质上是相同的（Mumford & Owens，1987；Mumford & Stokes，1992）。

11.2.3 求职申请表和履历信息表中的回答失真

求职者是否会有意歪曲求职申请表和履历信息表要求他们回答的信息？答案是肯定的。例如，“美化”简历是一种普遍现象；一项研究指出，20%～25%的简历和求职申请表至少包含一处主要的捏造（LoPresto，Mitcham，& Ripley，1986）。随机回答技术（randomized-response technique）能够绝对保证回答的匿名性，从而鼓励求职者提供更诚实的自述信息，但是当雇主采用随机回答技术来收集求职者的信息时，求职者自述信息的失真程度甚至会变得更高（Donovan，

Dwight，& Hurtz，2002)

在一项研究中，参与者被要求“回答问题时尽量注意方式方法，以尽可能使自己看起来像一名优秀的求职者”，以及“尽可能诚实地回答问题”；研究结果表明，求职者在“美化自己”条件下的得分要高出两个标准差（McFarland & Ryan，2000）。实际上，求职者履历信息在“美化自己”和“诚实”这两种实验条件之间的差异要高于其他测量手段，例如对外倾性、经验的开放性、随和性等人格特质的测量。此外，不同个体的伪装程度（通过测量求职者在“美化自己”与“诚实”这两种实验条件下的得分差异）是不同的。因此，如果他们愿意的话，所有求职者都能够歪曲自己的回答，但是有些人要比其他人更擅长此道。

虽然个体具有弄虚作假的能力，但是这并不意味着他们会这样做。许多情境特征和个人特征会影响个体是否会弄虚作假。这些个人特征通常是审核者无法掌控的，其中包括对弄虚作假所持的看法（个体所持的价值观、道德观和宗教信仰会影响这种看法）（McFarland & Ryan，2000）。

幸运的是，审核者可以影响某些情境特征，而这可能会降低求职者对个人履历信息弄虚作假的可能性。其中一种情境特征是信息能够被证实的程度。更加客观、可被证实的项目更不容易弄虚作假（Kluger & Colella，1993）。担心被发现是防止弄虚作假的一种有效武器。第二，设置了固定选项的项目更不容易弄虚作假（Kluger，Reilly，& Russell，1991）。采取这种策略时，每个回答选项都会被单独分析，并且只有在它与效标显著相关时才会对得分有贡献。第三，如果提醒求职者选拔过程中会使用测谎量表（Kluger & Colella，1993），而且个人履历信息只是用来对求职者进行分类而不是进行评估（Fleishman，1988），那么求职者弄虚作假的可能性会降低。第四，最近经过了验证的一种方法要求求职者详细阐述自己的回答。它要求求职者更充分地描述自己做出正确应对的方式，或者详细描述真正发生的事件来阐述和支持自己的回答（Schmitt & Kunce，2002）。例如，在要求求职者回答“你在过去5年内领导过多少个工作群体”时，对详细阐述的要求可能是“简要描述你领导过的那些工作群体和项目”（Schmitt & Kunce，2002，p. 586）。这种方法的基本原理是：对详细阐述的要求会迫使求职者提供更准确的回忆，并且使求职者营造有利印象的努力最小化。在一项研究中，应聘1个联邦公务员岗位的311名受测者参加了该选拔工具的试验性测试；这种选拔工具使求职者的分数降低了0.6个标准差（Schmitt & Kunce，2002）。与此类似的是，由600多名大学生参与的一项研究显示，与不要求求职者提供详细阐述相比，对详细阐述的要求会使求职者的回答真实得多（Schmitt，Oswald，Gillespie，& Ramsay，2003）。总之，有不少方法和措施可供雇主用来减少求职者履历信息中的失真现象。

研究者对于哪些项目应当划分为履历信息仍然存在显著的意见分歧，因为履历信息项目具有许多种不同的维度——例如，可证实的、不可证实的；历史的、未来的；实际行为、假设行为；第一手的、第二手的；外在的、内在的；具体的、概括的；扩散性的、非扩散性的（见表11—1）。此外，由于“如今的履历信息项目经常在内容、回答方式和计分等方面与人格项目没有区别”，使得情况变得更加复杂（Schmitt & Kunce，2002，p. 570）。不过，履历信息项目的核心属性是它们聚焦于那些塑造了个体的行为和身份的历史事件（Mael，1991）。

表 11—1　　履历信息项目分类表

历史的 你何时找到第一份带薪工作？	**未来的或假设的** 你认为自己在未来 10 年内会拥有什么职位？ 如果某个人在公共场合对你大喊大叫，你会怎么办？
外在的 你是否被解雇过？	**内在的** 你对自己的朋友吸食大麻持什么态度？
客观的 你花了多长时间准备房地产中介执照考试？	**主观的** 你认为自己是害羞的人吗？ 与同事相比，你的冒险性如何？
第一手的 你上班很准时吗？	**第二手的** 你的老师觉得你的守时性如何？
具体的 你是什么时候拿到驾照的？	**概括的** 你每周平均的学习时间有多长？
可证实的 你在大学的平均学分绩是多少？ 你是否曾经被少年棒球联赛的球队开除？	**不可证实的** 你每天吃多少新鲜蔬菜？
可控的 你多少次才通过注册会计师考试？	**不可控的** 你有几个兄弟姐妹？
均等机会的 你是否当过班长？	**机会不均等的** 你是橄榄球队的队长吗？
与工作相关的 去年你销售了多少谷类产品？	**与工作不相关的** 你擅长猜字谜吗？
非扩散性的 在大学里你是否参加了网球队？	**扩散性的** 你有几个孩子？

资料来源：Mael，F. A.（1991）. Conceptual rationale for the domain and attributes of biodata items. *Personnel Psychology*，44，773. Reprinted by permission of Personnel Psycholgy.

有人主张，只有那些历史的、可证实的经验、事件或情境才可以划分为履历信息项目。采用这种方法的话，求职申请表中的大部分项目（例如，在高中毕业班中的排名、工作经历等）都可以视为履历信息项目。另一方面，如果履历信息表中只涵盖历史的、可证实的项目，那么就不能询问与下列问题类似的问题："你是否制造过能飞行的飞机模型？"库莱顿（Cureton）（参见 Henry，1965，p. 113）评价说，仅仅这一个项目，虽然它难以在个体身上被验证，但是作为一个预测因子来预测第二次世界大战期间的飞行训练，其效果几乎等同于整套空军飞行员测验。

11.2.4　求职申请表和履历信息的效度

目前在很多职业中都开发出了经过交叉验证的求职申请表和履历信息表，包括人寿保险代理，执法人员，加油站经理，销售员，非熟练工人、文员、办公室职员、生产工人、管理人员，工程师，建筑师，科研人员，陆军军官。效标包括离职率（到目前为止最常用的效标）、缺勤率、薪酬增长率、绩效等级评定、出版的作品数量、获得的培训质量、创造力评定、销售额、信用风险以及员工偷窃。

有证据表明，个人履历信息作为未来工作行为的预测因子具有很高的效度。例如，Reilly & Chao（1982）对58项使用履历信息作为预测因子的研究进行了综述。就所有效标和所有职业来说，履历信息的平均效度达到了0.35。随后对44项此类研究进行的一次元分析显示，平均效度达到了0.37（Hunter & Hunter，1984）。有8项研究采用上级评价作为效标来考察销售员的工作绩效，对这8项研究进行的一次元分析显示，平均效度系数（对效标的信度缺失进行了校正）为0.33（Vinchur，Schippmann，Switzer，& Roth，1998）。

为了进一步具体说明履历信息的预测能力，我们可以考察一项采用同时性效度设计的研究。该研究涵盖了从事同一种文书岗位的300多名员工。研究显示，经过理性挑选、基于实证证据、经过交叉验证的个人履历信息项目对于效标累积变异的解释量超过了人格和一般认知能力测验的解释量（Mount，Witt，& Barrick，2000）。具体来说，履历信息能够解释工作数量/质量累积变异的6%左右、人际关系累积变异的7%左右、留职累积变异的9%左右。因此，我们现在已经拥有实证证据来支持Owens（1976）在30多年前做出的以下陈述：

> 个人履历信息也有助于我们更好地理解什么因素有助于以及什么因素无助于实现有效的工作绩效。如果组织仔细考察求职者对具有鉴别作用的履历信息项目的回答，那么就可以获得大量的有用信息来判断：哪些类型的员工会长期任职，哪些类型的员工不会长期任职；哪些类型的员工会卖出大量保单，哪些类型的员工只能卖出少量保单；哪些类型的员工会晋升很快，哪些类型的员工会晋升缓慢。通过这种方法获得的洞察力能够帮助所有人，从招募面试官到制定雇佣政策的管理者（p. 612）。

不过，需要注意的是，个人履历信息的计分系统是根据在职者样本编制的，并且假定在职者样本的结果可以概化到求职者样本。不过，一项涵盖2 200多名在职者和2 700多名求职者的大规模现场研究显示，对在职者有效的项目中只有20%或更少的项目对求职者样本也同样有效。非常明显，这两个样本在动机和工作经验方面存在差异。这就意味着我们应当使在职者样本和求职者样本尽可能匹配，并且不能假定预测性效度和同时性效度在个人履历信息计分系统的来源样本和验证样本中是一样的（Stokes，Hogan，& Snell，1993）。

11.2.5 偏差和不利影响

自1964年《民权法案》第7章颁布以来，个人履历信息项目就受到了法律的严格审查。在本身并不存在不公平歧视的情况下，只有被证明是与工作相关的，以及对少数族裔群体或非少数族裔群体不存在不公平的歧视，这类项目才能够合法地应用于选拔过程。

Cascio（1976b）在一项研究中指出，当采用任期效标时，女性文员的交叉验证效度系数达到了0.58（少数族裔群体）和0.56（非少数族裔群体）。当分别为这两个群体构建期望图时，无论是预测因子测量还是效标测量，少数族裔群体和非少数族裔群体的求职申请表分数都不存在显著差异。因此，同样的计分系统对这两个群体都适用。

随后几项研究的结果都认为，个人履历信息相对来说不会产生不利影响，尤其是与认知能力测验导致的不利影响程度相比时（Reilly & Chao，1982）。不过，也有一些研究得出了不同的结果。例如，Whitney & Schmitt（1997）使用了项目反应理论的方法后发现，在一份个人履历信息表中，大约1/4的项目对美国黑人群体和白人群体进行了区分。这两个群体之间的文化价值观差异无法解释这些差异。遗憾的是，当出现差异时，我们通常不知道其原因是什么。这强化了这个观点：应当使用一种理性的方法（相对于完全基于经验的方法）来编制履历信息表，因为这种方法最有可能使我们理解那些最重要的构念，探寻这些构念与我们感兴趣的效标是如何联系的，以及如何使组间分数差异最小化。Stokes & Searcy（1999）指出：

> 越来越多的证据表明，我们可以在不牺牲效度的前提下采用更理性的方法来编制履历信息表及其计分系统。与此同时，在使用履历信息表时，需要考虑的法律事项也越来越多。所有这些都更显著地要求我们采用理性的方法来编制履历信息表及其计分系统（p. 84）。

11.2.6 履历信息意味什么

在确定履历信息与工作岗位的关联性时，效标关联效度并不是唯一需要考虑的事项。与所考察的工作岗位不存在合理关联的履历信息项目（例如，把“求职者不戴眼镜”作为信用风险或员工偷窃的预测因子）是不可能被法院或监管机构接受的，尤其是当履历信息所得出的总分数对某个受保护群体产生不利影响时。尽管如此，外部或基于经验的计分法仍然是最常用的计分程序，它在项目或项目选项层次使用计分程序来预测某种外部效标（Stokes & Searcy）。不过，需要指出的是，完全基于经验方法所获得的履历信息对我们理解那些被测量的构念并无帮助。

更明智、合理的方法是采用理性的方法，这包括根据岗位分析信息来推断关于如何在所考察的工作岗位上取得成功的假设，并且从先前已经研究过的现有信息来源中找出那些能够检验这些假设的项目或因素（Stokes & Cooper，2001）。从本质上说，我们是在询问以下问题：“履历信息意味什么？”“以往的行为和绩效或者以往生活中的事件为什么能够预测未来的行为和绩效？”（Dean & Russell，2005.）Brown & Campion（1994）研究了招募者如何解读求职者简历和申请表中的履历信息项目。他们发现，招募者根据与教育有关的项目来推断求职者的语言和数学能力，根据与运动有关的项目来推断求职者的身体素质，根据反映求职者以前在领导岗位上的经历和社会活动参与情况的项目来推断他们的领导能力和人际关系属性。招募者认为，几乎所有的项目都能反映一些关于求职者动机的信息。下一步就是检验关于这些能力或属性与员工在所考察的这个工作岗位上取得成功之间的关系的假设。这种理性的方法所具有的优势是能够增强选拔程序的效用，以及帮助我们更好地了解选拔程序发挥作用的方式和原因（例如，Mael & Ashforth，1995）。而且，这种方法可能是在雇佣选拔中使用个人履历信息的唯一合法途径。

事实已经证明，采用理性的方法来编制履历信息表并非仅在雇佣测验领域取得了丰硕成果。例如，Douthitt，Eby，& Simon（1999）采用理性的方法编制了一种履历信息表来测量人们对与自己相异的他人的接纳程度（即对不同于自己的个体的总体开放程度）。举例来说，对“你到多少个地方旅游过”这个项目来说，其基本原理是旅游提供了与那些不同于自己的人直接接触的机会，而且那些去更遥远的地方旅游过的人会比没有这样做的人接触到更多的差异。其他一些项目包括：“你所在的高中里不同种族的学生有多么密切的交往”以及“当你是一个孩子时，你的父母（监护人）有多么频繁地鼓励你亲自探索新情境或体验新事物”。一项有大学生参与的研究表明，这种理性的方法颇有成效，因为有强有力的初步证据支持了量表的信度和效度。不过，即使使用了理性的方法，履历信息项目的效度也会受项目所考察的求职者人生阶段影响（Dean & Russell，2005）。换句话说，如果围绕求职者某个特定的人生成长时期（例如，童年时期或青年时期）来创建履历信息项目，则可以使求职者根据那个时期的具体背景来提供答案，从而使答案更准确。

11.3 诚实测验

纸笔诚实测验是一门产值达到上千万美元的生意，尤其是测谎仪在雇佣领域的使用急剧减少之后（我们稍后将讨论测谎仪测验）。书面的诚实测验（也称为诚实度测验）分为两大类：**外在诚实测验**（overt integrity tests）和**人格导向测量**（personality-oriented measures）。外在诚实测验，例如里德报告（Reid Report）和人员选拔问卷（Personnel Selection Inventory）（这两种测验的所有者都是 Pearson Reid London House，http：//www. pearsonreidlondonhouse. com），通常包含两种类型的问题。一类问题评估求职者对偷窃和其他不诚实行为的态度（例如，认可为偷窃和其他不诚实行为辩解的理由，对员工偷窃的频率和程度所持的看法，对如何惩戒偷窃所持的看法，对偷窃的容易程度所持的看法）。另一类问题考察求职者所实施的偷窃和其他非法行为（例如，过去一年偷窃的金额、吸毒、赌博）。

人格导向测量并不是用来测量诚实本身，而是用来预测各种各样的反生产行为的，例如资源滥用、不服从命令、缺勤、伪造员工赔偿要求，以及各种形式的被动攻击行为。例如，霍根人员选拔系列（Hogan Personnel Selection Series）中的可靠性量表（Reliability Scale）被设计用来测量“组织不良行为”（Hogan & Hogan，1989）。该量表中的项目考察对上级的敌意、寻求刺激、责任心以及社交迟钝。总的来说，人格导向测量评估更广泛的人格特质，例如社会性和责任心（责任心是“大五”人格特质中的一种；我们将在第12章对其进行更详细的讨论）。实际上，尽管在内容上存在明显差异，但是外在诚实测验与人格导向测量似乎具有一种共同的潜结构，该结构反映了责任心、随和性和情绪稳定性（Berry，Sackett，& Wiemann，2007）。

诚实测验有效吗？一些文献综述表明，诚实测验确实有效（Ones，Viswesvaran，& Schmidt，1993；Wanek，1999）。Ones et al.（1993）对使用了576 460名参与者的665个效度系数进行了一次元分析。当用来预测工作绩效的上级评价时，诚实测验的平均效度为0.41。外在诚实测验和人格导向测量的效度差不多。不过，当用来预测偷窃行为本身时，外在诚实测验的平均效度要低得多（0.13）。Bernardin & Cooke（1993）发现，两项外在诚实测验中的分数成功地预测了便利店员工被发现的偷窃行为（效度系数为0.28）。就人格导向测量而言，现在还没有单独预测偷窃行为的效度估计。此外，由于诚实测验的分数与种族、性别或年龄并不存在相关关系（Bernardin & Cooke，1993），因此可以将这种测验与一般智力测验结合起来以构成一种常规的选拔程序。最后，一项以某家《财富》500强企业的110名求职者为考察对象的研究表明，人格导向的诚实测验与最大绩效之间的相关系数为0.27（Ones & Viswesvaran，2007）。

尽管存在这些令人鼓舞的研究结果，但是诚实测验至少仍有4个关键问题需要解决。第一，如同履历信息表的情况那样，鉴于各种诚实测验并不是可以互相代替的（也就是说，同一个人在不同类型的诚实测验中获得的分数未必差不多），我们需要更好地了解诚实测验的构念效度。有些研究已经发现了证据来支持诚实测验与某些广泛的人格特质之间的关系。但是，我们还需要了解诚实测验与诸如目标信念、消极人生观、权力动机之类和诚实测验存在更直接关联的个人特征之间的关系（Mumford，Connelly，Helton，Strange，& Osburn，2001）。第二，女性的得分比男性高出约0.16个标准差，40岁及以上求职者的得分要比40岁以下求职者高出0.08个标准差（Ones & Viswesvaran，1998）。到目前为止，我们还没有发现一个明确的原因来解释这些研究结果。第三，该领域的许多研究者都把在能力测验中使用的语言和逻辑应用于诚实测验。然而，这两种测验存在一种很重要的差异：一个实施了不道德行为的个体可能会“改邪归正”，但是一个已被证明智力低的个体肯定不太可能会变得“聪明伶俐”。如果他们诚实地陈述自己的过去，那么拥有犯罪记录但如今已经改过自新的个体在诚实测验中的分数仍可能比较低（从而产生分类错误）（Lilienfeld，Alliger，& Mitchell，1995）。因此，适用于认知能力测验的效度证据可能无法在公共政策领域为诚实测验提供支持。第四，诚实测验面临被试故意弄虚作假的切实威胁（Alliger，Lilienfeld，& Mitchell，1996）。求职者可能会在诚实测验中弄虚作假，这确实是一件非常具有讽刺意义的事情。例如，McFarland & Ryan（2000）发现，与参与者被要求“尽可能诚实地回答问题”相比，参与者在“回答问题时尽量注意方式方法，以尽可能使自己看起来像一名优秀的求职者”的情况下获得的分数要高出1.78个标准差。未来的研究应当考察答案失真对雇佣决策的影响程度和影响范围（Berry et al.，2007）。

鉴于上述挑战和未解决事项，研究者正在寻求其他各种方法来评估诚实构念以及其他人格构念（例如，Van Iddekinge，Raymark，& Roth，2005）。一种非常有前景的方法是**条件推理**（conditional reasoning）（Frost，Chia-Huei，& James，2007；James et al.，2005）。条件推理测验关注人们如何解决那些看起来像传统的归纳推理问题的问题。不过，在条件推理测验中，所提供情境的真实意图是判断被试如何根据自己的隐含偏向来找到解决方案。这些隐含的偏向通常潜伏在责任心的背后发挥作用；通过考察被试在条件推理测验中如何应对，可以揭示被试的这些隐含偏向。另一种有前景的方法是把对诚实的测量作为一种情境判断测验的一部分。在情境判断测验中，考官向被试提供一种情境，并且要求被试选择一种与自己的行动方案最匹配的答案（Becker，2005）。我们可以看看以下这个例子，它是Becker（2005）开发的一个项目：

> 你的工作团队正在开会讨论如何销售一种新产品。每个人似乎都同意该产品应当在一个月之内上市。你的上级也支持该意见，而且你知道他并不喜欢公开场合的意见分歧。不过，你对该意见有一些担忧，因为研究部门最近提交的一份报告指出了这种产品的一些潜在安全问题。在以下这些方案中，你认为自己最有可能选择哪一种？
>
> 可能的答案：
>
> 1. 努力搞清楚为什么其他每个人都同意该产品应当在一个月之内上市。也许你的担忧是多余的。[−1]
>
> 2. 说出你对该产品的担忧，并且解释你为什么认为该产品的安全问题需要首先解决。[+1]
>
> 3. 赞同其他人的意见，从而使团队中的每个人都觉得舒服。[−1]
>
> 4. 在会议结束之后，与团队中的其他成员进行交谈，看看他们是否对你的这些担忧表示赞同。[0]

在上述这个项目中，答案A和答案C的分数是−1（也就是说，最差的分数），答案D的分数是0（中性的分数），答案B的分数是+1（最佳的分数）。基于具体情境的诚实测验可以带来的一种优势是这种测验能够捕捉被试的具体价值观，而不是与诚实有关的一般特质。因此，这种诚实测验在学术领域和法律方面都更加站得住脚，因为它们是基于对诚实的更准确界定，包括具体的行为类型。一项基于快餐店员工样本（$n=81$）、生产工人样本（$n=124$）和工程师样本（$n=56$）的研究指出，用来预测职业发展潜力、领导能力以及本职工作绩效（所有这些都是由员工的经理来评定的）时，这种诚实测验的效度系数（对效标的信度缺失进行了校正）分别为0.26，0.18，0.24（Becker，2005）。

11.4 对培训和经验的评估

初步筛选的一项常规内容是对求职者在简历和求职申请表中所描述的工作经验和所受培训进行判断性评估。这种评估有时是完全主观、非正式的，而有时则采用某种标准化的方法，通过正式的程序来完成。对求职者的工作经验进行评估并不像想象的那么轻松，因为工作经验所包含的定量成分和定性成分是相互影响、相辅相成的，因此，工作经验是多维度、动态的（Tesluk & Jacobs，1998）。不过，采用工作经验作为未来绩效的预测因子却是非常经济实用的。具体来说，对美国空军招募的800多名人员进行的一项研究指出，能力和经验似乎能够对工作绩效产生线性、非交互的影响（Lance & Bennett，2000）。以军事人员为研究对象的另一项研究表明，工作经验对于绩效的预测能力要强于认知能力和人格（Jerry & Borman，2002）。对全美高校和雇主协会的200多名人事专家进行的一项调查表明，经验丰富的新员工在大多数维度上获得的评估高于刚毕业的大学生（Rynes，Orlitzky，& Bretz，1997），而我们刚才提到的这些研究结果可以解释这种现象。

对评估工作经验的4种方法所做的实证比较表明，"行为一致性"方法具有最高的平均效度（0.45）（McDaniel，Schmidt，& Hunter，1988）。这种方法要求求职者陈述自己在与工作有关的几个领域中取得的主要成就。这些领域是管理者将要进行评定的行为维度，可以体现出高绩效者与低绩效者之间的最显著差异。招募者会采用行为锚定等级评定量表来评估求职者的主要成就陈述。所使用的锚是成就描述符，它们在行为维度上的值是由工作专家合理地确定的。

对培训和工作经验进行评估的另一种类似方法是成就记录法（accomplishment record method），这是最适合用来选拔专业人员的一种方法（Hough，1984）。我们经常听到专业人员说"我的记录说明了一切"。成就记录法是一种对这些记录进行客观评估的方法。它是一种以履历信息、最大绩效和自述报告为基础的工具，所评估的是典型的履历信息表未测量到的个人履历信息。它与能力倾向测验分数、荣誉、等级以及先前活动和兴趣的相关性几乎为零。

在使用成就记录法时，首先要收集关键事件来确定工作成就的重要维度。然后，编制评估原则和量表来评估个体与工作有关的成就。这种方法会产生：(1) 对工作重要维度的完整定义；(2) 判断某一成就处于什么水平时，对评估哪些关键特征做出指导的简要原则；(3) 工作专家一致认同的代表不同成就水平的成就示例；(4) 把具体成就转换为成就定量指数的数量等式。成就记录法在由329名律师构成的一个样本中的应用结果表明，总体绩效评估的信度达到非常可观的0.82，而且成就记录法的效度达到0.25。此外，这种方法似乎对女性、少数族裔和白人男性都是公平的。

学历的情况又如何呢？与工作经验相比，学历往往不会影响管理者的雇佣意见，甚至可能会产生不利影响。对缺乏工作经验的求职者来说，高学历似乎降低了他们被雇用的可能性（Singer & Bruhns，1991）。美国人口普查局对全国3 000名雇主进行的一次调查支持了上述结论。雇主们说，他们在招聘时最看重的特征是态度、沟通技能以及先前的工作经验；而最不重要的特征是学习成绩（分数）、学校名望以及教师推荐（Applebome，1995）。此外，采用学习成绩作为招聘标准往往会对少数族裔求职者产生不利影响（Roth & Bobko，2000）。

11.5 基于电脑的筛选

电脑技术在过去若干年内的快速发展催生了更快的微处理器以及更灵活、更强大的软件。通过它们，可以把图表和声音融为一体。这些技术进步使得组织现在能够实施基于电脑的筛选（computer-based screening，CBS）。通过互联网，公司可以在全球范围内每天24小时、每周7天实施基于电脑的筛选、处理求职申请表、进行结构化面试（稍后讨论）以及实施其他类型的测验（Jones & Dages，2003）。

基于电脑的筛选可能只是简单地把筛选工具由纸张转换为电子格式，这称为**电子页面转化器**（electronic page turner）。这种类型的CBS只具有很低的互动性，而且没有充分利用先进技术的优势（Olson-Buchanan，2002）。另一方面，通过交互式声音响应技术，耐克公司使用电话来筛选求职者；美国空军经常使用计算机自适应测验（Ree & Carretta，1998）；其他许多组织，例如家得宝、杰西潘尼（美国最大的连锁百货商店），都使用了包括计算机自适应测验在内的各种筛选技术（Chapman & Webster，2003；Overton，Harms，Taylor，& Zickar，1997）。

计算机自适应测验（computer-adaptive testing，CAT）首先向所有求职者呈现一组平均难度的项目，如果回答正确，就会呈现难度更高的项目，而如果回答不正确，则呈现难度更低的项目。采用项目反应理论（见第5章），CAT根据求职者回答正确和不正确的那些项目的相对难度来估计他们在某种潜在特质上的水平。考虑到传统的纸笔工具几乎不可能实施CAT技术，电脑作为筛选工具所带来的潜在价值是非常显著的（Olson-Buchanan，2002）。

基于电脑的筛选具有一些潜在的优势（Olson-Buchanan，2002）。第一，管理会变得更轻松。例如，标准化会达到最高程度，因为不会有考官向不同的求职者提供不同的指示或要求（也就是说，电脑会向所有求职者提供一致的指导语）。而且，求职者的回答会被自动记录和保存，这是一种非常实用的优势，而且有助于数据输入错误的最小化。第二，远在异地的求职者也可以参加测验，从而增加了求职者的数量。第三，电脑可以通过各种方式来适应残疾求职者，特别是这类求职者可以在自己的电脑（可能需要进行调整）上完成测验。对于失聪的求职者，经过调整之后的电脑可以用图片来代替基于音频的项目；对于手部移动能力有限的求职者，电脑经过调整之后也可以让他们完成测验。第四，一些初步证据表明，基于网络的评估不会加剧不利影响。

尽管基于电脑的筛选具有许多潜在的优势，而且越来越容易实施，但是大多数组织仍未采用该技术。一项研究调查了美国人力资源管理协会主要负责雇佣/招募领域的大约3 000名成员，要求他们完成一项对筛选过程中当前和未来所使用的技术进行评价的调查（Chapman & Webster，2003）。参与者指出，对于中低层岗位而言，人工处理是对求职者的材料进行筛选的最常用方法，其次是人工的筛选面试。对于未来，参与者认为计算机技术的使用将会变得更加普遍，例如通过电脑对简历进行关键词检索，通过电脑对标准化的求职申请表计分，基于电话的交互式声音响应系统，以及视频会议系统。他们也表达了对实施 CBS 的几点担忧，例如成本和潜在的欺骗问题。此外，有些测验专家认为，那些事关重大的测验，例如用来制定雇佣决策的，不能够在不受监控的互联网环境中实施（Tippins et al.，2006）。实施 CBS 会遇到的其他挑战包括低收入的个体相对来说缺乏使用互联网的机会，这被称为**数字鸿沟**（digital divide）（Stanton & Rogelberg，2001）。

与上述调查的结果相一致，Booth（1998）认为，组织对 CBS 的使用情况在整体上并没有与这类技术所取得的进步保持同步，因而组织并没有有效利用已有的工具。得出这一结论主要是基于 3 个原因：（1）技术进步如此迅速，以至于人力资源专业人员无法跟上这种节奏；（2）CBS 成本高昂；（3）CBS 可能存在一种"形象问题"（表面效度低）。Olson & Buchanan（2002）也得出了一个类似的结论：CBS 的创新未能与计算机技术的发展保持同步。这种不一致主要归结于 3 个原因：（1）开发 CBS 需要花费很高的成本；（2）在解释由 CBS 引起的信度和效度问题时缺乏科学的指导方针；（3）对 CBS 的投资可能不会获得切实的收益。

幸运的是，当前有许多研究正在考察 CBS 的用途、准确性、等值性以及效率，而这些研究可以解决组织对 CBS 的许多担忧。例如，Ployhart，Weekley，Holtz，& Kemp（2003）发现，与传统的纸笔测验相比，基于网络的、受到监控的测验具有多种优势。他们的研究考察了大约 5 000 名应聘电话营销代表职位的求职者。这些求职者完成了履历信息表以及其他一些测量。研究结果显示，与其他测量方法相比，基于网络的测验所得出的分数具有相似或者更好的心理测量学特征，例如分布特征、更低的平均值、更大的变异以及更高的内部一致性信度。另一项研究考察了求职者对计算机自适应测验的看法。该研究发现，求职者的看法与自己在该测验中取得的成绩呈正相关关系（Tonidandel，Quinones，& Adams，2002）。因此，调整项目选择方法，使求职者能够正确回答更多项目，可能会改善求职者对计算机自适应测验的看法。

总之，人力资源专业人员如今有机会在自己的组织内实施基于电脑的筛选。如果使用得当，这种技术能够带来很多好处。实际上，使用电脑和互联网可以使测验速度更快、成本更低，而且电脑和互联网可以作为催化剂，帮助组织在雇佣过程中对求职者实施更多的测验（Tippins et al.，2006）。不过，CBS 的成功程度不仅取决于测验本身的特征，而且取决于组织层面的变量，例如组织的技术创新文化和氛围（Anderson，2003）。

11.6　药　检

药检最早在军队中使用，后来扩展到体育领域，如今在招聘领域也很常见

（Aguinis & Henle，2005；Tepper，1994）。实际上，美国大约67%的雇主使用某种类型的药检（Aguinis & Henle，2005）。批评者指责这种检查侵犯了个体的隐私权，而且检查结果往往不准确（Morgan，1989）。例如，你可以看一下专栏11—2，它的标题是“实际应用：在药检中作弊”。不过，这些批评家又认为，对于那些对公共安全至关重要的岗位——例如核电站的操作员，则应当对求职者实施药检。实际上，人们对不同岗位可能会对当事人、同事或者公众造成的危害程度的看法与人们对药检的接受程度密切相关（Murphy，Thornton，& Prue，1991）。也就是说，人们认为某个岗位能够对当事人、同事或者公众造成的危害越大，他们就越强烈地同意对该岗位的求职者进行药检。

专栏 11—2

实际应用：在药检中作弊

雇主对求职者和员工在药检中的作弊问题越来越关注。互联网为人们以合理的价格购买在药检中作弊的产品提供了机会。考虑一下WHIZZINATOR，这是一种便于隐藏和使用的小便装置，附有人工合成的尿样和可调整的腰带。它的价格是多少？只需要不到150美元。

互联网上提供成百上千种类似的产品，尤其是针对尿检的产品。美国加利福尼亚州帕洛阿尔托市的咨询师卡德简（Leo Kadehjian）指出，“到目前为止，最受青睐的方法是稀释”（Cadrain，2003，p. 42）。但是，互联网上也提供多种精密度非常高的产品，其中包括（Cadrain，2003）：

- 能够改变或消除毒品以及/或者毒品代谢物的氧化剂；
- 能够改变尿液样本pH值或样本离子强度的非氧化掺杂剂；
- 表面活性剂或肥皂，当它们直接掺入尿样时会形成具有脂肪状表层的微滴，能够防止出现脂肪状的大麻代谢物。

药检结果是否能够预测未来工作绩效的某些特定方面？在此类研究中，规模最大的或许是美国邮政服务公司（U. S. Postal Service），它收集了5 465名求职者的尿样。该公司并没有依据药检结果来制定雇佣决策，而且没有把药检结果告诉各地分公司的管理者。在6个月到1年后再次考察这些药检结果时，录用前药检结果为阳性的员工缺勤率要高出41%，被解雇率要高出38%。药检结果为阳性的员工与药检结果为阴性的员工在自愿离职率方面不存在差异。即使在校正了诸如年龄、性别和种族等因素的影响之后，这些差异仍然保持不变。因此，美国邮政服务公司如今在全国范围内实施雇佣前药检（Wessel，1989）。

这样的药检合法吗？在1989年的两项判决中，美国最高法院支持：(1) 政府规定要求发生事故的铁路工人立即接受尿样分析和血样检验，这是符合宪法的；(2) 对美国海关部门毒品稽查岗位的员工进行尿检。这些判决适用于哪些敏感的岗位，仍然需要美国最高法院予以进一步解释。不过，雇主有权确保员工能够胜任所从事的工作并且不危及其他员工的安全。因此，如果员工非法使用毒品，无论是在工作中还是下班之后，都会降低工作绩效以及危及其他同事，所以雇主实施药检具有充足的法律依据。

为了避免触犯法律，雇主可以考虑遵循以下这些常识性程序：

1. 以书面形式向所有员工和求职者告知公司关于毒品使用的政策。

2. 在所有雇佣合同中包含关于毒品以及药检的政策。

3. 从医疗和安全的角度开展该计划——也就是说，药检将有助于改善员工的健康状况，并且确保更安全的工作环境。

如果要对员工和求职者进行药检，应当提前告知他们：想要在公司任职，药检是一项常规性的措施（Angarola，1985）。

为了增强公正感，雇主在实施药检之前应当预先通知员工，保留员工提出申诉的权利，强调药检是加强工作场所安全的一种手段，设法把对员工的影响降到最低程度，并且对管理者进行相关培训（Konovsky & Cropanzano，1991；Tepper，1994）。此外，雇主必须明白，药检的公正感不仅取决于实施方案的特征，而且会受员工的特征影响。例如，有朋友在药检中不过关的员工对药检持正面看法的可能性更低（Aguinis & Henle，2005）。

11.7　测谎仪测验

基于对生理过程（例如，心率）以及生理过程中的变化所进行的测量，测谎仪被用来探查欺骗行为。检查者根据被试在回答所提问题时的生理测量图以及自己在测谎过程中所进行的观测来推断被试在说真话还是在说谎。在对特定事件的调查（例如，对某个案件的调查）中经常使用测谎仪，在雇佣和雇佣前的筛选中有时也会使用测谎仪（在有限范围内）。

1988 年通过的一项联邦法案对雇主使用测谎仪测验进行了严格限制。该法案被称为《员工测谎保护法案》（Employee Polygraph Protection Act），它禁止私人雇主（提供安保服务的公司以及生产受控物质的公司除外）要求或请求实施雇佣前的测谎仪测验。只有在非常苛刻的条件下才允许对现有员工进行测谎仪测验。不过，考虑到国际恐怖主义所造成的安全威胁，许多机构（例如，美国能源部）都在使用测谎仪测验。

关于测谎仪的争论主要集中在道德问题上（Aguinis & Handelsman，1997a，1997b），但是争论的核心则是效度问题——用一个相对简单的问题来表达，就是生理测量是否能够真正地鉴别真相和欺骗（Saxe，Dougherty，& Cross，1985）。美国全国研究委员会（National Research Council）发表了一份报告，其中对关于这个问题的科学证据进行了最新的分析。该委员会是在美国国会的授权下完成这份报告的。其测谎仪科学证据评审委员会（Committee to Review the Scientific Evidence on the Polygraph，2003）对 57 项考察测谎仪准确性的独立研究进行了定量分析，并且得出以下结论：

- 用测谎仪对求职者进行筛选时，其准确性几乎肯定低于测谎仪在对特定事件的调查中所实现的准确性。

- 通过认知或身体的有意识努力，个体能够改变测谎仪所测量的生理指标。
- 使用测谎仪来进行安全审查会导致一种不被接受的结果，因为有太多的忠诚员工被误判为故意欺骗，而且有太多的重大安全隐患没有检测出来。

总之，正如该委员会所总结的那样，测谎仪“在对实际的或潜在的安全威胁者与无辜的参与者进行区分时所实现的准确性并不足以证明联邦政府机构使用测谎仪来对员工进行安全审查是正确的”（p. 6）。这些结论与相关领域的专家所持的观点是一致的。美国心理学会第一分部（普通心理学）的成员以及美国心理生理学研究学会（SPR）的成员在一项调查中的回答表明，使用测谎仪测验在理论上是不合理的，测谎程序无法实现高效度，而且测谎仪测验能够被反测谎措施蒙蔽（Iacono & Lykken，1997）。

尽管总体的结论是测谎仪测验并不是非常准确，但是用来替代测谎仪的其他各种方法（例如，通过电子成像技术测量大脑活动）尚未被证明优于测谎仪（Committee to Review the Scientific Evidence on the Polygraph，2003）。这些潜在的替代技术并没有表现出这种前景，即在不久的将来取代测谎仪来对求职者进行筛选。因此，虽然并不完善，但是在有效的替代品出现之前，测谎仪还将继续用于对员工进行安全审查。

11.8 雇佣面试

如今，几乎所有的选拔都会使用面试（Moscoso，2000）。这可能是因为面试在雇佣环境中不仅仅是一种选拔工具。面试是一个沟通过程，求职者在面试中可以对公司以及自己所申请的岗位获得更多了解，并且开始对该岗位和该公司形成一些切合实际的预期。

如果求职者获得组织的认可，那么双方通常会在面试中就雇佣合同进行协商。如果求职者被淘汰，那么面试考官将发挥重要的公关作用，因为让被淘汰的求职者带着对公司及其员工的良好印象离开是非常重要的。例如，一些研究（Kohn & Dipboye，1998；Schmitt & Coyle，1979）发现，求职者对面试过程，面试官的人际关系能力、倾听能力、招募能力以及信息传达能力的看法会影响求职者对面试官和该公司的评估。不过，求职者是否接受某个工作岗位，以及求职者是否应当被提供岗位，在很大程度上并不会被面试官的行为影响（Powell，1991）。

作为一种选拔工具，面试主要发挥两种重要职能：第一，它可以弥补其他选拔工具中的信息缺口（例如，就求职申请表中的不完整或可疑的回答进行询问；Tucker & Rowe，1977）；第二，它可以用来评估那些只有通过面对面互动才能够测量到的因素（例如，外表、语速、姿态以及人际关系能力）。该求职者是否有可能“适应”和分享其他组织成员所持有的价值观（Cable & Judge，1997）？该求职者能够与其他组织成员相处融洽还是会成为冲突来源？该求职者的才华在什么岗位上能够获得最有效的运用？通过面试获得的印象和认识能够帮助回答诸如此类的问题。实际上，精心设计的面试是非常有价值的，因为它能够使面试官收集关于许多重要构念的信息，而这些构念通常是其他各种选拔工具无法测量或评估的，例如移情（Cliffordson，2002）和个人主动性（Fay & Frese，2001）。举例来说，对47项真实面试研究中所考察的388种特征进行的一个综述指出，与其他任何类型的构念相比，人格特质（例如，责任感、可靠性和恒心，这几种特质都与“大五”人格模型中的责任心维度有关）和实用型社交能力（例如，人际关系、社交技能、团队精神、合作能力）在雇佣面试中获得更频繁的评估（Huffcutt，Conway，Roth，& Stone，2001）。此外，面试对未来工作绩效的预测能力要强于认知能力和责任心（Cortina，Goldstein，Payne，Davison，& Gilliland，2000），以及工作经验（Day & Carroll，2002）。

由于很少有雇主愿意雇用自己从未见过的求职者，因此我们必须尽最大努力使面试成为一种有效的选拔工具。接下来，我们将考察一些对面试的研究，并且提供一些关于如何改进面试过程的建议。

11.8.1 面试中的回答失真

面试信息失真是很有可能的（Weiss & Dawis，1960；Weiss，England，& Lofquist，1961），因为人们一般倾向于夸大而不是贬低自己以前的工作经验。也就是说，被面试者往往会受到社会赞许性偏见的影响。社会赞许性偏见指的是人们倾向于以一种能够获得更多社会赞许的方式回答问题（即设法给面试官留下好印象）。除了信息失真，求职者往往还会采用一些策略来发挥感染力，为自己打造一种正面形象，而且他们通常通过实施自我推销行为来实现这个目的（Stevens & Kristof，1995）。为美化自己而实施这些策略的频率与求职者希望自己被录用的期望程度呈正相关关系（Stevens，1997）。

如果面试官是一台电脑，那么社会赞许性失真是否会减少呢？在Martin & Nagao（1989）看来，与面对面的面试相比，求职者在面对电脑时会更准确地报告自己的平均学分绩和学术能力倾向测验分数。这可能是因为“老大哥”效应（“big brother” effect）。也就是说，由于是在电脑上而不是在纸上回答，因此这些回答更容易被其他电脑中的数据库进行快速核查和验证。为了避免潜在的尴尬，求职者更可能会提供真实的回答。不过，Martin & Nagao（1989）的研究也指出了电脑面试的一个重要边界问题：当不得不回答一台电脑而不是一个活生生的面试官所提出的问题时，竞争高级岗位的求职者会比竞争低级岗位的求职者产生更多的不满。

Richman，Kiesler，Weisband，& Drasgow（1999）进行了一项更全面的研究。他们对61项研究进行了元分析（673个效应值），以比较电脑问卷中的回答失真与传统的纸笔问卷及面对面面试中的回答失真。结果显示，与面对面的面试相比，基于电脑的面试减少了社会赞许性失真，尤其当面试询问高度敏感的个人行为（例如，非法药品的使用）时。这可能是因为基于电脑的面试要比面试官的观测及社会线索更加客观，不带有个人色彩，而面试官和社会线索则往往会使被面试者活络心思。

使面试失真的一种更微妙方法是实施**印象管理**（impression management）行为（Lievens & Peeters，2008；Muir，2005）。例如，如果求职者让他人觉得很愉悦，并且恭维和赞美面试者，则更有可能获得更积极的评估。两种特定类型的印象管理——逢迎和自我推销，似乎能够最有效地影响面试者对求职者做出有利评估（Higgins & Judge，2004）。

11.8.2 信度和效度

一项早期的元分析仅仅涵盖了10个未经过全距限定校正的效度系数。分析结果显示，面试被用来预测上级评价时，效度为0.14（Hunter & Hunter，1984）。后来的5项元分析使用了更多数量的研究作为样本并且校正了全距限定，所得出的结果要令人鼓舞得多。Wiersner & Cronshaw（1988）发现，包含所有效标类型的150项面试效度研究的平均效度（经过校正）为0.47。McDaniel，Whetzel，Schmidt，& Maurer（1994）分析了通过86 311名个体得出的245个效度系数后发现，面试预测工作绩效效标的平均效度（经过校正）为0.37。不过，当所收集的效标是用于学术研究时，面试预测这些效标的效度会更高（平均效度为0.47）；当所收集的效标是用于制定管理决策时，面试的效度要低一些（平均效度为0.36）。Marchese & Muchinsky（1993）报告说，31项研究的平均效度（经过校正）为0.38。另一项研究（Huffcutt & Arthur，1994）分析了来自84篇已发表和未发表文献中的114个面试效度系数，效标只包括初级岗位的上级评价。对效标信度缺失和全距限定进行校正之后，这114项研究的平均效度为0.37。最后，Schmidt & Rader（1999）对考察结构化电话面试的40项研究进行了元分析，以绩效评估结果作为效标，校正后的平均效度为0.40。这5项元分析的结果是非常一致的。

对雇佣面试的111个评估者间信度系数和49个内部一致性信度估计（α系数）的一次元分析表明，评估者间信度系数的平均值为0.70，内部一致性信度估计的平均值为0.39（Conway，Jako，& Goodman，1995）。这些结果意味着高度结构化面试的效度上限为0.67，非结构化面试的效度上限为0.34，而低效度的主要原因不是所使用的效标，而是低信度。因此，提高效度的最好方法是改进面试的结构（本章稍后将予以讨论）。

正如Hakel（1989）所指出的那样，面试是一项棘手的认知和社会任务。要在保持社交流畅性的同时对关于求职者的信息进行处理，使得面试在所有的管理任务中具有独特的难度。研究者始终关注面试的认知因素（例如，面试前的印象）和社会因素（例如，面试官与被面试者的相似性）。因此，我们现在了解了许多关于面试内容以及如何改进面试过程的知识。至少，我们希望面试官只对求职者在面试中明显表现出来（或者根据求职者的行为能够推断出来）的特质和特征做出评价，而不对那些通常需要一段时间才能够表现出来的特质和特征（例如，创造力、可靠性、诚实性）进行评价。在接下来的内容中，我们将考察什么是面试过程，以及如何增强选拔面试的效果和效用。

11.8.3 决策过程的影响因素

大量文献证明了这个事实：面试中的决策过程会受到若干因素的影响。具体来说，有278项研究考察了面试的诸多方面（Posthuma，Morgeson，& Campion，2002）。Posthuma et al.（2002）提供了一个有用的框架来描述和总结这些研究。我们将部分采用他们的这个分类框架，把能够影响面试决策过程的因素划分为以下几个类型并逐一考察：（1）社会/人际因素（例如，面试官与求职者的相似性）；（2）认知因素（例如，面试前的印象）；（3）个体差异（例如，求职者的外表、面试官的经验和所获得的培训）；（4）结构（面试过程的标准化程度和面试官在面试中的自主程度）；（5）多媒体的运用（例如，视频会议系统）。

11.8.4 社会/人际因素

如前所述，面试从本质上讲是一种社会和人际的过程。因此，它会受到面试官—求职者相似性、言语线索和非言语线索等诸多因素的影响。下面我们将分别对这些因素予以讨论。

面试官—求职者相似性

相似性引起相互吸引，相互吸引会导致积极的情感，积极的情感则会导致更高的面试评定结果（Schmitt，Pulakos，Nason，& Whitney，1996）。此外，相似性会导致面试官对求职者未来绩效的更高预期（Garcia，Posthuma，& Colella，2008）。面试官与求职者在族裔、年龄和态度等方面的相似性会对面试产生影响吗？Lin，Dobbins，& Farh（1992）报告说，如果面试官和求职者都属于黑人或者拉丁裔，那么求职者会获得更高的评定结果；而如果面试官和求职者都属于白人，求职者不会获得更高的评定结果。不过，他们还发现，在小组面试中如果至少有一位面试官来自不同族裔，那么这种影响会被消除；年龄方面的相似性则对评定结果并无影响。此外，如果某个面试官感觉求职者与自己持有相同的态度，那么会对该求职者更有好感，而且会对该求职者的能力做出更高的评定（Howard & Ferris，1996）。不过，相似性所产生的影响并不显著，而且可以通过采用结构化面试和多元化的面试官来减少或消除。

言语线索和非言语线索

Anderson（1960）早就发现，如果面试官在面试中与求职者进行更多的交谈并且只有更少的沉寂时刻，那么该求职者更有可能被雇用。其他一些研究也表明，面试的时间长度在很大程度上取决于求职者的质量（当面试一位优秀的求职者时，面试官需要花更多时间来做出决定）和所预期的面试时间长度。所预期的面试时间越长，做出决定所需花费的时间就越长（Tullar，Mullins，& Caldwell，1979）。

几项研究考察了非言语线索如何影响面试官在面试中形成对求职者的印象以

及制定决策。研究表明，非言语线索确实会影响面试官的判断，虽然这种影响很微小（DeGroot & Motowidlo，1999）。例如，Imada & Hakel（1977）发现，积极的非言语线索（例如，微笑、专注的姿态、双方更近的距离）总是会导致有利的评定结果。不过，更重要的是，非言语行为会与其他变量（例如，性别）产生交互影响。Aguinis，Simonsen，& Pierce（1998）发现，面试官认为在面试中与他们进行直接眼神交流的男性求职者要比不这样做的男性求职者更可信。一项后续的复制研究使用了与该研究完全相同的实验条件，但是显示，面试官认为在面试中与他们同样进行直接眼神交流的女性求职者是盛气凌人的（Aguinis & Henle，2001a）。

总之，要想在面试中获得面试官的良好评价，求职者做出得体应对的能力、对所提问题做出完整回答的能力、在合适时阐述个人观点的能力以及不偏离当前主题的能力似乎是最为重要的（Parsons & Liden，1984；Rasmussen，1984）。当面试中的言语交流效果很好时，较多的非言语行为要比很少的非言语行为产生更积极的效果。但是当言语交流效果较差时，较多的非言语行为可能会导致更低的评定结果。

11.8.5 认知因素

面试官的任务并不轻松，因为人的信息处理能力是有限的，而且在评估他人时会带有一定的偏差（Kraiger & Aguinis，2001）。不过，我们已经很好地掌握了面试前印象、证实偏差、第一印象、刻板印象、对比效应、信息回顾等认知因素对面试所产生的影响。下面我们将回顾一些重要的研究成果，看看上述认知因素中的每一项是如何影响面试的。

面试前印象和证实偏差

Dipboye（1982，1992）提出了一个自我实现预言模型来解释面试前的第一印象对面试的影响。认知偏差和行为偏差都会调节面试前印象（基于求职者的推荐信或求职申请表）对面试评定结果的影响。当面试官的特定行事方式（例如，对求职者表现出积极或消极的态度）是为了证实自己对求职者的面试前印象时，行为偏差就产生了。如果面试官歪曲信息来支持面试前印象，或者有选择性地关注和回顾某些特定信息，就会产生认知偏差。行为偏差和认知偏差的后果会导致一种自我实现预言。

我们来看看一位只获得求职者正面信息的面试官如何描述该求职者：

> 敏锐，热情，负责任，受过良好教育，聪明，善于表达，有条理，能力全面，善于交谈，工作努力，非常可靠，经验丰富，能够很好地把握自己。

如果只向某个面试官提供负面的面试前信息，这位求职者则被描述为：

> 焦虑，紧张，总是反对面试官的假设，没有足够的自信（Dipboye，Stramler，& Fontanelle，1984，p. 567）。

通过对真实雇佣面试进行内容编码，研究者发现，良好的第一印象会带来面试官的证实行为——例如，对求职者表现出积极态度，“推销”公司，向求职者提供关于该岗位的信息——而且面试官会从求职者那里收集更少的信息。面对这种情况，求职者会表现得更加自信和有效，并且与面试官建立更融洽的关系（Dougherty，Turban，& Callender，1994）。这些研究结果表明，第一印象会产生证实偏差。

面试前印象的另一方面涉及面试前的测验分数或履历信息分数。一项研究对 577 名申请人寿保险销售代理职位的真实求职者进行了考察。该研究发现，对于那些在履历信息测验中获得相对较低分数的求职者，面试评定结果能够最好地预测招募决策以及他们是否会获得录用，而对于那些在履历信息测验中获得较高分数的求职者，面试评定结果在预测招募决策以及他们是否会获得录用时准确性最低（Dalessio & Silverhart，1994）。很显然，面试官是如此相信这些测验分数的效度，以至于他们认为如果求职者获得较高测验分数，那么面试就显得无关紧要了。但是，当求职者获得的测验分数较低时，面试官就会非常重视该求职者在面试中的表现，进而对求职者做出更好的区分。

第一印象

在加拿大麦吉尔大学（McGill University）进行的一系列研究持续了 10 年时间（Webster，1964，1982）。这些研究发现，最初的面试印象对最终的决策（录用/淘汰）发挥了决定性的作用。这种最初印象会使面试官形成一种偏见（通常不会改变），而这种偏见会歪曲随后所有的面试官—求职者互动。（平均来说，在面试开始仅仅 4 分钟后，最初印象就形成了！）此外，面试主要是一个探寻负面信息的过程。例如，如果在面试中给面试官留下一种不好的印象，那么有 90%的可能性会被淘汰。在制定最终决策时，正面信息所获得的权重要小得多（Bolster & Springbett，1961）。

我们可以看看求职者与面试官如何握手对面试所产生的影响（Stewart，Dustin，Barrick，& Darnold，2008）。一项以 98 名大学生为考察对象的研究发现，握手的质量与面试官的雇用建议是相关的。即便求职者的外表和穿着不变，握手的质量似乎也会传达出这种积极印象：该求职者是外向的。此外，在这项研究中，女性在握手质量方面获得的评定结果低于男性，但是她们在就业能力方面获得的平均评定结果并不低于男性。

样板以及刻板印象

让我们再回头看看在麦吉尔大学进行的那些研究。最重要的研究发现或许是面试官往往自己会形成一个优秀求职者样板，并且倾向于接受那些与该样本相匹配的求职者（Rowe，1963；Webster，1964）。后来的研究也支持这些结论。面试官可能会在某种程度上对某个特定的求职者群体持有负面的刻板印象，而这些刻板印象背离了该岗位对求职者的要求，或者会转化为对少数族裔求职者的不同预期或评估标准。因此，刻板印象可能会降低面试官对特定求职者的评估，即便这些求职者同样能够胜任该岗位（Arvey，1979）。

相似的情形也存在于性别刻板印象中。关于性别刻板印象的社会心理学文献指出，在管理岗位上获得成功所必需的特质和属性更像是男性而不是女性的特征、态度和性情（Aguinis & Adams，1998）。这类刻板印象的作用或许能够解释 Arvey & Campion（1982）得出的这个结论：女性求职者获得的分数要低于男性求职者。

对比效应

一些研究已经发现，如果在连续面试了三四个质量很差的求职者之后再面试一个即便只有平均水平的求职者，面试官往往也会对其做出非常有利的评估。当面试官同时对多名求职者做出评估时，他们往往会使用其他求职者作为参照标准。因此，面试官是否对某个求职者做出有利的评估，部分取决于面试官用来进行比较的其他求职者（Hakel，Ohnesorge，& Dunnette，1970；Heneman，Schwab，Huett，& Ford，1975；Landy & Bates，1973）。

这种对比效应是根深蒂固的。Wexley，Sanders，& Yukl（1973）发现，尽管通过一次提醒（讲座）以及/或者一种锚定程序（用一种预先设定的标准来对求职者进行比较）来设法减少对比效应，被试仍然继续犯这种错误。只有通过一次高强度的培训（受训者进行实际观察，并且进行模拟评定和获得即时反馈）才能够产生显著的行为变化。Latham，Wexley，& Pursell（1975）也报告了类似的结果。与控制组或者进行群体讨论的被试相反，只有那些参与了高强度培训的被试在完成培训之后的6个月内没有出现对比效应、晕轮效应、相似性效应或第一印象效应等偏差。

信息回顾

一个非常实际的问题是面试官回忆起求职者在面试中所述内容的能力。一项研究对此问题进行了考察（Carlson，Thayer，Mayfield，& Peterson，1971）。

在观看一段20分钟的选拔面试录像之前，40位管理者获得了面试指导、铅笔和纸张，而且被要求像进行面试那样行事。在面试录像结束后，研究者要求这40位管理者根据录像所提供的确凿信息进行一项有20个问题的测验。有些管理者全部答对，而有些管理者则答错了15题！平均水平是答错10道题。

在这个简短的面试录像结束后，一半的管理者不能准确报告面试中的信息！另一方面，那些遵循面试指导并且在面试中做记录的管理者在该测验中相当准确。对面试信息进行回顾时最不准确的那些管理者认为该面试总体上是成功的，在所有方面都给予该求职者更高的评定，而且对各方面的评定都比较接近，缺乏变化。这些管理者采用了一种晕轮策略。能够对面试信息做出准确回顾的管理者对该求职者的评定更低，并且发现了该求职者在各方面的差异。因此，更准确的面试官采用了一种个体差异策略。

在这项研究中，研究者没有向这些管理者提供面试前预览求职申请表的机会。这会导致差异吗？其他研究表明，答案是不会（Dipboye，Fontanelle，&

Garner，1984）。在面试结束之后需要对面试信息进行回顾时，似乎没有任何东西能够替代面试官在面试期间所做的记录。不过，仅仅是在面试期间做记录并不必然会提高面试的效度；面试官还需要接受关于如何对求职者的有关行为进行记录的培训（Burnett，Fan，Motowidlo，& DeGroot，1998）。做记录有助于面试官回顾面试信息，但是它本身并不会改进面试官根据这些信息所做出的判断（Middendorf & Macan，2002）。除了做记录，有助于提高记忆效果的其他方法包括在脑海里对面试内容进行重组以及从不同的起点来回忆信息（Mantwill，Kohnken，& Aschermann，1995）。

11.8.6 个体差异

许多个体差异变量会在面试过程中发挥影响，包括面试官的特征以及求职者的特征。我们首先考察求职者的特征，然后考察面试官的特征。

求职者的外表和其他个人特征

关于外表吸引力的研究指出，只有在与外表吸引力本身息息相关的工作岗位上，它才是一种优势。不过，外表没有吸引力似乎从来都不是一种优势（Beehr & Gilmore，1982）。一项研究发现，被视为过于肥胖会产生一种细微但具有统计显著性的负面影响（Finkelstein，Frautschy，Demuth，& Sweeney，2007）。不过，另一项研究发现，体重过重的求职者被几乎不需要行使公关职能的岗位录用的可能性等同于被需要广泛行使公关职能的岗位录用的可能性（Pingitore，Dugoni，Tindale，& Spring，1994）。

已有的一些证据指出，族裔特征可能不会成为偏见来源（Arvey，1979；McDonald & Hakel，1985）。我们先前已经指出，族裔似乎能够产生很细微的影响，但是所指的是面试官与求职者之间的族裔相似性，而不是求职者的族裔。不过，更近的一项研究考察了作为族裔线索的口音和名字会产生什么影响。该研究发现，这两种因素会共同影响面试官对求职者的评定（Purkiss，Perrewe，Gillespie，Mayes，& Ferris，2006）。具体来说，与具有能够体现族裔特征的名字但没有口音的求职者以及无论是否带有口音均不具有这类名字的求职者相比，既具有这类名字又带有口音的求职者会获得更少的积极评定。这些研究结果表明，人们有必要考察求职者的族裔与其他变量之间的交互作用。实际上，以1 334名警察为考察对象的一项研究发现了面试官的族裔、求职者的族裔以及面试官小组的构成之间的交互作用：只有在黑人面试官占主导地位的面试官小组中，黑人面试官对黑人求职者的评定才会比对白人求职者的评定更宽松（McFarland，Ryan，Sacco，& Kriska，2004）。鉴于我们在第1章讨论过的那些人口发展趋势和社会发展趋势，对于上述这些问题当然还需要进一步研究。

关于残疾的影响，现有研究证据所得出的结论非常不一致。有些研究表明，残疾与否与求职者获得的评定并无关联（Rose & Brief，1979）；有些研究则指出，有残疾的求职者会获得更消极的评定结果（Arvey & Campion，1982）；还有一些研究认为，有残疾的求职者会获得更积极的评定结果（Hayes & Macan，

1997）。之所以会产生这些不一致的研究结果，可能是因为研究者除了使用残疾状况这个变量，还在研究设计中包含另外的变量。例如，评估者的同情心会影响残疾求职者获得比正常求职者更高或者更低的评定结果（Cesare，Tannenbaum，& Dalessio，1990）。

求职者的人格特质似乎也与面试成绩存在相关关系。例如，一项研究考察了由85名临近毕业的大四学生组成的一个样本。这些学生首先完成一份人格测验；过了一段时间之后，他们报告了自己所采用的求职策略以及这些策略是否导致了面试和录用通知（Caldwell & Burger，1998）。研究结果显示，责任心和外倾性与获得面试机会的相关系数分别为0.38和0.27。外倾性、随和性、经验的开放性和神经质与获得录用通知的相关系数分别为0.34，0.27，0.23，−0.21。换言之，责任心更强和更加外向有助于获得面试机会；更加外向、更加随和、经验的开放性程度更高以及更低程度的神经质有助于获得录用通知。后续的分析指出，如果把求职的准备情况和所有人格变量都输入方程式，那么责任心是与所获得的面试机会数量存在相关关系的唯一人格特质，而只有外倾性和神经质（负相关）这两项人格特质与所获得的录用通知数量存在相关关系。另一项研究发现，通过自我效能和求职强度的调节作用，求职者的人格特质会对面试成功产生影响（Crossley & Stanton，2005）。还有一项研究发现，不同个体在面试期间所体验到的焦虑程度截然不同，而面试期间的焦虑程度与面试成绩存在相关关系（McCarthy & Goffin，2004）。总体来说，现有的证据表明，求职者的人格特质在面试期间和面试之后都会产生影响，而且会影响求职者在面试之前如何准备。

关于个人特征的最后一个事项是令人愉悦的人工香味（女士香水或者男士古龙水）对雇佣面试评定结果可能会产生的影响。在受控环境中进行的研究表明，当求职者使用人工香味时，女性面试官对他们的评定要高于他们不使用人工香味时，而男性面试官做出的评定则恰恰相反。之所以会出现这样的结果，可能是因为男性和女性将求职者的修饰或外表中的无关方面“过滤掉”的能力不同（Baron，1983）。

求职者是否参与过面试培训项目

面试培训可以采用多种技术，例如模仿、行为训练、角色扮演、演讲等（Maurer & Solamon，2007；Tross & Maurer，2008）。对于参加过面试技巧培训的求职者来说，他们的面试成绩与没有参加过这类培训的求职者是否有所不同呢？有两项研究（Maurer，Solamon，Andrews，& Troxtel，2001；Maurer，Solamon，& Troxtel，1998）指出，答案是肯定的。这两项研究考察了因为晋升程序要求而不得不参加一次面试的警察和消防员。在Maurer et al.（1998）的研究中，所使用的面试培训项目包括下列几个部分：（1）介绍他们将要参加的面试，包括对面试过程的大致描述；（2）描述面试当天的准备工作；（3）描述面试的类型（结构化的还是非结构化的）以及结构化面试的优势；（4）对面试成功所必需的知识、能力和技能进行回顾和评述；（5）参与和观察面试角色扮演；（6）提供面试小窍门。在4种不同的岗位上（警佐、警督、消防中队长和消防队长），参与该培训项目的候选人获得的面试分数要高于没参与该项目的候选人。如果控制候选人在培训前的知识和动机对面试的影响，那么是否参与该培训项目对这 4 种岗位中的 3 种岗位的候选人产生了影响。在一项后续研究中，Maurer et al.（2001）发现了相似的结果。

下面我们将讨论面试官的特征以及这些特征对面试的影响。

面试官的经验和所获培训

有些面试官培训是非常有用的（Arvey & Campion，1982），但是我们在这方面并没有足够的信息来明确指出哪些培训项目最适合哪些效标（例如，面试信度和准确性的改进等）。另一方面，虽然有假设认为经验相当的面试官会对某个求职者提供相似的评定（Rowe，1960），但是实证结果并不支持这个假设。Carlson（1967）发现，当经验相当的面试官评定同一名求职者时，他们之间的分歧程度与拥有不同经验的面试官一样大。很显然，日常的面试经验对面试官的帮助并不大，因为面试官的日常工作环境并不能提供学习所必需的条件（即培训和反馈）。如果从不学习如何进行有效的面试，即便面试官获得了丰富的面试经验，他们的面试能力也会长期保持在较低水平（Jacobs & Baratta，1989）。另一方面，如果面试官获得面试经验的同时还获得了更高程度的认知复杂性（cognitive complexity），那么面试经验与更高的决策质量之间可能会正相关（Dipboye & Jackson，1999）。不过，在这种情况下，经验只是另一个变量（认知复杂性）的替身，而不是使决策质量得以改进的真正因素。

面试官的认知复杂性和情绪

一些主要使用大学生观看模拟面试录像的实验室研究考察了面试官的认知复杂性（即应对复杂的社会情境的能力）和情绪是否会影响面试。虽然证据有限，但是 Ferguson & Fletcher（1989）进行的一项研究发现，对女性评估者来说，认知复杂性与更高的准确性相关，但是对男性评估者来说，则不存在这种相关。不过，在我们能够得出结论说认知复杂性对面试者的准确性具有直接影响之前，还需要获得更多的研究证据。

关于面试官情绪对面试的影响，Baron（1993）诱导了 92 名大学生体验积极情绪、消极情绪或者维持当前的情绪稳定。接下来，这些大学生在一次模拟的工作面试中充当面试官，而某个求职者的能力被描述为高水平、不确定或者低水平。该实验得出了以下 3 个结果：第一，当该求职者的能力被描述为不确定时，处于积极情绪状态下的面试官在几个维度上对该求职者的评定结果要高于那些处于消极情绪状态下的面试官。第二，当求职者的能力被描述为高水平且足以胜任该岗位时，面试官的情绪对评定结果并无影响。第三，当求职者的能力被描述为低水平且无法胜任该岗位时，面试官的情绪会显著影响评定结果。具体来说，处于积极情绪状态下的面试官对该求职者的评定要低于那些处于消极情绪状态下的面试官。总之，面试官的情绪似乎会与求职者的能力产生交互作用，以至于只有在求职者不合格或者能力不确定的情况下，面试官的情绪才会产生影响。

11.8.7 结构

能够影响面试决策的另一类重要因素是面试结构。结构是一个程度问题，我们可以从下列4个维度来考虑：（1）问题的一致性；（2）评估的标准化；（3）问题的复杂性；（4）和谐关系的构建（Chapman & Zweig，2005）。总体来说，通过以下方法可以改进面试结构：根据岗位分析结果来提出问题；向每一名求职者询问相同的问题；限制提示性的后续问题以及对所提问题的详细阐述；使用更好的问题类型（例如，情境式问题，我们稍后将讨论）；使用时间更长的面试和数量更多的问题；控制辅助信息（求职申请表、简历、测验分数、推荐信）；在面试结束之后才允许求职者提问；在多个量表上对求职者的每个答案进行评定；使用详细、具体的行为锚定等级评定量表；进行详细的记录；使用多名面试官；对所有求职者使用同一个（批）面试官；提供广泛的面试官培训；使用统计预测而不是临床预测（将在第13章予以更具体的讨论）（Campion，Palmer，& Campiom，1997）。

面试结构对几种合意结果的影响是非常明确的。第一，对几项元分析的一篇综述指出，结构化面试更有效度（Campion et al.，1997）。具体来说，经过校正后，结构化面试的效度在0.35～0.62之间，而非结构化面试的效度在0.14～0.33之间。第二，结构化面试能够降低不同族裔群体之间的差异。一项元分析发现，在10项考察低结构化面试的研究中，美国白人和黑人求职者的标准化差异均值（$\bar{d}$）为0.32，而在21项考察高结构化面试的研究中，标准化差异均值为0.23（Huffcutt & Bobko，2002）。不过，需要指出的是，如果考虑全距限制的影响，这两种类型的面试都会导致更显著的族裔群体差异。第三，与非结构化面试相比，结构化面试被指控实施非法歧视的可能性更低（Williamson，Campion，Malos，Roehling，& Campion，1997）。

一项研究回顾了1978—1997年间158起涉及雇佣歧视的美国联邦法院案件。研究显示，与其他任何类型的选拔工具（包括结构化面试）相比，非结构化面试更频繁地受到指控（Terpstra，Mohamed，& Kethley，1999）。具体来说，这其中57%的案件涉及对非结构化面试的指控，而只有6%的案件涉及对结构化面试的指控。更重要的是考察法院对这些案件的判决。在对非结构化面试提出指控的案件中，59%的案件被法院判定不存在歧视；而在对结构化面试提出指控的案件中，所有案件都被法院判定不存在歧视。总的来说，这些研究结果强烈督促雇主采用结构化面试，虽然人力资源管理者并不愿意采用这类程序（Van der Zee，Bakker，& Bakker，2002）。

为什么结构化面试在性质上优于非结构化面试呢？最有可能的答案是非结构化面试（面试官并没有预先设定的程序，而是跟随求职者的思路）和结构化面试（面试官遵循预先设定的程序）并不是测量相同的构念（Huffcutt et al.，2001）。结构化面试在信度方面优于非结构化面试，这似乎并不是回答上述问题的充分理由（Schmidt & Zimmerman，2004）。通常来说，结构化面试是岗位分析的结果，评估的是求职者的工作知识和技能、与组织的匹配情况、人际和社会技能，以及心智技能（例如，解决问题的能力）。因此，与非结构化面试所评估的构念相比，结构化面试所评估的构念往往与该岗位更密切相关。当进行结构化面试时，面试官知道自己要询问什么问题（从而使所有求职者形成一个更加一致的行为样本）以及如何处理自己所获得的信息（从而有助于自己更好地对求职者进行评定）。

根据所提的问题是关于求职者以往的经验还是假设的情境，结构化面试的类型有所不同。在以求职者以往经验为主的结构化面试中，问题是以过去为导向的；这些问题要求求职者把自己有关的工作经历或生活经历与当前所申请的岗位联系起来（Janz，1982；Motowidlo et al.，1992）。这类面试的潜在假设是：未来绩效的最佳预测因子是以往类似情境中的绩效。聚焦于以往经验的问题基本上都是围绕"能告诉我你曾经……"句式来提问的。

相反，聚焦于假设情境的问题（Latham，Saari，Pursell，& Campion，1980；Maurer，2002）要求求职者想象一系列条件，并且指出自己在这种情境中会如何应对。因此，所提的问题是以未来为导向的。在情境面试中，问题基本上都是围绕"如果……你将怎么办"句式来提问的。研究表明，情境面试具有很高的效度，不受对比效应、族裔偏见或性别偏见的影响（Maurer，2002）。情境面试为什么行之有效？很显然，最重要的影响因素是行为锚定等级评定量表的使用。Maurer（2002）在对一组评估者进行研究之后得出了该结论。在该研究中，这些评估者观看了6个情境面试视频并对面试对象进行了评定，而面试对象是申请校园警官岗位的求职者。即使没有受过任何培训，48名商学院学生作为评估者所实现的准确程度和一致程度要高于那些采用结构化面试但面试并不包含情境问题的工作专家（48名市属警官和校园警官）。随后，又比较了这些工作专家在情境面试中做出的评定与在非情境面试中的评定。结果表明，他们在情境面试中做出的评定显示出更高的准确程度和一致程度。

聚焦于以往经验的问题和聚焦于假设情境的问题都是基于采用关键事件法（见第8章）的岗位分析。这些关键事件会转化为面试问题。求职者的每个答案都会被两名或更多面试官各自在一个李克特型5点量表上进行评定。为了便于面试官客观地打分，工作专家会制定行为描述来说明分数为1，3和5的答案。表11—2举例说明了这两类问题的差异。

Taylor & Small（2002）进行了一次元分析，以比较这两种结构化面试方法的相对效力。他们找到了30个来自情境面试的效度系数和19个来自经验面试的效度系数，得出的结果显示，情境面试的校正后平均效度为0.45，而经验面试的校正后平均效度为0.56。不过，对使用了行为锚定等级评定量表的研究进行比较后发现，情境面试（29个效度系数）的校正后平均效度为0.47，经验面试（11个效度系数）的校正后平均效度为0.63。此外，情境面试的评估者间信度均值为0.79，经验面试的评估者间信度均值为0.77。最后，虽然有些研究发现情境面试应用于更高级的岗位（Pulakos & Schmitt，1995）或者更复杂的工作（Huffcutt，Weekley，Wiesner，DeGroot，& Jones，2001）时可能效度相对较低，但是元分析结果表明，无论是考察简单工作还是复杂工作，情境面试和经验面试的效度都不会发生变化。

表 11—2　经验面试和情境面试问题示例，用来评估求职者化解冲突和合作解决问题的技能

情境面试问题：假设你的一个新创意能够通过改变工作流程来提高质量，所面对的一个问题是所在团队的一些成员反对任何类型的变革。在这种情况下你会怎么做？
(5) 最好的答案（求职者的前1/3）——向成员解释这次工作流程变革，并且设法表明这次变革可以带来的利益。在某次会议上开诚布公地予以讨论。
(3) 好的答案（中间1/3）——询问他们为什么反对变革。设法说服他们。
(1) 不好的答案（最低1/3）——告诉上级。
经验面试问题：你与某个同事曾经产生的最严重意见分歧是什么？你们是如何解决该分歧的？
(5) 最好的答案（求职者的前1/3）——我们对情况进行了深入分析，发现了问题所在，然后解决了意见分歧。我与该同事进行了坦诚的沟通。
(3) 好的答案（中间1/3）——我们达成了妥协。通过双方轮流做主，或者通过我从我的立场上对所存在的分歧进行充分解释，解决了该分歧。
(1) 不好的答案（最低1/3）——我非常生气并让该同事走开，或者我们让上级来解决该分歧，或者我从不与任何人产生分歧。

资料来源：Campion，M. A.，Campion，J. E.，& Hudson，J. P.，Jr.（1994）. Structured interviewing：A note on incremental validity and alternative question types. *Journal of Applied Psychology*，*79*，999.

11.8.8　多媒体的运用

技术的发展使得雇主在对求职者进行面试时可以使用多媒体而不是面对面的交流。例如，视频会议系统的使用能够使雇主对求职者进行远程面试，从而节省开支（Chapman & Rowe，2002）。电话面试也是相当常见的方法（Schmidt & Rader，1999）。不过，面对面面试与通过电话、视频会议等技术来进行的面试之间所存在的一些关键差异可能会影响面试的过程和结果（Chapman & Rowe，2002）。在进行电话面试时，一种明显的差异就是缺乏视觉线索（Silvester & Anderson，2003）。另一方面，缺乏视觉线索可能会减少面试官对本章先前讨论过的那些非言语行为所产生的偏见。对视频会议面试来说，缺乏允许双方同时讲话的双向系统可能会改变面试的动态性。

一种融会贯通的方法是进行面对面的面试，而且通过视频和音频来进行记录，并且请并没有在面试现场出现的其他评估者对面试及求职者进行评定（VanIddekinge，Raymark，Roth，& Payne，2006）。不过，一项研究对113名大学生和研究生进行了模拟面试，该研究提供的初步证据表明，面试现场的面试官与现场外的评估者所提供的评定结果可能会存在差异。具体来说，现场的面试官所提供的评定结果要显著高于现场外的评估者根据面试视频所提供的评定结果。因此，需要进一步地研究以确定在什么条件下这两类评定结果会变得等值。

一项研究比较了电话面试与面对面面试的等价性，使用的样本是申请一家大型跨国石油公司某个岗位的70名求职者（Silvester，Anderson，Haddleton，Cunningham-Snell，& Gibb，2000）。求职者被随机分为两组。A组：先进行面对面面试，再进行电话面试；B组：先进行电话面试，再进行面对面面试。研究结果显示，不管面试的顺序如何，电话面试的评定结果（$M=4.30$）都低于面对面面试（$M=5.52$）。Silvester et al.（2000）对这个结果提供了几个可能的原因。在电话面试期间，面试官可能更加关注面试内容而非外部线索（例如，非言语行为），在这一点上面试官可能认为电话面试比面对面面试效度更高。另一方面，求职者则可能认为电话面试不太重要，从而没有足够的动机去好好表现，或者是求职者在电话面试方面没有足够的经验，这都可能是他们在电话面试中表现较差的原因。

另一项实验研究比较了面对面面试与视频面试的差异，运用的样本是在实际求职过程中被面试的大学生（Chapman & Rowe，2002）。研究结果表明，与参加视频面试的求职者相比，参加面对面面试的求职者对面试官的表现更加满意，也对自己在面试中的表现更加满意（Chapman & Rowe，2002）。

总之，对电话、视频会议系统等多媒体技术进行评估的一些有限的研究表明，使用这类多媒体技术会产生不同的面试结果。我们还需要进一步地研究，才能够更清楚地了解各类面试方式缺乏等价性的原因。不过，有一点是非常明确的：虽然从表面上看能够节省大量开支，但是运用电子媒介来进行面试可能会带来一些隐含的重要代价，例如求职者会产生负面反应，以及面试分数的效度低于求职者在面对面面试中获得分数的效度。

11.8.9 有待改进的地方

应当继续强调在一种个体知觉框架内进行雇佣面试研究。而且，这些研究必须考虑面试的社会和人际动力学，其中包括求职者和面试官的情感反应。面试官的工作是对求职者进行准确的认识，并且根据空缺岗位所提出的要求来评估这些认识。这些认识是如何形成的，什么因素会影响这些认识的形成，以及哪些心理过程能够最好地解释这些认识的形成等，都是应当予以更密切关注的重要问题。此外，我们需要确定其中的每一个过程变量是否会影响面试的效度，进而影响面试的效用（Zedeck & Cascio，1984）。为此，我们应当首先依据现有的知识来改进面试技术。下面是根据研究成果提供的8项关于如何改进面试过程的建议：

1. 把面试问题与岗位分析结果紧密联系起来，确保求职者在面试过程中表现出来的行为及技能与该岗位的要求相似。应当运用各种类型的问题，包括情境问题、关于重要的工作知识的问题、关于工作样本或工作模拟的问题，以及关于求职者履历（例如，工作经验、所受教育）和“意愿”（例如，是否接受出差和轮班工作）的问题。

2. 向每名求职者询问相同的问题，因为从心理测量学的角度来看，标准化的面试问题对面试评定结果具有显著影响。在进行结构化面试时，可以考虑采用以下6个步骤：（1）面试开场白，解释面试的目的和结构（也就是告诉求职者，你要提一系列问题来考察求职者以往的工作行为以及他在一些假设的工作情境中会如何行事），并且鼓励求职者提问；（2）对求职者所申请的岗位进行预览；（3）询问关于最低资质的问题（例如，对于申请航空公司工作岗位的求职者来说，是否愿意在晚上和节假日上班）；（4）询问关于工作经验的问题（“能告诉我你曾经……”）；（5）询问关于假设情境的问题（“如果……你将怎么办”）；（6）结束面试之前，给求职者一个机会来提问或者是补充一些他认为很重要的信息，并且向求职者解释选拔过程的下一步（以及具体时间）。

3. 利用具体示例和阐述来为评定量表进行锚定，以便于面试官对求职者提供的答案打分。这样做有助于提高面试评分的一致性和面试官所做判断的客观性。

4. 无论是结构化面试还是非结构化面试，面试官小组的效度并不高于个体面试官（McDaniel et al.，1994）。实际上，面试官小组中的一些成员可能会把面试当作一种政治竞技场，并且试图利用面试及面试结果来增加自己所属小群体的政治力量和话语权（Bozionelos，2005）。但是，正如我们先前指出的那样，多族裔的面试官小组有助于减少族裔相似性偏见，而只有一个面试官时，则有可能会出现这种偏见。此外，如果使用面试官小组，应当让所有小组成员知道他们将进行一次集体讨论来达成一致的评定结果。这样做有助于对求职者的行为进行更准确的评定（即有助于评定求职者是否表现出了某种特定类型的行为）（Roch，2006）。

5. 通过某种机制来对分数进行合并（例如，求平均分数或总分数），而非主观、任意地合并（Conway et al.，1995）。

6. 通过一项精心设计、能够提供有效评定结果的面试官培训计划来传达上述信息，并且向他们传授进行结构化面试的技术（例如，结构化的面试指导语、结构化的面试评定量表），以尽量减少面试中的无关信息及其影响。作为面试官培训计划的一部分，面试官应当有机会对少数族裔成员或残疾人进行面试。这可能会提高面试官在这方面的能力。

7. 记录岗位分析过程、面试开发过程、求职者的回答和分数、内容关联效度证据和效标关联效度证据，以及测验的不利影响分析。

8. 为面试官建立一个合理的反馈系统，让他们知道自己的成败信息，并且使他们及时了解不断变化的工作要求和成功模式。

要想实现测量的信度和效度，没有任何捷径可走。如果继续使用面试来进行选拔，那么无论是从法律角度还是道德角度来讲，我们都必须密切关注面试的细节，并且设法构建与工作情境相对应的面试情境。

11.9 面向未来：虚拟现实筛选

在前面的内容中，我们描述了电脑、互联网、视频会议以及其他各种新技术的应用。随着技术不断发展，人力资源专业人员能够充分利用各种新工具。Aguinis，Henle，& Beaty（2001）认为，虚拟现实技术（virtual-reality technology）就是这样一种先进技术，它有可能改变组织进行筛选的方式。

我们可以想象这种情况：申请卡车司机岗位的求职者进入一个卡车模拟器中展示自己的能力。或者想象另外一种情况：申请实验室技术员岗位的求职者进入一个模拟实验室展示自己处理各种化学药品的能力。虚拟现实技术具有多种优势，因为它不需要真实的卡车或化学药品就能够创建各种与工作相关的环境。因此，使用者可以在真实的环境中完成危险任务或平时很少出现的任务，而无须担心安全问题。虚拟现实技术还使得考官能够收集关于求职者未来工作绩效的有用信息。正如 Aguinis et al.（2001）所指出的那样："就在几年前，这还只是在科幻电影中才能够做到的事情，今天的虚拟现实技术使这一切变得切实可行。"

不过，虚拟现实技术的实施也会带来一些挑战。例如，虚拟现实技术的环境会引起昏睡综合征（即眼睛疲劳、视觉模糊、头痛、失衡失调和昏昏欲睡；Pierce & Aguinis，1997）。通过虚拟现实技术来进行测验时，第二个潜在的问题是这种技术的成本和商业前景。不过，虚拟现实技术系统的成本正在不断下降，从而使得雇主能够承担。Aguinis et al.（2001）介绍说，一种包括软件、数据包、头盔显示器、个人电脑工作站和位置跟踪系统在内的仿真系统只需要大约3万美元。使用虚拟现实技术面临的最后一个挑战是它的技术局限性。在虚拟环境中，使用者的动作和场景的变化之间存在明显的滞后，而且有些图像（包括使用者的虚拟表情）可能看起来像卡通图像。但是，随着技术的快速发展，当前的一些技术局限很快就会被克服，这是完全能够预料到的事情。

对实践的明确启示

- 在选拔过程的初期阶段（即筛选阶段），有多种方法可以用来制定决策。不过，其中没有任何一种方法能够提供万能的解决方案，因此最好把几种方法结合起来使用，而不是仅仅使用某一种方法。
- 当应用于所有求职者，而且所收集的信息与空缺岗位密切相关时，推荐信和背景核查才能够发挥最大功效。
- 通过理性的方法——根据岗位分析结果及关于预测因子与效标之间关系的假设来编制问题——所收集到的个人履历信息（包含在求职申请表或履历信息表中）才能够发挥最大功效。
- 诚实测验分为两类：外在诚实测验和人格导向测量。鉴于诚实测验受到的质疑以及仍未解决的问题，组织可以考虑采用其他测验形式来取代传统的纸笔诚实测验，例如情境判断测验和条件推理测验。
- 对求职者工作经验和所获培训的评估能够与空缺岗位的具体工作领域直接挂钩时，这种评估才能够发挥最大功效。
- 要想使药检发挥最大功效并且更不容易受到法律指控，雇主应当在强调工作场所安全和员工健康的背景下进行药检，并且把药检作为一项关于药物使用的综合政策的组成部分。
- 测谎仪测验可能会出现错误。实施者应当认识到，求职者通过有意识的努力能够改变自己的生理指标。
- 雇佣面试是一种普遍使用的选拔工具。我们需要了解那些能够对雇佣面试的效度产生影响的因素：社会/人际因素、认知因素、个体差异（包括面试官和求职者两个方面）、面试结构以及面试媒介（例如，面对面接触、视频会议）。

讨论题

1. 如何提高推荐信和背景核查的作用？

2. 作为一家大型零售商的首席执行官，你正在考虑采用药检来筛选新员工。在制定一项关于该事项的政策时，你会将哪些内容包括在内？

3. 为了尽可能减少回答失真，你在求职者填写个人履历信息之前会向他们做出什么说明？

4. 外在诚实测验与人格导向测量有何差异？这两种测验分别测量什么构念？

5. 对于申请机场安检岗位的求职者，你支持还是反对使用测谎仪测验来对他们进行筛选？为什么？

6. 在一次雇佣面试中，你认为面试官询问的一个问题侵犯了你的隐私。面对这种情况，你会怎么办？

7. 如今的雇主通常更加重视求职者的工作经验而非学历。在你看来，为什么会出现这种情况？情况本来就应该这样吗？

8. 讨论基于电脑的筛选可以带来的一些优势。既然具有这些优势，基于电脑的筛选为什么没有变得更加流行？

9. 上级要求你制定一项面试官培训计划。你将如何制定该计划？你的计划会包括哪些内容？你如何判断该计划是否行之有效？

10. 与非结构化面试相比，结构化面试具有哪些优势？既然具有这些优势，为什么人力资源管理者不愿意采用结构化面试？

11. 对于有些构念和岗位来说，虚拟现实技术能够有效替代那些更传统的筛选方法。请举出这类构念和岗位的几个具体例子。

第12章 选拔方法：第2部分

概 览

管理人员选拔是一个值得单独探讨的主题，因为组织在描述管理效力的组成要素时，以及在开发基于行为的预测因子来准确预测管理效力时，会涉及许多独特的问题。我们如今可以找到多种数据收集方法——例如，认知能力测验、客观的人格量表、领导能力和动机测验、投射测验、个人履历信息以及同事评价——在特定的情境中，各种方法的预测准确度也是不同的。如今，存在多种非常灵活的技术可供我们用来预测不同职业和组织层级中的工作成功。本章将逐一介绍这些技术，强调它们在管理人员选拔情境中的运用；不过，需要指出的是，有些非管理岗位的人员选拔同样可以采用这些技术。

如今，人们关注的重点似乎已经转向为实际的管理行为开发工作样本，例如文件筐测验、无领导小组讨论、商业游戏以及情境判断测验。由于表面效度和内容效度高、形式灵活，并且能够预测求职者在各种管理层级上以及各种组织环境中的成功，工作样本获得了广泛认可。

工作样本和纸笔测验（或者基于网络的测验）可以整合为一种方法——评价中心。评价中心是一种基于行为的选拔程序；在该程序中，训练有素的直线管理者会根据空缺岗位所要求的各种行为维度来对求职者进行多种测量和评估。这种方法并非毫无瑕疵，但是已经被证明具有信度和效度。这可能就解释了评价中心作为一种管理人员选拔技术日益流行的原因。

关注管理人员选拔的人力资源研究人员面临一些特殊挑战，例如，预测因子的选择、效标的测量，以及在该领域进行严谨研究时会遇到的众多实际困难。几项研究的结果表明，要想在不同的管理层级上取得成功，需要具备不同的知识、技能和能力（Fondas，1992）。因此，如同在初级岗位上获得成功并不意味着能够在一线主管岗位上获得成功一样（因为这两种职位的工作要求是截然不同的），在一线主管岗位上获得成功也并不意味着能够在三级或四级管理岗位上获得成功。此外，随着管理等级的提高，组织的金字塔结构会越来越窄，因此严谨研究获得所需要的高级管理者样本规模几乎是不可能的。最后，求职者预选也会导致严重的全距限制问题。也就是说，能力的完整范围通常是无法体现出来的，因为当求职者被认为能够申请管理岗位时，他们已经通过了重重筛选，因此构成了一个相当同质的群体。

鉴于上述这些困难，我们对管理人员选拔进行更具体的考察也就显得合情合理了。我们将首先考察管理者的效标问题；然后考察各种预测工具，其中包括认知能力测验、人格量表、领导能力测验、投射技术、管理动机、个人履历信息，以及同事评价；接下来更具体地考察工作样本和评价中心；最后讨论在一种选拔系统中综合运用几种预测工具会产生的优点和缺点。正如先前讨论的那样，虽然本章的重点是管理人员选拔，但是本章所描述的许多预测工具（最主要是认知能力测验和人格量表）也可以用来选拔更低级别的员工。因此，在合适的时候，我们也会讨论如何使用这些工具来选拔非管理岗位的求职者。

12.1 管理成功的效标

通常用来测量管理效力的指标既有客观指标，也有主观指标。从概念的角度来说，有效的管理可以从组织结果方面进行界定。具体来说，Campbell，Dunnette，Lawler，& Weick（1970）把有效的管理者视为一个优化者，运用内部和外部的各种资源（人力、物力和财力）来维持自己在其中承担一定职责的组织单元在长期内的成功。要成为一名成功的优化者，管理者需要具备一些深层次的特质，例如敏锐的商业直觉、以顾客为导向、以结果为导向、战略思维、创新和冒险、正直诚信，以及成熟的人际技能（Rucci，2002）。

在这个定义中，强调的重点是对资源优化至关重要的管理行动或行为。要想判断出哪些管理行动或行为至关重要，只能基于理性的基础，因此，就需要专家的、有见识的意见来具体阐述与概念性的效标有关的管理行为全域。这个过程始于对某个管理者的工作职责全域进行精心、详细的说明，同时要陈述那些关键的管理行为。要想使既有资源获得最合理的利用，这些关键管理行为是必不可少的。效标测量本身必须包含对该管理者的实际工作行为的一系列观察，而观察者则必须能够判断出该管理者在从事所有必要的、重要的工作任务时的效力（Campbell et al.，1970）。总的目标是为有效的管理绩效确定有心理学意义的维度。只有通过了解这些内容，我们才能够更全面地理解不同类型的管理行为与对组织绩效或结果的测量（例如，晋升比率、生产率指标）之间的相互关系。

许多管理预测研究采用了客观的、整体的或者操作性的效标（例如，Hurley & Sonnenfeld，1998；Ritchie & Moses，1983）。例如，Hurley & Sonnenfeld（1998）采用了职业成就（career attainment）这个效标，该效标的操作性定义是：管理者是否被选拔到最高层管理岗位或者该管理者是否一直停留在中层管理者岗位上。因为这种整体效标测量被广泛使用，所以应先对它们进行批判性的考察。首先，我们来看它们的优势。诸如对整体管理效力的上级评价、薪水、组织层级

（对管理者的年龄或任职年限进行了统计校正）之类的整体测量具有几种优势。在实施等级评定时，由于每位上级通常只对10名或更少的下属管理者进行，因此重测信度和评估者间信度往往很高。此外，这样的等级评定可能包含对下属管理者长期内的大量行为进行的广泛取样，而且所评定的对象极可能是下属管理者本人而非处于其控制范围之外的组织因素。最后，被评定的管理者是与其同事直接进行比较的；这种比较标准是合适的，因为他们都可能负责对相似的资源进行优化。

另一方面，对管理成功的整体测量或评定包括多种因素（Dunnette，1963a；Hanser，Arabian，& Wise，1985）。因此，这种测量或评定常常会掩盖而不是揭示管理成功的行为基础。我们无法确切地知道某个整体评定效标或操作性效标（例如，组织层级变化或者薪水）的哪一部分是基于实际的工作行为，哪一部分又归结于其他各种因素，例如运气、受教育程度、“朝中有人”、政治手腕等。这种测量既存在缺陷，又容易被污染——也就是说，它们只测量了一小部分由个体的管理行为导致的变异，而测量结果的变异则取决于许多与工作不相干、处于评估对象控制范围之外的因素。

这种整体测量也可能会因为对某些群体成员（例如，女性）存在偏见而受到污染。例如，有大量文献表明，由于存在性别刻板印象，女性常常被认为不具备“必要的特质”而不能成为最高层管理者（Lyness & Heilman，2006）。具体来说，与男性相比，人们通常认为女性以一种更加间接、含蓄的方式行事，这对女性是不利的，因为人们认为直截了当和果断是与成功的管理者息息相关的（Aguinis & Adams，1998）。对女性行为的刻板印象与对成功管理者所需特质的看法之间存在不一致，而这种不一致或许解释了为什么在大型上市公司中只有不到5%的最高层管理岗位由女性占据。

总之，整体效标或整体的操作性效标为我们指出了一个管理者在成功连续体上处于什么位置，但是几乎没有指出该管理者为何处于这个位置。由于与管理成功相关的行为会随时间而改变（Korman，1968），而且为了生存，整个组织的目标或职能也会随时间而改变（Carroll & Gillen，1987），因此迫切需要为管理效力开发出具有心理学意义的维度，以揭示管理行为模式与管理成功之间的关联。

当然，我们所需要的是一种基于行为的绩效测量，它应当能够系统地记录对重要的管理工作行为的全域所进行的观察（Campbell et al.，1970）。然而在实践中，这些要求是几乎不可能被严格遵循的。误差和污染的潜在来源数不胜数（Tsui & Ohlott，1988），其中包括：对工作行为全域的不充分抽样；缺乏相关知识或者评估者的配合；评估者（同事、下属以及上级）具有不同的期望和认识；工作或工作环境的变化；管理者的行为变化（见第4章）。幸运的是，我们现在已经掌握了一些开发量表和培训的方法，可以使用它们来消除多种误差来源，但是，把这些知识转化为组织中的日常工作实践却是一个缓慢、艰难的过程。

在对管理效标进行总结时，我们可以毫不犹豫地指出这一点：很多效度研究已经证明，对管理成功的整体测量或评定是很有用的（Meyer，1987）。不过，这种测量或评定对于我们理解那些能够体现管理效力的重要工作行为几乎毫无帮助。虽然我们并不主张放弃整体效标，但是雇主需要通过对行为的系统观察和记录来为整体效标提供补充，这样才能更丰富、更全面地理解通往管理成功的多种途径。还需要指出的一点是，从管理者个体的角度来看，那些带来客观职业成功（例如，收入、晋升次数）的变量常常截然不同于那些带来主观职业成功（工作满意度和职业满意度）的变量。管理者的抱负以及所受教育的质量和数量能够预测客观的职业成功，而成就以及组织所取得的成功能够预测主观的职业成功（Judge，Cable，Boudreau，& Bretz，1995）。

12.1.1 背景的重要性

在制定管理人员选拔决策时，既需要考虑组织状况（例如，组织文化、技术、财务状况），也需要考虑环境状况（例如，内部和外部劳动力市场、竞争、法律要求）。这些因素可以部分解释为什么最初绩效的有效预测因子（例如，解决资源问题的技能）未必能够像其他预测因子（例如，人际技能）那样有效地预测以后的绩效（Russell，2001）。这些背景因素还能够解释不同组织在人力资源实践方面的差异（Schuler & Jackson，1989），尤其是在选拔总经理时的差异（Guthrie & Olian，1991）。因此，在行业状况多变的情况下，长期在一个组织内任职所获得的知识和技能可能会被认为不如在多个组织获得的丰富经验那么重要。与此相反，实施成本领先战略的组织往往具有这样一种倾向，即招募那些对组织及其业务非常熟悉的内部人员。例如，我们可以看看一家尤其重视组织责任的公司。组织责任被定义为“组织的具体行动和政策考虑到利益相关者的期望，并且满足基本的经济标准、社会标准和环境标准”（Aguinis，in press）。对于这家公司来说，管理成功的效标包括经济绩效指标（例如，短期利润和长期利润的最大化）、社会绩效指标（例如，尊重社会习俗和文化传统）和环境绩效指标（例如，消耗更少的自然资源）。在另一家只强调这三种绩效中某一种绩效的组织，管理成功的效标就明显不同于上述那家公司。

从刚才这个例子中你学到了什么？关于管理人员选拔与工作绩效的模型必须既考虑候选人本身，也考虑情境特征（Russell，2001）。决策者在管理人员选拔过程中必须考虑候选人的属性、组织的经营战略以及组织与外部环境之间的匹配程度。当你阅读本章下一节将要描述的众多预测工具时请牢记这一点。

12.2 预测工具

12.2.1 认知能力测验

开始论述之前，很重要的一点是再次对测验（答案有正确错误之分）与问卷（答案没有正确错误之分）进行区分。对于测验，获得的总分可以认为代表了能力的高或低。例如，从这种范畴来讲，我们可以考虑对以下构念进行测量：一般智力；言语能力、非言语能力、数字能力和空间关系能力；感知速度和准确性；

归纳推理能力；机械知识以及/或者机械理解力。我们在这里并不是对已有的无数研究进行综述，而是对最相关的综述研究结论进行总结，并且报告最相关的研究成果。

在对 1919—1972 年间所进行的数百项研究进行综述后，Ghiselli（1966，1973）报告说，对一般智力和一般知觉能力进行的测验能够最准确地预测管理成功（相关系数介于 0.25～0.30 之间）。不过，当针对效标信度缺失和全距限定在统计上对这些相关系数进行校正之后，一般智力测验的效度增加到 0.53，而一般知觉能力测验的效度增加到 0.43（Hunter & Hunter，1984）。

事实是，一般认知能力是工作绩效的一种有效预测因子（Ree & Carretta，2002；Sackett，Borneman，& Connelly，2008；Schmidt，2002）。一般认知能力对工作知识具有显著影响，并有助于个体获得在管理岗位上历练的机会（Borman，Hanson，Oppler，Pulakos，& White，1993）。对于工作任务灵活多变的岗位来说（Farrell & McDaniel，2001），以及对于会面临各种意外变革的岗位来说（LePine，2003）——这两类岗位通常就是管理岗位，一般认知能力也是一个很好的预测因子。一般来说，绝大多数因子结构研究表明，认知能力测验中的大部分变异可以归因于某个一般因子（Carretta & Ree，2000）。总之，对于认知能力测验的效度，研究者达成了明显的共识。例如，对工业与组织心理学会的 703 名成员进行调查的结果表明，85%的被调查者一致同意这个观点："标准化测验能够对一般认知能力进行较好的测量。"（Murphy，Cronin，& Tam，2003.）此外，对 255 名人力资源专家进行调查的结果表明，认知能力测验被视为 3 种最有效度的测量方法之一（Furnham，2008）。

Grimsley & Jarrett（1973，1975）使用配对组和同时性效度设计来确定认知能力测验分数和雇佣前自我描述问卷分数能够把高层管理者与中层管理者鉴别开来的程度。他们使用了配对组设计来控制两个调节变量（年龄和受教育程度），这两个变量被认为与测验成绩和管理成就均存在相关关系。于是，50 名高层管理者与 50 名中层管理者根据年龄和本科专业逐一配对。对高层管理者和中层管理者的划分（成功效标）是基于被试在评估前在某家公司所承担的管理职责。这种设计还有另外一种优势：与通常进行的同时性效度研究相反，该研究的这些数据不是在研究情境下收集到的，而是在雇佣情境下从有动机的求职者那里收集到的。

在所采用的 10 种智力测量（这构成了员工能力倾向调查（Employee Aptitude Survey））中，以下 8 种测量能够显著地区分高层管理者和中层管理者：语言理解力（$r=0.18$）；数字能力（$r=0.42$）；视觉速度和准确性（$r=0.41$）；空间想象力（$r=0.31$）；数字推理能力（$r=0.41$）；语言流畅性（$r=0.37$）；图形推理能力（$r=0.31$）。实际上，仅仅由语言推理测验和数字能力测验构成的一种成套测验就能够获得的多元相关系数 R（对收敛进行了统计校正）为 0.52。例如，与大学男生相比，高层管理者和中层管理者在语言理解力测验中的分数分别高于 98%和 95%的大学男生，而在数字能力测验中的分数分别高于 85%和 59%的大学男生。

总之，这些结果支持了 Ghiselli（1963，1973）在更早期得出的结论：智力差异与在高层管理岗位上的管理成功程度是相关的。Grimsley & Jarrett（1973，1975）也得出结论：高层管理者和中层管理者在测验分数上的差异归因于他们在认知能力和人格方面存在的基本差异，而不是归因于工作经验的影响。

使用认知能力测验时的一些争议事项

对于一般智力（通常称为 *g*）测验，人们并非毫无批评。虽然一般智力似乎是工作绩效的最佳单个预测因子（Murphy，2002），但是它也最有可能导致不利影响（例如，对不同族裔群体的不同选拔率；具体内容可以参见第 7 章）。美国白人与黑人之间总的标准化差异（*d*）大约为 1.0，美国白人与拉丁裔美国人之间总的标准化差异大约为 0.72，但是这些数值取决于诸多背景因素，例如工作复杂程度、所使用的是求职者样本还是在职者样本（Roth，Bevier，Bobko，Switzer，& Tyler，2001）。有许多理由或许可以解释这种组间差异。Wiesen（2001）进行了一项文献综述并且找出了 105 种可能的原因，包括生理因素（例如，出生前和出生后所受到的影响，比如接触污染物的程度不同、缺铁程度不同）、经济和社会经济因素（例如，在医疗条件、法律公平、教育、财务、就业和住房等方面的差异）、心理因素（例如，刻板印象的影响）、社会因素（例如，看电视时间长度的差异）、文化因素（例如，某些群体对口语传统的重视），以及测验结构和效度因素（例如，文化偏见）。

不论标准化差异的具体范围有多大，也不论对组间差异的各种解释具有哪些优缺点，不利影响的存在已经使两类个体得出了两极分化的观点：一类个体认为，作为工作绩效的一个预测因子，一般智力具有独特的地位或最高的重要性，而另一类个体则完全不认可这种观点（Murphy et al.，2003）。认为一般智力应当在选拔过程中发挥主要作用的观点会产生令许多人感觉不愉快的政策影响（Schmidt，2002），因为主要依赖于一般智力来进行选拔可能会使“美国许多少数族裔成员退化为新时代的印第安人保留地成员，而另外的美国人则努力维持和推动美国经济”（Herrnstein & Murray，1994，p. 526）。从更仔细、更个人的层面上我们也能看到这些社会结果：LePine & Van Dyne（2001）假设，被认为一般认知能力较差的低绩效员工会受到同事的不同对待以及不同程度的帮助。因此，如果认为某个同事一般认知能力差，那么这种看法会成为刺激该同事实现低绩效的一种强化物。

另一种批评意见则认为，一般智力只是体现一种狭隘的智力概念，因为它并没有包括内隐知识（从日常经历中获得的隐含的、无法言表的知识，通常称为“从实践中学习”或者“职业直觉”）和实用智力（在自身与环境要求之间实现一种最优匹配的能力，通常称为“街头智慧”或“常识”）（Sternberg，1997；Sternberg & Hedlund，2002）。与这一点有关的一项研究结果表明，认知能力测验能够更好地预测最大绩效而不是典型绩效（Marcus，Goffin，Johnston，& Rothstein，2007）。此外，一般智力测验的分数可以通过反复几次进行同一测验得以提高。由申请执法岗位的 4 726 名求职者构成的一个样本已经证明了这一点

(Hausknecht，Trevor，& Farr，2002)。换句话说，与初测分数相比，重测分数背后的因素已经与一般智力没有太大关联，而是与记忆力更密切挂钩（Lievens，Reeve，& Heggestad，2007)。对 107 个样本和 134 436 名受测者进行的一项元分析表明，如果前后几次测验都采用同一种测验形式以及受测者在几次测验间隔期间接受辅导，那么重测分数的提高程度更显著（Hausknecht，Halpert，Di Pa-tio，& Moriarty Gerrard，2007)。认知能力测验所固有的缺陷导致人们对测验分数进行了分区，而这一点我们已经在第 7 章予以详细讨论（参见 Aguinis，2004c)。最后，有些研究者认为，一般智力应当视为一个起点而非终点，这意味着如果在选拔管理者和员工时只强调或者过分强调一般智力，就会导致一种有缺陷的选拔模型（Goldstein，Zedeck，& Goldstein，2002)。

鉴于对一般智力的上述批评，有人（Quttz，2002）建议一般智力测验应当与其他各种工具结合起来使用，例如结构化面试、个人履历信息（在第 11 章已经予以讨论）以及客观人格调查表。接下来，我们将讨论客观人格调查表。

12.2.2　客观人格调查表

许多研究考察了人格和兴趣测量对员工效力和管理者效力的预测能力，而对这些研究的综述则得出了五花八门的结论。不过，当时还不存在获得广泛认同的方法来划分人格特质。如今，研究者普遍认同 5 种主要的人格因素（“大五”模型），该模型是对人格特质进行分类的一种有益方法（Barrick，Mount，& Judge，2001)：

- **外倾性**——好交际的、合群的、自信的、健谈的和积极主动的（与外倾性相对的是内倾性（introversion))。
- **神经质**——焦虑的、沮丧的、愤怒的、局促的、情绪化的、闷闷不乐的、不安的（与神经质相对的是情绪稳定性（emotional stability))。
- **随和性**——好奇的、灵活的、信任他人的、和善的、合作的、宽容的、好心肠的、容忍的。
- **责任心**——可信赖的（即细心的、考虑周到的、负责的、有条理的、有计划的)、勤奋工作的、以成就为导向的、坚韧不拔的。
- **经验的开放性**——有想象力的、有修养的、求知欲强的、有创造力的、思路开阔的、聪明的、对艺术敏感的。

这种分类法使得人们有可能判断出特定的人格构念与不同职业的工作绩效测量之间是否存在一致的、有意义的关系。人格的五因素模型（FFM）的广泛使用是非常明显的事实；Barrick & Mount（2003）报告说，1990 年以来，已经至少有 16 篇采用此框架进行元分析的综述获得发表。在应用心理学或人力资源管理中还没有其他哪个研究领域在如此短的时间内出现这么多的元分析综述。

对不同元分析的结果进行平均后可以发现这 5 个人格维度的每一个维度与工作绩效的校正后相关系数均值（Barrick & Mount，2003)：外倾性（0.12)；情绪稳定性（0.12)；随和性（0.07)；责任心（0.22)；经验的开放性（0.05)。因此，对于各种类型的岗位来说，责任心是工作绩效的最佳预测因子。此外，人格调查表对工作绩效的预测能力似乎要高于其他常用的预测因子，例如一般认知能力。例如，对由一家百货批发商的当地商场的300多名全职人力资源管理人员构成的一个样本进行分析后发现，与具体的工作技能和一般认知能力相比，随和性和责任心能够更好地预测同事对团队成员工作绩效的评定结果（Neuman & Wright，1999）。

Barrick et al.（2001）对考察五因素模型与管理绩效之间具体关系的3项元分析综述进行了总结。这3项元分析共包括67项研究和12 602名被试。通过这3项元分析得到的校正后相关系数均值如下：外倾性（0.21）；情绪稳定性（0.09）；随和性（0.10）；责任心（0.25）；经验的开放性（0.10）。因此，责任心和外倾性似乎是管理者工作绩效的两个最佳预测因子。

Judge，Bono，Ilies，& Gerhardt（2002）进行了一项与此相关的元分析，该元分析考察的是五因素模型与领导（管理成功的一个关键变量）之间的关系。所得到的校正后相关系数均值如下：外倾性（0.31）；情绪稳定性（0.24）；随和性（0.08）；责任心（0.28）；经验的开放性（0.24）。把所有这些元分析的结果结合起来，能够为人格量表在管理人员选拔中的应用提供强有力的支持。

鉴于人格特质在工作绩效的预测方面已经取得了令人鼓舞的成果，我们现在需要进一步理解五因素模型中的某些特定成分为什么能够成为管理者绩效、非管理者绩效以及不同绩效层面的有效预测因子（Murphy & Dzieweczynski，2005）。有些研究已经开始关注这个问题。Barrick，Stewart，& Piotrowski（2002）考察了一个由164名电话营销代表构成的样本之后发现，地位追求（努力取得比其他人更高的地位）和成就追求（努力完成工作任务）在人格（责任心和外倾性）与工作绩效之间充当中介变量。换句话说，责任心产生了一种努力实现成就的动机，而这种动机导致了更高水平的绩效。外倾性产生了一种努力追求地位的动机，而这种动机导致了更高水平的绩效。一项有关的元分析发现，情绪稳定性（平均效度为0.31）和责任心（平均效度为0.24）是与工作绩效动机之间具有最高相关系数的人格特质（Judge & Ilies，2002）。这些研究结果表明，要想更好地理解人格、动机、绩效之间的关系，我们还需要进一步的研究。

理解人格—绩效关系的另一种方法涉及考察那些有可能加强或削弱这种关系的情境变量（Tett & Burnett，2003）。这种方法的核心概念是**特质激发**（trait activation），它意味着人格特质是在应对具体的情境线索时体现出来的。Tett & Burnett（2003）提出了一个包括5种工作情境的模型。该模型假设，以下5种工作情境会影响与人格特质相一致的行为表现：工作要求（个体有机会以一种受到正面评价的方式行事的情境）；错误选择（个体有机会以一种会对绩效造成妨碍的方式行事的情境）；制约条件（通过限制特质激发线索来避免某种特质产生影响的情境）；释放条件（抵消限制条件的情境）；推动条件（使与某种特质相关的信息变得更加显著的情境）。Tett & Burnett（2003）分别举了几个具体例子来说明每种工作情境。例如，作为错误选择的一个例子，一名好交际的管理者在一个大多数员工都具有外倾性人格特质的组织中可能会偏离自己的工作职责。在这个例子中，外倾性员工这条情境线索激发了该管理者的社交特质，而该特质在这种工作情境中会妨碍工作绩效。针对每种情境因素进行的未来研究可能有助于我们更好地理解人格何时、在什么程度上影响总体的工作绩效以及具体的工作绩效维度。

有可能解释人格为什么能够以及在什么条件下能够预测绩效的另一种理论视角是社会分析理论（Hogan & Holland，2003）。社会分析理论（socioanalytic theory）提出了两种能够转化为行为的广义个体动机模式：（1）一种是“融洽相处”导向，它为表现性的角色、关怀以及关系绩效等构念提供了基础；（2）一种是“进步”导向，它为工具性的角色、结构以及任务绩效等构念提供了基础。Hogan & Holland（2003）把进步界定为“能够产生结果并使得某个个体在群体内领先以及该群体在竞争中领先的行为”（p. 103），而把融洽相处界定为“获得他人认可、增强合作、有助于建立并保持关系的行为”（p. 103）。然后，他们对使用霍根人格调查表（根据五因素模型而开发出来的）的43项研究进行了一次元分析。不过，在分析这些研究中的数据之前，在效度研究和霍根人格调查表运用方面具有丰富经验的主题专家把每项研究使用的效标分为融洽相处和进步两大类。随后，让主题专家确定与每个绩效效标联系最为密切的一项人格特质。因此，不同于先前所阐述的那些关于人格与绩效之间关系的元分析，这项元分析运用社会分析理论把特定的人格特质与特定的工作绩效效标联系起来。然后，根据预测因子与效标之间的对应关系来做出具体的预测。

当只使用与人格特质联系最为密切的绩效效标时，每一项“大五”人格特质与对应效标之间的相关系数如下：外倾性（0.35）；情绪稳定性（0.43）；随和性（0.34）；责任心（0.36）；经验的开放性（0.34）。这些相关系数——以社会分析理论为基础的聚合性预测因子—效标结合——远远高于先前那些元分析综述所获得的相关系数。因此，这项元分析证明了社会分析理论的这种潜力：解释特定的人格特质为什么与特定类型的效标存在相关关系。该元分析的结果强化了这个观点：在全面的岗位分析和组织分析的基础上选择与工作相关的人格测验是选拔过程的一个基本事项。

最后，人格测验也并不是没有引起争论。具体来说，Morgeson et al.（2007a，2007b）得出结论：自述型人格测验中的回答失真（即弄虚作假）是几乎不可避免的。更重要的是，他们还得出结论说，甚至更为关键的事项是绩效预测方面的效度系数并不是非常高，而且在长期内没有太大改变，尤其是考察实得效度系数（即未对统计方面的人为误差进行校正）时。因此，他们提倡找出其他测量方法来替代自述型人格测验。Ones，Dilchert，Viswesvaran，& Judge（2007）以及Tett & Christiansen（2007）提供了证据来为人格测验辩护。他们指出，当效度化是基于采用岗位分析的验证性研究时，人格测验是尤其有用的；另外，鉴于人格特质—工作绩效纽带的双向性，责任心与工作绩效之间的关系可以概化到所有岗位类型和工作环境。此外，在对工作绩效进行预测时，人格特质提供的增值效度要超过认知能力测验。

为了提高人格测验在预测工作绩效（尤其是管理者工作绩效）时的有用程度，我们需要针对如何提高人格调查表的效度来开展理论研究（Mayer，2005；

Schneider，2007；Tett & Christiansen，2007)。一种有前景的方法是超越“大五”模型并且聚焦于比“大五”人格特质更广泛的复合人格特质（Viswesvaran，Deller，& Ones，2007)，同时也可以聚焦于比“大五”人格特质更狭窄的人格特质（例如，“大五”人格特质的组成要素）(Dudley，Orvis，Lebiecki，& Cortina，2006)。例如，我们可以看看**核心自评**（core self-evaluations）这一构念（Judge & Hurst，2008)。核心自评是一个广泛的、更高级的潜在构念，是由自尊（对自己作为一个人的总体重视）、一般化的自我效能（个体对自己能够在各种情境中表现得如何的评估）、神经质（先前所描述的“大五”人格特质中的一种）以及控制点（个体认为自己生活中所发生的事件最终归因于自己还是外部环境；如果认为主要归因于自己，则该个体具有内部控制点，如果认为主要归因于外部环境，则具有外部控制点）这几个构念共同体现的（Johnson，Rosen，& Levy，2008)。对于体现核心自评的这4种人格特质来说，与绩效的相关系数均值为0.23（Judge & Bono，2001)。这是相当高的相关系数，可以同责任心与工作绩效之间通过元分析而获得的校正后相关系数均值媲美。据估计，之所以具有这么高的相关系数，是因为核心自评对动机产生了影响：在核心自评方面得分更高的个体具有更积极的自我观，并且更有可能承担困难的工作任务（Bono & Judge，2003)。

人格调查表中的回答失真

在第11章中，我们所描述的一些证据表明，求职者可能会在诚实测验中故意歪曲自己的回答以获得更高的分数；同时，我们也描述了一些关于如何使这种回答失真现象降至最低程度的方法。人格调查表也存在类似的问题（Komar，Brown，Komar，& Robie，2008)。具体来说，愿意使用人格调查表的人力资源专业人员面临两个问题：故意的回答失真（即弄虚作假）是否会影响这种测量工具的效度；回答者的弄虚作假是否会影响决策的质量（Mueller-Hanson，Heggestad，& Thornton，2003)。虽然大量证据表明，效标关联效度系数似乎并没有被回答者的弄虚作假显著影响（Barrick & Mount，1996；Hogan，Barrett，& Hogan，2007)，但是弄虚作假仍然可能会改变个体在预测因子分数分布最上端部分的排名，而这显然会影响决策（Komar et al.，2008；Mueller-Hanson et al.，2003；Rosse，Stecher，Miller，& Levin，1998)。除非选拔率很高，否则决策就可能会受到不利影响，而组织所实现的绩效水平也可能会低于预期，而且可能导致被夸大的效用估计。

幸运的是，我们可以采取一些特定的策略来减少回答失真。我们在第11章中描述了一些能够尽量减少其他测量工具（例如，履历信息表、面试以及诚实测验）中的弄虚作假现象的策略，而这些策略同样适用于人格调查表。此外，还有一些特定的策略是专门为减少人格调查表中的回答失真而设计的，不过也可以应用于其他测量工具，包括使用迫选的人格测验项目以及预先对弄虚作假提出警告（Converse et al.，2008)。无论是否提出警告，使用迫选项目都可以提高人格测验的效度。不过，预先对弄虚作假提出警告并不会提高所获得的效度系数。需要注意的是，这些方法中的每一种都可能会引起参加测验者的负面反应。

另外3种方法只能够用来减少人格调查表中的回答失真（Hough，1998；Kuncel & Borneman，2007）。其中有2种方法基于特雷翰多维人格问卷（Tellegen's Multidimensional Personality Questionnaire）中的不可能优点（Unlikely Virtues，UV）量表来发现故意的回答失真。不可能优点量表由9个项目构成，每个项目都以“是”“不确定”和“不是”作为回答选项。与不可能优点量表中的问题类似的一个例子是：“你曾经对某个人感到不满吗？”（Hough，1998.）

首先，我们可以根据求职者在不可能优点量表中的得分来校正他在人格调查表中的得分。具体来说，应当根据求职者在不可能优点量表中获得的过高分数来对其实施“处罚”，即减少他的人格调查表分数。举个例子来说，如果某个求职者在不可能优点量表中获得的分数比任职者在该量表中的平均分数高出3个或更多个标准差，Hough（1998）则建议他的人格调查表分数应当减少2个标准差（基于任职者的分数）。有必要指出的是，这一策略不同于使用统计方法来消除社会赞许性引起的变异，因为当使用这一策略的人格测验产生残差分数时，大量的变异也可能会消除（Ellingson，Sackett，& Hough，1999）。

其次，不可能优点量表本身也可以作为一种选拔工具：分数高于某个特定标准线的求职者会被自动取消资格。Hough（1998）建议，在该量表中的分数排在最前面5%的求职者可以被淘汰。

Hough（1998）使用了来自3种不同背景——某家电信公司、某个大都市的警察部门以及某个州的执法机构——的求职者样本，以举例说明这些基于不可能优点量表的方法可以带来的好处。他得出的结论是，这两种方法都在没有对效标关联效度产生不利影响的情况下减少了故意回答失真的影响。不过，有些告诫还是需要指出的（Hough，1998）。第一，这些策略只能在大型组织中实施。第二，如果不可能优点量表分数与绩效分数存在相关关系，那么不应当使用这些策略。第三，如果所使用的人格量表与不可能优点量表不相关，那么不应当使用这些策略。第四，应当把具体的背景因素考虑在内，以评估采用不可能优点量表来进行校正是否适用于具体的情境以及具体的求职者。牢牢记住这些告诫是很重要的，而且采用不可能优点量表来进行校正也很可能没有效果，这已经被Hurtz & Alliger（2002）的一项研究证实。该研究发现，那些接受过如何“装好人”辅导的个体能够伪造一种良好的形象，并且不会被不可能优点量表项目发现。

最近才提出的第3种方法是基于异质的项目反应模式（Kuncel & Borneman，2007）。在这种方法中，所采用的那些计分项目能够使求职者在诚实状况下和弄虚作假状况下表现出截然不同的反应模式，而不仅仅是分数的变化。对来自美国中西部一所大型大学的215名大学生进行的一项最初研究获得了非常有前景的结果：在一个诚实回答占总回答56%的样本中，占总回答20%～37%的虚假回答能够被发现，而只有占总回答1%的虚假回答被划分为诚实回答。

有人提出了另外一种人格测验方法，该方法不依赖于描述性的自述，因而受弄虚作假影响较少。我们在第11章讨论基于人格的诚实测验时已经介绍过这种方法。James（1998）提出的这种人格测验方法采用**条件推理**（conditional reasoning）测量程序。该程序基于这个前提假设：在某种特定的人格特质上处于不同位置的个体可能会形成不同的辩护机制来解释自己的行为。于是，通过对各种行为选择的辩护机制进行观察，就可以对潜在的性格倾向进行推论。例如，James（1998）提供了一个关于成就动机的例子。通过评估两种观点中的哪一种在该个体看来更符合逻辑——为追求以成就为导向的目标提供的辩护以及为避免以成就为导向的目标提供的辩护，我们就能够推断该个体追求成就的动机相对于回避失败的动机而言是处于主导地位还是处于从属地位。开发基于条件推理范式的人格特质测量工具是非常耗费时间的。不过，在 James（1998）提供的报告中，几项研究获得的最初证据表明，这种方法具有非常光明的前景。我们确信，对这种方法的适用性和实用性进行考察的研究，尤其是对这种方法与更传统的自述型人格调查表受回答失真影响的程度进行比较的研究，正在陆续发表（例如，Bing，Lebreton，Davison，Migetz，& James，2007；Frost，Chia-Huei，& James，2007）。

幸运的是，在选拔管理者时，人格调查表并不是唯一可用的工具。因此，弄虚作假所产生的影响在某种程度上会被弱化。接下来，我们将讨论另一种选拔工具：领导能力测验。

12.2.3 领导能力测验

从逻辑上讲，我们可能会期望领导能力测验能够更好地预测管理成功，因为这种测验与管理岗位的工作要求具有更直接、更密切的关联。人们已经编制了众多量表来测量管理行为的两种主要潜在构念——提供关怀（融洽相处构念的其中一种）和建立结构（进步构念的其中一种），而且这种量表已经在许多场合获得使用（Fleishman，1973）。

提供关怀指的是旨在创建相互信任氛围的管理行为，这反映了对下属意见的尊重以及对下属情感的关注。在提供关怀维度上得分高意味着该个体注重良好的人际关系和双向沟通，而在该维度上得分低则意味着该个体与团队成员之间的人际关系呈现出更为冷淡、公事公办的色彩（Fleishman & Peters，1962）。

建立结构反映了个体界定和构建自己及下属在目标实现过程中所扮演角色的程度。在建立结构维度上得分高意味着该个体非常注重群体活动、群体规划、信息沟通及日程安排，而且愿意尝试新理念。

用来测量提供关怀和建立结构这两个维度的工具（领导观念问卷（Leadership Opinion Questionnaire）、领导者行为描述问卷（Leader Behavior Description Questionnaire）、主管行为描述问卷（Supervisory Behavior Description Questionnaire））多年来一直在使用。不过，这些测量工具的预测性效度证据却是五花八门的，于是 Judge，Piccolo，& Ilies（2004）对已有文献进行了一次元分析。他们对考察提供关怀与领导结果之间关系的 163 个相关系数以及考察建立结构与领导结果之间关系的 159 个相关系数进行了综合。这两个领导维度中的每一个都与 6 个不同的领导效标相关（下属的工作满意度、下属对该领导者的满意度、下属的动机、领导者的工作绩效、群体/组织的绩效、领导者的效力）。总体而言，提供关怀与由所有这些效标形成的复合效标之间的校正后相关系数为 0.48，而建立结构与该复合效标之间的相关系数为 0.29。此外，元分析结果还表明，提供关怀与下属的工作满意度、下属的动机以及领导者的效力之间具有更显著的相关关系，而建立结构与领导者的工作绩效及群体/组织的绩效之间具有稍微更显著的相关关系。虽然获得了这些令人鼓舞的总体结果，但是即使对抽样误差和测量误差进行校正之后，这些相关系数也存在大量的变异。简而言之，这两个维度对领导成功的预测能力在不同研究中是截然不同的。

我们无法一致地预测各层次领导行为对领导成功的影响，这可能是因为下属特征、任务特征或者组织特征充当了各层次领导行为的中和剂或者替代品（Kerr & Jermier，1978）。中和剂（neutralizer）是指领导者所处环境中的一些变量，它们能够有效消除该领导者的行为对下属工作结果变量的影响，但并不是这些变量本身所产生的影响取代领导者行为的影响。替代品（substitute）是一些特殊类型的中和剂，它们削弱了领导者影响下属工作态度和绩效的能力，而且能够通过它们本身所产生的影响来有效取代领导者行为的影响。潜在的中和剂或替代品包括：下属特征（例如，他们的能力、经验、培训或知识）；任务特征（例如，能够给员工带来内在满足感的工作任务，例行公事的、一成不变的工作任务，任务反馈）；组织特征（例如，处于领导者控制范围之外的奖励、缺乏灵活性的规则、工作群体的凝聚力）。现在，我们已经能够对这种领导替代品进行可靠的、具有构念效度的测量（Podsakoff & MacKenzie，1994）。如果我们能够确定哪些因素会调节领导者行为对下属态度、行为和知觉的影响，那么它们或许能够解释为什么有些领导者行为在某些场合有效而在另外一些场合无效。确定诸如此类的调节效应是否真的存在，这是未来研究的任务。

如果能够测量更加具体的预测因子和更加具体的效标，而不是仅仅对作为预测因子的一般能力和作为效标的总体绩效进行测量，那么我们或许能够更好地预测成功的管理者行为。例如，一项研究考察了来自 6 种不同组织背景——其中包括一家电信公司、一所大学、一家印刷公司以及一家医院——的 347 名管理者和主管。该研究发现，冲突解决技能（通过一种交互式视频评估工具来进行测量）能够预测在冲突管理方面的工作绩效评估结果（Olson-Buchanan et al.，1998）。具体的技能（例如，冲突解决技能）成功预测了被假设认为与该预测因子具有直接关联的具体效标（例如，在冲突管理方面的工作绩效评估结果）。这是一种点对点的对应关系。

12.2.4　投射技术

我们首先对所用的术语进行界定。根据 Brown（1983）的观点：

> 投射是指个体的人格结构影响自己如何感知、组织和解读自己的环境和经历的过程。当任务和情境高度结构化时，其意义通常是非常明确的，而应对这种情境的合适方式也同样是非常明确的……当个体遇到崭新的以及/或者模糊的刺激物、任务或者情境时，投射能够被我们最好地发现和测量。因

此，投射测验的含义是显而易见的：要想研究某个个体的人格，我们应当为该个体提供崭新的以及/或者模糊的刺激物，并且观察该个体如何应对和建构该情境。根据该个体的反应，我们能够对其人格结构进行推论（p. 419）。

Kelly（1958）曾经对此进行了简明扼要的描述：在客观测验中，参加测验者会设法猜测考官在想什么；而在投射测验中，考官会设法猜测参加测验者在想什么。

一项批判性的文献综述（Kinslinger，1966）考察了自1940年以来投射技术在人事心理学中的应用情况（例如，罗夏墨迹测验、主题统觉测验（TAT））。Kinslinger（1966，p. 134）总结说："在投射技术实际应用于人事心理学领域之前，需要从人格特质方面编制完整的使用说明书以及进行广泛的交叉验证研究。"

后来的一项文献综述也得出了类似的结论。在5项研究中，投射的平均效度为0.18（Reilly & Chao，1982）。不过，我们不能因此而得出结论说不应当采用投射技术，因为该技术在测量与管理动机有关的维度时颇为有效。

12.2.5 管理动机

一种在预测管理成功方面具有很大潜力的投射工具是麦氏句子完成量表（Miner Sentence Completion Scale，MSCS）。该量表能够测量管理动机。

MSCS由40个项目构成，对其中的35个项目进行计分。这40个项目构成7个分量表（权威形象、竞争游戏、竞争情境、果断角色、施加愿望、出人头地、日常管理职责）。表12—1展示了这些分量表的定义。MSCS的核心假设是：对这些领域的积极情感与管理成功之间存在正相关关系。MSCS分量表之间相关系数的中位数范围为0.11～0.15，信度系数都超过0.90，而且这些数据在经验丰富的评估者那里反复出现（Miner，1978a）。

表12—1　麦氏句子完成量表的分量表及其解读

分量表	对正向反应的解读
权威形象	渴望与上级建立积极的关系，以满足这方面的管理角色要求。
竞争游戏	渴望与同事在游戏或体育活动中竞赛，以满足这方面的管理角色要求。
竞争情境	渴望与同事在与职业或工作相关的活动中竞赛，以满足这方面的管理角色要求。
果断角色	渴望以积极、果断的方式从事那些被社会视为具有男性气质的活动，以满足这方面的管理角色要求。
施加愿望	渴望告知他人需要做什么，知道如何在影响他人时使用鼓励的方法，从而在与下属的交往中展现出符合管理者角色要求的能力。
出人头地	渴望以一种与管理职位角色相一致的方式承担一个显著的、独特的职位。
日常管理职责	渴望在日常管理事务中的表现符合管理者角色要求。

资料来源：Miner，J. B. & Smith，N. R.（1982）. Decline and stabilization of managerial motivation over a 20-year period. *Journal of Applied Psychology*，*67*，298. Copyright 1979 by the American Psychological Association. Reprinted by permission of the author.

MSCS 的效度系数最高能够达到 0.69，而且有超过 25 项不同的研究报告了重要的结果（Miner，1978a，1978b；Miner & Smith，1982）。无论是采用什么效标——晋升率、职位层级、管理生涯的选择——更成功的管理者往往会获得更高的分数，而且管理者群体在 MSCS 上的得分也高于非管理者群体（Miner & Crane，1981）。纵向数据表明，MSCS 原始分数更高的个体在官僚机构中晋升得更快，而且原始分数最高的那些个体（尤其是在与权力有关的分量表上得分最高，例如对资源展开竞争、向他人施加自己的愿望、尊重权威）有可能会成为最高层管理者（Berman & Miner，1985）。在另一项研究中，59 名创业者在创建新企业时完成了 MSCS。5 年半之后，MSCS 总分数预测了他们企业的业绩（员工数量的增加、销售额、创业者的年收入），效度系数高达 0.40～0.50（Miner，Smith，& Bracker，1994）。上述研究结果的一致程度令人印象深刻，而且由于智力测量分数与 MSCS 分数不相关，因此 MSCS 可以作为管理者选拔成套测验的一个有效补充。此外，由于因果关系的方向是从动机指向成功，因此我们建议公司应当在它们对管理成功的定义中包括管理动机。

关于管理动机，一种略微不同的视角来自一项对商界年轻管理者发展的纵向研究。贝尔公司（Bell System）的年轻员工在入职之后就立即接受了 3 天半的评估；在该评估中，除了其他各种评估程序，还包括 3 项投射测验——2 项句子完成测验以及 6 张来自主题统觉测验的卡片（Grant，Katkovsky，& Bray，1967）。

为了确定由投射测验得出的评定结果对员工评定结果的相对影响大小，研究者计算了每个年轻员工的投射测验结果与评价中心人员对该员工管理潜能的总体预测之间的相关关系。相关关系越高，投射测验结果对员工评定结果的影响就越大。此外，投射测验结果与这些年轻员工在这次评价后 7～9 年内的加薪指数存在相关关系。表 12—2 分别展示了高校毕业男员工与非高校毕业男员工的测验结果。

表 12—2　　投射测验变量与员工评定结果及加薪之间的相关系数

投射测验变量	高校毕业生		非高校毕业生	
	员工评定结果（$N=207$）	加薪（$N=81$）	员工评定结果（$N=148$）	加薪（$N=120$）
乐观主义　悲观主义	0.11	0.01	0.13	0.17
总体调整	0.19	0.10	0.17	0.19
自信	0.24	0.11	0.29	0.21
归属	0.07	0.06	0.15	0.07
以工作或事业为导向	0.21	0.16	0.22	0.17
领导角色	0.35	0.24	0.38	0.19
可靠	0.30	0.35	0.30	0.23
下属角色	0.25	0.25	0.29	0.23
成就动机	0.30	0.26	0.40	0.30

资料来源：grant，D. L.，Katkovsky，W.，& Bray，D. W.（1967）. Contributions of projective techniques to assessment of management potential. *Journal of Applied Psychology*，*51*，226－231. Copyright 1967 by the American Psychological Association. Reprinted with permission.

虽然总体上这些相关关系只处于中等水平，但是有两点值得指出。第一，那些与员工所获得的预测结果最显著相关的投射测验变量，也与管理进步（即薪水指数）最显著相关。第二，与调整变量（例如，乐观主义、总体调整）相比，动机变量（例如，成就动机、承担领导角色的意愿）与管理进步之间存在更密切的相关。总之，这些结果表明，当依据管理动机来解释投射测验结果时，投射技术能够产生有价值的预测（Grant et al.，1967）。

然而，故事到这里并没有结束。研究者16年后对237名当时仍然在该公司任职的管理者重新进行了主题统觉测验，测验分数是根据以下3种动机构念来计算的：权力需求；成就需求；归属需求。在更早期的研究成果中，McClelland & Burnham（1976）发现一种独特的动机模式与管理成功存在相关关系，该模式称为领导动机模式（LMP）——就是说，中到高水平的权力需求，低水平的归属需求，以及高水平的行为抑制力（对权力表达需求的一种约束）。

对LMP的理论解释如下：高水平的权力需求很重要，因为这意味着该个体对“影响力游戏”感兴趣，对影响他人感兴趣。低水平的归属需求也很重要，因为它使得管理者在做出艰难决策时不会过于担心自己不被别人喜欢。高水平的自我控制力也很重要，因为这意味着该个体能够维护组织系统并且遵守规定的程序（McClelland，1975）。

当把16年后再次获得的主题统觉测验分数与管理职位级别相联系时，LMP能够将非技术岗位上的高级管理者与其他那些较低级别的管理者明确区分开来（McClelland & Boyatzis，1982）。实际上，8年后和16年后的管理进步是显著相关的（$r = 0.75$），而且根据估计，LMP与管理进步之间的相关系数为0.33。考虑到还有其他许多因素（例如，能力）能够影响管理者16年间在一个官僚结构组织中的管理进步，LMP与管理进步之间的这种相关给人留下了深刻印象。

高水平的成就需求与较低级别的非技术岗位的成功相关。与较高级别的管理岗位相比，在这样的岗位上晋升更多地取决于个体自己的贡献。这个研究结果与对一线主管的研究结果是一致的。对一线主管的研究发现，归属需求与绩效及积极的下属态度存在相关关系，而权力需求或LMP则与这两者无关（Cornelius & Lane，1984）。在较高级别的管理岗位上，晋升取决于所展现出来的管理能力，因此高水平的成就需求与管理成功不相关。

虽然高水平的成就需求似乎与官僚结构组织中的管理成功不相关，但是它与企业家的成功显著相关（Boyatzis，1982）。对于技术岗位管理者，LMP并不能预测谁更可能晋升到企业的高级管理岗位上，但是言语能力显然能够预测这一点。这些个体很可能是因为自己的技术才能而获得晋升，而能够把自己的技术知识清晰、明确地表达出来就属于这类才能中的一种。考虑到这些研究结果，以及关于MSCS的研究结果，我们可以得出这个结论：只有在技术专长并不发挥关键作用的情况下，权力需求以及想要行使权力的意愿才对管理成功至关重要（Cornelius & Lane，1984）。

对TAT的两点批评是：它容易受到社会赞许性偏见（也就是说，回答者提供自己认为能够获得社会赞许的答案）的影响（Arnold & Feldman，1981）；它需要一位训练有素的评分员对每个被试的书面答案进行内容分析。为了克服这些问题，研究者（Harrell & Stahl，1981；Stahl & Harrell，1982）开发了工作选择练习（Job Choice Exercise，JCE）。JCE要求被试对假设工作的吸引力做出24项决策，而这些假设工作是依据权力需求、成就需求和归属需求方面的效标来进行描述的（见图12—1）。

在这份工作中，你将承担以下职责的可能性

——与他人建立和维持友好关系　　非常高（95%）

——影响许多人的行动或思维　　非常低（5%）

——完成困难（但可行）的目标，之后获得详细的个人绩效信息　　非常高（95%）

决策A。了解上述这些因素及其可能性之后，请你指出该工作对你的吸引程度：

−5　−4　−3　−2　−1　0　+1　+2　+3　+4　+5

非常没有吸引力　　非常有吸引力

关于工作1的进一步信息。为了获得这份工作，你需要付出极大的努力，但即便这样，你获得这份工作的可能性也只有中等水平（50%）。

决策B。了解这份工作的吸引力以及获得该工作的可能性之后，请你指出你为了获得这份工作而愿意付出的努力程度：

0　1　2　3　4　5　6　7　8　9　10

不愿意付出努力　　愿意付出极大的努力

图12—1　工作选择练习中的样题

资料来源：From Stahl，M. J. and Harrell，A. M.（1981）. Modeling effort decisions with behavioral decision theory：Toward an individual differences version of expectancy theory. *Organizational Behavior and Human Performance*，*27*，303－325. Copyright © 1981. With permission from Elsevier.

图12—1展示了一份从JCE中挑选出来的工作。进一步信息和决策B是补充信息。为了计算每种动机——权力需求、成就需求和归属需求——的分数，需要依据这3个效标来对决策A的数值进行回归分析。通过各种样本进行的多次研究表明：JCE确实能够测量权力需求、成就需求和归属需求；重测信度和内部一致性信度的范围在0.77～0.89之间；这些动机确实能够把管理者与非管理者区分开来；在JCE中，不存在性别差异或族裔差异；工作选择练习不会受到社会赞许性偏见的影响。JCE是由被试自测的，并且要求被试在15～20分钟内完成。最重要的是，JCE与MSCS不存在显著相关关系（Stahl，1983；Stahl，Grigsby，& Gulati，1985）。鉴于这些结果，JCE作为一种研究工具以及作为一种选拔管理者的实用工具，应当获得更密切的关注。

Chan & Drasgow（2001）提出了另一种用来测量管理动机的非投射方法。这两位研究者把**领导动机**（motivation to lead，MTL）定义为一种“能够影响领导者或未来的领导者做出是否参加领导培训、承担领导角色和领导职责的决定以及能够影响他作为一位领导者付出领导努力的强度和持久性”的个体差异构念（p. 482）。用来评估领导动机的量表包括3个部分：（1）情感特征方面的领导动机（样题：“我是喜欢指挥他人的那种人”）；（2）不计较利益的领导动机（样题：“如果同意领导一个群体，我并不期望得到任何特权或特殊利益”）；（3）社会规范方面的领导动机（样题："只要群体中的其他成员要求或提名我作为领导，我就会同意"）。

一项以1 300多名新录用的新加坡军人作为样本的研究表明，情感特征方面的领导动机分数（$r=0.39$）和不计较利益的领导动机分数（$r=0.20$）可以作为领导潜力评定结果的有效预测因子。领导动机分数对效标（领导潜力评定结果）变异的解释力要强于其他预测因子，例如认知能力、军事态度以及"大五"人格因素。这些非常有前景的研究结果为人力资源专业人员预测领导成功提供了另一种工具。

12.2.6 个人履历信息

在选拔管理者时，履历信息被广泛使用——这基于这样一个简单的事实：以往的行为是未来行为的最佳预测因子之一。遗憾的是，这种方法已经更多地具备了原始经验主义的特征，而不是对假设进行理论方面的表述和严格的检验。不过，从积极的方面来看，履历信息项目通常不具有威胁性，因而很可能不会像典型的人格量表那样容易受到回答失真的影响（Cascio，1975）。

一篇综述发现，在使用个人履历信息来预测管理成功的7项研究（总样本人数为2 284）中，平均效度达到非常可观的0.38。当个人履历信息被用来预测销售成功时，平均效度高达0.50；当被用来预测科研人员/工程师的成功时，平均效度为0.41（Reilly & Chao，1982）。另一项研究考察了大学的经历与后来在AT&T公司的管理业绩之间的关系（Howard，1986）。个体所选择的专业（人文科学、社会科学、商学以及工程学）以及课外活动都有效地预测了对管理活动至关重要的人际技能。

在对关于管理成功的研究成果进行文献综述时，Campbell et al.（1970）得出结论：

> 给人留下深刻印象的是，那些已经预测了以往成功和成就的指标，能够以一种客观的方式发现更有可能在将来长期的管理生涯中获得成功的个体。刚进入某个组织时，那些已经具备聪明才智、成熟、拥有雄心壮志、精力旺盛和责任心强，而且具备成功经历的员工，更有可能从培训机会和富有挑战性的组织氛围中获益（p. 196）。

在一个组织中用来预测管理成功（例如，晋升速度）的履历信息工具在另外一个组织（包括不同行业中的组织）也同样有效吗？答案是肯定的，但是也取决于开发这种工具时使用的程序类型。人们认为有4种因素能够影响履历信息工具的概化（Carlson，Scullen，Schmidt，Rothstein，& Erwin，1999）：第一，理论会发挥至关重要的作用。具体来说，把这种工具推广到其他人群和场合的理由要非常充分。如果缺乏这种明显的预期，有些预测关系可能在新的工作环境中无法观察到。第二，开发这种工具时使用的效标测量必须具有效度和信度。如果效标测量不合适，那么就无法准确地确定效标与履历信息项目之间有意义的关系。第三，在履历信息工具中，每个项目的效度都应该确定。这样做能够减少该工具对样本的依赖性。如果是通过经验的方法而不是基于理论来编制项目（见第 11 章），那么对样本的依赖性就会增强。第四，如果在开发该工具时使用了大样本，那么抽样误差产生不利影响的可能性就会下降，而该工具被概化的可能性就会提高。

12.2.7　同事评价

在典型的同事评价范式中，评估者被要求预测如果某位同事被置于某个领导或管理岗位上会表现如何。这样的信息具有启发意义，因为同事在预测未来的管理成功时通常会利用一种不同的行为互动样本（即一种平等的、非上下级关系的行为互动）。同事评价实际上是对 3 种基本方法的统称；在明确的工作群体中，成员经常会采用这 3 种方法来评估每个成员的绩效。**同事提名**（peer nomination）要求每名群体成员提名一定数量的成员（自己除外）作为某个特定绩效维度（例如，处理客户遇到的问题）上的最优者（最差者）。**同事评价**（peer rating）要求每名群体成员使用某种评定量表在几个绩效维度上对其他每名成员进行评定。第 3 种方法是**同事排名**（peer ranking），它要求每名群体成员按照从优到劣的顺序在一个或多个维度上对其他所有同事进行排序。

对与这 3 种同事评价方法有关的 50 多项研究进行的综述（Kane & Lawler，1978，1980；Mumford，1983；Schmitt，Gooding，Noe，& Kirsch，1984）发现，所有方法都显示出可观的信度、效度（效度均值为 0.43）以及免受偏差影响的程度。不过，这 3 种方法似乎各自适用于略微不同的评价场合。在区分拥有极高（低）水平的知识、技能或能力的成员与其他群体成员时，同事提名是最有效的。例如，对最高层管理职责的同事提名与 5～10 年后的职位晋升之间的相关系数为 0.32（Shore，Shore，& Thornton，1992）。在提供反馈时，同事评价最有效。如果想要在各个绩效维度上按照从高到低的顺序对所有群体成员进行区分，同事排名最为合适。

这些综述还提到了同事评价中的其他 3 个重要问题：

1. **友谊的影响**——现有的大量研究证据表明，有效的绩效很可能会导致友谊，而不是友谊使得绩效评估产生偏差。即便同事知道自己做出的绩效评估会影响被评估者的薪酬和晋升，这些结论也是成立的。

2. **规划和设计中的合作需要**——同事评价隐含着这个要求：群体成员在做出绩效评估时需要考虑同事的各种信息。因此，同事评价非常容易给群体带来混乱，或者使得成员不愿意做出评价。为了尽可能减少这种不利影响，在规划和设计将要使用的同事评价方法时，必须允许工作群体密切参与这个过程。

3. **同事互动所需要的时间长度**——预测领导绩效时，同事提名的效度似乎在工作群体形成初期就会显现出来；如果工作群体内具有频繁、密切的互动，那么在该群体形成后的 3 个星期之内，同事提名的效度就可以达到最高水平。在群体形成后的几天内，同事提名就可以实现有价值的效度。因此，如果竞争氛围不会导致过度的偏见，那么评价中心或许可以采用同事排名来识别管理人才。不过，我们迫不及待想要指出的一点是，如果同事在日常工作中并没有发生频繁、密切的互动（例如，人寿保险经纪人），那么对于该工作群体中那些工作时间不到6个月的成员来说，同事评价就不太可能是一种有效的预测因子（Mayfield，1970；1972）。

总之，作为管理成功的有效预测因子，同事评价具有非常大的潜力，而且Mumford（1983）以及Lewin & Zwany（1976）已经为未来的研究提供了一些整合模型。当然，正如Kraut（1975）所指出的那样，对管理者使用同事评价可能只是把管理者早已经非正式参与的一个过程正式化。

12.3 管理绩效的工作样本

到目前为止，我们都是把测验作为个体以特定方式行事的倾向的信号或指示器来讨论，而不是作为个体典型行为的样本。但是，Wernimont & Campbell（1968）已经令人信服地表明，如果我们聚焦于有意义的行为样本而不是信号或倾向，那么为预测而付出的努力可能会收获更多。因为选拔测量事实上已经取代或替代了效标，所以我们应当设法获得与效标尽可能相似的选拔测量。效标也必须是对行为的测量。因此，利用行为样本来预测管理效标（晋升、薪资水平等）就没有多大意义，因为个体通常无法在很大程度上掌控这些组织结果变量。为了更全面地理解个体在组织中的行为，工作样本测量必须与可观察到的工作行为测量联系起来。只有这样，我们才能够确切地了解某个个体如何以及在多大程度上影响自己的成功。这个观点并不新颖（参见Campbell et al.，1970；Dunnette，1963b；Smith & Kendall，1963），但是值得我们再次强调。

尤其是对于管理者来说，工作绩效很可能来自个体变量与情境变量或环境变量的交互作用，因为正如我们先前已经指出的那样，有效的管理者是其可使用的各种资源的优化者。因此，旨在评价管理者的做事能力而非纸上谈兵能力的工作样本，应当能够更有代表性地测量真实管理工作的复杂性。在工作样本中（Flanagan，1954b）：

> 应当选择那些能够用来预测个体绩效的典型情境……所选择的（每个）情境都足够复杂，以至于接受测验的个体很难知道自己的哪些反应会被计分、依据什么变量来计分。似乎有许多非正式的证据（表面效度）表明，接受测验的个体在这些情境中表现得非常自然和不做作……与其他各种方法相比，这些情境的真实性和自然性很有可能使接受测验的个体做出更有效度、更典型的反应（p. 462）。

Asher（1972）把这些理念整合成一种理论形式。该研究假设，预测因子要素与效标要素之间一一对应的程度越高，预测的效度就越高。基于这种原理，作为特定效标行为缩影的工作样本测验应当与效标之间存在一一对应的关系。一项对工作样本测验的效度进行考察的元分析综述（Schmitt et al.，1984）强烈支持这个假设。实际上，当工作样本被用作晋升的基础时，它们的平均效度高达0.54（Hunter & Hunter，1984）。更近的一项元分析发现，工作样本与工作绩效的上级评价之间的相关系数（对测量误差进行了校正）均值为0.33（Roth，Bobko，& McFarland，2005）、很高的效度和成本效益（Cascio & Phillips，1979）、很高的表面效度和被认可度（Steiner & Harville，2000），很不显著的种族偏见和性别偏见（Lance，Johnson，Douthitt，Bennett，& Harville，2000），以及显著减少的不利影响（Brugnoli，Campion，& Basen，1979；Schmidt，Greenthal，Hunter，Berner，& Seaton，1977），使得工作样本成为一种特别受欢迎的员工安置方法。实际上，与先前在美国、法国、西班牙、葡萄牙以及新加坡进行的研究得到的结果类似，在荷兰（Anderson & Witvliet，2008）以及希腊（Nikolaou & Judge，2007）进行的一些研究也得出结论：工作样本是求职者最认可的3种选拔方法之一（Hausknecht，Day，& Thomas，2004）。开发“高质量的”工作样本是一项非常耗时而且困难的任务（例如，Plumlee，1980），但使用工作样本所产生的经济回报和社会回报足以补偿为之所付出的努力。不过，需要指出的是，一项使用任职者样本而不是求职者样本的研究（Bobko，Roth，& Buster，2005）表明，全距限制可能使得以往的研究低估了不利影响的程度。因此，对于工作样本能够显著减少不利影响的结论，我们还需要进一步的研究来予以证明。实际上，最近的一项元分析对求职者样本进行考察后发现，在工作样本测验中，美国黑人求职者在认知能力和工作知识方面获得的平均分数要比白人求职者低0.80个标准差；此外，在各种社会技能方面，美国黑人求职者与白人求职者之间的差异要小得多，在0.21～0.27个标准差之间，但仍然有利于白人求职者（Roth，Bobko，McFarland，& Buster，2008）。

在管理选拔中，通常使用两类工作样本。第一类工作样本是**群体练习**（group exercises）。在群体练习中，参与者被置于一种需要他们彼此互动才能够成功完成某项任务的情境中。第二类工作样本是**个体练习**（individual exercises）。在个体练习中，参与者需要独立完成某项任务。我们可以根据以下这些连续体来对群体练习和个体练习予以更详细的说明（Callinan & Robertson，2000）：（1）宽度（工作的全域被工作样本涵盖的程度）；（2）逼真度（工作样本反映实际工作状况的程度）；（3）任务的具体性（对所考察的工作而言，所选择的任务是具体的还是笼统的）；（4）必要的经验（先前所获得的关于该岗位的知识）；（5）任务类型（例如，心理活动的、言语的、社交的）；（6）反应模式（例如，行为的、言语的、书面的）。基于这些范畴，工作样本的设计和实施就显然具有多种选择。接下来，我们将讨论4种最流行的工作样本：无领导小组讨论（leaderless group discussion，LGD）；文件筐测验（in-basket test）；商业游戏（business game）；情境判断测验（situational judgment test，SJT）。

12.3.1　无领导小组讨论

LGD是一种简单的、能够让参与者消除警戒心理的技术。一群参与者只是被要求在一段时间内就某个主题展开讨论（Bass，1954）。当然，如果讨论的这个主题与工作相关，那么表面效度就会提高。不指定任何参与者作为领导者。评估者并不参与讨论，而是需要保持独立并观察和评估每位参与者的表现。例如，

IBM使用这样一种LGD：每位参与者被要求首先就自己推荐的晋升候选人作5分钟的口头演讲，然后在与其他5位参与者的讨论中为自己推荐的候选人进行辩护。所有角色都进行了良好的界定和结构化。应根据5点效力量表对以下7种特征进行评定：侵略性；说服力或推销能力；口头沟通能力；自信；承受压力的能力；精力充沛度；人际交往能力（Wollowick & McNamara，1969）。

信度

总体来说，LGD的评估者间信度比较可观，平均为0.83（Bass，1954；Tziner & Dolan，1982）。研究指出，LGD的重测信度为0.72（7项研究的中位数；Bass，1954）和0.62（Petty，1974）。不过，鉴于评估者只是简单描述了LGD行为，而不是对潜在的人格特质进行评估，因此信度可能在一定程度上被提高了（Bass，1954；Flanagan，1954b）。

效度

在工作绩效方面，Bass（1954）以学生干部、造船厂领班、管理培训生、涉外官员、民事官员以及炼油厂主管为被试，对他们的LGD评定结果与绩效评估结果之间的关系进行了考察，得到的相关系数中位数为0.38。在培训绩效方面，Tziner & Dolan（1982）报告说办公室文员女性求职者的LGD效度为0.24；在对5年内发展潜力及整个职业生涯潜力的评定结果方面，Turnage & Muchinsky（1984）发现LGD的效度只有0.20左右；在进行LGD测验3年后的职位等级变化方面，Wollowick & McNamara（1969）报告的预测性效度为0.25。最后，由于LGD中的同事评价与观察者评价之间的相关系数接近0.90或者更高（Kaess，Witryol，& Nolan，1961），因此组织或许可以对人数很多的求职者实施LGD，把他们分成几个小群体进行讨论，然后让每个小群体内的成员相互之间进行评定。Gleason（1957）对新兵采用了这样一种同事评价程序之后发现，这种程序的信度和效度都达到了使用独立观察员进行评定的水平。

培训和经验的影响

Petty（1974）指出，虽然具有LGD经验并不会显著影响绩效评估结果，但以前受过的培训却能够产生显著影响。如果个体就LGD的历史、发展、评分工具以及研究结果接受15分钟的简短培训，那么他们在LGD中获得的评定结果要显著高于那些没有接受培训的个体。Kurecka，Austin，Johnson，& Mendoza（1982）发现了类似的结果，并且指出培训效果能够解释25%的效标变异。为了控制这种影响，要么把没有受过LGD培训的个体放在同一组，要么使培训所产生的影响成为常数。为了对评定结果进行公平的、有意义的解释，必须使用这两种策略中的一种或两种。

12.3.2 文件筐测验

文件筐测验是一种个体工作样本，用来模拟管理者岗位中的一些重要方面。

因此，针对不同级别的管理岗位所具有的不同工作要求，组织需要设计不同类型的文件筐测验。在开发文件筐测验时，第一步是确定要测量管理岗位的哪些方面。例如，在评估中层管理岗位的求职者时，IBM确定了以下这些特征对于中层管理者获得成功至关重要，应当在文件筐测验中进行评定：口头沟通；计划和组织；自信；书面沟通；决策能力；冒险能力；管理能力（Wollowick & McNamara，1969）。基于这些信息，组织可以设计出求职者一旦从事该岗位就很可能会面临的一些问题。

一般来说，文件筐测验会采取以下形式（Fredericksen，1962）：

> 在办公室行政人员岗位的文件筐中通常会收集如下一些材料：信件、备忘录、来电记录以及其他一些材料。向接受测验的被试提供合适的背景信息，例如学校、企业、军队或者其他任何类型的组织。告知被试，他是办公室行政人员岗位上的新员工，需要处理文件筐中的所有材料。背景信息需要足够详细、具体，从而可以合理地预期该被试会采取相应的措施来处理文件筐中的各种材料所反映的问题。应当告知被试，他不是在进行角色扮演，也不是假装成其他某个人。他需要把自己的知识、经验和人格融入这份新工作，而且应当如同自己就是该岗位的任职者那样处理文件筐中的各种材料。他并不是只在口头上说说自己将如何去做，而是需要书写信件和备忘录，为会议安排日程，记笔记来提醒自己，就如同他真的在从事该岗位那样（p. 1）。

虽然这种情境对求职者来说是相对非结构化的，但每位求职者面临的是同样复杂的一组情境。文件筐测验结束后，每位求职者留下一个筐，里面装满了笔记、备忘录、信件之类的材料，这些材料记录了该求职者的行为。然后，依据起初所列举的那些与工作相关的特征对每位求职者打分（对求职者的行为进行描述而不是评估）。这是文件筐测验的一个主要优点：允许评估者直接观察求职者在一种与工作高度相关但却是标准化的情境中所表现出来的行为。

除了具备很高的表面效度，文件筐测验还能够对被试进行有效的区分。例如，在中层管理者参加的一个培训项目中，AT&T比较了管理培训生与经验丰富的管理者的反应（Lopez，1966）。与经验丰富的管理者相比，培训生显得更啰唆；他们不太可能根据问题的重要程度来采取措施；他们在处理问题时很少把整个组织作为一个整体来看待；他们往往更频繁地做出最终决策（而不是根据情况变化来随机应变）并采取行动；他们往往会彻底授权，而经验丰富的管理者在授权时会加以某种程度的控制；与经验丰富的管理者相比，他们对他人的考虑要少得多。在后来讨论如何“恰当”地处理文件筐中的材料所提出的问题时，经验丰富的管理者处理这些问题的方法被用作讨论的基础。

被试在文件筐测验中的成绩可以预测该被试在培训中的成功程度，这两者之间的相关系数为0.18～0.36（Borman，1982；Borman，Eaton，Bryan，& Rosse，1983；Tziner & Dolan，1982）。当然，一个至关重要的问题是预测性效度。在文件筐测验中表现出来的行为能够反映真实的工作行为吗？研究结果众说纷纭。Turnage & Muchinsky（1984）发现，尽管文件筐测验的成绩确实能够预测对5年内发展潜力及整个职业生涯潜力的评定结果（r分别为0.19和0.25），但不能预测工作绩效评估或等级评定。另一方面，Wollowick & McNamara（1969）指出，94位中层管理者的文件筐测验分数与3年后职位等级变化之间的预测性效度系数为0.32；Brass & Oldham（1976）在一项同时性研究中指出，在文件筐测验的4个维度上的分数能够显著预测对主管效力的一种复合测量，这4个效度系数都在0.24～0.34之间。此外，由于LGD和文件筐测验仅仅共享了大约20%的共同变异（Tziner & Dolan，1982），因此这两种测验的结合很有可能成为管理成功的强效预测因子。

12.3.3 商业游戏

商业游戏是一种“活的”案例。例如，在对申请军队招募员的求职者进行评估时，有两项练习要求求职者给由评估者扮演的两名不同应征者打电话，然后与这些进行角色扮演的评估者进行后续面谈。其中一项电话/面谈练习的对象是不愿意参军的应征者，而另一项练习的对象是愿意参军的应征者。这两项练习预测军队招募员培训成功的效度分别为0.25和0.26（Borman et al.，1983）。商业游戏一个令人称道的特点是，智力（通过认知能力测验来测量）似乎对参与者的成功并无影响（Dill，1972）。

商业游戏的一种变体关注认知复杂性对管理绩效的影响。认知复杂性指的是个体如何思考和行事。它独立于管理者所思考的内容以及所采取的行动，而且反映了一种难以通过纸笔工具来测量和评价的风格（Streufert，Pogash，& Piasecki，1988）。通过计算机模拟，参与者在6个“一小时任务”中承担某个管理角色（例如，某个县的灾难控制协调员、某个发展中国家的临时州长）。计算机模拟提供一个经过精心设计的管理任务环境，其中包括各种各样的管理活动，例如采取预防措施，制定并运用战略和计划，及时采取应对措施，搜索信息，抓住机遇等。Streufert et al.（1988）报告说，客观的绩效测量（由计算机对参与者在模拟中的结果进行计分）能够非常显著地预测自述的成功指标（在各个年龄段的收入、职位级别、所监管的人数，以及10年来的晋升次数），预测性效度系数高达0.50～0.67。虽然自述的数据可能受到了自我提升偏见的一定影响，但是这些研究结果是非常有前景的，值得进一步研究。由于这种情境模拟重点关注思维和行动的结构及风格，而不是如同评价中心（本章稍后将讨论）那样关注内容和人际交往，因此这两种方法的结合或许能够解释更多的管理绩效变异。

12.3.4 情境判断测验

情境判断测验被认为是逼真度较低的工作样本（也就是说，测验与工作状况的对应度较低）。由于情境判断测验由一系列与工作相关的情境构成，而这些情境是以书面、口头或者视觉的形式呈现的，因此有人认为它们不是真正的工作样本，被评价的是想象中的行为而不是真正的行为。在许多情境判断测验中，求职者被要求在所提供的多个选项中挑选一个。我们可以看看美国军队的一个情境判断测验示例（Northrop，1989，p. 190）：

某人在一场战斗中奉命执行一项非常紧急的任务，他发现自己必须穿越一条12米宽的溪流。而此时大雪纷飞，溪流上结冰了。但是，他并不知道冰有多厚。在溪流的附近他看到了两块3米长的木板。同时，他也知道在下游3.2千米处的溪面上有一座桥。在这种情境下他应该：

1. 步行到桥那里，越过溪流。
2. 快速从冰面上跑过去。
3. 在溪流靠近岸边的冰上凿个洞看看溪流有多深。
4. 借助这两块木板穿过溪流，即把一块木板轮流放在另一块前面，从上面走过去。
5. 从冰上慢慢爬过去。

下面这个例子是从选拔零售店销售员的情境判断测验中挑选出来的一个项目（Weekley & Jones，1999，p. 685）：

一位顾客询问一种特定品牌的商品，但本商店并不销售这种品牌。你会怎样回答这位顾客？

1. 告诉该顾客有哪些商店销售这种商品，但是指出本店的商品与该商品很相似。
2. 向该顾客询问更多问题，以便于你推荐该顾客购买其他某种商品。
3. 告诉该顾客本店具有质量最好的同类产品。
4. 要求另一位销售员来帮忙。
5. 告诉该顾客有哪些商店销售这种商品。

求职者要回答的问题是：

- 你认为上述哪个选项是该情境下的最好选择？
- 你认为上述哪个选项是该情境下的最差选择？

以上两个例子可能会让我们想起第11章中对情境面试的讨论。实际上，情境面试可以被视为情境判断测验的一种特例；在情境面试中，面试官以口头形式呈现场景，而求职者同样以口头形式来回答。

与本章描述的其他各种类型的工作样本相比，情境判断测验在开发、实施和计分方面的成本都不高（Clevenger，Pereira，Wiechmann，Schmitt，& Harvey，2001）。此外，新技术的发展使得组织能够有效地开发和实施以视频形式呈现的情境判断测验（Weekley & Jones，1997）。关于情境判断测验的效度，一项以102个效度系数和10 640名被试为基础的元分析发现，平均效度为0.34（未对全距限制进行校正），而且效度是可以概化的（McDaniel，Morgeson，Finnegan，Campion，& Braverman，2001）。也许更重要的是，研究已经表明，在对工作绩效进行预测时，情境判断测验对增值效度的贡献要高于工作知识、认知能力、工作经验、“大五”人格特质，以及一种由认知能力和“大五”人格特质等因素构成的复合预测因子（Clevenger et al.，2001；McDaniel，Hartman，Whetzel，& Grubb，2007；O'Connell，Hartman，McDaniel，Grubb，& Lawrence，2007）。与一般认知能力测验相比，情境判断测验对少数族裔产生的不利影响也更少（McDaniel & Nguyen，2001）。不过，与参加情境判断测验的美国黑人、拉丁裔以及亚裔相比，美国白人仍然在测验中占据优势，尤其当测验的指导语带有认知能力成分时（也就是说，一般智力会显著影响被试对指导语的理解）（Whetzel，McDaniel，& Nguyen，2008）。因此，鉴于有一项研究已经发现视频形式的情境判断测验在预测人际关系导向的效标时比书面形式具有更高的预测性效度和增值效度，那么基于视频的情境判断测验（不像书面形式的情境判断测验那样带有浓厚的认知能力成分）可能是一种非常有前景的替代方法（Lievens & Sackett，2006）。

虽然具有这些正面的特征，在使用情境判断测验时也存在一些挑战（McDaniel & Nguyen，2001）。被提到最多的是，情境判断测验可能并没有测量任何一个特定构念；虽然情境判断测验确实有效，但是我们常常无法明白它们为什么有效，而缺乏这方面的知识可能不利于组织在法律方面对这种测验进行辩护。例如，情境判断测验的指导语会影响该测验所测量的潜在心理构念，以至于那些指导语更偏重于知识的情境判断测验与认知能力之间具有更显著的相关关系，而指导语更偏重于行动的情境判断测验则与人格构念之间具有更显著的相关关系（McDaniel，Hartman，Whetzel，& Grubb，2007）。此外，我们也无法确切地知道为什么情境判断测验与一般认知能力测验相比会产生更少的不利影响，虽然情境判断测验带有认知能力成分的程度似乎发挥着重要作用。就这一点来说，当情境判断测验具有更少的认知能力成分时，它们会产生更少的不利影响。这个问题值得进一步关注（McDaniel & Nguyen，2001）。最后，在对情境判断测验的效度进行元分析时，所做出的不同选择会影响最终的效度估计值（Bobko & Roth，2008）。虽然存在这些挑战，但是已有的大量证据表明，情境判断测验是有效的、有用的。

12.4 评价中心

评价中心（AC）是一种方法，而不是一个地点。它把我们前面逐个介绍的许多管理选拔工具和技术结合在一起。通过运用多种评价技术，并在此基础上运用标准化的方法来做出推论，以及在评价每位求职者的行为时对多名评估者做出的判断进行综合，评价中心显著提高了成功预测未来绩效的可能性（Taft，1959）。其他许多研究（Gaugler，Rosenthal，Thornton，& Bentson，1987；Schmitt et al.，1984）也支持这个结果。此外，研究者还发现，评价中心能够成功地预测长期的职业成功（例如，评价中心分数与7年后薪酬平均增长量之间的校正后相关系数为0.39）（Jansen & Stoop，2001）。而且，评价中心的另一个优点在于，求职者认为评价中心是与工作密切相关的；这个优点增强了评价中心的合法性，也使得采用评价中心的组织对求职者更有吸引力（Smither，Reilly，Millsap，Pearman，& Stoffey，1993）。许多文献综述（例如，Klimoski & Brickner，1987）考察了评价中心在实践中的成功应用，它们突出强调了这种方法的灵活性以及在多种不同的职业中成功预测的潜力。

12.4.1 评价中心：开端

多重评估程序最早是德国军事心理学家在第二次世界大战期间开始使用的。他们认为纸笔测验采取了过于"原子论的"（atomistic）人性观，因此，他们选择观察候选人在一种复杂情境中表现出来的行为，从而对该候选人的反应做出一种"整体的"（holistic）评价。基于这些成果以及 20 世纪 40 年代初期英国陆军选拔委员会（WOSB）的成果，美国战略服务办公室（U. S. Office of Strategic Services）在第二次世界大战期间也使用这种方法来选拔间谍人员。每名候选人在评价期间都必须编造一个故事来掩盖自己的真实身份。对候选人隐藏身份的能力进行测量是至关重要的，于是美国军方精心设计了各种巧妙的情境模拟测验来诱使候选人暴露自己的身份（McKinnon，1975；OSS，1948）。

最早采用这种方法的工业公司是 AT&T，它在 1956 年实施了管理者发展研究（Management Progress Study）。迄今为止，这项纵向研究可能仍然是对管理者职业生涯发展进行的规模最大、最全面的调查研究。该研究旨在弄清楚这一点：对于贝尔公司的年轻雇员来说，要从他们的第一份工作晋升到中层管理者和高层管理者岗位，什么特征（认知能力、动机、态度等）最为重要（Bray，Campbell，& Grant，1974）。原始样本（$N=422$）包括 274 名大学毕业的男性雇员和 148 名没有念过大学的男性雇员；1956—1960 年，该公司在几个夏季对这些雇员进行了评价。到 1965 年，174 名大学毕业的男性雇员和 145 名没有念过大学的男性雇员仍然在该公司任职。

研究者每年（1956—1965 年）都从该公司收集这些男性雇员的相关数据（例如，通过与这些雇员的部门同事、主管以及前任上级面谈来收集数据），而且从这些雇员本人那里收集数据（例如，面谈、关于态度和期望的调查问卷），以确定他们的发展情况。在整个评价期间，其中任何一名雇员的绩效信息都没有透露给该公司。因此，每次的评定结果并不会污染随后的效标数据，而且不会影响到这些雇员的职业生涯发展。

到 1965 年 7 月，研究者还可以获得原始样本中 125 名大学毕业的男性雇员和 144 名没有念过大学的男性雇员的职业生涯发展信息。效标数据包括所达到的管理级别以及当前的薪酬。对于大学毕业的男性雇员，评价人员对他们做出的总体预测达到了 0.44 的预测性效度；而对于没有念过大学的男性雇员，预测性效度则高达 0.71。在晋升到中层管理者岗位的 38 名大学毕业的男性雇员中，评价人员准确地识别了其中的 31 人（82%）。与此类似，在晋升到中层管理者岗位的 20 名没有念过大学的男性雇员中，评价人员准确地识别了其中的 15 人（75%）。而且，在没有获得晋升的 72 人（包括这两类雇员）中，评价人员准确地识别了其中的 68 人（94%）。

在第一次评估过了 8 年之后，研究者对这些人再次进行了评估，并且接下来跟踪他们在随后几年的发展情况（Bray & Howard，1983）。贝尔公司具有 7 个管理级别，对这些雇员 20 多年来在该公司的职业生涯发展情况的两组预测如图 12—2 所示。

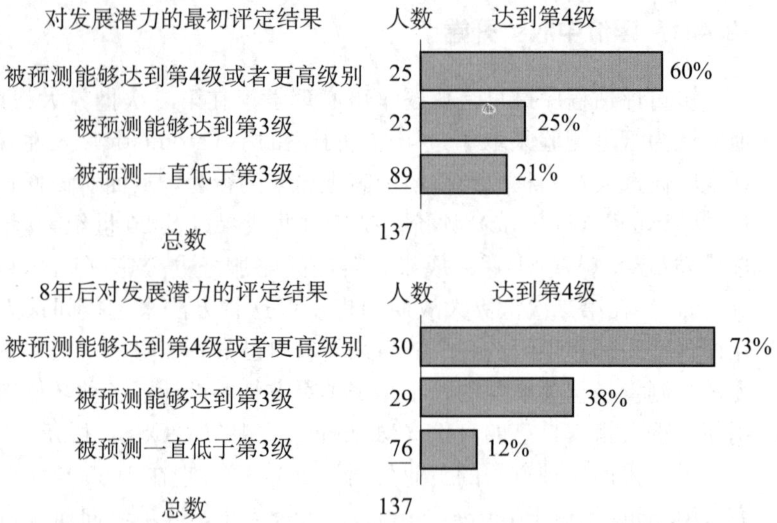

图 12—2 最初的评定结果、8 年后的评定结果以及 20 年后达到的管理级别

资料来源：Bray，D. W.，and Howard，A.（1983）. Longitudinal studies of adult psychological development. New York：Guilford.

这些结果令人印象深刻——它们是如此令人印象深刻，以至于该方法很快就获得了广泛运用。如今，为了提高管理者选拔决策的准确性，帮助确定员工的培训和开发需求，以及制定更准确的人力资源规划，全世界范围内的许多企业、政府机构以及非营利组织都在使用评价中心。

由于评价中心如此流行，因此我们接下来将考察评价中心具体操作的几个方面（层面和目的、持续时间、规模、人员等），以及一些关于评价中心信度和效度的研究。

12.4.2 评价的层面和目的

自巴雷（Bray）和同事在 AT&T 进行这些开创性的研究以来，评价中心的各种新应用几乎每年都在成倍增长。在建立评价中心时，并不存在任何一种最佳办法；针对不同的目标群体以及不同的目的，评价中心的设计、内容、实施以及成本也会产生相应的变化。对 215 家组织进行的一项调查表明，开发评价中心的 3 个最常见原因是：（1）选拔；（2）晋升；（3）制定开发计划（Spychalski，Quinones，Gaugler，& Pohley，1997）。不过，这些目标并不是相互排斥的。有些公司把评价与培训结合起来，以便于一旦通过评价程序确定了开发需求，公司就可以借助员工自身的动机立即启动培训。

近年的一个重大变化在于，许多公司运用评价中心仅仅是为了确定培训需求。在这种情况下，评价中心可以改名为发展中心（development centers）（Tillema，1998）。当评价中心不是以选拔候选人而是以员工开发为目的时，并不是所有有资格的员工都可以参与。通常来说，通过自己报名或者上级推荐就可以参与进来，但是最终的决定权掌握在人力资源负责人手中（Spychalski et al.，1997）。

12.4.3 持续时间和规模

评价中心的持续时间通常会随着候选人的级别变化而相应变化。针对一线主管岗位候选人的评价中心常常只持续1天时间，而针对中层管理岗位和高层管理岗位的评价中心则可能会持续2天或3天。当评价与培训结合起来时，整个项目可能会持续5～6天。

不过，即使是一个为期2天的评价中心，评估者通常也要另外再花2天时间来对他们的观察结果进行比较，并且对每个候选人做出最终的评价。有些评价中心一次只评价6个人，但大多数评价中心一次评价12个人。评估者与参与者的比率也会发生变化，通常在3∶1到1∶1之间（Gaugler et al.，1987）。

12.4.4 评估者及其培训

有些组织会挑选直线管理者和人力资源部成员（或者其他人事专员）作为评估者。一般来说，评估者在组织中应当比被评估者高两个级别（Spychalski et al.，1997）。很少有组织利用专业的心理学家作为评估者（Spychalski et al.，1997），虽然有大量证据表明，由心理学家而不是直线管理者担任评估者时，评价中心的效度会更高（Gaugler，et al.，1987）。

对评价中心在实践中的运用进行的一项调查表明，在大约一半的组织中，接受调查的评估者在提供评价服务之前必须获得认证，这通常包括成功地完成一项培训计划（Spychalski et al.，1997）。接受过培训的评估者会使得评价中心的信度显著增加。一项研究表明，没有接受过培训的评估者在评价一个人际关系维度时，评估者间信度均值只达到了0.46，在评价一个管理技能维度时，评估者间信度均值也只达到了0.58；而接受过培训的评估者在评价这两个维度时，评估者间信度均值分别达到了0.78和0.90（Richards & Jaffee，1972）。评估者通常接受的培训内容包括：面试和反馈技术、行为观察技术，以及对候选人在文件筐测验中的表现进行评价的技术。此外，在评价他人之前，评估者往往也要自己作为参与者来完成这些练习。培训时间可能需要2天到几个星期，这取决于评价中心的复杂程度、评价决策的重要程度以及管理者对评估者培训的重视程度。

对评估者进行培训是非常重要的，因为许多研究（Gaugler & Rudolph，1992；Gaugler & Thornton，1989）已经表明，评估者处理信息的能力是有限的，而且评估者需要做出的判断越复杂，他们就越容易受到各种认知偏差（例如，对比效应）的影响。而且，没有接受过培训的评估者往往首先会对参与者的表现形成一种总体印象，然后由这种总体印象来决定他们对每个具体维度的评价（Lance，Foster，Gentry，& Thoresen，2004）。

由于评估者在认知能力方面存在上述这些众所周知的局限，因此评价中心的开发者应当通过采纳以下这些建议中的一条或多条来降低对评估者认知能力的要求：

- 限制评估者需要评价的维度数量。
- 让评估者评价广义而非狭义的品质（例如，人际技能或者行为灵活性）。
- 运用**行为编码**（behavior coding）来减少评估者面临的认知要求，以及增强信息处理过程的结构化程度（Hennessy，Mabey，& Warr，1998）。行为编码要求评估者在观察时立即记录下重要行为发生的频率。不过需要指出的是，并不是所有记录方法都是有益的，因为过于详细、具体的记录可能会给评估者的信息处理能力带来额外的认知负担（Hennessy，Mabey，& Warr，1998）。

《评价中心操作指南及伦理规则》（Guidelines and Ethical Considerations for Assessment Center Operations）（Task Force on Assessment Center Guidelines，1989）建议，一项合理的评估者培训项目应当持续至少2天，每天都要进行评价中心练习，而且评估者在完成培训之后应当掌握以下知识和技能：

1. 了解组织及该空缺岗位。
2. 了解各种评价方法、维度以及典型行为。
3. 了解需要评价的各个维度以及它们与工作绩效的关系。
4. 了解绩效标准。
5. 掌握对行为进行记录和分类的方法，以及使用评价中心表格的方法。
6. 知道如何进行评估和评定，以及如何对数据进行综合。
7. 了解评价中心的规则和实践。
8. 了解反馈程序。
9. 掌握口头反馈技术和书面反馈技术。
10. 在角色扮演或事实发现练习中表现得公正和一致。

我们在第4章已经指出，在实施绩效管理系统时，参照框架培训能够帮助上级更准确地评估下属的工作绩效。对评价中心的评估者也可以采用同一种类型的培训方法。以229名工业与组织心理学专业的学生以及161名管理者作为样本的一项研究表明，参照框架培训对评价中心的评估者也是有效的（Lievens，2001）。研究结果表明，参照框架培训不仅优于一个最基本的培训项目，而且优于一个由数据驱动的向评估者传授如何对参与者的行为进行观察、记录、分类和评价的培训项目。具体来说，与后一个培训项目相比，参照框架培训能够使得评估者实现更高的评估者间信度以及更准确的评价。另外还有证据表明，参照框架培训能够提高评价中心的效标关联效度和构念效度（Schleicher，Day，Mayes，& Riggio，2002）。而且，参加过参照框架培训的评估者对评价中心的任务和评价系统具有更多经验。证据表明，这种经验是评估者准确性的一个重要预测因子（Kolk，Born，van der Flier，& Olman，2002）。

12.4.5 绩效反馈

绩效反馈过程是极其重要的。绝大多数组织都会向参与者强调评价中心只是评估过程的一个组成部分。它仅仅是对其他绩效评估信息（例如，上级评价以及客观评价）的补充，而且每位参与者都有机会在工作中反驳评价中心提供的负面反馈信息。从实证角度来看，情况确实如此（London & Stumpf，1983）。

在评价中心中表现糟糕的参与者将会怎样？组织有充分的理由担心这些员工——公司对其中许多员工的经验和技术专长进行了大量投资——的离职率将会变得很高。幸运的是，这样的情况似乎并没有发生。Kraut & Scott（1972）对

1 086名非管理层参与者的职业生涯发展情况进行了考察。这些参与者在 1～6 年前都曾经接受 IBM 评价中心的测验。对这些参与者的离职率分析表明，表现优秀者和表现糟糕者的离职率并没有显著差异。

12.4.6　评价过程的信度

不同研究得出的评估者间信度各不相同，有些评估者间信度的中位数在 0.60 左右，也有些中位数超过了 0.95（Adams & Thornton，1989；Schmitt，1977）。评估者往往是基于一些共同的维度来对参与者的表现进行评价。在时间稳定性方面，一个重要的问题是每位评估者对每个维度的评分会随时间（即在担任评估者的 6 个月时间内）变化的程度。Sackett & Hakel（1979）通过一项大规模研究为这个问题提供了证据。他们在 AT&T 利用 4 个评估者小组对 719 名参与者进行评价。不同小组的评估者间信度均值是不同的，介于 0.53～0.86 之间，而这 4 个小组的评估者间信度均值为 0.69。除了总体较高的稳定性，没有证据表明评估者个体或者评估者小组的评分模式会随时间而发生稳定、一致的变化。

因此，在实践中，个体无论是在评估者小组共同工作的第 1 个月还是第 6 个月接受评估，其结果都不会有多少差异。尽管不同评估者之间存在个体差异，但是整个评估者小组在对参与者进行评价时会采用非常相似的信息处理模式。这项研究提供了实证证据来支持评价中心的一个基本支柱——采用多名评估者以消除个体评估者的偏见、观察和解释误差以及评定结果信度缺失。

非常重要的一点是评价中心应当采用标准化的程序，从而使每位参与者都获得相对一样的对待。这样一来，绩效差异就可以归因于参与者在能力和技能方面的差异，而不是外部因素。标准化的程序涉及许多因素，例如：

- **评价中心练习的指导语**——以相同的方式向所有参与者提供相同的信息。
- **时间限制**——向所有参与者提供相同的时间长度，从而使他们具有相同的表现机会。
- **所分配的角色**——对各种角色进行精心设计和试验性的测验，以避免参与者获得的角色具有先天性的优势或劣势。
- **评估者与参与者之间的熟悉程度**——尽量不要使他们变得熟悉，以避免因为熟悉而产生的偏差影响评估者做出的评价。
- **评估者共识讨论会议**——以类似的方式讨论每位参与者的表现。
- **不同练习被呈现的顺序**——以相同的顺序呈现给每位参与者，以避免顺序效应污染参与者的表现。

12.4.7　效度

求职者往往认为评价中心的表面效度要高于认知能力测验，因此当组织采用评价中心时，求职者往往会对选拔程序、空缺岗位以及组织感到更满意（Macan，Avedon，Paese，& Smith，1994）。关于评价中心做出的评定结果对随后的晋升和工作绩效的预测性效度，文献综述基本上都持肯定态度。一项元分析考察了 50 多项研究，而这些研究包含所有类型的效标和 107 个效度系数。该元分析的结果表明，评价中心的平均效度为0.37，95%置信区间的上下限分别为0.11和0.63（Gaugler et al.，1987）。更近的一项研究考察了由456名大学毕业生组成的一个样本在13年时间内的职业生涯发展情况（Jansen & Vinkenburg，2006）。在测量人际效力、坚定性和抱负方面，评价中心的效标关联效度为0.35。不过，也有研究指出，评价中心做出的评定结果并不能同等有效地预测所有类型的效标。例如，Gaugler et al.（1987）发现，在预测参与者的发展潜力时，校正后的相关系数中位数（对抽样误差、全距限制和效标信度缺失进行了校正）为0.53；而在预测参与者工作绩效的上级评价中，该数值只有0.36。

一项元分析对关于评价中心预测性效度的文献进行了整合，并且考察了评价中心所评价的具体维度，而不是评价中心提供的总体分数（Arthur，Day，McNelly，& Edens，2003）。效标包括原始文献中提到的与工作相关的所有信息(例如，工作绩效评估结果、晋升、薪水)。这项元分析综述共涵盖34篇文献，研究者从中抽取了评价中心所评价的以下几个维度：（1）考虑/体谅他人；（2）沟通；（3）驱动力；（4）影响他人；（5）组织和计划；（6）解决问题的能力。这种分析使得研究者能够考察构念层面的数据（即具体的维度)，而不是方法层面的数据（例如，评价中心总体分数）。除了驱动力（$r=0.25$），另外5个维度的校正后效度系数均在0.30～0.40之间。效度系数最高的是解决问题的能力（0.39），接下来是影响他人（0.38），以及组织和计划（0.37）。

在后续的分析中，研究者对效标在这6个维度上进行回归，得到的$R=0.45$，这意味着评价中心所评价的这6个维度能够解释大约20%的效标变异。不过，在这项回归分析中，由于驱动力和考虑/体谅他人都不具有统计显著性，因此被解释的这部分效标变异应当只归因于另外4个维度。这个R^2要大于Gaugler et al.（1987）在考察评价中心提供的总体分数时得出的R^2（$R^2=0.14$）。此外，如果逐个进行考察，解决问题的能力解释了15%的效标变异，而影响他人(3%)、组织和计划（1%）以及沟通（1%）作出的贡献则要小得多。这些结果在两个方面是令人鼓舞的：第一，它们证实了评价中心的效度；第二，鉴于这些维度存在冗余，评价中心所评价的维度数量（平均在10个维度左右；Woehr & Arthur，2003）应当显著减少，这并不会实质性地降低评价中心的总体效度。

研究结果表明，在Arthur et al.（2003）的元分析所考察的6个维度中，解决问题的能力（认知能力的其中一种）是效度最高的维度。这可能会导致人们得出这个结论：评价中心的效度仅仅取决于它们包含认知能力成分的程度。事实并非如此。一项研究对参与一个管理评价中心的633名被试进行考察后发现，将认知能力成分从5种不同类型的评价中心练习（即文件筐测验、下属会议、文件筐辅导、项目陈述、团队筹备）中剔除之后，只有文件筐测验不能对分数的显著变异进行解释（Goldstein，Yusko，Braverman，Smith，& Chung，1998）。简而言之，评价中心练习不仅是测量认知能力，而且另外一些构念也有助于提高对工作绩效的预测性效度。例如，文件筐辅导练习和项目陈述练习都分别解释了12%的预测性效度变异，而且下属会议练习解释了10%的预测性效度变异。Dayan，Kasten，& Fox（2002）在对申请警察部门岗位的712名求职者进行考察后也得出了类似的结论：评价中心分数比认知能力具有更高的增值效度。

关于对评价中心预测性效度的研究，最后还有一点值得强调。评价程序重点考察的是行为，然而，人们总是把它们与一些由多种因素共同决定的组织结果变量（例如，加薪、晋升）联系在一起。为了更全面地理解评价过程，以及更全面地了解每个评价维度确实能够预测管理者行为的哪些方面，评价维度必须与以行为为基础的多重效标联系在一起。唯有如此，我们才能够开发出关于管理效力的心理学理论。

12.4.8　公平性和不利影响

研究表明，与测量认知能力（人们认为，这些认知能力对在各种专业岗位上取得成功具有至关重要的作用）的一种能力倾向测验相比，评价中心所产生的不利影响微不足道（Hoffman & Thornton，1997）。一项研究从一家公用事业公司的员工中抽取了两个不重叠的样本。研究结果表明，评价中心在第 60 百分位数的位置开始产生不利影响（违背了二八定律），而能力倾向测验在第 20 百分位数的位置就开始产生不利影响。虽然评价中心的效度系数（$r=0.34$）比能力倾向测验稍低（$r=0.39$），而且评价中心的成本比能力倾向测验高 10 倍左右，但是评价中心产生的不利影响是如此显著地少于能力倾向测验，因此评价中心更受欢迎。此外，最近有一项元分析发现，美国黑人和白人的评价中心分数均值差异为 0.52 个标准差，而美国拉丁裔和白人之间的差异为 0.28 个标准差，且都是白人占优（Dean，Roth，& Bobko，2008）。在性别方面，女性的分数均值要比男性高 0.19 个标准差。因此，总体而言，虽然美国白人的分数均值要高于黑人和拉丁裔，但是这种差异要小于认知能力测验所产生的差异，而且女性在评价中心获得了比男性更高的分数均值。

12.4.9　评价中心的效用

在对 600 名基层管理者进行的一项现场研究中，Cascio & Ramos（1986）对评价中心预测的效用与多轮面试所做出预测的效用进行了比较。通过使用一般效用方程式（公式（13—4），见第 13 章），他们证实了一项早期研究（Cascio & Silbey，1979）的结果，即与把错误的人选提拔到某个管理岗位上可能会造成的损失相比，选拔程序的成本只是微不足道的。由于不同个体的工作绩效存在显著差异，因此采用一种效度更高的选拔程序能够显著提高组织的效益。采用评价中心而不是多轮面试程序来选拔管理者，可以使每个管理者每年的工作绩效多产生 2 700 美元（可换算成 2009 年的 6 654 美元）的收益。如果每名基层管理者在这一级别上的平均任职时间为 5 年，那么每名管理者多产生的净收益超过了 13 000 美元（可换算成 2009 年的 32 000 美元）

12.4.10　潜在的问题

在使用评价中心时，一个日益普遍的担忧是评价程序可能会被草率或者错误地使用。例如，内容关联效度证据常常被用来证明评价中心的工作相关性。然而，正如 Sackett（1987）已经指出的那样，这种证明不仅仅是要求人们精心地编制评价中心练习以及严谨地确定将要评价的维度。在对内容关联效度证据进行判断时，如何向参与者呈现刺激材料（包括回答选项）以及如何评价参与者的反应也是需要重点考虑的关键事项。例如，如果某个岗位要求参与者具备较强的口头反应能力，那么要求参与者在纸上写出自己对某个练习的反应可能就不太合适。

第二个潜在的问题是由 Klimoski & Strickland（1977）提出的：当把总体评定结果或者其他概括性的测量（例如，薪酬、所达到的管理级别）作为效标时，某种微妙的效标污染现象就可能会夸大评价中心的效度。如果评价中心的评估者、参与者的上级以及高层管理者对有效的管理者持有类似的刻板印象，那么这种夸大就可能会出现。因此，评估者在各个具体维度上对参与者的评价很可能与参与者在评价中心的实际表现紧密挂钩，但是评估者对每个参与者总体潜力的评价可能会包含某种偏见，而无论这种偏见是明显的还是隐含的，都会影响评估者所做出的判断。基于行为的评价有助于解决这个问题，但是很可能无法圆满解决该问题，除非采用这样一种方法：来自组织之外的一个小组为评价中心的参与者提供评定结果，其他小组提供效标数据，并且不允许其他小组知道第一个小组做出的预测（McEvoy & Beatty，1989）。

评价中心的第三个问题是构念效度（Lance，Foster，Nemeth，Gentry，& Drollinger，2007；Lance，Woehr，& Meade，2007）。研究已经一致表明，一项练习内的不同维度之间的相关关系要高于同一个维度在不同练习之间的相关关系（Harris，Becker，& Smith，1993；Kleinman，1993）。Arthur et al.（2003）报告说，各维度之间的校正后相关系数均值为 0.56，这意味着各维度的区分效度很低。与这些研究结果相一致的是，当研究者对评价中心提供的评定结果进行因子分析时，结果通常体现了练习因子而非维度因子。这表明评估者在做出评价时主要依据参与者在练习中的表现而不是稳定的个体差异特征（Joyce，Thayer，& Pond，1994）。

为什么评价中心的构念效度只获得如此微弱的支持呢？其中一个原因在于，根据我们先前描述过的特质激发模型，不同类型的评价中心练习可能会激发参与者表现出不同类型的行为。例如，Haaland & Christiansen（2002）让 79 名执法人员参与了一个评价中心。他们把评价中心练习划分为两类：使评估者能够有更多机会观察参与者人格特质相关行为的练习；评估者没有多少机会观察参与者的此类行为的练习。然后，他们对同一个维度在前一类练习中获得的不同评定分数之间的相关系数均值与同一个维度在后一类练习中获得的不同评定分数之间的相关系数均值进行比较。对每种“大五”人格特质来说，与从后一类练习中获得的评定分数（$r=0.15$）相比，从前一类练习中获得的评定分数展现出更显著的收敛（$r=0.30$）。换句话说，那些允许参与者表现出同一种人格特质的情境所产生的评定分数比那些不能使参与者表现出同一种人格特质的情境所产生的评定分数具有更显著的相关关系。如果考察每个练习激发了哪种特质，就能够更好地了解评定分数之间的相关关系，并且使关于评价中心构念效度的结论更准确。

对 34 项研究（其中包括采用多特质—多方法矩阵的研究）进行的一次综述也得出结论：评价中心练习在激发个体差异的方式上存在的差异可能是评价中心构念效度较弱的原因之一（Lievens & Conway，2001）。虽然练习变异成分比维度变异成分具有更显著的影响（Lance，Lambert，Gewin，Lievens，& Conway，2004），但是一个把练习和维度都作为潜变量的模型对数据提供了最优的拟合，甚至优于一个只把练习作为潜变量的模型和一个只把维度作为潜变量的模型。因此，具体的维度是评价中心的基本构件，但是所使用的不同类型的练习也同样发挥了非常重要的作用。不过，有些维度（例如，沟通、影响他人、组织和计划、解决问题的能力）似乎比其他一些维度（例如，考虑/体谅他人、驱动力）更具有构念效度（Bowler & Woehr，2006）。因此，当给参与者提供反馈时，应当强调具体维度在某个具体情境（即所实施的某个练习）中的信息（Lievens & Conway，2001）。

对评价中心的“构念效度难题”进行的其他一些研究得出结论认为，以下三种因素在其中发挥着作用：（1）参与者表现的跨情境不一致性；（2）糟糕的评价中心设计（例如，评估者没有经验或者没有接受有效的培训、对太多的维度进行评价）；（3）评估者间信度缺失（包括担任评估者的管理者对绩效所持有的不同观点和看法）（Jones & Born，2008；Lievens，2002）。尽管与评估者有关的因素以及与参与者有关的因素都会影响评价中心的构念效度，但是在考察评价中心的构念效度时，最密切相关的因素是参与者在不同练习中的表现是否一致。在许多时候，参与者在不同维度上的表现实际上并没有什么差异，但是在不同练习中的表现并不一致。因此，评价中心构念效度的关键决定因素是参与者发挥出真实表现的程度，而不是评估者所持的偏见。

幸运的是，研究成果为我们提供了许多有效的建议。如果实施这些建议，那么评价中心的构念效度能够得以提高。Lievens（1998）提出了以下建议：

1. **维度的界定和选择：**

- 使用数量较少的维度，尤其当评价中心用于招募员工时。
- 选择那些在概念上互不相关的维度。
- 选择那些与工作密切相关的维度，并且为每个维度提供明确的定义。

2. **评估者：**

- 使用心理学家作为评估者小组中的成员。
- 强调评估者培训的质量（而不是培训的时间长度）。
- 对评估者实施参照框架培训计划。

3. **情境练习：**

- 采用能够评估具体维度的练习。避免那些“模糊的”、会激发与几个维度都潜在相关的行为的练习。
- 尽可能对程序进行标准化（例如，对角色扮演者进行培训）。
- 使用那些能够设法使参与者表现出的行为与所考察维度密切相关的角色扮演者。
- 让参与者知道将要被评价的维度，尤其是在发展中心中。

4. **观察、评价和整合的程序：**

- 为评估者的观察提供辅助手段（例如，行为清单）。
- 在操作时，每个维度的行为清单应当包括至少6种行为，但不超过12种。
- 按照发生的先后顺序对行为进行分类。

对以上这些事项的密切关注能够确保评价中心成功实施。

12.5 预测因子的结合

在大部分内容中，我们都是孤立地考察每种预测因子。虽然在讨论有些预测因子的增值效度时与另外一些预测因子（尤其是认知能力）进行了比较，但迄今为止，我们的讨论基本上都是单独针对每个预测因子，并没有将它与其他预测因子联系起来。然而，如今非常明显的一种现象是，组织在自己的管理选拔或非管理选拔程序中都使用了多种工具。例如，某个组织可能会首先使用认知能力测验，接下来是人格量表、外在诚实测验以及结构化面试。如果是一个管理岗位，组织仍然可能会使用上述每一种工具，另外还会使用工作样本测验，而且所有这些测验都是在评价中心的背景下实施的。这种情况会导致以下这些问题：预测因子的最佳组合是什么？每种工具对绩效预测的相对贡献有多大？不同的预测因子组合会产生多大程度的不利影响？

虽然我们还不能完全回答上述问题，但有一些调查研究已经对这些问题做出某种程度的回答。例如，Schmidt & Hunter（1998）对一些选拔过程预测性效度的元分析进行了综述，并且考察了把一般认知能力测验与另外某个程序结合起来的效度。研究结果表明，认知能力测验与一种诚实测验的组合具有最高的校正后预测性效度系数（$r=0.65$），接下来是认知能力测验与一种工作样本测验的组合（$r=0.63$）以及认知能力测验与一种结构化面试的组合（$r=0.63$）。对于所考察的每种程序的预测性效度均值，以及每种程序与认知能力测验结合后的预测效度均值，表12—3提供了更具体的信息。

表12—3　不同选拔程序对总体工作绩效的预测性效度系数均值（*r*），以及一般认知能力与其他某种选拔程序结合后的预测性效度系数（Multiple *R*）

选拔程序	*r*	Multiple *R*
一般认知能力测验	0.51	
工作样本测验	0.54	0.63
诚实测验	0.41	0.65
责任心测验	0.31	0.60
（结构化）雇佣面试	0.51	0.63
工作知识测验	0.48	0.58
同事评价	0.49	0.58
培训与经验的行为一致性方法	0.45	0.58
背景核查	0.26	0.57
工作经验（年）	0.18	0.54
履历信息	0.35	0.52
评价中心	0.37	0.53
受教育年限	0.10	0.52
笔迹分析	0.02	0.51
年龄	−0.01	0.51

资料来源：Adapted from Schmidt，F. L. & Hunter，J. E.（1998）. The validity and utility of selection methods in personnel psychology：Practical and theoretical implications of 85 years of research findings. *Psychological Bulletin*，*124*，table 1，265.

表 12—3 中列出的结果并不完整，因为它们只包含两个预测因子的组合，而且其中之一始终是一般认知能力测验。许多组织通常采用两种以上选拔方法，而且许多组织所使用的选拔程序并不包括一般认知能力测验。另外，表 12—3 中列出的结果并没有考虑这个事实：由相同的预测因子构成的组合在预测不同类型的岗位（例如，管理岗位与非管理岗位）时可能会产生不同的预测性效度。将来还可能会出现两种以上预测因子的组合的预测性效度，因为会有越来越多的数据可供研究者进行这种分析。

在一篇考察元分析结果的文献综述中，Bobko，Roth，& Potosky（1999）推导出了一个相关矩阵，该矩阵对认知能力、结构化面试、责任心、履历信息以及工作绩效分数之间的关系进行了融合。与 Schmidt & Hunter（1998）进行的综述形成对照的是，这篇文献综述所得出的各种相关系数并没有对各种人为误差（例如，测量误差、全距限制）进行校正。认知能力与工作绩效分数之间的总体效度系数为 0.30，而且结构化面试与工作绩效分数之间的总体效度系数同样为 0.30。履历信息与工作绩效分数之间的相关系数为 0.28，而责任心与工作绩效分数之间的相关系数为 0.18。与 Schmidt & Hunter（1998）类似的是，Bobko et al.（1999）通过推导出工作绩效在各种预测因子组合上的回归，计算出了各种 Multiple *R*。例如，所有这 4 个预测因子构成的组合的 Multiple *R* 为 0.43，而除认知能力之外的其他 3 个预测因子构成的组合的 Multiple *R* 为 0.38。

但是，Bobko et al.（1999）还计算出了预测因子的每种组合所产生的平均 *d* 值，以此来估计工作绩效分数的群体差异均值（该均值有可能会反映出不利影响）。结果表明，当所有 4 个预测因子形成一个组合时，$d=0.76$；当除认知能力之外的其他 3 个预测因子形成一个组合时，$d=0.36$。在每一种情况下，都是非少数族裔群体获得更高的分数，但是在第二种情况下，这种群体差异显著减少，在预测上仅存在 $r=0.43-0.38=0.05$ 的损失。这项分析强调了我们在本书其他几处（例如，第 7 章）都提过的一个问题：效度与不利影响之间的权衡。在很多情况下，如果某个预测因子或者预测因子组合所产生的不利影响较少，那么即便它的效度稍低，也会更受欢迎。

总之，预测因子的不同组合会产生不同程度的预测效力，同时也会产生不同程度的不利影响。在选择选拔程序时，这两个问题都值得严肃、认真地考虑。

对实践的明确启示

- 由于管理者的绩效是一个非常复杂的构念，因此我们在预测管理成功时需要设法采用由主观效标和客观效标构成的组合。为了更好地理解通向管理成功的多重路径，我们需要做以下 3 件事情：（1）从行为方面描述管理成功的成分；（2）开发出基于行为的预测因子（例如，情境测验）来预测管理成功的不同方面；（3）充分考察个体行为、管理效力（从行为方面来界定）以及组织成功（从客观方面来界定）之间的相互关系。

- 有多种方法可供组织用来对管理岗位的候选人进行选拔，包括认知能力测验、人格测验、领导能力测验、管理动机测验，以及履历信息。当然，其中许多方法也可用于选拔非管理岗位的候选人。
- 除了各种测验可以用作未来绩效的信号或指示器，我们也可以采用其他一些方法来取代或替代效标，例如工作样本（包括无领导小组讨论、文件筐测验、商业游戏、情境判断测验）。
- 评价中心把多种管理选拔工具和技术结合在一起。鉴于评价中心提供的评定结果具有较高的效标关联效度，我们可以在绝大多数管理选拔场合采用评价中心。需要确保评估者获得合适的培训，而且所评价的维度也应当具有明确的定义。
- 鉴于绝大多数组织在选拔管理者时都采用了多种选拔程序，我们可以通过考察所使用的全部选拔程序来确定整个选拔过程的总体效度和效用。

讨论题

1. 为什么难以预测管理成功？

2. 在选拔人力资源负责人时，你最看重认知能力成分（例如，一般智力）吗？为什么？

3. 你会选择放弃一种有效但是会产生不利影响的认知能力测验吗？什么因素会主导你的这个决策？其中包含哪些因素之间的权衡？

4. 在选拔管理者时，你会使用哪些人格特质？你如何将弄虚作假所产生的影响降至最低程度？

5. 人格—绩效纽带背后的潜在机制是什么？

6. 可以采用什么方法来减少人格量表中的回答失真？

7. 你正在开发一种用来选拔计算机程序员主管的程序。请确定该岗位的关键维度，然后开发出一套预测因子。你如何使用每个预测因子？为什么？

8. 为评价中心的评估者精心设计一项有效的培训计划，这会带来什么好处？一项良好的评估者培训计划应当具备哪些关键成分？

9. 请描述评价中心的“构念效度难题”。这个难题的关键成分是什么？

10. 工作样本作为管理成功的预测因子具有哪些优点和缺点？

第13章 选拔决策

概 览

只有当候选人数量多于空缺岗位数量时，为空缺岗位选拔候选人才有意义。人员选拔决策（例如，录用或者淘汰候选人）涉及为行动过程安排人员，而行动过程的结果对组织或者相关人员具有非常重要的意义。考察人员选拔效度的古典方法主要强调测量的准确性和预测效能。一元或者多元回归是古典方法的基本预测模型，这种统计技术能够帮助决策者根据预测因子的信息来预测每个候选人的效标情况。这种数据处理方法（即机械的或者统计的）优于临床的或者整体的方法。不过，多元回归是补偿性的，认为一个预测因子上的低分数可以通过另一个预测因子上的高分数来补偿。在有些情况下（例如，飞行员选拔），这种假设是不可靠的，因此必须采用其他选拔模型，例如多重切点法或者多重障碍法。有多种程序可以用来选择适当的切点分数。

考察人员选拔效度的古典方法遭到了严厉的批评，因为它忽视了选拔情境的某些外部参数，而这些外部参数在很大程度上决定了一种选拔工具的总体价值和效用。此外，古典方法所做的效用假设也缺乏合理依据，并且未能考虑选拔过程的系统性。决策理论是一种更新的选拔方法，它试图克服上述缺陷。决策理论认为，心理测量方面的效标在对测量和预测进行评估时具有非常重要的作用，但是，它也认识到，预测结果对于社会上的个体和组织具有最为重要的作用。因此，在对这些预测结果进行评估时，必须依据它们对个体和组织所产生的影响（即根据它们的效用）。在考虑各种选拔策略的成本时，也必须考虑选拔过程对招募、入职和培训的影响。

我们现在还可以利用系统的、决策导向的选拔模型，这些模型使决策者能够评估由于执行某种拟定的选拔方案而带来的预期收益（以美元表示）。其中有些模型除了能够考察效度系数大小，还能够考察其他各种事项，例如群体和组织层面的资本预算情况和战略事项。

13.1 关于人员选拔的观点

如果不同个体在生理和心理特征方面的差异不是一种如此普遍的现象，那么就不太需要选拔不同的人员来填补各种不同的岗位。如果不同个体在能力、能力倾向、兴趣和人格特质等方面不存在差异，那么我们可以预言：所有求职者的工作绩效将处于同一水平。同样，如果现在有 10 个空缺岗位，而且只有 10 名合格的求职者，那么选拔就不是一件非常重要的事情，因为所有这 10 名求职者都必须录用。只有当合格的求职者数量多于需要填补的空缺岗位时，选拔才成为我们需要密切关注的问题，因为选拔意味着选择，而选择则意味着淘汰。

在人员选拔中，决策是针对个体制定的。人员选拔决策（例如，录用或者淘汰候选人）涉及为行动过程安排人员，而行动过程的结果对组织或者相关人员具有非常重要的意义（Cronbach & Gleser，1965）。由于决策者无法确切地预知人员安置决策的后果，因此必须在已有信息的基础上对将来的后果进行预测。这一程序包括两个步骤（Wiggins，1973）：测量（即采用与工作绩效有关的测验或其他测量程序来收集数据）；预测（即对这些数据进行综合，以便于决策者在对候选人的工作绩效进行预测时尽可能减少预测误差）。我们已经在第 11 章和第 12 章详细讨论了各种数据收集方法。在这一章，我们将对预测予以讨论。

传统上，人员选拔程序试图使测量的准确性和预测的效能达到最高程度（我们已经在第 5 章和第 6 章讨论过这些问题）。决策理论并未贬低心理测量方面的效标在对测量和预测进行评估时所具有的重要作用，但是它也认识到，预测结果对于社会上的个体和组织具有最为重要的作用。按照这种观点，在一个设计用来制定人员安置决策的系统中，测量和预测仅仅是技术层面的成分（Boudreau，1991；Cascio & Boudreau，2008）。因此，在对决策结果进行评估时，必须根据它们对个体和组织所产生的影响（即根据它们的效用）来评估。简而言之，传统的选拔程序把测量的准确性和预测的效能强调为最终目标；而当代的观点认为，这些因素仅仅为决策奠定了基础。

在本章中，我们将首先考察传统或古典的人员选拔方法，接下来考察决策理论和效用分析，并介绍另外一些使用这种方法来阐述招募—选拔最优策略的模型。我们的总体目标是激发读者从效用的角度来思考，并且清楚意识到人员选拔决策所处的更广阔的组织背景（Cascio & Aguinis，2008）。这样一种视角有助于我们制定各种雇佣决策，也有助于我们把组织视为开放的系统。

13.2 人员选拔的古典方法

如前所述，个体差异为选拔提供了最基本的逻辑依据。毋庸置疑，选拔过程的目标就是利用个体差异来挑选这样的个体：在对工作成功至关重要的特定特征方面，他们得分最高。

图 13—1 介绍了这种方法背后的选拔模型。由于我们在前几章中已经描述了

该模型的各组成要素，因此在这里仅对其进行简要说明。请注意，岗位分析是整个选拔过程的基础。以岗位分析获得的信息为基础，就可以挑选出一个或多个灵敏、切题、可靠的效标。同时，也可以挑选出一个或多个被认为与要预测的某个（些）效标存在某种关联的预测因子（例如，能力倾向测验、能力、人格）。尽管可以利用有根据的推测，但是在挑选预测因子时还是应当基于岗位分析所获得的有效信息，因为这些信息能够为我们提供线索，以便了解哪种（些）类型的预测因子最有可能准确预测效标绩效。在预测性效标关联效度研究中，一旦选定了预测因子及其测量方法，就对所有求职者予以实施。不过，这些测量并不是在这一次被用来制定选拔决策；测量结果只是被记录下来，对求职者的选拔仍然是基于以前使用的那些测量程序或方法。

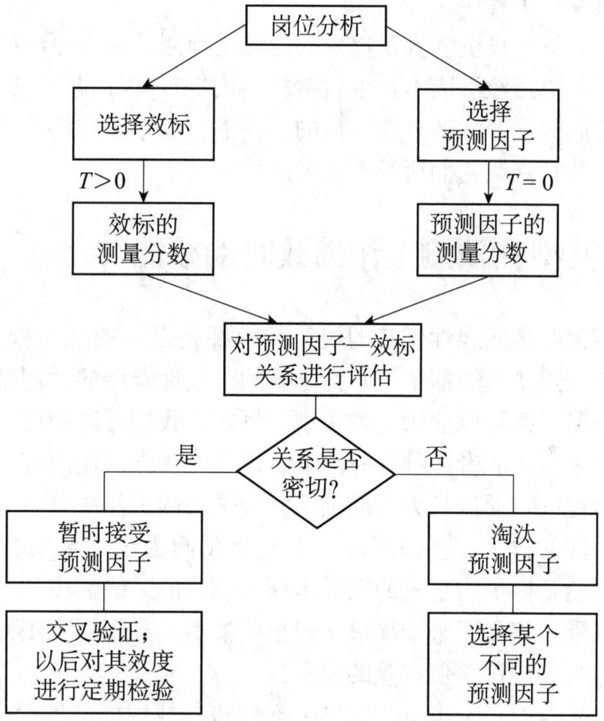

图 13—1　人员选拔过程的传统模型

不能立即使用新预测因子的分数，这个观点背后的逻辑依据从科学的角度来看是不容置疑的。但可以理解的是，考虑到开发和实施预测因子测量的成本，管理层往往希望不经过任何时间间隔就把新预测因子的分数用作选拔的基础。但是，如果立即使用这些分数，组织就永远也不会知道那些没有通过选拔过程的人员在工作中的绩效如何。也就是说，如果简单地假设预测因子得分高（低）的人员在工作中将表现优秀（糟糕）——但是没有证据支持这一假设——而且随后又只选择了那些预测因子得分高的人员，那么我们将无法评价那些预测因子得分低的人员的工作绩效。这样一来，完全有可能发生下述这种情况：与被录用的人员相比，那些在选拔过程中被淘汰的人员可能具有更高的工作绩效——这是一种我们无法确切知道的结果，除非给这些个体提供工作机会。

因此，效标分数应当是在以后某个时间进行测量的（也就是图13—1中的 $T>0$）——这是一种常见的预测性效度范式。一旦获得了预测因子分数和效标分数，就可以对两者之间关系的形式和强度进行评估。当然，除非能够在预测因子与效标之间建立一种系统性的关系，否则就不可能对工作绩效进行有效预测。这两者之间的关系越紧密，预测就越准确。如果预测因子与空缺岗位并无关联，就必须予以舍弃；如果这两者被证明显著相关，就可暂时接受预测因子，并等待计算出交叉验证的估计值（基于实证方法或者公式）后再做出最终决定。在这之后，定期（例如，每年一次）检验预测因子的效度或工作相关性也是非常重要的。如果一个曾经有效的预测因子后来与工作绩效效标不再相关（假设效标本身仍然有效），那么就不能再继续使用该预测因子，而是要找出一个新的预测因子，然后重复整个程序。

在人员选拔中，真正重要的内容是预测，因为更准确的预测可以节省更多的成本（既包括经济成本，也包括社会成本）。人们常常使用线性模型来进行预测，而且它们似乎非常适合这一目的。在下一节中，我们将考察一些不同类型的线性模型，并且强调它们所具有的灵活性。

13.3 线性模型在预测工作绩效时的效能

一元和多元线性回归的统计技术都是以一般线性模型（$Y=a+bx$，适用于只有一个预测因子的情况）为基础的。线性模型的适用范围非常广泛，决策者在很多情况下都可以使用这类模型。例如，我们可以考虑一下典型的面试情境。面试官对来自求职者各种各样的信息片段（线索）做出有选择性的应对。在制定决策的过程中，面试官为了准确预测候选人的工作绩效，主观地对各种不同的线索赋予不同的权重，从而形成一个复合预测因子。多元线性回归同样使用这个程序，虽然是以更为正式的数学术语来表达的。线性模型的范围非常广泛，从使用最小二乘回归程序来推导最优权重的模型，到根据主观判断或直觉来赋予权重的模型，再到使用单位权重的模型。

Dawes & Corrigan（1974）对决策的线性模型进行一次全面综述之后得出结论：大量的决策情境都具有适用于线性模型的结构特征。实际上，在有些情境中，线性模型是如此适用，以至于那些随机选取权重的线性模型都要胜过专家的判断。下面，我们来看单位加权设计。

13.3.1 单位加权

单位加权（所有预测因子的权重都为1.0）在很多情况下都表现得极其出色（Bobko，Roth，& Buster，2007）。当总体不断发生变化时（Lawshe & Schucker，1959），或者当效标关联效度研究中的预测因子合并为一个复合预测因子以增加效应量（从而增强统计检验力）时（Cascio，Valenzi，& Silbey，1978，1980），单位加权也是非常适用的。所有这些研究都表明，对一个新样本赋予权重时，单位加权与最优加权的效果一样好。另外，Schmidt（1971）也已经表明，当被试与预测因子的比率低于临界样本大小时，使用回归加权（而不是单位加权）可能会降低实得相关系数。总体来说，当样本规模较小（也就是说，低于 75 人）时，单位加权要优于一元或多元回归推导出的权重（Bobko et al.，2007）。

临界样本大小随预测因子的数量变化而改变。在不存在抑制变量（将在下一节予以讨论）的情况下，如果只使用 2 个预测因子，那么为了确保使用回归技术时不降低预测力，样本至少需要 40 人。如果使用 6 个预测因子，样本规模就要增加到 105 人；如果使用 10 个预测因子，样本规模则必须增加到 194 人左右，这样才能够确保回归加权优于单位加权。即使利用来自同一总体（理论上的）的其他样本进行交叉验证，这个结论也成立。Einhorn & Hogarth（1975）指出了单位加权设计的其他几个优势：(1) 它们不是通过数据来进行估计，因此，不会“消耗”自由度；(2) 它们在被“估计”时不会产生误差（也就是说，它们没有标准误）；(3) 它们不会颠倒这些变量“真实”的相对权重。

然而，如果使用回归加权在技术上可行，那么使用单位加权所造成的预测准确性损失可能就会非常显著。例如，如果对面试（平均效度为 0.14）和能力方面的一种复合预测因子（平均效度为 0.53）使用单位加权而不是回归加权，那么这两种预测因子合并后的效度（最多只有 0.47；Hunter & Hunter，1984）甚至比最好的单个预测因子的效度还要低!

13.3.2 抑制变量

抑制变量能够影响某种特定的预测因子—效标关系，即使这种变量与效标本身没有显著或者直接的相关关系。不过，它们确实与预测因子显著相关。为了更深入地了解抑制变量是如何发挥作用的，我们需要重新考虑基本预测模型——多元回归。当每个预测因子变量（ $X_1, X_2, \cdots, X_n$ ）都与效标高度相关，而与回归方程式（例如，$r_{x_1 x_2} \rightarrow 0$）中的其他预测因子变量无关时，对效标分数的预测可能会比较准确。在这种情况下，每个预测因子都能够有效地预测效标变异的一部分，而且与其他预测因子所预测到的效标变异几乎不存在重叠。

在实践中，当预测因子超过 4 个时，这个理想的目标就很少能够实现。Horst（1941）最先指出，有些变量具有与那些常用预测因子截然相反的特征，它们能够使得 Multiple R 的大小显著提高。他把这样的变量称为**抑制变量**（suppressor variables），因为它们具有以下特征：与效标没有关联（例如，$r_{x_p y} = 0$），而且与一个或多个其他预测因子高度相关（例如，$r_{x_1 x_x} \rightarrow 1$）（见图 13—2）。在使用最小二乘法计算 X_1 和 X_2 的回归权数（w）时，抑制变量（ X_2 ）得到负的权数（即 $\hat{Y} = w_1 X_1 - w_2 X_2$ ），因此，通过有意把其效应从回归方程中剔除，X_2 中的无关变异被“抑制”了。

举个例子来说，我们可以考虑一下用来识别和排除绩效评估中晕轮效应的一种策略（Henik & Tzelgov，1985）。假设 p 是某些特定绩效的一种评定量表，而

g 是一般效力的一种评定量表，被设计用来捕捉晕轮误差。这两个量表都用来预测某个特定的效标 c（例如，在某个工作知识测验中的分数）。根据多元回归模型，对 c 的预测表示如下：

$$\hat{c} = w_p p + w_g g$$

w 是两个预测因子 p 和 g 最佳的最小二乘权数。当 g 是一种传统的抑制变量时——也就是说，当它与效标 c 不相关而与另一个预测因子 p 正相关时——g 通过从特定的绩效变量 p 中减去无关变异（晕轮变异）来为预测 c 服务。

在实践中，中等大小的抑制效应有时会在复杂的模型中出现，尤其是那些包含合成数据的模型中（因为在这些模型中，变量是许多次观测结果的总和或平均值）。在这些情况下，当存在小的误差变异时，R 的值可能会接近 1.0（Cohen，Cohen，West，& Aiken，2003）。

不过，由于抑制变量所具有的唯一功能是消除测量冗余（Tenopyr，1977），因此通常可以采用一个更常规的变量作为一个额外的预测因子来获得类似的预测效果。因此，抑制变量在预测中的效用仍需进一步证明。

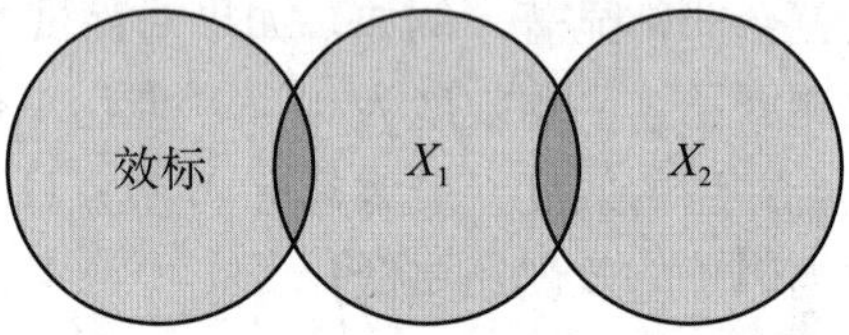

图 13—2　抑制变量

13.4　数据合成策略

依据 Meehl（1954）提出的一种分类法，我们需要对数据合成策略与其他各类测量工具进行区分。如果根据某种（些）测量工具对个体进行评估，依据这种（些）评估来对个体打分，并且这个（些）分数与某种效标测量之间存在相关关系，那么数据合成策略就是机械的（或者统计的）。绝大多数能力测验、客观人格量表、履历数据表以及某些特定类型的面试（例如，结构化面试）都允许对个体打分，以便进行预测。另一方面，如果为了预测效标值而必须主观地对一套分数或印象进行合成，那么预测就是评判的或临床的。评价式面试以及行为观察显然属于这个范畴。

不过，评判式数据合成与机械式数据合成之间的划分并不是故事的全部内容。数据收集也可能是评判式（即数据收集者根据自己的判断来收集不同求职者的不同数据）或者机械式的（即事先确定好明确的规则，从而不需要实施任何主观判断）。这样一来，就导致了 6 种不同的预测测量（见表 13—1）。为了确保更全面或更完整地对评判式测量及预测模型和机械式测量及预测模型进行比较，介绍这个额外的区分是非常重要的（Sawyer，1966）。

表 13—1　数据收集及合成的各种策略

数据收集模式	数据合成模式	
	评判式	机械式
评判式	1. 纯临床	2. 行为评定
机械式	3. 轮廓解读	4. 纯统计
二者兼具	5. 临床式复合	6. 机械式复合

资料来源：Adapted from Sawyer, J. Measurement and Prediction, Clinical and Statistical. (1966). *Psychological Bulletin*, *66*, 178－200. Copyright 1966 by the American Psychological Association. Reprinted by permission.

在**纯临床策略**（pure clinical strategy）中，对数据进行评判式收集和合成。例如，对成功的预测可能仅仅基于所进行的一次面试，而不依赖于任何客观信息。随后，面试官以一种开放的方式写下自己的印象和预测。另一方面，数据可以通过评判式方法来收集（例如，通过面试或观察）。不过，在对数据进行合成时，决策者根据事先确定的行为范畴在标准化的评定量表上对自己获得的印象加以总结或打分。这就是**行为评定**（behavior rating），或者**特质评定**（trait rating）。

不过，即便通过机械式方法来收集数据，也可以通过评判式方法来对这些数据进行合成。例如，使用一份客观人格问卷（例如，加利福尼亚人格量表）对一位求职者进行测量，通过打分来得出一种分数模式或"轮廓"）。随后，决策者在不对该求职者进行面试或观察的情况下就解读该求职者的轮廓。这种策略称为**轮廓解读**（profile interpretation）。

另一方面，也可以对数据进行机械式收集和合成（例如，通过采用统计方程或者评分体系）。决策者常常会采用这种**纯统计策略**（pure statistical strategy）来收集和解读履历信息专栏、履历信息表或成套测验中的数据。

在**临床式复合策略**（clinical-composite strategy）中，可以同时采用评判式方法（例如，通过面试和观察）和机械式方法（例如，通过测验和履历信息表）来收集数据，但是采用判断式方法来合成数据。这或许是最常用的策略。在这种策略中，所有信息由一个或几个决策者进行整合，以形成对求职者的复合描述以及行为预测。最后，可以同时通过评判式方法和机械式方法来收集数据，但是采用机械式方法（例如，依据事先确定的规则，如多元回归方程）来合成数据，从所有已获得的数据中得出行为预测。这就是**机械式复合策略**（mechanical-composite strategy）。

13.4.1　各种数据合成策略的效力

Sawyer（1966）在 45 项关于两种或更多种数据合成方法的相对效力的研究中发现了 49 对比较关系。于是，他比较了每对比较关系中所包含的两种策略的预测准确性（以正确分类的百分比或者以某个相关系数表示）。当这两种策略的准确性差异等于或低于 0.05 时，就认为它们是不分伯仲的。我们从表 13—2 中可以看出，在与其他方法比较时，纯临床策略从来没有优于其他任何一种方法，而纯统计策略和机械式复合策略则从来没有劣于其他任何一种方法。一篇文献综述对过去50年的研究成果进行了考察，并且得出了一个类似的结论（Westen & Weinberger，2004）。简而言之，不管采用什么方法来收集预测因子信息，机械式数据合成策略要优于评判式数据合成策略。

表13—2　　各种数据合成方法之间的比较

方法	比较次数	该方法与其他方法进行比较时占优、不分伯仲以及不如的百分比		
		占优	不分伯仲	不如
纯临床	8	0	50	50
行为评定	12	8	76	16
轮廓解读	12	0	75	25
纯统计	32	31	69	0
临床式复合	24	0	63	37
机械式复合	10	60	40	0

资料来源：Sawyer，J. Measurement and Prediction，Clinical and Statistical.（1966）. *Psychological Bulletin*，*66*，178－200. Copyright 1966 by the American Psychological Association. Reprinted by permission of the author.

机械式预测策略具有相对优势的一些可能原因如下（Bass & Barrett，1981；Hitt & Barr，1989）：第一，预测的准确性可能取决于各个预测因子的适当权重（事实上不可能对预测因子赋予准确的权重）。第二，机械式预测方法能够进一步整合关于求职者的其他证据，从而提高了预测的准确性。不过，面试官可能会达到一种瓶颈状态，而一旦达到这种状态，他就无法随着新证据的积累而对自己的判断作出进一步修正。第三，与更客观的方法形成对照的是，面试官或评判者需要提防自己的需求、反应模式和愿望，以免这些因素污染自己对求职者信息作出的主观合成的准确性。

那么，主观评判的适当角色是什么呢？Sawyer（1966）的研究结果表明，在收集求职者信息时，评判式策略应当用来辅助机械式策略（因为评判式策略确实能够提供大量关于行为信息的样本），但是在合成数据以及制定预测规则时，应当采用机械式策略来开发最佳方法。这与Einhorn（1972）的结论相一致，即测量应当采用专家法，而数据合成则应采用机械式策略。

Ganzach，Kluger，& Klayman（2000）用实例阐述了“专家测量＋机械式数据合成”方法相对于纯临床（即“总体”）专家评判方法的优势。他们的研究包含116名面试官，而这些面试官在为期3个月的培训后对以色列军队的26 197名应征者进行了面试。每个面试官对41～697名应征者分别进行了结构化面试，评估6种特质：活跃性；服役自豪感；社交能力；责任；独立性；敏捷度。面试官接受过培训，以便做到在对每一个维度进行评价时独立于其他维度。此外，作为面试的一部分，面试官还要对每名应征者的未来成功提供一个总体评判。在该士兵接下来的3年义务兵役中，对其不良表现（诸如逃跑之类的违反纪律的现象）的次数进行测量，这样就可以获得效标、不良行为次数与两组预测因子——6个特质评定分数的线性合成以及总体评判——之间的相关关系。结果表明，机械式合成（$R=0.276$）要优于总体评判（$r=0.230$）。不过，这两者之间的差距并不是很大。这很可能是因为面试官的总体评判是在对每一个维度进行评定之后才作出的。因此，总体评判很可能会被每个维度分别获得的分数影响。

总之，如同我们从表 13—2 中看到的那样，机械式复合策略是所有策略中的最佳方法（因为它总是被证明优于其他方法或者与其他方法不分伯仲）。这种方法通过机械式方法和评判式方法来收集信息，但是通过机械式方法来进行数据合成。

13.5 其他预测模型

虽然多元回归法构成了基本的预测模型，但是在任何特定情形下使用这种方法时，都需要把它的假设、优点及缺点与其他模型的相关内容进行权衡和比较。取决于所选择的特定策略，决策者可能会制定不同的雇佣决策。在这一节中，我们将首先概括**多元回归**（multiple-regression）模型的优点和缺点，然后与另外两种模型——**多重切点**（multiple cutoff）和**多重障碍**（multiple hurdle）——进行比较。当然，还存在其他预测策略（例如，轮廓匹配、精算预测），但鉴于篇幅有限，恕不一一赘述。

13.5.1 多元回归法

为了恰当地应用多元回归模型，除了必要的统计学假设，还需要另一个假设。假设 $X_1, X_2, X_3, \cdots, X_n$ 为预测因子，虽然其中每个预测因子的统计加权是固定的，但这些预测因子的具体值会因为个体的不同而存在很大差异。因此，预测因子分数结构存在巨大差异的不同个体也可能会获得相同的效标分数。因此，这个模型是补偿性的，它假设某个预测因子上的高分数可以代替或补偿另一个预测因子上的低分数。然后，就可依据所得出的效标分数来对样本中的所有个体进行排序。

如果样本规模足够大，而且有足够的理由假设各个预测因子在该特定情况下存在线性关系、特质叠加性以及补偿性的交互作用，那么多元回归模型的优势就会相当显著。除了能够最大限度地降低预测误差，该模型还能以最佳的方式合并预测因子以便对效标值进行最高效的估计。此外，该模型还在两个方面表现得极其灵活。从数学上说（这种讨论已经超出本章的范围），可以对回归模型进行校正，以处理名义数据、非线性关系以及线性与非线性的交互作用（参见 Aguinis, 2004b）。而且，无论使用相同的预测因子（加权不同）还是不同的预测因子，均可获得多种工作中每种工作的回归方程。不过，当多元回归的假设站不住脚时，就需要使用其他策略——例如多重切点法。

13.5.2 多重切点法

在某些选拔中，在一个预测因子上所具有的优势不能补偿在另一个预测因子上所存在的不足。例如，可以考虑以下对飞行员成功的预测。尽管某个求职者在其他任何特征上具有的优势对于飞行员的成功相当重要，但如果他失明了，就不可能被选上。简而言之，如果在一个或多个变量上所具有的某种细微优势对工作成功具有至关重要且不可替代的作用，那么简单切点法或多重切点法将是非常合适的选择。于是，就可以从那些达到或超过所有预测因子切点要求的求职者群体中进行选拔。在任何一个预测因子上不合格的求职者将不会获得进一步的考察。

由于多重切点法从定义上讲并不具有补偿性，因此它假设预测因子—效标关系是曲线性的。虽然最低标准的视觉敏锐度对于飞行员成功是必不可少的，但是提高视觉敏锐度并不必然意味着个体就会成为更优秀的飞行员。曲线关系可以依据多元回归的框架来进行处理，但是在实践中，多重切点法和多元回归法常常会产生不同的决策，即便每一种方法选拔出的是大致相同比例的求职者（见图13—3）。

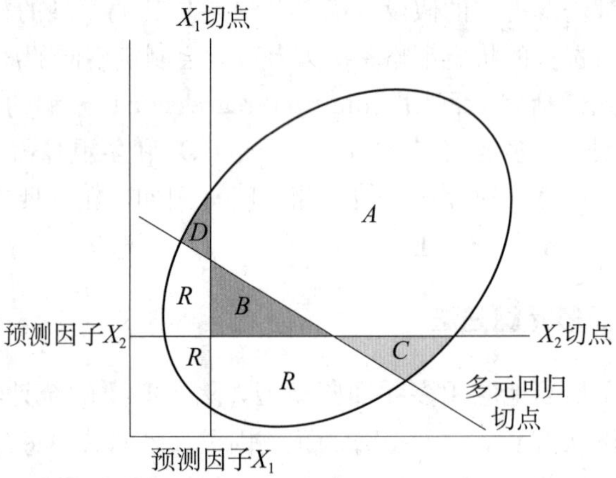

图13—3 多元回归模型和多重切点模型在选拔比例大致相等时的决策对比

在图13—3中，预测因子 X_1 和 X_2 的内部相关系数约为0.40。两者都是自变量，它们共同来预测效标 Y（Y 在图中未出现）。请注意，多元回归切点并不等同于回归线。它仅仅表示达到选拔标准的最低分数。首先，我们来看一下由这两种程序得出的相似决策。不管采用哪一种程序，A 区中的求职者总是会被全部录用。而 R 区中的求职者也总是会被全部淘汰。而 B 区、C 区和 D 区中的求职者则会受到不同对待，这取决于决策者采用哪一种程序。如果采用多元回归模型，那么 C 区和 D 区中的求职者将被录用，而 B 区中的求职者将被淘汰。如果采用多重切点模型，那么结果截然相反：C 区和 D 区中的求职者将被淘汰，而 B 区中的求职者将被录用。

实际上，问题的实质在于 B 区、C 区和 D 区中的个体的相对可取性。Lord（1962）从心理测量学的角度指出，该问题的解决方案主要是一个关于预测因子 X_1 和 X_2 的信度的函数。诚然，通过降低切点分数很容易使多重切点模型变得不那么严谨。但是，是什么基本原理来指导我们选择合适的切点分数呢？

设定一个切点

一般来说，尚未找到一种令人满意的方法来为多重切点模型设定最佳的切点分数。在一个简单切点系统（一个预测因子）中，通常会使用安哥夫方法（Angoff，1971）或者期望图表法（稍后将讨论这两种方法）。在采用期望图表法时，如果知道未来某个时期（比如6个月）的职位空缺数量、这段时期的预期求职者人数以及这些求职者预测因子分数的预期分布，那么就可以设定切点分数。例如，如果一家公司明年需要50位秘书，并预计这段时间内大约有250名求职者，那么选拔率（50/250）等于0.20。

请注意，本例中的“选拔率”这一术语是用来描述总体的一个参数，表示成功的求职者占总体的比例。更具体地说，它表示得分超过某个切点分数的个体占总体的比例。只有当受测者可以被视为求职者总体的一个随机样本，而且当该样本规模足够大时，选拔率才等同于雇佣率（Alexander，Barrett，& Doverspike，1983），因为雇佣率是对该样本的描述。

我们继续讨论刚才的这个例子。如果雇佣率确实等于选拔率，那么约有80%的求职者将被淘汰。如果把某个能力倾向测验作为选拔程序的一部分，那么以区域性常模（local norms）的第80百分位数上的分数加上或减去一个测量标准误，就可以作为一个可接受的切点分数。

正如《验证和使用人员选拔程序时的原则》（SIOP，2003）所指出的那样：

> 设定切点分数并非只有一种方法。如果基于有效度的预测因子，而且这些预测因子在整个预测范围内表现出线性或单一性，那么切点分数就可以根据组织的要求设定为高或低……在设定任何切点分数时，专业性的评判都是必需的，并且通常基于某种合适的基本原理。该基本原理往往会包含诸多因素，例如所估计的成本—收益率，职位空缺数与选拔率，对于成功和失败的预期，工作失败的后果，组织的绩效和员工多元化目标，对工作所要求的知识、技能、能力和其他特征的判断等（pp. 46 - 47）。

基于对有关切点分数的法律和心理学文献所做各种综述进行的总结（Cascio & Aguinis，2001，2005；Cascio，Alexander，& Barrett，1998；Truxillo，Donahue，& Sulzer，1996），我们提出以下准则：

● 确定是否有必要设定切点分数；法律和专业指导原则并不要求在所有情况下都使用切点分数。

● 期望在所有情况下都存在一种单一、最佳的设定切点分数的方法是不现实的。

● 以对关键知识、技能、能力和其他特征的相对精通程度进行鉴定的岗位分析作为起点。

● 相关规定要求（AERA，APC，& NCME，1999），需要对所使用的方法进行描述和存档，对专业人员的培训和筛选方法以及他们的多元化也要进行陈述。无论决策制定者使用哪种确定具体切点分数的方法，理由听起来必须是合理的。

● 评价程序的效度和工作相关性是首要的关注点。

● 如果切点分数是最低限度指标，那么这样做是至关重要的：把切点分数与工作所必需的知识联系起来。设定切点分数的标准化方法（取决于应试者的相关绩效）并不代表工作所必需的内容。

● 在使用评判式方法时，一定要抽取出足够的评判者，即能够代表10%～20%的现在任职者及其上级的样本，同时考虑全体任职者的族裔、性别、地域、岗位、任务结构分布。但是，中小企业中最重要的一个人口统计学变量是经验（Landy & Vasey，1991）。在一个中小企业样本中，如果未能包含足够的有代表性的经验实例，将会得到扭曲的结果。

● 在设定切点分数时，要考虑测量误差和不利因素的影响。因此，如果以任职者的绩效为基础设定一个用于候选人样本的切点分数的话，这样做是很合理的：将切点分数设定得比任职者所实现的平均绩效分数低一个标准误。

● 设定足够高的切点分数，以确保达到所需工作绩效的最低标准。安哥夫方法可以帮助我们确定上述最低标准。

安哥夫方法。使用这种方法时，专家根据胜任力较低的个体正确回答某个项目的概率对每个项目进行等级评定。将正确回答每个项目的概率（或者相应的比例）在专家之间进行平均，即可得到该项目的切点分数，对项目的切点分数求和就能得到测验的切点分数。这种方法易于操作，在切点分数的设定上与其他方法一样可靠。由于专家（而非顾问）运用他们的知识和经验来确定最低绩效标准，因此该方法很有吸引力。基于此，在为雇佣测验设定切点分数时，安哥夫方法成为最受欢迎的评判式方法也就不足为奇了（Cascio et al.，1988；Maurer & Alexander，1992）。不过，如果想通过这种方法得到最为理想的结果，还应该依据相关的工作知识，从事这项工作所需要的知识、技能、能力和其他特征精心挑选评判专家，然后对他们进行培训，以形成具备最低胜任力者的一般性概念框架（Maurer & Alexander，1992；Maurer，Alexander，Callahan，Balley，& Dambrot，1991）。

期望图表

这类图表经常用于直观地说明切点分数对未来雇佣决策的影响。**期望图表**（expectancy charts）说明了任何给定水平的预测因子分数成功预测效标绩效的可能性。图13—4就是这样一种图表——机构期望图表。

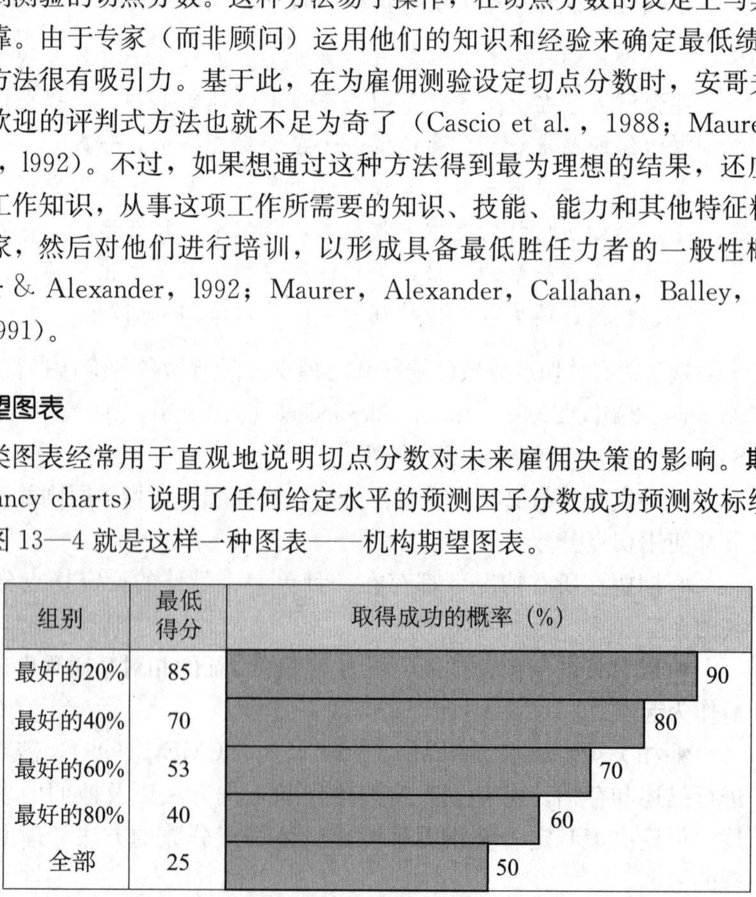

图13—4 用来说明在预测因子分数不同水平上取得成功绩效指标可能性的机构期望图表

事实上，期望图表回答了以下问题："假设给定选拔率为 0.20，0.40 或者 0.60，如果接下来情况和之前类似，我们会期望成功雇员所占的比例有多大?"这种方法在为将来的雇佣方案设定切点分数时非常有用。同样，对于分数落在预测因子分布中特定范围的个体来说，我们也可以绘制个体期望图表，用以说明成功效标绩效的出现概率。

期望图表由原始数据直接计算得到，不受单变量或复合变量（参见 Wesman，1966）以及间断预测因子的限制（Lawshe & Bolda，1958；Lawshe，Bolda，Brune，& Auclair，1958）。建立实证期望图表的计算机程序非常简单，理论期望图表也很容易获得（Lawshe & Balma，1966）。事实上，当使用相关系数来总结说明预测因子效标的相关程度时，期望图表是一种说明效度系数对未来雇佣决策影响的有效方法。如果测验在预测工作绩效时只有中等效度，那么分数之间的巨大差异将会符合期望分布的中等分数，这表明用测试分数来预测工作绩效是十分恰当的（Hartigan & Wigdor，1989）。

在存在多个预测因子的情况下，是否存在最佳的选拔方法? 或许，多元回归法和多重切点法的结合会是一个最佳方案。首先，使用多重切点法选拔出在各个变量上都达到最低要求的个体；然后，使用多元回归法以及其余预测因子预测效标值。其实，刚才所描述的就是选拔的多重障碍法或序列法，接下来我们进一步探讨这个问题。

13.5.3　多重障碍法

迄今为止，我们一直把多元回归模型和多重切点模型看成单阶段（非序列）决策策略，依据该策略对个体作出最终的处理（例如，录用、淘汰），而并不考虑这些个体未来的工作绩效情况。在多重障碍法或者序列决策策略中，某个预测因子的切点分数可以用来制定调研性决策。然后暂时接受候选人并对其进行评价，以便进一步确定是否永久录用他们。在对所有候选人作出最终决策之前，调研性决策还要经过其他几个后续测验的阶段（Cronbach & Gleser，1966）。如果后续培训的时间长、难度大、成本高，那么使用这种方法尤其合适（Reilly & Manese，1979）。

Hanisch & Hulin（1994）使用了一种复杂实验模拟的双阶段序列选拔程序，我们使用该模拟来研究空中交通管制员的任务和工作。该程序如图 13—5 所示，能力评价在第 1 阶段进行，因为这种信息的获得代价相对较低。在能力测验上达到切点分数的候选人进入第 2 阶段，其他人则被淘汰。最终的选拔决策基于第 1 阶段和第 2 阶段的综合信息。获得第 2 阶段信息的代价通常比获得能力评价分数的代价更高，但是由于这种信息是从较小的经过筛选的小组中获得的，因此与从所有求职者中获得第 2 阶段的信息相比，明显降低了成本。

除了检验预测工作绩效的能力，Hanisch & Hulin（1994）还对把培训作为第 2 阶段的信息的效度进行了检验。在 12 个试验组中，培训绩效分数为能力测验所解释的变异平均增加了 13 个百分点。在第一次把能力放入分层回归分析后，培训绩效分数解释了总任务绩效变异中另外的 32%。这些结果在实践意义上和统

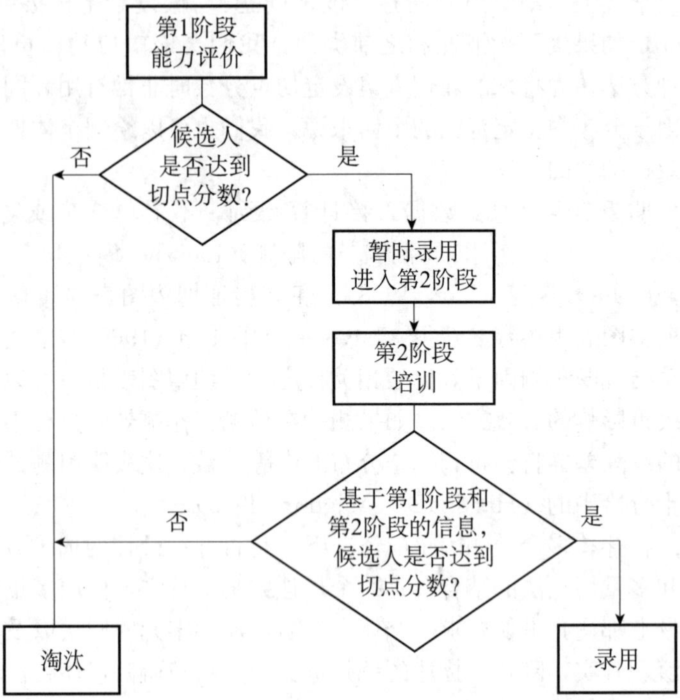

图 13—5　Hanisch & Hulin（1994）的双阶段序列选拔模型

计意义上都是极为重要的。它们不仅证明了能力在预测绩效上十分重要，也证明了培训绩效在类似的任务上更为重要。不过，为了在序列选拔决策中评估培训作为第 2 阶段信息的效用，有必要计算递增成本和培训的递增效度（Hanisch & Hulin，1994）。

组织（和个人）的最大兴趣理所当然地是尽可能较早地做出最终决策，但是这些决策必须像可利用的信息那样准确。通常为了获得更正确的决策，我们必须付出代价（例如，培训费用）。最佳决策可以通过对效标进行挑选（例如，上述例子中的空中交通管制员）来制定，然而所涉及的时间、费用、安全考虑因素却使这种方法并不能付诸实施。

最后，请注意：多重障碍法的实施将会对效标关联效度的测量产生重大影响（Mendoza，Bard，Mumford，& Ang，2004）。特别需要指出的是，实施一种多重障碍法时，在选拔过程的每一阶段预测分数都将受到限制，导致观察到的效度系数要比相应的总体效度系数偏小。产生这种情况的原因是多重选择阶段的各种应用导致数据严格受限（例如，申请表格、人格测验、认知能力测验等）。Mendoza et al.（2004）建议使用一种方法，该方法基于处理缺失数据的程序，能够测量出如果不使用多重障碍法，总体水平的效度本应是多少，以及给出一个正确系数的置信区间。

13.6　选拔决策古典效度方法的扩展：决策理论方法

古典效度方法的总目标可以简洁地表述如下：找到能获得最高 Multiple R（即效标中所解释的变异比例的平方）的方法，此即最佳的选拔测量方法。这将使选拔误差最小化。因此，应重点关注测量方法与预测。由于忽视了能在很大程度上决定一种选拔工具总价值的某些特定外部参数，该方法已经受到了严厉的批评。总体来说，需要考虑更广泛的组织问题，以便决策制定程序不仅是法律中心和效度中心的，同时是组织范围内合理的（organizational sensible）（Pierce & Agunis，2009；Roehling & Wright，2006）。比如，在开发一种人力资源专业人员的认证考试时，我们不仅需要知道效度，而且需要知道其对于个人、组织以及整个行业的效用（Aguinis，Michaelis，& Jones，2005）。

Taylor & Russell（1939）指出，效用不仅取决于选拔测量方法的效度，还取决于其他两个参数：**选拔率**（selection ratio）（可申请职位数与全体求职者人数的比例）和**基数率**（base rate）（运用现有选拔程序作出正确评价的人数比例）。他们还设计了一系列表格，以说明这 3 个参数之间的交互作用如何影响**成功率**（success ratio）（选拔出的候选人后来被证明是成功雇员的比例）。成功率是选拔测量的价值或效用的一种操作性测量指标。除了忽视了选拔率和基数率的影响，古典效度方法的效用假设也不合理，并且未能考虑选拔过程的系统性。**决策理论**（decision-theory）方法则不仅考虑了效用，也考虑了选拔率、基数率以及接下来将要讨论的其他情境性和组织性问题。

13.6.1　选拔率

当求职者的人数大于可录用人数时，选拔率就成为我们关注的主要问题。当接近 1.0（所有求职者都被录用）时，选拔率会变得很高从而不利于组织进行选拔。相反，如果接近于 0，选拔率则会变得很低从而有利于组织进行选拔。对于一个效度给定的预测因子而言，选拔率的改变可能会对结果造成很大影响，如图 13—6 所示（该图以及其后的 3 个图均来自 Taylor & Russell（1939））。在每种情况下，C_x都代表预测因子的切点分数。就像我们在图 13—6 中所看到的那样，如果选拔率很低而且组织只是想选择那些“最优秀的人”，那么即使预测因子的效度很低，也是有效的。例如，给定选拔率为 0.10、效度为 0.15，基数率为 0.50，则成功率为 0.61。如果此种情况下效度为 0.30，成功率将会上升到 0.71。如果效度为 0.60，成功率将会上升到 0.90，比基数率整整高了 0.40！相反，如果选拔率很高，预测因子必须有足够的效度，成功率才能明显上升。例如，给定基数率为 0.50，选拔率为 0.90，成功率（效度为 1.0 时）最大也只有 0.56。

因此，貌似可以这么认为，给定效度和基数率，那么最好降低选拔率（这样才会有更多的选择）。不过，最佳策略却并非如此简单（Law & Myors，1993）。当人力资源管理者必须选拔出一定数量的满意个体时，选拔率越低，就意味着需

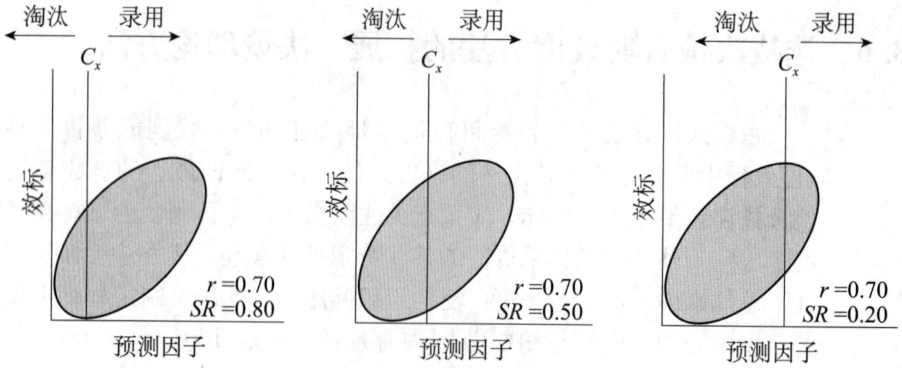

图 13—6　给定效度，选拔率的变化对预测因子的影响

要进行更多的招募。这种策略可能具有也可能不具有成本有效性。如果人员配备需求不固定或者进行更多的招募可行，选拔率就变得相当灵活。在这些情况下，问题就变成在预测因子系列中设定一个**最佳切点分数**（optimal cutoff score），这个分数将产生预期的预测结果分布。这正是期望图表法所要致力的。

当预测因子得分与效标得分呈反方向变动时，结果往往会得出一个与图 13—7 类似的散点图。提高切点分数（C_x）降低了错误录用的可能性，但是同时增加了错误淘汰的可能性。同理，降低切点分数则有完全相反的效果。为了使这两种误差最小化，一些研究者（Cronbach & Gleser，1965；Ghiselli，Campbell，& Zedeck，1981；Gordon & Leighty，1988）提出了一种设定切点分数的简单程序。如果两组的频次分布位于同一基线上的不同部分，区分这两组的最佳切点分数就是两个分布的交点分数（见图 13—8）。

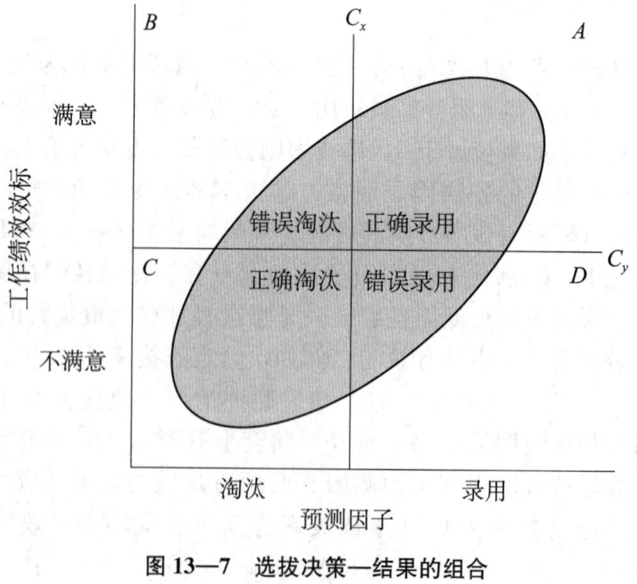

图 13—7　选拔决策—结果的组合

不过，就像我们看到的那样，设定基于最好绩效水平的切点分数会使录用率最小化，因此，安哥夫方法的应用更为普遍。也有人提出了使用效用概念和贝叶

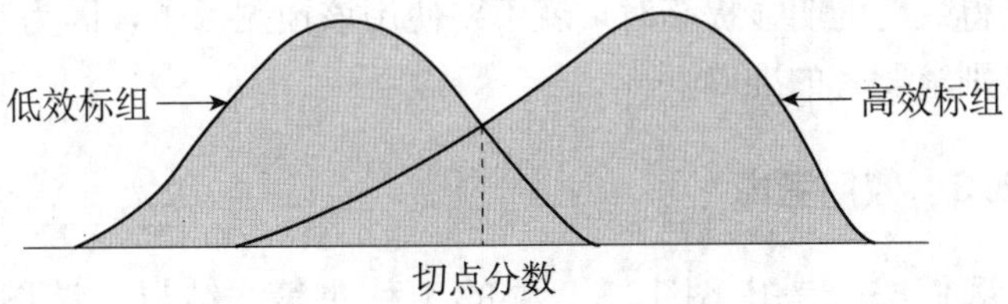

图 13—8　使错误录用和错误淘汰同时最小化的最佳切点分数

斯决策理论的程序（Chuang，Chen，& Novick，1981）。但是在这里我们并不考虑这些，因为在大多数实际情况下，决策制定者并不能随意改变选拔率。

13.6.2　基数率

在一篇经典文献中，Meehl & Rosen（1955）指出了基数率在评估选拔测量价值中的重要性。为了能在选拔过程中使用，测量方法必须能够通过提高基数率而增加效度（Murphy，1987）。也就是说，使用选拔测量后要产生比没有使用选拔测量更多的正确决策。如图 13—9 所示，基数率越高，提高选拔测量效度的困难就越大。

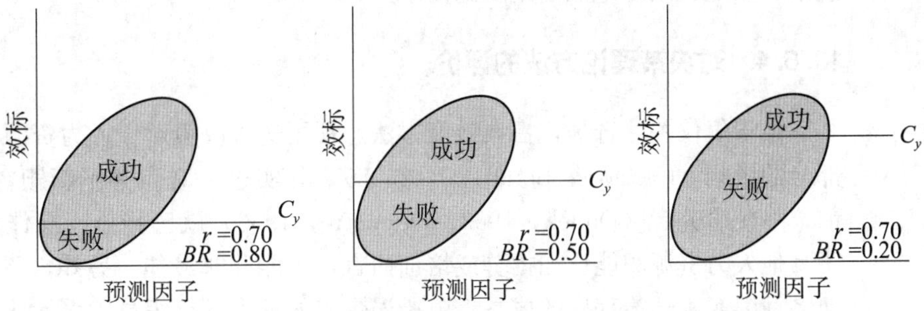

图 13—9　给定效度，基数率的变化对预测因子的影响

在每种情况下，C_y都代表成功所必需的最低效标标准（效标切点分数）。当然，可以通过提高或降低最低效标标准来改变选拔情境中的基数率。从图 13—9 中可以看出，给定基数率为 0.80，任何选拔测量的效度都很难提高。实际上，当基数率是 0.80 时，要想产生基数率预测 0.10 的改进需要 0.45 的效度。在基数率非常低时情况也一样，不过此时的目的是预测失败（比如，对求职者精神疾病的探测）。给定基数率为 0.20，效度为 0.45，成功率就是 0.30。这再次证明：对于正确决策而言，只有 0.10 的增量。

当基数率为 0.50 左右时，选拔测量是最有用的。这是因为这个二分变量的变异等于 p 与 q 的乘积，其中，p 与 q 分别代表成功与失败的部分。当 $p=q=0.50$ 时，变异最大。在其他因素都相同的情况下，变异越大，与预测因子的潜在关系就越强。当基数率明显高于或低于 0.50 时，附加预测因子的好处就不可信了，尤其是考虑到收集附加信息产生的成本时。

结论很明显：在选拔率或者基数率明显不同的情况下，选拔测量的应用会导致完全不同的预测结果和成本—收益比率。当不能通过增加一个预测因子的方法来获得效度的明显提高时，就不要使用该预测因子，因为它不能通过基数率来提高鉴别求职者的准确性。

13.6.3 效用考虑

我们综合考虑图13—7中的4种决策—结果。试图使Multiple *R*最大化（因此使错误录用和错误淘汰的数目最小化）的古典效度方法，没有具体考虑效用的变化对每个组织产生的4种可能结果。古典效度方法明确地认为，两种类型的决策错误的成本同样昂贵，但是在多数实际选拔情形中，组织却为这些后果贴上了不同的效用标签。比如，错误录用一个飞行员的后果要比错误淘汰一个飞行员的后果严重得多。许多组织几乎从不考虑错误淘汰的情形，除非它在求职者、管理者测试等方面投入了大量成本。从另一方面来看，许多职业竞技运动队则在招募、训练和评价候选运动员上花费了巨额资金，以“不让任何一个优秀者被淘汰”。

古典效度方法的不足在于它只强调测量和预测，而没有强调决策的后果。然而在选拔中，决策者的任务非常清楚，就是把先前的预测与可选后果的价值联系起来，以最大限度地满足组织的需求。

13.6.4 对决策理论方法的评价

由于仅仅关注选拔，古典效度方法忽视了选拔决策对于人力资源系统中其他部分的影响（Cascio & Boudreau，2008）。其实这一观点并不新颖，大约50年前，一些研究者（Dudek，1963；Dunnette，1962）就已指出，最佳选拔策略对于其他人力资源职能比如招募或培训而言，可能并非最佳。另外，还必须考虑其他多种因素：选拔程序的成本、由错误带来的损失、组织员工多元化的考虑、组织测量成功的能力等。当一个组织只关注选拔时，由于忽视了对其他相关职能的影响，整个人力资源系统性能的效力可能会遭受重创。

简而言之，必须按照每种选拔程序对组织的总效益来评价它们。因此，Boudreau & Berger（1985）提出了一个效用模型，它可以对员工招募和员工解聘之间的交互作用作出评价。这个模型也阐明了全体员工效用与单个员工解聘和流失的传统研究之间的重要关系。

适用于选拔的决策理论方法的优点在于：它对选拔率和基础率参数进行了定位，迫使决策制定者明确考虑他们需要做出的评判类型。例如，如果主要考虑错误录用的情况，那么预测因子的切点分数就可以相应提高。当然，这也使更多的人被错误地淘汰，因而必须制定更有利的选拔率，但是这样就破坏了决策制定者的兴趣。当效度系数能在整个分数范围内提供预测因子—效标的相关指标时，决策理论方法更多考虑的是选定的切点分数在制定一个特定决策上的效力。该模型非常简单（见图13—7），只需要决策者将预测因子分为互相独立的两类或更多类别，同时对效标数据也进行相似的分类，然后就能对两类数据进行比较。

决策准确性的一个衡量指标是正确决策在总决策中所占的比例。按照图

13—7中的形式，可按如下方法计算这个比例：

$$PC_{TOT}=(A+C)/(A+B+C+D) \qquad (13—1)$$

式中，PC_{TOT}是总决策中正确决策的比例，A，B，C，D表示图13—7中每个单元个体的数量。注意，公式（13—1）考虑到了所制定的所有决策。从这个角度讲，在考虑到所有求职者时，它可与预测性效度系数进行比较。另外。注意B和D（错误淘汰和错误录用）拥有相同的权重。实际上，如前所述，这些类别常常会拥有不同的权重（例如，在成本方面）。在讨论效用时，我们将进一步探讨这个问题。

在许多选拔情况中，人们都认为错误录用比错误淘汰更糟糕。人力资源管理者更关注被雇佣员工的成功或失败，而非被淘汰者的成败。简而言之，组织从被淘汰的求职者得不到任何好处。因此，更准确地衡量决策制定准确性的指标是正确录用决策在总录用决策中所占的比例：

$$PC_{ACC}=A/(A+D) \qquad (13—2)$$

式中，PC_{ACC}是正确录用的比例，A和D分别代表正确录用和错误录用的人数。当选拔的目标是最大限度地提高正确录用者的人数时，适合使用公式（13—2）。

从上面的讨论可以看出，基于一种实用的视角，比起相关的结果，正确决策与错误决策的数目在评估预测准确性方面更有意义，也更有效。另外，决策理论的范例很容易应用、沟通和理解。

虽然与古典效度方法相比具有数个优点，但是由于在设定切点分数时未考虑测量误差，决策理论方法也受到了批评。使用这种方法时，一些人将受到不公平的对待，特别是那些分数刚刚低于切点分数的人。这种批评的实际标靶其实是切点的使用方法（即决策策略）而非决策理论本身。就像我们前面提到的那样，选拔测量最好作为决策制定过程中的工具来使用。不能（也不应该）认为切点分数是绝对的。实际上，它们是相对的（测量的标准误导致切点范围或置信度的局限），与其他信息一样，它们为最终决策的制定提供了一定的权重。总之，我们提倡在选拔时使用更可行的序列决策策略。

虽然具有一些优点，决策理论方法中“击中”或“漏选”数目的表格仅仅能为我们预测贡献（例如，录用者与淘汰者、培训项目的成功与失败）所用，而不能用于预测量度（例如，工作绩效的等级或销售额）。对量度进行预测时，我们必须具体关注“多少”，这时就忽视了分数。我们的预测有多么乐观？我们减少了多少此类误差——由于没有恰当地使用信息，这些误差本来是应该出现的？我们对事实与预测之间的平均变异，与由于未使用类似知识作为预测的基础而造成的平均误差进行了比较（Guilford & Fruchter，1978）。**评估的标准误**（standard error of estimate）就是可以告诉我们上述比较的统计量。然而，除非效用与相关的后果之间是一一对应的关系，否则即使知道每种后果出现的相对频率，也不能帮助决策制定者对预测因子的价值作出评估。

13.7　使用商业语言：效用分析

运营经理强烈渴望对预期的成本和能从人力资源程序中获得的收益作出评

价。然而遗憾的是，尽管技术已经出现了多年，但实际上却很少对人力资源程序进行这样的评价（Brogden，1949；Cascio & Boudreau，2008；Cronbach & Gleser，1965；Sands，1973）。更经常的情况是，对选拔或晋升系统往往仅以相关——通过效度系数的方式进行评价。暂且不论以下事实：当情境改变时，效度系数与其他参数一样仅仅是评价选拔策略价值的一个不完全指标；少数已发表的研究包括一些更准确的预测盈利的方法。然而，由于人力资源成本在整个商业成本中所占的比例越来越大，我们可能会看到人力资源经理正面对越来越大的压力——需要决定是选择招聘选拔的新程序，还是继续使用原来的程序。这就需要考虑各种可用选拔决策对组织的相对效用。

选拔策略的效用即在选拔个体时，使用这种策略比不用该策略所能带来的质量上的提高程度（Blum & Naylor，1968）。而质量则可以依据以下内容来衡量：（1）在所选拔的小组内被认为是“成功”的个体所占的比例；（2）所选拔小组在效标上的平均标准分；（3）使用特定选拔程序给组织带来的盈利（以美元表示）。前面我们曾简要讨论了 Taylor-Russell 模型（Taylor & Russell，1939）。现在我们引入另外两种效用模型——Naylor-Shine 模型（Naylor &Shine，1965）与 Borgden-Cronbach-Gleser 模型（Borgden，1946，1949；Cronbach & Gleser，1965），并分析它们各自的用处。此外，我们还将关注选拔效用研究的最新进展，例如效用模型与资本预算模型的整合、效用—分析结果的用处、多贡献效用分析以及效用分析与战略商业目标之间的关系等。

13.7.1 Naylor-Shine 模型

与 Taylor-Russell 模型相反，Naylor-Shine 模型方法假设效度与效用间线性相关。这种相关在全部选拔率水平上都存在。也就是说，在选拔测量中，给定任意水平的切点分数，效度越高，所选拔小组的平均效标分数与全体求职者平均效标分数的差值（即所选拔小组的平均效标分数减去全体求职者的平均效标分数）就越大。因此，Naylor-Shine 模型的效用指标被定义为：使用给定效度和选拔率的选拔测量，可以预期到的平均效标分数的增加值。和 Taylor-Russell 模型一样，Naylor-Shine 模型也做出了这样的假设：新的预测因子将被简单地添加到当前的选拔系列中。在这种情况下，效度系数应该基于即时的效度模型。不过与 Taylor-Russell 模型不同，Naylor-Shine 模型并没有要求把求职者二分为“满意”组和“不满意”组，而是设定代表“最低可接受绩效”的标准切点分数来区分求职者。因此，使用这种模型所需要的信息更少。

Naylor-Shine 模型的基本等式如下：

$$\overline{Z}_{y_i} = r_{xy}\frac{\lambda_i}{\Phi_i} \qquad (13\text{—}3)$$

式中，$\overline{Z}_{y_i}$ 是所有情况下超过预测因子切点的效标分数的均值（使用标准分）；r_{xy} 是效度系数；λ_i 是预测因子切点的正态分布的纵坐标或高度 $\overline{Z}_{x_i}$（用标准分表示）；Φ_i 是选拔率。不管 r_{xy} 是零阶相关系数，还是一个效标与几个预测因子之间的多元回归系数（例如，R），公式（13—3）都能应用。

以公式（13—3）为基础，Naylor & Shine（1965）设计了一系列表格，对于每个选拔率，表格内详细列出了对应于选拔率的标准（预测因子）分数、该点的正态曲线的纵坐标以及份额 $\frac{\lambda_i}{\Phi_i}$。这些表格可以回答以下问题：（1）给定一个选拔率，所选拔者的平均绩效水平是多少；（2）给定一个希望达到的选拔率，$\bar{Z}_{y_i}$ 将是多少；（3）给定希望得到的所选拔者平均效标分数的提高程度，应该使用什么样的选拔率/预测因子切点（以标准分的形式）。

当效标绩效的差异不能用具体的美元数额衡量，但是能假设相关结果（例如，在这种处理下的绩效）的函数与预测分数之间的关系为线性时，最适合使用这种模型。例如，在基于被证明具有一定效度的预测因子（例如，加权申请表格）得分对劳动力周转率（以百分比的形式）进行预测时，如果利润是以标准分的形式表达的，预测的周转百分比的减少可以通过选拔率变化的函数（预测因子切点分数）来评估。如果使用合适的成本—估计程序来计算实际的周转成本（Cascio & Boudreau，2008），可以估计出通过减少周转率而得到的预期节约。

总体上 Naylor-Shine 效用指标比 Taylor-Russell 效用指标更具普适性，因为在许多（如果不是大部分）情况下，给定一个有效的选拔程序，组织在决定录用雇员时的选择性越大，平均效标绩效的提高也就越大。不过，这两个模型都没有把选拔成本或资金获得/损失的概念与效用指标整合起来。两个模型都只是简单地暗示了这一点：成功雇员百分比的差异更大（Taylor-Russell），或者平均效标分数的增量更大（Naylor-Shine），就会以节约成本的方式给雇主带来更大的收益。

13.7.2　Borgden-Cronbach-Gleser 模型

在效度系数、选拔率、选拔成本和效标分数的变异对特定选拔处理效用的影响上，Borgden（1946，1949）与 Cronbach & Gleser（1965）得到了相同的结论。使用 Borgden-Cronbach-Gleser 模型仅需这样一个假设：测验分数和工作绩效之间是线性关系。也就是说，测验分数越高，工作绩效越好；反之亦然。几乎在所有情况下这个假设都是正确的（Cesare，Blankenship，& Giannetto，1994；Coward & Sackett，1990）。如果我们进一步假设测验分数是正态分布的，则所选拔者的平均测验分数（$\bar{Z}_x$）即 $\frac{\lambda}{SR}$，式中，SR 是选拔率，λ 是与 SR 相对应临界值的标准正态曲线的高度。

满足这些假设时，Borgden（1949）与 Cronbach & Gleser（1965）提出了选拔 N 个人的净效用收益的如下计算公式：

$$\Delta U=(N)(T)(SD_y)(r_{xy})(\bar{Z}_x)-(N)(C) \qquad (13—4)$$

式中，ΔU 是使用测量或其他选拔程序（x）而不是随机进行选拔所带来的平均盈利（以美元表示）增量；T 是所选拔组的预期工作年限；r_{xy} 是所有被当前正在并将继续使用的程序筛选的求职者组的工作绩效（以美元表示）测量与选拔程序的相关程序；SD_y 是（预先筛选的）求职者组中用美元表示的工作绩效的标准差；

$\overline{Z}_x$ 是所选拔小组预测因子的平均标准分；C 是花费在每个求职者身上的测验成本。

请注意：在这个公式中，$(SD_y)(r_{xy})$ 是把预期盈利与测验分数联系起来的盈利函数的斜率。效度上升将导致倾斜程度上升，但是正如公式（13—4）所证明的那样，倾斜程度往往取决于效标分数的离差。对于任何一种处理来说，SD_y 都恒定，并且不仅能显示出盈利的数量，还能显示出盈利的个体差异的实际意义。因此，一个 $r_{xy}=0.25$，$SD_y=10\ 000$ 的选拔程序可能和一个 $r_{xy}=0.50$，$SD_y=5\ 000$ 的选拔程序（控制其他变量不变）作用相同。甚至可能会出现这种情况：当 SD_y 很高时，效度很低的程序仍可能有用。这3种模型的总结如表13—3所示。

表13—3　效用指标、所需数据与 Taylor-Russell，Naylor-Shine，Borgden-Cronbach-Gleser 效用模型的总结

模型	效用指标	所需数据	假设
Taylor-Russell	所选拔小组成功比率的增加	效度、基数率、选拔率	所有求职者被二分为成功的和不成功的
Naylor-Shine	所选拔小组平均效标分数的提高	效度、选拔率	每组所有成员的效标绩效相等；选拔成本＝0
Borgden-Cronbach-Gleser	所选拔小组盈利（以美元表示）的增加	效度、选拔率、效标的标准差（以美元表示）	效度与效用线性相关；选拔成本＝0

资料来源：Cascio，W. F.（1980）. Responding to the demand for accountability：A critical analysis of three utility models. *Organizational Behavior and Human Performance*，*25*，32 - 45. Copyright © 1980 with permission from Elsevier.

13.7.3 Borgden-Cronbach-Gleser 模型的进一步发展

Borgden-Cronbach-Gleser 模型现在已经有了技术性的改进（Raju，Burke，& Maurer，1995），例如，增加了独自测量招募和选拔成本的能力（Law & Myors，1993；Martin & Raju，1992）。不过，在这里我们主要讨论该模型的其他3种重要改进：（1）评估 SD_y 的其他方法的进展；（2）效用模型与资本预算模型的整合；（3）对特定选拔策略带来的相应效用收益或损失的评价。下面，我们择要对其进行探讨。

评估 SD_y 的其他方法

研究者证明，在更大范围内扩展 Borgden-Cronbach-Gleser 模型的应用的主要阻碍是以美元表示的工作绩效的标准差。现在，测定 SD_y 这个参数至少有4种方法。下面对其进行了总结，以便为有兴趣的读者提供更详细的信息。

- **百分位数法**：管理者需要评估绩效在第15，50，85百分位数上的员工所创造的货币价值（基于输出的质量和数量）。通过对第15百分位数和第50百分位数之间的差异与第50百分位数和第85百分位数之间的差异进行平均，可以计算出 SD_y（Schmidt，Hunter，McKenzie，& Muldrow，1979）。Burke & Frederick（1984，1986）还对此方法进行了进一步加工。
- **平均薪水法**：由于大多数 SD_y 的评估值看起来都在平均薪水的第40到70

百分位数之间波动，故可将第 40 百分位数的平均薪水作为 SD_y 的低估值（例如，保守主义者），将第 70 百分位数的平均薪水作为 SD_y 的高估值（例如，激进主义者）（Schmidt & Hunter，1983）。Hunter，Schmidt，& Judiesch（1990）的研究证明，这些数字并不是固定的，而是会随着工作的复杂性而变化。

● **以美元表示的绩效的 Cascio-Ramos 测量**（CREPID）：这种方法是把一个工作分解为若干个主要任务，根据这些任务的重要性赋予权重，将权重与平均薪水相乘计算出每个任务的相对价值（Cascio & Ramos，1986）。然后，将每个员工的绩效数据与根据每项任务的相对价值分配的等级分相乘。最后，对这些数字求和，得到每个员工的总价值，从所有总价值分数的分布中就可得到 SD_y。许多研究对这种方法进行了进一步的发展（Edwards，Frederick，& Burke，1988；Orr，Sackett，& Mercer，1989）。

● **高级等价物和系统有效性技术**：这类方法考虑了导致累积绩效提高的系统单元的绩效水平和数量的变化（Eaton，Wing，& Mitchell，1985）。高级等价物技术的内容如下：评估一定数目平均水平（第 50 百分位数）的员工所产生的绩效，需要由多少高水平（第 85 百分位数）的员工来实现。系统有效性技术基于如下假设：对于包含很多单元（例如，部门）的系统来说，总累积绩效可以通过增加员工数量或者提高每个员工绩效的方法得以提高。通过比较由于单元增多而导致的成本增加与系统累积绩效的提高，可以得出累积绩效提高量（Eaton et al.，1985）。

多项研究都对使用不同方法评估 SD_y 得到的结果进行了比较（参见 Cascio & Boudreau，2008）。然而，由于缺失有意义的外部效标，（它们）并不能为如何进行选择提供依据（Greer & Cascio，1987）。一篇关于效用文献的综述总结道，使用百分位数法时，由上级管理者评定的百分位数之间存在很大的变异（Cabrera & Raju，2001）。另一方面，对于使用第 40 百分位数的平均薪水法和 CRRPID 法也得到了相似的结论（Cabrera & Raju，2001）。此外，当 SD_y 存在时，使用不同方法评估 SD_y 所得到的结果差异往往小于 50%，并且在很多情况下可能少于 5 000 美元（Boudreau，1991）。

可能所有的主观方法都低估了 SD_y 的真实值。借助一个特定范围内的数据，Becker & Huselid（1992）直接估计了 SD_y。SD_y 的真实值位于平均薪水的 74%～100%之间，这明显比主观估计中给出的 40%～70%更高。产生这种情况的原因之一是，在使用主观方法时，管理者以工资或薪水而非销售收入来解释以美元表示的产量价值。其实，如果管理者能够把对产出变化的估计作为平均产出（SD_p）的百分数，则会更加准确（Judiesch，Schmidt，& Mount，1992）。

由于与 SD_y 的估计相关的一些问题存在，Raju，Burke，& Normand（1990）提出了一种新方法，不使用这个变量，而是使用合并总体薪酬（total compensation，TC）（例如，薪水、奖金等）与工作绩效等级评定的标准差（SDR）。未来，进一步的研究需要把使用 SD_y 与使用 TC 和 SDR 的效用估计的准确性进行比较。

一方面，人们呼唤对 SD_y 测量的更多研究；另一方面，关心**盈亏平衡分析**

(break-even analysis）的研究却认为，这样做可能用处不大。所谓盈亏平衡点，即人力资源管理项目的收益与成本均衡（即相等）的点。任何超过盈亏平衡点的参数都会产生正效用。Boudreau（1991）计算了42项对 SD_y 进行估计的研究的盈亏平衡点。毫无例外，盈亏平衡点都在 SD_y 估计值的60%或更低。在有些情况下，盈亏平衡点甚至比 SD_y 估计值的1%还要低。不过，就像 Weekly, Frank, O'Connor, & Peters（1986）指出的那样，虽然有时实施一项人力资源管理项目会比不实施该项目的盈亏平衡点更低，但是当 SD_y 估计的变异确实影响最终的决策时，人力资源管理程序对组织的其他投资可能会产生决定性影响。研究这些情境变量的整合可能会十分有用。

选拔效用与资本预算模型的整合

可以看出，选拔效用模型与金融领域的资本预算模型非常相似（Cronshaw & Alexander，1985）。在两种模型中，都要估计未来所得收益的预测流，与选拔项目相关的成本也要从收益流中减去，以获得预期净效用收益。也就是说：

效用＝收益－成本

人力资源专业人员认为，从选拔程序中得到的净收益（以美元表示）代表了评估程序的最终产值；资本预算理论则认为，在选拔程序的效用或有用性评估中，预测收益和成本（以美元表示）仅仅是第一步。这就意味着，净收益很高的选拔程序并不一定能给公司带来最大利润。从公司的视角来看，只有那些能够确保公司市场价值有所增加的项目，即使它们不一定能带来最高的绝对收益（以美元表示），才应该采纳（Brealey & Myers，2003）。

总之，在评估选拔程序在大型公司中所带来的收益时，存在限制 Borgden-Cronbach-Gleser 模型有用性的3个局限，这些局限会导致对盈利的过分乐观估计（Cronshaw & Alexander，1985）。列举如下：

1. 它没有考虑货币的时间价值——也就是说，贴现率。

2. 它忽视了风险的概念。

3. 它忽视了税收对盈利的影响。也就是说，由选拔程序带来的任何收入增加都可能会增加公司的税率。因此，在资本预算模型中，往往使用投资的税后收益。忽视税收影响的选拔效用模型可能会过于乐观地估计一个选拔程序所带来的收益。

在人力资源项目中，资本预算模型的应用并未得到人们的普遍认可（参见 Hunter，Schmidt，& Coggin，1988），不过使用这些方法具备理论驱动的基本原理。无论是建造新工厂还是培训新员工，它们都有利于对使用组织资源的竞争性建议进行比较。为了进行有效的比较，两种建议必须以同样的方式呈现——从组织的基本目标出发，对组织的整体收益进行测量（Cascio & Morria，1980；Cronshaw & Alexander，1991）。

其实，人力资源研究者并没有完全忽视这些考虑。例如，Boudreau（1983a，1983b）同时考虑了经济因素和应用选拔程序对工作一年以上员工的影响，对公式（13—4）进行了修正。因此，有效的选拔带来的收益归因于组织内拥有不同任期的交叠求职者群体。

当然，效用等式输出结果的准确性取决于所输入的（非常容易出错的）数据。从以上分析中获得的重要教训是：从人力资源管理者的视角来看，把人力资源干预的费用视为一项长期投资，而不只是把它当成短期操作性成本，要更有利也更现实。

13.7.4 Borgden-Cronbach-Gleser 模型的应用与仔细检查效用估计的需要

效用可以通过一系列指标来表示，包括生产力的提高量、劳动力成本的降低量、产生特定产量所需员工的减少量、财务回报率等。例如，基于为联邦政府选拔新的计算机程序员，Schmidt et al.（1979）使用公式（13—4）评估了有效性测试（程序员能力倾向测验）对生产力的影响。估计的生产力的提高通过选拔率的变化和新旧选拔程序之间的效度差异体现出来。例如，Schmidt et al.（1979）的研究结果显示，给定选拔率为 0.20，新旧选拔程序之间的效度差异为 0.46，每年招聘 618 名新程序员，每个人的测试成本为 10 美元，程序员的平均工作时间为 9.69 年，则每位员工在这 9.69 年中平均创造的生产力收益为 64 725 美元。简而言之，如果使用了最适合当前职位的选拔程序，在生产力上浪费的数百万美元就可以节省下来。

其他研究调查了评价中心（见第 12 章）对管理绩效的影响（Cascio & Ramos，1986；Cascio & Silbey，1979）。在后续研究中，选定了 1 116 个管理者，他们在第一管理层级的平均工作年限为 4.4 年，与第一管理层级评价相关的盈利超过 1 300 万美元。这意味着每个管理者在 4.4 年中提高的绩效约为 12 000 美元，或者平均每年提高 2 700 美元。

在另一项研究中，Hunter & Hunter（1984）总结道，在联邦政府入门水平的工作岗位上，将有效性较差的预测因子与有效性较好的预测因子（能力和工作样本测试）进行比较，每年会产生 31.2 亿美元（试用期员工）到 158.9 亿美元（正式员工）的生产力成本差异。仅依据能力进行雇佣会带来每年 156.1 亿美元的效用，但是它伤害了社会上的少数族裔群体。

就这一点而言，如果仅仅按照分数由上而下地雇佣，绩效收益很可能会像预期的那样高，这有助于建立选拔系统的可信性（和基础）。这种方法现实吗？答案可能是否定的，原因如下。

高分求职者可能放弃机会

效用评估较高基于如下假设：在自上而下的方法中，选拔从最高分求职者开始。在实践中，高分求职者可能会放弃机会，所以必须接受低分求职者以代替放弃机会的高分求职者。因此，实际选拔中所选拔出员工的平均能力往往低于那些最初通过选拔的求职者的平均能力。结果是，与有效选拔有关的效用的实际增加往往低于所有合格求职者都不放弃机会时的情况。

Murphy（1986）提出了当合格求职者中有人放弃机会时，计算实际所选拔出员工的平均能力的公式。他指出，在实际情形中，使用原有效用公式可能会导致对利润产生30%～80%的高估。劳动力市场的竞争激烈程度也在一定程度上解释了接受工作岗位求职者的素质变异（Becker，1989）。

期望与实际绩效分数之间存在差异

常常会出现这样的情况：当所有超过特定切点分数的求职者都被选拔出来时，被选拔者的预测因子平均期望得分将随求职者数量的减少而降低（DeCorte，1999）。因此，当求职者数量减少时，实际绩效分数往往低于期望绩效分数，这很可能会减少选拔系统的盈利（参见公式13—3）。

由于选拔率与雇佣率并不完全相同，因此即使求职者样本是总体中的一个随机样本，也存在上面所说的情况（DeCorte，1999）。考虑下面这个例子：假如使用由上而下的选拔，有10个求职者前来应聘。这些求职者的最高分为95，次高分为92，接下来为90。给定雇佣率为0.20，因为要依照最终所要选拔出的人数（即2人）进行选择，所以预测因子的切点分数就可能会定在92分或者92～90分之间。在样本有限的情况下（这是人员选拔中常见的情形），DeCorte（1999）提出了更精确地计算平均期望绩效的方程。使用这些方程可以减少过高估计经济盈利的可能性。

影响效度估计的经济因素

早期的研究都未对贴现率、可变成本和税收等经济因素进行调整。而在经过这样的调整之后，则可能会得到约为原先70%的净盈利估计值（Boudreau，1988，1991）。在对办事员选拔程序的效度化盈利进行测量时（在办事员选拔程序中，效度源自可选性效度概化方法），Burke & Doran（1989）就对经济因素进行了调整。他们发现，不论是否使用效度概化估计方法，从当前的选拔程序转向一种新的可选择的选拔程序，效用的变化均相当大。

实际上，在选拔程序中，多种因素都可能影响预估盈利（Cascio，1993），表13—4是对这些因素的总结。在决策制定过程中增加对这些因素的考虑，可能会使效用评估变得更现实。

表13—4　影响选拔程序盈利的主要因素

导致盈利增加的因素	导致盈利下阵的因素	导致盈利有可能增加也有可能下降的因素
选拔率的降低	选拔率的提高	效标定义的改变
多元化的员工队伍	贴现率	
启动成本[a]	可变成本（原材料＋工资）	效度的改变
员工任职年限	税收	工作绩效变异的改变
宽松的劳动力市场	紧缩的劳动力市场	
	达到最高绩效的时间间隔	
	受时间影响的绩效的不可靠性	
	招募成本	

a. 启动成本虽然在当时降低了盈利，但是能使后来的盈利增加，因为这样的成本可以重复利用。

资料来源：Cascio，W. F.（1993）. Assessing the utility of selection decisions：Theoretical and practical considerations. In Schmitt，N. & Borman，W. C.（Eds.），*Personnel selection in organizations*（p. 330）. San Francisco：Jossey-Bass Used by permission of John Wiley & Sons，Inc.

管理者可能不相信这些结果

如前所述，以美元来表示的效用估计值是很大的。这有助于人力资源专业人员让他们的选拔程序获得高层管理者的支持吗？研究表明，情况可能并不乐观。例如，Latham & Whyte（1994）的一项研究表明，有时可能会存在“效用分析无用”的现象。该研究以书面形式向高级管理人员工商管理硕士（EMBA）课堂上的143名学员呈现了一个虚拟公司的选拔系统。结果显示，当看到的是效用信息而非效度信息时，管理者接受该选拔系统的可能性更小，更不愿把资源投入其中。换句话说，即使分析表明能从新程序中获得可观的净利润，效用分析也会降低管理者对一个有效的选拔程序的支持程度。在由下而上的研究中，41位管理者被随机分配到以下3组中（Whyte & Latham，1997）：

- 第1组：管理者看到了一位心理学家（虚设的）对于采用新选拔程序的书面建议，内容包括对程序有效性的解释。
- 第2组：管理者看到了与第1组一样的信息，还看到了一位顾问（虚设的）对于这些建议的书面支持。
- 第3组：管理者看到了和第1组一样的信息，还看到了效用分析的书面解释、一个实际的效用分析案例（此案例表明，使用该程序能得到大量金融收益），以及一位专家解释效用分析的逻辑基础和收益的录像。

研究表明，无论以哪种方法提供具有积极后果的效用信息，结果都并不乐观。相反，有关积极的效用分析的陈述降低了管理者对选拔程序的支持程度，即使效用分析的逻辑基础和收益由一位公认的专家给出。这些结果也与人力资源专业人员的观点相一致，实践中他们均观测到了在组织内使用效用信息的消极影响。例如，Tenopyr（2002，p. 116）就曾指出：“由于对效用评估的批评，现在已经不再进行这样的分析。”

克朗肖（Steven Cronshaw）就是Whyte & Latham（1997）研究中的那位专家，他提出了不同的观点。他指出，在Whyte & Latham（1997）中验证的假设并不是一个信息性假设（即效用信息能够影响有关选拔系统的决策），而是一个说服性假设（Cronshaw，1997）。克朗肖认为（Cronshaw，1997），他在录像带中的陈述“甚至超越了威胁胁迫，达到了令人生畏的程度”（p. 163），因此，人们认为他不是在提供咨询，而是在试图推销选拔系统。为了抵制这种“试图”，管理者对效用信息做出了消极应对。Cronshaw（1997，p. 614）总结道：“在有些情况下，使用传统的基于货币的效用分析是十分危险的。”其中一种情况是：管理者把人力资源专业人员当作试图推销产品（内部的或者外部的）的人，而不是把效用信息当作投资决策制定的辅助信息。

Carson，Becker，& Henderson（1998）检验了测量效用信息（这些信息使选拔系统获得了管理者的支持）有效性的另一个临界条件。他们进行了两项研究，第一项研究包括145名在3所大学研修EMBA课程的管理者，第二项包括来自6所大学的186名学生（MBA或EMBA）。第一个值得注意的发现是，虽然与Latham & Whyte（1994）的研究使用了几乎完全一样的情境，但是两项研究的结果并不相同。遗憾的是，结果并不相同的原因还不清楚。第二，当以更容易理解的方式提供信息时，效用信息提高了选拔程序的接受程度。简而言之，使效用信息有效的临界条件是提供这些信息的方式。当信息以用户友好的方式呈现时（例如，信息中的技术性术语和计算细节更少，以更简短、简单的方式表达），效用信息能够产生积极影响。另一项研究也得出了同样的结论：管理者更容易接受这样的效用分析结果——以基于平均薪水的40%计算 SD_y，而不是CREPID方法（Hazer & Highhouse，1997）。为了确定这一观点是否正确，还需要进行更多的研究：效用信息的呈现方式如何以及在多大程度上影响管理决策和选拔程序的可接受性。

效用和有用性

Aguinis &Harden（2004）指出，使用经典的效用分析不能回答这个关键问题：把数种手段结合起来使用是否会降低一种选拔工具的有用性。即使用我们之前描述的因素对 Borgden-Cronbach-Gleser 模型加以调整，该效用模型仍然只关注一个主要因素：测验得分与工作绩效之间的相关系数（即效标关联效度）。这是一个“单特质”的效用分析，只使用定量数据而忽视定性数据（参见 Aguinis & Harden，2004）。

相反，就像我们在第7章中所描述的那样，对于一个公司而言，多特质效用分析（Aguinis & Harden，2004；Roth & Bobko，1997）可能是评估选拔系统有用性的更好工具。多特质效用分析不仅包括 Borgden-Cronbach-Gleser 模型的结果，也包括其他我们所需结果的信息，例如员工多元化的增加、招募成本的下降、组织灵活性的增加以及组织公众形象的改善。因此，多特质效用分析不仅包含传统的单特质效用分析，而且在此基础上考虑了群体和组织水平上的主要战略性商业变量。同时，此类分析综合考虑了定量数据和定性数据（Jereb et al.，2005）。当组织需要从两种选拔程序或两类评价中选出一种时，多特质效用分析将会特别有用。例如，Hoffman & Thornton（1997）就面临这样一种情况：虽然评价中心使效度略微有所下降，并且在每个求职者身上花费了10倍于能力倾向测验的成本，但是对选拔的不利影响更少。多特质效用分析能够帮助我们做出这样的判断：评价中心是否比能力倾向测验更有用。

多特质效用分析的另一个优点是，它使过程中不同类型的利益相关者参与进来。管理层参与效用评估有助于他们对数据的理解，但情况通常是这样——呈现给管理层的结果往往难以理解（Rauschenberger & Schmidt，1987）。仅仅列出最终可以获得的盈利（往往数量很大）可能并不能确保使管理层接受一个新的选拔系统（或者其他人力资源计划，例如培训）。此外，多特质效用分析还考虑了各种可能受到新选拔系统影响的组织要素，包括高层管理者、人力资源专业人员和内部顾问（对于除了能带来巨大盈利还会产生副作用的选拔系统，内部顾问可能会有不同的评价）。这种观点的更详细介绍参见 Aguinis & Harden（2004）。

13.8 人员选拔的战略背景

对于所有私人公司来说，总体经济目标（利润最大化、成本最小化）是一致的，战略性机会并不会以一种统一、可预测的形式出现，而是会表现得很随机（Ansoff，1988）。当战略性目标（例如，存活下去、提高市场份额）改变时，劳动力梯队、资本和设备等资源肯定也需要改变。由于战略性目标不断发生变化，对一个选拔系统相对贡献的评价可能也会随之改变。Borgden-Cronbach-Gleser 模型忽视了选拔决策中的战略性背景，因此适用范围有限。它假设效度和 SD_y 是恒定不变的，而实际上它们是经常变化的（Russell，Colella，& Bobko，1993）。就像 Becker & Huselid（1992）所指出的那样，即使员工的工作绩效对组织产生的影响相对稳定，员工控制范围之外的产品市场的变化也会影响他们为公司所作贡献的经济价值。

因此，为了对决策制定者更有用，效用模型需要为以下问题提供答案（Russell et al.，1993）：

- 选拔系统外部的所有其他因素（例如，资本、自然资源可用性）保持不变，管理者如何制定工作绩效的预期水平（每个被选拔者的 ΔU）？
- 我们预期能从新绩效系统中得到多少收益（每个群体中的 ΔU）？
- 使用选拔系统还是不用选拔系统所产生的绩效更能满足公司的战略性需要（从已有员工群体以及预期新雇佣员工群体中计算出的 ΔU）？
- 使用选拔工具 A 的绩效增量是否多于使用选拔工具 B 的绩效增量？

Russell et al.（1993）对传统效用方程（公式（13—4））进行了修正，反映出：选拔系统的贡献在不断变化（效度和 SD_y）；对战略性人力资源决策制定者而言，什么更加重要也在不断变化（战略性需要）。这些修正引发了一个关于公司如何从人员选拔中受益的更现实的观点。同时它们可能也打消了一些顾虑：运营管理者是否会对有效选拔程序的经济价值作出"自然的"（未修正的）评价（Latham & Whyte，1997）。

前面几章主要关注如何通过选拔"购买才能"，接下来的两章将集中讨论通过培训和开发已雇用员工"打造才能"的问题。合理地保持"打造才能"和"购买才能"之间的平衡，将有助于组织建立一支成功的员工队伍。

对实践的明确启示

- 员工选拔的古典效度方法强调对准确性和预测功效的测量。在这种框架下，往往使用多元回归方法来预测工作成功。然而，在有些情况下，使用补偿性模型不合适，此时就要使用非补偿性模型（例如，多重切点法或多重障碍法）。
- 由于忽视了选拔率和基数率的影响、效用假设不合理、没有考虑选拔程序的系统性，古典效度方法并不完整。因此，引入决策理论从而迫使决策制定者考虑其他选拔策略的效用，是更合适的选择。

● Taylor-Russell 模型、Naylor-Shine 模型、Borgden-Cronbach-Gleser 模型能够提供十分有用的计划信息，以帮助管理者制定更容易理解、更加明智的人力资源决策。但是，单特质效用分析主要关注效度系数，可能并不能使高层管理者注意到候选选拔系统带来的盈利增加值。因此，应该引入多特质效用分析，以综合考虑战略性商业问题。

讨论题

1. 对员工选拔的古典效度方法进行批判。
2. 抑制变量的存在会对我们的预测模型产生什么影响？
3. 描述在何种情况下序列选拔策略优于单阶段选拔策略。
4. 临床式决策制定程序为什么不如机械式决策制定程序准确？
5. 在选拔决策中，主观判断的作用是什么？
6. 期望图表对决策制定者有什么用处？
7. 举出两个例子说明选拔率和基数率如何影响对预测因子有用性的评价。
8. 效用评估为什么以及在什么情况下会对新选拔系统的执行有害？
9. 单特质效用分析和多特质效用分析的主要区别是什么？每种方法的优缺点是什么？
10. 举一个受到多特质效用分析影响的战略性商业后果的例子。

第14章 培训和开发：设计中的考虑因素

概 览

培训和开发意味着改变——技能、知识、态度或者社会行为的改变。尽管目前已经存在大量影响改变的策略，培训和开发仍是常见且重要的方法。

培训和开发活动是组织改进的计划性程序，鉴于它们的终极目标是将培训内容和期望的工作行为联系在一起，因此尽可能计划得周密一些是十分重要的。下面是一个五步骤的流程。第一步，对培训和开发系统进行全面的分析，包括它们和其他组织系统的交互作用。第二步，明确培训的需求并且清楚、明确地阐明培训目标。第三步，为培训创造一个理想的环境，将学习任务分解为各组成部分。第四步，确定各部分的最佳顺序。第五步，考虑学习的其他方法。强调这五个步骤有助于明确学习什么以及培训和开发的实质内容应该是什么。

不同的理论模型有助于指导培训和开发的工作。其中包括个体差异模型、学习和迁移原则、动机理论、目标设定以及行为模型。每个模型或理论都为培训和开发提供了一种系统的方法，强调了培训过程中的不同方面。任何一个独立的模型或者模型的组合，都可以带来最大限度的回报，然而，只有在设计的程序可以准确匹配定向培训需求时才会如此。

改变、成长和发展是组织生命的常态。以裁员为例来考虑。仅2008年，法国、俄罗斯、英国、日本、印度和中国就缩减了2 100万个职位（Thornton，2009）。在美国，从2007年12月到2009年3月，超过320万人失业（Da Costa，2009）。然而，公司在解雇一些人的同时，也在雇佣新的员工，可能是那些有技能执行新策略的人。公司在一个部门削减岗位，也将具备不同技能的人安排在另一个部门，不断调整劳动力以更适合现存岗位，并且根据产品和服务要求的变化迅速调整（Cascio，2002a；Goodman & Healy，2009）。除了不断的变化，现代组织还面临其他主要挑战（2008 HR Trend Book；“Developing Business Leaders for 2010”，2003；Noe，2008；Tannenbaum，2002）：

● **超竞争**——这类竞争既包括国家内的也包括国际上的，很大一部分归因于贸易协定和技术（最明显的是互联网）。因此，高级主管需要几乎不停地对商业策略/模型和组织结构进行革新。

● **权力转移给客户**——使用互联网的客户很容易接触到信息库，进而可以比较价格、查看产品评论，因此，满足顾客对产品和服务的需要是长期的要求。

● **跨组织和地理界线的合作**——有些情况下，供货商和制造商会进行合作并且分享存货量信息。外包形式、工作地点的分散以及战略性的国际联盟经常会带来涉及跨国公司团队的新的组织形式。因此，在新的合作方法出现的同时，组织必须关注文化和语言的问题（Cascio，2008）。

● **留住高水平人才的需要**——既然产品和服务可以被模仿，那么员工进行创新、完善流程、解决问题和建立联系的能力就成为组织仅有的真正优势。吸引、留住以及发展具备关键能力的人才对组织成功至关重要。

● **劳动力的改变**——技术不熟练、教育水平不高的年轻人适合入门级的工作，目前能力尚未充分开发的少数族裔、女性和年龄较大的员工需要培训。与此同时，随着“婴儿潮”一代员工的退休，将知识传授给在职者成为首要工作。

● **技术的改变**——日益复杂的技术系统对现有劳动力提出了培训和再培训的要求。

● **团队**——随着更多公司转型为工作场合的员工参与和团队合作模式，团队成员需要学会以下行为：询问想法、主动提供帮助、听取和提供反馈、认可并考虑他人的想法（Salas & Cannon-Bowers，2001；Salas，Burke，& Cannon-Bowers，2002）。

实际上，随着信息时代的要求进一步扩大，公司逐渐将培训费用看做和工厂、设备一样的投资费用（Mattioli，2009）。美国培训与发展协会估计组织每年在员工培训和开发上花费1 260亿美元（Paradise，2007）。在私人企业中，谷歌（2008年被《财富》评为美国值得为其工作的最佳雇主第一名，2009年位列第四名）非常典型。它每年为员工提供100小时的专业培训（Levering & Moskowitz，2008，2009）。所有这一切的原因是什么？能够提供良好的学习和成长机会的组织在竞争有能力员工时具有明显的优势（Buckingham & Coffman，1999；O'Brien，2009）。

这些趋势提出了一个双重责任：组织有责任营造一个支持和鼓励改变的氛围，员工个人有责任从提供的学习机会中获得最大程度的收益。这个过程可能涉及在培训和开发过程中新知识、技能、态度或社会行为模式的获得。

当然，也可以通过其他方法来影响改变：取代表现较差的员工；强行的控制（例如，预算、结束程序、密切的监督）；重新制定个人的工作分配方案；采用参与性决策；商谈；直接强制，包括社会方面和身体方面。简单来说，培训并不是提高人力/工作组织匹配的唯一解决方案，将培训看做解决一切绩效问题的灵丹妙药的想法是很片面的。培训和开发是重要的管理工具，但是它们能达到的效果也存在一定的局限。

考虑到组织在这些活动中所投入的大量时间、金钱和努力，我们将在本章和下一章探讨培训和开发中的一些重要事项。首先我们会强调培训和开发项目的设计，以及培训结果和其他组织子系统的相互作用。相对而言，我们没有那么重视具体的培训方法和技术。

培训和开发都具有下列属性和特征（Goldstein & Ford，2002；Kraiger，

2003；Noe，2008)：

1. 它们是学习经验的过程。

2. 它们是由组织计划的。

3. 它们发生在个体加入组织之后。

4. 它们的目的在于推动组织达成目标。

因此，培训和开发活动是组织进行改进的有计划的项目，通过这些活动为员工的知识、技能、态度或社会行为带来相对长久的改变。培训（training）这个术语一般是指获得知识、技能和态度的系列活动，并且这些要素应该在近期或者即刻投入应用（例如，对新程序的介绍）。开发（development）这个术语指的是特质或能力的获得，可能不会有即时的应用。

我们在培训和开发的概念中包含了“相对长久”这一说法，以将学习和表现区分开。这个区别主要是时间问题。学习是在练习或经验积累后行为上相对持久的改变（不是简单的成熟）。学习是表现的基础；它在一段较长的时间内都是存在的。另一方面，表现指的是学习的外在示范——是我们从学习推断而来的可观察、可测量的行为。表现经常是个体生理或心理状态的函数。比如，如果一个人很疲劳，暂时缺乏动机，或者因为一些环境因素（噪声、躁动、焦虑）而心烦意乱，他在一个特定的环境下可能不会表现得很好。因此，这个人不能展示自己学到的东西。环境更容易影响到短期的表现而不是长期的表现。

诚然，组织中存在大量的学习——来自同伴的、上级的和下级的学习。一些学习是组织有计划的、正式批准的，然而大部分学习还是偶然的、非计划性的、非正式的（例如，向处于“有利地位”的人学习）。实际上，劳动力发展中心对不同组织中 1 000 位员工的调查研究显示，工作场所的学习中高达 70%是非正式的（Pfeffer & Sutton，2000；McCall，2004）。我们对培训和开发的定义中包含这样一层意思：培训结果必须在个人状态（知识、态度）或个人表现（技能、社会行为）可测量的变化方面加以明确。这个定义很宽泛，既包括简单的技能训练项目，也包括复杂、全系统的组织开发项目。

14.1 培训设计

在本节，我们以分析与有效培训相关的组织和个人特征开始，之后考虑一个完备的培训实践的基本需求：明确需要学习的内容以及培训和开发与广泛的组织环境的相互作用；确定培训需求；说明具体的培训目标；为培训营造积极的环境。

14.1.1 有效培训的特征

如果做得好，培训和开发可以带来持久的改变，使个体、团队、组织和社会受益（Aguinis & Kraiger，2009)。对公司培训和开发实践的调查一致发现，有四个特征似乎可以区分出具备最有效培训的公司（2008 HR Trend Book；“Developing Business Leaders for 2010”，2003)：

● 高层管理者注重培训和开发，培训是企业文化的一部分。这一点对于管理大公司来说尤其如此，如谷歌、迪士尼、埃森哲和万豪；对于管理小型或中型规模的公司，如Kyphon公司和Triage咨询公司，也是如此（Grossman，2006）。

● 培训与商业策略和目标紧密相关，并且决定了商业战略的下限。

● 组织环境“充满反馈”，强调不断改进，鼓励风险承担，为员工从个人的成功和失败经验中学习提供机会。

● 保证为培训投入必要的资源、提供充足的时间和金钱。

高层管理者的承诺真的重要吗？当然！元分析表明，当高层管理者以较高水平的承诺来实行目标管理时，生产力的提高程度是承诺水平较低时的5倍（Rodgers & Hunter，1991）。之后的一项元分析发现，当高层管理者承诺水平较高时，员工的工作满意度增加了1/3个标准差；当管理者承诺水平较低或中等时只增加了很少或完全没有增加（Rodgers，Hunter，& Rogers，1993）。

14.1.2 有效培训的其他决定因素

证据显示，培训的成败不仅由培训质量决定，也受到可以反映受训者和培训项目乃至更广泛的组织环境之间关系的人际、社会以及结构特征的影响。一些变量，如组织支持以及个体对培训的接受程度，可以促进或减弱培训本身的直接影响（Aguinis & Kraiger，2009；Colquitt，LePine，& Noe，2000）。图14—1呈现的是Noe & Colquitt（2002）提出的培训有效性模型。这个模型说明，个体特征（包括可训练性——即学习培训内容的能力、人格、年龄和态度）会影响动机、学习以及如何将培训所得应用于工作中。工作环境的特征（气氛、执行任务的机会、领导支持、组织公正以及个人与团队背景）也会影响培训过程的每一个阶段。因此，这个模型说明个体特征和环境特征都是培训前（通过影响动机）、培训中（通过影响学习）和培训后（通过影响应用和工作绩效）的关键因素。

众所周知，一些个人特征，如可训练性和人格，对组织来说即便不是不可能，也很难通过政策和实践加以影响。然而，很明显组织可以影响其他特征，包括工作/职业态度、培训前自我效能感（一个人关于自己可以成功学习到培训内容的信念）、培训的心理效价（培训结果的吸引力）以及工作环境本身（Quiñones，1997；Switzer，Nagy，& Mullins，2005）。

14.1.3 完备的培训实践的基本要求

作为改变的一个手段，企业培训和开发的潜能是巨大的。然而，为了实现这个潜能，抵制住技术、技巧的诱惑是很重要的；相反，应该首先确定学习什么以及培训和开发的实质内容应该是什么（Campbell，1971，1988）。实现这个目标的一种方法是，将培训和开发视为由相互联系的因素组成的一个网络。毕竟培训是根植于一个更大组织环境的活动（Aguinis & Kraiger，2009；Quiñones，1995，1997）。图14—2展示了这样一个模型。

项目开发包含三个主要阶段，每一个对成功都至关重要：需求评估或称为计划阶段；培训和开发或称为执行阶段；评价阶段。简单来说，需求评估阶段是整个项目的基础，就像图14—2显示的那样，后续的阶段依赖于它所输入的内容。如果需求评估不完整，那么实际执行的培训可能就远不是组织真正需要的内容。

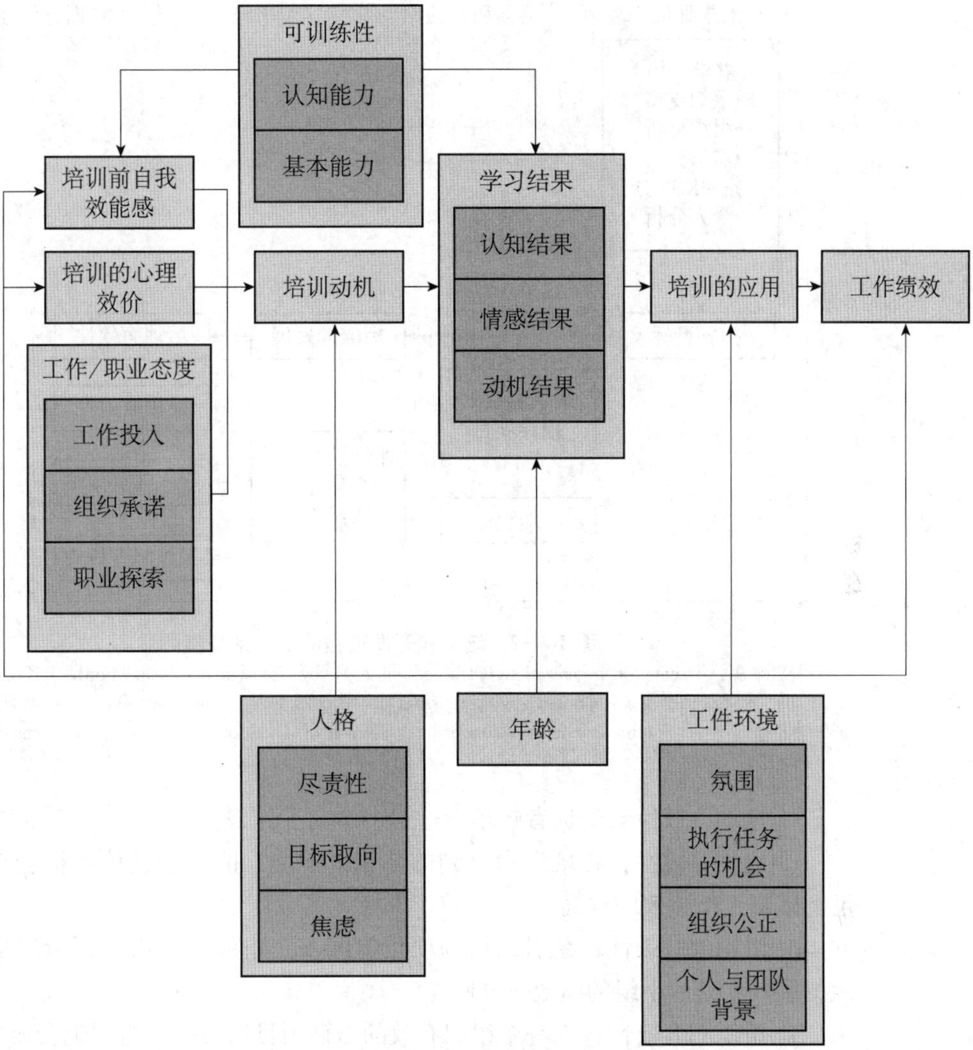

图 14—1　个人和工作环境特征影响培训的学习和应用模型

资料来源：Noe，R. A. and Colquitt，J. A. (2002). Planning for training impact：Principles of training effectiveness. In Kraiger，K. (Ed.). *Creating*，*implementing*，*and managing effective training and development* (pp. 60－61). San Francisco：Jossey-Bass. Used by permission of John Wiley & Sons，Inc.

有了明确的指导目标，下一个任务就是设置培训环境来实现目标。这是培训和开发环节的目的："基于期望受训者最终执行的任务，将学习原则和媒介的选择相结合，形成一个精密的过程。"(Goldstein & Ford，2002，p. 28.）在本章后面我们会对这个问题展开进一步的讨论。如果评估和执行都严格按照规范进行，评价就应该很明确。评价（见第 15 章）是一个由两部分组成的过程，包括建立对培训和工作绩效成功（标准）的测量方法，以及使用实验或准实验设计来确定在培训和应用过程中发生了什么改变。

有许多不同的设计可以用来评估培训项目的结果。在一定程度上，设计的选择取决于要问的问题和特定情境下的操作局限。图 14—2 的最后一列列出了一些可能的培训目标：

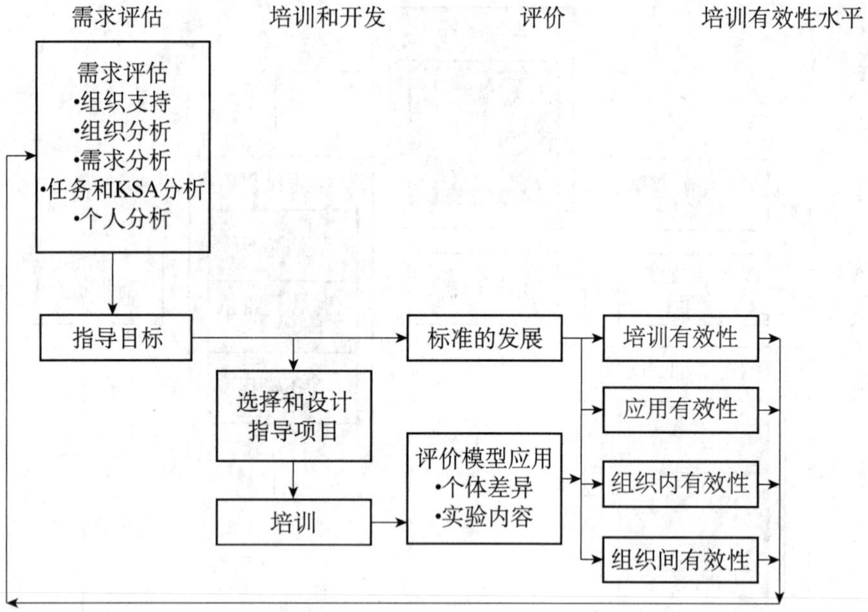

图 14—2　培训和开发过程的综合系统模型

资料来源：Training in organizations（4th ed.，p. 24），by Goldstein，I. L. and Ford，J. K. Copyright © 2001 by Wadsworth Inc. Reprinted by permission of Brooks/Cole Publishing Co.，Pacific Grove，CA 93950. Reprinted with permission from Wadsworth，a division of Thomson Learning：www. thomsonrights. com Fax 800 730 2215.

1. 培训有效性：受训者在培训过程中学到了什么？

2. 应用有效性：在培训中学到的知识、技能、能力和其他特征会在多大程度上带来工作绩效的提高？

3. 组织内有效性：在引入培训项目的同一个组织内，由受训者组成的新小组的绩效和其他小组的绩效一样吗？

4. 组织间有效性：在一个组织有效的培训项目在另一个组织也会成功吗？

这些问题经常导致出现不同的评价模型，至少会导致在同一个评价模型中采用不同的形式（Kraiger，2002；Mattson，2003；Wang & Wilcox，2006）。因此，评价需要提供持续循环的反馈，用来重新评估、指导需求，进而产生开发的下一阶段的输入。图 14—2 的目的是提供一个模型，把第 14 章和第 15 章的内容组织起来。我们首先应该明确需要学习的内容。

14.1.4　明确学习内容

可以用六步来明确学习什么以及培训和开发的实质内容应该是什么：

1. 分析培训和开发的子系统以及它和其他系统的相互作用。
2. 确定培训需求。
3. 明确培训目标。
4. 将学习任务分解为各结构成分。
5. 确定各成分的最佳顺序。

6. 考虑学习的其他方式。

我们的总体目标——也是我们绝不能忽略的问题——是将培训内容和期望的工作行为联系起来。这和现在对培训师角色的观点是一致的，即呈现从关注培训本身到关注绩效提升的改变趋势（Tannenbaum，2002；Tyler，2008）。

14.1.5　培训和开发子系统

培训和开发是在一个非常复杂的组织环境下运作的。不考虑更广泛的组织环境经常导致项目未能产生态度和行为上可观察的改变，更有甚者会带来消极的结果，危害比好处更大。举个例子，考虑一下这个貌似简单的问题，你会想到什么——“我们培训谁？”

传统来说，潜在的受训者池由组织自己的员工组成。然而今天，组织界限变得模糊了，以至于顾客、供应商甚至竞争者之间的边界都变得比较模糊。因此，任何需要获得特定能力来保证组织成功的个人和群体都可能需要参加培训（Cascio，in press）。

如果一个公司依赖供货商来确保顾客的满意度，而供货商却没能履行其义务，那么每一方都会受损。出于这个原因，一些组织使用质量管理技术来培训它们的供货商。为了领会这个方法的重要性和使用性，考虑一下戴尔公司是怎样经营的。

专栏 14—1

戴尔公司——卓越的制造商

戴尔公司因一直清醒知道自己是什么、做什么而获得成功。“我们的确是一个优秀的产品制造商。我们也是一个非常优秀的销售和物流公司。”（Topfer，in Morris，2000，p. 98.）戴尔在和惠普、苹果和索尼的竞争中销售 IBM 兼容的个人计算机。其他公司主要依靠计算机商店或经销商，而戴尔直接面向消费者销售电脑，消费者可以在公司的网页、报纸广告或产品目录上阅读产品的相关信息。买方既可以从网上下单，也可以拨打免费电话购买，还可以向受过良好训练的销售人员订购。

戴尔没有开发大量相同的电脑，将它们批发给零售商，并希望顾客会喜欢他们看到的产品。相反，它会等顾客进行预定（和金钱），然后从供货商处订购各组件，将各部分组装起来。在戴尔位于奥斯汀、得克萨斯的商用台式机工厂里，84%的订单在不到 8 小时的时间内被开发、定制并发货。一些组件，如显示屏或扬声器，可能直接从供货商处送到顾客家里（从不经过戴尔），并且和其他东西在同一时间到达顾客家门口。

同样的道理也可以推广到个体客户。为他们提供关于如何使用产品和服务的信息可以最有效地增加他们充分使用产品的机会，以及建立起对产品的信任和忠诚度。提供技术的指导（通过网络、PDA 或 MP3 播放器）为顾客和供货商提供了更便捷的使用方式（Welsh，Wanberg，Brown，& Simmering，2003）。这使得向组织员工以外的个体提供培训这一方式具备了经济上的可行性。

遗憾的是，培训并不是总会带来有效的行为和更好的组织结果。这种情况的一个原因是培训和组织策略走向的脱节——也就是说，没有意识到培训和开发是整个组织系统的一部分（“Developing Business Leaders for 2010”，2003）。为了促进培训和组织策略更好的一致性，组织应该做三件事（Tannenbaum，2002）：（1）对于任何重要的改变或组织变革，很重要的一点在于明确需要的新能力是什么，这些新能力和现有能力相比如何，以及缩小二者差距所必需的步骤是什么。（2）领导者应该定期有意识地去确定随着组织发展而需要的关键、重要能力。（3）组织应该比较现有项目和服务与组织战略需求之间的差异。

重视培训和其他组织过程的相互作用十分必要，但还不够，因为培训和开发是致力于获得成功的。其他三个条件一定要具备：个体一定要有能力学习新的材料（“可以做”），他必须有动力去学习（“愿意做”），对个体施加影响的其他人必须支持为开发而做的努力。任何朝这方面努力的关键点都在于认真评估培训需求。

14.1.6 评估培训需求

人们常说，如果不知道自己去向何方，你就可能沿着任何一条道路走下去；如果知道自己去向何方，你会更快到达目的地。对培训和开发的努力来说尤其如此。需求评估的目的是，在为培训投入资源之前明确培训是否必要。

Kraiger（2003）关于培训需求评估提出了三个要点：第一，跨多学科，事实上这在所有指导—设计模型中均被视为必需的出发点。第二，尽管很重要，但在实践中许多培训项目并没有进行培训需求评估。最近关于培训效果的一项大规模的元分析发现，只有6%的研究分析报告，在培训实施之前进行了需求评估（Arthur，Bennett，Edens，& Bell，2003）。第三，和培训的其他领域相比，在需求评估方面几乎没有持续的研究或理论。

我们之前提到，培训前的动机对培训成功而言是一个重要的决定因素。当个体认为培训和他们的日常工作相关时动机会增加，一个包含丰富经验的、全面的需求评估应该能够在培训实施开始前就体现出培训的价值，减少受训者关于培训的焦虑，并且提高将培训效果应用到工作中的组织支持（Goldstein & Ford，2002；Klein，Noe，& Wang，2006）。

关于如何发现具体的培训需求，已经提出了很多方法，包括分析组织目标相关的工作绩效的成分，以及通过培训可以使组织受益的内容（Campbell，1988；Goldstein & Ford，2002）。一般来说，它们可能会被归入 McGehee & Thayer（1961）所描述的经典培训内容的三方面，包括组织分析（明确组织何处需要培训）、操作分析（确定培训内容）和个人分析（确定谁需要培训以及需要什么类型的培训）。每一方面都有一定的作用，但是为了达到最佳效果，三个方面都必须持续不断并且在三个水平上展开：在组织水平上，有设置目标的管理者；在操作水平上，有可以明确组织目标如何实现的管理者；在个人水平上，有完成工作、实现目标的管理者和员工。

这三个管理层级也可能是普通人群的三种分层方式。实际上，在政策水平上基于不同的群体进行的需求分析称为人口统计学分析（Latham，1988），并且应该置于组织、工作和个人分析传统三分法之外。图14—3展示了这个内容更丰富的模型，下面我们具体地描述图中的每一部分。

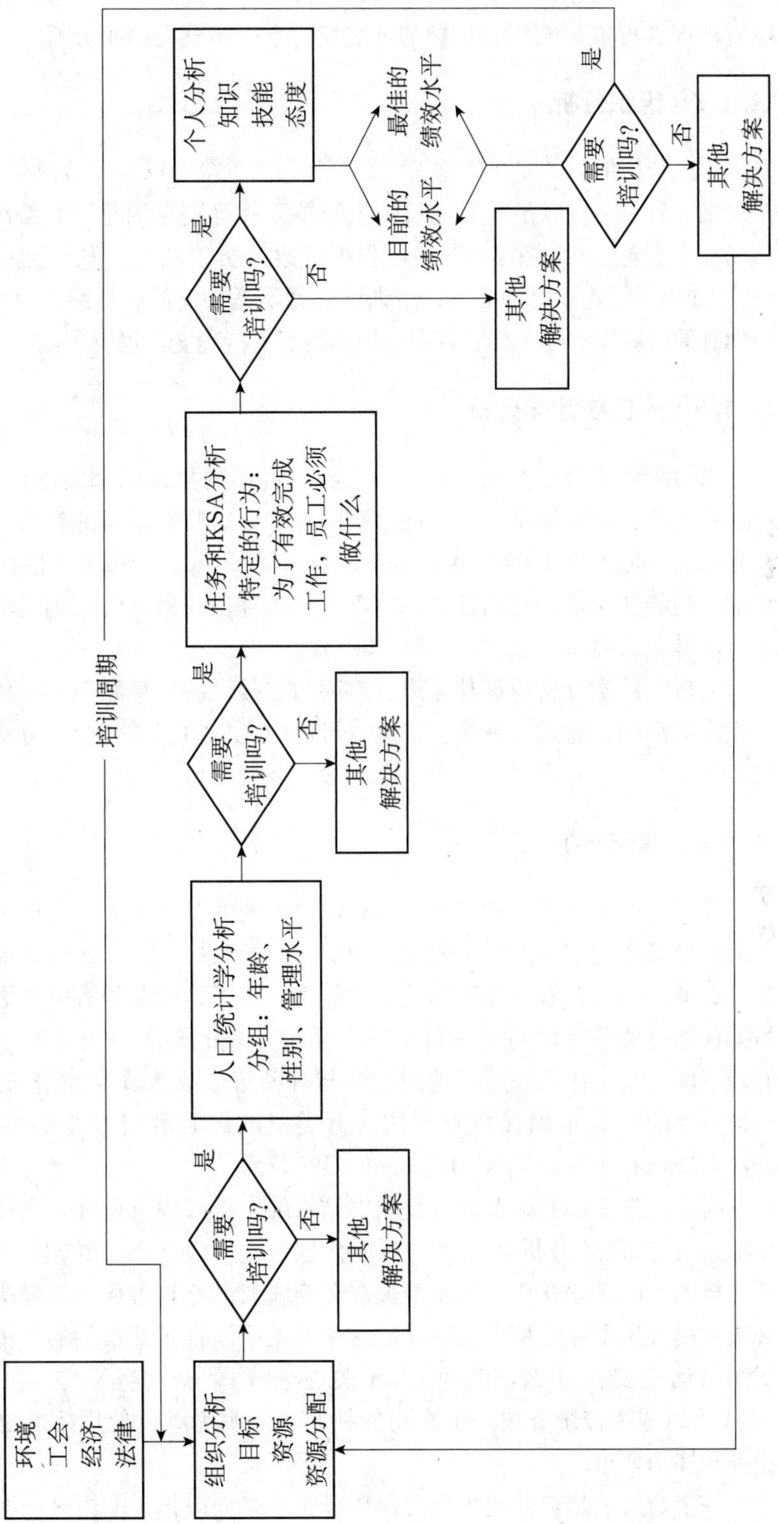

图14—3　培训需求评估模型

需求评估过程一个重要的考虑是外部环境，尤其是经济和法律限制，例如环境需求或者可能影响培训目标的新法律。下一步就是组织分析。

14.1.7 组织分析

组织分析的目的是将战略人力资源计划（见第9章）和培训需求评估的结果联系起来。另一个目标是查明无效的组织单元并确定培训是不是解决绩效问题的良药。一个重要的问题是："培训过程可以改变员工的行为从而促进组织目标达成吗?"如果不能建立这种关系，培训可能就不是必需的。最终的目标是，估计培训中学到的内容在实际工作表现中应用的组织支持程度，也就是说，培训的迁移。

14.1.8 人口统计学分析

人口统计学分析有助于确定一个特定群体的具体培训需求，比如40岁以上的工人、外派的女性员工、不同水平的经理。这些需求可能在组织水平、商业单元水平、个体水平上得到明确（Goldstein & Ford，2002）。比如，对经理来说，级别、功能和对培训有用性的态度等，对经理自我报告的培训需求的影响虽然很小，但是很重要（Ford & Noe，1987）。

人口统计学分析应该独立进行，因为它提供的信息超越了具体的工作，甚至是组织的部门。通过考虑这些信息，可以为之后的职位和个人分析提供更全面的观点。

14.1.9 操作分析

操作分析要求仔细检查在培训后需要表现的工作行为。它包含：（1）对描述如何完成工作的信息的系统整理；（2）工作绩效标准；（3）应该如何完成任务来达到标准；（4）有效任务绩效的必要能力。为了确保获得有效的数据，应该询问与操作情境关系密切的经理和下属的意见（Aguinis & Kraiger，2009），毕竟他们最了解这些工作。另外，他们的参与有助于形成认真参加培训的承诺。然而，同样重要的一点是确保所有评估者有类似的经验和自信来提供有意义的数据（Ford，Smith，Sego，& Quiñones，1993）。

对于复杂、多变以及具有高利害结果的工作来说（例如，飞行员、事故调查小组），认知任务分析（CTA）可能比较合适（Dubois，2002）。CTA和传统任务分析的不同之处在于，它明确关注影响绩效的心理方面——像决策制定、问题解决、模式识别和情境评估这样的活动不是可以直接观察到的。传统的任务分析试图明确需要做什么，然而CTA关注怎样做——线索、决定、策略和目标。CTA可以成为传统方法一个有用的补充，来明确难以使用标准过程描述的认知任务和知识要求。

一个新兴的趋势是使用能力模型来驱动培训课程。能力是一些相互关联的知识、技能、价值、态度或个人特征的集合，这些要素被认为对工作的成功至关重要（Noe，2008）。一经确定，适用于特定组织的能力模型可以用来实现很多目的：设计培训项目和个人发展计划，360 度绩效评估，长期员工计划或者筛选—选拔工具（Kraiger，2003）。

14.1.10　个人分析

在明确有效完成工作所需的特质种类后，重点便转向评价每个员工在自己的工作中和该工作要求的标准相关的表现如何。这是个人分析所要达到的目的（Goldstein & Ford，2002）。在每个组织都面临的快速变化的环境中，和“更优质、更廉价、更快速”的要求一致，绩效标准也在改变。因此，个人分析的一个重要方面是确定培训是否可以弥补差距，以及是否应该使用其他干预方法，如使用新的战略、工作重塑或一些策略组合。

将个人或团队行为与绩效标准直接联系起来的一个过程是关键事件的获取（见第 4 章）。在工作中应该随时记录关键事件，该过程通常由直接上级完成。比如，Foley（1969）通过向顾客收集信息，得到了零售售货员有效行为的关键事件。他收集了超过 2 000 个关键事件，然后进行分类，将它们作为顾客服务培训的基础。在绩效评估中使用 360 度反馈（见第 4 章），或将发展性评估信息反馈给候选人时，它们也有同样的目的——它们是明确培训需求并且将其与个体或团队行为直接联系的工具。

14.1.11　个人发展计划

确定个人培训需求一种尤为有效的方法是，将基于行为的绩效管理系统和源于自我分析的个人发展计划结合起来。个人发展计划为自我发展提供了一个路线图，并且应该包括：

1. **目标的陈述**——组织期望的知识、技能、态度、价值观或和他人关系的改变。

2. **定义**——学习、研究、反思或测试方面的说明，包括有助于实现这些目标的活动、经验或问题的列表。

3. **优先顺序**——对应该首先学习的内容的倾向或紧急性的感受。

个体经常在他人帮助下构建自己的个人发展计划，例如通过职业生涯规划工作坊、结构化的练习、目标管理的练习，或者评价中心。它们为个人发展描绘了一张蓝图。

需求评估的结果是，能够明确员工做什么，有效完成自己的工作所必需的行为是什么，获得这些行为所必需的学习类型是什么，以及什么类型的指导性内容最可能实现那种学习（Goldstein，1989；Goldstein & Ford，2002）。这类信息应该指导所有将来有关培训方法和评价策略的选择。

14.1.12　培训目标

一旦培训和开发的需求确定，就可以确定培训目标（比如学什么）。这是培训设计的一个基础（Blanchard & Thacker，2007；Campbell，1988）。这类目标规定了学习者在完成项目后应该做到的事情，这些事情是参加项目前所不能完成的。目标以行为或者操作性的语言来描述。行为目标包括行动、运动或可观察、可测量的行为。每个目标均应该描述期望的行为、行为应该发生的情境以及评价受训者行为的标准（Mager，1984）。例如，考虑一个土木工程学学生培训项目的行为目标：

> 在上周培训后两个小时的测验中（行为应该发生的情境），学生应该能够列出修建从入口匝道到高速公路的一系列步骤，并详细说明完成每一步的标准（期望的行为）。所有步骤都应该顺序正确，并且完成的标准应该和书上的内容吻合（成功标准）。

目标也应该以操作性或结果明确的语言来陈述。比如，有一个“降低生产成本”的目标是一回事，有一个“通过使一个操作者使用计算机控制的机器执行所有操作，到4月30日降低生产600号草坪洒水器15%的成本”的目标完全是另外一回事。后者对目标实际上是什么以及如何实现目标有一个具体的描述。另外，描述越精确，评价它对于成功操作的贡献就越容易。“降低15%的成本”更可能估计出使用计算机控制的机器带来的价格变化或利润增加。当然，培训的结果也是一个操作者成功执行了所有操作。

理解目标的行动组成以及所包含的意义很重要。绩效管理很多重要的调节变量是态度，然而很难证明态度和工作绩效之间的关系（Cascio & Boudreau，2008）。这对改善决策技巧——管理培训另一个主要的关注点（“Needed”，2003），也是如此。操作上讲，我们对使我们可以推断出相关心理活动类型的结果或行为的特征感兴趣。因此，我们强调可观察的行为。如果培训者不注重给个人或小组带来改变，他们就不会不厌其烦地观察行为——但他们确实应该承担那份责任，不能逃避。

14.1.13 为培训和学习创造一个最佳的环境

有了明确的培训目标后，下一个任务是设置培训环境来实现目标。总结现有研究，Noe & Colquitt（2002）指出了促进学习和应用的学习环境的七个特征：

- 受训者明白培训项目的目标——期望的目的和结果。
- 培训内容有意义。案例、练习、安排、概念和培训使用的术语切题。
- 受训者能够得到有助于他们学习和回忆培训内容的线索，例如图表、模型、关键行为和先行组织者。
- 受训者有机会练习。
- 受训者能够从训练者、观察者、视频资料或任务本身得到关于学习效果的反馈。
- 受训者有机会观察并且和其他受训者交流。
- 培训项目得到合适的调整和安排。

在协调性方面，Gagné（1962）在一篇经典文献中提出了在工作设计中有用的三个心理原则：

1. 根据所需的操作模式，任何人工任务都可划分为一系列子任务，这些子任务互相均有明显的区别。

2. 这些子任务是最终任务绩效的中介变量，也就是说，它们的存在确保了对最终绩效的积极迁移，它们不存在的话这种迁移将减少到零。

3. 培训设计的基本原则包括：(a) 确定一个最终绩效的子任务；(b) 确保充分完成每个子任务；(c) 以一个合理的顺序安排整个学习情境，确保每个子任务之间有最佳的中介效果。

在这个框架下，学习什么尤为重要。能否最终成功完成一个任务依赖于个体能否获得完成不同子任务所需要的能力。简单来说，对于学习一个程序性的任务（例如，由两个子程序组成的任务）来说，存在一个安排更有效的顺序和一个效率更低的顺序，后者需要在承担整个任务之前学习每个子任务。Gagné (1962) 的观点是基于军队中技能学习的大量研究提出的。随后对实证证据的综述为这些原则的有效性提供了重要的支持 (Gagné，1967，1977；Gagné & Briggs，1979；Gagné & Rohwer，1969)。同样的方法也可以用来设计旨在改变知识或态度的培训项目。

Gagné (1962) 认为，这些原则是必要但不充分的学习条件。就像之前提到的，不同的个人和工作环境特征会影响学习和应用效果 (Noe & Colquitt，2002)。此处有一个例证。Tracey，Hinkin，Tannenbaum，& Mathieu (2001) 收集了 420 位酒店经理的数据，这些经理参加了为期两天半的关于管理知识和技能的培训项目。结果显示，经理的工作卷入、组织承诺和对工作环境的知觉（例如，感知到的支持和认同）可以预测培训前的自我效能感，进而反过来影响培训前动机。培训前动机与培训后测量的实用性反应、情感反应、陈述性知识成绩和程序性知识成绩相关。

计算机自适应培训也说明了个体差异的影响。通过计算机自适应培训，通常学习者比传统的、教师指导的培训有更多控制感。学习者可以决定层次和努力的重点，特别是关于所需的练习量、花在任务上的时间以及关注学习机会的注意力水平。

基于一项对 78 位参加公司培训课程的员工的研究，Brown (2001) 发现，受训者的练习水平和任务时间存在明显的变化，而练习水平和任务时间可以预测知识的获取。选择跳读材料或者快速转移注意力的学习者会减少知识的获取。因此，从这类培训环境中学到最多内容的员工是那些抓住更多练习机会以及花更多时间完成的人。

对“员工为什么要学习”这个问题的回答是，他们在学习机会中投入了时间和努力 (Brown，2001)。在不考虑项目具有的指导性特征的情况下，它只有通过学习者主动的认知过程才会起作用。相应地，计算机自适应培训应该设计得能促进受训者的主动学习。受训者将主动学习视为积极、掌握导向并且用心的 (Brown & Ford，2002；Hira，2007)。目标的说明和为培训营造的合适环境对一个完善的培训设计来说是其基本特征。对高团队绩效的决定因素也是如此，前提是假定团队和特定情境有关系。

以上总结了我们如何对待培训设计。然而，在考虑用理论模型来指导培训和开发工作之前，我们应该先考察一个特殊且越发重要的问题——团队培训。

14.1.14 团队培训

作为工作性质变化的一部分，最近组织更加强调团队绩效（Sundstrom，McIntyre，Halfhill，& Richards，2000）。超过80%的美国公司包含这样那样的团队（Vella，2008）。团队是朝着共同目标一起工作的一组个体（Blum & Naylor，1968）。共同目标真正定义了一个团队，如果两个成员有相反或互相冲突的目标，整个单位的效率很可能受损。比如，考虑一下这样的效果，在一个棒球队里一个队员总是想努力击出全垒打，而不管团队所处的情形。

显然，个人培训并不能完成所有工作：我们需要强调团队成员之间的相互作用。这些相互作用使得团队培训具有特殊性——它经常使用一些形式的模拟或真实生活的练习，总是关注团队成员的相互作用、设备和工作过程（Bass，1980；Colvin，2006）。尽管基于团队的工作这个概念很吸引人，我们也要说明，仅仅在团队背景中安排一项任务（例如，指挥、要求和控制航空运输）或许不能促进整体绩效（Hollenbeck，Ilgen，Tuttle，& Sego，1995）。然而，也有很多团队更适合的情境，对它们的特殊培训对提高绩效有重大意义。

研究者（Cannon-Bowers，Tannenbaum，Salas，& Volpe，1995；Salas et al.，2002；Salas & Cannon-Bowers，2000）已经开发出一种关于团队培训的系统方法，包括四个步骤：

1. 进行团队培训需求分析。这样的分析有两个目标：（1）确定团队成员之间的相互依赖性以及掌控协调团队任务所需的技能；（2）确定以团队形式相互影响所需的认知技能和知识（例如，团队成员角色和责任的知识）。

2. 开发同时强调任务工作和团队工作技能的培训目标。总的来说，一组核心技能描绘了高效团队工作的特征，包括适应能力、共享情境信息、绩效监督和反馈、领导/团队管理、人际交往能力、协调、沟通和决策技巧。标志着高效团队工作的态度性技能包括对团队工作技能重要性的认识、将团队目标置于个人目标之上的信念、互相信任以及共同愿景（Cannon-Bowers et al.，1995）。应合理安排培训顺序，帮助受训者在学习团队工作技能之前掌握任务工作技能（Salas et al.，2002）。

3. 基于步骤2的目标设计练习和培训项目。和个人培训一样，指导性练习和建设性的反馈机会对团队培训来说尤为重要（Salas et al.，2002）。做这项工作的策略包括以下几点：

- 团队协调训练（注重能够促进信息交换、合作和职位相关行为协调性的团队工作技巧）。
- 岗位轮换培训（基于和其他团队成员任务、角色和责任的接触和练习，努力增加团队成员之间的理解和知识共享）。
- 有导向的团队自我修正（基于在回顾团队事件、识别错误、交换反馈以及为未来开发计划方面对团队成员的指导）。

4. 基于步骤 2 设置的目标设计团队效能的测量方法，评估团队培训的效能，以及使用该信息指导将来的团队培训。评估的重要维度包括集体效能、共享的知识结构、团队情境感知以及共享心智模型（Kraiger，2003）。

使用这些原则的一种常用干预方法是机组资源管理（Crew Resource Management，CRM）培训，它经常使用复杂的飞行模拟装置来进行。它的目的是促进团队沟通和团队效能，保证机务人员的飞行安全。来自超过 50 项研究的证据显示出其促进沟通和提高绩效的益处（Aguinis & Kraiger，2009），但是 CRM 似乎在飞行环境中比在医疗保健情境下更有效果，因为它们的应用更相近（Salas，Wilson，& Burke，2006）。

另一个重要发现是高效工作小组的经理会定期监督团队成员的绩效，并且经常向员工提供反馈（Jose，2001；Komaki，Desselles，& Bowman，1989）。实际上，团队绩效 35%的变化可以由使用监测和反馈的频率解释。将这些发现整合到对团队成员和经理的培训中应该可以带来更好的整体团队绩效。

14.2 指导培训和开发工作的理论模型

明确了行为目标，为培训营造了合适的环境，以及确定了学习子任务的最佳顺序之后，还有一个问题：如何获得合适的回应。这是一个值得考虑的重要问题，因为每个人都有自己最喜欢的学习方式。以学习一项新的技能，如摄影为例。甲可能以在当地图书馆阅读三本关于这方面内容的书籍开始。乙则可能参加学校的一个摄影培训班，因为她想体验一下，而不仅仅是阅读有关内容。丙可能一开始就拍照片，在尝试试错法模式中练习，直到获得自己期待的结果。

甲、乙、丙每人都倾向于不同的学习方法。甲喜欢语言阅读，乙选择运动（亲手实践）学习，丙选择试错实验方法学习。这些并不是仅有的方法；可能其他人从视觉材料（图片、表格、照片）或替代性经验（观察别人）中会有最佳学习效果。

日益流行的不同形式的技术支持指导为使学习环境适应个人创造了条件（Brown & Ford，2002；Kraiger & Jerden，2007）。它使学习者对学什么和怎么学有更多的控制感，但也可能会有消极影响，尤其是对低能力或缺乏经验的学习者来说（DeRouin，Fritzsche，& Salas，2004）。一种能够改善消极影响的技术是通过适应性的指导来增加学习者的控制感。Bell & Kozlowski（2002）总结道：在计算机自适应环境中提供适应性指导可以实质上提高受训者的学习和练习努力程度、促进知识获取和提升绩效。发现这样的结果尤其有用，因为它们能够在实施阶段指导培训。让我们首先考虑基于个体差异的学习模型。

14.2.1 可训练性和个体差异

个体在能力、兴趣和人格方面的差异在应用心理学中扮演着一个核心的角色。一些变量例如先前的成就或最初的技能水平（“能做”的因素），和培训期待（“要做”的因素）一样，应该成为有效的培训绩效预测变量。现有证据说明它们就是这样的（Gordon & Cohen，1973；Robertson & Downs，1979，1989）。实际上，一般心理能力在很多工作中都能独立预测培训的成功（Colquitt et al.，2000；Ree & Earles，1991）。可训练性也是如此。

可训练性指的是个体在一个特定水平下获得知识、技能或完成工作所必需的行为，以及在既定时间实现这些结果的能力（Robertson &Downs，1979）。这是个人能力和动机水平的一个结合。基于独立样本以及使用不同预测变量的元分析——标准匹配（样本大小为 2 542 和 2 772），结果显示，在大部分情况下工作样本可训练性是培训绩效有效的预测变量，比对工作绩效的预测好得多（Robertson & Downs，1989）。

然而，为了更精确地研究发生在学习或培训中的行为改变，我们需要为每个人确立一条行为基线。行为基线来自个体先前的经验。这种方法的主要优势在于每个个体的最初状态能够由自己控制。Bass，Cascio，McPherson，& Tragash（1976）在处理工作环境竞争问题的培训项目中使用了这个过程。为了评估培训后态度的转变，在培训之前让每位受训者完成了态度问卷来获得有关数据，并且给超过 2 000 位受训者每人建立了行为基线。然而遗憾的是，很多培训研究都忽略了行为基线这个概念以及对初始状态的测量。

适应性培训是对这个观点逻辑上的延伸（Cronbach & Snow，1977）。在适应性培训中，为了适应受训者的能力和特征，方法是多变的。在培训设计方面，这提示我们应该测量潜在受训者现有的能力水平，之后相应地调整培训内容。适应性培训对人际关系和技能培训一样有效。

培训有效性的研究对培训结果的决定因素，如个体资质、态度和人格特质等产生了新的兴趣（Aguinis & Kraiger，2009；Baldwin & Magjuka，1997；Colquitt & Simmering，1998；Martocchio & Judge，1997）。如果受训者的态度和人格特质可以预测培训的主要效果，那么探索这些因素和特定的指导方法的相互作用就似乎说得通了（Kraiger，2003）。然而，抛开用来进行培训的方法不谈，并且忽略其具体内容，项目要想获得成功，培训者必须十分注重受训者的学习方式。应用经典的学习原则十分必要。

14.3 促进学习的原则

培训和开发要想长期有效，有效的学习、长期的维持以及对工作情境的正向迁移十分必要。组织中进行培训的主要理论依据是 20 世纪发展起来的“学习原则”。这些原则并非孤立地存在，必须和其他因素整合起来考虑，例如培训有效性模型中的因素（见图 14—1）、完整的任务和胜任力分析以及使整个培训过程更有效的安排。鉴于它们的重要性，我们应该强调一些学习原则，尤其注重它们的实际应用。

14.3.1 结果知识（反馈）

一个人试图提高自我的信息对学习的发生是非常必要的。结果知识能够为学习者提供改正错误的信息（只要学习者被告知自己为什么错了以及未来如何改正错误），以及强化（什么使得任务本质上更有趣进而可以激励学习者）。结果知识可能是内在的（例如，直接源于任务绩效本身），也可能是外在的（例如，由一个外部人员管理）。它可能是质化的（“那个新广告特别美观”）、量化的（“将杠杆降低 5 厘米”）、信息性的（“那台新设备刚到”）或者评价性的（“你那个报告做得很好——简洁清晰”）。

就像我们在第 4 章提到的，现有发现普遍表明，结果知识能够改进绩效（Ilgen，Fisher，& Taylor，1979；Martocchio & Webster，1992；Stajkovic & Luthans，2003），但是经理通常忽视它的作用。Greller（1980）发现，管理者一直低估下属将反馈和任务本身、与他人的工作比较以及同事的意见联系起来的重要性。他们高估了正式奖励、日常任务以及上级意见的重要性。

考虑这个领域中以下 8 个重要的研究发现：

1. 结果知识经常来自行为者自己主动寻求、解释以及生成信息（Herold & Parsons，1985）。当员工怀疑工作中存在一个问题，这个问题挑战了自己是一个好的、有能力的个体的自我形象时，结果知识更可能产生（Larson，1989）。

2. 当经理将低绩效归因为下属不努力时，他们更可能在交流绩效反馈中使用问题解决方法（双向沟通）。然而，当经理将低绩效归因为下属缺乏能力时，他们更可能采用指导的方法（单向沟通）。只有问题解决方法会导致行为的改变（Dugan，1989）。

3. 更多的结果知识可能并不总是好的。一项为期 10 个月的关于工厂员工行为安全绩效的实地研究发现，每两周提供一次结果知识和每周提供一次结果知识的效果一样（Chhokar & Wallin，1984）。另外，反馈的特异性水平应该有所变化（Goodman & Wood，2004）。增加反馈的特异性有助于高绩效行为的学习，但有可能不利于对低绩效行为的学习。

4. 即时的反馈可能不适合所有学习者。对有经验的学习者保留反馈信息可能有助于他们更认真地思考自己的绩效，结果是促进保持和普遍化。简单来说，应对初学者提供即时的反馈，对有经验的学习者提供没那么频繁的反馈。

5. 结果知识对绩效的影响并不总是正向的，取决于所涉及的结果知识类型。只有将之前的绩效归因为受训者可控、可以解释绩效高/低的原因，以及明确为了提高绩效具体需要做什么时，结果知识才是有用的（Jacoby，Mazursky，Troutman，& Kuss，1984；Martocchio & Dulebohn，1994）。

6. 为了使执行者准确地接收信息，结果知识应该在开头包括正面的信息，之后是消极的信息（而不是反过来）（Stone，Gueutal，& McIntosh，1984）。当提供的绩效反馈超过一个维度时，应给予员工选择每个维度反馈的自由以降低裁员的可能性，并使他们接受和评估反馈所耗费的时间最少（Ilgen & Moore，1987）。

7. 结果知识有助于在仅通过培训和目标设置实现的水平之上进一步提高绩效。换句话说，为了带来绩效的真正提高，培训、目标设置和反馈应该是一个整体（Chhokar & Wallin，1984）。

8. 反馈既影响团队绩效，也影响个人绩效。例如，在一个小型快餐店使用一年以上的基于绩效的反馈，会使食物浪费减少15%，利润增加193%（Florin-Thuma &Boudreau，1987）。另外一项对空军基地5个组织、单位的研究中，先实施5个月的反馈，然后目标设置持续5个月的时间，最后激励5个月（所有都是递增的模式）。结果表明，团队水平的反馈能够增加基线以上50%的生产效率，团队目标设置能够增加基线以上75%的生产效率，团队激励能够增加基线以上76%的生产效率。控制组的数据在同一时间段没有显示出或仅有少量的提高，员工水平保持不变或稍有降低。工作态度在干预后一样好或者更好（Pritchard，Jones，Roth，Stuebing，& Ekeberg，1988）。

员工的直接上级可以提供最有用的结果知识。然而，如果不强化在培训中学到的内容，当这种情况真的发生时，培训的结果可能不会有效地迁移到工作中。

14.3.2 培训的迁移

在很大程度上，组织培训项目的用处取决于对培训有效的迁移——培训中学到的行为在工作中的应用。迁移的效果可能是积极的（例如，促进工作绩效）、消极的（例如，损害工作绩效）或中性的。它可能是培训和开发项目中最重要的考虑因素（Baldwin & Ford，1988）。同时，最近一项对107个管理培训评估的元分析表明，跨层级的评估来源对培训—迁移效果有实质性的作用（Taylor，Russ-Eft，& Taylor，2009）。特别地，在培训—迁移评估中只使用受训者自我评价可能导致对迁移过度积极的评估，然而仅使用下属评价可能会带来对管理者工作行为培训效果过度消极的观点。使用包含不同视角的多维评价来源（上级、同级、下属和自我评价）对提供真实的迁移效果评估是必要的。

对每个培训的应用来说迁移的背景都可能是独特的（Holton，Chen，& Naquin，2003），因此为了最大化正向迁移，培训项目的设计者应该考虑在培训之前、之中和之后做到下列事项（Machin，2002）：

1. 确保迁移氛围和工作环境是积极的——也就是说，情境和活动能够传递上级和同事对培训迁移的支持，以及组织对培训赋予的价值（Kontoghiorghes，2004）。然而，工作场所对迁移的支持受到受训者所认为的组织提供的支持程度的调节（Pidd，2004）。

2. 最大化培训情境和工作情境的一致性。

3. 向受训者传授尽可能多的任务、概念和技能，来帮助他们应对和课本案例不完全匹配的情境。这叫做适应性技能（Ford & Weissbein，1997；Hesketh，1997a）。

4. 确保受训者完全理解所讲授的原则，尤其是工作中需要应用原则来解决问题时，例如工程师、投资分析师和系统分析师所涉及的原则。

5. 为培训内容和工作内容之间提供强有力的联系（“今天你在培训中学到的东西，今后会应用在工作中”）。

6. 在基于团队的培训背景中（例如，在员工卷入中），达到以下几个条件时迁移能最大化：团队开放、不限制信息获取的渠道；成员包含多样的职位功能和行政背景；团队有足够的成员来完成有关活动。在一项研究中，参与者和上级对团队效能的评价超过一半的变化可以归因为上述三个设计因素（Magjuka & Baldwin，1991）。

7. 确保在培训中学到的内容在工作中能够使用并得到强化。上级和同事是这个过程的关键把关人（Ford，Quiñones，Sego，& Sorra，1992；Pidd，2004）。如果直接上级或者同事通过他们的话语或实际例子，不支持培训中学到的内容，就不要期望培训能够对工作绩效产生太多影响（Tannenbaum，2002；Tracey，Tannenbaum，& Kavanagh，1995；Wexley & Latham，2002）。

受训者的态度也可能影响迁移（Noe，1986，2008；Switzer et al.，2005）。在以下几种情况下迁移发生的频率更高：（1）受训者在应用最近新学的技能时很自信；（2）受训者对可以展示新技能的情形很了解；（3）受训者清楚，如果使用新技能，工作和组织绩效都会提高；（4）受训者相信在培训中强调的知识和技能在解决工作相关问题时很有用。这有助于员工将在一个培训背景中（例如，员工投入培训）学到的 KSAO 推广到其他背景下（例如，日常工作）（Tesluk，Farr，Mathieu，& Vance，1995）。

14.3.3　自我调节以维持行为

自我调节是维持近期培训行为的新方法（Schmidt & Ford，2003）。它最初是在治疗成瘾行为的背景下发展起来的（Marx，1982；Witkiewitz & Marlatt，2004），对维持近期培训行为也有启示作用。自我调节的对象是学习者的执行水平认知系统对自己关于培训内容的注意力和主动参与监控、施加控制的程度（Vancouver & Day 2005）。

培训项目经常向参与者强调积极的结果；它们通常不会让参与者意识到培训过程本身多么容易受到质疑。在这个模型中，受训者被要求明确指出可能破坏他们维持新行为的情境（Marx，1982）。例如，在一项控制滥用病假的研究中（Frayne & Latham，1987），员工列出了请病假最常见的原因，包括家庭问题、与上级和同事合不来以及交通问题。之后教给员工监管自己行为的办法，例如记录：（1）自己的出勤率；（2）缺勤一天的原因；（3）随后开始工作的步骤。员工可以通过表格和日记的方式完成这个任务。

受训者也要明确自己的强化物（例如，自我称赞、买一件礼物）和惩罚物（做不喜欢的活动，一定要容易实施，例如清理车库）。自我调节系统的应用增加了受训者的自我效能感，他们的出勤率也显著高于控制组。这个效果在 12 个月之后仍然保持（Latham & Frayne，1989）。实际上，自我调节培训可以为低自我效能感的受训者提供一个技能—发展—维持项目，因为他们缺乏自信心，如果不是自我调节培训，他们就不会参与这个项目（Gist，Stevens，& Bavetta，1991）。研究已经证实了自我调节的有效性（Chen，Thomas，& Wallace，2005），但其他研究（Gaudine & Saks，2004；Huint & Saks，2003）则表明，迁移氛围以及同事和上级的支持与自我调节相比，在培训后维持赞许行为方面是更有力的决定因素。

14.3.4 适应性指导

和自我管理相关，适应性指导为受训者提供了为提高绩效而在系列学习和实践中应该选择的未来方向的有关信息（Bell & Kozlowski，2002）。它尤其和基于技术的学习有关。例如，在网络培训中，个体可以使用超链接和菜单根据自身情况选择所要参加的内容，决定学习的顺序，控制自己在一个特定主题上花费的时间。在远程学习中，个体可以在自己方便的时候进行学习，并且不会或者只会受到很少的监督。但是这样的学习者控制可能会导致很多消极结果，例如在任务上花费较少的时间，以及较差的学习策略（Brown，2001）。

在一项实验室研究中，Bell & Kozlowski（2002）在培训情境中对受训者采用基于绩效（第50百分位数以下，第50～85百分位数以及第85百分位数以上）的指导。指导包含评价性的信息来帮助每个受训者判断自己的发展阶段，还包含关于受训者应该通过学习和练习来提高的方面的个性化建议。

适应性指导对自我调节过程和受训者的学习、练习顺序有实质性的影响。它能够在培训早期对基本知识和绩效能力的获取，培训后期对策略知识和绩效技能的获取，以及在能力保持和将技能用于更加困难、复杂的普遍情形这三方面起到显著的改进作用。适应性指导可以成为一个有效的培训策略，也是通过高级技术培训指导个体的一种方法（Bell & Kozlowski，2002）。

14.3.5 强化

为了能够获得、矫正和维持行为，必须进行奖励（强化）。强化的原则也强调，惩罚只能造成暂时的行为抑制，对学习缺乏相对有效的影响。奖励对学习者说“很好，重复你的行为”，而惩罚则说“停，你做了错误的反应”。温和的惩罚对学习者来说是一个警告，告诫他脱离了正确的轨道，但是如果之后不及时给予正确的反馈，惩罚会让人十分沮丧。

实际情况中很难应用这项原则，尤其是很难在培训前明确什么是奖励。是来自训练师的夸赞、未来的晋升或增加薪酬、上级或同事的赞扬、自我决定和个人价值提高的感觉吗？显然，奖励的来源不计其数，但是正如我们可以想到的，最有力的奖励可能是由和受训者关系密切的上级和同事提供的（Pidd，2004）。如果他们不强调培训中学到的内容，那么培训本身可能就是“密封的”（Haire，1964），迁移就可能很少或是负向的。

14.3.6 练习

对学习新技能或获得相关信息的任何人来说，必须有机会去实践学到的内容。练习指的是对培训内容的主动使用，包括三个方面：主动的练习、过度学习以及练习期的长度。

14.3.7　主动的练习

特别是在技能学习期间（例如，学习操作一台机器），受训者仅用语言表达或阅读需要做的事情是远远不够的。只有主动的练习才能为调节行为绩效提供内在的线索。随着练习的进行和被其他个体给予恰当的反馈，受训者放弃无效的行为并保持和高绩效有关的行为。关注传授正确的方法和避免错误是一个传统的途径。错误管理培训也是一种方法（Keith & Frese，2005），它的目标是鼓励受训者犯错，之后进行反思来了解原因，然后寻找避免未来再犯错误的策略。元分析（Keith & Frese，2008）发现，整体上看，错误管理培训比错误规避培训和不含错误鼓励的探索性培训都有更好的效果（$d=0.44$）。对迁移后测量以及对那些培训中不包括的任务来说，效果更明显。因此错误管理培训可能会加深对促进向新任务迁移的任务的理解（Aguinis & Kraiger，2009）。

14.3.8　过度学习

如果受训者有机会练习到远超出可以多次正确完成一个任务的熟练程度，那么这个任务就成为"第二天性"——受训者已经过度学习了。对一些任务来说，例如那些很少发生但必须在高压下完成的任务（例如，护士挽救病人的心肺复苏术），过度学习十分必要。对那些员工每天都会练习到的技能来说，例如，汽车修理工、技术员或者装配工的技能，过度学习没那么重要。过度学习有以下一些好处（Driskell，Willis，& Copper，1992）：

- 它增加了培训材料维持的时间长度。过度学习程度越强，维持程度越高。
- 它使得学习更加具备"反身性"，所以随着不断地练习，任务成为无意识的活动。
- 对认知任务和体能任务都有效，但是对认知任务来说效果更好。

然而，如果没有复习培训，过度学习带来的保持期可能也就五六周时间。

14.3.9　练习期的长度

练习可能被分散开，在阶段之间存在间歇；也可能混在一起，各阶段挤在一起。尽管有例外，但大部分研究证据表明，在同样的练习时间下，分散练习的效果比集中练习的效果更好（Goldstein & Ford，2002）。关于这点有两个原因：

1. 持续的练习让人疲劳，所以个体不能展现他们所学的全部内容。因此，他们的绩效会比有休息的情况低。

2. 在练习阶段，人们通常既学到正确的表现，也学到干扰它的无关表现。但是无关表现更少练习到，所以在练习间歇可能被更快遗忘。因此，如果在练习阶段之间有休息时间，绩效可以得到提高。

实际上，Holladay & Quinones（2003）发现，在练习测试中增加变化可以导致更好的长期保持效果，可能是因为受训者在获得技能的过程必须付出更多的努力。然而，集中练习比分散练习效果更好的一个例外是，当人们需要学习困难的概念材料或其他思维问题时，在一些集中的练习期处理这个问题比在各个分散的阶段花费一天或更多时间效果更好。

14.3.10 动机

为了真正学习，个体首先必须想要学习（Noe & Wilk，1993）。然而实际上，人们通常会更关注受训者学习的能力，而不是学习的动机或者能力和动机的交互作用。这是一个错误，因为元分析和路径分析证据表明，学习的动机可以解释学习结果很大一部分变异，远高于认知能力（Colquitt et al.，2000）。但是什么因素可以导致高动机呢？

动机是一种可以激发、指导并维持行为的力（Steers & Porter，1975）。在培训情境下，这种力影响对培训的热情（激发器），将注意维持在培训本身（指挥者），并强化培训中学到的内容，即便面临回到工作后需要抛弃刚刚在培训中所学内容的压力（维持器）。

图14—1展示了受训者所具有的、可以预测学习动机的一些特征（Colquitt et al.，2000；Noe & Colquitt，2002）：

- **培训前自我效能感**——个体可以成功学到内容的信念（Bandura，1997；Eden & Aviram，1993；Gist et al.，1991；Mathieu，Martineau，& Tannenbaum，1993；Quiñones，1995；Saks，1995；Switzer et al.，2005）；
- **培训的心理效价**——培训成果的吸引力（Colquitt & Simmering，1998）；将培训设计为一个不可多得的机会可以增强这个信念（Martocchio，1992）；
- **工作投入**——受员工在心理上对工作的认同感以及工作对自我形象重要性的影响（Brown，1996）；
- **组织承诺**——既有情感上的（对组织目标和价值观的信仰），也有行为上的（为组织付出努力的意愿）（Facteau，Dobbins，Russell，Ladd，& Kudisch，1995；Mowday，Porter，& Steers，1982）；
- **职业探索**——全面的自我评价以及向同事、朋友、上级和家庭成员收集信息（Facteau et al.，1995；Noe & Wilk，1993）。

另外，三个人格特质也可以预测学习动机。

- **尽责性**——独立、有条理、坚韧，并且成就取向高（Martocchio & Judge，1997）。
- **目标取向**——关注掌握新的技能或经历（Fisher & Ford，1998；Klein et al.，2006；Phillips & Gully，1997；Steele-Johnson，Beauregard，Hoover，& Schmidt，2000）；
- **焦虑**——后天或习得的恐惧，和学习动机负相关，因为它可能占用认知功能和注意力（Colquitt et al.，2000）。

图14—1列出的因素显然会影响学习动机，培训者的期望也是如此。实际上，期望可能成为自我实现预言，所以期望越高，受训者表现越好（反过来也是如此）。自我实现预言的现象也称为皮格马利翁效应（Pygmalion effect）。它在一个超过15周的成年人受训者作战指挥课程中得到证实（Eden & Shani，1982）。

当指导者对一组受训者期待更高绩效时，该组受训者在目标成就测试中得分显著更高，表现出更积极的态度，并感受到更多积极的领导行为。皮格马利翁效应在很多研究中，无论是对男性受训者还是女性受训者，都得到了证实（Begley，2003）。然而，在女性领导（或指导）女性的情境中，这种效应没有得到印证（Dvir，Eden，& Banjo，1995）。

14.3.11 目标设置

想要自我发展的个体需要这么做；想要被别人开发的个体更需要。这句话说明了动机在培训中的角色——要学习，你必须想要学习。最有效的方法之一是通过设置目标提高受训者的动机。目标设置在不同环境下提高员工绩效的能力已经得到证实（Latham，2007；Locke & Latham，1990，2002，2009；Locke，Shaw，Saari，& Latham，1981）。目标设置基于这样的假设：个体意识到的目标或目的可以调节自己的行为（Locke，1968）。关于以下六个问题的研究发现十分明确：

1. 文献综述表明，目标设置理论在组织科学领域是最科学有效且最有用的理论之一（Locke & Latham，2009）。目标设置的效果对简单任务最强，对复杂任务最弱（Wood，Mento，& Locke，1987）。

2. 员工对目标的承诺是目标设置能够起作用的必要条件（Locke，Latham，& Erez，1988）。自我效能感（对个人完成一项任务的能力的判断）影响对目标的承诺，例如提高出勤率（Frayne & Latham，1987）。它可以通过练习、模仿和说服得到增强（Bandura，1986）。

3. 当任务很复杂时，参与目标设置似乎可以提高目标接纳性，特别是当员工面临一个他们最初因为不合理或者太困难而拒绝的目标时（Erez，Earley，& Hulin，1985；Erez & Zidon，1984）。同时，当任务比较简单时，参与制定目标确实可以提高目标接纳性、任务绩效和内在动机（Shalley，Oldham，& Porac，1987）。

4. 当有选择时，如果员工原来的目标很容易达成，他们会倾向选择更困难的目标；如果原来的目标很难达成，则会选择更容易的目标。因此，和目标设置有关的过去经验会影响员工未来选择目标的水平（Locke，Frederick，Buckner，& Bobko，1984）。

5. 一旦员工接受了一个目标，与简单目标或普通目标（例如，“尽最大努力”）相比，具体、困难的目标会导致更高水平的绩效（Locke & Latham，2006；Eden，1988）。然而，对于存在多重替代策略的新异任务来说，这个效果似乎会消失或者正好相反（Earley，Connolly，& Ekegren，1989）。

6. 通过为执行者提供如何完成任务的信息，以及提供目标和任务为什么重要的依据，目标设置对绩效的影响可以进一步增强（Earley，1985）。

目标设置并不是没有风险，可能有一些负面作用，例如过度冒险、忽视绩效的非目标维度、作弊的诱惑、失败感以及压力的增加，这些确实存在，但也可以得到控制（Latham & Locke，2006；Locke & Latham，2009；Ordóñez，

Schweitzer，Galinsky，& Bazerman，2009）。

总的来说，目标设置的研究结果令人振奋。它们对激励受训者有三个重要的启示：

1. 在开始时明确培训项目的目标。

2. 设置有挑战性并且能让受训者在完成后获得个人满足感的足够困难的目标，但是不要太难以至于让他们认为不可能实现。

3. 给完成项目的最终目标补充一些培训中的子目标，例如培训者评估、工作样本检验以及阶段性测验。随着受训者成功解决每个障碍，他们对实现最终目标的自信也会增加。

14.3.12 行为模仿

行为模仿基于社会学习理论（Bandura，1977，1986，1991）。简单来说，社会学习理论认为，我们通过观察他人进行学习。学习过程需要有注意、保持、重复所学内容的能力以及动机。

这些原则可以融入并促进行为模仿四个步骤的“应用学习”法（Goldstein & Sorcher，1974）：

1. **模仿**：受训者观看榜样人物在困难情况下有效完成工作的视频。

2. **角色扮演**：给受训者提供练习和重复榜样演示的有效行为的机会。

3. **社会强化**：培训者给受训者提供称赞或建设性反馈。

4. **培训的迁移**：使受训者在培训中学到的行为有效应用在工作中。

简单来说，目标是让人们观察一个榜样，记住榜样的行为，重复榜样的行为，最终在他们面对工作问题时应用学到的内容（Baldwin，1992）。这类培训通过受训者知识结构或心智模型的改变影响技能学习（Davis & Yi，2004），并且在个体水平和团队水平上都是如此（Marks，Sabella，Burke，& Zacarro，2002）。

有时，行为模仿的目标是使得受训者有能力复制榜样行为（例如，高尔夫球挥杆动作）。然而，大部分社交或监督技能培训的目标（例如，在问题解决情形中的冲突解决）是发展出可泛化的规则或概念。如果目标是再现，那么只要展示积极（正确）的行为榜样。如果目标是概括，那么应该混合积极和消极的榜样（Baldwin，1992）。

各类辅助手段可以促进模仿（Decker & Nathan，1985；Mann &Decker，1984）：回顾对关键行为的描述笔记（称为学习要点），在心理上重复这些行为，并且重新写下学习要点。如果他们愿意，鼓励受训者写下自己理解的学习要点（Hogan，Hakel，& Decker，1986；Marks et al.，2002）。这种方法可以促进认知“手稿”的发展，为认知和行为之间建立联系（Cellar & Wade，1988）。

研究也表明，行为模仿项目中练习技能最有效的方法是，在有两个角色扮演者、一个或两个观察者的小组内，每次练习尝试都进行录像带重播（Decker，1983）。一项从20世纪70年代中期开始进行的研究显示，行为模仿培训包括五部分：模仿，保持过程，角色扮演（或行为重复），社会强化，以及培训迁移

(Decker & Nathan，1985)。

元分析结果证明了行为模仿的有效性（Taylor，Russ-Eft，& Chan，2005）。对 117 个行为模仿培训研究的分析表明，陈述性知识和程序性知识效果最好（效果大小约为 1.0，这是将培训组和非培训组或者前测条件进行比较得到的结果）。陈述性知识是关于“是什么”的知识（例如，事实、术语的意思），程序性知识是关于“怎么做”的知识（例如，怎样完成一种行为）。整体上对工作行为改变的平均效果大小 $d=0.27$。Taylor et al.（2005）发现了效果大小分布上的显著差异，这意味着需要调查行为模仿培训和结果之间关系的调节变量，也就是说，什么变量可以解释在某些条件下效果或关系会存在或者更强（Aguinis，2004b）。

尽管这些结果令人振奋，但是行为模仿可能并不适合每个人。不同的培训方法适用于具有不同水平自我效能感的个体。例如，在一项包含使用电脑软件的研究中，Gist，Schwoerer，& Rosen（1989）发现，模仿能够提高培训前自我效能感处于适中到高水平的个体绩效。然而，对自我效能感低的个体来说，一对一的辅导更有效。

当就在工作中带来实际行为改变的能力这方面评价行为模仿的影响时，另一个潜在的问题出现了（例如，迁移）。在一些研究中（例如，Russell，Wexley，& Hunter，1984），鼓励受训者应用自己新掌握的技能，但是没有做出正式评价，对那些没能遵守的人也没有惩罚。结果是：不存在长期的行为改变。在其他研究中（例如，Latham & Saari，1979），管理者指导并鼓励受训者使用新技能，拒绝这样做的管理者会被调离他们的职位。毫无意外，回到工作后行为发生了变化。结论是：行为模仿确实可以带来积极的受训者反应和学习，不过比模仿更重要的是产生工作行为和绩效持久的改变（May & Kahnweiler，2000）。研究发现提出了三个策略（Russell et al.，1984）：

1. 向管理者展示为什么他们现在的行为比之前的行为更有效。

2. 鼓励每个受训者在脑海中练习新行为，直至行为和受训者的自我概念一致。然后在工作中尝试新行为。

3. 为了促进正向迁移，通过目标设置和工作场合的强化来完成培训。

行为模仿培训为什么会有效？很大程度上是因为它解决了早期培训方法的一个弊端：用嘴说而不是用行动演示。

培训和开发项目的设计对最终的成功十分关键。但同样关键的是，项目的实施和对因此带来的结果的测量。我们会在第 15 章考虑这些重要问题。

对实践的明确启示

或许本章最重要的经验就是在培训中要抵制强调技术和技巧的诱惑；相反，应该花时间做一个全面的需求分析，来揭示在个体或团队水平上应该学习什么，以及培训和开发的实质内容应该是什么。另外，需要：

- 意识到组织边界是模糊的，顾客、供货商甚至竞争者之间的界限正变得更加模糊。结果是，任何需要获得特定能力来确保组织成功的个体或小组都成为培训的潜在对象。

● 为学习的发生创造一个合适的环境——确保目标是清晰的，材料有意义并且相关，提供练习和反馈的机会，以及确保整个组织支持培训的内容。

● 将学习的原则、目标设置、动机和行为模仿纳入培训。

● 一个设计良好的培训最基本的目标是能够积极迁移到工作中。为了提供一个真实的迁移效果评估，应使用来自不同视角的多重评价来源（上级、同事、下属和自我评价）。

讨论题

1. 你的老板要你明确和有效培训相关的组织和个体的关键特征。你会说些什么？

2. 培训的迁移很重要。你会采取什么措施来最大化培训迁移？

3. 概述一个需求评估过程，来明确超市收银员的培训需求。

4. 个体开发计划应该包括什么内容？

5. 培训和学习的适宜环境是什么样的？

6. 描述团队培训设计的整合方法。

7. 行为模仿在团队培训中怎样起作用？

8. 行为基线怎样帮助研究者评估培训中的行为迁移？

9. 高层管理者要求你做一个关于目标设置和反馈的潜在效果的概述。你会说些什么？

第15章 培训和开发：实施和结果测量

概　览

关于培训和开发技术的文献十分丰富。然而，这些技术通常可以分为三类：信息—描述技术、模拟方法和在职培训。选择特定技术可能会带来最大的回报，特别是当培训的设计者遵守一个两步骤的顺序时——首先，明确界定学习内容；之后，选择一种特定的方法或技术，来准确匹配培训需求。

在测量培训和开发的结果时，要使用多重标准（不同的时间、类型和水平），识别并理解标准之间以及和其他组织变量之间的相互关系。另外，要施加足够的实验或准实验控制，以准确推断出培训效果。

最后，在测量培训和开发的结果时，要确保包含这几项：(1) 解释结果的实践和理论意义；(2) 对培训过程和内容的逻辑分析；(3) 花精力处理培训效果“体制”方面的问题。最终的目标是评估培训工作的个人和组织实用性。

一旦我们明确了受训者应该学习什么，以及培训和开发的实质内容应该是什么，关键的问题就变成“我们应该怎样教授这些内容，以及谁应该做这项工作”。

关于培训和开发技术的文献十分丰富。然而，证据显示，尽管存在许多选择，在实施培训的美国公司中，没有几个会在选择培训方法之前系统地评估它们的培训需求（Arthur，Bennett，Edens，& Bell，2003；Saari，Johnson，McLaughlin，& Zimmerle，1988）。这一现象意味着，公司把硬件设施、软件设备以及技术看得比结果更重要。它们（错误地）将明确受训者应该学习的内容看成次于技术的选择。

每年，新的培训方法层出不穷。其中一些深深根植于学习和行为改变的理论模型（例如，行为模仿、团队协调培训），一些似乎是试错的结果，还有一些（例如，交互式多媒体、基于计算机的商业游戏）似乎是技术发展而非理论发展的结果。这里我们不去回顾正在使用或已经应用的特定培训方法。这方面的内容可以从其他资料中获得（Goldstein & Ford，2002；Noe，2008；Wexley & Latham，2002）。我们只会强调一些应用更普遍的技术，尤其关注基于计算机的培训，之后提出判断培训方法是否合适的一系列标准。

培训和开发技术分为三类（Campbell，Dunnette，Lawler，& Weick，1970）：信息—描述技术、模拟方法和在职培训。

信息—描述技术（information-presentation techniques）包括：

1. 演讲。
2. 会议方法。
3. 函授课程。
4. 视频/光盘（CD）。
5. 阅读书目。
6. 交互式多媒体（CD，DVD，视频）。
7. 内联网和互联网。
8. 系统观察（非常类似于模仿）。
9. 组织发展——系统的、经过活动调查的组织改进的长期项目，包括初步诊断、对客户端数据的收集、对客户端数据的反馈、对客户端数据的探索、行动计划以及行动，这个循环周而复始。

活动调查可以采取很多形式（Austin & Bartunek，2003），最常见的一种是调查反馈（Church，Waclawski，& Kraut，2001；Czaja & Blair，2005）。这个过程始于对组织目前运作方式的综合评估——尤其是面向所有员工的匿名问卷调查。研究者将个人工作小组水平的回答和组织作为一个整体的回答做成一个表格。基于直接下属的回答，每个经理都会收到一份关于这些信息的汇总。之后一个改革代理人（擅长应用行为科学方法的人）私下和接收信息的经理会面，来帮助尽可能全面地理解调查结果。在这之后，改革代理人参加经理和下属都出席的会议（面对面或虚拟的），会议的目的是检查调查发现并讨论矫正活动的含义。改革代理人的角色是帮助小组成员更好理解调查结果、设置目标，以及为了改革形成行动计划。

模拟方法（simulation methods）包括下列内容：

1. 案例方法。在纸上呈现典型的组织情境，之后通常由小组的受训者找出其中的问题并提出解决方法。个体之间互相学习，并获得关于自己表现的反馈。

2. 事件方法。和案例方法相似，但是受训者只收到关于特定事件的概略描述。受训者不得不询问培训者，当他们认为获得了足够多的信息时，会尝试提出一种解决办法。最后，培训者给出他知道的所有信息，受训者比较自己提出的方案和基于完整信息的方案。

3. 角色扮演。包含多重的角色扮演，一个大组分成若干小组，每个小组在没有培训者的情况下进行角色扮演讨论同一个问题。然后所有受训者重新集合，和培训者讨论刚刚在小组中发生的情况。

4. 经验练习。这是对和组织心理学相关的经验的模拟。这是一种综合技术，吸收了案例方法、多重角色扮演以及团队协调培训的元素。受训者首先检查自己个人的回答，然后检查自己小组或团队中其他成员的回答，最后检查一个更大的小组以及培训者的回答。

5. 任务模型。让受训者构造一个复杂但容易构建的物品，之后一组受训者必须基于给定的材料复制这个物品。受训者使用不同的沟通方式，只有几个受训者可以看到物体。受训者讨论出现的沟通问题，并通过小组讨论找到解决方案。

6. 文件筐技术。

7. 商业游戏。

8. 评价中心。

9. 行为或胜任力模型。

在职培训（on-the-job training）方法尤其普遍——在基本技能培训和管理培训和开发中都是如此（Tyler，2008）。广泛来说，它们包括：

1. 定向培训。

2. 学徒制。

3. 在职培训。

4. 近工作培训。即完全复制工作中使用的材料和设备，但是发生在一个和实际工作情境有距离的区域。关注点只在培训上。

5. 岗位轮换。

6. 替身任务。即替身代替有一定责任的高级主管，因此可以学习主管职位的特定内容。公司为了继任规划和专业技术人员开发常使用这样的安排。对受训者的好处取决于他和经理的关系，以及经理通过语言交流和胜任力模型有效引导的能力。

7. 组织采用主管教练的方法来进行大规模的领导力开发活动，同时处理个人和组织的事务（Hollenbeck，2002；Underhill，McAnally，& Koriath，2008）。特别关注经理和他们的绩效，强调需要吸收咨询、工业与组织心理学以及变革管理的原则。这个过程通常通过以下几个阶段进行：缔约和定义问题，评估，反馈，制定行动计划，实施以及后续行动。然而，在这个过程中的任何一个阶段，新的数据输入都可能导致返回到上一个阶段。

8. 绩效管理（见第 4 章）。

15.1　基于计算机的培训

Brown & Ford（2002，p. 192）提到："各种形式的基于计算机的培训，是培训的未来方向——并且这个未来已经到来了。"鉴于不断增加的指导者—引导方式的转变，教师培训转向学习者中心、技术支持培训，这个话题应该得到特别的关注。基于计算机的培训（CBT）根据构建职位相关的知识和技能这一目的，通过计算机呈现文本、图表、视频、音频或动画（Kraiger，2003）。CBT 是技术支持教学的一种形式，我们已经强调过这个问题，在此关注 CBT 的设计、实施和对其效果的评估。

CBT 常见的形式包括多媒体学习环境（CD、DVD、桌面系统）、内联网和互联网教学、E学习、智能教学系统、全尺寸模拟和虚拟培训系统（Steele-Johnson & Hyde，1997）。CBT绝大多数形式的特征都包括定制化（项目适应学习者的特征）和学习者控制（学习者可以调整学习环境来适应自己的目标）（Brown & Ford，2002）。因此，CBT代表了适应性学习，它的灵活性、适应性和潜在的成本节约有力地提示我们，其普遍性只会随着时间而增加。

CBT比指导者—引导的培训更有效吗？两个元分析发现没有显著的差异，尤其是两种方式都用来讲授同样类型的知识时，无论是描述性的还是程序性的（Sitzmann，Kraiger，Stewart，& Wisher，2006；Zhao，Lei，Lai，& Tan，2005）。然而，我们确实知道这一点，设计较差的培训不会刺激和支持学习，无论用来培训的技术多么有吸引力或多么昂贵（Brown & Ford，2002；Kozlowski & Bell，2003）。因此，学习者中心教学技术想要实现效果最大化，其设计必须能鼓励参加者主动学习。为了达到这个目的，考虑将下列四个原则合并到CBT设计之中（Brown & Ford，2002）：

1. 设计信息结构和呈现方式，同时反映出材料的组织（或组块）和使用的便捷性。

2. 平衡学习者控制的需求和指导之间的关系，帮助学习者对内容和过程做出更好的选择。

3. 为实践和建设性反馈提供机会。

4. 促进元认知监控和控制，鼓励学习者留心他们的认知过程以及控制他们的学习过程。

15.2 技术的选择

一种培训方法只有在恰当使用时才会有效。在这个环境中，恰当的使用意味着严格遵循两个步骤。首先，明确受训者要学习什么；之后，选择一种特定的、最符合这些要求的方法。遗憾的是，往往是受训者先选择培训方法，之后强迫它们去满足特定的需求。这种“改造”的方法不仅是错误的，而且非常浪费组织资源——时间、人力和金钱。应该停止使用该方法。

为了选择一种特定的技术，下面的列表可能是有用的。一种技术应该提供最低限度的条件，以使促进有效的学习发生。为了实现这个目标，一种技术应该：

1. 激励受训者提高自己的绩效。
2. 清晰说明受赞赏的行为。
3. 鼓励学习者积极参与。
4. 提供实践的机会。
5. 在受训者学习过程中提供绩效反馈。
6. 在受训者学习过程中提供一些强化的方法。
7. 从简单到复杂的任务过程中具有组织性。
8. 适应特定的问题。
9. 使得受训者能够将自己在培训中学到的内容迁移到其他情境中。

培训设计者可以将这个列表应用到所有培训技术上。如果一种技术能够满足培训需求，但是在上述列表的一个或多个领域是有缺陷的，那么或者调整这种技术来消除缺陷，或者用另一种技术来替换它。下一步是实施培训。一份涉及很多实施细节的清单在此处可能不合适，但如果先前的计划和设计完善的话，实际的实施就不会成为主要的绊脚石。最后一步是测量培训的效果以及它们和组织其他子系统的交互作用。现在我们讨论这个话题。

15.3　测量培训和开发结果

"评估"一个培训项目意味着会有两个结果（例如，一个项目有价值或者没有价值）。实际上，问题很少这么简单，因为结果通常是一个度的问题。为了评估结果，我们需要系统地记录受训者回到岗位上的实际表现以及他们的行为和组织目标之间的相关性（Machin，2002；Snyder，Raben，& Farr，1980）。此外，考虑评估的预期目的、需求以及目标对象的复杂程度也很重要（Aguinis & Kraiger，2009）。

15.3.1　为什么要测量培训结果

有证据显示，在培训项目完成时，很少有公司会采用比参与者反馈更严格的程序来评估培训活动的成效（Brown，2005；Sugrue & Rivera，2005；Twitchell，Holton，& Trott，2001）。出现这种情况很遗憾，因为进行培训评估至少有四个原因（Sackett & Mullen，1993）：

1. 决定未来使用哪些培训项目或技巧（例如，继续、修改、淘汰）。
2. 辨别个体受训者（例如，有胜任力的、需要提供额外培训的）。
3. 促进对培训过程的科学理解。
4. 达成政治或公共关系目标（例如，通过记录成功增加培训的可信性和可见性）。

在一个更高水平上，这些原因可以总结为做决定、反馈和市场营销（Kraiger，2002）。在这些基本问题之外，我们也想知道采用的技术和其他培训方法相比，是更有效还是更划算。最后，我们也想去比较培训和其他开发劳动力的方法，比如人员选拔程序和工作重塑。要想实现上述任何一个目标，一定的元素都是必要的。

15.4　测量培训结果的必要因素

在最基础的水平上，评估的任务是计数——计算新的顾客、互动次数、美元、小时等。评估最困难的任务是决定计算什么以及为计算开发常规方法。正如爱因斯坦的一句名言所说："并不是所有计算的东西都可以被计算，也并不是所有能被计算的东西都被计算了。"在培训环境中需要计算这些东西（Campbell et al.，1970）：

1. 多重标准的使用，不仅是为了得到数据，也是为了更恰当地反映出经理对组织目标的多重贡献。

2. 研究标准本身的尝试——它们之间的关系以及和其他变量之间的关系。内部标准和外部标准之间的关系尤为重要。

3. 足够的实验控制使得因果箭头指向培训项目。控制量为多少合适，取决于和标准尺度之间交互效应的可能性以及培训项目对霍桑效应的敏感性。

4. 解释结果的实践意义和理论意义的规定。

5. 对培训过程和内容完善、合理的分析。

6. 处理培训"系统"方面的影响——培训效果是怎样被和组织其他子系统的相互作用改变的？例如，培训中学到的 KSAO 在工作情境中通过奖励练习（正式或非正式的）得到增强还是有所减弱？受训者可以使用他们学到的技能，这是工作情境的本质要求，是否还需要其他组织改革？受训者学到的新技能会阻碍还是会促进组织其他子单元的职能？

在对培训效果进行任何实际有意义的评估之前，培训者必须重点关注这些问题。本章节剩下的部分将更全面地解释这些观点，并为它们的应用提供一些实践说明。

15.4.1 标准

和其他人力资源项目一样，判断培训价值的第一步是明确多重标准。我们已经在第3章讨论过标准的问题，强调评估培训结果需要多重标准很重要，因为培训通常指向绩效特定的成分。组织包含多重目标，那么培训结果也是多维的。培训可能会导致在靠近一些目标的同时远离另外一些目标（Bass，1983）。下面，我们在时间、标准的类型和水平上检验一下这些标准。

时间

这里，重要的问题是"对于培训，我们应该什么时候去获取有关标准的数据?"我们应该在培训之前、过程中、一结束以及结束很久之后做这件事情。的确，测量的时机对解释培训效果有十分重要的影响（Sprangers & Hoogstraten，1989）。一项针对181位韩国工人的研究（Lim & Morris，2006）发现，感知到的适用性（培训的效用）和感知到的对工作的应用（迁移）之间的关系随着培训和测量间隔时间的延长而减弱。

对受训者培训之前以及培训刚结束时的变化的分析结果，可能与培训后6～12个月时基于同样的标准测量得到的结论显著不同（Freeberg，1976；Keil & Cortina，2001；Steele-Johnson，Osburn，& Pieper，2000）。然而两个测量都很重要。比如，一项对59项研究的综述发现，26项研究中测量的时间跨度（第一次观察和最后一次观察间隔的时间）是1年或更短，27项研究为1～3年，只有6项研究时间跨度超过3年（Nicholas & Katz，1985）。长期与短期培训效果的比较可能会为培训效果与组织其他过程的相互作用提供有价值的信息（例如，概念、价值、领导风格）。最后，行为的绝对水平（例如，每个月的抱怨次数、事故数量）不是关键，从培训开始到得到结论后一段时间内行为的改变更重要。

标准的类型

区分内部标准和外部标准很重要。内部标准是直接与培训情境绩效相关的内容。内部标准的一个例子是态度量表，以及特别设计用于测量培训项目讲授内容的主观成就测验。另一方面，外部标准是评估工作行为实际改变的测量指标。比如，一个组织可能实施一个基于公平就业机会原则的双路径培训项目，并关注它对人力资源管理的意义。培训结论的书面测验（评估对培训内容的掌握程度）可能是一个内部标准。另一方面，下属、同级或上级对受训者将公平就业机会原则应用在工作岗位中的评分以及书面证据可能组成外部标准。内部标准和外部标准对评价培训和开发项目的有关结果十分必要，研究者需要理解二者之间的关系，从而根据受训者的效果得到有意义的结论。

标准可能是质化的，也可能是量化的。质化标准是态度和感知的测量，通常通过对员工的采访和观察或者书面工具获得。量化标准包括对工作行为结果和系统绩效的测量，经常包含于雇佣、会计、生产和销售记录中。上述工作行为结果包括离职、缺勤、销售额、事故率以及可控风险。

质化标准和量化标准对全面理解培训效果十分重要。传统上，研究者更喜欢量化标准，除了在组织开发研究领域（Austin & Bartunek，2003；Nicholas，1982；Nicholas & Katz，1985）。这可能是一个错误，因为在量化测量方法之外还需要更多信息去解释培训的结果。如果忽视质化（过程）测量方法，我们可能会错过很多关于事件怎样发生的丰富细节。实际上，Goldstein（1978），Goldstein & Ford（2002）以及 Jick（1979）已经发现，在类似的研究中，如果研究者忽视培训中发生的事件，数据可能会被曲解。

标准的水平

标准的水平指的是我们收集标准数据的组织水平，或者我们在测量培训结果时采取的相对精确的水平。在组织水平方面，来自培训者、受训者、下属、同级、领导者以及组织政策制定者（例如，培训项目发起人）的信息非常有用。除了个体资源，群体资源（例如，工作单元、团队、小组）还可以提供关于士气、离职率、不满意以及可变成本、失误、利润标准等方面的综合数据，有助于评估培训效果。

Kirkpatrick（1977，1983，1994）明确了评估培训和开发项目的四个精确水平：反应、学习、行为和结果。然而需要注意的是，这些水平只为标准提供了一个词汇上和大概的分类。更高的水平并不一定能比更低的水平提供更多的信息，并且水平之间也不必是因果关系或正相关（Alliger & Janak，1989）。总的来说，关于这个框架有四个重要问题（Alliger，Tannenbaum，Bennett，Traver，& Shortland，1997；Holton，1996；Kraiger，2002；Spitzer，2005）：

1. 这个框架主要是非理论的：一定程度上可能是以理论为基础的，但它基于 20 世纪 50 年代的行为视角，忽视了现代的、基于认知的学习理论。

2. 它过度简单化，比如将受训者反应和学习的结构看做线性的，然而实际上二者是多维的（Alliger et al.，1997；Brown，2005；Kraiger，Ford，& Salas，1993；Morgan & Casper，2001；Warr & Bunce，1995）。举个例子，反应既包括对培训的态度，也包括所感知到的培训效用。

3. 框架对于既没有研究支持（Bretz & Thompsett，1992）也没有直观意义的培训结果之间的关系进行假设。比如，框架提出，如果受训者对培训没有积极的反应，他们就不能学习。然而 Alliger et al.（1997）的一个元分析发现，任何一类反应和即时的学习之间整体上平均只有 0.07 的相关。简单来说，培训的反应不应该盲目地替代对培训内容的学习评估。

4. 最后，这种方法没有考虑评估的目的——做决策、反馈和市场营销（Kraiger，2002）。

图 15—1 呈现了 Kraiger（2002）开发的另一个测量模型，该模型试图解决 Kirkpatrick（1994）四水平模型的不足。它明确区分了评估对象（培训内容和设计、学习者改变以及组织效益）和数据收集方法（例如，组织效益、成本效益分析、评级和调查等方面）。对象和方法通过用于测量的选择联系起来，即它的关注点（例如，在学习者改变这方面，关注点可能是认知、态度或行为的改变）。最后，对象、关注点和方法与培训目标相关联——反馈（对培训者或学习者）、做决策和市场营销。Kraiger（2002）也为图 15—1 中的三个对象都提供了指标。比如，在组织收益方面，关注点可能是培训的迁移（氛围的迁移、展示的机会以及在职行为的改变）、结果（工作小组或组织的绩效水平或有形的结果），或者培训结果的财务绩效（例如，通过对投资回报率（ROI）的测量或效用分析）。

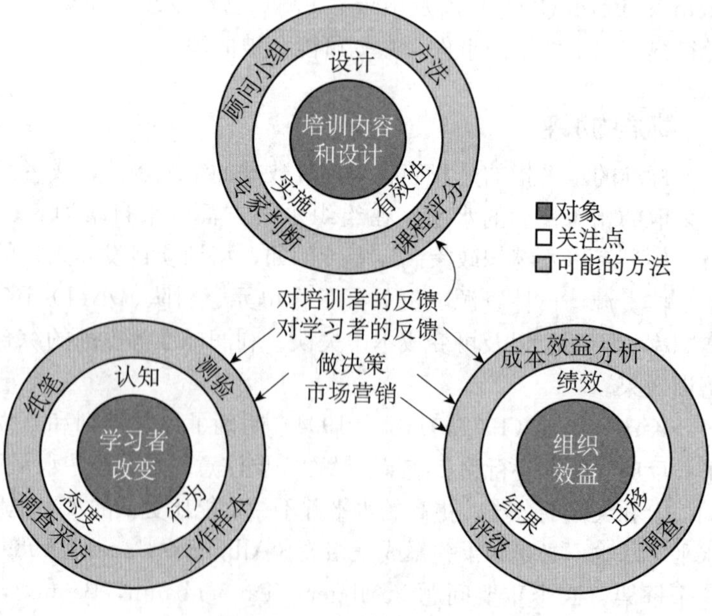

图 15—1 培训评估的整合模型

资料来源：Kraiger，K.（2002）. Decision-based evaluation. In K. Kraiger（Ed.），Creating，implementing，and managing effective training and development（p. 343）. San Francisco：Jossey-Bass. This material is used by permission of John Wiley & Sons，Inc.

15.4.2 测量培训结果的其他考虑

忽略使用的测量方法，我们的目标是获得有意义的推断以及排除对结果的其他解释。为了实现这个目的，基于一些合理的计划或程序（实验设计）实施测量方法很重要（例如，在培训之前和之后，以及包括一个用于比较的控制组）。针对这个目的有大量的实验设计，我们在后面会考虑那些设计。

评价在职行为改变时，最好在培训完成后和测量开始前空出一段合适的时间（至少 3 个月）。这对提高决策技巧或改变态度、领导风格的开发项目来说尤为重要。在项目的效果以可测量的行为改变的形式体现出来之前，这样的项目至少需要 3 个月的时间。一个大规模的元分析报告说，在收集行为方面的结果时，平均间隔是 133 天（约 4.5 个月）(Arthur et al., 2003)。为了发现这些改变，我们需要认真开发系统观察和测量的技术。例如，包括书面的、与工作相关的方案，这样的方案采用基于经验衍生出的得分权重（Ostroff, 1991）；还包括行为锚定等级评定、自我报告（并补充来自下属、同级和上级的报告）、关键事件，或者将受训者的行为与未受训者的行为进行比较（Frese, Beimel, & Schoenborn, 2003）。

15.4.3 测量培训结果对财务影响方面的策略

正如 Aguinis & Kraiger (2009) 提到的那样，为培训建立 ROI 指标的呼声一直都有，一个原因是培训活动一直是外包的，另一个原因是技术支持指导的新形式在市场上是有成本效益的。同时，对 ROI 几乎没有已经发表的研究。我们首先明确 ROI 是什么。

ROI 将项目利润和投资成本联系起来。它是一种比率，分子代表和项目有关的利润的测量结果，分母代表一个项目最初的投资（Cascio & Boudreau, 2008）。更具体来讲，ROI 包含下列内容（Boudreau & Ramstad, 2006）：

1. 投资产生的回报流入。
2. 进行投资需要的资源的最初流出。
3. 未来每段时间流入和流出情况如何。
4. 未来时间段发生的流入应该“扣除”多少来反映出更多风险和通货膨胀？

ROI 既有优势也有不足。主要优势是简洁而且得到普遍认可。它将盈利率所有主要成分合成一个数据，可以和其他投资机会相比较。另一方面，它有两个主要的不足：其一，尽管 ROI 的分析逻辑似乎很简单，但是上面的 1, 3, 4 项有很多主观性。其二，典型的 ROI 计算关注单一一次人力资源投资，没有考虑到这些投资作为投资组合共同所起的作用（Boudreau & Ramstad, 2007）。培训可能带来超出投资的价值，但是如果辅之以对与培训结果相关的个人动机的适当投资，价值会更高吗？

另一方面，财务结果可能以效用分析的形式进行评估。这种测量方法并不简单，但是技术已经很完善。实际上，评估按美元计算的培训结果的基本公式（Schmidt, Hunter, & Pearlman, 1982）直接建立在评估人员选拔项目收益的综合效用公式基础之上：

$$\Delta U=T\times N\times d_t\times SD_y-N\times C \quad (15—1)$$

式中，ΔU 为培训项目的美元价值；T 为绩效的培训效果持续年限；N 为培训的人数；d_t 为一般受训者和一般未受训者在标准 Z 分数上工作绩效的真实差异（见公式（15—2））；SD_y为未受训小组工作绩效以美元表示的变化（标准差）；C 为每个人的培训花费。

应注意下列事项：

1. 如果培训不是发生在工作时间，那么 C 应该只包括直接的培训花费。如果是在工作时间进行培训，那么在直接花费之外，C 还应该包括让员工在培训过程中离开岗位的相关成本。

2. d_t 称作效果大小（effect size）。我们开始时假定受训者（即实验组的人）和未受训者（控制组的人）在工作绩效上没有差异。效果大小告诉我们两组之间是否有差异，以及差异有多大。效果大小的公式是

$$d_t=\frac{\overline{X}_e-\overline{X}_c}{SD\sqrt{r_{yy}}} \quad (15—2)$$

式中，$\overline{X}_e$ 为受训者平均工作绩效（实验组个体）；$\overline{X}_c$ 为未受训者平均工作绩效（控制组个体）；SD 为未受训者工作绩效测量标准差；r_{yy} 为工作绩效测量信度（评估者间一致性程度的相关系数）。

公式（15—2）显示了标准差的大小。为了体现出绩效（X）改变的百分比，公式为：

$$X\text{ 的变化百分比}=d_t\times 100\times SD_{pretest}/Mean_{pretest} \quad (15—3)$$

式中，$100\times SD_{pretest}/Mean_{pretest}$（变异系数）是前测绩效的 SD 除以平均值的比率，再乘 100，此处绩效是以比率尺度测量的。因此为了将 d_t 改为输出改变的测量结果，将 d_t 乘上工作变化的系数（Sackett，1991）。

当有一些现有研究时，或必须估计人力资源开发项目的 d_t 时，最好使用元分析方法，用所有现有研究的累积结果进行估计。这样的研究在文献中可以找到（Arthur et al.，2003；Burke & Day，1986；Guzzo，Jette，& Katzell，1985；Morrow，Jarrett，& Rupinski，1997）。随着研究的积累，经理可以依赖和人力资源开发项目有关的预期效果大小的累积知识。这样一个人力资源开发项目效果大小的“菜单”会帮助人力资源专业人员在决定给这个项目分配资源之前，计算出这个提议的人力资源开发项目的预期效用。

说明

为了说明培训效用的计算方法，假定我们希望估计一个关于监督技巧的培训项目的净收益。给定下列信息：$T=2$ 年；$N=100$ 人；$d_t=0.31$（Mathieu & Leonard，1987）；$SD_y=30\ 000$ 美元（通过我们之前讨论的方法计算得到）；$C=4\ 000$ 美元/人。根据公式（15—1），培训项目的净收益是

$$\begin{aligned}\Delta U&=2\times 100\times 0.31\times 30\ 000-100\times 4\ 000\\&=1\ 460\ 000\text{（美元）}\end{aligned}$$

然而这个数字是虚假的，因为它没有考虑影响收益的经济因素和非经济因素。例如，它没有考虑这个事实，即将来 2 年内收到的 146 万美元在今天只值 1 103 970美元（使用 Mathieu & Leonard（1987）报告的 15%的贴现率）。它也没有考虑到不断波动的费用和税金（Boudreau，1988）。最后，它只关注了单一的群体。但是，如果培训是有效的，经理就会想将它应用于多个群体。随后的收益也必须考虑受训员工损耗，以及随着时间变化培训效果强度的衰减（Cascio，1989；Cascio & Boudreau，2008）。即便考虑了所有问题，培训和开发工作的财务收益仍然可能是潜在的并且有待证实。

考虑一下这个结果，即一个大型美国跨国公司开展的为期 4 年的关于 18 个管理和销售/技术培训项目的效果和效用的结果。研究十分值得注意，因为它战略性地通过比较不同类型培训的收益来帮助决策制定者分配培训预算和明确接受培训的员工类型（Morrow et al.，1997）。

对所有 18 个项目，假定工作绩效服从正态分布，那么平均提高是 17%（1 个标准差是 0.54）。然而，对销售/技术培训而言平均提高水平会更高（0.64 个标准差），对管理培训来说则会更低（0.31 个标准差）。因此培训总的来说是有效的。

管理培训项目的平均 ROI 是 45%，销售/技术培训项目是 418%。然而，一个成本低廉的内部时间管理项目的 ROI 几乎为 2 000%。当剔除这个项目的经济效益，培训项目的总体平均 ROI 是 84%，销售/技术培训项目是 156%。

为什么不严格计算培训项目的经济收益

在实践中，这是对这个问题相当片面的一个视角，因为来自运营单元绩效的经济数据经常有主观的偏见（例如，离职、市场波动）。一些测量如单元成本并不总是处在经理个人的控制之下，存在的偏见影响也并不总是足够明显从而可以得到补偿。

这并不是提示我们对结果或财务影响的测量结果不应该用来证明一个培训项目的价值；相反，应该尽最大努力去这么做。然而，那些有责任评估培训结果的人应该清楚意识到结果和财务影响测量方法的困难和不足。他们也必须考虑信息收集工作的效益。（例如，如果努力去确定项目是否有好处的代价超过了其他可能的利益，为什么还要这么努力呢?）另一方面，鉴于有效管理绩效的高收益，这种情况发生的可能性非常小。简单来说，不要忽视对结果或财务影响的测量。全面的评估考虑了对培训内容和设计的测量以及学习者改变和组织收益的测量。为什么？因为这些集合起来强调了评估的每一个目标：为培训者和受训者提供反馈，为项目决策提供基础数据，以及提供数据进行市场调研。

15.4.4 用项目评估数据影响管理决策

项目评估数据真正的收益存在于数据能够指向战略上重要的组织决策时。为了实现这一点，应将测量本身嵌入一个更广泛的框架中来驱动战略改革。一个这样的框架是 LAMP——逻辑（logic）、分析（analytics）、测量（measures）和过程（process）（Boudreau & Ramstad，2007；Cascio & Boudreau，2008）。逻辑提供了“故事”，将数字和效果、结果联系起来。分析从数据中获得正确的结论，将逻辑和测量转变为严格、相关的想法。为了实现这一点，它使用统计方法和研究设计，并包括明确及表达关键问题、收集和使用合适的数据、在数据精确和实践相关之间建立恰当平衡的技术。测量得出的是构成公式和研究设计的数字。最后，有效的测量系统必须适用于一个能够反映出学习和知识迁移原则的改革—管理过程。因此测量和逻辑是一个更广泛影响过程的一部分。

Mattson（2003）明确证明了，通过结果展示的培训项目评估确实影响运营经理修正、消除、维持或发展这类项目的决策。所展示的一些变量，例如组织文化价值观（重要组织价值观的共享概念）、对决策制定者呈现的信息复杂程度、信息的可信程度以及抽象性/具体性程度，会影响运营经理对评估信息的应用有效性和容易程度的感知。

其他研究还提出了向运营经理呈现评估结果的最佳方法。为了增强 Morrow et al.（1997）较早在研究中所描述的管理接受性，在进行研究之前，研究者提出了效用模型和他们提议的可以用在首席执行官以及高级战略计划上的程序。他们展示的这个模型看起来并不可靠，但是很合理。正如 Morrow et al.（1997）所提出的那样，在实际应用以及在决策制定背景下对效用结果的考虑之前，高级经理的支持十分重要，特别是当存在下述情况时：人们认为几乎任何对效用分析的实际应用均依赖于效果，而这个效果的大小是通过一个有缺陷的准实验设计计算得到的。

Mattson（2003）也意识到了强调运营部门经理所关注事情的重要性。因此，在向经理呈现商业单元有关销售和服务的结果时，他强调了那些归因为培训项目并且对经理很重要的方面的结果（销售额、员工保持率以及顾客服务水平的提高）。显然信息的“框架”是关键，并且对它的最终可接受性有直接影响。

15.5 经典实验设计

实验设计是一个计划，是将研究性学习中变量之间的关系进行概念化的一个提纲。它也提示了如何控制研究情境以及如何分析数据（Kerlinger & Lee，2000；Mitchell & Jolley，2010）。

实验设计既可以与内部标准也可以与外部标准一起使用。例如，研究者可以收集培训之前工作的前测和培训结束时的后测，以及培训后一段时间应用到工作上的测量数据。如果研究者使用实验设计，就可以进行因果推论。也就是说，通过排除有关结果可观察变化的其他可能解释，研究者希望能够得出结论：培训导致了改变。

遗憾的是，大部分实验设计和大部分培训研究没有产生这样的因果关系，即可以明确指出培训（x）是观察结果（y）的解释变量。为了做到这一点，需要满足三个必要条件（关于这一点，更多内容参见 Shadish，Cook，& Campbell，2002）。第一是只有 x 之后才会发生；第二是 x 和 y 实际上表现出相关；第三

（也是最困难的一点）是其他对 x 和 y 之间关系的解释作为可能的竞争假设都可以排除。

为了举例说明，考虑 Batt（2002）的一项研究。该研究检验了服务行业的人力资源实践、员工离职率以及组织绩效之间的关系。在强调高投入工作系统的公司离职率更低。Batt（2002）显示，一系列人力资源实践都是有益的。这意味着培训投资本身就会“导致”离职率的改变和销售增长吗？Batt（2002）并没有声明会这样。相反，他的结论是一整套人力资源实践有助于取得积极的结果，并不能单独确定培训的作用。实际上，Shadish et al.（2002）提出，现场研究中对结论的有效解释存在大量潜在的污染或威胁。这些威胁可能影响下列内容：

1. **统计—结论有效性**——关于实验操作（例如，培训）与结果之间相关（共变）的推论的有效性。

2. **内部效度**——关于一个变量的变化是否导致另一个变量的变化这一推论的有效性。

3. **结构效度**——一项研究内取样的来自人、情境以及因果操作的推论扩展到样本所代表总体的有效性。

4. **外部效度**——结果可以推广到不同人群、情境和时间的推论的有效性。

下面我们考虑培训情境中的 12 种威胁：

1. **历史经验**——培训以外前测和后测之间发生的特定事件。

2. **成熟**——个体内持续的过程，比如变老或获得工作经验，这是一段时间后必然会出现的。

3. **测验**——前测绩效对后测绩效的作用。

4. **工具化**——一种工具可以在两个不同的时点上测量个体不同特质的程度（例如，培训前和培训后均使用态度问卷的平行测验，或在培训前和培训后由不同的评估者评定行为）。

5. **统计回归**——由于在前测中选择极端群体导致的标准得分的变化。

6. **差别选拔**——使用不同的过程来选择实验组和控制组的个体。

7. **损耗**——来自不同组的反应不同程度的减少。

8. **差别选拔和成熟之间的交互作用**——假定开始时实验组和控制组是不同的，分组的差异由于培训阶段发生的成熟进一步增大。

9. **前测和实验变量之间的交互作用**——在培训课程中，一些因素导致前测对受训组比未受训组有更大的影响。

10. **差别选拔和培训的交互作用**——当超过一组人员接受培训时，差别选拔意味着开始时组别之间在标准变量上不是等价的（例如，使用电脑的技巧）；因此，他们可能在培训中表现出不同。

11. **研究情境的反作用效果**——研究设计本身改变了受训者的期待和反应，以至于个体不能将培训的结果扩展到未来的应用当中。

12. **多重实验处理的干扰**——先前的培训经验影响受训者（例如，财务经理和人力资源经理对一个人际关系培训项目可能会有不同的反应，因为他们先前的培训经验不同）。

表15—1展示了几个实验设计的例子。这些设计很简略，我们只是用它们来阐明研究者可能会得到的不同类型的推断，借此强调在培训之前考虑实验设计的重要性。

表15—1　评估培训和开发结果的实验设计

	后测（一个控制组）		前—后测（没有控制组）	前—后测（一个控制组）		所罗门四组设计 前—后测（三个控制组）			
	E	C	E	E	C	E	C_1	C_2	C_3
前测	否	否	是	是	是	是	是	否	否
培训	是	否	是	是	否	是	否	是	否
后测	是	是	是	是	是	是	是	是	是

说明：E指代实验组，C指代控制组。

15.5.1　设计A

在设计A中，实验组和控制组都不接受前测，这一设计在培训研究中使用并不广泛。这是因为前测的概念在研究者的思想中根深蒂固，尽管它对真正的实验设计来说并不是必要的（Campbell & Stanley，1963）。事实上，确保组别之间没有原始偏差最合适、最通用的方法是随机化，但是我们都希望“确切知道”实验组和控制组在培训之前是“等价”的。在显著性检验置信度的范围内，即便没有前测，随机化也可以满足要求（Campbell & Stanley，1963，p. 25）。

设计A将测验作为主要效果和交互作用加以控制，但实际上并没有进行测量。这样的测量和真正的问题——培训是否产生了效果没有关系，缺乏前测得分也限制了将结果进行推广的能力，因为不能检验培训和前测能力水平之间的相互作用。然而，在大部分组织情境中，像工作经验、年龄或工作绩效这样的变量既可以当作协变量，也可以用来将被试分组——将在这些变量上匹配的个体配对，然后随机将每一对个体一个分在实验组，一个分在控制组。这些策略提高了数据的精确程度，使得后测差异更加有意义。简单来说，设计A的主要优势在于，它避免了前测的偏差，以及“泄露”相同或高度相似材料的复本（例如，在态度改变的研究中），但这是有代价的。例如，它不能阻止被试成熟或倒退，也不能阻止事件或其他处理（例如，历史经验）在研究开始后发生作用（Shadish et al.，2002）。

15.5.2　设计B

设计B的一个特征是它将一个组与自身进行比较。理论上没有比这更好的比较了，因为和被试有关的所有可能变量都得到了控制。然而在实践中，当目标是测量改变时，设计B可能会面临很多困难，因为还有很多其他可能的假设可以解释结果的变化。历史经验就是一个。如果研究者采用不同方式的前测和后测，那么过程中所发生的事件可能会导致结果的差异。如果研究者在一两个小时之内进行前测和后测，历史经验的影响可能并不重要，但是它仍然越来越成为导致前测和后测这段时间内发生变化的一个可能解释。

除了特定的外部事件，各种随着时间变化的生理过程或心理过程（例如，成熟）也可以解释观察到的差异。因此，前测和后测相比，受训者可能更饥饿、更疲劳或更无聊。结果的“改变”可能仅仅反映了这些差异。

另外，前测本身可能就会改变所要测量的内容。仅仅实施一次态度问卷调查就可能改变一个人的态度；如果经理知道他的销售会议会被观察以及评分，也会相应改变自己的行为。总的来说，当测验过程本身就是对改变的一个刺激而不是被动的行为记录时，应该考虑反应的效果。解决方法很明显：尽可能使用无反应的测量方法（参见 Rosnow & Rosenthal，2008；Webb，Campbell，Schwartz，& Sechrest，2000）。

在设计 B 中，工具化是第四个不受控制的假设。如果由不同的评估者完成培训前测和培训后测的观察和评估，就可以导致观察到的差异。

第五个可能的干扰是统计回归（例如，不完全的前—后测相关）（Furby，1973；Kerlinger & Lee，2000）。有这种可能性：研究者选择了一组极端个体进行培训（例如，所有低分者或所有高分者）。统计回归误导了很多研究者。它产生影响的方式是，在前测中得分较低的个体在后测中得分会高一些，而在前测中得分较高的个体在后测中得分会低一些，然而实际上并没有发生真正的改变。这会误导研究者错误地推论培训是有效的（或无效的）。实际上，两组的较高得分和较低得分可能是由于回归效果。

控制组使得个人能够“控制”回归效果，因为实验组和控制组都有前测得分和后测得分。如果培训项目具有“真正”的效果，那么在回归效果之外还会体现出来。也就是说，两个组都会受到回归和其他因素的影响，其他因素是相同的。所以如果在后测中两组不同，那么差异应该归因为培训项目（Kerlinger & Lee，2000）。在设计 B 中相互作用的效果（差别选拔和成熟，测验和培训，以及差别选拔和培训）也没有得到控制。

尽管设计 B 有许多问题，但如果这是能力范围内最好的方法，与不做任何评估相比，它仍然是评估改变较好的方法（对不同威胁的可能性进行仔细调查）。毕竟，组织无论有没有评估数据都会对未来的培训工作做出决定（Kraiger，McLinden，& Casper，2004；Sackett & Mullen，1993）。另外，如果目的是测量个体成就（绩效的目标水平），设计 B 可以突出这一点。

15.5.3　设计 C

设计 C（有一个单独控制组的事前—事后测量）对大部分目标来说都是合适的，其中实验和控制阶段是同时进行的。这个设计控制了历史经验、成熟和测验，使得可能对实验组产生前—后测差异的事件对控制组有同样的效果。我们可以控制工具化，或者将观察者随机分配到一个单独的阶段（当观察者数量较多时），或者在实验组和控制组都使用观察者，并且确保观察者不知道每位被试接受哪种实验条件。对实验条件的随机分配可以对回归或选拔效果有一个适当的控制。另外，设计C获得的数据能够使研究者区分实验中被试的退出是不是前—后测增加的一个可能解释。

关于相互作用效果（涉及培训和其他变量）的信息很重要，因为相互作用限制了将结果进行推广的能力。举个例子，培训项目的效果可能只对那些受过前测刺激的个体是明确的。实际上，当使用高度不寻常的测验过程（例如，某一态度问卷或人格测验），或测验过程涉及欺骗、惊喜、压力和爱好时，如果不是必需的话，小组没有接受前测（例如，设计A）的设计更受欢迎（Campbell & Stanley，1963；Rosnow & Rosenthal，2008）。然而，总的来说，在不同时间不同背景下成功复制前—后测的变化，提高了我们对培训和选拔、成熟、工具化、历史经验等的交互作用进行概括的能力。

为了比较设计C中实验组和控制组的结果，可以将前测得分作为协变量进行协方差分析，也可以分析每组的得分"变化"（Cascio & Kurtines，1977；Cronbach & Furby，1970；Edwards，2002）。

15.5.4 设计D

这是实验设计中最高级的一种——所罗门（Solomon，1949）四组设计（设计D），和设计C相似，但包含两个额外的控制组（缺乏前测）。C2接受培训加一个后测；C3只接受后测。使用这种方法，个体可以确定测验的主效应以及测验和培训的交互作用。四组设计使概括的能力有了实质的提高，并且当培训确实产生了标准绩效的改变时，这个效果以四个不同的方式得到复制：

1. 对实验组，后测得分比前测得分更高。
2. 对实验组，后测得分比C1后测得分更高。
3. C2后测得分比C3后测得分高。
4. C2后测得分比C1前测得分高。

如果数据分析确认了这些方向性的假设，实质上就增加了从这个设计基础得到的推论的有用性。另外，通过比较C3后测得分与实验组前测得分和C1前测得分，个体可以评估历史经验和成熟的组合效果。

所罗门四组设计的数据分析不是直接的，因为没有一个统计过程同时使用四组数据。

既然不是所有组都有前测，对增加得分（增加=后测－前测）变化的分析就是不可能的。相反，考虑对后测得分变化一个简单的2×2分析（Solomon，1949）：

	无培训	培训
前测	C1	E
无前测	C3	C2

根据列平均值估计培训主效应，根据行平均值估计前测主效应，根据每个表格的平均值估计测验和培训的交互作用。

所罗门四组设计的局限

尽管有一些明显的优势，但所罗门四组设计并不是没有理论和实践问题的（Bond，1973；Kerlinger & Lee，2000）。举个例子，假设单独的一段时间和培训经验可以分别影响后测得分。然而，这两个因素之间的一些交互作用仍是不可避免的，因此不利于 C3 后测成绩和 E，C1 前测成绩的比较。

严重的实践问题也存在。为了恰当代表每个组以及产生适当的统计检验力，这个设计需要大量被试。举个例子，为了让每个组包含 30 人，这个设计要求有 120 人。这在很多情境中是不切实际、不现实的。

有一个关于这些限制在实践中的例子（Sprangers & Hoogstraten，1989）。在前测对后测反应的影响的两项现场研究中，他们在所罗门四组设计中对 37 位被试和 58 位被试使用了非随机分配。更高的实验精确性以及较低的统计检验力说明了在实际环境中应用这个设计十分困难。

最后一个困难在于四组设计的应用。Solomon（1949）提出，在使用四个小组确认了培训的价值后，没有接受培训的两个控制组可以接受培训，再选择两个新的小组别作为控制组。实际上，这可能并不会复制整个研究——为什么可能这样？完善的实验要求条件保持不变，但很可能第一个培训项目已经改变了组织的某些方面，所以参加第二阶段培训的个体已经受到了影响。

Cascio（1976a）经验性地通过对态度测量因子结构稳定性的调查展示了这一点。调查工具的因子结构为工作环境中对非洲裔美国人的管理态度提供了一个测量基线，当比较同一家公司三个不同时间段不同的经理样本时，因子结构没有保持一致。在培训项目运行的两年间，公平就业机会的社会意识、高级管理层的强调，以及超过 2 200 位经理完成培训项目这一事实可能改变了被试的态度和预期，甚至是在培训开始之前。

虽然有局限，但当能实际应用所罗门四组设计、随机将被试分配在四组中并且保持适当的控制时，这个设计控制了大部分在一个实验设计中能够控制的无效来源。表 15—2 展示了从设计 A 到设计 D 的无效来源的总结。

表 15—2　　实验设计 A 到 D 的无效来源

来源 设计	历史经验	成熟	测验	工具化	统计回归	差别选拔	退出率	差别选拔和成熟的交互作用	测验和培训的交互作用	差别选拔和培训的交互作用	反应性安排	多水平处理干扰
A. 仅后测（一个控制组）	+	+	+	+	+	+	+	+	+	?	?	
B. 前一后测（没有控制组）	−	−	−	−	?	+	+	−	−	−	?	
C. 前一后测（一个控制组）	+	+	+	+	+	+	+	+	+	?	?	
D. 前一后测（三个控制组）所罗门四组设计		+	+	+	+	+	+	+	+	+	?	?

说明："+"表示这个因素得到控制，"—"表示这个因素没有得到控制，"?"表示可能的重要资源，空格表示这个因素不相关。基于每个设计从文本中寻找合适的条件。

15.5.5 实验设计的局限

解释了实验设计的一些细微差别后，我们换一个视角来看这个问题。首先，只强调测量培训结果的设计太过片面，一个实验通常选定一个单独的标准维度，所有工作都依赖对这个维度的观察（Newstrom，1978；Weiss & Rein，1970）。因此，就所能提供的信息量来说实验设计相当具有局限性。没有合理的理由说明为什么调查者不考虑多个标准维度，遗憾的是他们经常这样做。理想情况下，实验应该是连续反馈过程的一部分，而不仅仅是一个单独的事件或证明（Shadish et al.，2002；Snyder et al.，1980）。

其次，元分析综述已经证明了单组前—后测设计（设计 B）的效果比那些控制组或对照组设计更好（Carlson & Schmidt，1999；Lipsey & Wilson，1993）。实验设计的类型因此影响了培训项目有效性的结论。幸运的是，根据因变量类型进行分组的数据平均效果的校正（当因变量是知识评估时差异最显著）以及实验设计类型可以解释大部分这种效果偏差（Carlson & Schmidt，1999）。

再次，很重要的一点是确保任何通过使用实验设计测量培训结果的尝试具有足够的统计检验力。检验力是当零假设不真时正确拒绝的可能性（Murphy & Myors，2003）。研究表明，培训—评估设计的检验力是一个复杂的问题，因为它依赖得到的效果大小、因变量的可靠性、前—后测得分的相关性、样本大小以及使用的设计类型（Arvey，Cole，Hazucha，& Hartanto，1985）。能够直接计算统计检验力和置信区间的软件（Power & Precision，2000）的出现可以促使检验力分析成为培训—评估工作的一个常规步骤。

最后，实验通常并不关注组织的真正目标。举个例子，实验结果可能表明处理 A 之后的工作绩效高于处理 B 或 C 之后的工作绩效。然而真正重要的问题可能不是处理 A 是否更有效，而是在一个可接受的成本下，大部分受训者会有什么样的绩效水平，以及通过培训提高的绩效在多大程度上能够“适应”一个组织广泛的策略性推进。

15.6 准实验设计

在实际情况中，进行真正的实验经常有一些主要的障碍。真正的实验要求至少对一个自变量进行操作、将被试随机分组、对组别随机分配实验条件（Kerlinger & Lee，2000）。经理可能不赞成将员工随机分配在不同的条件下。直线经理并不将他们的下属看做可互换的，就像棋盘上的旗子，并且他们通常不信任实验设计的随机性。此外，一些经理认为培训评估是有破坏性且成本很高的（Frese et al.，2003）。

尽管一直提倡培训—评估设计要更加严格（Littrell，Salas，Hess，Paley，& Riedel，2006；Wang，2002），一些不太完整的设计（例如，准实验设计）仍可以提供有用的信息，其中有些甚至一个真正的实验可能都不能提供。Shadish et al.（2002）基于下列基本原理提出了大量的准实验设计：一个实验的中心目标是排除其他也可以解释结果的假设。如果一个准实验设计能够帮助排除一些假设，那么就是有价值的。

因为在准实验设计中缺乏完整的实验控制，所以在一个具体的设计中知道哪个具体的变量没有得到控制是很重要的（见表 15—2 和表 15—3）。当然，调查者应该根据具体情况尽可能设计最好的实验，但是当完整的控制不可能时，他们应该使用所能实现的最严格的设计。表 15—3 展示了四个准实验设计，以及它们各自的无效来源。

表 15—3　　四个准实验设计的无效来源

设计＼来源	历史经验	成熟	测验	工具化	统计回归	差别选拔	退出率	差别选拔和成熟的交互作用	测验和培训的交互作用	差别选拔和培训的交互作用	反应性安排	多水平处理干扰
E. 时间序列设计 测量（M）M（培训）MMM	−	+	+	?	+	+	+	+	−	?	?	
F. 非等值控制组设计 Ⅰ. M 培训 M Ⅱ. M 无培训 M	+	+	+	+	?	+	+	−	−	?	?	
G. 非等值因变量设计 M（实验和控制变量）培训 M（实验和控制变量）	−	−	+	?	−	+	+	+	+	+	+	
H. 制度循环设计 时间 1　2　3 Ⅰ. M（培训）　M（无培训）　M Ⅱ. M（无培训）　M（培训）　M	+	−	+	+	?	−	?		+	?	+	

说明："+"表示这个因素得到控制，"−"表示这个因素没有得到控制，"?"表示可能的重要资源，空格表示这个因素不相关。基于每个设计从文本中寻找合适的条件。

15.6.1　设计 E

时间序列设计（time series design）与评估培训和开发项目的结果尤其相关。它使用了单独的一组个体，要求在培训前和培训后的几个时间点收集标准数据，并将在培训经验之前获得的标准测量数据和之后获得的数据进行比较。绘制标准得分和时间段的相关曲线，为了证明培训效果，在一系列测量中应该有一个和培训项目一致的中断或改变，并且在其他任何时间点都不发生。这个中断代表了一个突变，或者是斜率或者是曲线截距的变化。当然，前—后培训观察越多越好，因为更多的观察降低了对是否培训本身导致了有关结果这一问题的模糊性（Shadish et al.，2002）。

设计 E 和设计 B 有表面上的相似性（都缺乏控制组，以及都使用前—后测），但设计 E 更有效果，因为它为培训效果提供了大量的数据。它最大的弱点是没有控制历史经验——也就是说，曲线的中断可能不是由培训造成的，而是由一些或多或少同时发生的组织事件造成的。确实，如果不能将历史经验作为另一种可能的假设加以排除，那么整个实验就缺乏可信性。为了实现这一目的，要么安排观察顺序来保持现有周期（例如，周工作循环、绩效周期性变化或沟通方式）一致，要么使得它时间长到足以包括多个这样的周期（Shadish et al.，2002）。

专栏 15—1

实践说明应用：一个有意外结果的真实的现场试验

随机将以色列国防军 18 个后勤单位的指挥分队分在实验条件和控制条件下。每个指挥分队包括单位指挥官以及下属官员，既有受委任的也有未受委任的。9 个实验单位的指挥分队参加了一个为期 3 天的强化的团队开发工作坊。零假设是工作坊对团队或组织功能没有效果（Eden，1985）。

实验设计为假设提供了 3 个不同的测验，严格程度逐级上升。第一，在工作坊后给团队成员施测一份工作坊评估问卷，以评估对工作坊效果的主观反应。

第二，Eden（1985）通过团队开发问卷的方法评估实验组和控制组的指挥分队成员的前—后感知，这份问卷包括对团队领导者、下属、团队功能以及团队效率的评分。这是一个真正的实验设计（设计 C），但主要缺点在于有关结果是对已经参加工作坊的团队成员的反应方面进行的评估。这可能会导致反应上正向的偏见。

为了克服这个问题，Eden（1985）使用了第三个设计。随机选择了大约 50 位下属代表实验单元和控制单元，在团队开发工作坊之前和之后都完成组织调查。这个设计在综合管理、领导力、协调性、三通道沟通、同伴关系以及满意度等方面测量了组织功能。由于下属不了解团队开发工作坊，因此不会存在自我卷入，这个设计对假设中的内部有效性进行了测验。另外，由于实验组平均 86%的下属完成了后测问卷，控制组 81%的个体完成了后测问卷，因此可以将作为实验内部效度威胁的损耗的影响加以排除。对零假设的拒绝意味着团队开发工作的效果确实影响了组织的其他部分。

简而言之，指挥分队要对工作坊是否影响团队的前—后知觉测验进行比较；下属要对团队开发是否影响组织的前—后知觉测验进行比较。最后，147 个指挥分队成员和 600 位下属完成了有效问卷。

结果很意外：只有对假设最不严格的检验中参加者工作坊后的反应表明培训是有效的。两个前—后比较都没有发现任何效果，无论对团队还是对组织。Eden（1985）总结道：

> 最保险的结论是干预没有作用。真正的实验设计没有确认这一结论，体现了对知觉的变化仅有后测、自我报告的结果是不可靠的。（受训者）乐观的证言可能是由于自我服务，因此它们的效度值得怀疑（p. 98）。

15.6.2 设计 F

另一个权宜之计的实验设计——设计 F，是非等值控制组设计（nonequivalent control-group design）。设计 F 和设计 C 看起来一样（有一个控制组的前—后测），但存在一些关键的差异：在设计 F 中，来自一般样本的个体没有被随机分配到实验组和控制组。这个设计在必须使用自然形成的小组的应用环境中很常见（例如，工作小组 A 和工作小组 B）。设计 F 在设计 A 和设计 C 不适用时尤其合适，因为即便增加了一个不等值的控制组，也使得对结果的解释比设计 B 更清楚，设计 B 的特点是单组前—后测设计。无须多言，随着实验组和控制组前测得分的相似性增加，非等值控制组作为一个实验控制会变得更加有效。

专栏 15—2

实践应用：非等值设计的危害

有一个通过增加成员决策能力提高群体决策质量的培训项目，对这个项目的评估很好地说明了这一点。Bottger & Yetton (1987) 在证明这一方法有效性的研究中使用了前测得分显著不同的实验组和控制组。而当 Ganster，Williams & Poppler (1991) 使用将被试随机分组的实验设计（设计 C）复制这一研究时，效果就消失了。

这一设计主要的无效来源是差别选拔与成熟的交互作用以及测验与培训的交互作用。举个例子，如果实验组刚好由年轻、缺乏经验的员工组成，控制组由年长、有经验、接受过一次次测验的员工组成，实验组标准得分的增加似乎可以归因为培训，然而实际上，即便没有培训，增加可能也会发生。

统计回归效果对设计 F 的推论造成了更进一步的威胁，特别是这种情况下：实验组和控制组是匹配的（完全不随机），然而两组的前测平均得分实质上是不同的。出现这种情况时，前测到后测标准得分的变化可能是由于统计回归效果，而不是培训。尽管有这些潜在的污染源，我们仍然鼓励更多使用设计 F，特别是在应用情境下。然而，要意识到结果可能的污染源，并尽可能地去控制它们。

15.6.3　设计 G

我们之前提到，很多经理拒绝将参加者随机分为培训组和非培训（控制）组。这些经理可能认为有用的一类设计是非等值因变量设计（Shadish et al.，2002）或内部定位策略（Haccoun & Hamtieux，1994）。这种设计基于一个单独的实验处理组，比较两套因变量——一个是培训应该影响的（实验变量），另一个是培训不应该影响的（控制变量）。当评估基于良好的绩效测验时可以应用设计 G。

这种设计主要的优势在于有效控制了两个重要的内部效度的威胁因素：测验和霍桑效应（例如，仅仅考虑将个体行为作为参加培训的结果，就可以导致行为的改变）。另一个优势，尤其优于非等值控制组设计（设计 F），是不存在可以区分非等值控制组和培训组的未测量变量与培训产生交互作用的危险。举个例子，可能非等值控制组的自我效能感更高，因为参加该控制组的志愿者可能认为他们不需要这样的培训（Frese et al.，2003）。

设计 G 没有控制历史经验、成熟和回归效应，它最严重的不足是，研究者可以控制在实验变量和控制变量之间产生显著差异的难易程度。研究者可以通过选择与培训变量非常不同或相似的变量来实现这一点。

为了避免这个问题，应选择那些和培训变量概念上相似但又独特的变量。举个例子，在作为魅力型领导培训的一部分讲授激励式沟通时，Frese et al.（2003）纳入了下列内容作为一套实验（培训）条目的一部分：速度变化音量变化以及“我们”的使用。控制（未培训）条目包括下列内容：将严肃的/真实的信息与实践中诙谐好笑的例子结合起来，以及较好地进行组织。控制条目来自两个技巧培训讨论会。另一组不同的研究者独立对它们和激励式演讲的相似性进行编码，之后选择最少相似性编码的条目。

对行为数据的前—后编码意味着参与者在培训变量上的提高比未培训变量更多（效果为 1∶0.3）。这提示我们，培训可以提高目标行为，但没有系统地影响非目标行为。同时，我们不知道培训对组织绩效或下属的承诺是否有长期、主观的影响。

15.6.4 设计 H

最后一个准实验设计适用于周期性的培训项目，称为周期制度循环设计（recurrent institutional cycle design），即表 15—3 中的设计 H。举个例子，一个大型销售组织展示了一个管理—开发模型，称为状态经理项目，每两个月针对一小组（12～15 个）中层经理（状态经理）进行一次。项目关注零售的所有方面（新产品开发、生产、分配、市场营销、推销等）。项目提前规划好，所以状态经理（约 110 位）可以在 18 个月内完成培训。这恰恰是设计 H 适合的一类情境——大量个体需要培训，但不是在相同的时间。其中涉及不同的分组。设计 H 实际上是两个（或更多）发生在不同时间点上的前—后测研究的结合。组Ⅰ在时间 1 接受前测，之后是培训，然后在时间 2 接受后测。在同样的顺序时间（时间 2），组Ⅱ接受前测，培训，之后在时间 3 接受后测。因此，在时间 2，实验组和控制组实际上都存在了。如果在时间 3 再次测量组Ⅰ，并且在时间 1 给组Ⅱ一个前测，就可以获得更多的信息（在准实验设计中，收集尽可能多的信息或者通过多种不同的方法说明培训的效果是更好的）。这一点控制了历史经验的影响。另外，组Ⅰ和组Ⅱ在时间 3 的数据以及随后培训的所有组别的后测成绩也可以提供一些信息，这些信息根据培训项目如何与组织的其他实践相互作用产生标准尺度的变化。

一些横向比较在循环设计中是可以实现的：

- 时间 2 的组Ⅰ后测得分可以与时间 2 的组Ⅱ前测得分进行比较；
- 培训带来的组Ⅰ得分的增加（时间 2 的后测得分）可以与组Ⅱ经过培训得分的增加（时间 3 的后测得分）进行比较；
- 时间 3 组Ⅱ的后测得分可以与时间 3 组Ⅰ的后测得分进行比较（例如，培训中得分的增加与在没有培训期间得分的增加/或没有增加进行比较）。

这个设计控制了历史经验和初测—重测影响，但是在选择被试时没有差异。然而，控制选拔中可能差异的一种方法，是将其中一个分组（假定它足够大）分为两个等同的样本，一个在培训前和培训后都进行测量，另一个只在培训后进行测量：

	时间 2	时间 3	时间 4
组Ⅱa	测量	培训	测量
组Ⅱb	—	培训	测量

两个等同小组（组Ⅱa 和组Ⅱb）后测得分的比较比两个不等同小组（组Ⅰ和组Ⅱ）后测得分简单的比较要更精确。

循环设计的另一个不足是对成熟的影响缺乏足够的控制。如果一个培训项目是讲授专门的技能或能力，这就不是一个严重的不足。但当培训项目的目标是改变态度时，这就成为一个可能的假设。

Campbell & Stanley (1963) 表达了这些权宜设计的逻辑：

> 个体一开始有一个不完整的设计，之后添加一些特征来控制周期性的无效来源。结果通常是对无关变量控制的一个粗略的累积，缺乏真正实验设计的本质对称性。尽管如此，它仍是一个实验 (p. 57)。

其他准实验设计（参见 Kerlinger & Lee，2000；Shadish et al.，2002）只在特定情境中是合适的，我们以上讨论的几种似乎可以较好地适应研究者可能会遇到的几类问题。

15.7 统计、实践和理论意义

正如在选拔过程中一样，强调统计还是实践意义的问题与培训结果的评估密切相关。对统计上显著的得分变化的解释可能在实践中没有多大意义。从实践视角看，研究者必须展示出培训确实对组织目标——生产成本降低、销售额增加、更少的抱怨等方面有意义。简单来说，外部标准很重要。

关于实践和理论意义的关系有一个相关的问题。培训研究者通常满足于只说明一个特定的项目“起了作用”——首要关心的问题是向高层管理者推销自己的想法，或者使一个特定开发项目中既有（或实质上）的投资合法化。这只是故事的一半。真正的检验在于这个新的培训项目是否优于为了实现同样目标的先前或现有方法。为了展示这一点，公司需要系统地调查，以评估可能影响培训结果的自变量的效果——举个例子，进行培训的不同方法、不同深度以及不同媒介类型。

如果研究者采用了双通路方法来测量培训结果，他们可以厘清不同受训者群体、不同标准下相关自变量的效果，那么这个评估就有理论意义。举个例子，使用元分析，Arthur et al. (2003) 发现了组织培训中等—较大程度的效果大小（反应标准的样本权重平均效果大小为 0.60，学习测量为 0.63，行为或结果的测量为 0.62)。其他组织和其他调查者可以使用这个结果来促进自己的培训项目。

统计意义的概念不是很重要，并不能保证肯定存在实践或理论的意义——这是结果测量中主要的问题。

15.7.1 逻辑分析

实验控制是满足研究设计内部或统计结论效度的一个策略（Cascio & Boudreau，2008；McLinden，1995；Sackett &Mullen，1993）。对培训项目的过程和内容的逻辑分析可以进一步促进我们理解为什么会得到这样的结果。正如之前所提到的，对完全理解培训效果来说，质化标准和量化标准都很重要。这里是一些需要考虑的质化问题：

1. 组织和受训者都清楚培训的目标吗？
2. 培训的方法和内容真和目标有关吗？
3. 提出的方法实际上使用了吗？提出的内容实际上讲授了吗？
4. 有迹象表明学习真的发生了吗？
5. 培训项目和组织的其他项目有冲突吗？
6. 真正应该用什么类型的标准来显示培训结果的改变？（Korb，1956）

为了解决每一个问题，我们需要在专家主观观点的基础上增加客观数据。举个例子，为了给问题2提供更丰富的信息，需要归纳培训内容和工作内容的联系。为了做到这一点，需要一种量化的方法（Bownas，Bosshardt，& Donnelly，1985）。该方法提出了一系列在培训中过度强调的任务，这些任务是那些没有接受培训的个体、那些指导者打算培训的个体而不是已经培训过的个体会报告说自己不能完成的。它按照下列顺序进行：

1. 明确培训项目的课程要素。

2. 明确工作中需要完成的任务。

3. 获得培训中每个任务被强调的等级、学习程度的等级以及它在工作中相应重要性的等级。

4. 关联两套评级——培训重点和工作要求——获得培训和工作内容之间整体的拟合指数。

5. 使用培训有效性的等级来确定在培训中过度强调或缺乏强调的任务。

面对项目计划和评估过程中的这几类问题，当和本章较早提出的其他问题的答案整合时，特别是培训效果的系统方面，培训结果就变得更有意义了。这是测量工作最终的收获。

在下一章，我们会通过考察在应用心理学中出现的国际问题进一步加深我们的讨论。我们将开始考虑跨国界人力资源管理问题的发展。

对实践的明确启示

有大量的培训方法和技术，只有恰当地使用才会有效。为了做到这一点，首先应明确受训者要学什么，之后选择一种最适合这些要求的特定方法。

- 在评估培训结果时，清楚你的目的。三个整体目的是：为培训者和受训者提供反馈，为项目决策提供基础数据，以及提供数据进行市场调研。

● 对培训结果要既使用质化测量也使用量化测量。每种方法都能提供有用的信息。

● 不管使用哪种测量方法，总体上目的是产生有意义的推论并排除其他可能的解释。为了实现这一点，基于一些逻辑计划或过程（实验设计或准实验设计）进行测量很重要。要清楚你的设计控制了哪些对有效推论的威胁，以及没能控制住哪些因素。

● 同样重要的是对培训项目的过程和内容的逻辑分析，因为它可以促进我们理解为什么会获得这样的结果。

讨论题

1. 讨论交互式多媒体培训的优势和不足。

2. 你的老板让你设计一项研究来评估一门减轻压力的培训课程的效果。你会怎样进行?

3. 描述实验设计和准实验设计之间的一些关键差异。

4. 你的公司决定培训所有员工和经理（500 位）以提供“优质的顾客服务”。提出一个设计，评估这个浩大的培训工程的效果。

5. 培训结果的逻辑分析可以提供哪些实验设计或准实验设计不能提供的额外信息?

第16章 应用心理学的国际维度

概 览

全球化是现代组织生活的现状。随着不同地区商业运作的相互依赖性增强，全球化的商业发展越来越多地跨越国界（Cascio，2010）。以半导体制造商英特尔公司为例，该公司真正实现了全球化，它的利润80%来自美国之外的市场（Intel Corp.，2008）。跨文化的接触和互动，已经成为一种常态。在跨文化的交流中，应用心理学家为促进我们理解跨文化的相互影响和进行有效的跨文化交流作出了宝贵的贡献，并将在未来作出更大的贡献。在本章中，我们不是对工作主体展开全面的探究，而是基于文化的概念，重点强调五个领域，即确认国际管理的潜力、国际委派人员的选拔、跨文化培训、绩效管理、回任。

全球化的行为表征可以从很多角度去解读，在这里我们只选择了上面提到的五个方面：确认国际管理的潜力、国际委派人员的选拔、跨文化培训、绩效管理、回任。当然，不可否认还有许多其他值得探索的方面，例如跨文化中的工作动机（Gelfand，Erez，& Aycan，2007）、领导（House，Hanges，Javidan，Dorfman，& Gupta，2004）、跨国团队的决策（Yuki，Maddux，Brewer，& Takemura，2005）、国际职业发展（Peiperl & Jonsen，2007），但是篇幅有限，我们不在这里讨论。首先我们将探讨驱动全球化进程的因素，然后讨论文化观念在世界不同地区人们的交流中所扮演的重要角色。

16.1 全球化、文化和心理测量

贸易壁垒的打破和信息网络化的兴起，引发了一场新的商业革命。市场资本主义主导着世界上几乎每一个大国。跨国的货物和服务比任何时候都更加自由地流通；巨大的信息网络即时地连接着国家、公司和人民；到目前为止，全球的外商直接投资总额已经超过 9 万亿美元，其中有大约 65%的资金来自发达国家，并且流向发达国家。

这就形成了 21 世纪的资本主义市场格局（Briscoe，Schuler，& Claus，2009）。

许多因素促成了这种格局的形成，但是没有任何一个比网络技术的兴起带来的影响更大（Friedman，2005，2008），并且网络技术的发展最终会改变人们生活和工作的方式。与此同时，人们通过文件共享、博客和社交网络服务形成了大量的合作，这使创新的可能性得到了飞跃性的提高，也改变了各行业企业的经营模式（Hof，2005）。下面便是一些例子。

- **研发**。宝洁公司利用外部科技网络，通过外部合作方式研发的新产品从 3 年前的 20%发展到现在的 35%，这使得研发部门的人均收入增加了 40%。
- **软件开发**。通过线上合作的方式，来自世界各地的程序员为超过 10 万个开源项目提供志愿服务，例如 Linux，从而撼动了传统软件开发业的格局。
- **电信行业**。超过 4 100 万人使用 Skype 软件分享互联网资源和带宽，并且在互联网上免费交流，这严重打击了传统电信运营商。
- **零售行业**。eBay 有 6 100 万名活跃用户，已拥有可自我维持的行业力量，足以与传统零售企业抗衡。

16.1.1 全球化与文化

随着每一个发达国家的经济日渐全球化，一个国家最重要的竞争性资产变成了劳动力的技能和累积学习。几乎仅凭全球化的定义就可以证明此观点是正确的。事实上，所有发达国家都可以同样快、同样好地设计、生产、分销产品和服务。劳动力技能之外的所有生产要素都可以在世界上任何地方进行复制。资本在国际上自由流通，寻找最低的成本，顶尖的工厂可以在任何地方建立，尖端的技术从一个国家的电脑经由人造卫星传输到另一个国家的电脑里，完全是以电子脉冲的速度。资本、技术、原材料、信息等生产要素，都是可替代的，唯独一项例外——它正是一个国家或者企业最核心的部分：劳动力。

这是否意味着世界上不同国家和地区之间文化的细微差异将会变得更加次要呢？事实并非如此。在回答这个问题之前，我们先探讨文化的概念。

Triandis（1998，2002）强调，文化为人们提供了关于社会行为的内隐理论，这种内隐理论的工作方式如同计算机程序一样，控制着个体的行为。他指出，文化包含一些不言而喻、理所当然的假设。这些假设影响着人们的思考、情绪和行为，而且人们往往意识不到它们对自己的影响。文化中的成员确信他们的思考方式显然是正确的，不需要进行讨论。当那些在国外做生意的个人或公司忽视了这种思考和行为方式的多样性时，就会使自己处于危险境地。学者对“文化”一词的界定有多种方式，而且可以在多个层面上进行操作化——个体层面、组织层面、国家层面（Gelfand，Erez，& Aycan，2007；Gelfand，Leslie，& Fehr，

2008；House et al.，2004）。为便于研究，我们下面对文化的研究将聚焦于国家层面。为了理解文化差异的含义，我们思考一种类型学理论——垂直和水平的个体主义与集体主义。

垂直和水平的个体主义与集体主义

Triandis（1998）指出，垂直的文化默认等级为既定的假设，水平的文化默认平等为既定的假设。个体主义文化产生于结构复杂（存在许多持有不同态度和信念的小团体）而宽松（具有相对较少的规则和规范，这些规则和规范规定了在不同情境中什么才是正确的行为）的社会体系中。集体主义文化产生于结构简单（成员持有一致的态度和信念）而严密（有许多规则和规范，这些规则和规范规定了在不同情境中什么才是正确的行为）的社会体系中。

特里安迪斯（Triandis）认为，这些特征（围绕某一主题建立的关于态度、信念、规范和价值观的共有范式）是构成任一旨在探讨“文化如何影响人”的理论的基石。个体主义—集体主义与垂直—水平关系这两类文化特征的交叉形成了四种文化类型。

其他一些文化特征也界定了不同种类的个体主义或集体主义文化。根据特里安迪斯的观点，以下可能是文化的四个普遍维度：

1. **对自我的界定**：自主、独立于群体（个体主义者）还是与他人相互依赖（集体主义者）。

2. **目标的结构**：优先考虑个人目标（个体主义者）还是优先考虑所在群体的目标（集体主义者）。

3. **强调规则还是态度**：态度、个体需要、感知到的权利和契约决定社会行为（个体主义者）还是规范、责任和义务决定社会行为（集体主义者）。

4. **强调关系还是理性**：集体主义者强调关系（优先考虑关系和他人的需要），而个体主义者强调理性（仔细计算关系中的成本和收益）。

文化决定群体独特性的方式与人格决定个体独特性的方式相同（Gelfand et al.，2008；Hofstede，2001）。在组织问题和全球化方面，这些差异是重要的，同时具有多种含义和变化模式。其中两个是目标设定、激励系统（个体层面和团体或组织层面）与沟通（高语境文化中的手势、目光接触与肢体语言和低语境文化中用词的准确性）。还有两个是绩效反馈和评估实践。在绩效反馈方面，文化特征（垂直/水平或者个体主义/集体主义）与绩效反馈流程的目的、风格、频次以及内在假设存在交互作用（Varela & Premaux，2008）。在评估实践方面，不同的文化偏好不同的评估方法，而且同样的方法在不同的文化中效度也可能会发生改变。

最后，这些文化特征对于培训和开发也具有启发意义。例如，对外籍人员进行语言培训，以及对派驻到文化和习俗与本国不同的地区的人员进行培训，以免晕头转向而导致文化休克（Cascio，1998，2010；Triandis，1994）。简而言之，文化影响我们思考、感知和行动的方式。

16.1.2　国家层次的文化差异

霍夫斯泰德（Geert Hofstede）是一位荷兰研究者，他研究了 50 多个国家和 3 个地区（东非、西非和阿拉伯国家）的文化价值观差异并区分出 5 个维度。最初，他的资料来自包含许多信息的数据库，其中一项是 IBM 对其分布在 72 个国家和地区的子公司的员工价值观的调查（Hofstede，2001；Hofstede & Hofstede，2005）。他分析了使用 20 种语言填写的 116 000 份问卷，并匹配了不同时期接受调查者（1968 年和 1972 年）的职业、性别和年龄。在此后的几十年里，他又从另外的人群中收集了新的数据。这些受调查者与 IBM 无关，但是在各个国家上进行了匹配。以下的五个维度反映了任何社会都必须应对的基本问题，但是不同社会的应对方式千差万别：权力距离、不确定性规避、个体主义、男性气质和长期或短期导向（见图 16—1）。这五个维度得到了实证研究的验证，并且每个国家在每个维度上都能找到各自的定位。这些维度在统计上是相互独立的，并且在各种可能组合中均是如此。其他研究者也基本证实了这五个维度的存在（Barkema & Vermuelen，1997；Gerhart & Fang，2005；Sondergaard，1994；Triandis，2004）。

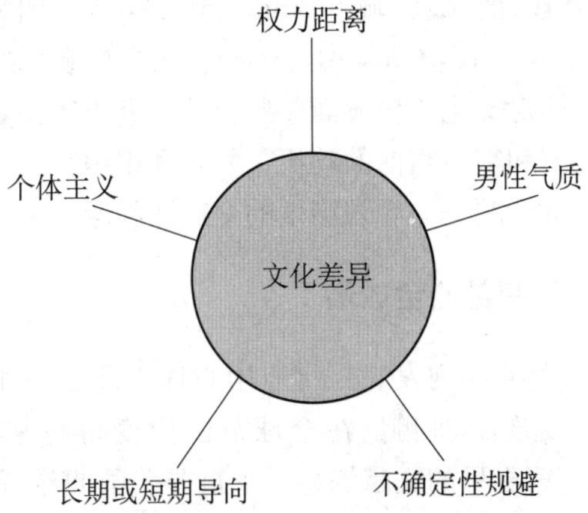

图 16—1　霍夫斯泰德（Hofstede，2001）提出的评价国家文化差异的五个维度

权力距离（power distance）是指组织中的成员对不平等的接受程度以及他们是否感觉到组织中高权力者（例如，高级管理人员）与低权力者（例如，普通员工）之间的距离很远。霍夫斯泰德发现，高权力距离的国家有马来西亚、危地马拉、菲律宾等，低权力距离的国家有奥地利、以色列、丹麦等。

不确定性规避（uncertainty avoidance）是指个体受文化影响，当身处不熟悉（那些新奇、未知、令人吃惊、不同于常规）的情境中时，感到的舒适或者不舒适程度。在该维度上得分高的国家（例如，希腊、葡萄牙、比利时和日本）倾向于更多地依靠规则和规范以使未来更加可预测。在该维度上得分低的国家（例如，新加坡、丹麦、瑞典）则更注重实用性。美国人的不确定性规避得分较低。

个体主义（individualism）反映的是人们注重个体目标或集体目标的程度。如果人们生活在核心家庭中，并且家庭允许他们做自己的事，那么这个国家便是个体主义盛行的国家。如果人们生活在宗族家庭或者部落中，并且他们的行为受到约束，集体主义——即将群体目标置于个体目标之上——将更可能盛行（Triandis，1998）。个体主义倾向最强的国家是美国和其他以英语为母语的国家。集体主义倾向最强的国家是危地马拉、厄瓜多尔和巴拿马。

男性气质（masculinity）发现于性别区分非常明显的国家，而女性气质（femininity）是性别角色区别很小的国家的文化特点。具有男性气质的文化更强调自我目标——以工作为中心、事业和金钱，具有女性气质的文化更注重社会目标——生活质量、帮助他人和人际关系。霍夫斯泰德发现，最具男性气质的国家是日本、澳大利亚和委内瑞拉，最具女性气质的国家是瑞典、挪威和荷兰。

长期或短期导向（long-term versus short-term orientation）是指文化影响其成员在物质需求、社交需求和情感需求等方面延迟满足的程度。长期导向得分最高的国家是中国（包含香港地区和台湾地区），得分很低的国家包括巴基斯坦、尼日利亚和菲律宾。美国倾向于相对短期的导向。

霍夫斯泰德的研究也受到了许多批判（Ailon，2008；Baskerville，2003；Eckhardt，2002；Kitayama，2002），但是他对于文化维度的分类，不论在学术领域（Oyserman，Coon，& Kemelmeier，2002；Schmimmack，Oishi，& Diener，2005）还是实践领域（Bing，2004），都产生了巨大影响（Bhagat，2002；Kirkman，Lowe，& Gibson，2006）。霍夫斯泰德的研究的价值在于，它提供了一个标准，能对文化差异方面一些新的研究进行验证（Triandis，2004），同时有助于我们理解和审视当前的动机、领导和组织行为方面的理论。接下来，我们思考一个新兴的话题——心理测量的全球化问题。

16.1.3 心理测量的全球化

有文献对44年内发表在《应用心理学杂志》和《人事心理学》上的文章进行了回顾，发现心理测量在全球范围内变得越来越重要（Cascio & Aguinis，2008）。而一篇更早的文献综述了来自非美国的作者从1995年1月到1999年12月间在《教育和心理测量》（*Educational and Psychological Measurement*）、《应用心理测量》（*Applied Psychological Measurement*）上发表的文章，也得出了相似的结论（Aguinis，Henle，& Ostroff，2001）。后者发现，许多研究都给出了测量工具的维度、效度，以及现有测量工具的信度。在本书中探讨的许多话题，例如计算机自适应测验、项目反应理论、项目分析、概化理论、多特质—多方法矩阵，目前正受到许多国家研究者的重视。

16.1.4 跨文化心理测量

心理测量通常是在一个国家开发出来之后再传播到其他国家的。这样做的指导原则——《适用教育与心理测量的国际指导原则》（International Guidelines for Adapting Educational and Psychological Tests）（Hambleton，1994；Hambleton & Kanjee，1995）已经制定。从测量的角度看，这里的问题是每一种文化都从独特的角度来看待生活，这种独特的角度取决于文化规范、价值观、态度和那种独特文化下的体验。因此，在使用如调查、问卷或者访谈的国际研究中，任何现象的可比性都可能构成一个重要的方法论问题（Harpaz，1996）。

把一种测量方法传播到另一种文化中的第一步是建立翻译等值（translation equivalence）（Aguinis et al.，2001）。对已经从原始语言翻译成另一种不同语言的测量方法在翻译者不知情的情况下进行回译，可以评估该测量方法在措辞上的等值性。这个过程首先需要一个人把测量方法从原始语言翻译为另一种语言。之后，没有看过原始测量方法的第二个人把它回译为原始语言。最后，把测量方法的第二个版本与原始版本进行比较，对其中的差异进行讨论并予以解决。

翻译等值是确保测量方法可以传播到另一种文化的必要但非充分条件。测量方法还必须证明另外两种类型的等值性。首先是概念等值（conceptual equivalence）——被测量的属性在不同的文化中有相似的意义（Brett，Tinsley，Janssens，Barsness，& Lytle，1997）。测量方法在不同文化中产生相同的参照概念框架，这意味着不同的文化需要用相同的方法来界定某个属性（Riordan & Vandenberg，1994）。领导力的建构就提供了一个不等值的例子，因为该概念在美国文化中往往指的是组织领导力，而在亚洲文化中往往指的是政治领导力（House，Wright，& Aditya，1997）。另一个例子是，西方的“真理”概念与儒家思想没有任何关系（Adler，Campbell，& Laurent，1989）。受访者也必须以相同的方式解释反应选项的含义（Riordan & Vandenberg，1994）。例如，“既不否认也不同意”可能在一种文化中被解释为冷漠，而在另一种文化中被视为轻度同意（Aguinis et al.，2001）。

最后，测量等值要求因变量与自变量的统计关系保持相对稳定，不论该测量方法是在国内还是在国际上使用（见第 4 章）。相关矩阵和因子结构也应该保持类似（Harpaz，1996；Salgado，Viswesvaran，& Ones，2001）。这是 Tsaousis & Nikolaou（2001）在证明希腊语的“大五”人格模型测量方法的概念和测量等值时所采用的方法。关于诚实的测验，Berry，Sackett，& Wiemann（2007）的报告指出，五个国家在量表均值、标准差、效标关联效度或在对反生产行为的准许这些方面不存在明显差异。

总之，在将一种文化下开发的测量方法应用到另一种文化中之前，建立翻译、概念和测量等值是很重要的，这样做将会促使该研究为跨文化的相似性和差异性提供有意义的理解。

16.1.5　术语

在继续深入讨论之前，我们先介绍本章后面将会用到的几个术语：

- **外派员工**（expatriate）或国外服务人员（foreign-service employee）是一个通用的术语，它适用于任何一个在母国之外工作并且已经制定好回国或再到第三国工作计划的人员。
- **母国**（home country）指的是外派人员的居住国。
- **旅居国**（host country）指的是外派人员正在工作的国家。

- **第三国公民**（third-country national）指的是在国外工作时被派往另外一个国家的外派人员。一个正在西班牙为一家美国公司工作的德国人就属于第三国公民。

成千上万的公司在全球多个国家开展业务。外派员工即使不是大多数，也有很多，就参与到这样的海外运作中。因此，企业面临的一个重要挑战是，找出那些在个人职业生涯早期就显示出国际管理潜力的个体。这也是我们下一部分的主题。

16.2 确认国际管理的潜力

在今天的全球经济环境中，可以毫不夸张地说，主管人员的工作变得越来越国际化。一个国际化主管的工作是在全球范围内开展的，不论是一项外派任务还是更为一般的国际事务性工作（Spreitzer，McCall，& Mahoney，1997）。现代竞争环境的加剧预示着全球事务运作将更加相互依赖，因此，尽早找出具有国际管理潜力的个人，对于越来越多的组织而言是极其重要的。

Spreitzer et al.（1997）对有关主管人员胜任力和经验学习能力的文献进行了综述，并以此为基础开发了包含116个项目的调查问卷，将其命名“探索者”，用来对主管人员的国际管理潜力进行评价。主管人员胜任力特征包括认知和分析能力、商业知识、人际交往能力、沟通能力、鼓励采取行动的能力、妥善解决跨文化冲突的能力。另外，长期的研究结果证明，从经验中学习的能力和适当的工作开发经验，对于开发主管人员的工作潜力是很重要的（Keys & Wolfe，1988；McCall，2004；McCall，Lombardo，& Morrison，1988；Wexley & Baldwin，1986）。从经验中学习的能力包括4个维度：（1）通过主动寻找机会来学习；（2）把寻找错误作为学习和提高的机会；（3）展示灵活性和适应性；（4）寻求和应对反馈。

Spreitzer et al.（1997）用探索者问卷测试了主管人员的胜任力特征和经验学习能力，来自6个跨国公司、21个国家和地区的838名分为低、中、高三级的管理者参与了问卷调查。样本中包含高潜力的管理者，也包含业绩稳健但难以进一步提升的管理者。通过因子分析得出8个与文献综述中主管人员胜任力特征相一致的维度：富有洞察力（评价认知和分析能力），具有广泛的商业知识，挑选最佳员工（评价人际关系），诚实表现，勇于承担，敢于冒险，具有影响力，高文化差异敏感度。其中有6个维度与文献综述中提到的从经验中学习方面更为一致：寻找机会学习，寻求反馈，应对反馈，文化冒险，接受批评，灵活性。

在问卷效度方面，通过验证样本和交叉验证样本的检验发现，所有14个维度都和上级主管的绩效评估高度正相关。在72%的情况中，这14个维度也能清晰明确地将高潜力管理者和潜力有限管理者区分开来。值得注意的是，在这14个维度上，上级主管对高潜力管理者的评价显著高于对潜力有限管理者的评价。

富有洞察力、寻找机会学习这两个维度同样采用了验证样本和交叉验证样本检验，结果显示都与学习工作内容显著相关。在学习行为技巧方面，接受批评在验证样本和交叉验证样本中也是显著的。学习如何与他人高效交流是完成工作非常重要的方式。

文化冒险维度在验证样本和交叉验证样本中与国际标准中的 3 个维度显著相关：以往外派经验的档案资料、应用多种语言的档案资料、上级主管能够感知到下属可以成功完成国际事务。文化差异敏感度维度与 2 个国际化标准显著相关：以往外派经验和上级主管能够感知到下属可以成功完成国际事务。

这些结果对未来国际主管人员的开发有什么启示呢？Spreitzer et al.（1997）认为，这 14 个维度是通过 4 个过程来参与推动未来国际主管人员开发的：

1. **获得组织的关注和吸引组织的投入**。个体具有冒险倾向，渴望或者乐意组织成功，具有挑战世俗的勇气并决心为组织作出卓越贡献。探索者问卷的 5 个维度体现了以下特征：具有影响力，富有洞察力，勇于承担，具有广泛的商业知识，敢于冒险。

2. **抓住或创造更多的学习机会**。问卷中的 3 个维度大致反映了打破现状需要采取的冒险精神：寻找机会学习、文化冒险和寻求反馈。在这几个维度上获得高分，证明管理者有充足的好奇心并乐于接受挑战，这是成功的国际管理者的基本特质。

3. **悦纳学习机会**。体现在以下几个维度上：诚实表现（对自己的行为负责是向他人学习的前提），挑选最佳员工，高文化差异敏感度，接受批评（例如，要听取别人愿意分享的反馈，应持有接纳和低防御的姿态）。

4. **将变化看做经验累积的结果**。也就是说，成功的国际主管认为，首先需要保持现有优势，同时整合未来业务发展所需要的竞争优势。在灵活性和应对反馈上得分高的个人是很坚韧的，这对于克服挫折来说是非常重要的特质。

这 4 个过程为理论框架的诞生奠定了基础，细致讲述了主管人员胜任力特征、从经验中学习的能力以及适当的开发经验如何为未来国际主管人员的开发提供助力（Spreitzer et al.，1997）。在对国际管理人员的潜力进行确认之后，下一步要做的就是设计选拔国际委派人员的程序。下面我们讨论这一话题。

16.3 国际委派人员的选拔

在国内工作人员的选拔工具方面已有大量出色的文献。但是，正如 Hough & Oswald（2000）所指出的，“国内工作人员选拔工具的效度可能并不适用于国际工作场景，因为不同的预测因素和标准概念之间可能相关，或者说，即使该项相同，行为指标也会有所差异”（p. 649）。

遗憾的是，有文献综述指出，国际管理者的选拔流程，除了几项例外（例如，Lievens，Harris，Van Keer，& Bisquere，2003），大部分都是凭借直觉且非系统化的（Caligiuri & Tarique，2006；Deller，1997；Sinangil & Ones，2001）。对海外工作人员进行选拔的一个主要问题通常是只基于他们的技术能力和工作知识（Aryee，1997；Schmit & Chan，1998）。

当然，高水平的技术能力是选拔一个人到海外工作的基本依据。但当技术能力成为唯一选拔标准时，问题也随之产生。这是因为技术本身与一个人适应新环境的能力、有效地处理与外国同事关系的能力，以及感知甚至是模仿国外行为规范的能力并不相关（Collings & Scullion，2006；Mendenhall & Oddou，1995）。当你考虑各种决定国际委派人员成功的因素时，请牢记这一点。下面，我们以一般心理能力开始。

16.3.1 一般心理能力

随着工业与组织心理学科学和实践在全球范围内的发展，确定来自美国的研究发现是否适用于其他大陆、国家和文化至关重要。与此相关的一个概念是一般心理能力（general mental ability，GMA），该概念被广泛定义为学习的能力。它包括能把两个、三个或者更多的具体能力倾向组合到一起的任何一种测量手段，也包含测量具体能力的多种项目的任意方式（例如，言语的、数字的、空间关系的）（Schmidt，2002）。因此，GMA测验可能会使用综合测试测量（例如，冯德里克人事测验、瑞文推理测验）或者由不同具体测验组成的成套测验（例如，一般能力倾向成套测验、鉴别能力倾向测验）。

在对数百项研究进行元分析的基础之上，GMA作为工作绩效以及培训中绩效的预测指标的效度在美国已经广泛确定（Hunter & Hunter，1984；Schmidt & Hunter，1998）。GMA预测上级工作绩效评估，对于高度复杂的工作（占美国工作总量的17%）估计效度为0.57，中度复杂的工作（占美国工作总量的63%）为0.51，低度复杂的工作（占美国工作总量的20%）为0.38。GMA作为培训成功的预测指标，估计效度为0.63。对于不同的工作岗位或职业类型来说，效度值可能会在高低上有差异。

GMA测验在欧共体组织中的使用频率比美国更高（Salgado & Anderson，2002）。相同的研究也发现，大多数欧洲公司是中等甚至是小型规模的（规模少于500人），GMA测验在多数欧洲国家的普及率只存在微小的差异，欧共体求职者的看法非常相似，而且欧洲在协调法律结构和测验标准上具有积极性。GMA测验在欧洲预测工作绩效和培训时是一个和在美国一样稳健的指标吗？

答案是肯定的。在对以工作绩效作为标准的85个独立样本和以培训成功作为标准的89个独立样本进行元分析的基础之上，GMA作为工作绩效和培训绩效的预测指标的效度已经在欧共体国家12个行业种类中确立起来（Salgado et al.，2003）。它作为预测工作绩效评估的指标，效度如下：0.67（管理者），0.66（销售人员），0.63（工程师），0.61（信息和消息分配办事员），0.55（技术员工），0.54（电工），0.45（打字和文档整理人员），0.45（驾驶员），0.24（警察）。

这些结果与美国相似职业群体的研究发现类似，甚至效度更高。因此，GMA测验是对所有职业种类的有效预测指标，并且其有效性可推广于欧共体不同的国家和样本。在英国进行的把GMA作为工作绩效的预测指标的元分析也报告了相似的结果（操作效度为0.5～0.6）（Bertua，Anderson，& Salgado，

2005)。德国也是如此（Hülsheger，Maier，& Stumpp，2007)，平均操作效度为0.534。

关于培训规范，GMA测验有效地预测了所分析10个职业群体的培训成功。这些结果表明，10个职业中有5个操作效度大于0.5（最大的是工程师（0.74）和化学家（0.72)），另外，3个群体（分别是机械师、驾驶员和学徒）的效度达到中等程度（0.40，0.40，0.49)。总体上，尽管比美国相同职业群体所进行的元分析中发现的操作效度估计略低，结果仍是类似的。英国（Bertua et al.，2005）和德国（Hülsheger et al.，2007）（平均操作效度为0.467）也报告了类似的预测培训成功的结果。

在工作复杂性方面，Salgado et al.（2003）发现了与美国类似的结果，无论是对于工作绩效来说（高度复杂的工作为0.64，中度复杂的工作为0.53，低度复杂的工作为0.51)，还是对培训而言（高度复杂的工作为0.74，中度复杂的工作为0.53，低度复杂的工作为0.36)。Bertua（2005）报告了英国的结果。这些结果表明了GMA和工作复杂性之间的线性正向关系，而且工作复杂性是GMA效度的显著调节变量。

但是在德国，在培训成功方面，Hülsheger et al.（2007）报告了相反的结果，即技能水平越低，操作效度越高。他们把这样的结果归因于德国教育系统的分层，也就是说，接受更高教育的人更具备从事高度复杂工作的资格，这显然是预选选定的群体，所以范围限制更强，并且高度复杂的工作比低度复杂的工作效度更低。

总而言之，这些结果表明，GMA作为美国和欧共体国家培训和工作绩效的预测指标，具有国际推广的有效性。因此，GMA测验是对这两个大陆外派工作人员的稳健预测因子，尽管其他地方还没有相同的研究发现。除了GMA，其他因素也是海外派遣人员成功的重要决定因素，其中一个关键因素就是候选人员的人格。

16.3.2　人格

正如我们在第12章所看到的，研究已经发现人格五因素模型——即“大五”——作为工作绩效预测指标的有效性（Barrick，Mount，& Judge，2001)。总结20世纪关于人格和绩效关系所积累的知识，Barrick et al.（2001）分析了之前15项探讨五因素模型和工作绩效关系的元分析。除了Salgado（1997）的研究，其他所有元分析都采用了来自美国和加拿大的样本。萨尔加多（Salgado）对人格—绩效关系的元分析采用了来自欧共体的36项研究，这些研究与其他元分析中所包含的研究不存在重合。他的研究结果表明，责任心和情绪稳定性的有效性可在所有职业和所研究的效标类型中推广。其他维度的效度依据职业和效标类型的不同而存在差异。

Barrick et al.（2001）发现了几乎相同的结果。他们分析了大量绩效效标，包括整体工作绩效、上级评价、客观指标（生产力数据、离职、升职和工资）、培训和团队合作。他们也对不同具体职业群体进行了分析（管理者、销售人员、专业技术人员、警察、技术劳动力和半技术劳动力)。

对于所有效标类型和职业群体，责任心都是绩效的有效预测指标（效度从0.23到0.31)。它的效度总体上是最高的，凸显出其作为根本的个体—差异变量的重要性，该变量对工作结果有许多影响。其他几个人格变量的研究结果表明，每个维度至少预测了某些工作的一些指标。情绪稳定性是"大五"人格中唯一一个与整体工作绩效呈现非零、真分数相关的维度（0.13)。

其他3个维度——外倾性、随和性和经验的开放性可以预测某些职业的一些绩效方面，但是不能一致地预测不同的效标类型。例如，外倾性和经验的开放性能够非常好地预测培训绩效（两个维度的置信区间上限是0.41)。情绪稳定性和随和性对于团队合作具有中等的预测力（分别是0.22和0.34)。总体来讲，责任心和情绪稳定性在美国、加拿大和欧共体都是绩效的有效预测指标。

开发全球化的人格量表

移植人格量表的一个困难是，即使人格在不同文化间没有差异，表达方式也极有可能是不同的（Schmit，Kihm，& Robie，2000)。而且，当测量工具被移植到不同国家时，可能会发生本质上的变化，这使跨文化的比较变得困难。为克服这些问题，Schmit et al.（2000）开发了一个全球人格量表（GPI)，该量表使用了内部取向——从内部考察文化和外部取向——为便于比较而从文化系统的外部来考察众多文化。

来自美国、英国、瑞典、法国、比利时、德国、西班牙、日本、韩国、新加坡、阿根廷和哥伦比亚的10个团队合作开发了全球人格量表。它们把五因素模型用作组织构架，当把全球人格量表翻译为英语以外的其他语言时，采用复杂心理测量程序（例如，项目反应理论、特异项目功能分析、因子分析)。全球人格量表的构念效度和效标关联效度被证明是鼓舞人心的（例如，Benson & Campbell，2007)，尽管工具的开发仍在进行中。

与外派人员成功相关的人格维度

如果一个组织从外派任务的完成和上级对任务绩效的评价的角度界定成功，那么统计证据表明，3个人格特质与完成外派任务的能力相关：外倾性、随和性（既能促进互动，又能促进东道国人员和其他外派人员的联盟）和情绪稳定性。责任心是上级看待下属时非常重视的一种日常职业道德，这将影响他们的绩效评估。外派任务要求具备高度的毅力、缜密性和责任心，这些都是有责任心的人所具有和体现出的特点（Caligiuri，2000)。

但是，一个重要的限定是任务的类别。例如，对于人际网络中的执行官来说，经验的开放性和外倾性的必要水平显著高于主要与系统或机器打交道的技术人员（Caligiuri & Tarique，2006)。

正如上述研究所指出的那样，既然人格特质是相对稳定的，组织应该把选拔（以人格为基础）作为跨文化培训的前期工作。首先，确定具备所需人格特质的候选人，然后为这些确定的候选人提供跨文化培训。这一顺序是合理的，因为只有接受培训者原本就具备成功的潜力，跨文化培训才可能有效果。

16.3.3　与国际委派成功相关的其他特征

Lievens（2003）研究了一系列在日本为跨文化培训项目选拔欧洲管理者的预测因素的效度。选拔程序对通过评价中心和行为描述访谈测量的认知能力、人格（采用五因素模型）和其他维度进行了评估。研究者设计了两个评价中心练习——分析—演讲练习和团队—讨论练习，以测量在国际背景下与绩效相关的个人特征。分析—演讲练习对以下方面进行了评价：

● **坚韧性—弹性**：客观看待困难，即使面对失望和挫折也保持积极心态。

● **沟通**：清晰、流利、扼要地沟通；无论在团队还是在个体情境下，都能用引起人们注意的节奏和方式沟通。

● **适应性**：为适应新情况和新工作方式做准备，接受新观点，愿意并能够适应变化的要求和目标。

● **组织意识和商业意识**：对变化的组织动力保持警觉，了解财务和商业问题，关注能够带来巨大回报的市场和商业机会。

除了沟通、适应性、组织意识和商业意识维度，团队—讨论练习还可用于评价：

● **团队合作**：在追求团队目标时与其他人合作，分享信息，与同事建立支持性关系，并创建团队精神。

最后，除了坚韧性—弹性和团队合作，行为描述访谈还可用于评价：

● **自我约束**：坚定、一致、可靠，能够依靠其传递已经达成的意见，准时且有责任心。

● **跨文化意识**：可以从来自其他文化的人的角度看待问题。

结果显示，认知能力与语言获得测验显著相关（校正后的相关系数是 0.27），但是与指导者对跨文化培训的绩效评估不存在显著相关。开放性与指导者对跨文化培训的绩效评估显著相关（校正后的相关系数是 0.33），但是外倾性和责任心与其不存在显著相关。随和性与指导者的绩效评估显著负相关（校正后的相关系数是－0.26）。正如 Caligiuri（2000）所指出的那样，随和性这一维度在形成社会关系中可以发挥积极作用，但在某些文化中，如果一个人太随和，旁人就会认为轻易就能应付他。因此，在谈到对专业技能的看法时，随和性也许会受到文化因素的制约。

最后，情绪稳定性与语言—流畅性测验呈现显著负相关（校正后的相关系数是－0.29）。在团队—讨论练习中测量的所有维度与指导者评价（校正后的相关系数是 0.31～0.40）和语言—流畅性测验（校正后的相关系数是 0.33～0.44）显著相关。用分析—演讲练习或行为描述访谈评价的所有维度都与研究中的效标不呈现显著相关。

团队—讨论练习中所测量的三个维度解释了很大一部分跨文化培训绩效的额外方差。团队合作解释了认知能力和随和性解释不了的重要的培训绩效额外方差。沟通也解释了认知能力和外倾性解释不了的重要的培训绩效额外方差。而适应性则解释了认知能力和外倾性所不能解释的另一部分重要方差。

和Caligiuri（2000）一样，Lievens et al.（2003）也在跨文化培训中使用了选拔人员的程序，向选拔出来的人提供培训，之后把那些经过培训的人送往国外。跨文化培训中的绩效能显著地预测日本企业高管的绩效（与指导者评价的相关系数是0.38，与日语语言能力的相关系数是0.45）。该程序的一个重要优势是它可以降低国际委派人员的花费，因为只有那些通过选拔、被认为具有外派成功潜力的人才会接受培训，并被派往国外。现在让我们考虑跨文化培训本身的问题。

16.4 跨文化培训

很多组织把员工派往其他国家从事商业活动。为了最大限度地发挥他们的作用，企业通常在派遣之前为其提供跨文化培训的机会。实际上，一项2008年的全球安置趋势调查显示，84%的跨国企业提供至少为期1天的跨文化准备，并且家庭成员也有资格参与。但遗憾的是，77%的企业把它作为可选择性项目（GMAC Global Relocation Services，2008）。跨文化培训指的是一种正式的项目，该项目是为一种文化下的人在另一种文化下有效地互动或与来自不同文化的人更有效地互动而设计的（Aguinis & Kraiger，2009；Bhawuk & Brislin，2000）。此类项目一般关注的是认知、情感和行为胜任力素质（Littrell，Salas，Hess，Paley，& Riedel，2006）

外派人员为了生存、竞争和成功，需要进行三个方面的培训：文化、语言和实用日常事务（Dowling，Festing，& Engle，2009）。女性外派人员需要培训东道国持有的关于女性的规范、价值观和传统，以及作为女性如何处理她们可能面临的挑战性情境（Caligiuri & Cascio，2000；Harris，2006；Napier & Taylor，2002）。2008年，女性在外派人员中占比为20%；相比之下，1994年仅占10%（GMAC Global Relocation Services，2008）。

成功的国际管理者的一个关键特征是适应性。实证研究揭示了适应性的八个维度：处理紧急情况或危机局势，处理工作压力，创造性地解决问题，处理不确定性或不可预测的工作情况，学习工作任务、技术和程序，展现人际适应能力，展现文化适应能力，展现身体适应能力（Pulakos，Arad，Donovan，& Plamondon，2000）。这表明培训员工的有效方法是让他们面对在工作任务中将会遇到的、要求适应性的情境。这样的策略有两个益处：（1）促进了培训的迁移；（2）这与适应性绩效可以通过在类似的情境中积累经验而提高的观点相一致。

与任何一个培训项目一样，需求评估应当先于实际培训进行，以便包含跨文化培训的三个关键要素：外派人员的需求、设计和内容的定制化以及总体计划的质量（Littrell et al.，2006）。为了确定外派人员的需求，需要评估人际、认知和自我维护技能方面的长处和不足，以及配偶和家庭的需求，之后定制化地满足所确定的需求。此外，跨文化培训应当由目的地国家和外派流程的专家设计并提供（Bennett，Aston，& Colquhoun，2000；Littrell et al.，2006）。最后，建立一个评估组合，该评估组合能够解决海外工作任务绩效的问题，并且制定帮助外派人员及其家庭为他们的国外工作任务做准备的培训计划。

跨文化培训通常包含一些要素。首先是意识或方向——帮助学员了解他们自己的文化价值观、框架和传统。其次是为学员提供机会，帮助他们学习和实践文化问题中适当的行为（Brislin & Bhawuk，1999；Landis & Bhagat，1996）。在此框架下，跨文化同化方法已经成为跨文化培训最有效的工具之一（Triandis，1994）。

文化同化是一种由 Fiedler，Mitchell，& Triandis（1971）开发的训练学习技术，该方法采用 35～100 个关注文化差异的关键事件，之后为学员提供一些行为选择，他们必须从中选择一个。依据学员的选择，培训手册会引导学员参考某一具体页面，并且为学员提供选择正确与否的原因。如果选择是不正确的，学员必须重新阅读材料并再次做出选择。

Harrison（1992）在一个现场试验中对 65 名美国政府雇员进行了研究，比较了日本文化同化培训、行为模型培训、前两种方法的组合和不进行培训的有效性。接受方法组合培训的参与者比没有接受培训的控制组在角色扮演任务中展现出明显的更高绩效（从行为角度评价），接受方法组合培训的参与者比接受单一方法培训或没有接受培训的控制组参与者学习收获更多。这些结果表明，在跨文化管理培训中基于认知和体验的培训项目是十分重要的，但是需要使用更大样本量的学员来重复实验。

大多数文化同化培训的应用聚焦于某一具体文化——例如，希腊、伊朗、泰国、洪都拉斯或土耳其（例如，Gazur，1994），不过用文化同化的模式提供一般文化培训也是可能的。这种培训适用于任何一种文化（Triandis，Kurowski，& Gelfand，1994）。例如，Cushner & Brislin（1996）基于一般胜任力素质模型开发了 100 多个关键事件，这些胜任力素质在跨文化互动中非常有价值。早期研究支持了这类培训的效果（Kraiger，2003）。

关于跨文化培训的定量和定性研究综述发现，跨文化培训对个体技能发展、跨文化环境的适应性和管理效能都有积极影响。因此，Morris & Robie（2001）进行了跨文化培训对于外派人员绩效和适应性影响的元分析，包括调查适应性的 16 项研究和调查工作绩效并将其作为焦点因变量的 25 项研究。培训和适应性的平均相关关系是 0.12（$p<0.05$），培训和绩效的相关关系是 0.23（$p<0.05$）。但是，影响规模的分布存在很大变化，这表明存在潜在的调节变量。

Littrell et al.（2006）对 25 年间（1980—2005 年）的定性研究进行了综述，分析了跨文化培训在使管理者为国际外派任务做准备方面的问题。研究者探讨了 29 项之前的概念综述和 16 项实证研究，结论是跨文化培训在提高外派人员的海外工作任务成功率方面是有效的。他们也确定了很多调节培训效果的变量，包括培训时间（例如，出发前、执行任务中和任务完成后）、家庭问题（例如，配偶的适应性）、工作的属性（工作的自由裁量权），以及母国和外派任务国之间的文化差异。

在另一项研究中，Lievens et al.（2003）报告，跨文化培训与上级评价、语言流畅性之间的相关系数分别是0.38和0.45。证据也表明，培训应当在外派人员出发前（关于当地生活条件和跨文化调整过程的信息）以及到达新地点之后（学习如何了解新环境）实施（Littrell et al.，2006）。东道国人员对外派人员的正式导师制也十分支持，这有助于提升外派人员的语言能力和有效的沟通能力（Kraimer，Wayne，& Jaworski，2001）。实际上，一项对导师制的多层次、跨文化研究（Gentry，Weber，& Sadri，2008）发现，那些被直接下属评价从事与职业相关的导师制行为的管理者会被他们的老板认为具有更好的工作表现。但是，绩效导向的社会文化维度是和职业相关的导师制行为与绩效间关系的重要跨层调节变量。绩效导向指的是一个社会或文化鼓励或奖励团队成员绩效改进和追求卓越的程度（House et al.，2004）。

在语言培训方面，专家指出，即使是容易学习的语言，例如西班牙语，要达到最低熟练水平，也需要150小时的课堂学习。最低熟练水平意味着能够相互问候、问路、购物和在餐厅里点餐。对于一种复杂的语言，例如中文，要达到相同的熟练水平，则需要350小时的课堂学习（Tyler，2004）。

最后值得一提的问题是公司全球化的阶段与跨文化培训严格化和宽度之间的关系。公司往往从国内化（出口者）发展到国际化（或数国化）、多国化、全球化，在某些情况下再到跨国化（Dowling et al.，2009）。一般来讲，一家公司发展得离最初阶段（出口阶段）越远，培训包括其内容的宽度要求应该越严格。在多国化和全球化阶段，管理者需要能够使东道国的管理者适应公司企业文化以及其他公司具体实践的社会化生活。这种额外的管理责任强化了严格培训的需要。

16.5 绩效管理

绩效管理在国际背景下与在国内运作中同样重要，主要的差异是在国际环境中的实施更为复杂（Briscoe et al.，2009）。我们在第4章中对这个话题进行了大量讨论，但考虑到国际任务的特殊性，我们在本章中仍然继续探讨这个问题。在本质层面，国际背景下的绩效管理指的是个人或团队绩效的评估与持续提升（Cascio，2006），包括目标、评价和反馈。

我们先来讨论国际背景下实现目标的4个主要限制（Dowling et al.，2009）：第一，从母国管理层的角度来看，当地会计规则或劳动法可能会使我们难以对不同国家子公司管理者的相对绩效进行比较；第二，在动荡的国际环境中，长期目标需要具有灵活性；第三，时间和距离带来的分离使得绩效管理系统很难考虑到具体的国家因素；第四，一般来说，海外子公司的市场开发比国内市场的开发更慢，也更困难。因此，外派人员要达成一定的成果需要花费更多的时间。

同时，很多因素都会影响外派管理者的实际工作绩效水平（Davis，1998；Engle，Dowling，& Festing，2008；Oddou & Mendenhall，2000）。这些因素包括：技术知识（95%的外派人员认为技术知识对工作成功很关键）、个人（以及家庭）对文化的调整、环境因素（政治和劳动力的稳定性、通货膨胀情况、新文化与母国文化的距离)。虽然技术知识很重要，但是那些在某个领域是专家的外派人员如果忽略了诸如程序、文化传统等这些对工作绩效来说非常重要的文化变量，他们的工作将可能变得无效。有一个案例是，一家建筑企业的工作人员被外派到了印度，出于无意，他忽略了当地的工作习惯，而成为一个被憎恨和不被信任的人。由于他的行为，整个项目延误了 6 个月（Oddou &Mendenhall，2000)。

总部的支持程度（福利和服务，包括为配偶找工作、为孩子的教育提供资金支持）也会影响外派人员的工作绩效（“For dual-career expats”，2009)。最后，东道国的环境特征——经济发展阶段、外派所在地的物理条件（热、潮湿、冷)、商业运作类型（国际合资企业或是全资子公司）对外派人员的工作绩效也有很大的影响。图 16—2 对这些因素进行了总结。

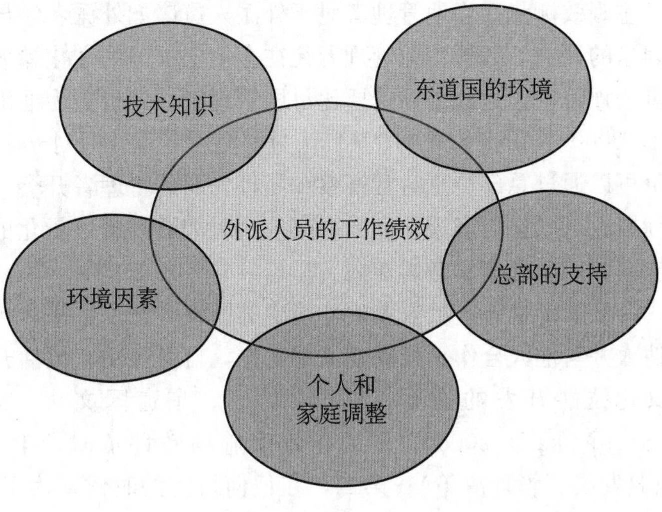

图 16—2　一些影响外派人员绩效的因素

16.5.1　绩效效标

Sinangil & Ones（2001）对绩效效标领域进行了全面的回顾，并在此基础上提出了以下外派人员工作绩效维度的模型：

- **建立和保持商业联系**——认同、发展和应用这些联系以达成目标；
- **技术绩效**——即任务绩效；
- **生产力**——外派人员的工作产出；
- **与他人合作的能力**——在组织中与他人一起工作或帮助他人的熟练程度；
- **沟通和说服**——口头和书面收集或传达信息的熟练程度，说服他人；
- **努力和主动**——对工作的投入，为做好工作付出的努力；
- **自律**——在工作中对反生产行为的规避；
- **人际关系**——外派人员推动团队绩效提升、支持组织和部门其他成员的程度；
- **管理和监督**——协调组织中不同角色的熟练程度；
- **整体工作绩效**——综合上述所有外派人员工作绩效维度。

该清单反映了采用典型绩效评估方法通常难以衡量并且通常不会衡量的无形资产。也有研究建议，外派人员的绩效效标可以分为三大类（Davis，1998；Dowling et al.，2009）：客观效标、主观效标、背景效标。

客观效标包括销售收入总额、市场占有率和投资回报率等指标，但这些标准存在一些潜在的问题。第一，所有财务数据一般都会受到汇率的影响，而且通货膨胀会使我们很难对财务贡献准确进行评价。第二，东道国可能会对利润回流和货币兑换有所限制。第三，财务指标忽略了得到结果的方法。也就是说，财务指标忽略了产生结果的行为。当政治或工作环境不稳定的时候（例如，经常罢工），这些行为是很关键的。这些不足表明，为了更深刻、更全面地理解外派人员的绩效，应当采用其他效标，包括主观效标和背景效标。

主观效标包括当地管理者对于外派人员诸如外派者领导类型和人际关系能力等因素的评判。尽管当地管理者往往会依据本国的文化参照框架对外派人员的绩效进行评价，但是这种评价要比母国管理者的评价更为准确（Oddou & Mendenhall，2000）。Janssens（1994）认为，使用客观效标对子公司管理者的绩效进行评价可以通过总部员工时常视察和同母公司的管理者开会两种方式进行补充。主观绩效也可以作为客观效标的补充，同时把那些难以量化的方面，例如诚实、客户导向和团队合作等考虑在内。

背景效标把那些绩效发生环境中的因素考虑了进来，包括组织公民行为（帮助他人并与他人合作，充满热情地工作，自愿行动，灵活开放地面对变化）以及跨文化技能开发的指标（例如，语言、东道国文化、沟通、网络）（Davis，1998；Piekkari，2006）。国际化地实施绩效评估时，第一要确定评估的目的（职业发展、管理决策）；第二，在任何可能的时候，为可量化的分配、任务或目标设定绩效标准；第三，给予员工比在国内市场中的惯例更多的时间，以在国外达成目标；第四，使目标灵活化，并且对潜在市场和环境条件有所反应（Engle et al.，2008）。

16.5.2 谁来评价

如前所述，东道国管理者在评价外派人员的工作绩效时能够把背景效标考虑进来，但是他们可能存在某些方面的文化偏见，这些偏见会妨碍他们把外派人员的绩效放到更为广阔的组织背景下进行评价。反过来，对母国管理者而言也是如此。他们可能不会把背景效标考虑在内，但是可以把外派人员的绩效放到更为广阔的组织背景下进行评价。外派人员的自我评价如何？把外派人员的自我评价纳入考虑范围是很重要的，这样可以提供一个平衡的视角，使他相信国内和国外运作之间的相互依赖关系。

该过程在实际之中是如何运行的？一项研究发现，36%的跨国公司使用东道国绩效评估，35%的公司既使用母国又使用东道国绩效评估（GMAC Relocation Services，2008）。就像在国内环境中一样，要确保无论由谁进行评估，他都要对员工的绩效十分了解而且训练有素。

16.5.3 绩效反馈

在个体主义文化中，例如美国、英国和澳大利亚，在高级主管培训计划中经常提到的一个主题是如何实施绩效面谈。实际上，顺利实施绩效评估面谈的能力与就“坏消息”进行沟通的能力在这些文化中被视为一个成功管理者的关键技能。相比之下，在集体主义社会中，例如韩国、危地马拉，与个人公开讨论其绩效可能与社会的和谐规范形成正面冲突，而且下属会把它视作一件丢面子的事情而难以接受。这些社会有更微妙、间接的沟通反馈方式，例如通过撤回正式的帮助，或者通过一个双方都信任的协调者就双方所关心的问题进行口头沟通（Hofstede，2001；Hofstede & Hofstede，2005）。

在第 4 章中我们已经对在国内背景下传递反馈信息的流程进行了探讨。这里强调的重点是在进行绩效沟通反馈时，对当地习惯保持敏感是很关键的（Cascio，2006）。与国内的工作任务一样，持续的辅导和反馈是高效绩效管理系统的标志（Aguinis，2009a）。

外派人员回国后，应该提交一份正式的述职报告。所要阐述的主要问题是改善整体选拔、培训、评估、薪酬和外派人员管理流程的方法。这是外派人员回任的第一步，也是我们接下来要讨论的话题。

16.6 回 任

外派人员（无论是在国外取得成功还是没有取得成功的回任人员）回任的问题，已经得到了很好的探讨。所有回任人员都会在以下三个方面感到一定程度的忧虑：个人财务、重新适应母国的生活方式、重新适应公司结构（Black & Gregersen，1991；McClenahen，1997）。全美国有 68%的外派人员不知道当他们回家时工作会是什么，只有 5%的相信人他们的公司重视海外经历（Milkovich & Newman，2008）。对日本和芬兰的外派人员进行研究时也发现了相同的问题。

从财务角度来讲，回任人员面临国外服务奖金的取消（例如，子女教育、家政服务、俱乐部会员）、通货膨胀对家庭购买力的影响。由于已经习惯了国外的生活方式，回国后他们通常会认为母国的习惯有些奇怪，更为极端的是觉得令人讨厌。这种反文化冲击（reverse culture shock）会比刚到海外时经历的文化冲击更具挑战性（Gregersen，1992）！这些问题可能的解决办法包括 3 个方面：规划、职业生涯管理和补偿金。

16.6.1 规划

外派任务和回任应当看做一个综合的整体——不能认为它们是个人职业生涯中毫不相关的两件事。遗憾的是，几乎只有不到一半（48%）的人这样做。其他外派人员，55%的外派人员在离外派任务结束不到 6 个月甚至更晚时才开始思考这一问题（GMAC Global Relocation Services，2008）。为了改善这一情况，很有必要为外派行为制定一个清晰的战略目的。在任务开始前，公司应该指出外派员工出国的几个主要目的：提高执行力、协调和控制总部和海外分分部的业务、转移信息和技术。研究表明，如果外派没有目的，那么投资高达百万美元的海外派遣项目有可能完全就是在浪费资源。

越来越多的跨国企业正试图改善它们的人力资源规划，也力图在全球基础上予以实现。在人力资源规划中，谨慎有序的外派和回任行动有助于减少不确定性和随之而来的担忧。下面的专栏介绍了孟山都公司（Monsanto）的做法。

专栏 16—1

企业实例：孟山都公司的回任

孟山都是一家集农业、化学、制药于一身的公司，在美国之外有很多供应商、客户、工厂。公司会定期派遣美国员工前往海外大客户和供应商工作（Postovit，2002）。在员工离开美国之前，公司已经开始进行回任准备。派遣方、接收方的管理人员会准备好协议，向员工指明对他们该项任务的共同认识以及它和公司业务目标是如何匹配的。还会向员工表明期望，以及在他们归国后怎样发挥自己在项目上获得的知识和经验。为了帮助母国的同事理解跨国经营的业务问题和文化问题，所有归国的外派人员会和同事、下属、上级分享自己的经历。归国的外派人员就像是一个训练有素的辅导员，讨论派遣的各个重要方面，帮助员工理解他的外派经历。

16.6.2 职业生涯管理

2008年的调查数据表明，外派归国人员的流失率在整个企业中是最高的。25%的外派人员在任务期内离开公司，27%在一年内离开，25%在第一年和第二年之间离开，23%在两年之后离开。美国所有员工的年均离职率是13%（GMAC Global Relocation Services，2008）。同一调查的2/3的受访者表示，增加“使用国际经验的机会”是减少外派人员离职率的最好方式。一项研究调查了111个来自23个不同国家和地区的外派人员，这些员工在上一年返回到他们的母国。相比外派的工作分配，16%的外派员工认为自己的工作降级了，57%的人认为是横向移动，27%的人认为自己得到了提升。因为外派获得晋升，表明组织看中国际经历，也会增强外派人员的信心，相信组织能够满足他们培训和职业发展的期望。这反过来与职业满意度正相关（Kraimer，Shaffer，Harrison，& Ren，2007）。

16.6.3 补偿金

每个月外派奖金的丧失在财务上都形成了一个不小的冲击，无论是出于哪个原因。为了克服这一问题，一些公司用一次性的“流动补贴”（例如，6个月的奖金）代替了每个月的海外服务奖金，以为每次变动——海外工作、回国或者其他海外项目提供资助。一些公司还提供低成本贷款和其他财务援助，帮助外派人员回到家乡时购置至少不低于出国期间居住水平的住房。另外，外派人员对财务咨询服务的需求也比较大。这种咨询服务具有很好的心理效能，可以使外派人员相信公司愿意帮助他们解决财务问题（Thompson，1998；Woodward，2007）。

在下一章也是最后一章，我们将探讨应用心理学中的新兴伦理问题。我们将对信息时代下伦理的本质、员工隐私和公平信息实践政策进行探讨。

对实践的明确启示

全球化和互联网的兴起也许是我们这个时代最重要的事情。社会变得比以往任何时候都连接得更紧密。这并不意味着不同国家和地区文化之间的细微差别变得不那么重要。它们会带来一些变化。以下是一些主要影响：

- 对国家和地区行为差异的研究十分重要，因为它允许我们把当前关于动机、领导力、组织行为的研究应用于实际。
- 尽早认识到国际管理的潜力将会越来越重要，因为世界联系会变得越来越紧密。在这种背景下，对关键执行力的测量很重要，一些成熟的心理测量方式可以用于这一目的。
- 研究表明，GMA 和个性维度对工作预测和培训具有国际有效性，在预测适应性和外派员工的工作绩效上同样如此。
- 外派员工在三个方面需要培训：文化、语言和实际的日常事宜。各种跨文化的训练方式被证明是有效的，但是在任一培训项目中，需求评估应该先于实际培训，这是为了达成三个关键要素的统一：外派人员需求、定制化的设计和内容、整体项目质量。
- 在完成国际绩效评估时，步骤如下：确定评估的目的；设定可量化任务、工作、目标的绩效标准；允许更多的时间去取得结果；保持目标的灵活性和对潜在市场以及环境条件的响应。
- 最后，应把派遣出国和调回国内看做一个综合的整体，而不是个人职业生涯中毫不相关的两件事。

讨论题

1. 垂直个体主义理论、水平个体主义理论和集体主义怎样帮助我们深入理解文化的差异？

2. 霍夫斯泰德的五维度描述了国家间的差异，请作出解释。评定每个国家在各个维度上的高低水平。

3. 四条主要路径可以促进未来国际高管的发展。请解释为什么它们之间是相关的。

4. 假设你需要制定一个赴越南的外派人员选拔项目。基于应用心理学的研究文献，你将会怎么做？

5. 一个有效的针对外派人员的绩效管理程序应该是什么样的？

6. 良好的适应能力是国际经理人取得成功的一个重要因素。适应性如何体现出来？如何培养未来外派人员的适应能力？

7. 老板向你寻求关于怎样减少外派人员之间摩擦的建议时，你会怎样回答？

第17章 人力资源管理中的组织责任与伦理问题

概览

组织责任是指考虑利益相关者期望、经济绩效、社会绩效与环境绩效的特定情境下组织采取的政策与实践（Aguinis，in press）。从概念内涵上看，组织责任包括伦理，那些可能伤害或者改变他人福祉的自愿行为或行为方式都被视为非伦理性的。在考虑利益相关者期望的情况下，对他人福祉伤害的概率将降低。因此，组织责任有利于促进组织伦理行为与政策的产生。尽管没有得到广泛的认同，但是人力资源管理研究者与实践者在组织社会责任研究中扮演着重要的角色。组织责任概念的提出为人力资源管理研究者与实践者提供了一个实现提高人类福祉与最大化组织绩效双重目标的新颖、独特视角，从社会学角度看，该领域有很大的发展空间。

对于组织责任与伦理，很难通过简单的规则来进行有效区分。组织责任与伦理会随着社会规范、利益相关者的需要与利益的改变而变化。在人力资源管理中，三个方面值得重点关注：员工隐私、人员测评与组织研究。从员工隐私看，主要是员工档案的公开与使用、计算机文件与电子邮件沟通的监控等。从人员测评看，主要是人力资源专家在评价中心中对他们的职业、应聘者、员工与雇主进行评价时的责任问题。从组织研究看，研究者经常会遇到伦理困境（两难问题），例如角色模糊、角色冲突、模糊或相互冲突的规范等。这种伦理两难问题伴随研究的整个过程，从研究计划的制定到研究结果的汇报。解决两难问题，使利益相关方就某个伦理行为达成一致意见的策略有很多。

在管理人的过程中实现责任与伦理的挑战不在于伦理规范的机械运用，而在于通过营造与维系真正的相互关系，来解决伦理规范不能解决的那些伦理两难问题。个人价值观在这个过程中起着重要作用。

组织责任（organizational responsibility，OR）是指考虑利益相关者期望、经济绩效、社会绩效与环境绩效的特定情境下组织采取的政策与实践（Aguinis，in press）。从概念内涵上看，组织责任包括伦理，那些可能伤害或者改变他人福祉的自愿行为或行为方式都被视为非伦理性的。在考虑利益相关者期望的情况下，对他人福祉伤害的概率将降低。因此，组织责任有利于促进组织伦理行为与政策的产生。伦理就是指符合伦理规范或特定群体的行为标准（Webster's New World Dictionary，2009）。伦理行为不是一成不变的，而是会随着社会规范、特定服务对象需要与利益的改变而变化，是一个“利益持续调整的过程”（Brady，1985，p. 569）。这在人力资源管理中显而易见。在 20 世纪五六十年代符合伦理的行为（例如，追问式选拔面试，对着装、意识形态与生活方式标准化的管理规定，拒绝让员工查验自己的雇佣合同等）在今天看来并不合乎伦理。对人权的不断关注已经将人力资源管理的政策、程序与研究实践置于公众关注的范围内。民权法案、歧视诉讼、工会协议已成为社会变革的有效工具。对信息自由、个人隐私的重视，使员工和雇主对伦理问题变得更加敏感。

本章的目的并不是告诉我们在人力资源管理中什么才是符合组织责任或伦理的一系列原则，而是强调在几个重要领域正在出现的伦理问题。本章并没有试图全面总结伦理问题，而是将集中讨论三个方面的伦理问题：员工隐私、人员测评与组织研究。尽管不能描述适用于所有情境中伦理行为的内容，但我们提出了如何在伦理行为中使各利益群体达成一致意见的过程。只要需要，我们就会毫不犹豫地去做。

我们首先界定一些重要的术语：

- **隐私**：员工拥有的能够自主控制个人信息使用以及采取免受监督、控制行为的员工权益（Piller，1993b）。
- **保密**：希望信息不被他人知晓的信息处理方式。保密的途径主要有法律、制度化的规则、专业技术或科学手段（American Psychological Association，2002）。
- **伦理与道德**：符合社会支持的价值观的行为（Reese & Fremouw，1984）。
- **伦理选择**：清晰阐明各方利益、就风险与收益进行公开相互评价后，在替代行为中进行深度思考的选择（Mirvis & Seashore，1979）。
- **符合伦理的行为决策**：决策中不仅考虑自身利益，也考虑决策对他人利益的潜在影响（Cullen，Victor，& Stephens，1989）。
- **效度**：一项评价程序解释与使用的有效程度（Messik，1980，1995）。

17.1　组织责任：定义与整体框架

根据 Aguinis（in press）的观点，我们使用组织（organization）而不是公司（corporate）是为了强调责任适用于任何类型的组织（例如，公共组织、私人企业、国有企业、非国有企业、创业企业等）。此外，尽管一开始仅适用于大型企业，但我们认为组织责任适用于初创企业、中小企业，尤其是当这些企业想要在今天国际化与高度竞争的环境中取得成功时。我们使用责任一词而非社会责任，是为了强调责任适用于多种利益相关者（例如，员工、供应商等）以及多种问题，不仅局限于社会领域（例如，环境问题）。需要强调的是，我们要讨论的是以往人力资源管理研究与实践中一直关注的问题，也涉及国际利益相关者（例如，员工、本研究参与者等）。

这个定义包括几个关键要素：第一，正如前面所言，该定义适用于各种组织，不局限于所有制结构、愿景、目标与规模。例如，有些组织尽管不以盈利为目的，例如政府和非政府组织，但是它们也要进行财务上的管理以更好地生存。第二，本定义超越了“非伤害”背后的消极应对，强调了如何做正确事情的积极视角。第三，如前所述，组织责任包括伦理，那些可能伤害或者改变他人福祉的自愿行为或行为方式都被视为非伦理性的。在考虑利益相关者期望的情况下，伤害他人福祉的概率将降低。相应地，组织责任有利于更多的伦理行为与政策产生。第四，利益相关者的期望被考虑在内。利益相关者是指受到组织目标实现影响的个体或群体（Freeman，1984），包括所有者、投资者、员工、外部承包商、供应商、顾客、战略合作者以及周围社区。考虑利益相关者的诉求意味着从利益相关者分析、管理到利益相关者投入的转变。人力资源研究者与实践者一般会考虑员工与其他内部问题（Moir，2007），考虑利益相关者的诉求促使人力资源管理领域同时思考外部利益相关者。因为同时存在内部与外部利益相关者，组织责任是由内外部共同驱动的，组织责任不只是外部力量驱动的结果，还是内部与外部利益相关者诉求的共同体现。组织负责人不是仅仅进行信息披露，还要与利益相关者进行双向沟通（Burchell & Cook，2006）。除非利益相关者真正参与进来，否则组织责任就只是停留在公司网站上毫无意义的文字陈述。

组织责任的定义同时考虑了经济绩效、社会绩效与环境绩效。传统观点认为，上述三种绩效相互之间是负相关的。例如，如果采矿企业严格遵循环境规范，尊重周围社区的诉求，那么很难获利（Alexandrescu，2007）。再如，服装加工企业的国外“血汗工厂”不可能在实现企业利润最大化的同时给员工提供公平的薪酬和良好的工作条件。

很多评论家对同时实现经济、社会与环境效益最大化表示质疑，认为组织责任是公司看起来不错的一种策略，仅仅是一场为了保护组织声誉与利润率的公共关系运动。经济与社会目标、价值的潜在不一致性过去在人力资源管理领域经常发生（Baritz，1960）。正如 Hersey（1932，p. 304）所强调的：“心理学家……进入工业机构仅仅是为了提高生产力，而不是更好地提高所关注员工的适应能力……这与他的号召截然相反。”

两个因素对组织责任的发展起到了促进作用：21 世纪组织与责任的变化。21 世纪组织变化中的一个重要部分是互联网使用导致的。互联网使组织内外的个体瞬间获得大量来自不同地域的信息。不同于几年前，现在组织的信息，组织所采取的政策、措施能够迅速被全球知晓。例如，耐克公司与盖普公司都努力减少在印度尼西亚和萨尔瓦多外包工厂中员工的滥用，通过巡视组进行密集的公共检查，并通过互联网传递信息（Varley，1998）。youtube. com 这样的网站上会播放安然公司、世界通信公司、英克隆制药公司的高管带着手铐被带走的剪辑（Greenfield，2004）。互联网使得人们能够快速、低廉地共享信息，大量组织，例如英国石油公司、壳牌公司、埃克森美孚公司、星巴克公司，都在采取更多的体现责任的实践（Aguinis，in press）。

互联网带来的另一个结果是 21 世纪的组织更像是一个网络而非一座金字塔，因为组织连接了各种利益相关者，例如合作伙伴、员工、外部承包商、供应商、顾客等（Cascio & Aguinis，2008b）。21 世纪的组织是无边界、全球化的，组织可以使用来自全球的人才与资源。如 Cascio & Aguinis（2008b，pp. 135-136）所言："新的全球化组织也许基地在美国，但是其软件工程可能在斯里兰卡，工程设计在德国，生产制造在中国。通过网络可以实现多个端口的无缝连接，所以分散在各地的员工与自由职业者能够在同一时间一起工作。"不管实施组织责任的举措有多少，一个重要的启示就是各个利益相关者变得相互依赖，加之信息与工作的流动，再去区分雇佣员工与非雇佣员工、内部利益相关者与外部利益相关者是困难的。

信息的可获取性以及利益相关者参与程度的提高使得渗透在组织中的责任成为一种浪潮，从学校到政府组织、非政府组织，再到跨国公司。例如，美国的学校大概控制了 4 000 亿美元的资本，近几十年来一直承受着要求它们将捐款投向阻止或更正社会伤害领域的压力（例如，违背民主规则的活动，试图去保护个人财富、安全、基本自由不受剥削的国家法律等）（The Responsible Endowment Coalition，2009）。此外，现在的政府组织也在实施绩效管理系统，以更好地管控管理者、员工以及组织单元，这也解释了它们如何更好地花费纳税人的钱，对目标群体什么才是重要的（Aguinis，2009a）。

总之，21 世纪的组织要想隐藏所采取的政策与措施越来越困难。此外，21 世纪的组织日益依赖于全球利益相关者网络，它们对组织采取的政策与措施都有一定的期望。这两个因素导致了日益增长的责任，这是组织采取负责行为的重要动机。

17. 2 组织责任的收益

以往的实证研究大多认为，追求社会与环境目标和积极的经济结果相关（Aguinis，in press）。换言之，追求多种目标比仅仅追求经济目标更有益，组织能够实现多重目标。有些人认为，组织利润与生产目标一方面与社会目标是冲突的，另一方面也要综合考虑，这看起来像是虚假二分（Haigh & Jones，2007）。组织要想获得长期成功，就要同时做到取悦股东与取悦利益相关者。这里的挑战就是公司如何在照顾多重利益相关者诉求的同时传递股东价值（Moir，Kennerley，& Ferguson，2007，p. 388）。

请看如下证据（Aguinis，in press）：

- Capriotti & Moreno（2007）在西班牙进行的一项顾客研究发现，75%的顾客惩罚了或者想要惩罚那些没有履行社会责任的企业。另一项在英国的顾客研究发现，超过 75%的顾客认为公司的社会责任是重要的，90%的员工认为他们所在的组织应该履行社会责任。

● 从组织战略的视角看，2002年由普华永道发起的一项对来自33个国家和地区的1 200名CEO的调查表明，超过70%的全球CEO认为组织社会责任对于他们的公司而言是非常重要的（Simms，2002；Verschoor，2003），即便是在经济衰退时期。事实上，在经济困难时期，组织社会责任的重要性更大。具体讲，金融危机以及随后的经济下行是市场进化与私人部门的一场剧变。恢复信任与信心，以普适的价值观为指引，将焦点转向长期经济价值创造势在必行（The Global Economic Downturn，2009）。

● 对同时是摩根士丹利资本国际指数以及Oekom企业社会责任评价中的602家公司的调查表明：2000年1月到2003年10月，获得最高社会责任评价的186家公司，绩效优于企业社会责任评价较低（23.4%）的416家公司（Hollender，2004）。

● 对52项研究的元分析证实，社会/环境绩效与财务绩效之间积极相关（Orlitzky，Schmidt，& Rynes，2003）。该项元分析发现，公司社会/环境绩效与财务绩效的平均相关系数为0.36。这个相关系数是在校正了样本偏误与预测变量、效标变量的测量误差后得到的，共计388个独立的相关系数，样本量为33 878。在控制了企业声誉（代表社会/环境绩效）与财务绩效的相关关系后，公司社会/环境绩效与公司财务绩效依然正相关，平均相关系数为0.15。

● 另一项元分析（使用相同数据源的一部分）发现，公司规模不会对相关系数产生影响（Orlizky，2001）。值得注意的是，社会绩效与财务绩效的平均相关系数为0.47，而环境绩效与财务绩效的平均相关系数为0.13。

● Ambec & Lanoie（2008）就环境友好实践的积极作用进行了专门的定性文献综述。大概的结论是这些实践通过不同的机制与更高的营业收入及更低的成本相关。具体来看，更高的环境绩效通过更容易进入特定市场、更好的产品差异化、更高的污染控制技术提高了公司的营业收入。同时，更高的环境绩效通过更好的风险管理，与外部利益相关者的良好关系，降低原料成本、能源和服务成本、人力资本与劳动力成本来实现成本降低。

● 大量的组织充分认识到了负责任的积极作用，这也是很多公司设立了公司责任官这一职位的原因（Marshall & Heffes，2007）。更普遍的称呼为公司社会责任副总经理、副董事长。抛开首席合规官、首席道德官、投资者关系经理这样的称呼不谈（Marshall & Heffes，2007），关键是组织责任是公司战略与运营的重要组成部分，例如与内部商业伙伴合作，遵循标杆最佳实践发展产业关系，创建对绿色与社区产生影响的统一、创新性方法，采取与社会、环境法律相一致的运行政策，进行有关公司社会责任的培训来监控公司、供应商、品牌，以及对内外部培训项目提供支持。

总的来说，调查、定性与元分析的证据都表明社会绩效、环境绩效与财务绩效之间存在正相关关系，但是相关的程度取决于如何获得社会绩效、环境绩效与财务绩效。

17.3　组织责任：人力资源管理理论与实践的启示与角色

Aguinis（in press）提出了战略责任管理的新概念。战略责任管理是一个过程，组织通过系统与战略的方式来规划责任实践，包括以下几个步骤（见图 17—1）。

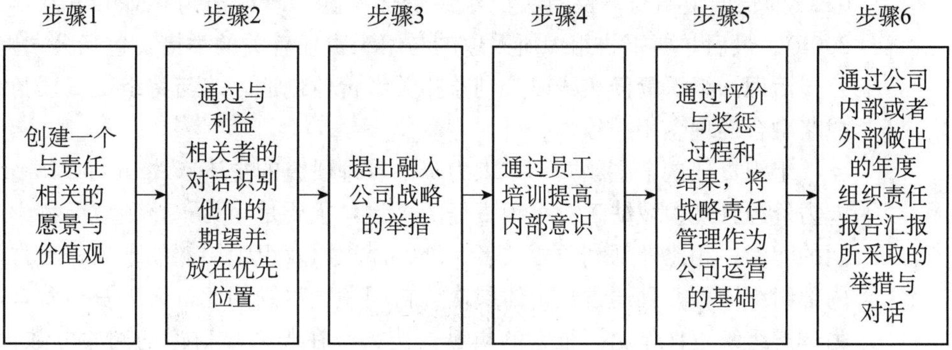

图 17—1　战略责任管理的步骤

资料来源：Aguinis，H. （in press）. Organizational responsibility：Doing good and doing well. In S. Zedeck（Ed），*APA Handbook of industrial and organizational psychology*（*Vol. 1*）. Washington，DC：American Psychological Association.

人力资源管理研究者与实践者站在一个独特的视角可以创造或者传播有关如何更好地实施战略责任管理的知识。第 1 步，需要创建一个有关责任的共享愿景以及一套价值观。如果不考虑管理者的个人价值观，组织很难沿着组织责任的路径发展下去。像其他的组织干预一样，组织责任需要高层管理者与组织所有者的支持。第 2 步中，利益相关者的参与非常重要，但是我们需要定义利益相关者怎样以及参与的程度（Greenwood，2007）。我们同时需要说明各种组织责任政策与措施和每个利益相关者直接相关。这是人力资源管理能够作出贡献的地方，例如，大量的研究探讨了员工工作投入（Maslach & leiter，2008）。有关利益相关者的定义，可以通过绘制饼状图来呈现他们的相对重要性，管理可以通过他们影响商业成功的可能性确定组织责任的优先顺序（Hillenbrand & Money，2007）。第 4 步是对组织所有成员，包括董事会进行有关组织责任、责任管理的培训。这些培训包括战略责任管理如何操作，员工的期望是什么，员工从组织责任管理中如何受益等。从具体的内容看，培训最起码得回答如下问题（Aguinis，2009）：

● 战略责任管理是什么？要回答这个问题需要提供战略责任管理的一般信息、在其他组织中战略责任管理如何实施以及战略责任管理的基本目标。

● 战略责任管理如何匹配公司战略？要回答这个问题，培训中应该提供战略责任管理与战略计划是什么关系的信息。具体说，这些信息涉及战略责任管理是如何与组织战略目标直接产生联系的。

● 对我有什么好处？一个好的培训项目应该描述实施战略责任管理给参与者带来的好处。

第5步强调组织责任带来的结果，包括创造衡量成功的指标、描述各项指标如何评价以及基于这些评价结果的后果。例如，一个利益相关者参与程度的指标可以是雇员之间、顾客之间、利益相关者之间沟通互动的充分性与真诚性（Hollender，2004）。公司的绩效管理系统必须评价与奖励组织责任的政策与实践。很多组织已经开始这样做。例如，加拿大90家公共贸易公司的数据显示，公司CEO的长期报酬与产品有关的组织责任实践、政策挂钩（Mahoney & Thorne，2005）。最后，要报告组织所采取的与组织责任有关的举措，包括公司财务报告、公司治理、组织责任实践以及利益相关者价值创造。这与将组织责任与公司整体战略融合的理念相一致。

组织责任这个主题并不是人力资源管理研究的主流（Aguinis，in press）。在人力资源管理领域缺乏对组织责任的关注，主要是因为：该领域中科学与实践之间的鸿沟；相比外部利益相关者、外部流程以及组织层次的现象，更强调员工与内部组织流程，且通常从个体层次分析问题。尽管如此，人力资源管理研究已经为理解组织责任作出了很大的贡献。例如，在第7章讨论的测验分数分组领域，传统的雇佣决策制定方式是采用严格的自上而下的程序，即根据测验分数的高低来做出选拔决策。然后，这样的雇佣决策面临前后矛盾的情况，因为使用一般认知能力与其他工作绩效的预测变量会导致负面影响（Aguinis &Smith，2007）。结果是，选拔工具的选择面临双环困境：选择认知能力测验存在降低组织劳动力多元化的风险；采用绩效预测变量尽管考虑到了多元化，但是没有认知能力测验那么有效。根据以上描述，这种状况看似是用一种相互排斥的方式在社会与经济绩效中作出“非输即赢”的选择。正如第7章所讨论的，测验分数分组是解决上述困境的一种有效方式，因为这替代了自上而下的选择策略，后者往往带来负面影响。分组制度是基于两个应聘者得分的差异可能是测量误差的结果，而不是目标测评内容的真实差异。结果是，如果不能通过一个合理的切点分数得出两个应聘者在预测绩效或效标的得分上存在差异，那么很难有充足的理由说他们在工作绩效上存在差异。换言之，分组制度是将无法区分得分高低的应聘者分成一组。结果是，在同一个组的应聘者被认为是同样胜任工作的。因此，在这些相同的应聘者中不用根据测验分数，而是可以根据员工多元化的考虑做出选择。测验分数分组制度的例子尽管没有在人力资源管理文献中列出，但这是战略责任管理中同时考虑经济与社会绩效的体现。

展望未来，人力资源管理研究者与实践者能够在以下与组织责任有关的领域作出重要贡献（Aguinis，in press）：

- 战略责任管理的实施可以借鉴在人力资源管理心理学中经常使用的研究设计、测量、数据分析工具（Aguinis，Pierce，Bosco，& Muslin，2009）。例如，什么才是收集各种利益相关者信息的合理程序？人力资源管理研究者与实践者能够开发出有效、标准化的测量工具来评价经济、社会与环境绩效吗？来自不同利益相关者的数据如何加总与合并？什么样的定性或定量研究方法能够分别或者整合在一起来评价组织责任的过程与结果？什么类型的研究设计适合用来收集有关组织责任对其各种结果影响的有效证据？

● 与其他组织变革干预一样，战略责任管理的实施必须伴随着绩效管理与奖惩结构的改变。人力资源管理心理学领域与工作设计、绩效管理系统实施、动机理论有关的文献能够为组织责任举措的实施提供帮助（Aguinis，2009）。例如，绩效管理系统包括行为与结果的评价，可以用来评价组织责任举措的有效性。

● 组织责任本质上是一个多层次现象。组织责任的评价与报告可以借鉴人力资源管理文献中的多层次问题（Aguinis，2009）。具体来看，多层次数据分析方法能够有效用于评价组织责任举措对于个体、群体、组织以及社会的影响，还可以用来评价同一层次及跨层次的调节效应。

● 承诺、投入、非功能性与功能性离职、培训、可雇佣性等问题可以在组织责任文献中进行探讨，这些都是在资产负债表、公司年报中体现不出来的。人力资源管理实践者可以通过推断、改编、使用其他领域（例如，培训评价、绩效管理等）发展出来的评价与心理技术来制作有关组织责任的案例。

● 商学院被批评不负责任，甚至被谴责对中高层管理人员培训不足。而且，这种培训不足在一定程度上是最近公司丑闻的元凶（Bendell，2007）。人力资源管理领域是否应该反思教育与培训项目，以使组织责任承担更重要的角色？

● 人力资源管理研究倾向于重点分析个体层次，这种路径对于未来的研究方向是有益的。例如，对于决策制定过程，是否存在能够解释为什么有些人更倾向于采取体现组织责任举措的个体层次的变量（例如，态度、人格等）？反过来，是否有的组织相比其他组织更愿意采取组织责任举措？文化（公司层次与国家层次）扮演了什么角色，如何影响组织责任？组织责任举措与个体态度、行为之间关系的内在心理过程是什么样的（Aguilera，Rupp，Williams，& Ganapathi，2007）？组织责任与组织有效性、工作满意度、组织承诺、公民行为、工作绩效之间的关系是什么样的（Rupp，Ganapathi，Aguilera，& Williams，2006）？

● 岗位分析在人力资源管理领域已经有很长的历史了。然而，在 O* Net（http：//online. onetcenter. org）上的检索发现并没有与组织责任有关的职位信息。未来的应用研究可以调查各个行业中组织责任官这个岗位所需要的知识、技能与能力。这项工作有利于告诉人力资源管理从业者什么人才能胜任这些岗位。

总之，从一开始人力资源管理就在试图实现员工幸福感与组织绩效、利润最大化之间的平衡。双重角色会产生压力，就如同测验分数分组制度、雇佣决策领域的问题一样。组织责任与人力资源管理的使命、科学—实践模型在概念上是一致的。然而，依然有人担心或者质疑组织责任更多是一种说辞与公共关系，而不是现实。例如，Soares（2003，p. 143）指出："在商业世界，道德责任是一个没有意义的词汇。"人力资源管理心理学研究者与实践者通过设计与实施战略责任管理系统引导组织采取符合责任的行为来解决这个问题。人力资源管理研究者与实践者可以制作有关战略责任管理的商业案例并证实这是实现双赢管理的路径，而不是有损组织盈利的慈善活动。并且，组织责任为人力资源管理研究者与实践者提供了一个作出更大贡献的独特机会，这既符合该领域的要求又能够从社会视角提升该领域的重要性。

人力资源管理研究的贡献还体现在其他一些与组织责任直接或者间接相关的领域，包括员工隐私、测评、组织研究等。本章的下一部分重点探讨这些问题。

17.4 员工隐私

美国宪法以及很多联邦及州政府的法律和执行法规都对个体和公共经济中什么样的行为是法律可以接受的做出了规定。需要注意的是，不合法的行为被定义为不符合道德，但是符合法律底线的并不一定是公众认同的（Hegarty & Sims，1979）。这些法律标准至少通过以下三种方式对人力资源管理研究和实践产生影响：

● 《公平就业机会法案》的通过，以及一些州政府常规代理机构的一些解释，强调了不公平对待的含义、程度（例如，种族歧视或性骚扰）以及如何避免这些问题。

● 职业标准与联邦政府的解释描述了开发与验证测评程序的合理程序。这些标准所反映的价值观暗示：高质量的信息应该用来进行人员决策，人力资源专业人员对开发决策程序的准确性负有责任。

● 个人隐私与信息自由这两个备受关注的问题正面临新的研究问题与挑战。例如，雇主是否有权搜寻员工的计算机文件或者查阅员工的电子邮件、语言邮件？在给雇佣决策制定者提供员工信息时，如何才能保证信息保密与个人隐私不受侵犯？

员工很清楚地意识到了这些问题，当他们相信雇主侵犯了自己的隐私权时，会诉诸法律途径。下面的专栏提供了一些例子。

专栏 17—1

实践应用：员工有电子隐私权吗

肖尔斯女士在美国爱普生公司工作。一天早上，她发现上级正在阅读和打印其他员工之间的电子邮件往来信息。肖尔斯惊呆了，在培训员工如何使用计算机系统时，她告诉员工他们的邮箱是个人隐私。现在公司的管理者正在破坏这种信任。

当肖尔斯质疑上级的这种行为时，被告知管好自己的事情就可以了。一天后，她因不服而被解雇。她提出了一起100万美元的错误解雇诉讼。尽管很快在另一家公司找到了一个电子邮件管理员的岗位，但她依然对爱普生公司感到愤怒：“你不能阅读他人的邮件，就像你不能偷听他人的电话一样。对就是对，错就是错。”

波士顿银行的首席信息官完全不同意上述说法：“如果公司拥有网络所有权并为之付费，那么公司有权查看员工是否在用公司的网络做公司的事。”法官同意了上述逻辑，肖尔斯女士败诉了。在另一个案例中，日产加利福尼亚子公司的一位主管通过两名女性下属之间的邮件发现，她们在开他的玩笑。这名主管开除这两名下属后，她们提起了诉讼，但败诉了。法官认为（如同在爱普生公司发生的案例一样），公司拥有邮件设备的所有权与使用权，有权阅读邮件（McMorris，1995）。

这个领域聚焦于三个主要问题：公司保留的个人信息类型、信息如何使用以及信息向他人公开的程度。遗憾的是，很多公司都没有保障员工的隐私权。对《财富》500 强中雇佣了 370 万员工的 126 家公司的一项调查得出了如下结论（Solomon，1989）：

- 87%的公司允许员工查看他们自己的个人档案，但是只有 27%的企业授予员工查看领导档案信息的权利，且这些档案更多是一些主观信息。
- 55%的公司使用私人调查代理来收集和验证员工的信息，42%的公司在收集员工信息时没有告诉员工。
- 38%的企业没有把信息透露给政府方面的政策，在有这方面政策的企业中，38%的企业不需要传票。
- 80%的企业在没有传票的情况下将信息提供给了员工的潜在债权人，58%的企业把信息透露给了房东。

一项涵盖 301 家不同行业、不同规模企业的高管的调查证实了另一个令人不安的事实：不足 1/5 的企业制定了有关电子隐私的书面政策，包括员工的计算机文件、语音邮件、其他网络沟通隐私等。根据人力资源管理信息系统中记录的员工档案信息，66%的人力资源经理表示他们在接触这些信息时没有限制，且 52%的人确实这样做了（Piller，1993a）。对信息电子化存储有关政策关注的缺失是非常麻烦的，因为相比面对面的沟通，通过电脑汇报个人信息让员工感觉更安全（Richman，Kiesler，Weisband，& Drasgow，1999）。对个人隐私的担忧影响了应聘者参与测验的动机、组织吸引力以及组织意图（Bauer et al.，2006）。并且，员工喜欢通过电子化方式来提供个人信息而不是当面亲自提供，因此组织应该特别注意处理那些使用电子化方式收集的信息。

17.4.1 保护员工隐私

在 2001 年 9 月 11 日之后，美国职场安全、员工对隐私的期待已经发生了改变。2001 年《爱国者法案》(参见 www.epic.org/privacy/terrorism/hr3162.html）授予政府广泛的权力，可以追踪个人使用互联网的记录，并要求雇主向政府报告任何突发的威胁（对负责报告的雇主有一定的豁免权）(Obdyke，2002)。由于这些变化，建立保护隐私的政策对雇主来说是非常重要的。下面是一些建议：

1. 建立以下事项的指导原则与相关政策：各种类型数据的要求；获取数据的方式；信息的保存与传播；员工或第三方信息使用权；离任员工信息的删除以及信息的错误处理。
2. 告知员工这些信息处理政策。
3. 熟悉与隐私有关的州或联邦政府的法律。
4. 建立一项政策具体说明员工或者未来的员工不能放弃的隐私权利。
5. 建立一项政策具体说明管理者或非管理者一旦违反了隐私原则将受到约束或惩罚（“A Model”，1993）。
6. 员工在组织中授权公开个人信息和保存个人信息（Eddy，Stone，& Stone-Romero，1999）。

17.4.2 信息时代的公平信息实践

1986年出台的《电子通信保密法案》规定，在没有适当授权（例如，搜查授权）的情况下，禁止第三方——政府、警察或个人，对电子邮件进行截取。任何个人或公司在公共网络上（例如，雅虎、Gmail）发布的信息将受到保护。但是该法律不包括内部干扰，其实在计算机网络中没有绝对的隐私，甚至对于老板来说也是如此。他们可以在闭路电视系统上看到员工，通过电话、电子邮件和网络进行沟通，对带有或者不带有员工信息的计算机文件一天24小时进行搜索（Elmer-Dewitt，1993）。事实上，最近一项对超过1 000名人力资源管理者的调查显示，78%的被试报告他们的组织在某些方面通过电子化监控员工；47%的管理者监控员工的电子邮件；63%的管理者监控员工互联网的使用情况（American Management Association，2001）。这些结果都表明，保护个人隐私相比之前变得更重要。下面是一些建议：

首选，雇主应该定期、系统地评估他们的人力资源管理实践，包括以下内容：

- 组织保留的现在员工、之前员工以及应聘者信息记录的数量与类型。
- 每条记录中保留的项目。
- 在各种记录中信息的用途。
- 组织内信息的使用。
- 对组织外部相关人员的信息公开。
- 个人对信息部门关于将他们的信息公开的理解和了解程度。实际上，研究发现，在信息公开后，个人对信息使用的控制感是影响隐私权侵犯感知的最重要变量（Fusilier & Hoyer，1980）。

在回顾了现有实践后，雇主应该通过下面的途径来详细描述、沟通、实施公平信息实践政策：

- 将信息收集限制在那些与具体决策有关的方面。
- 向个体说明信息的用途。
- 向个体说明所保存的有关他们的信息的类型。
- 采取合理的程序确保个人信息的准确性、及时性以及完整性。目标是保持所收集信息的真实性（Mitsh，1983）。
- 允许个体查看、复制、更正与修改关于自己的记录。
- 限制信息记录的内部使用。例如，可以采取这些安全措施：物理层安全、系统追踪审查、密码、读写鉴别规则、资料加密（Mitsch，1983）。
- 限制信息的外部公开，尤其是在没有得到个人授权的情况下。
- 经常审查公平信息实践政策的实施情况。

在安然、安德森、阿德菲亚、泰科、世界通信和其他组织发生不道德行为后，一般公众、同事及下属倾向于给高管在诚信与伦理行为上更低的评价（Alsop，2004）。然而，IBM、美国银行、AT&T、康明斯、安飞士、TRW等公司采取了上面我们所列举的措施，它们报告称并没有花费太多，没有产生令人麻烦的信息要求事故，也没有降低人力资源管理决策的质量。而且，当这些公司询问员工的态度时，得到了关于这些政策的强烈支持。

为了说明实施有效信息实践的结果，一项研究以 206 名大学生为被试进行实验研究，他们被招募到一个校园内的人造卫星办公室工作（Alge，2001）。这些学生被随机分配到不同的情境中：绩效监督是否关注工作相关信息（例如，所检查的网页数量，这是他们的工作职责）；监督过程中的参与程度（例如，学生是否能够为监督提供输入并评价监督程序）。通过 13 个条目来评价学生隐私权侵犯的感知情况，两个典型的测量条目是“我觉得收集的信息与其他人无关，只与我有关”“我感觉对我进行评价的方式是对隐私权的侵犯”（Alge，2001，p. 800）。相关性与参与性对隐私权侵犯感知均有负向影响，且相关性的影响作用最大（$\eta^2=0.25$，即隐私权侵犯感知 25%的方差变异可以被相关性解释）。因此，当收集的信息与工作相关、员工参与信息收集程序制定时，员工更不大可能感知到他们的隐私权被侵犯。

17.4.3　员工搜查与其他工作场所搜查

目前为止，我们一直探讨信息隐私，但是身体隐私同样重要。职场中的员工搜查主要涉及雇主管理业务、执行合理工作规定的权利与侵犯员工隐私的标准、员工利益的精心平衡。回顾以往的宪法、民法和劳动条例的判例，下面几点值得参考（Nobile，1985；Segal，2002）：

● 搜查与没收政策要以维护员工的合法利益为基础，例如，防止偷盗，防止在公司使用、占有或买卖非法药品。大多数员工将这些看成是有道理的。

● 只在有理由相信能够达到搜查目标时才去搜查。要避免随意搜查，这很可能引起员工的愤怒与怨恨。

● 涵盖各种类型的搜查（例如，个人办公室、带锁的柜子等）。要向员工说明，办公室与带锁的柜子是公司为了方便员工提供的财产，公司有万能钥匙，这些地方随时可能被搜查。这有利于消除员工对不公平待遇与隐私权侵犯的抱怨。根据联邦法律规定，如果调查与工作相关或在特殊情况下，这样的搜查（没有得到授权）是允许的。

● 在政策实施之前要引起员工充分的关注（如果可以，也包括工会）。

● 告诫那些进行实际搜查的人不要触碰员工，如果情况不允许，只搜查动产与现金。这会防止员工抱怨受到民事骚扰或提起法律诉讼。

● 为所有搜查人员配备证人是一个好方法，证人可以证实发生了什么和没有发生什么。选择与搜查目标性别相同的人作为证人也是一个不错的主意。同样，如果被搜查者是一个有独立交涉权的工会单位的员工，也可以选择一个工会员工作为证人。

● 当怀疑某个员工是窃贼时，要背着其他员工在上班时间进行搜查。

● 无论什么时候搜查，都要保证搜查是堂堂正正、合理的，以正当的方式关注员工的权利。

职场调查通常会涉及对员工的监视。雇主有 5 种方式来合法地做这件事情：

电子资料（图片或影像）、蹲点（守株待兔）、走动监视（走着或者乘车跟踪员工）、秘密侦查、调查面谈（Vigneau，1995）。但是每种方式都存在一定的风险。

例如，录像和录音在诸如休息室或家庭等地方是受到限制的，否则就会侵犯员工的隐私。秘密侦查应该是一种迫不得已的手段（例如，在公共场所或开放的装载码头）。如果员工发现在工作中被暗中监视，他们会有强烈的消极反应。

调查面谈应该是自愿的。为了让面谈有效开展，要让员工放松，提供给律师打电话的机会并允许员工终止面谈。应给员工给律师打电话或者由律师代理的机会，并且他们要愿意与当前的人进行面谈。调查结果应该是在企业代表出席的情况下所做的书面或记录的宣誓性陈述。员工的书面陈述应该包括事情是如何发生的以及他们是如何被对待的。面谈记录保证了面谈的真实性和完整性（Vigneau，1995）。下面，我们转向与测评有关的伦理问题。

17.5 测 评

选拔、晋升、培训或轮岗的人力资源决策在一个人的职业发展中是关键事件。通常这些决策是在测验、面试、情境练习、绩效评估以及其他人力资源专家（通常是工业与组织心理学专家）开发的技术的协助下进行的。这些专家或者心理学家必须关注公平、优先权、个人权利以及其他伦理问题。事实上，正如London & Bray（1980）提到的，人力资源专家和心理学家对他们的职业、应聘者、员工以及雇主都负有责任。雇主也有伦理方面的义务。我们将简短地对这些责任进行讨论，但是在此之前先让我们描述一下伦理实践的现有标准。

在社会科学和行为科学领域，心理学家拥有丰富的书面伦理行为指导原则以及制度化的代理机构来监督公共问题的解决方案和实践。这些指导原则包括：《心理学家和行为编码的伦理原则》(American Psychological Association，2002)、《心理学中的伦理冲突》（AERA/APA & NCMEA，1999)、《教育与心理测量标准》、《验证和使用人员选拔程序时的原则》（SIOP，2003）等。

应用评价中心技术的特别工作小组编制了《评价中心操作的原则和伦理思考》(Task Force，1989)。正如第12章所述，这些标准详细描述了培训评估者、通知应聘者应准备什么、使用评价中心数据的最低可接受实践。其他伦理问题主要是：评价中心练习与预测之间的相关性、如何选择个体参加评价中心、参与者的权利等。美国管理学会（Academy of Management，1995）出版了会员伦理行为规章，该规章包括5个主要方面：学生关系、美国管理知识的进展、管理学会与大专业环境、管理者与管理实践以及世界共同体。

然而任何一套标准都超出了本章讨论的范围，我们主要就之前提及伦理义务进行简单介绍。很多想法来源于 Aguinis & Henle（2002），London & Bray（1980），Messick（1995），以及上面列举的指导原则和标准。

17.5.1 对职业的责任

人们期望心理学家能够遵循美国心理学会提出的伦理标准与实践。作为非心理学家的人力资源专家通常属于专业组织（例如，人力资源管理协会、管理学会），他们也被期望能够遵循大部分标准。这些标准一般包括跟踪本领域前沿、报告不符合伦理的实践、提高同事对伦理问题的敏感性等。

跟踪前沿意味着：不断接受教育；开放地对待新程序；和与研究和实践相关的联邦政府、州政府以及当地的条例保持同步。例如，美国心理学会出版的《测验使用者资格指南》（Turner，DeMers，Fox，& Reed，2001，p. 1104）规定，测验使用者应该具备“心理测量和评价的知识（例如，描述性统计、信度和效度），在进行雇佣测验时应该了解工作情境、工作本身、胜任工作岗位的工作者特点。”

在诉讼中，手册中的知识类型与鉴定证人扮演的角色非常相关。道伯特标准（Daubert standards）已经通过了专家鉴定（Barrett & Lueke，2004），它在 Daubert v. Merrell Dow Pharmaceuticals（1993）中被制定出来，通过随后的联邦行政区、申诉以及高级法院的案件逐步清晰化。用于决定科学证据是否可以接受的标准包括：推论和所用方法是否科学有效（而不仅仅是基于鉴定专家的推论），是否可以将其恰当应用于案件所涉及的具体问题。道伯特标准的重要内容就是要有足够的知识以及与科学同步发展。

或许公司丑闻导致的唯一积极结果就是越来越多的大学在课程中引入了伦理内容，尤其是商业课程项目。这些课程可能包括以下内容（Dahringer，2003）：

- “伦理与社会责任”必修课。
- 在所有课程中将伦理问题嵌入其中。
- 鲜活案例学习项目，从社会非营利组织的利益出发征集学生中的商业精英。
- 撤销诸如“把价值观付诸行动”等研究生项目。

这些教育课程有助于人力资源专业人员识别不符合伦理的行为，并帮助他们从“它是合法的吗”问题向“它是正确的吗”这一问题转变（Dahringer，2003）。当涉及同行审查时，再去识别不符合伦理的行为就比较麻烦。美国心理学会（American Psychological Association，2002）制定的《心理学家伦理规范》建议，直接对非伦理行为进行纠正的努力一开始要非正式地进行。如果做不到这一点，那么就要将不符合伦理的行为提交给合适的权威部门，例如合适的州授权机构、美国心理学会伦理问题委员会。会员与非会员都可以向美国心理协会伦理问题委员会提出申诉，否则委员会将自行提出申诉（主动控告）。美国心理学会会员的申诉必须在违规行为发生或发现后 1 年内提出，非协会会员可以在 5 年内提出。它还包括一个具体标准（＃1.08），禁止对申诉人与应诉人进行任何不公正区分。尽管在所有行业中同行评审都因为拖沓、无效率而被批评，但至少使得在行业标准中有同行的参与（Theaman，1984）。提高同行对伦理问题的敏感性有助于减少非伦理行为，增加非伦理行为被报告的可能性。

17.5.2　对被评估者的义务

在个体制定职业生涯决策时，准确性和机会均等问题至关重要。此外，伦理规范还包括如下内容：

- 避免侵犯隐私。
- 确保机密。
- 在进行测评前得到员工或应聘者的同意。
- 尊重员工的知情权。
- 对数据资料进行时间限制。
- 最少化错误录用或错误讨汰的决策。
- 尊重员工，设身处地为员工考虑。

鉴于前面对员工隐私问题进行了详细讨论，我们将集中讨论那些没有讨论的问题。先从测验准确性问题入手。如果效度是对测验解释与使用的总体验证程度，由于人和社会价值观会影响测验的解释与使用，因此测验效度应该考虑这些价值观在整体判断中的作用。一个关键问题是：测验是用于这个目的吗？对于这个问题解决方案并不多，一种建议是，可以对所选测验的社会影响与替代测验的社会影响，甚至是反对测验程序（例如，不进行测验）的社会影响进行对比。这一策略可以引起人们对应用程序所存在缺点的注意，并就价值假设进行公开讨论。

是否可以因为某些人对测验条目的先验知识降低了测验效度而拒绝对这些人进行测验呢？如果结果用于制定有关他们的决策，就应该拒绝；如果测验结果对这些人毫无影响，则大可不必。纽约州和加利福尼亚州通过的“真理测验”法规要求，大学生和研究生入学考试试题及其正确答案应该在结果出来后30天内公示。法规还规定，考试服务部门要给那些有要求的考生提供具体得分情况。将来某一天其他法律也可能会影响到雇佣。虽然《教育与心理测量标准》（AERA，APA，& NCME，1999）不要求将测验题目公之于众，但也明确规定，那些根据测验结果做出职业决策并影响自己未来的人有权知道用于决策的测验结果。这些信息应该使用简单的语言说明测验包括什么、分数的意义是什么、对测验得分的普遍误解、如何使用测验分数。

在从员工档案中删除信息前，这些信息应该保存多久？一个原则是当这些信息不再用于人力资源决策时，可以将所有评价信息删除，特别是对于已经过时的信息。当信息用于人力资源决策时，在删除之前应该判断这些信息对于预测未来、构成之前决策合理性的证据是否有用。这些信息不应该没有区别地被删除。

也应该注意尽力减少那些错误淘汰和错误录用的决策。最小化错误淘汰的一种方法是提供重测和重新思考的机会（AERA，APA，& NCME，1999），甚至可以考虑一些有质量的替代方法（如果这些策略可行，可以通过在职培训时的在职试用或者试用期来实现）。错误录用可能只反映了缺乏适当的工作培训。如果修正方案无效，可以考虑改变工作安排（提供具体的培训或相关工作经验，以便为职业生涯做准备）。

未来的担忧是在评价中或者评价后，员工是否能够受到符合伦理的对待。保证伦理对待的最有效方式就是实现标准化流程。标准化流程应该包括：个性和周到地对待员工；清晰解释评价过程；直接、真诚地回答被试的疑问；在基于计算机的测试中需要使用专业设备时，确保考生知道如何操作这些设备。

17.5.3　对雇主的义务

该领域的伦理问题超出了决策制定程序中的基本设计与管理问题，它们包括：

- 为测评程序传递准确的期望。
- 确保人力资源决策的信息是高质量的。
- 定期检查决定制定的程序是否准确。
- 尊重员工的所有权。
- 平衡雇主既得利益与以下几个方面的关系：政府监管、职业承诺、人力资源决策中被评估者的权利。

人力资源专家承担着如下责任：提供有关测评程序、培训项目成本与收益的准确信息（就像测验手册、研究调查传递的那样）；说明决策标准（例如，切点分数）的合理性及其后果。人力资源专家需要在雇主提供的有限资源（时间、金钱、支持）下，按照伦理的要求提供可信、有效、公平的资料。下面的案例说明了这个原则（Committee on Professional Standards，1982）。

一个小型政府机构聘请了一位工业与组织心理学家在 16 个月内为警察和消防员开发 6 套晋升考试题。由于第 1 套试题必须在 5 个月内完成，因此几乎没有时间整理相关文件。在这个政府机构里没有相关的参考材料，除了有限的秘书服务外没有额外的人手参与，也没有与任何工作相关的分析资料。由于该机构的员工害怕结果会用来降低他们的工作等级，为开发测试题目而进行岗位分析的努力也失败了。部门领导对测验试题的保密性非常关注，因此拒绝让内部员工参与编写测验项目、进行试测或对最终的测验进行检查。

鉴于这些限制，按照行业与法律的标准，工业与组织心理学家要提高雇佣测验的质量是十分困难的。于是，他向这家机构的管理部门说明了工作中的制约条件，对这家机构讲授了职业和法律方面的基本要求，并说服它另外聘请两位顾问开发两个晋升测验。进一步，他成功改善了两种选拔工具：评价中心技术与工作相关的口试，减少了对少数族裔应聘者的不利影响。

通过工业与组织心理学家的努力，警察和消防员的晋升测验比之前的测验更贴近工作。考虑到该机构有限的财力、人力，他在对原有晋升系统做了必要改变的同时，已经尽其所能提供了专业性服务。

当人力资源专业人员的研究受到限制时，就会出现另一个伦理问题，因为结果可能在一定程度上对雇主有害（例如，这些有害的结果可能在未来的法律诉讼中显现出来）。如果人力资源专业人员认为正常的工作时间受到了阻碍，那么这种两难问题就会更加凸显。通过遵循雇主的期望、说服雇主改变做法、更换工作解决这些问题是人力资源专业人员的责任。

平衡雇主、职业、人力资源决策中的被试三者的责任是困难的。这些伦理方面的难题易于识别，但难以解决。我们的建议是，在向他人透露秘密信息之前首先在组织内部通过建设性的行动引起某些改变。组织对于诚信、名誉和所有权的需要被广泛认可，但维持伦理标准更加重要。

当组织要求研究者采取非伦理行为时（例如，尽管答应被试保密，却公开了对上级进行评价的人员名单），研究者应该让组织了解他们对应聘者的伦理义务，帮助相关方去寻求不违反这些规范的折中方案（Wright & Wright，1999）。将雇主利益凌驾于伦理标准之上这种非平衡方法，会给工业与组织心理学和人力资源管理带来一种“服务企业目标的单纯技艺”的名声（Lefkowitz，2003，p. 326）。

17.5.4 作为伦理行为前提条件的个体差异因素

目前为止，我们的讨论都集中在情境因素对伦理行为的影响上。换句话说，我们已经讨论了法规、政策和程序，它们可以激励个人表现出符合伦理道德的行为。

然而，不同个体的伦理行为存在差异，即便是在情境相同的情况下。以下几点值得考虑：

- 达到习俗道德发展阶段的个体最能遵守伦理道德（说明：前道德发展阶段代表儿童的道德理解水平，习俗道德发展阶段超出了根据自身兴趣来进行判断的水平，而后道德发展阶段则代表依据固定的规则来判断正误）（Greenberg，2002）。
- 道德发展阶段较高团体中的个体比较低团体中的个体表现出更多的变革型领导行为（例如，激励下属出于集体利益超越个人利益）（Turner，Barling，Epitropaki，Butcher，& Milner，2002）。
- 个体的认知能力可以影响个体在考虑伦理问题时的认知水平（例如，在面对伦理困境时）（Street，Douglas，Geiger，& Martinko，2001）。
- 女性比男性更容易认为特定的商业实践是不合伦理的（Franke，Crown，& Spake，1997）。
- 个体价值观影响一个问题是否被认为是符合道德的，以及之后的一系列行动（Pierce，Broberg，McClure，& Aguinis，2004）。
- 管理者的自恋（例如，自负，自我感觉良好，无限渴望成功或权力，渴求赞美、利益，缺乏同情心，利用他人）对人际能力的判断有消极的影响。

以上的讨论指出了个体差异，提高了个体对潜在非伦理行为的理解，我们有必要采用一种人—环境交互视角（Pierce & Aguinis，2005）。换句话说，依赖于个体如何感知一个事件的伦理强度，他可能会采用这样或那样的方式。例如，对性骚扰指控的调查不太倾向归罪于男性，也不太倾向认定应该对他进行惩罚（例如，停职或辞退）。

以上表明一个很重要的结论：尽管实施伦理计划可以减少不符合伦理的行为，但是最终的成败取决于是怎么完成的，怎样和认知能力、道德发展阶段、性别、个体价值观等进行交互。鉴于目前存在这些变化以及其他个体差异变量，我们可以预计企业伦理计划的实施在成功率上也存在差异。

17.6　组织研究中的伦理问题

在现实中，研究者会遇到由各类人群组成的社会体系，既包括那些在组织金字塔中坐拥一席之地之人，也包括与客户、政府、工会以及其他公共组织有关联的人群。研究者无法仅凭自身之力来处理由此引发的伦理困境，因为他们遭遇的是强有力的一方，而自己则处于弱势。为了保证道德行动或纠正道德失误，研究者所能采取的手段是有限的（Mirvis & Seashore，1979）。

Mirvis & Seashore（1979）提出，组织研究中多数伦理问题源于研究者在所进行研究组织内的多重角色和角色冲突。诚然，研究者对于研究有自己的期望与指导原则，而组织、管理者及员工或许对于研究有着一套非常不同的理念（Aguinis & Henle，2002）。例如，有的研究者或许将旨在验证诚实测验同时性效度的验证性研究，作为验证该测验是否可用于筛选求职者的必要环节。研究者或许认为，利用这一研究结果侵犯了被调查者的隐私权，而管理层或许会认为确认和解雇那些不诚实的个体对组织的道德底线有好处。Mirvis & Seashore（1979）建议，研究者在组织内进行调研时，应该明确界定其在组织内一切可能的临时角色，他们应该在进行研究之前公开、诚实地解决研究者和组织之间的伦理规范冲突。

组织研究中对伦理问题的考虑不应始于数据收集阶段，而是在研究设计阶段就要开始考虑。这些活动必须以尊重参与者权利的方式展开。同理，伦理问题在汇报研究结果时同样会有所体现。基于 Aguinis & Henle（2002），下面依次对这些问题展开讨论。

17.6.1　研究计划阶段的伦理问题

在组织中开展一项研究之前，研究者必须评估其开展研究的能力、伦理原则方面的知识、研究设计的完整性，以及研究的伦理可接受程度。例如，糟糕的研究设计将会得出不准确的结论，对这类研究结果进行应用可能会伤害被推广人群。而且从提供资助的组织角度看，糟糕的研究设计同样会导致大量资源的浪费。

关于伦理可接受程度，研究者应该进行成本收益分析。对于参与者，提供资助的组织、社会及科学的收益必须高于支出和对被试的潜在危险（例如，浪费时间、侵犯隐私、造成心理或生理伤害）。如果参与者存在风险（例如，认知能力测验可能会引发焦虑），必须采取措施（例如，向参与者说明情况）将其潜在危害最小化。通常，向来自同领域的研究者、潜在被试或类似来源的第三方寻求关于伦理可接受性的看法是非常有用的。

一个非常重要而又通常被忽视的问题是，这里的“成本”并非仅指开展研究的花费。因一个研究构想涉及一些伦理问题（例如，没有告知参与者研究的真实目的），而放弃一个可能在很多重要方面都具有潜在益处的构想，或许非但不能解决伦理问题，反而会带来另一个伦理困境（Rosnow，1997）。

17.6.2 招募和选拔研究被试的伦理问题

在研究中采用志愿者被认为是一种可以避免强制参与研究的技术。然而，向志愿者提供奖励物的方法，意味着潜在的强迫或许仍然存在（Kimmel，1996）。虽然提供奖励物（例如，金钱）提高了参与率，但当参与者感到它们太有诱惑力以至于不能拒绝时同样会引发伦理问题。为了确定奖励物是否过量，从而带有强迫的嫌疑，Diener & Crandall（1979）提议，给研究潜在参与者提供奖励物时，如果他们承认即使研究存在相当大的风险，也愿意参与实验，就说明这一奖励物太强了。

一些不太显著的强迫同样存在，如上级"强烈建议"所有员工都参与研究问题。在研究受歧视人群（例如，非洲裔美国人在雇佣中遭遇的歧视）、受伤害人群（例如，女性遭遇性骚扰）时，伦理问题尤其值得关注。特别是在对这些人群进行研究时，研究者必须小心，避免对研究目的进行错误宣传，同样也没有必要引起参与者对于研究结果所宣称益处的期待。积极主动寻求少数族裔成员帮助自己进行研究（例如，作为研究助理或合作者），对于识别特别是少数族裔所关心的问题是大有裨益的（Gil & Bob，1999）。

17.6.3 开展研究中的伦理问题：保护参与者的权益

尽管组织研究很少涉及生理或心理伤害，但伤害确实存在。例如，研究者或许会设计不同压力水平的实验（例如，参与者被告知他们在雇佣测验中失败）或引发身体不适（例如，体能测试）的实验。此外，不可预知的伤害也会出现。例如，一些参与者在回答有关其童年传记性条目的问题时或许会感觉厌烦。无论如何，研究者必须采取预防措施保护参与者免遭伤害，并且要确定如果伤害是有意引发的，相对研究收益而言是否合理，或者是否可以采用其他研究方法，尽量以无害方式获得信息。

除了保护参与者免受伤害，研究者还必须保护被试的以下权益：

- **知情同意权**。向潜在参与者提供研究的相关信息，以便他们理解并决定是否愿意参与研究。这也涉及确保参与者在研究过程中的任何时间都可以拒绝或退出研究的权利，且不会产生任何消极后果（正如上面所提的，上级"强烈建议"所有员工参与研究）。研究者必须阻止员工产生如果他们不参加实验雇佣地位就会受到威胁的想法。在研究情境中研究者对于潜在参与者有一种权威时，可以利用第三方招募参与者以减少参与压力。最后，研究者应该介绍如何保密或者保证参与者的匿名性（这点将会在下面详细讨论），回答参与者在阅读完授权书之后的任何疑问，并告知对方如果对于研究有问题或担忧可以与何人联系。参与者应该签署知情同意书，并收到复件。然而，签名的知情同意授权书在多数情况下并非必要，尤其是当参与者能够通过其行动拒绝参与研究的情况下（例如，选择不归还匿名调查问卷）。
- **隐私权**。研究者必须尊重参与者控制自身信息公开量的权利。参与者必须公开有关自我的相关信息量及信息的敏感性可能会影响其参与研究的意愿。当给参与者提供其不愿意看到的信息时（例如，有关上下级之间性骚扰事件的图片、材料细节），如果用于做出决策的信息被别人保留，或者将信息泄露给未经授权的一方（例如，上级使用研究中的信息并将之用于雇佣决策；Sieber，1992），就侵害了参与者的隐私权。

- **保密权**。参与者应该有权决定将个人信息透露给何人。保密权不同于隐私权，因为前者涉及资料（也就是说，非个体本身）。即保密指的是有关谁有权接触到研究资料，以及记录会如何保存，参与者是否会始终匿名。应该在征求知情同意权阶段就向参与者说明如何保护参与者的身份以及避免身份泄露。理想情况下，研究者会确保匿名性，因为参与者通常在得知研究结果不会与他们一一对应时，更愿意参与研究并诚实作答。遗憾的是，组织研究通常要求识别信息，将参与者的数据与其他数据配对（例如，上级的绩效评估、雇佣记录）。在这些情形下，可以利用姓名编码或者数字系统来识别信息，并在编码完成后及时销毁。
- **免受欺骗权**。如果研究者考虑使用欺瞒，必须通过成本收益分析证明欺骗的合理性，并考虑其他可替代手段的可行性（例如，Aguinis & Henle，2001b）。研究者必须论证研究的价值大于施加于参与者的伤害，并且这一主题不能利用其他方式进行研究。即使一些研究课题只能通过实验欺瞒来进行，考虑到其较低的基数率、敏感的性质，以及参与者不愿公开真实信息，这一研究方法也存在严重缺点。有人认为欺瞒不尊重参与者的权利、尊严、隐私和拒绝参与的自由，这或许导致参与者对于普通研究，尤其心理学的研究产生怀疑。考虑到这些，欺瞒应该仅仅作为一种不得已而为之的手段（Aguinis & Handelsman，1997a）。
- **事后解释权**。在研究完成之后，必须进行事后情况说明，通知参与者有关实验的目的，消除由研究带来的任何负面效应，使参与者有一种尊严感并且觉得他们的时间没有被浪费（Harris，1988）。事后情况说明主要是确保参与者获得科学知识，通常作为参与研究的一个好处。事后情况说明包括之前研究的信息（也就是在该特定研究领域已经取得哪些研究结果），本研究如何推进这一领域的知识，研究结论如何运用到组织情境中，以及这类研究的重要性。

这些权利在实践中是否受到了保护？遗憾的是多数情况下并非如此。参与者的权利，诸如知情同意权、保密权及隐私权在组织环境下通常会被侵犯，因为存在一种看法认为被试只不过是研究工作的一部分。此外，互联网作为一种研究手段的盛行更是增加了这种挑战（Stanton & Rogelberg，2001，2002）。就知情同意权而言，虽然研究者可以将知情同意表放在网上，参与者如果同意就点击按钮，但有研究者认为这种做法无法确定参与者是否真正理解他们同意做什么（Azar，2000）。

无论如何，参与者关于研究中的问题可以通过电话或个人会谈解决，这取决于研究者和参与者之间的地理位置。研究者也应当提醒参与者他们可以在任何时间自由退出研究，其参与完全自愿。此外，必须解决保密性问题。如果资料通过网络收集和存储，需要采取防范措施以保障信息的安全传输及存储，以使那些未经授权的个人无法接近。资料加密技术及密码保护或许能帮助解决保密性问题。

最后，事后情况说明同样存在问题。很难确定参与者是否会阅读事后告知他们的一些说明。

Mirvis & Seashore (1979) 认为，无论采取何种方法收集数据，组织始终是一种胁迫体系，这将会使保护参与者权益——例如《美国心理学会道德准则》所规定的那些权益变得困难。因此，参与者或许会被迫参与由雇主发起的研究，研究者也或许没有足够的控制权保障对于参与者的伦理对待。但不论如何，研究者都担负着保护组织环境中多个研究被试福祉的伦理责任。Wright & Wright (1999) 称之为“忠于被试”取向。他们在一些研究中采用这一方法，检验了不同应对方法对于心脏舒张压的效应。该研究向被试介绍，由于行为的风险性，哪些应对方法会引起血压升高，同时研究者也向被试提供了一些转变生活方式的建议。因此，这不仅能使研究者收集资料，参与者也会接到有关危险行为的警告，组织也将会通过减少员工危险行为的数量而受益。

17.6.4 报告研究结果的伦理问题

伦理问题并不会因数据收集工作的结束而停止，而是将继续存在于我们以科技报告形式撰写的研究发现或是将我们的研究集结出版的过程之中。在汇报研究结果时，研究者必须意识到以下问题会违反伦理准则：歪曲研究结果、篡改、剽窃、不合理的作者署名方式，以及拒绝提供复查资料。下面分别探讨这些问题。

- **歪曲研究结果**。研究者必须诚实、准确地报告，而不应伪造、曲解或遗漏。关于伪造研究结论的一个经典案例是英国心理学家布特（Sir Cyril Burt），他当时正在研究智力的遗传性。他开展了有关双胞胎的研究，并发现大量证据表明遗传对于智力有影响（对于该事件的详细描述参见 Kimmel，1996）。他的研究发现并未遭到质疑，但是 1971 年他去世之后，有人发现许多研究都是伪造的，各种研究中罗列的合作者都是杜撰的。相对如此极端形式的曲解，一些更小的歪曲可能包括：在记分时未回避研究假设，被试的实验条件未进行盲处理，数据录入错误，数据分析错误（Rosenthal，1994）。如果在数据录入或分析时发现错误，应立即采取措施进行校正。想要了解更多科学史上臭名昭著的重大伪造行为，参见 Broad & Wade (1982)。
- **篡改**。当研究结果反映出所研究组织中的负面表现时，篡改数据的行为尤其明显。然而，没能报告与之前研究、假设或者信念相矛盾的资料同样被认为是不符合伦理的（Rosenthal，1994）。与之相反，研究者应该提供关于研究方法、数据分析、研究发现、研究局限性的详细汇报，以便其他研究者和组织实践者能够评估其研究并进一步确定其价值和可应用性。同样，不报告与未发表数据有关的发现，即使所采用的研究方法得当，也会被认为不符合伦理，因为这些发现或许可以提供有用信息（Rosenthal，1994）。
- **剽窃**。研究者应该小心避免因为使用他人的研究成果而获得荣誉（例如，抄袭）。剽窃是指将自己的名字放在他人的研究成果上，使用大部分他人的成果而未加标明，或者宣称他人的观点是自己的（Elliott & Stern，1997）。所有这些行为都可以视为抄袭。此外，研究者应避免自我抄袭，即将之前已发表的研究成果略加改动再次以其他渠道出版。即使这些数据在以前发表的时候被认为是原创的，也不能接受。这种双重收费（double dipping）的做法将对以后的元分析造成偏差，以至于将同样的效应量多次估计。

● **作者署名方式**。《美国心理学会道德准则》规定，作者权应该只给予那些为研究付出大量努力的研究者。因此，为研究构想的操作化、研究设计、数据分析、研究解释、准备及报告撰写等作出贡献的研究者应该享有作者权，而资历、地位、权力及常规任务，比如数据录入或打字则不应该享有这种声誉。研究的第一作者也应该是那些在研究构想、设计及分析和撰写方面相对其他作者贡献最大的研究者。第一作者应该基于实际贡献，而不该仅是地位或权力的反映。这一问题在涉及师生合作时会显得特别重要，因为二者存在明显的地位差异。无论是老师或者高地位的个体本无资格却成为第一作者，还是学生得到不应得的声誉，都会产生伦理问题（Fine & Kurdek，1993）。因为学生或其他不应得的研究荣誉歪曲对其专业知识及能力的评价，在雇佣或晋升中可能会给他们带来不公平的优势。

● **资料共享**。汇报研究发现的最后一个伦理问题是，其他研究者提出请求复制研究时要向他们提供资料。重复研究可以消除不诚实问题。但是，对于既有数据的请求其目的应该是再分析，以证实研究发现，而不是利用已有数据进行新的研究。如果是第二种目的，请求者应该得到书面许可。如果研究发表在美国心理学会的期刊上，在出版之后数据必须保留 5 年。提供数据的例外情形是，如果有可能违反保密原则，或者数据由收集的组织所有，在这种情形下可以不提供资料。

总之，每个人力资源领域或者工业与组织心理学领域及相关领域的研究者都有责任确保其研究符合已确立的伦理准则，以保护被试的权利，并进一步提升本研究领域的研究或形成积极的社会影响。当然，这也需要我们在资料收集前后都全面考虑伦理问题。如上所述，这在许多情形下并非易事。接下来，我们将描述一个概念框架，并提供在组织研究中应对伦理问题的方法。

17.6.5　应对组织研究中伦理问题的策略

组织可以被看做角色系统（role system），也就是说，是人们之间的一系列相互关系，而这种关系在一定程度上是通过人们之间的相互期望来维持的。在进行沟通时，这种期望将具化为组织成员的行为以及他们在角色系统中对于他人的权利和义务。这意味着，当作为角色系统中一员的社会科学家在对其他角色系统中的组织成员进行研究时，从角色系统相互交织的角度进行预期、诊断及处理伦理问题是非常重要的。必须通过相互合作及共同的目标吸引来解决问题。伦理两难问题是由**角色模糊**（role ambiguity）（不确定某一特定角色应该做什么）、**角色冲突**（role conflict）（同时出现两个或更多角色期望，以至于服从一方将会使服从其他方变得更为困难）及**模糊或相互冲突的规范**（ambiguous or conflicting norms）（行为标准）造成的。

表 17—1 对于解决这些道德困境的策略进行了总结。表格第一列提供了在组织研究中通常的角色模糊、角色冲突、模糊或相互冲突的规范的例子。第二列描

述了解决第一列每个两难问题的策略。这些策略的实施看起来特别符合法律规范，也特别严谨，但是在研究项目开始之前以及贯穿整个研究项目，达成一致协议有助于确认约束各方的伦理规范。例如，保护相关被试的福祉、保护科学的利益、避免侵权以及风险最小化。这些一致的协议强调，合乎伦理地解决这些操作问题主要是重视各方利益的问题，而不仅仅是关于研究者的判断问题。

表17—1　应对组织研究中伦理问题的策略

来源	策略	伦理准则
角色模糊		
关于哪些个体或团队是研究的对象	创建一个由直接或间接相互关联的所有各方成员组成的研究小组	预估非卷入的第三方、研究者及被试和利益相关者的胁迫或拉拢；风险收益评估；明确个人、职业、科学、组织及利益相关者的利益
关于研究者的角色	清楚、明确地沟通，采用例证来说明所要承担的角色；明确所需承担的角色，以及所采用的方法、所阐明的目的；检验潜在的可能结果；向被试提供应该知晓的信息	
关于被试的角色	明确角色责任和权利；提供知情同意书并保证自愿参加；建立程序确保匿名性、保密性、工作安全和权利；为纠正不公平及单方面终止研究提供措施	
关于利益相关者的角色	明确角色责任和权利；建立程序确保参与者的匿名性、保密性、工作安全和权利	
角色冲突		
研究者与被试之间、被试与利益相关者之间、研究者内部	创造和构建角色关系，共同探讨要用的方法和目的以及可能的后果，在既有伦理准则内通过共同努力建立程序来解决冲突	避免由无关团体、研究者、被试及利益相关者引发的压力；根据风险收益知识采取行动；代表个人、职业、科学、组织、工作人员及利益相关者的利益，共同努力以及对研究伦理准则做出承诺
被试之间、利益相关者之间、被试与利益相关者之间、被试内部或利益相关者内部模糊或相互冲突的规范	构建完整的角色体系，提供对于既定方式及目的和可能结果的协同检查，通过共同努力在既有伦理准则内构建程序来解决冲突	
研究者、被试及利益相关者内部或利益相关者之间	明确研究的伦理规范，共同探讨不清晰或不相容的规范，通过共同努力建立程序来解决价值观冲突	构建研究伦理基础

资料来源：Mirvis，P. H.，& Seashore，S. E.（1979）. Being ethical in organizational research. *American Psychologist*，34，777. Copyright 1979 by the American Psychologist Association. Reprinted by permission of the authors.

表 17—1 的第三列描述了可以减少伦理两难问题不利影响的伦理和社会规范，同时以一种合理的风险与效益权衡促进研究目的的实现。这些共享准则包括：自由、自我决定、民主、程序得当及平等。因此，角色用于区分有关研究工作中的不同团体，共享规范则体现普遍期望并用于将各方连接在一起。然而，在一些情形中，一套既定的伦理规范可能会同其他规范产生冲突。例如，当向科研团队完整、准确地汇报研究结果时，或许会引发关于被试个体福利的一种不合理的风险，这时不同规范的冲突就会发生（Reese & Fremouw，1984）。在这种情形下，研究者负有调用其他规范的责任，而在这种规范下，冲突应该被公开、彻底而且诚实地应对。在这种解决方法中代表各方利益的价值观并非都会被尊重，但也应该得到体现（Baumrind，1985；Cullen et al.，1989）。总之，应该通过理性和共赢的方法解决冲突，而非通过使用先发制人的权力或自私的个人幻想（Mirvis & Seashore，1979）。

我们将在本章的最后一部分对研究者的价值观与立场在开展组织研究时应承担何种角色这一颇受争议的问题进行讨论。因为价值观与道德密切相关，因此该问题在任何有关伦理问题的探讨中都占据相对重要的地位。

17.6.6　组织研究中的科学、立场及价值观

组织经常聘用高校专家来设计各种人力资源系统、评估项目，指导实地研究和其他影响组织生活的类似活动。当研究者试图拓展其学科中的科学知识，又想促使组织实践发生改变时，歪曲结果的问题就可能会出现。这并非“象牙塔”里的问题，因为它涉及学术，又与管理实践者相关。

本部分的许多观点来自 Yorks & Whitsett（1985）的精彩讨论。当一个科研工作者/实践人员试图激发与传统思维相悖的改变时，可能会产生选择性地报告和呈现资料的压力。原因是什么？

> 挑战普遍接受的传统思想会产生一种强烈的需要，以尽可能地呈现令人信服的事实，而非用数据来混淆问题。备择假设可能从不利变为中立，因为拒绝备择假设需要仔细彻底的检查。如果有人一心维护管理的全科玉律，科研的严谨性就会受到损害（Yorks & Whitsett，1985，p. 27）。

为应对这些压力，可以考虑以下指导方针：

- 在报告实地研究、向学生授课以及向实践管理者做陈述时，应该明确区分哪些是在既定限制条件下观察到的，哪些是一种倡导的事件理想状态。
- 避免使用一些管理者所期待的可以毫不费力去复制的成功故事。此种做法已经导致一种重复出现的潮流，该潮流对基于管理取向的行为科学特点进行刻画，但随后就会无可避免地产生对这种方法的怀疑。当管理行为是从高度特殊化的社会情境中概化而来时，这种怀疑几乎是难以避免的。
- 尊重从单一研究中所获得资料的局限性。当行为科学的观点源于许多情境，并由多个不同研究者进行独立分析时，这些观点是非常有说服力的。
- 禁止将某些技术或组织倡导的政策伪装成科学，这并非因为这种陈述不能

激发管理者之间的有用讨论，而是因为科学上的作假会混淆相关问题，并使区分虚构故事与科研原则变得困难。遗憾的是，这对于科研和实践都是一种挫败。研究者已经厌倦，但仍然在听到所谓的声称如何管理的“科学结论”。

这些指导方针意味着什么？

直觉和偏见不能为决策提供基础，只有那些严格控制的研究和已经被证明的理论方能为决策提供基础。因此，“我不知道”不仅成为对于一个问题的可接受答案，而且在许多情形下还是被高度重视的答案（Miner，1978，p. 70）。

在开展研究及汇报研究发现时个人价值观是否有一席之地？Lefkowitz（2003）认为，工业与组织心理学家的价值观与经济体系及企业内部的运转体系是一致的。他因此得出结论：人们对服务组织存在一种偏见，即使组织站在维护员工权益和福祉的立场上。为改变这一情形，他倡导做出以下改变（p. 327）：

- 采用一种更为广泛的价值观模型——比如，增加更为人本主义的维度。
- 对于员工个体幸福感的关心及兴趣应该与组织需要、组织目标及组织愿景置于同等重要的地位。
- 在评价“成功”时，不应该仅仅局限于采用狭隘的技术胜任力标准，还应采用更为广泛的社会关注的衡量标准。
- 在组织研究中，除了当前占主导地位的科学视角（例如，描述和预测）及工具化视角（关注生产力及组织绩效），还应纳入道德视角。

Lefkowitz（2003）所提出的问题越来越被认为是重要的，而且这些问题已经在当前诸如选拔等人力资源管理分支中引发了非常热烈的讨论。例如，第7章描述了关于在决定分数区间是否应该用于替代自上而下的选拔时所涉及的测验分数区间与竞争价值观方面的争论。一些研究者（例如，Schmidt & Hunter，2004）认为，人力资源专家面临选择拥护“科学价值观”还是“其他重要价值观”的问题。另一方面，一些研究者（Aguinis，2004a；Zedeck & Goldstein，2000）认为，两套价值观都应该考虑在内。毫无疑问，这一棘手的问题在将来很可能会进一步产生争论。正如《管理学评论》（*Academy of Management Review*）上的一篇文章指出的那样，“商业合法性从未像现在这样如此强烈地依赖于其与人类价值观之间的关系。因此，认真看待伦理问题更可能会成为一种使命”（Donaldson，2003，p. 365）。

伦理选择鲜有容易的。在进行人力资源管理时若要维护伦理道德，并非对伦理规范的机械运用，而是在于营造和维系真正的相互关系，通过这种关系去解决伦理两难问题，这是伦理规范所无法替代的。

对实践的明确启示

- 组织责任可能对人力资源管理从业人员提供了一种独特而有价值的机遇，使得他们可以作出贡献，而这种贡献与现场研究提升人类福祉及组织绩效最大化的双重使命相一致。
- 大量证据表明，对于组织而言选择追求三重底线（例如，社会、环境、经济绩效），而非绝对追求经济绩效有明显的好处。

- 战略责任管理这一过程允许组织以一种系统而战略的方式采取负责任的行动。
- 战略责任管理从业人员通过外推、改编以及使用测量和在其他领域开发的心理测量学技术（例如，培训评价、绩效管理）解决商业问题。
- 平衡雇主、职业以及那些用于人力资源决策的评估之间的责任是很困难的。推荐的做法是在向他人揭露保密信息之前，首先应尝试通过组织内部的建设性行动实现转变。
- 伦理程序的贯彻必然会有效减少不当行为，但是这种努力的最终效果依赖于实施系统与个体差异之间的交互作用。个体差异是指诸如认知能力、道德发展阶段、性别及个人价值观之类的变量。

讨论题

1. 假如你就职于一家广告公司。请制定一套电子邮件和语音邮件通信的隐私保护政策。

2. 你怀疑一位员工在盗窃公司的专利信息。为了找到证据你决定搜查他在办公室的小隔间。你应该如何进行？

3. 在广义的组织责任领域之内，描述人力资源管理研究者能够作出贡献的三个特定领域；描述人力资源管理实践者可以作出贡献的三个特定领域。

4. 你需要与 CEO 商讨是否应雇佣一位企业责任官。考虑到 21 世纪的组织及组织责任能带来的益处，你可以使用哪些论点来说明这一职位的必要性？

5. 讨论雇主对于求职者的伦理责任。

6. 你了解到与你关系较好的同事为了使组织“面子上好看”而没有如实报告研究发现。对此你会做些什么？

7. 研究者在开展研究时是否有可能摆脱其自身价值观的束缚？为什么？

8. 组织开展研究时，在研究进行的每一个阶段有可能会出现哪些伦理两难问题？你将会如何应对？

参考文献

2008 HR trend book. (2008). Alexandria, VA: Society for Human Resource Management.

3M Company, 2008 annual report. Retrieved April 14, 2009, from http://library.corporate-ir.net/library/80/805/80574/items/329750/D57EE3ED-4D21-4ED2-9B46-9FFDCABB9B5D_3M2008AR.pdf.

Academy of Management. (1995). The Academy of Management code of ethical conduct. *Academy of Management Journal, 38*, 573–577.

Ackerman, P. L. (1989). Within-task intercorrelations of skilled performance: Implications for predicting individual differences? (A comment on Henry & Hulin, 1987). *Journal of Applied Psychology, 74*, 360–364.

Adams, S. R., & Thornton, G. C., III. (1989, October). *The assessor judgment process: A review of the reliability and validity of assessment center ratings.* Paper presented at the 1989 National Assessment Conference, Minneapolis, MN.

Adler, N. J., Campbell, N., & Laurent, A. (1989). In search of appropriate methodology: From outside the People's Republic of China looking in. *Journal of International Business Studies, 20*, 61–74.

Aguilera, R. V., Rupp, D. E., Williams, C. A., & Ganapathi, J. (2007). Putting the S back in corporate social responsibility: A multi-level theory of social change in organizations. *Academy of Management Review, 32*, 836–863.

Aguinis, H. (1995). Statistical power problems with moderated multiple regression in management research. *Journal of Management, 21*, 1141–1158.

Aguinis, H. (2001). Estimation of sampling variance of correlations in meta-analysis. *Personnel Psychology, 54*, 569–590.

Aguinis, H. (Ed.). (2004a). Introduction to test score banding in human resource selection. *Test score banding in human resource selection: Legal, technical, and societal issues* (pp. 1–6). Westport, CT: Praeger.

Aguinis, H. (2004b). *Regression analysis for categorical moderators.* New York, NY: Guilford.

Aguinis. H. (Ed.). (2004c). *Test score banding in human resource selection: Legal, technical, and societal issues.* Westport, CT: Praeger.

Aguinis, H. (2009a). *Performance management* (2nd ed.). Upper Saddle River, NJ: Pearson Prentice Hall.

Aguinis, H. (2009b). An expanded view of performance management. In J. W. Smither, M. London (Eds.), *Performance management: Putting research into practice* (pp. 1–43). San Francisco, CA: Jossey-Bass/Wiley.

Aguinis, H. (2009c). Organizational responsibility: Doing good and doing well. In S. Zedeck (Ed.), *APA handbook of industrial and organizational psychology* (Vol. 1). Washington, DC: American Psychological Association.

Aguinis, H., & Adams, S. K. R. (1998). Social-role versus structural models of gender and influence use in organizations: A strong inference approach. *Group and organization management, 23*, 414–446.

Aguinis, H., Beaty, J. C., Boik, R. J., & Pierce, C. A. (2005). Effect size and power in assessing moderating effects of categorical variables using multiple regression: A 30-year review. *Journal of Applied Psychology, 90*, 94–107.

Aguinis, H., Boik, R. J., & Pierce, C. A. (2001). A generalized solution for approximating the power to detect effects of categorical moderator variables using multiple regression. *Organizational Research Methods, 4*, 291–323.

Aguinis, H., Bommer, W. H., & Pierce, C. A. (1996). Improving the estimation of moderating effects by using computer-administered questionnaires. *Educational and Psychological Measurement, 56*, 1043–1047.

Aguinis, H., Cortina, J. M., & Goldberg, E. (1998). A new procedure for computing equivalence bands in personnel selection. *Human Performance, 11*, 351–365.

Aguinis, H., Cortina, J. M., & Goldberg, E. (2000). A clarifying note on differences between the W. F. Cascio, J. Outtz, S. Zedeck, and I. L. Goldstein (1991) and H. Aguinis, J. M. Cortina, and E. Goldberg (1998) banding procedures. *Human Performance, 13*, 199–204.

Aguinis, H., Culpepper, S. A., & Pierce, C. A. (2009). *Revival of test bias research in preemployment testing.* Manuscript submitted for publication.

Aguinis, H., Culpepper, S. A., & Pierce, C. A. (2010). *Revival of test bias research in preemployment testing.* Manuscript submitted for publication.

Aguinis, H., & Handelsman, M. M. (1997a). Ethical issues in the use of the bogus pipeline. *Journal of Applied Social Psychology, 27*, 557–573.

Aguinis, H., & Handelsman, M. M. (1997b). The unique ethical challenges of the bogus pipeline methodology: Let the data speak. *Journal of Applied Social Psychology, 27*, 582–587.

Aguinis, H., & Harden, E. (2004). Will banding benefit my organization? An application of multi-attribute utility analysis. In H. Aguinis (Ed.), *Test score banding in human resource selection: Legal, technical, and societal issues* (pp. 193–216). Westport, CT: Praeger.

Aguinis, H., & Henle, C. A. (2001a). Effects of nonverbal behavior on perceptions of a female employee's power bases. *Journal of Social Psychology, 141*, 537–549.

Aguinis, H., & Henle, C. A. (2001b). Empirical assessment of the ethics of the bogus pipeline. *Journal of Applied Social Psychology, 31*, 352–375.

Aguinis, H., & Henle, C. A. (2002). Ethics in research. In S. G. Rogelberg (Ed.), *Handbook of research methods in industrial and organizational psychology* (pp. 34–56). Malden, MA: Blackwell.

Aguinis, H., & Henle, C. A. (2005). "How is drug testing implemented in this company?" The answer is in the eye of the beholder. *Revue Sciences de Gestion, Management Sciences, 46*, 103–133.

Aguinis, H., Henle, C. A., & Beaty, J. C. (2001). Virtual reality technology: A new tool for personnel selection. *International Journal of Selection and Assessment, 9,* 70–83.

Aguinis, H., Henle, C. A., & Ostroff, C. (2001). Measurement in work and organizational psychology. In N. Anderson, D. S. Ones, H. K. Sinangil, & C. Viswesvaran (Eds.), *Handbook of industrial, work and organizational psychology* (Vol. 1, pp. 27–50). London: Sage.

Aguinis, H., & Kraiger, K. (2009). Benefits of training and development for individuals and teams, organizations, and society. *Annual Review of Psychology, 60,* 451–474.

Aguinis, H., Mazurkiewicz, M. D., & Heggestad, E. D. (2009). Using Web-based frame-of-reference training to decrease biases in personality-based job analysis: An experimental field study. *Personnel Psychology, 62,* 405–438.

Aguinis, H., Michaelis, S. E., & Jones, N. M. (2005). Demand for certified human resources professionals in Internet-based job announcements. *International Journal of Selection and Assessment, 13,* 160–171.

Aguinis, H., Nesler, M. S., Quigley, B. M., Lee, S., & Tedeschi, J. T. (1996). Power bases of faculty supervisors and educational outcomes for graduate students. *Journal of Higher Education, 67,* 267–297.

Aguinis, H., Petersen, S. A., & Pierce, C. A. (1999). Appraisal of the homogeneity of error variance assumption and alternatives to multiple regression for estimating moderating effects of categorical variables. *Organizational Research Methods, 2,* 315–339.

Aguinis, H., & Pierce, C. A. (1998a). Heterogeneity of error variance and the assessment of moderating effects of categorical variables: A conceptual review. *Organizational Research Methods, 1,* 296–314.

Aguinis, H., & Pierce, C. A. (2008). Enhancing the relevance of organizational behavior by embracing performance management research. *Journal of Organizational Behavior, 29,* 139–145.

Aguinis, H., Pierce, C. A., Bosco, F. A., & Muslin, I. S (2009). First decade of Organizational Research Methods: Trends in design, measurement, and data-analysis topics. *Organizational Research Methods, 12,* 69–112.

Aguinis, H., Pierce, C. A., & Culpepper, S. A. (2009). Scale coarseness as a methodological artifact: Correcting correlation coefficients attenuated from using coarse scales. *Organizational Research Methods, 12,* 623–652.

Aguinis, H., Simonsen, M. M., & Pierce, C. A. (1998). Effects of nonverbal behavior on perceptions of power bases. *Journal of Social Psychology, 138,* 455–469.

Aguinis, H., & Smith, M. A. (2007). Understanding the impact of test validity and bias on selection errors and adverse impact in human resource selection. *Personnel Psychology, 60,* 165–199.

Aguinis, H., & Stone-Romero, E. F. (1997). Methodological artifacts in moderated multiple regression and their effects on statistical power. *Journal of Applied Psychology, 82,* 192–206.

Aguinis, H., Sturman, M. C., & Pierce, C. A. (2008). Comparison of three meta-analytic procedures for estimating moderating effects of categorical variables. *Organizational Research Methods, 11,* 9–34.

Aguinis, H., & Whitehead, R. (1997). Sampling variance in the correlation coefficient under indirect range restriction: Implications for validity generalization. *Journal of Applied Psychology, 82,* 528–538.

Aiken, L. R. (1999). *Psychological testing and assessment* (10th ed.). Boston, MA: Allyn & Bacon.

Ailon, G. (2008). Mirror, mirror on the wall: *Culture's consequences* in a value test of its own design. *Academy of Management Review, 33,* 885–904.

Albemarle Paper Company v. Moody, 422 U.S. 405 (1975).

Alexander, R. A. (1988). Group homogeneity, range restriction, and range enhancement effects on correlations. *Personnel Psychology, 41,* 773–777.

Alexander, R. A., Alliger, G. M., & Hanges, P. J. (1984). Correcting for range restriction when the population variance is unknown. *Applied Psychological Measurement, 8,* 431–437.

Alexander, R. A., Barrett, G. V., & Doverspike, D. (1983). An explication of the selection ratio and its relationship to hiring rate. *Journal of Applied Psychology, 68,* 342–344.

Alexander, R. A., & DeShon, R. P. (1994). Effect of error variance heterogeneity on the power of tests for regression slope differences. *Psychological Bulletin, 115,* 308–314.

Alexandrescu, F. (2007). Review of the book Community rights and corporate responsibility: Canadian mining and oil companies in Latin America. *Critical Sociology 33*(3), 593–595.

Allen, D. G., Mahto, R. V., & Otondo, R. F. (2007).Web-based recruitment: Effects of information, organizational brand, and attitudes toward a web site on applicant attraction. *Journal of Applied Psychology*, 92, 1696–1708.

Allen, D. G., Van Scotter, J. R., & Otondo, R. F. (2004). Recruitment communication media: Impact on prehire outcomes. *Personnel Psychology, 57,* 143–171.

Allen, M. J., & Yen, W. M. (1979). *Introduction to measurement theory.* Monterey, CA: Brooks/Cole.

Alliger, G. M., & Janak, E. A. (1989). Kirkpatrick's levels of training criteria: Thirty years later. *Personnel Psychology, 42,* 331–342.

Alliger, G. M., Lilienfeld, S. O., & Mitchell, K. E. (1996). The susceptibility of overt and covert integrity tests to coaching and faking. *Psychological Science, 7,* 32–39.

Alliger, G. M., Tannenbaum, S. I., Bennett, W., Jr., Traver, H., & Shortland, A. (1997). A meta-analysis of the relations among training criteria. *Personnel Psychology, 50*(2), 341–358.

Alsop, R. (2004, February 19). Corporate scandals hit home. *The Wall Street Journal.* Retrieved May 25, 2004, from www.harrisinteractive.com.

Alsop, R. (2007, September 17). The new battle for M.B.A. grads. *The Wall Street Journal*, pp. R1, R3.

Ambec, S., & Lanoie, P. (2008). Does it pay to be green? A systematic overview. *Academy of Management Perspectives, 22(4),* 45–62.

A model employment-privacy policy. (1993, July). *Macworld*, p. 121.

American Educational Research Association, American Psychological Association, and National Council on Measurement in Education. (1999). *Standards for educational and psychological testing.* Washington, DC: American Educational Research Association.

American Management Association. (2001). *Workplace monitoring and surveillance.* New York, NY: Author.

American Psychological Association. (2002). Ethical principles of psychologists and code of conduct. *American Psychologist, 57*, 1060–1073.

American Psychological Association Task Force on Employment Testing of Minority Groups. (1969). Job testing and the disadvantaged. *American Psychologist, 24*, 637–650.

Americans with Disabilities Act of 1990, 42 U.S.C. § 12101 *et seq.*

Anderson, C. W. (1960). The relation between speaking times and decisions in the employment interview. *Journal of Applied Psychology, 44*, 267–268.

Anderson, N. (2003). Applicant and recruiter reactions to new technology in selection: A critical review and agenda for future research. *International Journal of Selection and Assessment, 11*, 121–136.

Anderson, N. (2003). Applicant and recruiter reactions to new technology in selection: A critical review and agenda for future research. *International Journal of Selection and Assessment, 11*, 121–136.

Anderson, J. C., & Gerbing, D. W. (1991). Predicting the performance of measures in a confirmatory factor analysis with a pretest assessment of their substantive validities. *Journal of Applied Psychology, 76*, 732–740.

Anderson, N., & Witvliet, C. (2008). Fairness reactions to personnel selection methods: An international comparison between the Netherlands, the United States, France, Spain, Portugal, and Singapore. *International Journal of Selection and Assessment, 16*, 1–13.

Angarola, R. T. (1985). Drug testing in the workplace: Is it legal? *Personnel Administrator, 30*(9), 79–89.

Angoff, W. H. (1971). Scales, norms, and equivalent scores. In R. L. Thorndike (Ed.), *Educational measurement* (pp. 508–600). Washington, DC: American Council on Education.

Anguish, L. K. (2002, April). OFCCP issues directive for functional affirmative action programs (SHRM White Paper). Available at www.shrm.org.

Ansberry, C. (2003b, June 30). A new blue-collar world. *The Wall Street Journal*, pp. B1, B4.

Ansoff, H. I. (1988). *The new corporate strategy.* New York, NY: Wiley.

Antonioni, D. (1994). The effects of feedback accountability on upward appraisal ratings. *Personnel Psychology, 47*, 349–356.

Antonioni, D., & Park, H. (2001). The effects of personality similarity on peer ratings of contextual work behaviors. *Personnel Psychology, 54*, 331–360.

Applebome, P. (1995, February 20). Employers wary of school system. *The New York Times*, pp. A1, A13.

Armer, P. (1970). The individual: His privacy, self-image and obsolescence. *Proceedings of the meeting of the Panel on Science and Technology*, 11th "Science and Astronautics." U.S. House of Representatives. Washington, DC: U.S. Government Printing Office.

Arnold, H. J., & Feldman, D. C. (1981). Social desirability response bias in self-report choice situations. *Academy of Management Journal, 24*, 377–385.

Arthur, W., Jr., Bennett, W., Jr., Edens, P. S., & Bell, S. T. (2003). Effectiveness of training in organizations: A meta-analysis of design and evaluation features. *Journal of Applied Psychology, 88*, 234–245.

Arthur, W., Day, E. A., McNelly, T. L., & Edens, P. S. (2003). A meta-analysis of the criterion-related validity of assessment center dimensions. *Personnel Psychology, 56*, 125–154.

Arvey, R. D. (1979). Unfair discrimination in the employment interview: Legal and psychological aspects. *Psychological Bulletin, 86*, 736–765.

Avery, D. R. (2003). Reactions to diversity in recruitment advertising—Are differences black and white? *Journal of Applied Psychology, 88*, 672–679.

Arvey, R. D., & Begalla, M. E. (1975). Analyzing the homemaker job using the Position Analysis Questionnaire (PAQ). *Journal of Applied Psychology, 60*, 513–517.

Arvey, R. D., & Campion, J. E. (1982). The employment interview: A summary and review of recent research. *Personnel Psychology, 35*, 281–322.

Arvey, R. D., Cole, D. A., Hazucha, J. F., & Hartanto, F. M. (1985). Statistical power of training evaluation designs. *Personnel Psychology, 38*, 493–507.

Arvey, R. D., Davis, G. A., McGowen, S. L., & Dipboye, R. L. (1982). Potential sources of bias in job analytic processes. *Academy of Management Journal, 25*, 618–629.

Arvey, R. D., Landon, T. E., Nutting, S. M., & Maxwell, S. E. (1992). Development of physical ability tests for police officers: A construct validation approach. *Journal of Applied Psychology, 77*, 996–1009.

Arvey, R. D., & McGowen, S. L. (1982, August). *The use of experience requirements in selecting employees.* Paper presented at the annual meeting of the American Psychological Association, Washington, DC.

Avery, D. R., & McKay, P. F. (2006). Target practice: An organizational impression-management approach to attracting minority and female job applicants. *Personnel Psychology, 59*, 157–187.

Avery, D. R., McKay, P. F., & Wilson, D. C. (2007). Engaging the aging workforce: The relationship between perceived age similarity, satisfaction with coworkers, and employee engagement. *Journal of Applied Psychology*, 92, 1542–1556.

Arvey, R. D., Salas, E., & Gialluca, K. A. (1992). Using task inventories to forecast skills and abilities. *Human Performance, 5*, 171–190.

Aryee, S. (1997). Selection and training of expatriate employees. In N. Anderson, & P. Herriot (Eds.), *International handbook of selection and assessment* (pp. 147–160). Chichester, England: Wiley.

Ash, R. A., & Edgell, S. L. (1975). A note on the readability of the Position Analysis Questionnaire (PAQ). *Journal of Applied Psychology, 60*, 765–766.

Asher, J. J. (1972). The biographical item: Can it be improved? *Personnel Psychology, 25*, 251–269.

Ashforth, E., & Kreiner, G. (1999). "How can you do it?" Dirty work and the challenge of constructing a positive identity. *Academy of Management Review, 24*, 413–434.

Astin, A. W. (1964). Criterion-centered research. *Educational and Psychological Measurement, 24*, 807–822.
Aston, A. (2007, Jan. 22). Who will run the plants? *BusinessWeek*, p. 78.
Atkins, P. W. B., & Wood, R. E. (2002). Self versus others' ratings as predictors of assessment center ratings: Validation evidence for 360-degree feedback programs. *Personnel Psychology, 55*, 871–904.
Attewell, P., & Rule, J. (1984). Computing and organizations: What we know and what we don't know. *Communications of the ACM, 27*, 1184–1192.
Austin, J. R., & Bartunek, J. M. (2003). Theories and practices of organization development. In W. C. Borman, D. R. Ilgen, & R. J. Klimoski (Eds.), *Handbook of psychology: Vol. 12. Industrial and organizational psychology* (pp. 309–332). Hoboken, NJ: Wiley.
Austin, J. T., & Villanova, P. (1992). The criterion problem: 1917–1992. *Journal of Applied Psychology, 77*, 836–874.
Avery, D. R. (2003). Reactions to diversity in recruitment advertising—Are differences black and white? *Journal of Applied Psychology, 88*, 672–679.
Avolio, B. J., Sosik, J. J., Jung, D. I., & Berson, Y. (2003). Leadership models, methods, and applications. In W. C. Borman, D. R. Ilgen, & R. J. Klimoski (Eds.), *Handbook of psychology: Vol. 12. Industrial and organizational psychology* (pp. 277–307). Hoboken, NJ: Wiley.
Azar, B. (2000). Online experiments: Ethically fair or foul? *Monitor on Psychology, 31*(4), 50–52.
Baker, S. (2003, August 25). Where danger lurks. *Business Week*, pp. 114–118.
Baldwin, T. T. (1992). Effects of alternative modeling strategies on outcomes of interpersonal skills training. *Journal of Applied Psychology, 77*, 147–154.
Baldwin, T. T., & Ford, J. K. (1988). Transfer of training: A review and directions for future research. *Personnel Psychology, 41*, 63–105.
Baldwin, T. T., & Magjuka, R. J. (1997). Training as an organizational episode: Pre-training influences on trainee motivation. In J. K. Ford, S. W. J. Kozlowski, K. Kraiger, E. Salas, & M. Teachout (Eds.), *Impoving training effectiveness in work organizations* (pp. 99–127). Mahwah, NJ: Lawrence Erlbaum.
Balma, J. J. (1959). The concept of synthetic validity. *Personnel Psychology, 12*, 395–396.
Balzer, W. K., & Sulsky, L. M. (1992). Halo and performance appraisal research: A critical examination. *Journal of Applied Psychology, 77*, 975–985.
Bandura, A. (1977). *Social learning theory.* Englewood Cliffs, NJ: Prentice Hall.
Bandura, A. (1986). *Social foundations of thought and action: A social cognitive theory.* Englewood Cliffs, NJ: Prentice Hall.
Bandura, A. (1991). Social-cognitive theory of self-regulation. *Organizational Behavior and Human Decision Processes, 50*, 248–287.
Bandura, A. (1997). *Self-efficacy: The exercise of control.* New York, NY: Freeman.
Banks, C. G. (2009, April). *Methodological approaches to wage-and-hour cases: I-O expert relevance.* Paper presented at the annual conference of the Society for Industrial and Organizational Psychology, New Orleans, LA.
Banks, C. G, & Roberson, L. (1985). Performance appraisers as test developers. *Academy of Management Review, 10*, 128–142.
Baranowski, L. E., & Anderson, L. E. (2005). Examining rating sources variation in work behavior to KSA linkages. *Personnel Psychology, 58*, 1041–1054.
Barber, A. E. (1998). *Recruiting employees: Individual and organizational perspectives.* Thousand Oaks, CA: Sage.
Barber, A. E., Daly, C. L., Giannantonio, C. M., & Phillips, J. M. (1994). Job search activities: An examination of changes over time. *Personnel Psychology, 47*, 739–766.
Barber, A. E., Hollenbeck, J. R., Tower, S. L., & Phillips, J. M. (1994). The effects of interview focus on effectiveness: A field experiment. *Journal of Applied Psychology, 79*, 886–896.
Barber, A. E., & Roehling, M. V. (1993). Job postings and the decision to interview: A verbal protocol analysis. *Journal of Applied Psychology, 78*, 845–856.
Baritz, L. (1960). *The servants of power.* Middletown, CT: Wesleyan University Press.
Barkema, H. G., & Vermuelen, F. (1997). What differences in the cultural backgrounds of partners are detrimental for international joint ventures? *Journal of International Business Studies, 28*, 845–864.
Barney, J. (1991). Firm resources and sustained competitive advantage. *Journal of Management, 17*, 99–120.
Baron, R. A. (1983). "Sweet smell of success?" The impact of pleasant artificial scents on evaluations of job applicants. *Journal of Applied Psychology, 68*, 709–713.
Baron, R. A. (1988). Negative effects of destructive criticism: Impact on conflict, self-efficacy, and task performance. *Journal of Applied Psychology, 73*, 199–207.
Baron, R. A. (1993). Interviewers' moods and evaluations of applicants: The role of applicant qualifications. *Journal of Applied Social Psychology, 23*, 253–271.
Barrick, M. R., & Mount, M. K. (2003). Impact of meta-analysis methods on understanding personality-performance relations. In K. R. Murphy (Ed.), *Validity generalization: A critical review* (pp. 197–221). Mahwah, NJ: Lawrence Erlbaum.
Barr, M. A., & Raju, N. S. (2003). IRT-based assessments of rater effects in multiple-source feedback instruments. *Organizational Research Methods, 6*, 15–43.
Barrett, R. S. (1996). Interpeting the correlation coefficient. In R. S. Barrett (Ed.), *Fair employment strategies in human resource management* (pp. 73–87). Westport, CT: Quorum Books.
Barrett, G. V., & Alexander, R. A. (1989). Rejoinder to Austin, Humphreys, and Hulin: Critical reanalysis of Barrett, Caldwell, and Alexander. *Personnel Psychology, 42*, 597–612.
Barrett, G. V., Caldwell, M. S., & Alexander, R. A. (1985). The concept of dynamic criteria: A critical reanalysis. *Personnel Psychology, 38*, 41–56.

Barrett, G. V., & Lueke, S. B. (2004). Legal and practical implications of banding for personnel selection. In H. Aguinis (Ed.), *Test score banding in human resource selection: Legal, technical, and societal issues* (pp. 71–112). Westport, CT: Praeger.

Barrett, G. V., Phillips, J. S., & Alexander, R. A. (1981). Concurrent and predictive validity designs: A critical reanalysis. *Journal of Applied Psychology, 66*, 1–6.

Barrick, M. R., & Mount, M. K. (1991). The Big Five personality dimensions and job performance: A meta-analysis. *Personnel Psychology, 44*, 1–26.

Barrick, M. R., & Mount, M. K. (1996). Effects of impression management and self-deception on the predictive validity of personality constructs. *Journal of Applied Psychology, 83*, 261–272.

Barrick, M. R., & Mount, M. K. (2003). Impact of meta-analysis methods on understanding personality-performance relations. In K. R. Murphy (Ed.), *Validity generalization: A critical review* (pp. 197–221). Mahwah, NJ: Lawrence Erlbaum.

Barrick, M. R., Mount, M. K., & Judge, T. A. (2001). Personality and performance at the beginning of the new millennium: What do we know and where do we go next? *International Journal of Selection and Assessment, 9*, 9–30.

Barrick, M. R., Stewart, G. L., & Piotrowski, M. (2002). Personality and job performance: Test of the mediating effects of motivation among sales representatives. *Journal of Applied Psychology, 87*, 43–51.

Barron, L. G., & Sackett, P. R. (2008). Asian variability in performance rating modesty and leniency bias. *Human Performance, 21*, 277–290.

Bartlett, C. J., Bobko, P., Mosier, S. B., & Hannan, R. (1978). Testing for fairness with a moderated multiple regression strategy: An alternative to differential analysis. *Personnel Psychology, 31*, 233–241.

Bartlett, C. J., & O'Leary, B. S. (1969). A differential prediction model to moderate the effects of heterogeneous groups in personnel selection and classification. *Personnel Psychology, 22*, 1–17.

Barton, J. (1994). Choosing to work at night: A moderating influence on individual tolerance to shift work. *Journal of Applied Psychology, 79*, 449–454.

Barrier, M. (2002, July). A line in the sand. n.d. Retrieved April 17, 2008, www.shrm.org/hrmagazine/articles/0702/0702barrier.asp.

Baskerville, R. F. (2003). Hofstede never studied culture. *Accounting, Organizations, & Society, 28*, 1–14.

Bass, B. M. (1954). The leaderless group discussion. *Psychological Bulletin, 51*, 465–492.

Bass, B. M. (1962). Further evidence on the dynamic nature of criteria. *Personnel Psychology, 15*, 93–97.

Bass, B. M. (1980). Team productivity and individual member competence. *Small Group Behavior, 11*, 431–504.

Bass, B. M. (1983). Issues involved in relations between methodological rigor and reported outcomes in evaluations of organizational development. *Journal of Applied Psychology, 6*, 197–199.

Bass, B. M., Cascio, W. F., McPherson, J. W., & Tragash, H. (1976). Prosper-training and research for increasing management awareness about affirmative action in race relations. *Academy of Management Journal, 19*, 353–369.

Bass, B. M., Cascio, W. F., & O'Connor, E. J. (1974). Magnitude estimations of expressions of frequency and amount. *Journal of Applied Psychology, 59*, 313–320.

Bass, B. M., & Riggio, R. E. (2006). Transformational leadership (2nd ed.). Mahwah, NJ: Lawrence Erlbaum.

Batt, R. (2002). Managing customer services: Human resource practices, quit rates, and sales growth. *Academy of Management Journal, 45*, 587–597.

Bauer, T. N., Truxillo, D. M., Tucker, J. S., Weathers, V., Bertolino, M., Erdogan, B., & Campion, M. A. (2006). Selection in the information age: The impact of privacy concerns and computer experience on applicant reactions. *Journal of Management, 32*, 601–621.

Baumrind, D. (1985). Research using intentional deception: Ethical issues revisited. *American Psychologist, 40*, 165–174.

Becker, B. E. (1989). The influence of labor markets on human resources utility estimates. *Personnel Psychology, 42*, 531–546.

Becker, G. (2000). How important is transient error in estimating reliability? Going beyond simulation studies. *Psychological Methods, 5*, 370–379.

Becker, T. E. (2005). Development and validation of a situational judgment test of employee integrity. *International Journal of Selection & Assessment, 13*, 225–232.

Becker, B. E., & Huselid, M. A. (1992). Direct estimates of Sd_y and the implications for utility analysis. *Journal of Applied Psychology, 77*, 227–233.

Becker, B. E., Huselid, M. A., & Ulrich, D. (2001). *The HR scorecard: Linking people, strategy, and performance.* Boston, MA: Harvard Business School Press.

Becker, T. E., & Klimoski, R. J. (1989). A field study of the relationship between the organizational feedback environment and performance. *Personnel Psychology, 42*, 343–358.

Beehr, T. A., & Gilmore, D. C. (1982). Applicant attractiveness as a perceived job-relevant variable in selection of management trainees. *Academy of Management Journal, 25*, 607–617.

Begley, S. (2003, November 7). Expectations may alter outcomes far more than we realize. *The Wall Street Journal*, p. B1.

Bergeron, D. M. (2007). The potential paradox of organizational citizenship behavior: Good citizens at what cost? *Academy of Management Review, 32*, 1078–1095.

Bergman, M. E., Donovan, M. A., Drasgow, F., Overton, R. C., & Henning, J. B. (2008). Test of Motowidlo et al.'s (1997) theory of individual differences in task and contextual performance. *Human Performance, 21*, 227–253.

Bell, B. S., & Kozlowski, S. W. J. (2002). Adaptive guidance: Enhancing self-regulation, knowledge, and performance in technology-based training. *Personnel Psychology, 55*, 267–306.

Bendell, J. (2007). World review: The responsibility of business schools. *Journal of Corporate Citizenship, 28 (July–September)*, 4–14.

Benedict, M. E., & Levine, E. L. (1988). Delay and distortion: Tacit influences on performance appraisal effectiveness. *Journal of Applied Psychology, 73*, 507–514.

Bennett, R. J., & Robinson, S. L. (2000). Development of a measure of workplace deviance. *Journal of Applied Psychology, 85*, 349–360.

Bennett, R., Aston, A., & Colquhoun, T. (2000). Cross-cultural training: A critical step in ensuring the success of international assignments. *Human Resource Management, 39*, 239–250.

Berman, F. E., & Miner, J. B. (1985). Motivation to manage at the top executive level: A test of the hierarchic role-motivation theory. *Personnel Psychology, 38*, 377–391.

Bernard v. Gulf Oil Corp., 890 F.2d 735 (5th Cir. 1989).

Bernardin, H. J., & Beatty, R. W. (1984). *Performance appraisal: Assessing human behavior at work.* Boston, MA: Kent.

Bernardin, H. J., & Beatty, R. W. (1991). *Performance appraisal: Assessing human behavior at work* (2nd ed.). Boston, MA: Kent.

Bernardin, H. J., & Buckley, M. R. (1981). A consideration of strategies in rater training. *Academy of Management Review, 6*, 205–212.

Bernardin, H. J., & Cooke, D. K. (1993). Validity of an honesty test in predicting theft among convenience store employees. *Academy of Management Journal, 36*, 1097–1108.

Bernardin, H. J., Cooke, D. K., & Villanova, P. (2000). Conscientiousness and agreeableness as predictors of rating leniency. *Journal of Applied Psychology, 85*, 232–236.

Benson, M. J., & Campbell, J. P. (2007). To be, or not to be, linear: An expanded representation of personality and its relationship to leadership performance. *International Journal of Selection & Assessment, 15*, 232–249.

Berry, C. M., Sackett, P. R., & Wiemann, S. (2007). A review of recent developments in integrity test research. *Personnel Psychology, 60*, 271–301.

Bersoff, D. N. (Ed.). (2003). *Ethical conflicts in psychology* (3rd ed.). Washington, DC: American Psychological Association.

Bertua, C., Anderson, N., & Salgado, J. F. (2005). The predictive validity of cognitive ability tests: A UK meta-analysis. *Journal of Occupational & Organizational Psychology, 78*, 387–409.

Bhagat, R. S. (2002). Book review of culture's consequences: Comparing values, behaviors, institutions, and organizations across nations (2nd ed.). *Academy of Management Review, 27*, 460–462.

Bhagwati, J. (2007). *In defense of globalization.* New York, NY: Oxford University Press.

Bhawuk, D. P. S., & Brislin, R. W. (2000). Cross-cultural training: A review. *Applied Psychology: An International Review, 49*, 162–191.

Billsberry, J. (2007). *Experiencing recruitment and selection.* Hoboken, NJ: Wiley.

Bing, J. W. (2004). Hofstede's consequences: The impact of his work on consulting and business practices. *Academy of Management Executive, 18*(1), 80–87.

Biskupic, J. (2008, June 20). Court aids older workers alleging discrimination. *USA Today, 5A.*

Binning, J. F., & Barrett, G. V. (1989). Validity of personnel decisions: A conceptual analysis of the inferential and evidential bases. *Journal of Applied Psychology, 74*, 478–494.

Bing, M. N., LeBreton, J. M., Davison, H., Migetz, D. Z., & James, L. R. (2007). Integrating implicit and explicit social cognitions for enhanced personality assessment. *Organizational Research Methods, 10*, 136–179.

Black, J. S., & Gregersen, H. B. (1991). When Yankee comes home: Factors related to expatriate and spouse repatriation adjustment. *Journal of International Business Studies, 22*(4), 671–695.

Black, J. S., Gregersen, H. B., & Mendenhall, M. E. (1992). *Global assignments.* San Francisco, CA: Jossey-Bass.

Blair, C. A., Hoffman, B. J., & Helland, K. R. (2008). Narcissism in organizations: A multisource appraisal reflects different perspectives. *Human Performance, 21*, 254–276.

Blanchard, P. N., & Thacker, J. W. (2007). *Effective training: Systems, strategies, and practices* (3rd ed.). Upper Saddle River, NJ: Pearson Prentice Hall.

Blanton, H., & Jaccard, J. (2006). Arbitrary metrics redux. *American Psychologist, 61*, 62–71.

Blau, G., & Andersson, L. (2005). Testing a measure of instigated workplace incivility. *Journal of Occupational & Organizational Psychology, 78*, 595–614.

Blum, M. L., & Naylor, J. C. (1968). *Industrial psychology, its theoretical and social foundations* (rev. ed.). New York, NY: Harper & Row.

Bobko, P., & Bartlett, C. J. (1978). Subgroup validities: Differential definitions and differential prediction. *Journal of Applied Psychology, 63*, 12–14.

Bobko, P., & Colella, A. (1994). Employee reactions to performance standards: A review and research propositions. *Personnel Psychology, 47*, 1–29.

Bobko, P., Roth, P. L., & Buster, M. A. (2005). Work sample selection tests and expected reduction in adverse impact: A cautionary note. *International Journal of Selection and Assessment, 13*, 1–10.

Bobko, P., Roth, P. L., & Buster, M. A. (2007). The usefulness of unit weights in creating composite scores: A literature review, application to content validity, and meta-analysis. *Organizational Research Methods, 10*, 689–709.

Bobko, P., & Roth, P. L. (2008). Psychometric accuracy and (the continuing need for) quality thinking in meta-analysis. *Organizational Research Methods, 11*, 114–126.

Bobko, P., Roth, P. L., & Potosky, D. (1999). Derivation and implications of a meta-analytic matrix incorporating cognitive ability, alternative predictors, and job performance. *Personnel Psychology, 52*, 561–589.

Bobko, P., & Stone-Romero, E. F. (1998). Meta-analysis may be another useful research tool, but it is not a panacea. *Research in personnel and human resources management* (Vol. 16, pp. 359–397). Stamford, CT: JAI Press.

Boehm, V. R. (1972). Negro-white differences in validity of employment and training selection procedures: Summary of research evidence. *Journal of Applied Psychology, 56*, 33–39.

Boehm, V. R. (1977). Differential prediction: A methodological artifact? *Journal of Applied Psychology, 62*, 146–154.

Bolster, B. I., & Springbett, B. M. (1961). The reaction of interviewers to favorable and unfavorable information. *Journal of Applied Psychology, 45*, 97–103.

Bommer, W. H., Johnson, J. L., Rich, G. A., Podsakoff, P. M., & Mackenzie, S. B. (1995). *Personnel Psychology, 48*, 587–605.

Bond, N. (1973). Auditing change: The technology of measuring change. In M. D. Dunnette (Ed.), *Work and nonwork in the year 2001*. Monterey, CA: Brooks/Cole.

Bono, J. E., & Judge, T. A. (2003). Core self-evaluations: A review of the trait and its role in job satisfaction and job performance. *European Journal of Personality, 17*, S5–S18.

Booth, J. F. (1998). Guest editorial: Uses of PC technology in selection and assessment. *International Journal of Selection and Assessment, 6*, 57–60.

Borman, W. C. (1974). The rating of individuals in organizations: An alternate approach. *Organizational Behavior and Human Performance, 12*, 105–124.

Borman, W. C. (1978). Exploring the upper limits of reliability and validity in job performance ratings. *Journal of Applied Psychology, 63*, 135–144.

Borman, W. C. (1982). Validity of behavioral assessment for predicting military recruiter performance. *Journal of Applied Psychology, 67*, 3–9.

Borman, W. C. (1991). Job behavior, performance, and effectiveness. In M. D. Dunnette, & L. M. Hough (Eds.), *Handbook of industrial and organizational psychology* (2nd ed., Vol. 2, pp. 271–326). Palo Alto, CA: Consulting Psychologists Press.

Borman, W. C., Eaton, N. K., Bryan, D. J., & Rosse, R. (1983). Validity of Army recruiter behavioral assessment: Does the assessor make a difference? *Journal of Applied Psychology, 68*, 415–419.

Borman, W. C., & Hallam, G. L. (1991). Observation accuracy for assessors of work-sample performance: Consistency across task and individual-differences correlates. *Journal of Applied Psychology, 76*, 11–18.

Borman, W. C., Hanson, M. A., Oppler, S. H., Pulakos, E. D., & White, L. A. (1993). Role of early supervisory experience in supervisor performance. *Journal of Applied Psychology, 78*, 443–449.

Borman, W. C., & Motowidlo, S. J. (1997). Task performance and contextual performance: The meaning for personnel selection research. *Human Performance, 10*, 99–109.

Borman, W. C., Penner, L. A., Allen, T. D., & Motowidlo, S. (2001). Personality predictors of citizenship performance. *International Journal of Selection and Assessment, 9*, 52–69.

Borman, W. C., Rosse, R. L., & Abrahams, N. M. (1980). An empirical construct validity approach to studying predictor-job performance links. *Journal of Applied Psychology, 65*, 662–671.

Borman, W. C., White, L. A., & Dorsey, D. W. (1995). Effects of ratee task performance and interpersonal factors on supervisor and peer performance ratings. *Journal of Applied Psychology, 80*, 168–177.

Borman, W. C., White, L. A., Pulakos, E. D., & Oppler, S. H. (1991). Models of supervisory job performance ratings. *Journal of Applied Psychology, 76*, 863–872.

Boswell,W. R., Roehling, M. V., LePine, M. A., & Moynihan, L. M. (2003). Individual job-choice decisions and the impact of job attributes and recruitment practices: A longitudinal field study. *Human Resource Management, 42*, 23–37.

Bottger, P. C., & Yetton, P. W. (1987). Improving group performance by training in individual problem solving. *Journal of Applied Psychology, 72*, 651–657.

Boudreau, J. W. (1983a). Economic considerations in estimating the utility of human resource productivity improvement programs. *Personnel Psychology, 36*, 551–576.

Boudreau, J. W. (1983b). Effects of employee flows on utility analysis of human resource productivity improvement programs. *Journal of Applied Psychology, 68*, 396–406.

Boudreau, J. W. (1988). Utility analysis. In L. Dyer (Ed.), *Human resource management: Evolving roles and responsibilities* (pp. 1-125–1-186). Washington, DC: Bureau of National Affairs.

Boudreau, J. W. (1991). Utility analysis for decisions in human resource management. In M. D. Dunnette, & L. M. Hough (Eds.), *Handbook of industrial and organizational psychology* (2nd ed., Vol. 2, pp. 621–745). Palo Alto, CA: Consulting Psychologists Press.

Boudreau, J. W. (1998). Strategic human resource management measures: Key linkages and the PeopleVantage model. *Journal of Human Resource Costing and Accounting, 3*(2), 29.

Boudreau, J. W., & Berger, C. J. (1985). Decision-theoretic utility analysis applied to employee separations and acquisitions. *Journal of Applied Psychology, 70*, 581–612.

Boudreau, J. W., & Ramstad, P. M. (2003). Strategic industrial and organizational psychology and the role of utility analysis models. In W. C. Borman, D. R. Ilgen, & R. J. Klimoski (Eds.), *Handbook of psychology: Vol. 12. Industrial and organizational psychology* (pp. 193–221). Hoboken, NJ: Wiley.

Boudreau, J. W., & Ramstad, P. M. (2006). Talentship and HR measurement and analysis: From ROI to strategic organizational change. *Human Resource Planning, 29*(1), 25–33.

Boudreau, J. W., & Ramstad, P. M. (2007). *Beyond HR: The new science of human capital*. Boston, MA: Harvard Business School Press.

Boudreau, J. W., & Rynes, S. L. (1985). Role of recruitment in staffing utility analysis. *Journal of Applied Psychology, 70*, 354–366.

Bower, J. L. (2007, November). Solve the succession crisis by growing inside-outside leaders. *Harvard Business Review, 85*, 91–96.

Bower, J. L. (2008, April 15). The leader within your company. *BusinessWeek*. n.d. Retrieved April 28, 2008, from www.businessweek.com.

Bowler, M. C., & Woehr, D. J. (2006). A meta-analytic evaluation of the impact of dimension and exercise factors on assessment center ratings. *Journal of Applied Psychology, 91*, 1114–1124.

Bownas, D. A., Bosshardt, M. J., & Donnelly, L. F. (1985). A quantitative approach to evaluating training curriculum content sampling adequacy. *Personnel Psychology, 38*, 117–131.

Bozeman, D. P. (1997). Interrater agreement in multi-source performance appraisal: A commentary. *Journal of Organizational Behavior, 18*, 313–316.

Bozionelos, N. (2005). When the inferior candidate is offered the job: The selection interview as a political and power game. *Human Relations*, *58*, 1605–1631.

Brady, F. N. (1985). A Janus-headed model of ethical theory: Looking two ways at business/society issues. *Academy of Management Review*, *10*, 568–576.

Brannick, M. T. (2001). Implications of empirical Bayes meta-analysis for test validation. *Journal of Applied Psychology*, *86*, 468–480.

Brannick, M. T., & Hall, S. M. (2003). Validity generalization from a Bayesian perspective. In K. R. Murphy (Ed.), *Validity generalization: A critical review* (pp. 339–364). Mahwah, NJ: Lawrence Erlbaum.

Brannick, M. T., Levine, E. L., & Morgeson, F. P. (2007). *Job and work analysis: Methods, research, and applications for human resource management* (2nd ed.). Thousand Oaks, CA: Sage Publications.

Brass, D. J., & Oldham, G. R. (1976). Validating an in-basket test using an alternative set of leadership scoring dimensions. *Journal of Applied Psychology*, *61*, 652–657.

Bray, D. W., & Campbell, R. J. (1968). Selection of salesmen by means of an assessment center. *Journal of Applied Psychology*, *52*, 36–41.

Bray, D. W., Campbell, R. J., & Grant, D. L. (1974). *Formative years in business: A long-term AT&T study of managerial lives.* New York, NY: Wiley.

Bray, D. W., & Howard, A. (1983). *Longitudinal studies of adult psychological development.* New York, NY: Guilford.

Bray, D. W., & Moses, J. L. (1972). Personnel selection. *Annual Review of Psychology*, *23*, 545–576.

Brealey, R., & Myers, S. (2003). *Principles of corporate finance* (7th ed.). New York, NY: McGraw-Hill.

Breaugh, J. A. (1983). Realistic job previews: A critical appraisal and future research directions. *Academy of Management Review*, *8*, 612–619.

Breaugh, J. A. (1992). *Recruitment: Science and practice.* Boston, MA: PWS-Kent.

Breaugh, J. A. (2008). Employee recruitment: Current knowledge and important areas for future research. *Human Resource Management Review*, *18*, 103–118.

Breaugh, J. A., Greising, L. A., Taggart, J. W., & Chen, H. (2003). The relationship of recruiting sources and pre-hire outcomes: Examination of yield ratios and applicant quality. *Journal of Applied Social Psychology*, *33*, 2267–2287.

Breaugh, J. A., Macan, T. H., & Grambow, D. M. (2008). Employee recruitment: Current knowledge and directions for future research. In G. P. Hodgkinson, & J. K. Ford (Eds.), *International Review of Industrial and Organizational Psychology* (Vol. 23, pp. 45–82). Hoboken, NJ: Wiley.

Breaugh, J. A., & Starke, M. (2000). Research on employee recruitment: So many studies, so many remaining questions. *Journal of Management*, *26*, 405–434.

Brennan, E. (2009). ADA Amendments Act of 2008 takes effect January 1, 2009. n.d. www.americantrails.org/resources/accessible/ADAAA08.html.

Brett, J. M., Tinsley, C. H., Janssens, M., Barsness, Z. I., & Lytle, A. L. (1997). New approaches to the study of culture in industrial/organizational psychology. In P. C. Earley & M. Erez (Eds.), *New perspectives on industrial/organizational psychology* (pp. 75–129). San Francisco, CA: New Lexington Press.

Bretz, R. D., & Judge, T. A. (1998). Realistic job previews: A test of the adverse self-selection hypothesis. *Journal of Applied Psychology*, *83*, 330–337.

Bretz, R. D., Jr., Milkovich, G. T., & Read, W. (1990). The current state of performance appraisal research and practice: Concerns, directions, and implications. *Journal of Management*, *18*, 321–352.

Bretz, R. D., Jr., & Thompsett, R. E. (1992). Comparing traditional and integrative learning methods in organizational training programs. *Journal of Applied Psychology*, *77*, 941–951.

Bridges, W. (1994a, September 19). The end of the job. *Fortune*, pp. 62–64, 68, 72, 74.

Bridges, W. (1994b). *Job shift: How to prosper in a world without jobs.* Reading, MA: Addison-Wesley.

Briscoe, D. R., Schuler, R. S., & Claus, L. (2009). *International human resource management* (3rd ed.). London: Routledge.

Brislin, R. W., & Bhawuk, D. P. S. (1999). Cross-cultural training: Research and innovations. In J. Adamopoulos, & Y. Kashima (Eds.), *Social psychology and cultural context* (pp. 205–216). Thousand Oaks, CA: Sage.

Britt, L. P., III. (1984). Affirmative action: Is there life after *Stotts*? *Personnel Administrator*, *29*, 96–100.

Broad, W., & Wade, N. (1982). *Betrayers of the truth: Fraud and deceit in the halls of science.* New York, NY: Simon & Schuster.

Brogden, H. E. (1946). On the interpretation of the correlation coefficient as a measure of predictive efficiency. *Journal of Educational Psychology*, *37*, 64–76.

Brogden, H. E. (1949). When testing pays off. *Personnel Psychology*, *2*, 171–183.

Brogden, H. E., & Taylor, E. K. (1950a). The dollar criterion—Applying the cost accounting concept to criterion construction. *Personnel Psychology*, *3*, 133–154.

Brogden, H. E., & Taylor, E. K. (1950b). The theory and classification of criterion bias. *Educational and Psychological Measurement*, *10*, 159–186.

Brown, B. (1988, August 4). Succession strategies for family firms. *The Wall Street Journal*, p. 23.

Brown, B. K., & Campion, M. A. (1994). Biodata phenomenology: Recruiters' perceptions and use of biographical information in resume screening. *Journal of Applied Psychology*, *79*, 897–908.

Brown, S. H. (1979). Validity distortions associated with a test in use. *Journal of Applied Psychology*, *64*, 460–462.

Brown, F. G. (1983). *Principles of educational and psychological testing* (3rd ed.). New York, NY: Holt, Rinehart, & Winston.

Brown, S. P. (1996). A meta-analysis and review of organizational research on job involvement. *Psychological Bulletin*, *120*, 235–256.

Brown, K. G. (2001). Using computers to deliver training: Which employees learn and why? *Personnel Psychology*, *54*, 271–296.

Brown, K. G. (2005). An examination of the structure and nomological network of trainee reactions: A closer look at "smile sheets." *Journal of Applied Psychology, 90*, 991–1001.

Brown, K. G., & Ford, J. K. (2002). Using computer technology in training: Building an infrastructure for active learning. In K. Kraiger (Ed.), *Creating, implementing, and managing effective training and development* (pp. 192–233). San Francisco, CA: Jossey-Bass.

Brown, S. H., Stout, J. D., Dalessio, A. T., & Crosby, M. M. (1988). Stability of validity indices through test score ranges. *Journal of Applied Psychology, 73*, 736–742.

Browne, M. W. (1975). Predictive validity of a linear regression equation. *British Journal of Mathematical and Statistical Psychology, 28*, 79–87.

Brugnoli, G. A., Campion, J. E., & Basen, J. A. (1979). Racial bias in the use of work samples for personnel selection. *Journal of Applied Psychology, 64*, 119–123.

Buckingham, M., & Coffman, C. (1999). *First break all the rules: What the world's greatest managers do differently.* New York, NY: Simon & Schuster.

Bullock, R. J., & Svyantek, D. J. (1985). Analyzing meta-analysis: Potential problems, an unsuccessful replication, and evaluation criteria. *Journal of Applied Psychology, 70*, 108–115.

Buono, A. F. (2003). The hidden costs and benefits of organizational resizing activities. In K. P. De Meuse, & M. L. Marks (Eds.), *Resizing the organization* (pp. 306–346). San Francisco, CA: Jossey-Bass.

Burchell, J., & Cook, J. (2006). It's good to talk? Examining attitudes towards corporate social responsibility dialogue and engagement processes. *Business Ethics: A European Review 15*, 154–170.

Burke, M. J., & Doran, L. I. (1989). A note on the economic utility of generalized validity coefficients in personnel selection. *Journal of Applied Psychology, 74*, 171–175.

Burke, M. J., & Frederick, J. T. (1984). Two modified procedures for estimating standard deviations in utility analyses. *Journal of Applied Psychology, 69*, 482–489.

Burke, M. J., & Frederick, J. T. (1986). A comparison of economic utility estimates for alternative Sd_y estimation procedures. *Journal of Applied Psychology, 71*, 334–339.

Burke, R. J., Weitzel, W., & Weir, T. (1978). Characteristics of effective employee performance review and development interviews: Replication and extension. *Personnel Psychology, 31*, 903–919.

Burlington Industries, Inc. v. Ellerth, 118 S. Ct. 2257 (1998).

Burnett, J. R., Fan, C., Motowidlo, S. J., & DeGroot, T. (1998). Interview notes and validity. *Personnel Psychology, 51*, 375–396.

Buster, M. A., Roth, P. L., & Bobko, P. A. (2005). A process for content validation of education and experienced-based minimum qualifications: An approach resulting in federal court approval. *Personnel Psychology, 58*, 771–799.

Butler, S. K., & Harvey, R. J. (1988). A comparison of holistic versus decomposed rating of Position Analysis Questionnaire work dimensions. *Personnel Psychology, 41*, 761–771.

Byham, W. C., & Spitzer, M. E. (1971). *The law and personnel testing.* New York, NY: American Management Association.

Byrnes, N. (2005, October 10). Starsearch: How to recruit, train, and hold on to great people. What works, what doesn't. *BusinessWeek*, pp. 68–78.

Byrne, J. A. (2002, June 24). Restoring trust in corporate America. *Business Week*, pp. 30–42.

Byrnes, N. (2005, October 10). Starsearch. *BusinessWeek*, pp. 68–78.

Cable, D. M., Aiman-Smith, L., Mulvey, P. W., & Edwards, J. R. (2000). The sources and accuracy of job applicants' beliefs about organizational culture. *Academy of Management Journal, 43*, 1076–1085.

Cable, D. M., & Judge, T. A. (1997). Interviewers' perceptions of person-organization fit and organizational selection decisions. *Journal of Applied Psychology, 82*, 546–561.

Cabrera, E. F., & Raju, N. S. (2001). Utility analysis: Current trends and future directions. *International Journal of Selection and Assessment, 9*, 92–102.

Cadrain, D. (2003). Are your employee drug tests accurate? *HRMagazine, 48*(1), 40–45.

Caldwell, D. F., & Burger, J. M. (1998). Personality characteristics of job applicants and success in screening interviews. *Personnel Psychology, 51*, 119–136.

California Brewers Association v. Bryant, 444 U.S. 598 (1982).

Caligiuri, P. M. (2000). The big five personality characteristics as predictors of expatriates' desire to terminate the assignment and supervisor-rated performance. *Personnel Psychology, 53*, 67–88.

Caligiuri, P., & Cascio, W. F. (2000). Sending women on global assignments. *WorldatWork Journal, 9*(2), 34–40.

Caligiuri, P. M., & Phillips, J. M. (2003). An application of self-assessment realistic job previews to expatriate assignments. *International Journal of Human Resource Management, 14*, 1102–1116.

Caligiuri, P., & Tarique, I. (2006). International assignee selection and cross-cultural training and development. In G. K. Stahl, & I. Björkman (Eds.), *Handbook of research in international human resource management* (pp. 302–322). Cheltenham, UK: Edward Elgar.

Callinan, M., & Robertson, I. T. (2000). Work sample testing. *International Journal of Selection and Assessment, 8*, 248–260.

Campbell, J. P. (1971). Personnel training and development. *Annual Review of Psychology, 22*, 565–602.

Campbell, J. P. (1988). Training design for performance improvement. In J. P. Campbell, & R. J. Campbell (Eds.), *Productivity in organizations* (pp. 177–215). San Francisco, CA: Jossey-Bass.

Campbell, J. P. (1990). Modeling the performance prediction problem in industrial and organizational psychology. In M. D. Dunnette, & L. M. Hough (Eds.), *Handbook of industrial and organizational psychology* (2nd ed., Vol. 1, pp. 687–782). Palo Alto, CA: Consulting Psychologists Press.

Campbell D. J., & Lee, C. (1988). Self-appraisal in performance evaluation: Development versus evaluation. *Academy of Management Review, 13*, 302–314.

Campbell, D. T., & Fiske, D. W. (1959). Convergent and discrimination validation by the multitrait-multimethod matrix. *Psychological Bulletin, 56*, 81–105.

Campbell, J. P., Dunnette, M. D., Arvey, R. D., & Hellervik, L. V. (1973). The development and evaluation of behaviorally based rating scales. *Journal of Applied Psychology, 57*, 15–22.

Campbell, J. P., McHenry, J. J., & Wise, L. L. (1990). Modeling job performance in a population of jobs. *Personnel Psychology, 43*, 313–333.

Campbell, D. T., & Stanley, J. C. (1963). *Experimental and quasi-experimental designs for research.* Chicago, IL: Rand McNally.

Campion, M. A. (1991). Meaning and measurement of turnover: Comparison of alternative measures and recommendations for research. *Journal of Applied Psychology, 76*, 199–212.

Campion, M. A., Campion, J. E., & Hudson, J. P., Jr. (1994). *Journal of Applied Psychology, 79*, 998–1002.

Campion, M. A., Outtz, J. L, Zedeck, S., Schmidt, F. L, Kehoe, J. F., Murphy, K. R, & Guion, R. M. (2001). The controversy over score banding in personnel selection: Answers to 10 key questions. *Personnel Psychology, 54*, 149–185.

Campion, M. A., Palmer, D. K., & Campion, J. E. (1997). A review of structure in the selection interview. *Personnel Psychology, 50*, 655–702.

Cannon-Bowers, J. A., Tannenbaum, S. I., Salas, E., & Volpe, C. E. (1995). Defining competencies and establishing team training requirements. In R. A. Guzzo, & E. Salas (Eds.), *Team effectiveness and decision making in organizations* (pp. 333–380). San Francisco, CA: Jossey-Bass.

Cappelli, P. (1999). *The new deal at work: Managing the market-driven workforce.* Boston, MA: Harvard Business School Press.

Cappelli, P. (2001, March). Making the most of online recruiting. *Harvard Business Review, 78*, pp. 139–146.

Cappelli, P. (2008). *Talent on demand: Managing talent in an age of uncertainty.* Boston, MA: Harvard Business School Press.

Capriotti, P., & Moreno, A. (2007). Communicating corporate responsibility through corporate web sites in Spain. *Corporate Communications: An International Journal 12*(3), 221–237.

Carlson, R. E. (1967). Selection interview decisions: The effect of interviewer experience, relative quota situation, and applicant sample on interviewer decisions. *Personnel Psychology, 20*, 259–280.

Carlson, K. D., & Schmidt, F. L. (1999). Impact of experimental design on effect size: Findings from the research literature on training. *Journal of Applied Psychology, 84*, 851–862.

Carlson, K. D., Scullen, S. E., Schmidt, F. L., Rothstein, H., & Erwin, F. (1999). Generalizable biographical data validity can be achieved without multi-organizational development and keying. *Personnel Psychology, 52*, 731–755.

Carlson, R. E., Thayer, P. W., Mayfield, E. C., & Peterson, D. A. (1971). Improvements in the selection interview. *Personnel Journal, 50*, 268–275.

Carretta, T. R., & Ree, M. J. (2000). General and specific cognitive and psychomotor abilities in personnel selection: The prediction of training and job performance. *International Journal of Selection and Assessment, 8*, 227–236.

Carroll, S. J., & Gillen, D. J. (1987). Are the classical management functions useful in describing managerial work? *Academy of Management Review, 12*, 38–51.

Carson, K. P., Becker, J. S., & Henderson, J. A. (1998). Is utility really futile? A failure to replicate and an extension. *Journal of Applied Psychology, 83*, 84–96.

Cascio, W. F. (1975). Accuracy of verifiable biographical information blank responses. *Journal of Applied Psychology, 60*, 767–769.

Cascio, W. F. (1976a). Factor structure stability in attitude measurement. *Educational and Psychological Measurement, 36*, 847–854.

Cascio, W. F. (1976b). Turnover, biographical data, and fair employment practice. *Journal of Applied Psychology, 61*, 576–580.

Cascio, W. F. (1980). Responding to the demand for accountability: A critical analysis of three utility models. *Organizational Behavior and Human Performance, 25*, 32–45.

Cascio, W. F. (1982). Scientific, operational, and legal imperatives of workable performance appraisal systems. *Public Personnel Management Journal, 11*, 367–375.

Cascio, W. F. (1989). Using utility analysis to assess training outcomes. In I. L. Goldstein (Ed.), *Training and development in organizations* (pp. 63–88). San Francisco, CA: Jossey-Bass.

Cascio, W. F. (1991). *Costing human resources: The financial impact of behavior in organizations* (3rd ed.). Boston, MA: PWS-Kent.

Cascio, W. F. (1993a). Assessing the utility of selection decisions: Theoretical and practical considerations. In N. Schmitt, & W. C. Borman (Eds.), *Personnel selection in organizations* (pp. 310–340). San Francisco, CA: Jossey-Bass.

Cascio, W. F. (1993b, February). Downsizing: What do we know? What have we learned? *Academy of Management Executive, 7*(1), 95–104.

Cascio, W. F. (1993c, August). *The 1991 Civil Rights Act and the Americans with Disabilities Act of 1990: Requirements for psychological practice in the workplace.* Master lecture presented at the annual convention of the American Psychological Association, Toronto.

Cascio, W. F. (1998). The theory of vertical and horizontal individualism and collectivism: Implications for international human resource management. In J. Cheng, & B. Peterson (Eds.), *Advances in international and comparative management* (pp. 87–103). Greenwich, CT: JAI Press.

Cascio, W. F. (2002a). *Responsible restructuring: Creative and profitable alternatives to layoffs.* San Francisco, CA: Berrett-Kohler.

Cascio, W. F. (2002b). Strategies for responsible restructuring. *Academy of Management Executive, 16*(3), 80–91.

Cascio, W. F. (2003a). Changes in workers, work, and organizations. In W. C. Borman, D. R. Ilgen, & R. J. Klimoski (Eds.), *Handbook of psychology: Vol. 12. Industrial and organizational psychology* (pp. 401–422). Hoboken, NJ: Wiley.

Cascio, W. F. (2003b). Corporate restructuring and the no-layoff payoff. *Perspectives on Work, 7*, 4–6.

Cascio, W. F. (2006). Global performance management systems. In I. Bjorkman, & G. Stahl (Eds.), *Handbook of research in international human resource management* (pp. 176–196). Cheltenham, UK: Edward Elgar.

Cascio, W. F. (2010). *Managing human resources: Productivity, quality of work life, profits* (8th ed.). New York, NY: McGraw-Hill/Irwin.

Cascio, W. F. (2008, March). Shifting the paradigm: Work in the 21st century. Keynote address presented at the 29th annual IOOB Conference, Denver, Colorado.

Cascio, W. F. (in press). The changing world of work. In Linley, A., Harrington, S., & Page, N. (Eds.), *Oxford Handbook of Positive Psychology and Work.* Oxford, UK: Oxford University Press.

Cascio, W. F., & Aguinis, H. (2005). Test development and use: New twists on old questions. *Human Resource Management, 44*, 219–235.

Cascio, W. F., & Aguinis, H. (2008). Staffing 21st-century organizations. In J. P. Walsh, & A. P. Brief (Eds.), *Academy of Management Annals* (Vol. 2, pp. 133–165). Mahwah, NJ: Lawrence Erlbaum.

Cascio, W. F., & Boudreau, J. W. (2008). *Investing in people: Financial impact of human resource initiatives.* Upper Saddle River, NJ: Pearson Education.

Cascio, W. F., & Boudreau, J. W. (in press). Utility of selection systems: Supply-chain analysis applied to staffing decisions. In S. Zedeck (Ed.), *Handbook of I/O Psychology.* Washington, DC: American Psychological Association.

Cisco Corporation (2009). Downloaded April 13, 2009, from www.cisco.com.

Cascio, W. F., Alexander, R. A., & Barrett, G. V. (1988). Setting cutoff scores: Legal, psychometric, and professional issues and guidelines. *Personnel Psychology, 41*, 1–24.

Cascio, W. F., & Bernardin, H. J. (1981). Implications of performance appraisal litigation for personnel decisions. *Personnel Psychology, 34*, 211–226.

Cascio, W. F., Goldstein, I. L., Outtz, J., & Zedeck, S. (2004). Social and technical issues in staffing decisions. In H. Aguinis (Ed.), *Test score banding in human resource selection: Legal, technical, and societal issues* (pp. 7–28). Westport, CT: Praeger.

Cascio, W. F., Jacobs, R., & Silva, J. (2010). Validity, utility, and adverse impact: Practical implications from 30 years of data. In J. L. Outtz (Ed.), *Adverse impact: Implications for organizational staffing and high-stakes selection* (pp. 271–288). Hoboken, NJ: Lawrence Erlbaum.

Cascio, W. F., & Kurtines, W. L. (1977). A practical method for identifying significant change scores. *Educational and Psychological Measurement, 37*, 889–895.

Cascio, W. F., & Morris, J. R. (1990). A critical re-analysis of Hunter, Schmidt, and Coggin's "Problems and pitfalls in using capital budgeting and financial accounting techniques in assessing the utility of personnel programs." *Journal of Applied Psychology, 75*, 410–417.

Cascio, W. F., Outtz, J., Zedeck, S., & Goldstein, I. L. (1991). Statistical implications of six methods of test score use in personnel selection. *Human Performance, 4*(4), 233–264.

Cascio, W. F., & Phillips, N. (1979). Performance testing: A rose among thorns? *Personnel Psychology, 32*, 751–766.

Cascio, W. F., & Ramos, R. A. (1986). Development and application of a new method for assessing job performance in behavioral/economic terms. *Journal of Applied Psychology, 71*, 20–28.

Cascio, W. F., & Silbey, V. (1979). Utility of the assessment center as a selection device. *Journal of Applied Psychology, 64*, 107–118.

Cascio, W. F., & Valenzi, E. R. (1977). Behaviorally anchored rating scales: Effects of education and job experience of raters and ratees. *Journal of Applied Psychology, 62*, 278–282.

Cascio, W. F., & Valenzi, E. R. (1978). Relations among criteria of police performance. *Journal of Applied Psychology, 63*, 22–28.

Cascio, W. F., Valenzi, E. R., & Silbey, V. (1978). Validation and statistical power: Implications for applied research. *Journal of Applied Psychology, 63*, 589–595.

Cascio, W. F., Valenzi, E. R., & Silbey, V. (1980). More on validation and statistical power. *Journal of Applied Psychology, 65*, 135–138.

Cascio, W. F., & Zedeck, S. (1983). Open a new window in rational research planning. Adjust alpha to maximize statistical power. *Personnel Psychology, 36*, 517–526.

Casellas, G. F., & Hill, I. L. (1998, Fall). Sexual harassment: Prevention and avoiding liability. *Legal Report*, pp. 1–5.

Casteen, J. T., III. (1984). The public stake in proper test use. In C. W. Daves (Ed.), *The uses and misuses of tests* (pp. 1–11). San Francisco, CA: Jossey-Bass.

Castilla, E. J. (2005). Social networks and employee performance in a call center. *American Journal of Sociology, 110*, 1243–1283.

Cattell, R. B. (1957). *Personality and motivation structure and measurement.* New York, NY: Harcourt, Brace, & World.

Cawley, B. D., Keeping, L. M., & Levy, P. E. (1998). Participation in the performance appraisal process and employee reactions: A meta-analytic review of field investigations. *Journal of Applied Psychology, 83*, 615–633.

Cederblom, D. (1982). The performance appraisal interview: A review, implications, and suggestions. *Academy of Management Review, 7*, 219–227.

Cellar, D. F., & Wade, K. (1988). Effect of behavioral modeling on intrinsic motivation and script-related recognition. *Journal of Applied Psychology, 73*, 181–192.

CEO succession: Has grooming talent on the inside gone by the wayside? (2007, November 28). Retrieved March 9, 2008, from http://knowledge.wharton.upenn.edu.

Cesare, S. J., Blankenship, M. H., & Giannetto, P. W. (1994). A dual focus of Sd_y estimations: A test of the linearity assumption and multivariate application. *Human Performance, 7*, 235–253.

Cesare, S. J., Tannenbaum, R. J., & Dalessio, A. (1990). Interviewers' decisions related to applicant handicap type and rater empathy. *Human Performance, 3*, 157–171.

Chan, K., & Drasgow, F. (2001). Toward a theory of individual differences and leadership: Understanding the motivation to lead. *Journal of Applied Psychology, 86*, 481–498.

Chan, D., & Schmitt, N. (1997). Video-based versus paper-and-pencil method of assessment in situational judgment tests: Subgroup differences in test performance and face validity perceptions. *Journal of Applied Psychology, 82*, 143–159.

Chan, D., Schmitt, N., DeShon, R. P., Clause, C. S., & Delbridge, K. (1997). Reactions to cognitive ability tests: The relationships between race, test performance, face validity perceptions, and test-taking motivation. *Journal of Applied Psychology, 82*, 300–310.

Chan, D., Schmitt, N., Jennings, D., Clause, C. S., & Delbridge, K. (1998). Applicant perceptions of test fairness: Integrating justice and self-serving bias perspectives. *International Journal of Selection and Assessment, 6*, 232–239.

Chan, D., Schmitt, N., Sacco, J. M., & DeShon, R. P. (1998). Understanding pretest and posttest reactions to cognitive ability and personality tests. *Journal of Applied Psychology, 83,* 471–485.

Chapman, D. S., & Rowe, P. M. (2002). The influence of videoconference technology and interview structure on the recruiting function of the employment interview: A field experiment. *International Journal of Selection and Assessment, 10,* 185–197.

Chapman, D. S., Uggerslev, K. L., Carroll, S. A., Piasentin, K. A., & Jones, D. A. (2005). Applicant attraction to organizations and job choice: A meta-analytic review of the correlates of recruiting outcomes. *Journal of Applied Psychology, 90,* 928–944.

Chapman, D. S., & Webster, J. (2003). The use of technologies in the recruiting, screening, and selection process for job candidates. *International Journal of Selection and Assessment, 11,* 113–120.

Chapman, D. S., & Webster, J. (2006). Toward an integrated model of applicant reactions and job choice. *International Journal of Human Resource Management, 17,* 1032–1057.

Chapman, D. S., & Zweig, D. I. (2005). Developing a nomological network for interview structure: Antecedents and consequences of the structured selection interview. *Personnel Psychology, 58,* 673–702.

Chen, G., Thomas, B., & Wallace, J. C. (2005). A multilevel examination of the relationships among training outcomes, mediating regulatory processes, and adaptive performance. *Journal of Applied Psychology, 90,* 827–841.

Cheung, G. W. (1999). Multifaceted conceptions of self-other ratings disagreement. *Personnel Psychology, 52,* 1–36.

Cheung, G. W., & Rensvold, R. B. (1999). Testing factorial invariance across groups: A reconceptualization and proposed new method. *Journal of Management, 25,* 1–27.

Cheung, G. W., & Rensvold, R. B. (2002). Evaluating goodness-of-fit indexes for testing measurement invariance. *Structural Equation Modeling, 9,* 233–255.

Chhokar, J. S., & Wallin, J. A. (1984). A field study of the effect of feedback frequency on performance. *Journal of Applied Psychology, 69,* 524–530.

Chuang, D. T., Chen, J. J., & Novick, M. R. (1981). Theory and practice for the use of cut-scores for personnel decisions. *Journal of Educational Statistics, 6,* 129–152.

Church, A. H., Waclawski, J., & Kraut, A. I. (2001). *Designing and using organizational surveys: A seven-step process.* San Francisco, CA: Jossey-Bass.

Cintas Corporation. (2009). 2008 annual report and corporate website. Accessed at www.cintas.com.

Civil Rights Act of 1991, 42 U.S.C. §§ 1981, 2000e *et seq.*

Civil rights statutes extended to Arabs, Jews. (1987, May 19). *Daily Labor Report,* pp. A-2, A-6.

Clark, M. M. (2002, October). Listen up! Language diversity has ups and downs. *HR News,* p. 17.

Clarke, M. (2003, March). *Taking voluntary redundancy: A retrospective study.* Unpublished doctoral dissertation, International Graduate School of Management, University of South Australia, Adelaide.

Cleary, T. A. (1968). Test bias: Prediction of grades of negro and white students in integrated colleges. *Journal of Educational Measurement, 5,* 115–124.

Clevenger, J., Pereira, G. M., Wiechmann, D., Schmitt, N., & Harvey, V. S. (2001). Incremental validity of situational judgment tests. *Journal of Applied Psychology, 86,* 410–417.

Cliffordson, C. (2002). Interviewer agreement in the judgment of empathy in selection interviews. *International Journal of Selection and Assessment, 10,* 198–205.

Cohen, A. C. (1959). Simplified estimators for the normal distribution when samples are singly censored or truncated. *Technometrics, 1,* 217–237.

Cohen, J. (1960). A coefficient of agreement for nominal scales. *Educational and Psychological Measurement, 10,* 37–46.

Cohen, J. (1988). *Statistical power analysis* (2nd ed.). Hillsdale, NJ: Lawrence Erlbaum.

Cohen, J. (2001, May). Net a job. *Working Mother,* pp. 23–27.

Cohen, J., Cohen, P., West, S. G., & Aiken, L. S. (2003). *Applied multiple regression/correlation analysis for the behavioral sciences* (3rd ed.). Mahwah, NJ: Lawrence Erlbaum.

Colbert, A. E., Kristof-Brown, A. L., Bradley, B. H., & Barrick, M. R. (2008). CEO transformational leadership: The role of goal importance congruence in top management teams. *Academy of Management Journal, 51,* 81–96.

Colihan, J., & Burger, G. K. (1995). Constructing job families: An analysis of quantitative techniques used for grouping jobs. *Personnel Psychology, 48,* 563–586.

Collarelli, S. M., & Beehr, T. A. (1993). Selection out: Firings, layoffs, and retirement. In N. Schmitt, & W. C. Borman (Eds.), *Personnel selection in organizations* (pp.' 341–384). San Francisco, CA: Jossey-Bass.

Collins, C. J. (2007). The interactive effects of recruitment practices and product awareness in job-seekers' employer knowledge and applicant behaviors. *Journal of Applied Psychology, 92,* 180–190.

Collins, C. J., & Han, J. (2004). Exploring applicant pool quantity and quality: The effects of early recruitment practices, corporate advertising, and firm reputation. *Personnel Psychology,* 57, 685–717.

Collins, M. W., & Morris, S. B. (2008). Testing for adverse impact when sample size is small. *Journal of Applied Psychology, 93,* 463–471.

Collins, C. J., & Stevens, C. K. (2002). The relationship between early recruitment-related activities and the application decisions of new labor-market entrants: A brand-equity approach to recruitment. *Journal of Applied Psychology, 87,* 1121 1133.

Collings, D., & Scullion, H. (2006). Global staffing. In G. K. Stahl, & I. Björkman (Eds.), *Handbook of research in international human resource management* (pp. 141–157). Cheltenham, UK: Edward Elgar.

Colquitt, J. A., Conlon, D. E., Wesson, M. J., Porter, C. O. L. H., & Ng, K. Y. (2001). Justice at the millennium: A meta-analytic review of 25 years of organizational justice research. *Journal of Applied Psychology, 86,* 425–445.

Colquitt, J. A., LePine, J. A., & Noe, R. A. (2000). Toward an integrative theory of training motivation: A meta-analytic path analysis of 20 years of research. *Journal of Applied Psychology, 85*, 678–707.

Colquitt, J. A., & Simmering, M. S. (1998). Conscientiousness, goal orientation, and motivation to learn during the learning process: A longitudinal study. *Journal of Applied Psychology, 83*, 654–665.

Colvin, G. (2003, September 1). The U.S. is falling asleep on the job. *Fortune*, p. 54.

Colvin, G. (2006, June 12). Why dream teams fail. *Fortune*, pp. 87–92.

Committee on Professional Standards. (1982). Casebook for providers of psychological services. *American Psychologist, 37*, 698–701.

Committee to Review the Scientific Evidence on the Polygraph, National Research Council (2003). *The polygraph and lie detection.* Washington, DC: National Academies Press.

Conaty, W. J. (2007, October). *Leadership development at GE.* Presented at Leadership succession in a changing world, Society for Human Resource Management Foundation. Tampa, FL.

Conley, P. R., & Sackett, P. R. (1987). Effects of using high- versus low-performing job incumbents as sources of job-analysis information. *Journal of Applied Psychology, 72*, 434–437.

Connecticut v. Teal, 457 U.S. 440 (1982).

Converse, P. D., Oswald, F. L., Imus, A., Hedricks, C., Roy, R., & Butera, H. (2008). Comparing personality test formats and warnings: Effects on criterion-related validity and test-taker reactions. *International Journal of Selection and Assessment, 16*, 155–169.

Conway, J. M. (1998a). Estimation and uses of the proportion method variance for multitrait-multidimensional data. *Organizational Research Methods, 1*, 209–222.

Conway, J. M. (1998b). Understanding method variance in multitrait-multirater performance appraisal matrices: Examples using general impressions and interpersonal affect as measured method factors. *Human Performance, 11*, 29–55.

Conway, J. M. (2002). Method variance and method bias in industrial and organizational psychology. In S. G. Rogelberg (Ed.), *Handbook of research methods in industrial and organizational psychology* (pp. 344–365). Malden, MA: Blackwell.

Conway, J. M., & Huffcutt, A. I. (1997). Psychometric properties of multisource performance ratings: A meta-analysis of subordinate, supervisor, peer, and self-ratings. *Human Performance, 10*, 331–360.

Conway, J. M., Jako, R. A., & Goodman, D. F. (1995). A meta-analysis of interrater and internal consistency reliability of selection interviews. *Journal of Applied Psychology, 80*, 565–579.

Conway, J. M., Lombardo, K., & Sanders, K. C. (2001). A meta-analysis of incremental validity and nomological networks for subordinate and peer rating. *Human Performance, 14*, 267–303.

Cooke, R. A., & Rousseau, D. M. (1983). Relationship of life events and personal orientations to symptoms of strain. *Journal of Applied Psychology, 68*, 446–458.

Cooper, W. H. (1981). Ubiquitous halo. *Psychological Bulletin, 90*, 218–244.

Cornelius, E. T., DeNisi, A. S., & Blencoe, A. G. (1984). Expert and naive raters using the PAQ: Does it matter? *Personnel Psychology, 37*, 453–464.

Cornelius, E. T., & Lane, F. B. (1984). The power motive and managerial succession in a professionally oriented service industry organization. *Journal of Applied Psychology, 69*, 32–39.

Cortina, J. M. (1993). What is coefficient alpha? An examination of theory and applications. *Journal of Applied Psychology, 78*, 98–104.

Cortina, J. M. (2003). Apples and oranges (and pears, oh my!): The search for moderators in meta-analysis. *Organizational Research Methods, 6*, 415–439.

Cortina, J. M., Goldstein, N. B., Payne, S. C., Davison, H. K., & Gilliland, S. W. (2000). The incremental validity of interview scores over and above cognitive ability and conscientiousness scores. *Personnel Psychology, 53*, 325–351.

Costanza, D. P., Fleishman, E. A., & Marshall-Meis, J. M. (1999). Knowledges. In Peterson, N. G., Mumford, M. D., Borman, W. C., Jeanerette, P. R., & Fleishman. E. A. *An Occupational Information System for the 21st Century: The Development of O*Net* (pp. 75–90). Washington, DC: American Psychological Association.

Court preserves affirmative action. (2003, June 24). *The Wall Street Journal*, pp. A1, A8.

Coward, W. M., & Sackett, P. R. (1990). Linearity of ability-performance relationships: A reconfirmation. *Journal of Applied Psychology, 75*, 297–300.

Coy, P. (2005, June 27). Old. Smart. Productive. *BusinessWeek*, pp. 78–86.

Coy, P., & Ewing, J. (2007, April 9). Where are all the workers? *BusinessWeek*, pp. 28–31.

Craig, S. B., & Kaiser, R. B. (2003). Applying item response theory to multisource performance ratings: What are the consequences of violating the independent observations assumption? *Organizational Research Methods, 6*, 44–60.

Cravens, D. W., & Woodruff, R. B. (1973). An approach for determining criteria of sales performance. *Journal of Applied Psychology, 57*, 242–247.

Crawford, D., & Esterl, M. (2007, January 31). At Siemens, witnesses cite pattern of bribery. *The Wall Street Journal*, pp. A1, A10.

Crew, J. C. (1984). Age stereotypes as a function of race. *Academy of Management Journal, 27*, 431–435.

Cronbach, L. J. (1951). Coefficient alpha and the internal structure of tests. *Psychometrika, 16*, 297–334.

Cronbach, L. J. (1975). Five decades of public controversy over mental testing. *American Psychologist, 30*, 1–14.

Cronbach, L. J. (1990). *Essentials of psychological testing* (5th ed.). New York, NY: HarperCollins.

Cronbach, L. J., & Furby, L. (1970). How should we measure "change"—or should we? *Psychological Bulletin, 74*, 68–80.

Cronbach, L. J., & Gleser, G. C. (1965). *Psychological tests and personnel decisions* (2nd ed.). Urbana: University of Illinois Press.

Cronbach, L. J., Gleser, G. C., Nanda, H., & Rajaratnam, N. (1972). *The dependability of behavioral measurements: Theory of generalizability for scores and profiles.* New York, NY: Wiley.

Cronbach, L. J., & Meehl, P. E. (1955). Construct validity in psychological tests. *Psychological Bulletin, 52*, 281–302.

Cronbach. L. J., & Snow, R. E. (1977). *Aptitudes and instructional methods.* New York, NY: Irvington.

Cronshaw, S. F. (1997). Lo! The stimulus speaks: The insider's view on Whyte and Latham's "The futility of utility analysis." *Personnel Psychology, 50*, 611–615.

Cronshaw, S. F., & Alexander, R. A. (1985). One answer to the demand for accountability: Selection utility as an investment decision. *Organizational Behavior and Human Decision Processes, 35*, 102–118.

Cronshaw, S. F., & Alexander, R. A. (1991). Why capital budgeting techniques are suited for assessing the utility of personnel programs: A reply to Hunter, Schmidt, and Coggin (1988). *Journal of Applied Psychology, 76*, 454–457.

Cropanzano, R., Slaughter, J., & Bachiochi, P. (2005). Organizational justice and black applicants' reactions to affirmative action. *Journal of Applied Psychology, 90*, 1168–1184.

Crosby, F. J., Iyer, A., Clayton, S., & Downing, R. A. (2003). Affirmative action: Psychological data and the policy debates. *American Psychologist, 58*(2), 93–115.

Crosby, F. J., Stockdale, M. S., & Ropp, S. A. (Eds.). (2007). *Sex discrimination in the workplace.* Malden, MA: Blackwell.

Crossley, C. D., & Stanton, J. M. (2005). Negative affect and job search: Further examination of the reverse causation hypothesis. *Journal of Vocational Behavior, 66*, 549–560.

Cullen, J. B., Victor, B., & Stephens, C. (1989). An ethical weather report: Assessing the organization's ethical climate. *Organizational Dynamics, 18*, 50–62.

Cummings, L. L. (1973). A field experimental study of the effects of two performance appraisal systems. *Personnel Psychology, 26*, 489–502.

Cureton, E. E. (1965), Reliability and validity: Basic assumptions and experimental designs. *Educational and Psychological Measurement, 25*, 327–346.

Cushner, K., & Brislin, R. W. (1996). *Intercultural interactions: A practical guide* (2nd ed.). Thousand Oaks, CA: Sage.

Czaja, R. F., & Blair, J. (2005). *Designing surveys: A guide to decisions and procedures.* Thousand Oaks, CA: Sage.

Czajka, J. M., & DeNisi, A. S. (1988). Effects of emotional disability and clear performance standards on performance ratings. *Academy of Management Journal, 31*, 393–404.

Da Costa, P. N. (2009, April 23). U.S. mass layoffs rise to highest on record. Retrieved April 26, 2009, from www.reuters.com.

Dahringer, L. D. (2003). Dean's corner: It's the right thing to do. *ENewsline, 9*(2). Available at www.aacsb.edu/publications/enewsline/Vol-2/Issue-9/dc-dahringer.asp.

Dalton, D. R., & Dalton, C. M. (2008). Meta-analyses: Some very good steps toward a bit longer journey. *Organizational Research Methods, 11*, 127–147.

Dalessio, A. T., & Silverhart, T. A. (1994). Combining biodata test and interview information: Predicting decisions and performance criteria. *Personnel Psychology, 47*, 303–315.

Daubert v. Merrell Dow Pharmaceuticals, 509 U.S. 579 (1993).

Davis, B. L., & Mount, M. K. (1984). Effectiveness of performance appraisal training using computer-assisted instruction and behavior modeling. *Personnel Psychology, 37*, 439–452.

Davis, D. D. (1998). International performance measurement and management. In J. W. Smither (Ed.), *Performance appraisal: State of the art in practice* (pp. 95–131). San Francisco, CA: Jossey-Bass.

Davis, G. M. (2003, August 22). The Family and Medical Leave Act: 10 years later. Retrieved June 15, 2004, from www.shrm.org/hrresources/lrpt_published/CMS_005127.asp.

Davis, N. (2007, October 7). Database is key to integrated talent management. *HR News.* n.d. Retrieved October 17, 2007, from www.shrm.org/hrnews.

Davis, F. D., & Yi, M. Y. (2004). Improving computer skill training: behavior modeling, symbolic mental rehearsal, and the role of knowledge structures. *Journal of Applied Psychology, 89*, 509–523.

Dawes, R. M., & Corrigan, B. (1974). Linear models in decision making. *Psychological Bulletin, 81*, 95–106.

Day, A. L., & Carroll, S. A. (2002). Situational and patterned behavior description interviews: A comparison of their validity, correlates, and perceived fairness. *Human Performance, 16*, 25–47.

Day, D. V., & Sulsky, L. M. (1995). Effects of frame-of-reference training and information configuration on memory organization and rating accuracy. *Journal of Applied Psychology, 80*, 158–167.

Dayan, K., Kasten, R., & Fox, S. (2002). Entry-level police candidate assessment center: An efficient tool or a hammer to kill a fly? *Personnel Psychology, 55*, 827–849.

Deadrick, D. L., & Madigan, R. M. (1990). Dynamic criteria revisited: A longitudinal study of performance stability and predictive validity. *Personnel Psychology, 43*, 717–744.

Dean, M. A., Roth, P. L., & Bobko, P. (2008). Ethnic and gender subgroup differences in assessment center ratings: A meta-analysis. *Journal of Applied Psychology, 93*, 685–691.

Dean, M. A., & Russell, C. J. (2005). An examination of biodata theory-based constructs in a field context. *International Journal of Selection and Assessment, 13*, 139–149.

Deci, E. L. (1972). Work, who does not like it and why. *Psychology Today, 6*, 57–58, 92.

Decker, P. J. (1983). The effects of rehearsal group size and video feedback in behavior modeling training. *Personnel Psychology, 36*, 763–773.

Decker, P. J., & Nathan, B. R. (1985). *Behavior modeling training: Principles and applications.* New York, NY: Praeger.

De Corte, W. (1999). A note on the success ratio and the utility of fixed hiring rate personnel selection decisions. *Journal of Applied Psychology, 84*, 952–958.

DeGroot, T., & Motowidlo, S. J. (1999). Why visual and vocal interview cues can affect interviewers' judgments and predict job performance. *Journal of Applied Psychology, 84*, 986–993.

De Corte W., Lievens F., & Sackett P. R. (2007). Combining predictors to achieve optimal trade-offs between selection quality and adverse impact. *Journal of Applied Psychology, 92*, 1380–1393.

De Corte, W., Lievens, F., & Sackett, P. R. (2008). Validity and adverse impact potential of predictor composite formation. *International Journal of Selection and Assessment, 16*, 183–194.

Deller, J. (1997). Expatriate selection: Possibilities and limitations of using personality scales. In D. M. Saunders (Series Ed.) & Z. Aycan (Vol. Ed.), *Expatriate management: Theory and research* (pp. 93–116). Stamford, CT: JAI Press.

Deming, W. E. (1986). *Out of the crisis.* Cambridge, MA: Center for Advanced Engineering Study, Massachusetts Institute of Technology.

De Meuse, K. P., Marks, M. L., & Dai, G. (in press). Organizational downsizing, mergers and acquisitions, and strategic alliances: Using theory and research to enhance practice. In S. Zedeck (Ed.), *Handbook of industrial and organizational psychology.* Washington, DC: American Psychological Association.

DeNisi, A. S., Cornelius, E. T., III, & Blencoe, A. G. (1987). Further investigation of common knowledge effects on job analysis ratings. *Journal of Applied Psychology, 72*, 262–268.

DeNisi, A. S., & Kluger, A. N. (2000). Feedback effectiveness: Can 360-degree appraisals be improved? *Academy of Management Executive, 14*, 129–139.

DeNisi, A. S., Randolph, W. A., & Blencoe, A. G. (1983). Potential problems with peer ratings. *Academy of Management Journal, 26*, 457–464.

DeNisi, A. S., Robbins, T., & Cafferty, T. P. (1989). Organization of information used for performance appraisals: Role of diary-keeping. *Journal of Applied Psychology, 74*, 124–129.

DeRouin, R. E., Fritzsche, B. A., & Salas, E. (2004). Optimizing e-learning: Research-based guidelines for learner-controlled training. *Human Resource Management Review, 43*, 147–62.

DeShon, R. P. (2003). A generalizability theory perspective on measurement error corrections in validity generalization. In K. R. Murphy (Ed.), *Validity generalization: A critical review* (pp. 365–402). Mahwah, NJ: Lawrence Erlbaum.

Dess, G. D., Lumpkin, G. T., & Eisner, A. B. (2007). *Strategic management* (3rd ed.). Burr Ridge, IL: McGraw-Hill.

Developing business leaders for 2010. (2003). New York, NY: The Conference Board.

Diener, E., & Crandall, R. (1979). *Ethics in social and behavioral research.* Chicago, IL: University of Chicago Press.

Dierdorff, E. C., & Wilson, M. A. (2003). A meta-analysis of job analysis reliability. *Journal of Applied Psychology, 88*, 635–646.

Dill, W. R. (1972). What management games do best. In E. L. Deci, B. V. H. Gilmer, & H. W. Karn (Eds.), *Readings in industrial and organizational psychology* (pp. 442–451). New York, NY: McGraw-Hill.

Dineen, B. R., & Noe, R. A. (2009). Effects of customization on application decisions and applicant pool characteristics in a Web-based recruitment context. *Journal of Applied Psychology, 94*, 224–234.

Dineen, B. R., Noe, R. A., Shaw, J. D., Duffy, M. K. & Wiethoff, C. (2007). Level and dispersion of satisfaction in teams: Using foci and social context to explain the satisfaction-absenteeism relationship. *Academy of Management Journal, 50*, 623–643.

Dineen, D., & Soltis, R. (in press). Recruitment: Updating the literature. In S. Zedeck (Ed.), *Handbook of industrial and organizational psychology.* Washington, DC: American Psychological Association.

Dipboye, R. L. (1982). Self-fulfilling prophecies in the selection-recruitment interview. *Academy of Management Review, 7*, 579–586.

Dipboye, R. L. (1992). *Selection interviews: Process perspectives.* Cincinnati, OH: South-Western.

Dipboye, R. L., Fontanelle, G. A., & Garner, K. (1984). Effects of previewing the application on interview process and outcomes. *Journal of Applied Psychology, 69*, 118–128.

Dipboye, R. L., & Jackson, S. J. (1999). Interviewer experience and expertise effects. In R. W. Eder, & M. M. Harris (Eds.), *The employment interview handbook* (pp. 259–278). Thousand Oaks, CA: Sage.

Dipboye, R. L., Stramler, C. S., & Fontanelle, G. A. (1984). The effects of the application on recall of information from the interview. *Academy of Management Journal, 27*, 561–575.

Distefano, M. K., Pryer, M., & Craig, S. H. (1980). Job-relatedness of a posttraining job knowledge criterion used to assess validity and test fairness. *Personnel Psychology, 33*, 785–793.

Dobbins, G. H., Cardy, R. L., & Truxillo, D. M. (1988). The effects of purpose of appraisal and individual differences in stereotypes of women on sex differences in performance ratings: A laboratory and field study. *Journal of Applied Psychology, 73*, 551–558.

Donaldson, T. (2003). Editor's comments: Taking ethics seriously—A mission now more possible. *Academy of Management Review, 28*, 363–366.

Donovan, J. J., Dwight, S. A., & Hurtz, G. M. (2002). An assessment of the prevalence, severity, and verifiability of entry-level applicant faking using the randomized response technique. *Human Performance, 16*, 81–106.

Detert, J. R., Treviño, L. K., Burris, E. R., & Andiappan, M. (2007). Managerial modes of influence and counterproductivity in organizations: A longitudinal business-unit-level investigation. *Journal of Applied Psychology, 92*, 993–1005.

Dougherty, C. (2008, July 26). Ex-manager at Siemens convicted in bribery scandal. *International Herald Tribune.* Retrieved August 21, 2008, from www.iht.com.

Dougherty, T. W., Turban, D. B., & Callender, J. C. (1994). Confirming first impressions in the employment interview: A field study of interviewer behavior. *Journal of Applied Psychology, 79*, 659–665.

Douthitt, S. S., Eby, L. T., & Simon, S. A. (1999). Diversity of life experiences: The development and validation of a biographical measure of receptiveness to dissimilar others. *International Journal of Selection and Assessment, 7*, 112–125.

Dowling, P. J., Festing, M., & Engle, A. D., Sr. (2009). *International human resource management* (5th ed.). Mason, OH: Thomson-South-Western.

Drasgow, F. (1987). Study of the measurement bias of two standardized psychological tests. *Journal of Applied Psychology, 72*, 19–29.

Drasgow, F., & Kang, T. (1984). Statistical power of differential validity and differential prediction analyses for detecting measurement nonequivalence. *Journal of Applied Psychology, 69*, 498–508.

Driskell, J. E., Willis, R. P., & Copper, C. (1992). Effect of overlearning on retention. *Journal of Applied Psychology, 77*, 615–622.

DuBois, C. L., Sackett, P. R., Zedeck, S., & Fogli, L. (1993). Further exploration of typical and maximum performance criteria: Definitional issues, prediction, and white-black differences. *Journal of Applied Psychology, 78*, 205–211.

Dubois, D. A. (2002). Leveraging hidden expertise: Why, when, and how to use cognitive task analysis. In K. Kraiger (Ed.), *Creating, implementing, and managing effective training and development* (pp. 80–114). San Francisco, CA: Jossey-Bass.

Dudek, E. E. (1963). Personnel selection. In P. R. Farnsworth, O. McNemar, & Q. McNemar (Eds.), *Annual Review of Psychology, 14*, 261–284.

Dudley, N. M., Orvis, K. A., Lebiecki, J. E., & Cortina, J. M. (2006). A meta-analytic investigation of conscientiousness in the prediction of job performance: Examining the intercorrelations and the incremental validity of narrow traits. *Journal of Applied Psychology, 91*, 40–57.

Dunford, B., Boudreau, J., & Boswell, W. (2005). Out-of-the-money: The impact of underwater stock options on executive job search. *Personnel Psychology, 58*, 67–101.

Dugan, K. W. (1989). Ability and effort attributions: Do they affect how managers communicate performance feedback information? *Academy of Management Journal, 32*, 87–114.

Dunham, K. J. (2002, October 15). The jungle: Focus on recruitment, pay, and getting ahead. *The Wall Street Journal*, p. B8.

Dunlap, W. P., Cortina, J. M., Vaslow, J. B., & Burke, M. J. (1996). Meta-analysis of experiments with matched groups or repeated measures designs. *Psychological Methods, 1*, 170–177.

Dunnette, M. D. (1962). Personnel management. In P. R. Farnsworth, O. McNemar, & Q. McNemar (Eds.), *Annual Review of Psychology, 13*, 285–314.

Dunnette, M. D. (1963a). A modified model for test validation and selection research. *Journal of Applied Psychology, 47*, 317–332.

Dunnette, M. D. (1963b). A note on the criterion. *Journal of Applied Psychology, 47*, 251–253.

Dunnette, M. D. (1999). Introduction. In N. G. Peterson, M. D. Mumford, W. C. Borman, & E. A. Fleishman (Eds.), *An occupational information system for the 21st century: The development of O*Net* (pp. 3–7). Washington, DC: American Psychological Association.

Dunnette, M. D., & Borman, W. S. (1979). Personnel selection and classification systems. *Annual Review of Psychology, 30*, 477–525.

Dunnette, M. D., & Kirchner, W. K. (1965). *Psychology applied to industry.* New York, NY: Meredith.

Dvir, T., Eden, D., & Banjo, M. L. (1995). Self-fulfilling prophecy and gender: Can women be Pygmalion and Galatea? *Journal of Applied Psychology, 80*, 253–270.

Earley, P. C. (1985). Influence of information, choice, and task complexity upon goal acceptance, performance, and personal goals. *Journal of Applied Psychology, 70*, 481–491.

Earley, P. C., Connolly, T., & Ekegren, G. (1989). Goals, strategy development, and task performance: Some limits on the efficacy of goal setting. *Journal of Applied Psychology, 74*, 24–33.

Eaton, N. K., Wing, H., & Mitchell, K. J. (1985). Alternate methods of estimating the dollar value of performance. *Personnel Psychology, 38*, 27–40.

Ebel, R. L. (1977). Comments on some problems of employment testing. *Personnel Psychology, 30*, 55–68.

Eckhardt, G. (2002). Book review of culture's consequences: Comparing values, behaviors, institutions, and organizations across nations (2nd ed.). *Australian Journal of Management, 27*, 89–94.

Eddy, E. R., Stone, D. L., & Stone-Romero, E. F. (1999). The effects of information management policies on reactions to human resource information systems: An integration of privacy and procedural justice perspectives. *Personnel Psychology, 52*, 335–358.

Eden, D. (1985). Team development: A true field experiment at three levels of rigor. *Journal of Applied Psychology, 70*, 94–100.

Eden, D. (1988). Pygmalion, goal setting, and expectancy: Compatible ways to boost productivity. *Academy of Management Review, 13*, 639–652.

Eden, D., & Aviram, A. (1993). Self-efficacy training to speed reemployment: Helping people to help themselves. *Journal of Applied Psychology, 78*, 352–360.

Eden, D., & Shani, A. B. (1982). Pygmalion goes to boot camp: Expectancy, leadership, and trainee performance. *Journal of Applied Psychology, 67*, 194–199.

Edwards, J. E., Frederick, J. T., & Burke, M. J. (1988). Efficacy of modified CREPID SD_Ys on the basis of archival organizational data. *Journal of Applied Psychology, 73*, 529–535.

Edwards, J. R. (2002). Alternatives to difference scores: Polynomial regression and response surface methodology. In F. Drasgow, & N. Schmitt (Eds.), *Measuring and analyzing behavior in organizations* (pp. 350–400). San Francisco, CA: Jossey-Bass.

Edwards, J. R., & Van Harrison, R. (1993). Job demands and worker health: Three-dimensional reexamination of the relationship between person-environment fit and strain. *Journal of Applied Psychology, 78*, 628–648.

Einhorn, H. J. (1972). Expert measurement and mechanical combination. *Organizational Behavior and Human Performance, 7*, 86–106.

Einhorn, H. J., & Hogarth, R. M. (1975). Unit weighting schemes for decision making. *Organizational Behavior and Human Performance, 13*, 171–192.

Elkins, T. J., & Phillips, J. S. (2000). Job context, selection decision outcome, and the perceived fairness of selection tests: Biodata as an illustrative case. *Journal of Applied Psychology, 85*, 479–484.

Ellingson, J. E., Sackett, P. R., & Hough, L. M. (1999). Social desirability corrections in personality measurement: Issues of applicant comparison and construct validity. *Journal of Applied Psychology, 84*, 155–166.

Elliott, D., & Stern, J. E. (1997). *Research ethics: A reader.* Hanover, NH: University Press of New England.

Elmer-Dewitt, P. (1993, January 18). Who's reading your screen? *Time*, p. 46.

Engardio, P. (2006, January 30). The future of outsourcing. *Business Week*, pp. 50–58.

Engardio, P. (2007, August 20, 27). Managing the new workforce. *BusinessWeek*, pp. 48–51.

England, G. W. (1971). *Development and use of weighted application blanks* (rev. ed.). Minneapolis: University of Minnesota Industrial Relations Center.

Engle, A. D., Sr., Dowling, P. J., & Festing, M. (2008). State of origin: Research in global performance management, a proposed research domain, and emerging implications. *European Journal of International Management*, *2*, 153–169.

Epstein, A. (1985, January 26). Employers responsible in sex-harassment cases. *Denver Post*, p. 3A.

Epstein, S. (1979). The stability of behavior: I. On predicting most of the people much of the time. *Journal of Personality and Social Psychology*, *37*, 1097–1126.

Epstein, S. (1980). The stability of behavior: II. Implications for psychological research. *American Psychologist*, *35*, 790–806.

Equal Employment Opportunity Commission Annual Report. (2009). Downloaded March 27, 2009, from www.eeoc.gov/abouteeoc/plan/par/2008/managements_discussion.html#highlights.

Equal Employment Opportunity Commission. (n.d.). Retrieved March 26, 2009a, from www.eeoc.gov/stats/epa.html..

Equal Employment Opportunity Commission. (n.d.). Retrieved March 26, 2009b, from www.eeoc.gov/stats/adea.html.

Equal Employment Opportunity Commission. (n.d.). Retrieved March 26, 2009c, from www.eeoc.gov/types/ada.html.

Equal Employment Opportunity Commission. Guidelines on discrimination because of sex, 29 CFR 1604.10. Employment policies relating to pregnancy and childbirth. (revised July 1, 2006).

Erez, M., & Earley, P. C. (1987). Comparative analysis of goal-setting strategies across cultures. *Journal of Applied Psychology*, *72*, 658–665.

Erez, M., Earley, P. C., & Hulin, C. L. (1985). The impact of goal acceptance and performance: A two-step model. *Academy of Management Journal*, *28*, 50–66.

Erez, M., & Zidon, I. (1984). Effect of goal acceptance on the relationship of goal difficulty to performance. *Journal of Applied Psychology*, *69*, 69–78.

Erlam, N. A. (2005). Walking the criminal records tightrope. n.d. Retrieved April 17, 2008, www.shrm.org/ ema/sm/articles/2005/octdec05Erlam.asp.

Facteau, J. D., & Craig, S. B. (2001). Are performance appraisal ratings from different rating sources comparable? *Journal of Applied Psychology*, *86*, 215–227.

Facteau, J. D., Dobbins, G. H., Russell, J. E. A., Ladd, R. T., & Kudisch, J. D. (1995). The influence of general perceptions of the training environment on pre-training motivation and perceived training transfer. *Journal of Management*, *21*, 1–25.

Falcone, P. (1995). Getting employers to open up on a reference check. *HRMagazine*, *40*(7), 58–63.

Faley, R. H., & Sundstrom, E. (1985). Content representativeness: An empirical method of evaluation. *Journal of Applied Psychology*, *70*, 567–571.

Faragher v. City of Boca Raton, 118 S. Ct. 2275 (1998).

Farh, J. L., & Dobbins, G. H. (1989). Effects of comparative performance information on the accuracy of self-ratings and agreement between self- and supervisor ratings. *Journal of Applied Psychology*, *74*, 606–610.

Farh, J. L., Dobbins, G. H., & Cheng, B. S. (1991). Cultural relativity in action: A comparison of self-ratings made by Chinese and U.S. workers. *Personnel Psychology*, *44*, 129–147.

Farh, J. L., Werbel, J. D., & Bedeian, A. G. (1988). An empirical investigation of self appraisal-based performance evaluation. *Personnel Psychology*, *41*, 141–156.

Farr, J. L. (2003). Introduction to the special issue: Stereotype threat effects in employment settings. *Human Performance*, *16*, 179–180.

Farr, J. L., & Jacobs, R. (2006). Trust us: New perspectives on performance appraisal. In W. Bennett, C. E. Lance, & D. J. Woehr (Eds.), *Performance measurement: Current perspectives and future challenges* (pp. 321–337). Mahwah, NJ: Lawrence Erlbaum.

Farmer, S., & Aguinis, H. (2005). Accounting for subordinate perceptions of supervisor power: An identity-dependence model. *Journal of Applied Psychology*, *90*, 1069–1083.

Farrell, J. N., & McDaniel, M. A. (2001). The stability of validity coefficients over time: Ackerman's (1988) model and the General Aptitude Test Battery. *Journal of Applied Psychology*, *86*, 60–79.

Fay, C. H., & Latham, G. P. (1982). Effects of training and rating scales on rating errors. *Personnel Psychology*, *35*, 105–116.

Fay, D., & Frese, M. (2001). The concept of personal initiative: An overview of validity studies. *Human Performance*, *14*, 97–124.

Ferguson, J., & Fletcher, C. (1989). An investigation of some cognitive factors involved in person-perception during selection interviews. *Psychological Reports*, *64*, 735–745.

Ferguson, L. W. (1960). Ability, interest, and aptitude. *Journal of Applied Psychology*, *44*, 126–131.

Ferris, G. R., Yates, V. L., Gilmore, D. C., & Rowland, K. M. (1985). The influence of subordinate age on performance ratings and causal attributions. *Personnel Psychology*, *38*, 545–557.

Fiedler, F. E. (1967). *A theory of leadership effectiveness.* New York, NY: McGraw-Hill.

Fiedler, F. E., Mitchell, T., & Triandis, H. C. (1971). The culture assimilator: An approach to cross-cultural training. *Journal of Applied Psychology*, *55*, 95–102.

Field, A. P. (2001). Meta-analysis of correlation coefficients: A Monte Carlo comparison of fixed- and random-effects methods. *Psychological Methods*, *6*, 161–180.

Findley, H. M., Giles, W. F., & Mossholder, K. W. (2000). Performance appraisal process and system facets: Relationships with contextual performance. *Journal of Applied Psychology*, *85*, 634–640.

Fine, M. A., & Kurdek, L. A. (1993). Reflections on determining authorship credit and authorship order on faculty-student collaborations. *American Psychologist*, *48*, 1141–1147.

Fine, S. A. (1989). *Functional job analysis scales: A desk aid.* Milwaukee, WI: Sidney A. Fine.

Finkelstein, S., & Hambrick, D. C. (1996). *Strategic leadership: Top executives and their effects on organizations.* New York, NY: West.

Finkelstein, L. M., Frautschy Demuth, R. L., & Sweeney, D. L. (2007). Bias against overweight job applicants: Further explorations of when and why. *Human Resource Management*, *46*, 203–222.

Firefighters Local Union No. 1784 v. Stotts, 467 U.S. 661 (1984).

Fisher, A. (2002, November 11). What you call old age, I call a lifetime of experience. *Fortune*, p. 218.

Fisher, S. L., & Ford, J. K. (1998). Differential effects of learner effort and goal orientation on two learner outcomes. *Personnel Psychology*, *51*, 397–420.

Flanagan, J. C. (1954a). The critical incident technique. *Psychological Bulletin*, *51*, 327–358.

Flanagan, J. C. (1954b). Some considerations in the development of situational tests. *Personnel Psychology*, *7*, 461–464.

Flanagan, J. C., & Burns, R. K. (1955). The employee performance record: A new appraisal and development tool. *Harvard Business Review*, *33*, 95–102.

Fleishman, E. A. (1973). Twenty years of consideration and structure. In E. A. Fleishman, & J. G. Hunt (Eds.), *Current developments in the study of leadership.* Carbondale: Southern Illinois University Press.

Fleishman, E. A. (1975). Toward a taxonomy of human performance. *American Psychologist*, *30*, 1127–1149.

Fleishman, E. A. (1988). Some new frontiers in personnel selection research. *Personnel Psychology*, *42*, 679–701.

Fleishman, E. A. (1992). *Fleishman Job Analysis Survey Rating Scale Booklet (F-JAS).* Potomac, MD: Management Research Institute.

Fleishman, E. A. & Mumford, M. D. (1988). Ability-requirement scales. In S. Gael (Ed.), *The job analysis handbook for business, industry, and government* (pp. 917–935). New York, NY: Wiley.

Fleishman, E. A., & Mumford, M. D. (1991). Evaluating classifications of job behavior: A construct validation of the ability requirement scales. *Personnel Psychology*, *44*, 523–575.

Fleishman, E. A., & Peters, D. A. (1962). Interpersonal values, leadership attitudes, and managerial "success." *Personnel Psychology*, *15*, 127–143.

Fleishman, E. A., & Quaintance, M. K. (1984). Taxonomies of human performance: The description of human tasks. Potomac, MD: Management Research Institute.

Fleishman, E. A., & Reilly, M. E. (1992a). *Fleishman Job Analysis Survey (F-JAS) Administrator's Guide.* Potomac, MD: Management Research Institute.

Fleishman, E. A., & Reilly, M. E. (1992b). *Handbook of human abilities: Definitions, measurements, and job task characteristics.* Potomac, MD: Management Research Institute.

Fletcher, C. (2001). Performance appraisal and management: The developing research agenda. *Journal of Occupational and Organizational Psychology*, *74*, 473–487.

Florin-Thuma, B. C., & Boudreau, J. W. (1987). Performance feedback utility in a small organization: Effects on organizational outcomes and managerial decision processes. *Personnel Psychology*, *40*, 693–713.

Foley, J. D., Jr. (1969). Determining training needs of department store sales personnel. *Training and Development Journal*, *23*, 24–27.

Foldes, H. J., Duehr, E. E., & Ones, D. S. (2008). Group differences in personality: Meta-analyses comparing five U.S. racial groups. *Personnel Psychology*, *61*, 579–616.

Fondas, N. (1992, Summer). A behavioral job description for managers. *Organizational Dynamics*, pp. 47–58.

For dual-career expats, economic woes threaten benefits. (2009, January 30). Retrieved February 9, 2009, from www.shrm.org/hrdisciplines/global.

Ford, J. K., & Noe, R. A. (1987). Self-assessed training needs: The effects of attitudes toward training, managerial level, and function. *Personnel Psychology*, *40*, 39–53.

Ford, J. K., Quiñones, M. A., Sego, D. J., & Sorra, J. S. (1992). Factors affecting the opportunity to perform trained tasks on the job. *Personnel Psychology*, *45*, 511–527.

Ford, J. K., Smith, E. M., Sego, D. J., & Quiñones, M. A. (1993). Impact of task experience and individual factors on training-emphasis ratings. *Journal of Applied Psychology*, *78*, 583–590.

Ford, J. K., & Weissbein, D. A. (1997). Transfer of training: An updated review and analysis. *Performance Improvement Quarterly*, *10*(2), 22–41.

Forgas, J. P., & George, J. M. (2001). Affective influences on judgments and behavior in organizations: An information processing perspective. *Organizational Behavior and Human Decision Processes*, *86*, 3–34.

Forster, S. (2003, September 15). The best way to recruit new workers and to find a job. *The Wall Street Journal*, p. R8.

Fox, S., & Dinur, Y. (1988). Validity of self assessment: A field evaluation. *Personnel Psychology*, *41*, 581–592.

Franke, G. R., Crown, D. F., & Spake, D. F. (1997). Gender differences in ethical perceptions of business practices: A social role theory perspective. *Journal of Applied Psychology*, *82*, 920–934.

Frase-Blunt, M. (2004, April). Make a good first impression. *HRMagazine*, *49*(4), 80–86.

Frayne, C. A., & Latham, G. P. (1987). The application of social learning theory to employee self-management of attendance. *Journal of Applied Psychology*, *72*, 387–392.

Fredericksen, N. (1962). Factors in in-basket performance. *Psychological Monographs*, *76*(22, Whole No. 541), entire issue.

Freeberg, N. E. (1976). Criterion measures for youth-work training programs: The development of relevant performance dimensions. *Journal of Applied Psychology*, *61*, 537–545.

Freeman, R. E. (1984). *Strategic management: A stakeholder approach.* Boston, MA: Pitman.

Frese, M., Beimel, S., & Schoenborn, S. (2003). Action training for charismatic leadership: Two evaluations of studies of a commercial training module on inspirational communication of a vision. *Personnel Psychology*, *56*, 671–697.

Fried, Y., Tiegs, R. B., & Bellamy, A. R. (1992). Personal and interpersonal predictors of supervisors' avoidance of evaluating subordinates. *Journal of Applied Psychology*, *77*, 462–468.

Friedman, T. L. (2005). *The world is flat.* New York, NY: Farrar, Strauss, & Giroux.

Friedman, T. L. (2008). *Hot, flat, and crowded.* New York, NY: Farrar, Strauss, & Giroux.

Frieling, E., Kannheiser, W., & Lindberg, R. (1974). Some results with the German form of the Position Analysis Questionnaire (PAQ). *Journal of Applied Psychology*, *59*, 741–747.

Frost, B. C., Chia-Huei, E. K., & James, L. R. (2007). Implicit and explicit personality: A test of a channeling hypothesis for aggressive behavior. *Journal of Applied Psychology*, *92*, 1299–1319.

Furby, L. (1973). Interpreting regression toward the mean in developmental research. *Development Psychology, 8*, 172–179.

Furnco Construction Corp. v. Waters, 438 U.S. 567 (1978).

Furnham, A. (2008). HR professionals' beliefs about, and knowledge of, assessment techniques and psychometric tests. *International Journal of Selection and Assessment, 16*, 300–305.

Fusilier, M. R., & Hoyer, W. D. (1980). Variables affecting perceptions of invasion of privacy in a personnel selection situation. *Journal of Applied Psychology, 65*, 623–626.

Gael, S. (Ed.). (1988). *The job analysis handbook for business, industry, and government.* New York, NY: Wiley.

Gagné, R. M. (1962). Military training and principles of learning. *American Psychologist, 18*, 83–91.

Gagné, R. M. (Ed.). (1967). *Learning and individual differences.* Columbus, OH: Merrill.

Gagné, R. M. (1977). *Conditions of learning* (3rd ed.). New York, NY: Holt, Rinehart, & Winston.

Gagné, R. M., & Briggs, L. J. (1979). *Principles of instructional design* (2nd ed.). New York, NY: Holt, Rinehart, & Winston.

Gagné, R. M., & Rohwer, W. D., Jr. (1969). Instructional psychology. *Annual Review of Psychology, 20*, 381–418.

Ganster, D. C., Williams, S., & Poppler, P. (1991). Does training in problem solving improve the quality of group decisions? *Journal of Applied Psychology, 76*, 479–483.

Ganzach, Y. (1995). Negativity (and positivity) in performance evaluation: Three field studies. *Journal of Applied Psychology, 80*, 491–499.

Ganzach, Y., Kluger, A. N., & Klayman, N. (2000). Making decisions from an interview: Expert measurement and mechanical combination. *Personnel Psychology, 53*, 1–20.

García, M. F., Posthuma, R. A., & Colella, A. (2008). Fit perceptions in the employment interview: The role of similarity, liking, and expectations. *Journal of Occupational and Organizational Psychology, 81*, 173–189.

Garr, D. (2000). *IBM redux: Lou Gerstner and the business turnaround of the decade.* New York, NY: Wiley.

Gaugler, B. B., Rosenthal, D. B., Thornton, G. C., III, & Bentson, C. (1987). Meta-analysis of assessment center validity. *Journal of Applied Psychology, 72*, 493–511.

Gaudine, A. P., & Saks, A. M. (2004). A longitudinal quasi-experiment on the effects of post-training transfer interventions. *Human Resource Development Quarterly, 15*, 57–76.

Gaugler, B. B., & Rudolph, A. S. (1992). The influence of assessee performance variation on assessors' judgments. *Personnel Psychology, 45*, 77–98.

Gaugler, B. B., & Thornton, G. C., III. (1989). Number of assessment center dimensions as a determinant of assessor accuracy. *Journal of Applied Psychology, 74*, 611–618.

Gazur, M. (1994). *Global business challenges: Am I ready?* Boulder, CO: International Concepts, Ltd.

Geisinger, K. F., Spies, R. A., Carlson, J. F., & Plake, B. S. (Eds.) (2007). *The seventeenth mental measurements yearbook.* Lincoln, NE: University of Nebraska Press.

Gelfand, M. J., Erez, M., & Aycan, Z. (2007). Cross-cultural organizational behavior. *Annual Review of Psychology, 58*, 479–514.

Gelfand, M. J., Leslie, L. M., & Fehr, R. (2008). To prosper organizational psychology should . . . Adopt a global perspective. *Journal of Organizational Behavior, 29*, 493–517.

Gentry, W. A., Weber, T. J., & Sadri, G. (2008). Examining career-related mentoring and managerial performance across cultures: A multi-level analysis. *Journal of Vocational Behavior, 72*, 241–253.

George, B. (2007, November 29). An embarrassment of succession fiascoes. Retrieved April 13, 2009, from www.businessweek.com.

Gerhart, B., & Fang, M. (2005). National culture and human resource management: Assumptions and evidence. *International Journal of Human Resource Management, 16*(6), pp. 971–986.

Geutal, H., & Stone, D. L. (Eds.). (2005). *The brave new world of eHR: Human resources management in the digital age.* San Francisco, CA: Jossey-Bass.

Ghiselli, E. E. (1956). Dimensional problems of criteria. *Journal of Applied Psychology, 40*, 1–4.

Ghiselli, E. E. (1963). Managerial talent. *American Psychologist, 8*, 631–642.

Ghiselli, E. E. (1966). *The validity of occupational aptitude tests.* New York, NY: Wiley.

Ghiselli, E. E. (1973). The validity of aptitude tests in personnel selection. *Personnel Psychology, 26*, 461–477.

Ghiselli, E. E., & Brown, C. W. (1955). *Personnel and industrial psychology* (2nd ed.). New York, NY: McGraw-Hill.

Ghiselli, E. E., Campbell, J. P., & Zedeck, S. (1981). *Measurement theory for the behavioral sciences.* San Francisco, CA: Freeman.

Ghiselli, E. E., & Haire, M. (1960). The validation of selection tests in the light of the dynamic nature of criteria. *Personnel Psychology, 13*, 225–231.

Ghorpade, J. (2000). Managing five paradoxes of 360-degree feedback. *Academy of Management Executive, 14*, 140–150.

Ghorpade, J., & Chen, M. M. (1995). Creating quality-driven performance appraisal systems. *Academy of Management Executive, 9*(1), 32–39.

Gil, E. F., & Bob, S. (1999). Culturally competent research: An ethical perspective. *Clinical Psychology Review, 19*, 45–55.

Gilliland, S. W. (1993). The perceived fairness of selection systems: An organizational justice perspective. *Academy of Management Review, 18*, 694–734.

Gist, M. E., Schwoerer, C., & Rosen, B. (1989). Effects of alternative training methods on self-efficacy and performance in computer software training. *Journal of Applied Psychology, 74*, 884–891.

Gist, M. E., Stevens, C. K., & Bavetta, A. G. (1991). Effects of self-efficacy and post-training intervention on the acquisition and maintenance of complex interpersonal skills. *Personnel Psychology, 44*, 837–861.

Gleason, W. J. (1957). Predicting army leadership ability by modified leaderless group discussion. *Journal of Applied Psychology, 41*, 231–235.

Glennon, J. R., Albright, L. E., & Owens, W. A. (1966). *A catalog of life history items.* Greensboro, NC: Richardson Foundation.

GMAC Global Relocation Services. (2008). *Global relocation trends: 2008 survey report.* Retrieved August 21, 2008, from www.gmacglobalrelocation.com.

Goffin, R. D., & Woychesin, D. E. (2006). An empirical method of determining employee competencies/KSAOs from task-based job analysis. *Military Psychology, 18*(2), pp. 121–130.

Goldman, B. M. (2001). Toward an understanding of employment discrimination claiming: An integration of organizational justice and social information processing theories. *Personnel Psychology, 54*, 361–386.

Goldstein, I. L. (1978). The pursuit of validity in the evaluation of training programs. *Human Factors, 20*, 131–144.

Goldstein, I. L., & Associates. (1989). *Training and development in organizations.* San Francisco, CA: Jossey-Bass.

Goldstein, I. L., & Ford, J. K. (2002). *Training in organizations: Needs assessment, development, and evaluation* (4th ed.). Belmont, CA: Wadsworth.

Goldstein, A. P., & Sorcher, M. (1974). *Changing supervisor behavior.* New York, NY: Pergamon.

Goldstein, H. W., Yusko, K. P., Braverman, E. P., Smith, D. B., & Chung, B. (1998). The role of cognitive ability in the subgroup differences and incremental validity of assessment center exercises. *Personnel Psychology, 51*, 357–374.

Goldstein, H. W., Zedeck, S., & Goldstein, I. L. (2002). G: Is this your final answer? *Human Performance, 15*, 123–142.

Gong, Y. (2003a). Toward a dynamic process model of staffing composition and subsidiary outcomes in multinational enterprises. *Journal of Management*, 29, 259–280.

Gong, Y. (2003b). Subsidiary staffing in multinational enterprises: Agency, resources, and performance. *Academy of Management Journal*, 46, 728–739.

Goodman, P. S., & Healy, J. (2009, March 7). Job losses hint at vast remaking of the economy. *The New York Times.* Retrieved March 7, 2009, from www.nytimes.com.

Goodman, J. S., & Wood, R. E. (2004). Feedback specificity, learning opportunities, and learning. *Journal of Applied Psychology, 89*, 809–821.

Gordon, M. E., & Cohen, S. L. (1973). Training behavior as a predictor of trainability. *Personnel Psychology, 26*, 261–272.

Gordon, M. E., & Johnson, W. A. (1982). Seniority: A review of its legal and scientific standing. *Personnel Psychology, 35*, 255–280.

Gordon, H. W., & Leighty, R. (1988). Importance of specialized cognitive function in the selection of military pilots. *Journal of Applied Psychology, 73*, 38–45.

Gottfredson, L. S. (1988). Reconsidering fairness: A matter of social and ethical priorities. *Journal of Vocational Behavior, 33*, 293–319.

Grant, D. L., Katkovsky, W., & Bray, D. W. (1967). Contributions of projective techniques to assessment of management potential. *Journal of Applied Psychology, 51*, 226–231.

Gratz v. Bollinger. (2003, June 23). Available at http://laws.findlaw.com/us/000/02-516.html.

Green, D. R. (1975, March). *What does it mean to say a test is biased?* Paper presented at the meeting of the American Educational Research Association, Washington, DC.

Greenberg, J. (2002). Who stole the money, and when? Individual and situational determinants of employee theft. *Organizational Behavior and Human Decision Processes, 89*, 985–1003.

Greenfield, W. M. (2004). In the name of corporate social responsibility. *Business Horizons, 47*(1), 19–28.

Greenhouse, L. (1984, June 13). Seniority is held to outweigh race as a layoff guide. *The New York Times*, pp. 1A, 12B.

Greenwood, M. (2007). Stakeholder engagement: Beyond the myth of corporate responsibility. *Journal of Business Ethics, 74*, 315–327.

Greer, O. L., & Cascio, W. F. (1987). Is cost accounting the answer? Comparison of two behaviorally based methods for estimating the standard deviation of performance in dollars with a cost-accounting-based approach. *Journal of Applied Psychology, 72*, 588–595.

Gregersen, H. B. (1992). Commitments to a parent company and a local work unit during repatriation. *Personnel Psychology, 45*, 29–54.

Gregersen, H. B., & Black, J. S. (1996). Multiple commitments upon repatriation: The Japanese experience. *Journal of Management, 22*, 209–229.

Gregory, D. L. (1998). Reducing the risk of negligence in hiring. *Employee Relations Law Journal, 14*, 31–40.

Greguras, G. J., & Robie, C. (1998). A new look at within-source interrater reliability of 360-degree feedback ratings. *Journal of Applied Psychology, 83*, 960–968.

Greguras, G. J., Robie, C., Schleicher, D. J., & Goff, M. (2003). A field study of the effects of rating purpose on the quality of multisource ratings. *Personnel Psychology, 56*, 1–21.

Greller, M. (1980). Evaluation of feedback sources as a function of role and organizational level. *Journal of Applied Psychology, 65*, 24–27.

Grey, R. J., & Kipnis, D. (1976). Untangling the performance appraisal dilemma: The influence of perceived organizational context on evaluation processes. *Journal of Applied Psychology, 61*, 329–335.

Greguras, G. J., Robie, C., Born, M. P., & Koenigs, R. J. (2007). A social relations analysis of team performance ratings. *International Journal of Selection and Assessment, 15*, 434–448.

Griggs v. Duke Power Company, 401 U.S. 424 (1971).

Griendling, H. (2008, May 2). *World-class recruiting.* n.d. Retrieved May 21, 2008, from www.ere.net/articles/db/514928EADEF748CE98297A69348EEF16.asp.

Griffore, R. J. (2007). Speaking of fairness in testing. *American Psychologist, 62*, 1081–1082.

Grimsley, G., & Jarrett, H. F. (1973). The relation of managerial achievement to test measures obtained in the employment situation: Methodology and results. *Personnel Psychology, 26*, 31–48.

Grimsley, G., & Jarrett, H. F. (1975). The relation of past managerial achievement to test measures obtained in the employment situation: Methodology and results—II. *Personnel Psychology, 28*, 215–231.

Grossman, R. J. (2003, August). Are you ignoring older workers? *HRMagazine*, pp. 40–46.

Grossman, R. J. (2006, January). Developing talent. *HRMagazine*, pp. 40–46.

Grove, A. (2003, August 25). The future of tech: The big picture. *Business Week*, pp. 86–88.

Grutter v. Bollinger. (2003). Available at http://laws.findlaw.com/us/000/02-241.html.

Guardians Assn. of N.Y. City Police Dept. v. Civil Service Comm. of City of N. Y. (1980, November). *The Industrial-Organizational Psychologist*, pp. 44–49.

Guilford, J. P. (1954). *Psychometric methods* (2nd ed.). New York, NY: McGraw-Hill.

Guilford, J. P., & Fruchter, B. (1978). *Fundamental statistics in psychology and education* (6th ed.). New York, NY: McGraw-Hill.

Guion, R. M. (1961). Criterion measurement and personnel judgments. *Personnel Psychology*, *14*, 141–149.

Guion, R. M. (1965). *Personnel testing*. New York, NY: McGraw-Hill.

Guion, R. M. (1966). Employment tests and discriminatory hiring. *Industrial Relations*, *5*, 20–37.

Guion, R. M. (1976). Recruiting, selection, and job placement. In M. D. Dunnette (Ed.), *Handbook of industrial and organizational psychology* (pp. 777–828). Chicago, IL: Rand McNally.

Guion, R. M. (1987). Changing views for personnel selection research. *Personnel Psychology*, *40*, 199–213.

Guion, R. M. (1998). *Assessment, measurement, and prediction for personnel decisions*. Mahwah, NJ: Lawrence Erlbaum.

Guion, R. M. (2002). Validity and reliability. In S. G. Rogelberg (Ed.), *Handbook of research methods in industrial and organizational psychology* (pp. 57–76). Malden, MA: Blackwell.

Guion, R. M. (2004). Banding: Background and general management purpose. In H. Aguinis (Ed.), *Test score banding in human resource selection: Legal, technical, and societal issues* (pp. 49–70). Westport, CT: Praeger.

Guion, R. M., & Cranny, C. J. (1982). A note on concurrent and predictive validity designs: A critical reanalysis. *Journal of Applied Psychology*, *67*, 239–244.

Guion, R. M., & Gibson, W. M. (1988). Personnel selection and placement. *Annual Review of Psychology*, *39*, 349–374.

Gulliksen, H. (1950). *Theory of mental tests*. New York, NY: Wiley.

Gunz, H., & Peiperl, M. (Eds.). (2007). *Handbook of career studies*. Thousand Oaks, CA: Sage.

Guthrie, J. P., & Olian, J. D. (1991). Does context affect staffing decisions? The case of general managers. *Personnel Psychology*, *44*, 263–292.

Guzzo, R. A., Jette, R. D., & Katzell, R. A. (1985). The effects of psychologically-based intervention programs on worker productivity: A meta-analysis. *Personnel Psychology*, *38*, 275–291.

Haaland, S., & Christiansen, N. D. (2002). Implications of trait-activation theory for evaluating the construct validity of assessment center ratings. *Personnel Psychology*, *55*, 137–163.

Hackman, J. R. (1998). Why teams don't work. In R. S. Tindale, & L. Heath (Eds.), *Theory and research on small groups* (pp. 245–267). New York, NY: Plenum Press

Haccoun, R. R., & Hamtieux, T. (1994). Optimizing knowledge tests for inferring learning acquisition levels in single-group training-evaluation designs: The internal referencing strategy. *Personnel Psychology*, *47*, 593–604.

Haigh, M., & Jones, M. T. (2007). A critical review of relations between corporate responsibility research and practice. *Electronic Journal of Business Ethics and Organization Studies 12*(1), 16–28.

Haire, M. (1964). *Psychology of management* (2nd ed.). New York, NY: McGraw-Hill.

Hakel, M. D. (1989). Merit-based selection: Measuring the person for the job. In W. F. Cascio (Ed.), *Human resource planning, employment, and placement* (pp. 2-135–2-158). Washington, DC: Bureau of National Affairs.

Hakel, M. D., Ohnesorge, J. P., & Dunnette, M. D. (1970). Interviewer evaluations of job applicants' resumes as a function of the qualifications of the immediately preceding applicants: An examination of contrast effects. *Journal of Applied Psychology*, *54*, 27–30.

Hakstian, A. R., Farrell, S., & Tweed, R. G. (2002). The assessment of counterproductive tendencies by means of the California Psychological Inventory. *International Journal of Selection and Assessment*, *10*, 58–86.

Hall, S. M., & Brannick, M. (2002). Comparison of two random effects methods of meta-analysis. *Journal of Applied Psychology*, *87*, 377–389.

Hall, D. T., & Mirvis, P. H. (1995). Careers as life-long learning. In A. Howard (Ed.), *The changing nature of work* (pp. 323–361). San Francisco, CA: Jossey-Bass.

Hambleton, R. K. (1994). Guidelines for adapting educational and psychological tests: A progress report. *European Journal of Psychological Assessment*, *10*, 229–244.

Hambleton, R. K., & Kanjee, A. (1995). Increasing the validity of cross-cultural assessments: Use of improved methods for test adaptations. *European Journal of Psychological Assessment*, *11*, 147–157.

Hamel, G. (2000). *Leading the revolution*. Boston, MA: Harvard Business School Press.

Hanges, P. J., Braverman, E. P., & Rentch, J. R. (1991). Changes in raters' perceptions of subordinates: A catastrophe model. *Journal of Applied Psychology*, *76*, 878–888.

Hanisch, K. A., & Hulin, C. L. (1994). Two-stage sequential selection procedures using ability and training performance: Incremental validity of behavioral consistency measures. *Personnel Psychology*, *47*, 767–785.

Hanser, L. M., Arabian, J. M., & Wise, L. (1985, October). *Multidimensional performance measurement*. Paper presented at the annual meeting of the Military Testing Association, San Diego, CA.

Harpaz, I. (1996). International management survey research. In B. J. Punnett, & O. Shenkar (Eds.), *Handbook for international management research* (pp. 37–62). Cambridge, MA: Blackwell.

Harrell, A. M., & Stahl, M. J. (1981). A behavioral decision theory approach for measuring McClelland's trichotomy of needs. *Journal of Applied Psychology*, *66*, 242–247.

Harris, B. (1988). Key words: A history of debriefing in social psychology. In J. Morawski (Ed.), *The rise of experimentation in American psychology* (pp. 188–212). New York, NY: Oxford University Press.

Harris, H. (2006). Issues facing women on international assignments: A review of the research. In G. K. Stahl, & I. Björkman (Eds.), *Handbook of research in international human resource management* (pp. 265–282). Cheltenham, UK: Edward Elgar.

Harris, M. M., Becker, A. S., & Smith, D. E. (1993). Does the assessment center scoring method affect the cross-situational

Grutter v. Bollinger. (2003). Available at http://laws.findlaw.com/us/000/02-241.html.
Guardians Assn. of N.Y. City Police Dept. v. Civil Service Comm. of City of N. Y. (1980, November). *The Industrial-Organizational Psychologist*, pp. 44–49.
Guilford, J. P. (1954). *Psychometric methods* (2nd ed.). New York, NY: McGraw-Hill.
Guilford, J. P., & Fruchter, B. (1978). *Fundamental statistics in psychology and education* (6th ed.). New York, NY: McGraw-Hill.
Guion, R. M. (1961). Criterion measurement and personnel judgments. *Personnel Psychology, 14*, 141–149.
Guion, R. M. (1965). *Personnel testing*. New York, NY: McGraw-Hill.
Guion, R. M. (1966). Employment tests and discriminatory hiring. *Industrial Relations, 5*, 20–37.
Guion, R. M. (1976). Recruiting, selection, and job placement. In M. D. Dunnette (Ed.), *Handbook of industrial and organizational psychology* (pp. 777–828). Chicago, IL: Rand McNally.
Guion, R. M. (1987). Changing views for personnel selection research. *Personnel Psychology, 40*, 199–213.
Guion, R. M. (1998). *Assessment, measurement, and prediction for personnel decisions*. Mahwah, NJ: Lawrence Erlbaum.
Guion, R. M. (2002). Validity and reliability. In S. G. Rogelberg (Ed.), *Handbook of research methods in industrial and organizational psychology* (pp. 57–76). Malden, MA: Blackwell.
Guion, R. M. (2004). Banding: Background and general management purpose. In H. Aguinis (Ed.), *Test score banding in human resource selection: Legal, technical, and societal issues* (pp. 49–70). Westport, CT: Praeger.
Guion, R. M., & Cranny, C. J. (1982). A note on concurrent and predictive validity designs: A critical reanalysis. *Journal of Applied Psychology, 67*, 239–244.
Guion, R. M., & Gibson, W. M. (1988). Personnel selection and placement. *Annual Review of Psychology, 39*, 349–374.
Gulliksen, H. (1950). *Theory of mental tests*. New York, NY: Wiley.
Gunz, H., & Peiperl, M. (Eds.). (2007). *Handbook of career studies*. Thousand Oaks, CA: Sage.
Guthrie, J. P., & Olian, J. D. (1991). Does context affect staffing decisions? The case of general managers. *Personnel Psychology, 44*, 263–292.
Guzzo, R. A., Jette, R. D., & Katzell, R. A. (1985). The effects of psychologically-based intervention programs on worker productivity: A meta-analysis. *Personnel Psychology, 38*, 275–291.
Haaland, S., & Christiansen, N. D. (2002). Implications of trait-activation theory for evaluating the construct validity of assessment center ratings. *Personnel Psychology, 55*, 137–163.
Hackman, J. R. (1998). Why teams don't work. In R. S. Tindale, & L. Heath (Eds.), *Theory and research on small groups* (pp. 245–267). New York, NY: Plenum Press
Haccoun, R. R., & Hamtieux, T. (1994). Optimizing knowledge tests for inferring learning acquisition levels in single-group training-evaluation designs: The internal referencing strategy. *Personnel Psychology, 47*, 593–604.
Haigh, M., & Jones, M. T. (2007). A critical review of relations between corporate responsibility research and practice. *Electronic Journal of Business Ethics and Organization Studies 12*(1), 16–28.
Haire, M. (1964). *Psychology of management* (2nd ed.). New York, NY: McGraw-Hill.
Hakel, M. D. (1989). Merit-based selection: Measuring the person for the job. In W. F. Cascio (Ed.), *Human resource planning, employment, and placement* (pp. 2-135–2-158). Washington, DC: Bureau of National Affairs.
Hakel, M. D., Ohnesorge, J. P., & Dunnette, M. D. (1970). Interviewer evaluations of job applicants' resumes as a function of the qualifications of the immediately preceding applicants: An examination of contrast effects. *Journal of Applied Psychology, 54*, 27–30.
Hakstian, A. R., Farrell, S., & Tweed, R. G. (2002). The assessment of counterproductive tendencies by means of the California Psychological Inventory. *International Journal of Selection and Assessment, 10*, 58–86.
Hall, S. M., & Brannick, M. (2002). Comparison of two random effects methods of meta-analysis. *Journal of Applied Psychology, 87*, 377–389.
Hall, D. T., & Mirvis, P. H. (1995). Careers as life-long learning. In A. Howard (Ed.), *The changing nature of work* (pp. 323–361). San Francisco, CA: Jossey-Bass.
Hambleton, R. K. (1994). Guidelines for adapting educational and psychological tests: A progress report. *European Journal of Psychological Assessment, 10*, 229–244.
Hambleton, R. K., & Kanjee, A. (1995). Increasing the validity of cross-cultural assessments: Use of improved methods for test adaptations. *European Journal of Psychological Assessment, 11*, 147–157.
Hamel, G. (2000). *Leading the revolution*. Boston, MA: Harvard Business School Press.
Hanges, P. J., Braverman, E. P., & Rentch, J. R. (1991). Changes in raters' perceptions of subordinates: A catastrophe model. *Journal of Applied Psychology, 76*, 878–888.
Hanisch, K. A., & Hulin, C. L. (1994). Two-stage sequential selection procedures using ability and training performance: Incremental validity of behavioral consistency measures. *Personnel Psychology, 47*, 767–785.
Hanser, L. M., Arabian, J. M., & Wise, L. (1985, October). *Multidimensional performance measurement*. Paper presented at the annual meeting of the Military Testing Association, San Diego, CA.
Harpaz, I. (1996). International management survey research. In B. J. Punnett, & O. Shenkar (Eds.), *Handbook for international management research* (pp. 37–62). Cambridge, MA: Blackwell.
Harrell, A. M., & Stahl, M. J. (1981). A behavioral decision theory approach for measuring McClelland's trichotomy of needs. *Journal of Applied Psychology, 66*, 242–247.
Harris, B. (1988). Key words: A history of debriefing in social psychology. In J. Morawski (Ed.), *The rise of experimentation in American psychology* (pp. 188–212). New York, NY: Oxford University Press.
Harris, H. (2006). Issues facing women on international assignments: A review of the research. In G. K. Stahl, & I. Björkman (Eds.), *Handbook of research in international human resource management* (pp. 265–282). Cheltenham, UK: Edward Elgar.
Harris, M. M., Becker, A. S., & Smith, D. E. (1993). Does the assessment center scoring method affect the cross-situational

Feedback Survey. *Journal of Applied Psychology, 70*, 290–305.

Herrnstein, R. J., & Murray, C. (1994). *The bell curve: Intelligence and class structure in American life.* New York, NY: Free Press.

Hersey, R. B. (1932). *Workers' emotions in shop and home.* Philadelphia, PA: University of Pennsylvania Press.

Hesketh, B. (1997a). Dilemmas in training for transfer and retention. *Applied Psychology: An International Review, 46*, 317–339.

Hesketh, B. (1997b). W(h)ither dilemmas in training for transfer. *Applied Psychology: An International Review, 46*, 380–386.

Higgins, C. A., & Judge, T. A. (2004). The effect of applicant influence tactics on recruiter perceptions of fit and hiring recommendations. *Journal of Applied Psychology, 89*, 622–632.

Hillenbrand, C., & Money, K. (2007). Corporate responsibility and corporate reputation: Two separate concepts or two sides of the same coin? *Corporate Reputation Review 10*(4), 261–277.

Hinkin, T. R., & Tracey, J. B. (1999). An analysis of variance approach to content validation. *Organizational Research Methods, 2*, 175–186.

HiringGateway@yahoo-inc.com. Accessed August 19, 2008.

Hira, N. A. (2007, November 12). The making of a UPS driver. *Fortune*, pp. 118–130.

Hirschman, C. (2007). Putting forecasting in focus. *HRMagazine, 52*(3), 44–49

Hitt, M. A., & Barr, S. H. (1989). Managerial selection decision models: Examination of configural cue processing. *Journal of Applied Psychology, 74*, 53–61.

Hitt, M. A., Ireland, R. D., & Hoskisson, R. D. (2009). *Strategic management: Competitiveness and globalization, concepts* (8th ed.). Florence, KY: South-Western.

Hitt, M. A., Miller, C. C., & Collela, A. (2009). *Organizational behavior* (2nd ed.). Hoboken, NJ: Wiley.

Hobbs, N., & Stoops, N. (2002). *Demographic trends in the 20th century: Census 2000 special report* (CENSR–4). Washington, DC: U.S. Census Bureau.

Hobson, C. J., & Gibson, F. W. (1983). Policy capturing as an approach to understanding and improving performance appraisal: A review of the literature. *Academy of Management Review, 8*, 640–649.

Hoenig, J. M., & Heisey, D. M. (2001). The abuse of power: The pervasive fallacy of power calculations for data analysis. *American Statistician, 55*, 19–24.

Hof, R. D. (2005, June 20). The power of us. *BusinessWeek*, pp. 74–82.

Hoffman, C. C. (1999). Generalizing physical ability test validity: A case study using test transportability, validity generalization, and construct-related validation evidence. *Personnel Psychology, 52*, 1019–1041.

Hoffman, C. C., Holden, L. M., & Gale, K. (2000). So many jobs, so little "N": Applying expanded validation models to support generalization of cognitive test validity. *Personnel Psychology, 53*, 955–991.

Hoffman, C. C., & McPhail, S. M. (1998). Exploring options for supporting test use in situations precluding local validation. *Personnel Psychology, 51*, 987–1003.

Hoffman, C. C., & Thornton, G. C. (1997). Examining selection utility where competing predictors differ in adverse impact. *Personnel Psychology, 50*, 455–470.

Hoffman, D. A., Jacobs, R., & Baratta, J. E. (1993). Dynamic criteria and the measurement of change. *Journal of Applied Psychology, 78*, 194–204.

Hofstede, G. (2001). *Culture's consequences: Comparing values, behaviors, institutions, and organizations across nations* (2nd ed.). Thousand Oaks, CA: Sage.

Hofstede, G., & Hofstede, G. J. (2005). *Cultures and organizations: Software of the mind* (revised & expanded 2nd ed.). New York: McGraw-Hill.

Hogan, E. A. (1987). Effects of prior expectations on performance ratings: A longitudinal study. *Academy of Management Journal, 30*, 354–368.

Hogan, J., Barrett, P., & Hogan, R. (2007). Personality measurement, faking, and employment selection. *Journal of Applied Psychology, 92*, 1270–1285.

Hogan, J., & Hogan, R. (1989). How to measure employee reliability. *Journal of Applied Psychology, 74*, 273–279.

Hogan, J., & Holland, B. (2003). Using theory to evaluate personality and job-performance relations: A socioanalytic perspective. *Journal of Applied Psychology, 88*, 100–112.

Hogan, P. M., Hakel, M. D., & Decker, P. J. (1986). Effects of trainee-generated versus trainer-provided rule codes on generalization in behavior-modeling training. *Journal of Applied Psychology, 71*, 469–473.

Hogan, R., & Shelton, D. (1998). A socioanalytic perspective on job performance. *Human Performance, 11*, 129–144.

Holladay, C. L., & Quiñones, M. A. (2003). Practice variability and transfer of training: The role of self-efficacy generality. *Journal of Applied Psychology, 88*, 1094–1103.

Holland, K. (2008, January 27). When English is the rule at work. *The New York Times.* Downloaded August 24, 2008, from www.nytimes.com.

Hollenbeck, G. P. (2002). Coaching executives: Individual leader development. In R. Silzer (Ed.), *The 21st century executive* (pp. 137–167). San Francisco, CA: Jossey-Bass.

Hollenbeck, J. R., Ilgen, D. R., Tuttle, D. B., & Sego, D. J. (1995). Team performance on monitoring tasks: An examination of decision errors in contexts requiring sustained attention. *Journal of Applied Psychology, 80*, 685–696.

Hollender, J. (2004). What matters most: Corporate values and social responsibility. *California Management Review, 46*(4), 111–119.

Holstein, W. J. (2008, January 10). McCormick's successful succession plan. *BusinessWeek.* n.d. Retrieved April 28, 2008, from www.businessweek.com.

Holton, E. F., III. (1996). The flawed four-level evaluation model. *Human Resource Development Quarterly, 7*, 5–21.

Holton, E. F., III, Chen, H. C., & Naquin, S. S. (2003). An examination of learning transfer system characteristics across organizational settings. *Human Resource Development Quarterly, 14*, 459–482.

Horst, P. (1941). *The prediction of personal adjustment.* New York, NY: Social Science Research Council.

Hough, L. M. (1984). Development and evaluation of the "Accomplishment Record" method of selecting and promoting professionals. *Journal of Applied Psychology, 69*, 135–146.

Hough, L. M. (1992). The "Big Five" personality variables-construct confusion: Description versus prediction. *Human Performance, 5*, 139–155.

Hough, L. M. (1998). Effects of intentional distortion in personality measurement and evaluation of suggested palliatives. *Human Performance, 11*, 209–244.

Hough, L. M., & Oswald, F. L. (2000). Personnel selection: Looking toward the future—Remembering the past. *Annual Review of Psychology, 51*, 631–664.

Hough, L. M., Oswald, F. L., & Ployhart, R. E. (2001). Determinants, detection and amelioration of adverse impact in personnel selection procedures: Issues, evidence and lessons learned. *International Journal of Selection and Assessment, 9*, 152–194.

House, R. J., Hanges, P. W., Javidan, M., Dorfman, P., & Gupta, V. (Eds.). (2004). *Culture, leadership, and organizations: The GLOBE study of 62 societies.* Thousand Oaks, CA: Sage.

House, R. J., & Mitchell, T. R. (1974). Path-goal theory of leadership. *Journal of Contemporary Business, 3*, 81–97.

House, R. J., Wright, N. S., & Aditya, R. N. (1997). Cross-cultural research on organizational leadership: A critical analysis and a proposed theory. In P. C. Earley, & M. Erez (Eds.), *New perspectives on international industrial and organizational psychology* (pp. 535–625). San Francisco, CA: New Lexington Press.

Howard, A. (1986). College experiences and managerial performance. *Journal of Applied Psychology, 71*, 530–552.

Howard, A. (1995). Rethinking the psychology of work. In A. Howard (Ed.), *The changing nature of work* (pp. 513–555). San Francisco, CA: Jossey-Bass.

Howard, J. L., & Ferris, G. R. (1996). The employment interview context: Social and situational influences on interviewer decisions. *Journal of Applied Social Psychology, 26*, 112–136.

Hoyt, W. T. (2000). Rater bias in psychological research: When is it a problem and what can we do about it? *Psychological Methods, 5*, 64–86.

Hufcutt, A. J., & Arthur, W., Jr. (1994). Hunter and Hunter (1984) revisited: Interview validity for entry-level jobs. *Journal of Applied Psychology, 79*, 184–190.

Huffcutt, A. I. (2002). Research perspectives on meta-analysis. In S. G. Rogelberg (Ed.), *Handbook of research methods in industrial and organizational psychology* (pp. 198–215). Malden, MA: Blackwell.

Huffcutt, A. J., & Arthur, W., Jr. (1994). Hunter and Hunter (1984) revisited: Interview validity for entry-level jobs. *Journal of Applied Psychology, 79*, 184–190.

Huffcutt, A. I., Conway, J. M., Roth, P. L., & Stone, N. J. (2001). Identification and meta-analytic assessment of psychological constructs measured in employment interviews. *Journal of Applied Psychology, 86*, 897–913.

Huffcutt, A. I., & Roth, P. L. (1998). Racial group differences in employment interview evaluations. *Journal of Applied Psychology, 83*, 179–189.

Huffcutt, A. I., Weekley, J. A., Wiesner, W. H., Degroot, T. G., & Jones, C. (2001). Comparison of situational and behavior description interview questions for higher-level positions. *Personnel Psychology, 54*, 619–644.

Hughes, G. L., & Prien, E. P. (1989). Evaluation of task and job skill linkage judgments used to develop test specifications. *Personnel Psychology, 42*, 283–292.

Huint, H., & Saks, A. M. (2003). Translating training science into practice: A study of managers' reactions to post-training transfer interventions. *Human Resource Development Quarterly, 14*, 181–198.

Hulin, C. L., Henry, R. A., & Noon, S. L. (1990). Adding a dimension: Time as a factor in the generalizability of predictive relationships. *Psychological Bulletin, 107*, 328–340.

Hülsheger, U. R., Maier, G. W., & Stumpp, T. (2007). Validity of general mental ability for the prediction of job performance and training success in Germany: A meta-analysis. *International Journal of Selection & Assessment, 15*, 3–18.

Humphreys, L. G. (1973). Statistical definitions of test validity for minority groups. *Journal of Applied Psychology, 58*, 1–4.

Hunter, J. E., & Hunter, R. F. (1984). Validity and utility of alternative predictors of job performance. *Psychological Bulletin, 96*, 72–98.

Hunter, J. E., & Schmidt, F. L. (1990). *Methods of meta-analysis: Correcting error and bias in research findings.* Newbury Park, CA: Sage.

Hunter, J. E., & Schmidt, F. L. (2000). Racial and gender bias in ability and achievement tests: Resolving the apparent paradox. *Psychology, Public Policy, and Law, 6*, 151–158.

Hunter, J. E., & Schmidt, F. L. (2004). *Methods of meta-analysis: Correcting error and bias in research findings* (2nd ed.). Thousand Oaks, CA: Sage.

Hunter, J. E., Schmidt, F. L., & Coggin, T. D. (1988). Problems and pitfalls in using capital budgeting and financial accounting techniques in assessing the utility of personnel programs. *Journal of Applied Psychology, 73*, 522–528.

Hunter, J. E., Schmidt, F. L., & Hunter, R. (1979). Differential validity of employment tests by race: A comprehensive review and analysis. *Psychological Bulletin, 86*, 721–735.

Hunter, J. E., Schmidt, F. L., & Jackson, G. B. (1982). *Meta-analysis: Cumulating research findings across studies.* Beverly Hills, CA: Sage.

Hunter, J. E., Schmidt, F. L., & Judiesch, M. K. (1990). Individual differences in output variability as a function of job complexity. *Journal of Applied Psychology, 75*, 28–42.

Hunter, J. E., Schmidt, F. L., & Le, H. (2006). Implications for direct and indirect range restriction for meta-analysis methods and findings. *Journal of Applied Psychology, 91*, 594–612.

Hurley, A. E., & Sonnenfeld, J. A. (1998). The effect of organizational experience on managerial career attainment in an internal labor market. *Journal of Vocational Behavior, 52*, 172–190.

Hurtz, G. M., & Alliger, G. M. (2002). Influence of coaching on integrity test performance and unlikely virtues scale scores. *Human Performance, 15*, 255–273.

Huselid, M. A., Becker, B. E., & Beatty, R. W. (2005). *The workforce scorecard.* Boston, MA: Harvard Business School Press.

Hutcheson, J. O. (2007, March 19). Building a family business to last. *BusinessWeek.* n.d. Retrieved May 7, 2008, from www.businesseek.com.

Hyland v. Fukada, 580 F.2d 977 (9th Cir. 1978).

Iacono, W. G., & Lykken, D. T. (1997). The validity of the lie detector: Two surveys of scientific opinion. *Journal of Applied Psychology, 82*, 426–433.

ICE Annual Report, fiscal Year 2007. (2008). Downloaded from www.ice.gov/pi/reports/annual_report/2008/ar_2008_page3.htm.
Ilgen, D. R., & Favero, J. L. (1985). Limits in generalization from psychological research to performance appraisal processes. *Academy of Management Review*, *10*, 311–321.
Ilgen, D. R., Fisher, C. D., & Taylor, M. S. (1979). Consequences of individual feedback on behavior in organizations. *Journal of Applied Psychology*, *64*, 349–371.
Ilgen, D. R., & Moore, C. F. (1987). Types and choices of performance feedback. *Journal of Applied Psychology*, *72*, 401–406.
Imada, A. S., & Hakel, M. D. (1977). Influence of nonverbal communication and rater proximity on impressions and decisions in simulated employment interviews. *Journal of Applied Psychology*, *62*, 295–300.
Intel Corporation. (2008). 2008 annual report. Retrieved May 12, 2009, from www.intc.com.
Irvine, S. H., & Kyllonen, P. C. (Eds.). (2002). *Item generation and test development*. Mahwah, NJ: Lawrence Erlbaum.
Ivancevich, J. M. (1983). Contrast effects in performance evaluation and reward practices. *Academy of Management Journal*, *26*, 465–476.
Jackson, D. N., Harris, W. G., Ashton, M. C., McCarthy, J. M., & Tremblay, P. F. (2000). How useful are work samples in validational studies? *International Journal of Selection and Assessment*, *8*, 29–33.
Jacobs, A. N. (2004, July 27). An instant message from the Supreme Court: Are you listening? *Employment Source Newsletter*. n.d. www.epexperts.com.
Jacobs, R., & Baratta, J. E. (1989). Tools for staffing decisions: What can they do? What do they cost? In W. F. Cascio (Ed.), *Human resource planning, employment, and placement* (pp. 2-159–2-199). Washington, DC: Bureau of National Affairs.
Jacobs, R., Kafry, D., & Zedeck, S. (1980). Expectations of behaviorally anchored rating scales. *Personnel Psychology*, *33*, 595–640.
Jacoby, J., Mazursky, D., Troutman, T., & Kuss, A. (1984). When feedback is ignored: The disutility of outcome feedback. *Journal of Applied Psychology*, *69*, 531–545.
Jordan, M. (2005, November 8). Testing "English-only" rules. *The Wall Street Journal*, pp. B1, B13.
James, L. R. (1998). Measurement of personality via conditional reasoning. *Organizational Research Methods*, *1*, 131–163.
James, L. R., Demaree, R. G., Mulaik, S. A., & Ladd, R. T. (1992). Validity generalization in the context of situational models. *Journal of Applied Psychology*, *77*, 3–14.
James, L. R., Demaree, R. G., & Wolf, G. (1993). *r*ws: An assessment of within-group interrater agreement. *Journal of Applied Psychology*, *78*, 306–309.
James, L. P., McIntyre, M. D., Glisson, C. A., Green, P. D., Patton, T. W., LeBreton, J. M., Frost, B. C., Russell, S. M., Sablynski, C. J., Mitchell, T. R., & Williams, L. J. (2005). A conditional reasoning measure for aggression. *Organizational Research Methods*, *8*, 69–99.
Janove, J. W. (2003, March). Skating through the minefield. *HRMagazine*, pp. 107–113.
Jansen, P. G. W., & Vinkenburg, C. J. (2006). Predicting management career success from assessment center data: A longitudinal study. *Journal of Vocational Behavior*, *68*, 253–266.
Jansen, P. G. W, & Stoop, B. A. M. (2001). The dynamics of assessment center validity: Results of a 7-year study. *Journal of Applied Psychology*, *86*, 741–753.
Jansen, P. G. W., & Vinkenburg, C. J. (2006). Predicting management career success from assessment center data: A longitudinal study. *Journal of Vocational Behavior*, *68*, 253–266.
Janssens, M. (1994). Evaluating international managers' performance: Parent country standards as control mechanisms. *International Journal of Human Resource Management*, *5*, 853–873.
Janz, T. (1982). Initial comparisons of patterned behavior description interviews versus unstructured interviews. *Journal of Applied Psychology*, *67*, 577–580.
Jattuso, M. L., & Sinar, E. F. (2003). Source effects in internet-based screening procedures. *International Journal of Selection and Assessment*, *11*, 137–140.
Jawahar, I. M. (2001). Attitudes, self-monitoring, and appraisal behaviors. *Journal of Applied Psychology*, *86*, 875–883.
Jawahar, I. M., & Williams, C. R. (1997). Where all the children are above average: The performance appraisal purpose effect. *Personnel Psychology*, *50*, 905–925.
Jelley, R. B., & Goffin, R. D. (2001). Can performance-feedback accuracy be improved? Effects of rater priming and rating-scale format on rating accuracy. *Journal of Applied Psychology*, *86*, 134–144.
Jenkins, J. G. (1946). Validity for what? *Journal of Consulting Psychology*, *10*, 93–98.
Jennings, E. E. (1953). The motivation factor in testing supervisors. *Journal of Applied Psychology*, *37*, 168–169.
Jereb, E., Rajkovic, U., & Rajkovic, V. (2005). A hierarchical, multi-attribute system approach to personnel selection. *International Journal of Selection and Assessment*, *13*, 198–205.
Jerry, W., & Borman, W. C. (2002). Predicting adaptive performance: Further tests of a model of adaptability. *Human Performance*, *15*, 299–324.
Jick, T. D. (1979). Mixing qualitative and quantitative methods: Triangulation in action. *Administrative Science Quarterly*, *24*, 602–611.
Jobs, S., cited in Morris, B. (2008, March 17). What makes Apple golden. *Fortune*, p. 74.
Job sites reviews. (2008, January). n.d. Retrieved May 22, 2008, from www.consumersearch.com/www/internet/jobsites.
Jones, D. A., Shultz, J. W., & Chapman, D. S. (2006). Recruiting through job advertisements: The effects of cognitive elaboration on decision-making. *International Journal of Selection and Assessment*, 11, 167–179.
Johnson, J. T., & Ree, M. J. (1994). RANGEJ: A Pascal program to compute the multivariate correction for range restriction. *Educational and Psychological Measurement*, *54*, 693–695.
Johnson, J. W., Carter, G. W., Davison, H. K., & Oliver, D. H. (2001). A synthetic validity approach to testing differential prediction hypotheses. *Journal of Applied Psychology*, *86*, 774–780.
Johnson v. Railway Express Agency, 421 U.S. 454 (1975).
Johnson, R. E., Rosen, C. C., & Levy, P. E. (2008). Getting to the core of core self-evaluation: a review and recommendations. *Journal of Organizational Behavior*, *29*, 391–413.

Joinson, C. (2001). Refocusing job descriptions. *HRMagazine, 46*(1), 66–72.

Jones, G. R. (2009). *Organizational theory, design, and change* (6th ed.). Upper Saddle River, NJ: Prentice Hall.

Jones, R. G., & Born, M. P. (2008). Assessor constructs in use as the missing component in validation of assessment center dimensions: A critique and directions for research. *International Journal of Selection and Assessment, 16*, 229–238.

Jones, J. W., & Dages, K. D. (2003). Technology trends in staffing and assessment: A practice note. *International Journal of Selection and Assessment, 11*, 247–252.

Jose, J. R. (2001). Evaluating team performance. In M. J. Fleming, & J. B. Wilson (Eds.), *Effective HR measurement techniques* (pp. 107–112). Alexandria, VA: Society for Human Resource Management.

Joyce, L. W., Thayer, P. W., & Pond, S. B., III. (1994). Managerial functions: An alternative to traditional assessment center dimensions? *Personnel Psychology, 47*, 109–121.

Judge, T. A., & Bono, J. E. (2001). Relationship of core self-evaluations traits—self-esteem, generalized self-efficacy, locus of control, and emotional stability—with job satisfaction and job performance: A meta-analysis. *Journal of Applied Psychology, 86*, 80–92.

Judge, T. A., Bono, J. E., Ilies, R., & Gerhardt, M. W. (2002). Personality and leadership: A qualitative and quantitative review. *Journal of Applied Psychology, 87*, 765–780.

Judge, T. A., Cable, D. M., Boudreau, J. W., & Bretz, R. D., Jr. (1995). An empirical investigation of the predictors of executive career success. *Personnel Psychology, 48*, 485–519.

Judge, T. A., & Higgins, C. A. (1998). Affective disposition and the letter of reference. *Organizational Behavior and Human Decision Processes, 75*, 207–221.

Judge, T. A., & Hurst, C. (2008). How the rich (and happy) get richer (and happier): Relationship of core self-evaluations to trajectories in attaining work success. *Journal of Applied Psychology, 93*, 849–863.

Judge, T. A., & Ilies, R. (2002). Relationship of personality to performance motivation: A meta-analytic review. *Journal of Applied Psychology, 87*, 797–807.

Judge, T. A., Piccolo, R. F., & Ilies, R. (2004). The forgotten ones? The validity of consideration and initiating structure in leadership research. *Journal of Applied Psychology, 89*, 36–51.

Judge, T. A., LePine, J. A., & Rich, B. L. (2006). Loving yourself abundantly: Relationship of the narcissistic personality to self- and other perceptions of workplace deviance, leadership, and task and contextual performance. *Journal of Applied Psychology, 91*, 762–776.

Judiesch, M. K., Schmidt, F. L., & Mount, M. K. (1992). Estimates of the dollar value of employee output in utility analyses: An empirical test of two theories. *Journal of Applied Psychology, 77*, 234–250.

Kacmar, K. M., & Ferris, G. R. (1989). Theoretical and methodological considerations in the age-job satisfaction relationship. *Journal of Applied Psychology, 74*, 201–207.

Kadlec, D. (2007, October). You oughta be in Facebook. *Money*, p. 44.

Kaess, W. A., Witryol, S. L., & Nolan, R. E. (1961). Reliability, sex differences, and validity in the leaderless group discussion technique. *Journal of Applied Psychology, 45*, 345–350.

Kahneman, D., & Ghiselli, E. E. (1962). Validity and nonlinear heteroscedastic models. *Personnel Psychology, 15*, 1–12.

Kaiser, R. B., Lindberg, J. T., & Craig, S. B. (2007). Assessing the flexibility of managers: A comparison of methods. *International Journal of Selection & Assessment, 15*, 40–55.

Kane, J. S., Bernardin, H. J., Villanova, P., & Peyrfitte, J. (1995). Stability of rater leniency: Three studies. *Academy of Management Journal, 38*, 1036–1051.

Kane, J. S., & Kane, K. F. (1993). Performance appraisal. In H. J. Bernardin, & J. E. A. Russell (Eds.), *Human resource management: An experimental approach* (pp. 377–404). New York, NY: McGraw-Hill.

Kane, J. S., & Lawler, E. E., III. (1978). Methods of peer assessment. *Psychological Bulletin, 85*, 555–586.

Kane, J. S., & Lawler, E. E., III. (1980). In defense of peer assessment: A rebuttal to Brief's critique. *Psychological Bulletin, 88*, 80–81.

Katz, D., & Kahn, R. L. (1978). *The social psychology of organizations* (2nd ed.). New York, NY: Wiley.

Katzell, R. A. (1994). Contemporary meta-trends in industrial and organizational psychology. In H. C. Triandis, M. D. Dunnette, & L. M. Hough (Eds.), *Handbook of industrial and organizational psychology* (2nd ed., Vol. 4, pp. 1–89). Palo Alto, CA: Consulting Psychologists Press.

Keeping, L. M., & Levy, P. E. (2000). Performance appraisal reactions: Measurement, modeling, and method bias. *Journal of Applied Psychology, 85*, 708–723.

Kehoe, J. F. (2002). General mental ability and selection in private sector organizations: A commentary. *Human Performance, 15*, 97–106.

Kehoe, J. F. (2008). Commentary on Pareto-optimality as a rationale for adverse impact reduction: What would organizations do? *International Journal of Selection and Assessment, 16*, 195–200.

Keil, C. T., & Cortina, J. M. (2001). Degradation of validity over time: A test and extension of Ackerman's model. *Psychological Bulletin, 127*, 673–697.

Keith, N., & Frese, M. (2005). Self-regulation in error-management training: Emotion control and meta-cognition as mediators of performance effects. *Journal of Applied Psychology, 90*, 677–691.

Keith, N., & Frese, M. (2008). Effectiveness of error-management training: A meta-analysis. *Journal of Applied Psychology, 93*, 59–69.

Kelloway, E. K., Loughlin, C., Barling, J., & Nault, A. (2002). Self-reported counterproductive behaviors and organizational citizenship behaviors: Separate but related constructs. *International Journal of Selection and Assessment, 10*, 143–151.

Kelly, G. A. (1958). The theory and technique of assessment. *Annual Review of Psychology, 9*, 323–352.

Kerlinger, F. N., & Lee, H. B. (2000). *Foundations of behavioral research* (4th ed.). Stamford, CT: Thomson Learning.

Kerr, S., & Jermier, J. M. (1978). Substitutes for leadership: Their meaning and measurement. *Organizational Behavior and Human Performance, 22*, 375–403.

Keys, B., & Wolfe, J. (1988). Management education and development: Current issues and emerging trends. *Journal of Management, 14*, 205–229.

Kiker, D. S., & Motowidlo, S. J. (1999). Main and interaction effects of task and contextual performance on supervisory reward decisions. *Journal of Applied Psychology, 84*, 602–609.

Kimmel, A. J. (1996). *Ethical issues in behavioral research: A survey.* Cambridge, MA: Blackwell.

King, R. (2008, May 2). The (virtual) global office. *BusinessWeek.* Downloaded from www.businessweek.com.

King, L. M., Hunter, J. E., & Schmidt, F. L. (1980). Halo in a multi-dimensional forced-choice performance evaluation scale. *Journal of Applied Psychology, 65*, 507–516.

Kingsbury, F. A. (1933). Psychological tests for executives. *Personnel, 9*, 121–133.

Kinicki, A. J., Prussia, G. E., Bin, J. W., & McKee-Ryan, F. M. (2004). A covariance structure analysis of employees' response to performance feedback. *Journal of Applied Psychology, 89*, 1057–1069.

Kinslinger, H. J. (1966). Application of projective techniques in personnel psychology since 1940. *Psychological Bulletin, 66*, 134–150.

Kirchner, W. K., & Dunnette, M. D. (1957). Applying the weighted application blank technique to a variety of office jobs. *Journal of Applied Psychology, 41*, 206–208.

Kirchner, W. K., & Reisberg, D. J. (1962). Differences between better and less effective supervisors in appraisal of subordinates. *Personnel Psychology, 15*, 295–302.

Kirkman, B. L., Lowe, K. B., & Gibson, C. B. (2006). A quarter century of *Culture's consequences*: A review of empirical research incorporating Hofstede's cultural values framework. *Journal of International Business Studies, 37*, 285–320.

Kirkpatrick, D. L. (1977). Evaluating training programs: Evidence vs. proof. *Training and Development Journal, 31*, 9–12.

Kirkpatrick, D. L. (1983). Four steps to measuring training effectiveness. *Personnel Administrator, 28*(11), 19–25.

Kirkpatrick, D. L. (1994). *Evaluating training programs: The four levels.* San Francisco, CA: Berrett-Kohler.

Kirkpatrick, J. J., Ewen, R. B., Barrett, R. S., & Katzell, R. A. (1968). *Testing and fair employment.* New York, NY: New York University Press.

Kirnan, J. P., Farley, J. A., & Geisinger, K. F. (1989). The relationship between recruiting source, applicant quality, and hire performance: An analysis by sex, ethnicity, and age. *Personnel Psychology, 42*, 293–308.

Kirsch, I., Jungeblut, A., Jenkins, L., & Kolstad, A. (2002). *Adult literacy in America: A first look at the results of the National Adult Literacy survey* (3rd ed.). Washington, DC: U.S. Government Printing Office (NCES 1993-275).

Kisamore, J. L., & Brannick, M. T. (2008). An illustration of the consequences of meta-analysis model choice. *Organizational Research Methods, 11*, 35–53.

Kitayama, S. (2002). Culture and basic psychological processes—Toward a system view of culture: Comment on Oyserman et al. (2002). *Psychological Bulletin, 128*, 89–96.

Kiviat, B. (2009, February 1). After Layoffs, There's Survivor's Guilt. *Time magazine.* Available at http://www.time.com/time/business/article/0,8599,1874592,00.html?imw=Y.

Klehe, U., & Anderson, N. (2007). Working hard and working smart: motivation and ability during typical and maximum performance. *Journal of Applied Psychology, 92*, 978–992.

Klein, K. E. (2007, June 20). Succession planning without an heir. *BusinessWeek.* n.d. Retrieved April 28, 2008, www.businesseek.com.

Klein, H. J., Noe, R. A., & Wang, C. (2006). Motivation to learn and course outcomes: the impact of delivery mode, learning-goal orientation, and perceived barriers and enablers. *Personnel Psychology, 59*, 665–702.

Kleinman, M. (1993). Are rating dimensions in assessment centers transparent for participants? Consequences for criterion and construct validity. *Journal of Applied Psychology, 78*, 988–993.

Kleingeld, A., Van Tuijl, H., & Algera, J. A. (2004). Participation in the design of performance management systems: A quasi-experimental field study. *Journal of Organizational Behavior, 25*, 831–851.

Klimoski, R., & Brickner, M. (1987). Why do assessment centers work? The puzzle of assessment center validity. *Personnel Psychology, 40*, 243–260.

Klimoski, R. J., & Strickland, W. J. (1977). Assessment centers—Valid or merely prescient? *Personnel Psychology, 30*, 353–361.

Kluger, A. N., & Colella, A. (1993). Beyond the mean bias: The effect of warning against faking on biodata item variances. *Personnel Psychology, 46*, 763–780.

Kluger, A. N., & DeNisi, A. S. (1996). The effects of feedback interventions on performance: Historical review, a meta-analysis, and a preliminary feedback intervention theory. *Psychological Bulletin, 119*, 254–284.

Kluger, A. N., Reilly, R. R., & Russell, C. J. (1991). Faking biodata tests: Are option-keyed instruments more resistant? *Journal of Applied Psychology, 76*, 889–896.

Knouse, S. B. (1987). An attribution theory approach to the letter of recommendation. *International Journal of Management, 4*(1), 5–13.

Kohn, L. S., & Dipboye, R. L. (1998). The effects of interview structure on recruiting outcomes. *Journal of Applied Social Psychology, 28*, 821–843.

Kolk, N. J., Born, M. P., van der Flier, H., & Olman, J. M. (2002). Assessment center procedures: Cognitive load during the observation phase. *International Journal of Selection and Assessment, 10*, 271–278.

Kolstad v. American Dental Association, 119 S. Ct. 2118 (1999).

Komaki, J. L., Desselles, M. L., & Bowman, E. D. (1989). Definitely not a breeze: Extending an operant model of effective supervision to teams. *Journal of Applied Psychology, 74*, 522–529.

Konovsky, M. A., & Cropanzano, R. (1991). Perceived fairness of employee drug testing as a predictor of employee attitudes and job performance. *Journal of Applied Psychology, 76*, 698–707.

Kontoghiorghes, C. (2004). Reconceptualizing the learning transfer conceptual framework: Empirical validation of a new systemic model. *International Journal of Training and Development, 8*, 210–221.

Komar, S., Brown, D. J., Komar, J. A., & Robie, C. (2008). Faking and the validity of conscientiousness: A Monte Carlo investigation. *Journal of Applied Psychology, 93*, 140–154.

Korb, L. D. (1956). How to measure the results of supervisory training. *Personnel, 32*, 378–391.

Korman, A. K. (1968). The prediction of managerial performance: A review. *Personnel Psychology, 21*, 295–322.

Korsgaard, M. A., Roberson, L., & Rymph, R. D. (1998). What motivates fairness? The role of subordinate assertive behavior on manager's interactional fairness. *Journal of Applied Psychology, 83*, 731–744.

Kozlowski, S. W. J., & Bell, B. S. (2003). Work groups and teams in organizations. In W. C. Borman, D. R. Ilgen, & R. J. Klimoski (Vol. Eds.), *Handbook of psychology: Vol. 12. Industrial and organizational psychology* (pp. 333–375). Hoboken, NJ: Wiley.

Kozlowski, S. W. J., & Hattrup, K. (1992). A disagreement about within-group agreement: Disentangling issues of consistency versus consensus. *Journal of Applied Psychology, 77*, 161–167.

Kraiger, K. (2002). Decision-based evaluation. In K. Kraiger (Ed.), *Creating, implementing, and managing effective training and development* (pp. 331–375). San Francisco, CA: Jossey-Bass.

Kraiger, K. (2003). Perspectives on training and development. In W. C. Borman, D. R. Ilgen, & R. J. Klimoski (Eds.), *Handbook of psychology: Vol. 12. Industrial and organizational psychology* (pp. 171–192). Hoboken, NJ: Wiley.

Kraiger, K., & Aguinis, H. (2001). Training effectiveness: Assessing training needs, motivation, and accomplishments. In M. London (Ed.), *How people evaluate others in organizations* (pp. 203–220). Mahwah, NJ: Lawrence Erlbaum.

Kraiger, K., Ford, J. K., & Salas, E. (1993). Application of cognitive, skill-based, and affective theories of learning outcomes to new methods of training evaluation. *Journal of Applied Psychology, 78*, 311–328.

Kraiger, K., & Jerden, E. (2007). A new look at learner control: Meta-analytic results and directions for future research. In S. M. Fiore, & E. Salas (Eds.), *Where is the learning in distance learning? Towards a science of distributed learning and training* (pp. 65–90). Washington, DC: APA Books.

Kraiger, K., McLinden, D., & Casper, W. J. (2004). Collaborative planning for training impact. *Human Resource Management Review, 43*, 337–351.

Kraimer, M. L., Shaffer, M. A., Harrison, D. A., & Ren, H. (2007, November). Examining international assignment success from a psychological contracts and careers perspective. *Executive summary presented to the SHRM Foundation* (funding agency).

Kraimer, M. L., Wayne, S. J., & Jaworski, R. A. (2001). Sources of support and expatriate performance: The mediating role of expatriate adjustment. *Personnel Psychology, 54*, 71–99.

Kraut, A. I. (1975). Prediction of managerial success by peer and training staff ratings. *Journal of Applied Psychology, 60*, 14–19.

Kraut, A. I., & Scott, G. J. (1972). Validity of an operational management assessment program. *Journal of Applied Psychology, 56*, 124–129.

Kravitz, D. A. (2008). The diversity-validity dilemma: Beyond selection-The role of affirmative action. *Personnel Psychology, 61*, 173–193.

Kravitz, D. A., & Klineberg, S. L. (2000). Reactions to two versions of affirmative action among whites, blacks, and Hispanics. *Journal of Applied Psychology, 85*, 597–611.

Krell, E. (2007, December). Unmasking illegal workers. *HRMagazine*, pp. 49–52.

Kromrey, J. D., & Hines, C. V. (1995). Use of empirical estimates of shrinkage in multiple regression: A caution. *Educational and Psychological Measurement, 55*, 901–925.

Kronholz, J., Tomsho, R., & Forelle, C. (2003, June 30). High court's ruling on race could affect business hiring. *The Wall Street Journal*, pp. A1, A6.

Krzystofiak, F., Cardy, R., & Newman, J. (1988). Implicit personality and performance appraisal: The influence of trait inferences on evaluations of behavior. *Journal of Applied Psychology, 73*, 515–521.

Kuder, G. F., & Richardson, M. W. (1937). The theory of the estimation of test reliability. *Psychometrika, 2*, 151–160.

Kuder, G. F., & Richardson, M. W. (1939). The calculation of test reliability coefficients based on the method of rational equivalence. *Journal of Educational Psychology, 30*, 681–687.

Kulas, J. T., & Finkelstein, L. M. (2007). Content and reliability of discrepancy-defined self-awareness in multisource feedback. *Organizational Research Methods, 10*, 502–522.

Kuncel, N. R., & Borneman, M. J. (2007). Toward a new method of detecting deliberately faked personality tests: The use of idiosyncratic item responses. *International Journal of Selection & Assessment, 15*, 220–231.

Kuncel, N. R., & Sackett, P. R. (2007). Selection citation mars conclusions about test validity and predictive bias. *American Psychologist, 62*, 145–146.

Kurecka, P. M., Austin, J. M., Jr., Johnson, W., & Mendoza, J. L. (1982). Full and errant coaching effects on assigned role leaderless group discussion performance. *Personnel Psychology, 35*, 805–812.

Kurtzberg, T. R., Naquin, C. E., & Belkin, L. Y. (2005). Electronic performance appraisals: The effects of e-mail communication on peer ratings in actual and simulated environments. *Organizational Behavior and Human Decision Processes, 98*, 216–226.

Laczo, R. M., & Sackett, P. R. (2004). Effects of banding on performance and minority hiring: Further Monte Carlo simulations. In H. Aguinis (Ed.), *Test score banding in human resource selection: Legal, technical, and societal issues* (pp. 133–150). Westport, CT: Praeger.

Lado, A. A., & Wilson, M. C. (1994). Human resource systems and sustained competitive advantage: A competency-based perspective. *Academy of Management Review, 19*, 699–727.

Ladika, S. (2006, October). Trouble on the hiring front. *HRMagazine*, pp. 56–61.
LaFasto, F. M., & Larson, E. C. E. (2001). *When teams work best: 6,000 team members and leaders tell what it takes to succeed.* Thousand Oaks, CA: Sage.
LaHuis, D. M., & Avis, J. M. (2007). Using multilevel random coefficient modeling to investigate rater effects in performance ratings. *Organizational Research Methods*, *10*, 97–107.
Lance, C. E., & Bennett, W. (2000). Replication and extension of models of supervisory job performance ratings. *Human Performance*, *13*, 139–158.
Lance, C. E., Foster, M. R., Gentry, W. A., & Thoresen, J. D. (2004). Assessor cognitive processes in an operational assessment center. *Journal of Applied Psychology*, *89*, 22–35.
Lance, C. E., Foster, M. R., Nemeth, Y. M., Gentry, W. A., & Drollinger, S. (2007). Extending the nomological network of assessment center construct validity: Prediction of cross-situationally consistent and specific aspects of assessment center performance. *Human Performance*, *20*, 345–362.
Lance, C. E., Johnson, C. D., Douthitt, S. S., Bennett, W., & Harville, D. L. (2000). Good news: Work sample administrators' global performance judgments are (about) as valid as we've suspected. *Human Performance*, *13*, 253–277.
Lance, C. E., Lambert, T. A., Gewin, A. G., Lievens, F., & Conway, J. M. (2004). Revised estimates of dimension and exercise variance components in assessment center post-exercise dimension ratings. *Journal of Applied Psychology*, *89*, 377–385.
Lance, C. E., LaPointe, J. A., & Stewart, A. M. (1994). A test of the context dependency of three causal models of halo rating error. *Journal of Applied Psychology*, *79*, 332–340.
Lance, C. E., Teachout, M. S., & Donnelly, T. M. (1992). Specification of the criterion construct space: An application of hierarchical confirmatory factor analysis. *Journal of Applied Psychology*, *77*, 437–452.
Lance, C. B., Woehr, D. J., & Meade, A. W. (2007). Case study: A Monte Carlo investigation of assessment center construct validity models. *Organizational Research Methods*, *10*, 430–448.
Landis, D., & Bhagat, R. (Eds.). (1996). *Handbook of intercultural training.* Newbury Park, CA: Sage.
Landis, R. S., & Dunlap, W. P. (2000). Moderated multiple regression tests are criterion specific. *Organizational Research Methods*, *3*, 254–266.
Landis, R. S., Fogli, L., & Goldberg, E. (1998). Future-oriented job analysis: A description of the process and its organizational implications. *International Journal of Selection and Assessment*, *6*(3), 192–197.
Landon, T. E., & Arvey, R. D. (2007). Ratings of test fairness by human resource professionals. *International Journal of Selection and Assessment*, *15*, 185–196.
Landy, F. J. (1986). Stamp collecting versus science: Validation as hypothesis testing. *American Psychologist*, *41*, 1183–1192.
Landy, F. J. (2003). Validity generalization: Then and now. In K. R. Murphy (Ed.), *Validity generalization: A critical review* (pp. 155–195). Mahwah, NJ: Lawrence Erlbaum.
Landy, F. J., & Bates, F. (1973). Another look at contrast effects in the employment interview. *Journal of Applied Psychology*, *58*, 141–144.
Landy, F. J., & Farr, J. L. (1980). Performance rating. *Psychological Bulletin*, *87*, 72–107.
Landy, F. J., & Conte, J. M. (2007). *Work in the 21st century: An introduction to industrial and organizational psychology* (2nd ed.). Malden, MA: Blackwell.
Landy, F. J., & Conte, J. M. (2009). *Work in the 21st century: An introduction to industrial and organizational psychology* (3rd ed.). Malden, MA: Blackwell.
Landy, F. J., & Vasey, J. (1991). Job analysis: The composition of SME samples. *Personnel Psychology*, *44*, 27–50.
Lane, C. (2003, June 24). Affirmative action for diversity is upheld. *The Washington Post.* Retrieved June 25, 2003, from www.washingtonpost.com.
Langan-Fox, J., Waycott, J., Morizzi, M., & McDonald, L. (1998). Predictors of participation in performance appraisal: A voluntary system in a blue-collar work environment. *International Journal of Selection and Assessment*, *6*, 249–260.
Lapolice, C. C., Carter, G. W., & Johnson, J. W. (2008). Linking O*NET descriptors to occupational literacy requirements using job component validation. *Personnel Psychology*, *61*, 405–441.
Larson, S. C. (1931). The shrinkage of the coefficient of multiple correlation. *Journal of Educational Psychology*, *22*, 45–55.
Larson, J. R., Jr. (1989). The dynamic interplay between employees' feedback-seeking strategies and supervisors' delivery of performance feedback. *Academy of Management Review*, *14*, 408–422.
Latham, G. P. (1988). Human resource training and development. *Annual Review of Psychology*, *39*, 545–582.
Latham, G. P. (2007). *Work motivation: History, theory, and practice.* Thousand Oaks, CA: Sage.
Latham, G. P., Budworth, M., Yanar, B., & Whyte, G. (2008). The influence of a manager's own performance appraisal on the evaluation of others. *International Journal of Selection and Assessment*, *16*, 220–228.
Latham, G. P., & Frayne, C. A. (1989). Self-management training for increasing job attendance: A follow-up and a replication. *Journal of Applied Psychology*, *74*, 411–416.
Latham, G. P., & Locke, E. A. (2006). New directions in goal-setting theory. *Current Directions in Psychological Science*, *15*(5), 265–268.
Latham, G. P., & Saari, L. M. (1979). Application of social-learning theory to training supervisors through behavioral modeling. *Journal of Applied Psychology*, *64*, 239–246.
Latham, G. P., Saari, L. M., Pursell, E. D., & Campion, M. A. (1980). The situational interview. *Journal of Applied Psychology*, *65*, 422–427.
Latham, G. P., Wexley, K. N., & Pursell, E. D. (1975). Training managers to minimize rating errors in the observation of behavior. *Journal of Applied Psychology*, *60*, 550–555.
Latham, G. P., & Whyte, G. (1994). The futility of utility analysis. *Personnel Psychology*, *47*, 31–46.
Lau, S. (2008, February). U.S. laws abroad. *HRMagazine*, p. 33.

Lauricella, T. (2007, September 16). How old are you? As old as your skills. *The Wall Street Journal Sunday*, p. 2.

Lautenschlager, G. J., & Mendoza, J. L. (1986). A step-down hierarchical multiple regression analysis for examining hypotheses about test bias in prediction. *Applied Psychological Measurement, 10*, 133–139.

Lavelle, L. (2003, September 29). After the jobless recovery, the war for talent. *Business Week*, p. 92.

Law, K. S., & Myors, B. (1993). Cutoff scores that maximize the total utility of a selection program: Comment on Martin and Raju's (1992) procedure. *Journal of Applied Psychology, 78*, 736–740.

Lawler, E. E., III. (1967). The multitrait-multirater approach to measuring managerial job performance. *Journal of Applied Psychology, 51*, 369–381.

Lawler, E. E., III. (1969). Job design and employee motivation. *Personnel Psychology, 22*, 435–436.

Lawley, D. N. (1943). A note on Karl Pearson's selection formulae. *Proceedings of the Royal Society of Edinburgh, LXII*–Part I, 19–32.

Lawshe, C. H. (1975). A quantitative approach to content validity. *Personnel Psychology, 28*, 563–575.

Lawshe, C. H., & Balma, M. J. (1966). *Principles of personnel testing* (2nd ed.). New York, NY: McGraw-Hill.

Lawshe, C. H, & Bolda, R. A. (1958). Expectancy charts. I. Their use and empirical development. *Personnel Psychology, 11*, 353–365.

Lawshe, C. H., Bolda, R. A., Brune, R. L., & Auclair, G. (1958). Expectancy charts. II. Their theoretical development. *Personnel Psychology, 11*, 545–559.

Lawshe, C. H., & Schucker, R. E. (1959). The relative efficiency of four test weighting methods in multiple prediction. *Educational and Psychological Measurement, 19*, 103–114.

Lawler, E. E., III, & O'Toole, J. (2006). *The new American workplace*. New York, NY: Palgrave Macmillan.

LeBreton, J. M., Burgess, J. R. D., Kaiser, R. B., Atchley, E. K., & James, L. R. (2003). The restriction of variance hypothesis and interrater reliability and agreement: Are ratings from multiple sources really dissimilar? *Organizational Research Methods, 6*, 80–128.

LeBreton, J. M., & Senter, J. L. (2008). Answers to 20 questions about interrater reliability and interrater agreement. *Organizational Research Methods, 11*, 815–852.

Ledvinka, J. (1979). The statistical definition of fairness in the federal selection guidelines and its implications for minority employment. *Personnel Psychology, 32*, 551–562.

Le, H., Schmidt, F. L., & Putka, D. J. (2009). The multifaceted nature of measurement artifacts and its implications for estimating construct-level relationships. *Organizational Research Methods, 12*, 165–200.

Lee, R., & Foley, P. P. (1986). Is the validity of a test constant through the test score range? *Journal of Applied Psychology, 71*, 641–644.

Lee, R., Miller, K. J., & Graham, W. K. (1982). Corrections for restriction of range and attenuation in criterion-related validation studies. *Journal of Applied Psychology, 67*, 637–639.

Lefkowitz, J. (2003). *Ethics and values in industrial-organizational psychology*. Mahwah, NJ: Lawrence Erlbaum.

Lent, R. H., Aurbach, H. D., & Levin, L. S. (1971). Predictors, criteria, and significant results. *Personnel Psychology, 24*, 519–533.

Leonard, B. (2008, January). Bush signs military leave FMLA expansion into law. n.d. Retrieved April 15, 2008, from www.shrm.org/hrnews_published/archives/CMS_024440.asp.

LePine, J. A. (2003). Team adaptation and postchange performance: Effects of team composition in terms of members' cognitive ability and personality. *Journal of Applied Psychology, 88*, 27–39.

LePine, J. A., & Van Dyne, L. (2001). Peer responses to low performers: An attributional model of helping in the context of groups. *Academy of Management Review, 26*, 67–84.

Lester, S. W., Kickul, J. R., Bergmann, T. J., & De Meuse, K. P. (2003). The effects of organizational resizing on the nature of the psychological contract and employee perceptions of contract fulfillment. In K. P. De Meuse, & M. L. Marks (Eds.), *Resizing the organization* (pp. 78–107). San Francisco, CA: Jossey-Bass.

Leung, A. (2003). Different ties for different needs: Recruitment practices of entrepreneurial firms at different developmental phases. *Human Resource Management*, 42, 303–320.

Levering, R., & Moskowitz, M. (2008, February 4). 100 Best companies to work for. *Fortune*. Accessed March 14, 2008, at http://money.cnn.com/magazines/fortune/bestcompanies/2008/snapshots/1.html.

Levering, R., & Moskowitz, M. (2009, February 2). 100 Best companies to work for. *Fortune*, pp. 67–78.

Levitz, J., & Shishkin, P. (2009, March 11). More workers cite age bias after layoffs. *The Wall Street Journal*, p. D1.

Levine, E. L., May, D. M., Ulm, R. A., & Gordon, T. R. (1997). A methodology for developing and validating minimum qualifications (MQs). *Personnel Psychology, 50*, 1009–1023.

Lewin, A. Y., & Zwany, A. (1976). Peer nominations: A model, literature critique, and a paradigm for research. *Personnel Psychology, 29*, 423–447.

Lievens, F. (1998). Factors which improve the construct validity of assessment centers: A review. *International Journal of Selection and Assessment, 6*, 141–152.

Lievens, F. (2001). Assessor training strategies and their effects on accuracy, interrater reliability, and discriminant validity. *Journal of Applied Psychology, 86*, 255–264.

Lievens, F. (2002). Trying to understand the different pieces of the construct validity puzzle of assessment centers: An examination of assessor and assessee effects. *Journal of Applied Psychology, 87*, 675–686.

Lievens, F., & Conway, J. M. (2001). Dimension and exercise variance in assessment center scores: A large-scale evaluation of multitrait-multimethod studies. *Journal of Applied Psychology, 86*, 1202–1222.

Lievens, F., Conway, J. M., & De Corte, W. (2008). The relative importance of task, citizenship and counterproductive performance to job performance ratings: Do rater source and team-based culture matter? *Journal of Occupational and Organizational Psychology, 81*, 11–27.

Lievens, F., & Harris, M. M. (2003). Research on internet recruitment and testing: Current status and future directions. In C. L. Cooper, & I. T. Robertson (Eds.), *International review of industrial and organizational psychology.* Chichester, England: Wiley.

Lievens, F., Harris, M. M., Van Keer, E., & Bisqueret, C. (2003). Predicting cross-cultural training performance: The validity of personality, cognitive ability, and dimensions measured by an assessment center and a behavior description interview. *Journal of Applied Psychology, 88*, 476–489.

Lievens, F., & Peeters, H. (2008). Interviewers' sensitivity to impression-management tactics in structured interviews. *European Journal of Psychological Assessment, 24*, 174–180.

Lievens, F., Reeve, C. L., & Heggestad, E. D. (2007). An examination of psychometric bias due to retesting on cognitive ability tests in selection settings. *Journal of Applied Psychology, 92*, 1672–1682.

Lievens, F., & Sackett, P. R. (2007). Situational judgment tests in high-stakes settings: Issues and strategies with generating alternate forms. *Journal of Applied Psychology, 92*, 1043–1055.

Lilienfeld, S. O., Alliger, G., & Mitchell, K. (1995). Why integrity testing remains controversial. *American Psychologist, 50*, 457–458.

Lin, T. R., Dobbins, G. H., & Farh, J. L. (1992). A field study of race and age similarity effects on interview ratings in conventional and situational interviews. *Journal of Applied Psychology, 77*, 363–371.

Linn, R. L. (1978). Single-group validity, differential validity, and differential prediction. *Journal of Applied Psychology, 63*, 507–512.

Linn, R. L., & Gronlund, N. E. (1995). *Measurement and assessment in teaching* (7th ed.). Englewood Cliffs, NJ: Prentice Hall.

Linn, R. L., & Werts, C. E. (1971). Considerations for studies of test bias. *Journal of Educational Measurement, 8*, 1–4.

Lipsey, M. S., & Wilson, D. B. (1993). The efficacy of psychological, educational, and behavioral treatment. *American Psychologist, 48*, 1181–1209.

Lissitz, R. W., & Green, S. B. (1975). Effects of the number of scale points on reliability: A Monte Carlo approach. *Journal of Applied Psychology, 60*, 10–13.

Littrell, L. N., Salas, E., Hess, K. P., Paley, M., & Riedel, S. (2006). Expatriate preparation: A critical analysis of 25 years of cross-cultural training research. *Human Resource Development Review, 5*, 355–388.

Locke, E. A. (1968). Toward a theory of task motivation and incentives. *Organizational Behavior and Human Performance, 3*, 157–189.

Locke, E. A., Frederick, E., Buckner, E., & Bobko, P. (1984). Effect of previously assigned goals on self-set goals and performance, *Journal of Applied Psychology, 69*, 694–699.

Locke, E. A., & Latham, G. P. (1990). *A theory of goal setting and task performance.* Englewood Cliffs, NJ: Prentice Hall.

Locke, E. A., & Latham, G. P. (2002). Building a practically useful theory of goal setting and task motivation. *American Psychologist, 57*, 705–717.

Locke, E. A., Latham, G. P., & Erez, M. (1988). The determinants of goal commitment. *Academy of Management Review, 13*, 23–39.

Locke, E. A., Shaw, K. N., Saari, L. M., & Latham, G. P. (1981). Goal setting and task performance: 1969–1980. *Psychological Bulletin, 90*, 125–152.

London, M. (2003). *Job feedback: Giving, seeking, and using feedback for performance improvement* (2nd ed.). Mahwah, NJ: Lawrence Erlbaum.

London, M., & Bray, D. W. (1980). Ethical issues in testing and evaluation for personnel decisions. *American Psychologist, 35*, 890–901.

London, M., & Stumpf, S. A. (1983). Effects of candidate characteristics on management promotion decisions: An experimental study. *Personnel Psychology, 36*, 241–259.

London, M., Mone, E. M., & Scott, J. C. (2004). Performance management and assessment: Methods for improved rater accuracy and employee goal setting. *Human Resource Management, 43*, 319–336.

Longenecker, C. O., & Gioia, D. A. (1994, Winter). Delving into the dark side: The politics of executive appraisal. *Organizational Dynamics*, pp. 47–58.

Longenecker, C. O., Sims, H. P., & Gioia, D. A. (1987). Behind the mask: The politics of employee appraisal. *Academy of Management Executive, 1*, 183–193.

Lopez, F. M., Jr. (1966). *Evaluating executive decision making* (Research Study 75). New York, NY: American Management Association.

LoPresto, R. L., Mitcham, D. E., & Ripley, D. E. (1986). *Reference checking handbook.* Alexandria, VA: American Society for Personnel Administration.

Lord, F. M. (1962). Cutting scores and errors of measurement. *Psychometrika, 27*, 19–30.

Lord, J. S. (1989). External and internal recruitment. In W. F. Cascio (Ed.), *Human resource planning, employment, and placement* (pp. 2-73–2-102). Washington, DC: Bureau of National Affairs.

Lowell, R. S., & DeLoach, J. A. (1982). Equal employment opportunity: Are you overlooking the application form? *Personnel, 59*(4), 49–55.

Lublin, J. S. (2006, May 15). Harassment law in U.S. is strict, foreigners find. *The Wall Street Journal*, pp. B1, B3.

Lubinski, D. (2000). Scientific and social significance of assessing individual differences: Sinking shafts at a few critical points. *Annual Review of Psychology, 51*, 405–444.

Lubinski, D., Benbow, C. P., & Ryan, J. (1995). Stability of vocational interests among the intellectually gifted from adolescence to adulthood: A 15-year longitudinal study. *Journal of Applied Psychology, 80*, 196–200.

Lyness, K. S., & Heilman, M. E. (2006). When fit is fundamental: Performance evaluations and promotions of upper-level female and male managers. *Journal of Applied Psychology, 91*, 777–785.

Mabe, P. A., III, & West, S. G. (1982). Validity of self-evaluation of ability: A review and meta-analysis. *Journal of Applied Psychology, 67*, 280–296.

Macan, T. H., Avedon, M. J., Paese, M., & Smith, D. E. (1994). The effects of applicants' reactions to cognitive ability tests and an assessment center. *Personnel Psychology, 47*, 715–738.

MacDonald, R. (2008, November 6). *Talent management in IBM.* Paper presented at the annual meeting of the National Academy of Human Resources, New York, NY.

Machin, M. A. (2002). Planning, managing, and optimizing transfer of training. In K. Kraiger (Ed.), *Creating, implementing, and managing effective training and development* (pp. 263–301). San Francisco, CA: Jossey-Bass.

MacMillan, D. (2007, May 7). The art of the online résumé. *BusinessWeek*, p. 86.

MacMillan, I. C., & Selden, L. (2008, December). Change with your customers—and win big. *Harvard Business Review, 86*(12), 24.

Mael, F. A. (1991). A conceptual rationale for the domain and attributes of biodata items. *Personnel Psychology, 44*, 763–792.

Mael, F. A., & Ashforth, B. E. (1995). Loyal from day one: Biodata, organizational identification, and turnover among newcomers. *Personnel Psychology, 48*, 309–333.

Mager, R. F. (1984). *Preparing instructional objectives* (2nd ed.). Belmont, CA: Pitman Learning.

Magjuka, R. J., & Baldwin, T. T. (1991). Team-based employee involvement programs: Effects of design and administration. *Personnel Psychology, 44*, 793–812.

Maher, K. (2003a, January 14). Corporations cut middlemen and do their own recruiting. *The Wall Street Journal*, p. B10.

Maher, K. (2003b, June 17). The jungle: Focus on recruitment, pay, and getting ahead. *The Wall Street Journal*, p. B8.

Maher, K., & Silverman, R. E. (2002, January 2). Online job sites yield few jobs, users complain. *The Wall Street Journal*, pp. A7, A13.

Mahoney, L., & Thorne, L. (2005). Corporate social responsibility and long term compensation: Evidence from Canada. *Journal of Business Ethics, 57*, 241–253.

Maier, M. H. (1988). On the need for quality control in validation research. *Personnel Psychology, 41*, 497–502.

Makiney, J. D., & Levy, P. E. (1998). The influence of self-ratings versus peer ratings on supervisors' performance judgments. *Organizational Behavior and Human Decision Processes, 74*, 212–222.

Mann, R. B., & Decker, P. J. (1984). The effect of key behavior distinctiveness on generalization and recall in behavior modeling training. *Academy of Management Journal, 27*, 900–910.

Mantwill, M., Kohnken, G., & Aschermann, E. (1995). Effects of the cognitive interview on the recall of familiar and unfamiliar events. *Journal of Applied Psychology, 80*, 68–78.

Marchese, M. C., & Muchinsky, P. M. (1993). The validity of the employment interview: A meta-analysis. *International Journal of Selection and Assessment, 1*, 18–26.

Marcus, B., Goffin, R. D., Johnston, N. G., & Rothstein, M. G. (2007). Personality and cognitive ability as predictors of typical and maximum managerial performance. *Human Performance, 20*, 275–285.

Marcus, B., Schuler, H., Quell, P, & Hümpfner, G. (2002). Measuring counterproductivity: Development and initial validation of a German self-report questionnaire. *International Journal of Selection and Assessment, 10*, 18–35.

Marks, M. A., Sabella, M. J., Burke, C. S., & Zaccaro, S. J. (2002). The impact of cross-training on team effectiveness. *Journal of Applied Psychology, 87*, 3–13.

Marsh, H. W., & Hocevar, D. (1988). A new, more powerful approach to multitrait-multimethod analyses: Application of second-order confirmatory factor analysis. *Journal of Applied Psychology, 73*, 107–117.

Marshall, J., & Heffes, E. (2007, January/February). New group pushes "responsibility officer". *Financial Executive, 23*(1), 11–11.

Martell, R. F., & Borg, M. R. (1993). A comparison of the behavioral rating accuracy of groups and individuals. *Journal of Applied Psychology, 78*, 43–50.

Martell, R. F., & Leavitt, K. N. (2002). Reducing the performance-cue bias in work behavior ratings: Can groups help? *Journal of Applied Psychology, 87*, 1032–1041.

Martin, D. C., & Bartol, K. M. (1991). The legal ramifications of performance appraisal: An update. *Employee Relations Law Journal, 17*(2), 257–286.

Martin, C. L., & Nagao, D. H. (1989). Some effects of computerized interviewing on job applicant responses. *Journal of Applied Psychology, 74*, 72–80.

Martin, S. L., & Raju, N. S. (1992). Determining cutoff scores that optimize utility: A recognition of recruiting costs. *Journal of Applied Psychology, 77*, 15–23.

Martocchio, J. J. (1992). Microcomputer usage as an opportunity: The influence of context in employee training. *Personnel Psychology, 45*, 529–552.

Martocchio, J. J., & Dulebohn, J. (1994). Performance feedback effects in training: The role of perceived controllability. *Personnel Psychology, 47*, 358–373.

Martocchio, J. J., Harrison, D. A., & Berkson, H. (2000). Connections between lower back pain, interventions, and absence from work: A time-based meta-analysis. *Personnel Psychology, 53*, 595–624.

Martocchio, J. J., & Judge, T. A. (1997). Relationship between conscientiousness and learning in employee training: Mediating influences of self-deception and self-efficacy. *Journal of Applied Psychology, 82*, 764–773.

Martocchio, J. J., & Webster, J. (1992). Effects of feedback and cognitive playfulness on performance in microcomputer software training. *Personnel Psychology, 45*, 553–578.

Marx, R. D. (1982). Relapse prevention for managerial training: A model for maintenance of behavior change. *Academy of Management Review, 7*, 433–441.

Maslach, C., & Leiter, M. P. (2008). Early predictors of job burnout and engagement. *Journal of Applied Psychology, 93*, 498–512.

Masterson, S. S., Lewis, K., Goldman, B. M., Taylor, M. S. (2000). Integrating justice and social exchange: The differing effects of fair procedures and treatment on work relationships. *Academy of Management Journal, 43*, 738–748.

Mathieu, J. E., & Leonard, R. L., Jr. (1987). Applying utility concepts to a training program in supervisory skills: A time-based approach. *Academy of Management Journal, 30*, 316–335.

Mathieu, J. E., Martineau, J. W., & Tannenbaum, S. I. (1993). Individual and situational influences on the development of self-efficacy: Implications for training effectiveness. *Personnel Psychology, 46*, 125–147.

Matsui, T., Kakuyama, T., & Onglatco, M. L. U. (1987). Effects of goals and feedback on performance in groups. *Journal of Applied Psychology, 72*, 407–415.

Mattioli, D. (2009, February 10). Training, amid cutbacks. *The Wall Street Journal*, p. 17.

Mattson, B. W. (2003). The effects of alternative reports of human resource development results on managerial support. *Human Resource Development Quarterly, 14*(2), 127–151.

Maurer, S. D. (2002). A practitioner-based analysis of interviewer job expertise and scale format as contextual factors in situational interviews. *Personnel Psychology, 55*, 307–327.

Maurer, T. J., & Alexander, R. A. (1992). Methods of improving employment test critical scores derived by judging test content: A review and critique. *Personnel Psychology, 45*, 727–762.

Maurer, T. J., Alexander, R. A., Callahan, C. M., Bailey, J. J., & Dambrot, F. H. (1991). Methodological and psychometric issues in setting cutoff scores using the Angoff method. *Personnel Psychology, 44*, 235–262.

Maurer, S. D., Palmer, J. K., & Ashe, D. K. (1993). Diaries, checklists, evaluations, and contrast effects in measurement of behavior. *Journal of Applied Psychology, 78*, 226–231.

Maurer, T. J., Raju, N. S., & Collins, W. C. (1998). Peer and subordinate performance appraisal measurement equivalence. *Journal of Applied Psychology, 83*, 693–702.

Maurer, T. J., Solamon, J. M., Andrews, K. D., & Troxtel, D. D. (2001). Interviewee coaching, preparation strategies, and response strategies in relation to performance in situational employment interviews: An extension of Maurer, Solamon, and Troxtel (1998). *Journal of Applied Psychology, 86*, 709–717.

Maurer, T. J., & Solamon, J. M. (2007). The science and practice of a structured employment-interview coaching program. *Personnel Psychology, 59*, 433–456.

Maurer, T. J., Solamon, J., & Troxtel, D. (1998). Relationship of coaching with performance in situational employment interviews. *Journal of Applied Psychology, 83*, 128–136.

Maxwell, S. E., & Arvey, R. D. (1993). The search for predictors with high validity and low adverse impact: Compatible or incompatible goals? *Journal of Applied Psychology, 78*, 433–437.

May, G. L., & Kahnweiler, W. M. (2000). The effect of a mastery practice design on learning and transfer in behavior modeling training. *Personnel Psychology, 53*, 353–373.

Mayer, J. D. (2005). A tale of two visions: Can a new view of personality help integrate psychology? *American Psychologist, 60*, 294–307.

Mayer, R. C., & Davis, J. H. (1999). The effect of the performance appraisal system on trust for management: A field quasi-experiment. *Journal of Applied Psychology, 84*, 123–136.

Mayfield, E. C. (1970). Management selection: Buddy nominations revisited. *Personnel Psychology, 23*, 377–391.

Mayfield, E. C. (1972). Value of peer nominations in predicting life insurance sales performance. *Journal of Applied Psychology, 56*, 319–323.

McBride, S. (2003, August 7). In corporate Asia, a looming crisis over succession. *The Wall Street Journal*, pp. A1, A6.

McCarthy, J., & Goffin, R. (2004). Measuring job interview anxiety: Beyond weak knees and sweaty palms. *Personnel Psychology, 57*, 607–637.

McCall, M. W., Jr., Lombardo, M., & Morrison, A. (1988). Lessons of experience. New York, NY: Lexington Books.

McCall, M. W., Jr. (2004, August). Leadership development through experience. *Academy of Management Executive, 18*(3), 127–130.

McClelland, D. C. (1975). *Power: The inner experience.* New York, NY: Irvington-Halsted-Wiley.

McClelland, D. C., & Boyatzis, R. E. (1982). Leadership motive pattern and long-term success in management. *Journal of Applied Psychology, 67*, 737–743.

McClelland, D. C., & Burnham, D. (1976, March–April). Power is the great motivator. *Harvard Business Review, 51*, pp. 159–166.

McClenahen, J. S. (1997, January 20). To go—Or not to go? *Industry Week*, pp. 33, 36.

McConnon, A. (2007, September 10). Social networking is graduating—and hitting the job market. How do the online Rolodexes stack up? *Business*, p. 49.

McCormick, E. J. (1979). *Job analysis: Methods and applications.* New York, NY: AMACON.

McCormick, E. J., & Ilgen, D. R. (1985). *Industrial and organizational psychology* (8th ed.). Englewood Cliffs, NJ: Prentice Hall.

McCormick, E. J., & Jeanneret, P. R. (1988). Position analysis questionnaire (PAQ). In S. A. Gael (Ed.), *The job analysis handbook for business, industry, and government* (Vol. 2, pp. 825–842). New York, NY: Wiley.

McCormick, E. J., Jeanneret, P. R., & Mecham, R. C. (1972). A study of job characteristics and job dimensions as based on the Position Analysis Questionnaire (PAQ). *Journal of Applied Psychology, 56*, 347–368.

McDaniel, M. A., Hartman, N. S., Whetzel, D. L., & Grubb, W. L. (2007). Situational judgment tests, responses instructions, and validity: A meta-analysis. *Personnel Psychology, 60*, 63–91.

McDaniel, M. A., Morgeson, F. P., Finnegan, E. B., Campion, M. A., & Braverman, E. P. (2001). Use of situational judgment tests to predict job performance: A clarification of the literature. *Journal of Applied Psychology, 86*, 730–740.

McDaniel, M. A., & Nguyen, N. T. (2001). Situational judgment tests: A review of practice and constructs assessed. *International Journal of Selection and Assessment, 9*, 103–113.

McDaniel, M. A., Schmidt, F. L., & Hunter, J. E. (1988). A meta-analysis of the validity of methods for rating training and experience in personnel selection. *Personnel Psychology, 41*, 283–314.

McDaniel, M. A., Whetzel, D. L., Schmidt, F. L., & Maurer, S. (1994). The validity of employment interviews: A comprehensive review and meta-analysis. *Journal of Applied Psychology, 79*, 599–616.

McDonald, T., & Hakel, M. D. (1985). Effects of applicant race, sex, suitability, and answers on interviewer's questioning strategy and ratings. *Personnel Psychology, 38*, 321–334.

McDonald v. Santa Fe Transportation Co., 427 U.S. 273 (1976).
McEvoy, G. M., & Beatty, R. W. (1989). Assessment centers and subordinate appraisals of managers: A seven-year examination of predictive validity. *Personnel Psychology, 42*, 37–52.
McEvoy, G. M., & Buller, P. F. (1987). User acceptance of peer appraisals in an industrial setting. *Personnel Psychology, 40*, 785–797.
McEvoy, G. M., & Cascio, W. F. (1985). Strategies for reducing employee turnover: A meta-analysis. *Journal of Applied Psychology, 70*, 342–353.
McEvoy, G. M., & Cascio, W. F. (1987). Do good or poor performers leave? A meta-analysis of the relationship between performance and turnover. *Academy of Management Journal, 30*, 744–762.
McEvoy, G. M., & Cascio, W. F. (1989). Cumulative evidence of the relationship between employee age and job performance. *Journal of Applied Psychology, 74*, 11–17.
McFarland, L. A., & Ryan, A. M. (2000). Variance in faking across noncognitive measures. *Journal of Applied Psychology, 85*, 812–821.
McFarland, L. A., Ryan, A. M., Sacco, J., & Kriska, S. D. (2004). Examination of structured interview ratings across time: The effects of applicant race, rater race, and panel composition. *Journal of Management, 30*, 435–452.
McGehee, W., & Thayer, P. W. (1961). *Training in business and industry.* New York, NY: Wiley.
McGregor, D. (1957). An uneasy look at performance appraisal. *Harvard Business Review, 35*(3), 89–94.
McKay, P. F., & Avery, D. R. (2006). What has race got to do with it? Unraveling the role of racio-ethnicity in job seekers' reactions to site visits. *Personnel Psychology, 59*, 395–429.
McKinnon, D. W. (1975). Assessment centers then and now. *Assessment and Development, 2*, 8–9.
McLinden, D. J. (1995). Proof, evidence, and complexity: Understanding the impact of training and development in business. *Performance Improvement Quarterly, 8*(3), 3–18.
McMorris, F. A. (1995, February 28). Is office voice mail private? Don't bet on it. *The Wall Street Journal*, p. B1.
McPhail, S. M. (Ed.). (2007). *Alternative validation strategies.* San Francisco, CA: Jossey-Bass.
Meehl, P. E. (1954). *Clinical vs. statistical prediction.* Minneapolis: University of Minnesota Press.
Meehl, P. E., & Rosen, A. (1955). Antecedent probability and the efficiency of psychometric signs, patterns, or cutting scores. *Psychological Bulletin, 52*, 194–216.
Meglino, B. M., DeNisi, A. S., Youngblood, S. A., & Williams, K. J. (1988). Effects of realistic job previews: A comparison using an enhancement and a reduction preview. *Journal of Applied Psychology, 73*, 259–266.
Mendenhall, M. E., & Oddou, G. (1995). The overseas assignment: A practical look. In M. E. Mendenhall, & G. Oddou (Eds.), *Readings and cases in international human resource management* (2nd ed., pp. 206–216). Cincinnati, OH: South-Western.
Mendoza, J. L., Bard, D. E., Mumford, M. D., & Ang, S. (2004). Criterion-related validity in multiple-hurdle designs: Estimation and bias. *Organizational Research Methods, 7*, 418–441.
Meritor Savings Bank v. Vinson, 477 U.S. 57 (1986).
Meritt-Haston, R., & Wexley, K. N. (1983). Educational requirements: Legality and validity. *Personnel Psychology, 36*, 743–753.
Mero, N. P., & Motowidlo, S. J. (1995). Effects of rater accountability on the accuracy and the favorability of performance ratings. *Journal of Applied Psychology, 80*, 517–524.
Mero, N. P., Guidice, R. M., & Brownlee, A. L. (2007). Accountability in a performance appraisal context: The effect of audience and form of accounting on rater response and behavior. *Journal of Management, 33*, 223–252.
Merriam-Webster Dictionary (2009). Available at www.merriam-webster.com.
Mersman, J. L., & Donaldson, S. I. (2000). Factors affecting the convergence of self-peer ratings on contextual and task performance. *Human Performance, 13*, 299–322.
Messick, S. (1980). Test validity and the ethics of assessment. *American Psychologist, 35*, 1012–1027.
Messick, S. (1995). Validity of psychological assessment. *American Psychologist, 50*, 741–749.
Meyer, H. H. (1987). Predicting supervisory ratings versus promotional progress in test validation studies. *Journal of Applied Psychology, 72*, 696–697.
Meyer, H. H. (1991). A solution to the performance appraisal feedback enigma. *Academy of Management Executive, 5*(1), 68–76.
Middendorf, C. H., & Macan, T. H. (2002). Note-taking in the employment interview: Effects on recall and judgments. *Journal of Applied Psychology, 87*, 293–303.
Mihalevsky, M., Olson, K. S., & Maher, P. T. (2007). *Behavioral competency dictionary.* La Puente, CA: Bassett Unified School District.
Milkovich, G. T., & Newman, J. M. (2005). *Compensation management* (8th ed.). Burr Ridge, IL: McGraw-Hill/Irwin.
Milkovich, G. T., & Newman, J. M. (2008). *Compensation management* (9th ed.). Burr Ridge, IL: McGraw-Hill/Irwin.
Miller, C. C., & Cardinal, L. B. (1994). Strategic planning and firm performance: A synthesis of more than two decades of research. *Academy of Management Journal, 37*, 1649–1665.
Miller, E. C. (1980). An EEO examination of employment applications. *Personnel Administrator, 25*(3), 63–69, 81.
Miner, J. B. (1978a). *The management process: Theory, research, and practice.* New York, NY: Macmillan.
Miner, J. B. (1978b). The Miner Sentence Completion Scale: A reappraisal. *Academy of Management Journal, 21*, 283–294.
Miner, J. B., & Crane, D. P. (1981). Motivation to manage and the manifestation of a managerial orientation in career planning. *Academy of Management Journal, 24*, 626–633.
Miner, J. B., & Smith, N. R. (1982). Decline and stabilization of managerial motivation over a 20-year period. *Journal of Applied Psychology, 67*, 297–305.
Miner, J. B., Smith, N. R., & Bracker, J. S. (1994). Role of entrepreneurial task motivation in the growth of technologically innovative firms: Interpretations from follow-up data. *Journal of Applied Psychology, 79*, 627–630.

Mirvis, P. H., & Seashore, S. E. (1979). Being ethical in organizational research. *American Psychologist*, *34*, 766–780.

Mitchell, T. W. (1994). *Catalog of biodata items.* San Diego, CA: MPORT.

Mitchell, T. R., Harman, W. S., Lee, T. W., & Lee, D. Y. (2009). Self-regulation and multiple deadline goals. In R. Kanfer, G. Chen, & R. D. Pritchard (Eds.), *Work motivation: Past, present, and future* (pp. 199–232). Mahwah, NJ: CRC Press, for the society for Industrial and Organizational Psychology.

Mitchell, M. L., & Jolley, J. M. (2010). *Research design explained* (7th ed.). Belmont, CA: Wadsworth.

Mitsch, R. J. (1983). Ensuring privacy and accuracy of computerized employee records. *Personnel Administrator*, *28*(9), 37–41.

Moir, L. (2007, Autumn). Measuring the business benefits of corporate responsibility. *Management Services*, *51*(3), 46–47.

Moir, L., Kennerley, M., & Ferguson, D. (2007). Measuring the business case: Linking stakeholder and shareholder value. *Corporate Governance*, *7*, 388–400.

Mook, J. (2007, January). Accommodation paradigm shifts. *HRMagazine*, pp. 115–120.

More normal nonsense. (1989, July 17). *Fortune*, p. 118.

Morgan, J. P. (1989, August 20). Employee drug tests are unreliable and intrusive. *Hospitals*, p. 42.

Morgan, R. B., & Casper, W. (2001). Examining the factor structure of participant reactions to training: A multi-dimensional approach. *Human Resource Development Quarterly*, *11*, 301–317.

Morgeson, F. P., & Campion, M. A. (1997). Social and cognitive sources of potential inaccuracy in job analysis. *Journal of Applied Psychology*, *82*, 627–655.

Morgeson, F. P., Campion, M. A., Dipboye, R. L., Hollenbeck, J. R., Murphy, K., & Schmitt, N. (2007). Are we getting fooled again? Coming to terms with limitations in the use of personality tests in personnel selection. *Personnel Psychology*, *60*, 1029–1049.

Morgeson, F. P., Delaney-Klinger, K. A., Mayfield, M. S., Ferrara, P., & Campion, M. A. (2004). Self-presentation processes in job analysis: A field experiment investigating inflation in abilities, tasks, and competencies. *Journal of Applied Psychology*, *89*, 674–686.

Morris, B. (2000, October 16). Can Michael Dell escape the box? *Fortune*, pp. 92–110.

Morris, S. B., & Lobsenz, R. (2000). Significance tests and confidence intervals for the adverse impact ratio. *Personnel Psychology*, *53*, 89–111.

Morris, M. A., & Robie, C. (2001). A meta-analysis of the effects of cross-cultural training on expatriate performance and adjustment. *International Journal of Training and Development*, 5, 112–125.

Morrow, C. C., Jarrett, M. Q., & Rupinski, M. T. (1997). An investigation of the effect and economic utility of corporate-wide training. *Personnel Psychology*, *50*, 91–119.

Moscoso, S. (2000). A review of validity evidence, adverse impact and applicant reactions. *International Journal of Selection and Assessment*, *8*, 237–247.

Mossholder, K. W., & Arvey, R. D. (1984). Synthetic validity: A conceptual and comparative review. *Journal of Applied Psychology*, *69*, 322–333.

Motowidlo, S. J., Carter, G. W., Dunnette, M. D., Tippins, N., Werner, S., Burnett, J. R., & Vaughn, M. J. (1992). Studies of the structured behavioral interview. *Journal of Applied Psychology*, *77*, 571–587.

Mount, M. K., Witt, L. A, & Barrick, M. R. (2000). Incremental validity of empirically keyed biodata scales over GMA and the five factor personality constructs. *Personnel Psychology*, *53*, 299–323.

Mowday, R. T., Porter, L. W., & Steers, R. M. (1982). *Employee-organization linkages: The psychology of commitment, absenteeism, and turnover.* San Diego, CA: Academic Press.

Moyer, D. (2009, January). Is experience enough? *Harvard Business Review*, *87*(1), p. 120.

Mueller-Hanson, R., Heggestad, E. D., & Thornton, G. C. (2003). Faking and selection: Considering the use of personality from select-in and select-out perspectives. *Journal of Applied Psychology*, *88*, 348–355.

Muir, C. (2005). Managing the initial job interview: Smile, schmooze, and get hired? *Academy of Management Executive*, *19*, 156–158.

Mullins, W. C., & Kimbrough, W. W. (1988). Group composition as a determinant of job analysis outcomes. *Journal of Applied Psychology*, *73*, 657–664.

Mullins, C., & Ratliff, F. R. (1979, March). *Application of a generalized development curve to problems in human assessment.* Paper presented at the U.S. Air Force Human Resources Laboratory Conference on Human Assessment, Brooks Air Force Base, TX.

Mumford, M. D. (1983). Social comparison theory and the evaluation of peer evaluations: A review and some applied implications. *Personnel Psychology*, *36*, 867–881.

Mumford, M. D., Connelly, M. S., Helton, W. B., Strange, J. M., & Osburn, H. K. (2001). On the construct validity of integrity tests: Individual and situational factors as predictors of test performance. *International Journal of Selection and Assessment*, *9*, 240–257.

Mumford, M. D., & Owens, W. A. (1987). Methodology review: Principles, procedures, and findings in the application of background data measures. *Applied Psychological Measurement*, *11*, 1–31.

Mumford, M. D., & Stokes, G. S. (1992). Developmental determinants of individual action: Theory and practice in applying background measures. In M. D. Dunnette, & L. M. Hough (Eds.), *Handbook of industrial and organizational psychology* (2nd ed., Vol. 3, pp. 61–138). Palo Alto, CA: Consulting Psychologists Press.

Murphy, K. R. (1986). When your top choice turns you down: Effect of rejected offers on the utility of selection tests. *Psychological Bulletin*, *99*, 133–138.

Murphy, K. R. (1987). Detecting infrequent deception. *Journal of Applied Psychology*, *72*, 611–614.

Murphy, K. R. (2000). Impact of assessments of validity generalization and situational specificity on the science and practices of personnel selection. *International Journal of Selection and Assessment*, *8*, 194–206.

Murphy, K. R. (2002). Can conflicting perspectives on the role of g in personnel selection be resolved? *Human Performance*, *15*, 173–186.

Murphy, K. R. (2003). The logic of validity generalization. In K. R. Murphy (Ed.), *Validity generalization: A critical review* (pp. 1–29). Mahwah, NJ: Lawrence Erlbaum.

Murphy, K. R. (2004). Conflicting values and interests in banding research and practice. In H. Aguinis (Ed.), *Test score banding in human resource selection: Legal, technical, and societal issues* (pp. 175–192). Westport, CT: Praeger.

Murphy, K. R., & Balzer, W. K. (1989). Rater errors and rating accuracy. *Journal of Applied Psychology*, *74*, 619–624.

Murphy, K. R., & Cleveland, J. N. (1995). *Understanding performance appraisal: Social, organizational, and goal-based perspectives.* Thousand Oaks, CA: Sage.

Murphy, K. R., & Constans, J. I. (1987). Behavioral anchors as a source of bias in ratings. *Journal of Applied Psychology*, *72*, 573–577.

Murphy, K. R., Cronin, B. E., & Tam, A. P. (2003). Controversy and consensus regarding the use of cognitive ability testing in organizations. *Journal of Applied Psychology*, *88*, 660–671.

Murphy, K. R., & DeShon, R. (2000a). Interrater correlations do not estimate the reliability of job performance ratings. *Personnel Psychology*, *53*, 873–900.

Murphy, K. R., & DeShon, R. (2000b). Progress in psychometrics: Can industrial and organizational psychology catch up? *Personnel Psychology*, *53*, 913–924.

Murphy, K. R., & Dzieweczynski, J. L. (2005). Why don't measures of broad dimensions of personality perform better as predictors of job performance? *Human Performance*, *18*, 343–357.

Murphy, K. R., Jako, R. A., & Anhalt, R. L. (1993). Nature and consequences of halo error: A critical analysis. *Journal of Applied Psychology*, *78*, 218–225.

Murphy, K. R., & Myors, B. (2003). *Statistical power analysis* (2nd ed.). Mahwah, NJ: Lawrence Erlbaum.

Murphy, K. R., & Pardaffy, V. A. (1989). Bias in behaviorally anchored rating scales: Global or scale-specific? *Journal of Applied Psychology*, *74*, 343–346.

Murphy, K. R., & Shiarella, A. H. (1997). Implications of the multidimensional nature of job performance for the validity of selection tests: Multivariate frameworks for studying test validity. *Personnel Psychology*, *50*, 823–854.

Murphy, K. R., Thornton, G. C., III, & Prue, K. (1991). Influence of job characteristics on the acceptability of employee drug testing. *Journal of Applied Psychology*, *76*, 447–453.

Nagle, B. F. (1953). Criterion development. *Personnel Psychology*, *6*, 271–288.

Nakache, P. (1997, September 29). Cisco's recruiting edge. *Fortune*, pp. 275, 276.

Nam, I., Mengersen, K., & Garthwaite, P. (2003). Multivariate meta-analysis. *Statistics in Medicine*, *22*, 2309–2333.

Napier, N. K., & Taylor, S. (2002). Experiences of women professionals abroad: Comparisons across Japan, China, and Turkey. *International Journal of Human Resource Management*, *13*, 837–851.

Naquin, C. E., & Tynan, R. O. (2003). The team halo effect: Why teams are not blamed for their failures. *Journal of Applied Psychology*, *88*, 332–340.

Nathan, B. R., & Cascio, W. F. (1986). Technical and legal standards for performance assessment. In R. A. Berk (Ed.), *Performance management* (pp. 1–50). Baltimore: Johns Hopkins University Press.

Naylor, J. C., & Shine, L. C. (1965). A table for determining the increase in mean criterion score obtained by using a selection device. *Journal of Industrial Psychology*, *3*, 33–42.

Needed: Leadership. (2003, October 20). *Business Week*, p. 92.

Nesler, M. S., Aguinis, H., Quigley, B. M., Lee, S., & Tedeschi, J. T. (1999). The development and validation of a scale measuring global social power based on French and Raven's (1959) power taxonomy. *Journal of Applied Social Psychology*, *29*, 750–771.

Neuman, G. A., & Wright, J. (1999). Team effectiveness: Beyond skills and cognitive ability. *Journal of Applied Psychology*, *84*, 376–389.

Newstrom, J. W. (1978). Catch 22: The problems of incomplete evaluation of training. *Training and Development Journal*, *32*, 22–24.

Newman, D. A., Jacobs, R. R., & Bartram, D. (2007). Choosing the best method for local validity estimation: Relative accuracy of meta-analysis versus a local Study versus Bayes-analysis. *Journal of Applied Psychology*, *92*, 1394–1413.

Nicholas, J. M. (1982). The comparative impact of organization development on hard criteria measures. *Academy of Management Review*, *7*, 531–542.

Nicholas, J. M., & Katz, M. (1985). Research methods and reporting practices in organization development: A review and some guidelines. *Academy of Management Review*, *10*, 737–749.

Nikolaou, I., & Judge, T. A. (2007). Fairness reactions to personnel selection techniques in Greece: The role of core self-evaluations. *International Journal of Selection and Assessment*, *15*, 206–219.

Nobile, R. J. (1985). Employee searches in the workplace: Developing a realistic policy. *Personnel Administrator*, *30*(5), 89–98.

Noe, R. A. (1986). Trainees' attributes and attitudes: Neglected influences on training effectiveness. *Academy of Management Review*, *11*, 736–749.

Noe, R. A. (2008). *Employee training and development* (4th ed.). Burr Ridge, IL: McGraw-Hill.

Noe, R. A., & Colquitt, J. A. (2002). Planning for training impact: Principles of training effectiveness. In K. Kraiger (Ed.), *Creating, implementing, and managing effective training and development* (pp. 53–79). San Francisco, CA: Jossey-Bass.

Noe, R. A., & Wilk, S. L. (1993). Investigation of the factors that influence employees' participation in development activities. *Journal of Applied Psychology*, *78*, 291–302.

Noonan, L. E., & Sulsky, L. M. (2001). Impact of frame-of-reference and behavioral observation training on alternative training effectiveness criteria in a Canadian military sample. *Human Performance*, *14*, 3–26.

Northrop, L. C. (1989). *The psychometric history of selected ability constructs.* Washington, DC: U.S. Office of Personnel Management.

Nunnally, J. C., & Bernstein, I. H. (1994). *Psychometric theory* (3rd ed.). New York, NY: McGraw-Hill.

Obdyke, L. K. (2002). *Searches and surveillance in today's workplace.* Alexandria, VA: Society for Human Resource Management.

O'Brien, J. M. (2009, February 2). Zappos knows how to kick it. *Fortune*, pp. 54–60.

O'Connell, M. S., Hartman, N. S., McDaniel, M. A., Grubb, W. L., & Lawrence, A. (2007). Incremental validity of situational judgment tests for task and contextual job performance. *International Journal of Selection and Assessment, 15*, 19–29.

Oddou, G., & Mendenhall, M. E. (2000). Expatriate performance appraisal: Problems and solutions. In M. E. Mendenhall, & G. Oddou (Eds.), *Readings and cases in international human resource management* (3rd ed., pp. 213–223). Cincinnati, OH: South-Western.

Office of Strategic Services (OSS) Assessment Staff. (1948). *Assessment of men.* New York, NY: Rinehart.

Officers for Justice v. Civil Service Commission of the City and County of San Francisco, 979 F. 2d 721 (9th Cir.), cert. denied, 61 U.S.L.W. 3667, 113 S. Ct. 1645 (1993, March 29).

Ogden, D., & Wood, J. (2008, March 25). Succession planning: A Board imperative. Retrieved April 28, 2008, from www.businessweek.com.

Olson-Buchanan, J. B. (2002). Computer-based advances in assessment. In F. Drasgow, & N. Schmitt (Eds.), *Measuring and analyzing behavior in organizations* (pp. 44–87). San Francisco, CA: Jossey-Bass.

Olson-Buchanan, J. B., Drasgow, F., Moberg, P. J., Mead, A. D., Keenan, P. A., & Donovan, M. A. (1998). Interactive video assessment of conflict resolution skills. *Personnel Psychology, 51*, 1–24.

Ones, D. S., Dilchert, S., Viswesvaran, C., & Judge, T. A. (2007). In support of personality assessment in organizational settings. *Personnel Psychology, 60*, 995–1027.

Ones, D. S., & Viswesvaran, C. (1998). Gender, age, and race differences on overt integrity tests: Results across four large-scale job applicant datasets. *Journal of Applied Psychology, 83*, 35–42.

Ones, D. S., & Viswesvaran, C. (2007). A research note on the incremental validity of job knowledge and integrity tests for predicting maximal performance. *Human Performance, 20*, 293–303.

Ones, D. S., Viswesvaran, C., & Schmidt, F. L. (1993). Comprehensive meta-analysis of integrity test validities: Findings and implications for personnel selection and theories of job performance. *Journal of Applied Psychology, 78*, 679–703.

Online technologies and their impact on recruitment strategies. (2008, September). Alexandria, VA: Society for Human Resource Management.

Oppler, S. H., Campbell, J. P., Pulakos, E. D., & Borman, W. C. (1992). Three approaches to the investigation of subgroup bias in performance measurement: Review, results, and conclusions. *Journal of Applied Psychology, 77*, 201–217.

O'Brien, K. E., & Allen, T. D. (2008). The relative importance of correlates of organizational citizenship behavior and counterproductive work behavior using multiple sources of data. *Human Performance, 21*, 62–88.

Ordóñez, L. D., Schweitzer, M. E., Galinsky, A. D., & Bazerman, M. H. (2009). Goals gone wild: the systematic side effects of overprescribing goal setting. *Academy of Management Perspectives, 23*(1), 4–16.

O'Reilly, B. (2000, February 7). They've got mail! *Fortune*, pp. 101–112.

O'Reilly, C. A., & Pfeffer, J. (2000). *Hidden value: How great companies achieve extraordinary results with ordinary people.* Boston, MA: Harvard Business School Press.

Orlitzky, M. (2001). Does firm size confound the relationship between corporate social performance and firm financial performance? *Journal of Business Ethics, 33*, 167–180.

Orlitzky, M., Schmidt, F. L., & Rynes, S. L. (2003). Corporate social and financial performance: A meta-analysis. *Organization Studies, 24*, 403–441.

Orr, J. M., Sackett, P. R., & Mercer, M. (1989). The role of prescribed and nonprescribed behaviors in estimating the dollar value of performance. *Journal of Applied Psychology, 74*, 34–40.

Ostroff, C. (1991). Training effectiveness measures and scoring schemes: A comparison. *Personnel Psychology, 44*, 353–374.

Osterman, P. (2009). The truth about middle managers. Boston, MA: Harvard Business School Press.

Oswald, F. L., Saad, S., & Sackett, P. R. (2000). The homogeneity assumption in differential prediction analysis: Does it really matter? *Journal of Applied Psychology, 85*, 536–541.

Oswald, F. L., Friede, A. J., Schmitt, N., Kim, B. K., & Ramsay, L. J. (2005). Extending a practical method for developing alternate test forms using independent sets of items. *Organizational Research Methods, 8*, 149–164.

Outtz, J. L. (2002). The role of cognitive ability tests in employment selection. *Human Performance, 15*, 161–171.

Overman, S. (2008, April). The CEO as recruiter. *HRMagazine*, pp. 81–84.

Overton, R. C., Harms, H. J., Taylor, L. R., & Zickar, M. J. (1997). Adapting to adaptive testing. *Personnel Psychology, 50*, 171–185.

Owens, W. A. (1976). Background data. In M. D. Dunnette (Ed.), *Handbook of industrial and organizational psychology.* Chicago, IL: Rand McNally.

Oyserman, D., Coon, H., & Kemelmeier, M. (2002). Rethinking individualism and collectivism: Evaluation of theoretical assumptions and meta-analyses. *Psychological Bulletin, 128*, 3–72.

Paauwe, J., Williams, R., & Keegan, A. (2002). *The importance of the human resource management function in organizational change* (Working Paper). Rotterdam, The Netherlands: Department of Business and Organization, Rotterdam School of Economics, Erasmus University.

Paradise, A. (2007). *State of the industry: ASTD's annual review of trends in workplace learning and performance.* Alexandria, VA: ASTD.

Parloff, R. (2007, October 15). The war over unconscious bias. *Fortune*, pp. 90–102.

Parsons v. Pioneer Hi-Bred Int'l Inc., 8th Cir., No. 05–3496 (2006, May 19).

Parsons, C. K., & Liden, R. C. (1984). Interviewer perceptions of applicant qualifications: A multivariate field study of demographic characteristics and nonverbal cues. *Journal of Applied Psychology, 69*, 557–568.

Payne, S. C, Culbertson, S., & Boswell, W. R. (2008). Newcomer psychological contracts and employee socialization activities: Does perceived balance in obligations matter? *Journal of Vocational Behavior, 73*, 465–472.

Pearce, J. A., II, & R. B. Robinson, Jr. (2009). *Strategic management: Strategy formulation, implementation, and control* (11th ed.), Chicago, IL: Irwin.

Pearlman, K. (1980). Job families: A review and discussion of their implications for personnel selection. *Psychological Bulletin, 87*, 1–28.

Pearlman, K., & Barney, M. F. (2000). Selection for a changing workplace. In J. F. Kehoe (Ed.), *Managing selection in changing organizations* (pp. 3–72). San Francisco, CA: Jossey-Bass.

Peikes, L., & Mitchell, C. M. (2006, August). 2nd Circuit: Employee working abroad has no remedy for extraterritorial discriminatory conduct. *HR News*, p. 1.

Peiperl, M., & Jonsen, K. (2007). Global careers. In H. Gunz, & M. Peiperl (Eds.), *Handbook of career studies* (pp. 350–372). Thousand Oaks, CA: Sage.

Pennsylvania State Police v. Suders. (2004). 93 Fair Employment Practices Cases (BNA) 1473.

Personnel Administrator of Mass. v. Feeney, 442 U.S. 256 (1979).

Peters, C. C., & van Voorhis, W. R. (1940). *Statistical procedures and their mathematical bases.* New York, NY: McGraw-Hill.

Peterson, N. G., Mumford, M. D., Borman, W. C., Jeanneret, P. R., & Fleishman, E. A. (Eds.). (1999). *An occupational information system for the 21st century: The development of O*Net.* Washington, DC: American Psychological Association.

Peterson, N. G., Mumford, M. D., Borman, W. C., Jeanneret, P. R., Fleishman, E. A., Levin, K. Y., Campion, M. A., Mayfield, M. S., Morgeson, F. P., Pearlman, K., Gowing, M. K., Lancaster, A. R., Silver, M. B., & Dye, D. M. (2001). Understanding work using the Occupational Information Network (O*Net): Implications for practice and research. *Personnel Psychology, 54*, 451–492.

Petty, M. M. (1974). A multivariate analysis of the effects of experience and training upon performance in a leaderless group discussion. *Personnel Psychology, 27*, 271–282.

Pfeffer, J., & Sutton, R. I. (2000). *The knowing-doing gap: How smart companies turn knowledge into action.* Boston, MA: Harvard Business School Press.

Phillips, J. M. (1998). Effects of realistic job previews on multiple organizational outcomes: A meta-analysis. *Academy of Management Journal, 41*, 673–690.

Phillips, J. M., & Gully, S. M. (1997). Role of goal orientation, ability, need for achievement, and locus of control in the self-efficacy and goal-setting process. *Journal of Applied Psychology, 82*, 792–802.

Pidd, K. (2004). The impact of workplace support and identity on training transfer: A case study of drug and alcohol safety training in Australia. *International Journal of Training and Development, 8*, 274–288.

Piekkari, R. (2006). Language effects in multinational corporations: A review from an international human resource management perspective. In G. K. Stahl, & I. Björkman (Eds.), *Handbook of research in international human resource management* (pp. 536–550). Cheltenham, UK: Edward Elgar.

Pierce, C. A., & Aguinis, H. (1997). Using virtual reality technology in organizational behavior research. *Journal of Organizational Behavior, 18*, 407–410.

Pierce, C. A., & Aguinis, H. (2001). A framework for investigating the link between workplace romance and sexual harassment. *Group and Organization Management, 26*(2), 206–229.

Pierce, C. A., & Aguinis, H. (2005). Legal standards, ethical standards, and responses to social-sexual conduct at work. *Journal of Organizational Behavior, 26*, 727–732.

Pierce, C. A., & Aguinis, H. (2009). Moving beyond a legal-centric approach to managing workplace romances: Organizationally sensible recommendations for HR leaders. *Human Resource Management, 48*, 447–464.

Pierce, C. A., Aguinis, H., & Adams, S. K. R. (2000). Effects of a dissolved workplace romance and rater characteristics on responses to a sexual harassment accusation. *Academy of Management Journal, 43*, 869–880.

Pierce, C. A., Broberg, B. J., McClure, J. R., & Aguinis, H. (2004). Responding to sexual harassment complaints: Effects of a dissolved workplace romance on decision-making standards. *Organizational Behavior & Human Decision Processes, 95*, 66–82.

Piller, C. (1993a, July). Bosses with X-ray eyes. *Macworld*, pp. 118–123.

Piller, C. (1993b, July). Privacy in peril. *Macworld*, pp. 124–130.

Pingitore, R., Dugoni, B. L., Tindale, R. S., & Spring, B. (1994). Bias against overweight job applicants in a simulated employment interview. *Journal of Applied Psychology, 79*, 909–917.

Ployhart, R. E. (2006). Staffing in the 21st century: New challenges and strategic opportunities. *Journal of Management, 32*, 868–897.

Ployhart, R. E., & Ehrhart, M. G. (2002). Modeling the practical effects of applicant reactions: Subgroup differences in test-taking motivation, test performance, and selection rates. *International Journal of Selection and Assessment, 10*, 258–270.

Ployhart, R. E., & Holz, B. C. (2008). The diversity-validity dilemma: Strategies for reducing racioethnic and sex subgroup differences and adverse impact in selection. *Personnel Psychology, 61*, 153–172.

Ployhart, R. E., Lim, B., & Chan, K. (2001). Exploring relations between typical and maximum performance ratings and the five factor model of personality. *Personnel Psychology, 54*, 809–843.

Ployhart, R. E., Weekley, J. A., Holtz, B. C., & Kemp, C. (2003). Web-based and paper-and-pencil testing of applicants in a proctored setting: Are personality, biodata, and situational judgment tests comparable? *Personnel Psychology, 56*, 733–752.

Ployhart, R. E., Schneider, B., & Schmitt, N. (2006). *Staffing organizations: Contemporary practice and theory* (3rd ed.). Mahwah, NJ: Lawrence Erlbaum.

Plumlee, L. B. (1980, February). *A short guide to the development of work sample and performance tests* (2nd ed.). Washington, DC: U.S. Office of Personnel Management, Personnel Research and Development Center.

Podsakoff, P. M., & MacKenzie, S. B. (1994). An examination of the psychometric properties and nomological validities of some revised and reduced substitutes for leadership scales. *Journal of Applied Psychology, 79*, 702–713.

Podsakoff, P. M., MacKenzie, S. B., Lee, J-Y., & Podsakoff, N. P. (2003). Common method biases in behavioral research: A critical review of the literature and recommended remedies. *Journal of Applied Psychology, 88*, 879–903.

Posthuma, R. A, Morgeson, F. P., & Campion, M. A. (2002). Beyond employment interview validity: A comprehensive narrative review of recent research and trends over time. *Personnel Psychology, 55*, 1–81.

Postovit, B. (2002, January 14). *Monsanto's integrated expatriation and repatriation policy.* Presentation to class in University of Colorado Executive MBA Program.

Potosky, D., Bobko, P., & Roth, P. L. (2005). Forming composites of cognitive ability and alternative measures to predict job performance and reduce adverse impact: Corrected estimates and realistic expectations. *International Journal of Selection and Assessment, 13*, 304–315.

Potosky, D., Bobko, P., & Roth, P. L. (2008). Some comments on Pareto thinking, test validity, and adverse impact: When "and" is optimal and "or" is a trade-off. *International Journal of Selection and Assessment, 16*, 201–205.

Powell, G. N. (1991). Applicant reactions to the initial employment interview: Exploring theoretical and methodological issues. *Personnel Psychology, 44*, 67–83.

Power & Precision: A computer program for statistical power analysis and confidence intervals. (2000). Englewood, NJ: Biostat.

Prahalad, C. K., & Hamel, G. (1994). *Competing for the future.* Boston, MA: Harvard Business School Press.

Premack, S. L., & Wanous, J. P. (1985). A meta-analysis of realistic job preview experiments. *Journal of Applied Psychology, 70*, 706–719.

Prengaman, P. (2003, August 21). Language barrier a peril on fire lines. *Denver Post*, p. 16A.

Pregnancy discrimination. (2009). Downloaded March 27, 2009, from www.eeoc.gov/types/pregnancy.html on.

Pritchard, R. D., Jones, S. D., Roth, P. L., Stuebing, K. K., & Ekeberg, S. E. (1988). Effects of group feedback, goal setting, and incentive on organizational productivity. *Journal of Applied Psychology, 73*, 337–358.

Probst, T., Brubaker, T., & Barsotti, A. (2008). Organizational injury rate underreporting: The moderating effect of organizational safety climate. *Journal of Applied Psychology, 93*, 1147–1154.

Proskauer Rose LLP. (2002, October). Supreme Court clarifies employer liability for supervisor sex harassment. Accessed August 22, 2003, at www.shrm.org.

Pulakos, E. D. (1984). A comparison of rater training programs: Error training and accuracy training. *Journal of Applied Psychology, 69*, 581–588.

Pulakos, E. D. (1986). The development of training programs to increase accuracy with different rating tasks. *Organizational Behavior and Human Decision Processes, 38*, 76–91.

Pulakos, E. D., Arad, S., Donovan, M. A., & Plamondon, K. E. (2000). Adaptability in the workplace: Development of a taxonomy of adaptive performance. *Journal of Applied Psychology, 85*, 612–624.

Pulakos, E. D., Borman, W. C., & Hough, L. M. (1988). Test validation for scientific understanding: Two demonstrations of an approach to studying predictor-criterion linkages. *Personnel Psychology, 41*, 703–716.

Pulakos, E. D., & Schmitt, N. (1995). Experience-based and situational interview questions: Studies of validity. *Personnel Psychology, 48*, 289–308.

Putka, D. J., Le, H., McCloy, R. A., & Diaz, T. (2008). Ill-structured measurement designs in organizational research: Implications for estimating interrater reliability. *Journal of Applied Psychology, 93*, 959–981.

Pyburn, K. M., Jr., Ployhart, R. E., & Kravitz, D. A. (2008). The diversity-validity dilemma: Overview and legal context. *Personnel Psychology, 61*, 143–151.

Quiñones, M. A. (1995). Pretraining context effects: Training assignment as feedback. *Journal of Applied Psychology, 80*, 226–238.

Quiñones, M. A. (1997). Contextual influences on training effectiveness. In M. A. Quiñones, & A. Ehrenstein (Eds.), *Training for a rapidly changing workplace* (pp. 177–200). Washington, DC: American Psychological Association.

Rafaeli, A., Hadomi, O., & Simons, T. (2005). Recruiting through advertising or employee referrals: Costs, yields, and the effects of geographic focus. *European Journal of Work and Organizational Psychology, 14*, 355–366.

Raju, N. S., Bilgic, R., Edwards, J. E., & Fleer, P. F. (1997). Methodology review: Estimation of population validity and cross-validity, and the use of equal weights in prediction. *Applied Psychological Measurement, 21*, 291–305.

Raju, N. S., Bilgic, R., Edwards, J. E., & Fleer, P. F. (1999). Accuracy of population validity and cross-validity estimation: An empirical comparison of formula-based, traditional empirical, and equal weight procedures. *Applied Psychological Measurement, 23*, 99–115.

Raju, N. S., & Brand, P. A. (2003). Determining the significance of correlations corrected for unreliability and range restriction. *Applied Psychological Measurement, 27*, 52–71.

Raju, N. S., Burke, M. J., & Maurer, T. J. (1995). A note on direct range restriction corrections in utility analysis. *Personnel Psychology, 48*, 143–149.

Raju, N. S., Burke, M. J., & Normand, J. (1990). A new approach for utility analysis. *Journal of Applied Psychology, 75*, 3–12.

Raju, N. S., & Drasgow, F. (2003). Maximum likelihood estimation in validity generalization. In K. R. Murphy (Ed.), *Validity generalization: A critical review* (pp. 263–285). Mahwah, NJ: Lawrence Erlbaum.

Raju, N. S., Pappas, S., & Williams, C. P. (1989). An empirical Monte Carlo test of the accuracy of the correlation, covariance, and regression slope models for assessing validity generalization. *Journal of Applied Psychology, 74*, 901–911.

Rambo, W. W., Chomiak, A. M., & Price, J. M. (1983). Consistency of performance under stable conditions of work. *Journal of Applied Psychology, 68*, 78–87.

Rasmussen, K. G., Jr. (1984). Nonverbal behavior, verbal behavior, resume credentials, and selection interview outcomes. *Journal of Applied Psychology, 69*, 551–556.

Rau, B. L., & Adams, G. A. (2005). Attracting retirees to apply: Desired organizational characteristics of bridge employment. *Journal of Organizational Behavior, 26*, 649–660.

Rauschenberger, J. M., & Schmidt, F. L. (1987). Measuring the economic impact of human resource programs. *Journal of Business and Psychology, 2*, 50–59.

Raymark, P. H., Balzer, W. K., & De La Torre, F. (1999). A preliminary investigation of the sources of information used by raters when appraising performance. *Journal of Business and Psychology, 14*, 317–337.

Raymark, P. H., Schmit, M. J., & Guion, R. M. (1997). Identifying potentially useful personality constructs for employee selection. *Personnel Psychology, 50*, 723–736.

Reber, R. A., & Wallin, J. A. (1984). The effects of training, goal setting, and knowledge of results on safe behavior: A component analysis. *Academy of Management Journal, 27*, 544–560.

Reb, J., & Cropanzano, R. (2007). Evaluating dynamic performance: The influence of salient gestalt characteristics on performance ratings. *Journal of Applied Psychology, 92*, 490–499.

Ree, M. J., & Carretta, T. R. (1998). Computerized testing in the United States Air Force. *International Journal of Selection and Assessment, 6*, 82–89.

Ree, M. J., & Carretta, T. R. (2002). *g*2K. *Human Performance, 15*, 3–23.

Ree, M. J., & Carretta, T. R. (2006). The role of measurement error in familiar statistics. *Organizational Research Methods, 9*, 99–112.

Ree, M. J., Carretta, T. R., & Earles, J. A. (1999). In validation sometimes two sexes are one too many: A tutorial. *Human Performance, 12*, 79–88.

Ree, M. J., Carretta, T. R., Earles, J. A., & Albert, W. (1994). Sign changes when correcting for range restriction: A note on Pearson's and Lawley's selection formulas. *Journal of Applied Psychology, 79*, 298–301.

Ree, M. J., & Earles, J. A. (1991). Predicting training success: Not much more than *g*. *Personnel Psychology, 44*, 321–332.

Reese, H. W., & Fremouw, W. J. (1984). Normal and normative ethics in behavioral sciences. *American Psychologist, 39*, 863–876.

Reilly, R. R., & Chao, G. T. (1982). Validity and fairness of some alternative employee selection procedures. *Personnel Psychology, 35*, 1–62.

Reilly, R. R., & Manese, W. R. (1979). The validation of a minicourse for telephone company switching technicians. *Personnel Psychology, 32*, 83–90.

Reilly, R. R., & McGourty, J. (1998). Performance appraisal in team settings. In J. W. Smither (Ed.), *Performance appraisal: State of the art in practice* (pp. 244–277). San Francisco, CA: Jossey-Bass.

Reilly, R. R., Zedeck, S., & Tenopyr, M. L. (1979). Validity and fairness of physical ability tests for predicting performance in craft jobs. *Journal of Applied Psychology, 64*, 262–274.

Reingold, J. (2009, January 22). Jim Collins: How great companies turn crisis into opportunity. Downloaded April 13, 2009, from http://money.cnn.com/2009/01/15/news/companies/Jim_Collins_Crisis.fortune/index.htm on.

Rich, L. L. (1995). Right to privacy in the workplace in the information age. *Colorado Lawyer, 24*(3), 539–540.

Richards, S. A., & Jaffee, C. L. (1972). Blacks supervising whites: A study of inter-racial difficulties in working together in a simulated organization. *Journal of Applied Psychology, 56*, 234–240.

Richman, W. L., Kiesler, S., Weisband, S., & Drasgow, F. (1999). A meta-analytic study of social desirability distortion in computer-administered questionnaires, traditional questionnaires, and interviews. *Journal of Applied Psychology, 84*, 754–775.

Ricks, J. R., Jr. (1971). *Local norms: When and why* (Test Service Bulletin No. 58). New York, NY: Psychological Corporation.

Riggio, R. (2008). *Introduction to industrial and organizational psychology* (5th ed.). Upper Saddle River, NJ: Prentice Hall.

Riordan, C. M., & Vandenberg, R. J. (1994). A central question in cross-cultural research: Do employees of different cultures interpret work-related measures in an equivalent manner? *Journal of Management, 20*, 643–671.

Ritchie, R. J., & Moses, J. L. (1983). Assessment center correlates of women's advancement into middle management: A 7-year longitudinal analysis. *Journal of Applied Psychology, 68*, 227–231.

Robbins, T., & DeNisi, A. S. (1994). A closer look at interpersonal affect as a distinct influence on cognitive processing in performance evaluations. *Journal of Applied Psychology, 79*, 341–353.

Roberson, Q. M., Collins, C. J., & Oreg, S. (2005). The effects of recruitment message specificity on applicant attraction to organizations. *Journal of Business and Psychology, 19*, 319–339.

Roberson, L., Deitch, E. A., Brief, A. P., & Block, C. J. (2003). Stereotype threat and feedback seeking in the workplace. *Journal of Vocational Behavior, 62*, 176–188.

Roberts, K., Kossek, E. E., & Ozeki, C. (1998). Managing the global workforce: Challenges and strategies. *Academy of Management Executive, 12*(4), 93–106.

Robertson, I., & Downs, S. (1979). Learning and the prediction of performance: Development of trainability testing in the United Kingdom. *Journal of Applied Psychology, 64*, 42–50.

Robertson, I. T., & Downs, S. (1989). Work-sample tests of trainability: A meta-analysis. *Journal of Applied Psychology, 74*, 402–410.

Robinson, S. L., & Bennett, R. J. (1995). A typology of deviant workplace behaviors: A multidimensional scaling study. *Academy of Management Journal, 38*, 555–572.

Roch, S. G. (2006). Discussion and consensus in rater groups: Implications for behavioral and rating accuracy. *Human Performance, 19*, 91–115.

Roch, S. G., Sternburgh, A. M., & Caputo, P. M. (2007). Absolute vs. relative performance rating formats: Implications for fairness and organizational justice. *International Journal of Selection and Assessment, 15*, 302–316.

Rodgers, R., & Hunter, J. E. (1991). Impact of management by objectives on organizational productivity. *Journal of Applied Psychology, 76*, 322–336.

Rodgers, R., Hunter, J. E., & Rogers, D. L. (1993). Influence of top management commitment on management program success. *Journal of Applied Psychology, 78*, 151–155.

Roehling, M. V., & Wright, P. M. (2006). Organizationally sensible versus legal-centric approaches to employment decisions. *Human Resource Management, 45*, 605–627.

Rogers, W. M., Schmitt, N., & Mullins, M. E. (2002). Correction for unreliability of multifactor measures: Comparison of alpha and parallel forms of approaches. *Organizational Research Methods, 5*, 184–199.

Ronan, W. W., & Prien, E. P. (1966). *Toward a criterion theory: A review and analysis of research and opinion.* Greensboro, NC: Richardson Foundation.

Ronan, W. W., & Prien, E. P. (1971). *Perspectives on the measurement of human performance.* New York, NY: Appleton-Century-Crofts.

Rosato, D. (2009, April). Networking for people who hate to network. *Money*, pp. 25, 26.

Rose, G. L., & Brief, A. P. (1979). Effects of handicap and job characteristics on selection evaluations. *Personnel Psychology, 32*, 385–392.

Rosenthal, R. (1994). Science and ethics in conducting, analyzing, and reporting psychological research. *Psychological Science, 5*, 127–134.

Rosenthal, R. (1995). Writing meta-analytic reviews. *Psychological Bulletin, 118*, 83–192.

Rosenthal, R., & Rosnow, R. L. (1991). *Essentials of behavioral research: Methods and data analysis* (2nd ed.). New York, NY: McGraw-Hill.

Rosnow, R. L. (1997). Hedgehogs, foxes, and the evolving social contract in psychological science: Ethical challenges and methodological opportunities. *Psychological Methods, 2*, 345–356.

Rosnow, R. L., & Rosenthal, R. (2008). *Beginning behavioral research: A conceptual primer* (6th ed.). Upper Saddle River, NJ: Prentice Hall.

Rosse, J. G., Stecher, M. D., Miller, J. L., & Levin, R. A. (1998). The impact of response distortion on preemployment personality testing and hiring decisions. *Journal of Applied Psychology, 83*, 634–644.

Roth, P. L., Bevier, C. A., Bobko, P., Switzer, F. S., & Tyler, P. (2001). Ethnic group differences in cognitive ability in employment and educational settings: A meta-analysis. *Personnel Psychology, 54*, 297–330.

Roth, P. L., Bevier, C. A., Switzer, F. S., & Schippmann, J. S. (1996). Meta-analyzing the relationship between grades and job performance. *Journal of Applied Psychology, 81*, 548–556.

Roth, P. L., & Bobko, P. (1997). A research agenda for multi-attribute utility analysis in human resource management. *Human Resource Management Review, 7*, 341–368.

Roth, P. L., & Bobko, P. (2000). College grade point average as a personnel selection device: Ethnic group differences and potential adverse impact. *Journal of Applied Psychology, 85*, 399–406.

Roth, P. L., Bobko, P., & McFarland, L. A. (2005). A meta-analysis of work sample test validity: Updating and integrating some classic literature. *Personnel Psychology, 58*, 1009–1037.

Roth, P., Bobko, P., McFarland, L., & Buster, M. (2008). Work sample tests in personnel selection: A meta-analysis of Black-White differences in overall and exercise scores. *Personnel Psychology, 61*, 637–661.

Roth, P. L., Van Iddekinge, C. H., Huffcutt, A. I., Eidson, C. E., & Bobko, P. (2002). Corrections for range restriction in structured interview ethnic group differences: The values may be larger than researchers thought. *Journal of Applied Psychology, 87*, 369–376.

Rothaus, P., Morton, R. B., & Hanson, P. G. (1965). Performance appraisal and psychological distance. *Journal of Applied Psychology, 49*, 48–54.

Rothstein, H. R. (2003). Progress is our most important product: Contributions of validity generalization and meta-analysis to the development and communication of knowledge in I/O psychology. In K. R. Murphy (Ed.), *Validity generalization: A critical review* (pp. 115–154). Mahwah, NJ: Lawrence Erlbaum.

Rothstein, H. R., McDaniel, M. A., & Borenstein, M. (2002). Meta-analysis: A review of quantitative cumulation methods. In F. Drasgow, & N. Schmitt (Eds.), *Measuring and analyzing behavior in organizations* (pp. 534–570). San Francisco, CA: Jossey-Bass.

Rothstein, H. R., Schmidt, F. L., Erwin, F. W., Owens, W. A., & Sparks, C. P. (1990). Biographical data in employment selection: Can validities be made generalizable? *Journal of Applied Psychology, 75*, 175–184.

Rotundo, M., & Sackett, P. R. (1999). Effect of rater race on conclusions regarding differential prediction in cognitive ability tests. *Journal of Applied Psychology, 84*, 815–822.

Rousseau, D. M. (1995). *Psychological contracts in organizations: Written and unwritten agreements.* Newbury Park, CA: Sage.

Rowe, P. M. (1960). *Individual differences in assessment decisions.* Unpublished doctoral dissertation, McGill University, Montreal.

Rowe, P. M. (1963). Individual differences in selection decisions. *Journal of Applied Psychology, 47*, 304–307.

Rucci, A. J. (2002). What the best business leaders do best. In R. Silzer (Ed.), *The 21st century executive: Innovative practices for building leadership at the top* (pp. 1–42). San Francisco, CA: Jossey-Bass.

Rupp, D. E., Ganapathi, J., Aguilera, R. V., & Williams, C. A. (2006). Employee reactions to corporate social responsibility: An organizational justice framework. *Journal of Organizational Behavior, 27*, 537–543.

Rush, C. H., Jr. (1953). A factorial study of sales criteria. *Personnel Psychology, 6*, 9–24.

Rushton, J. P., & Jensen, A. R. (2005). Thirty years of research on race differences in cognitive ability. *Psychology, Public Policy, and Law, 11*, 235–294.

Russell, C. (2001). A longitudinal study of top-level executive performance. *Journal of Applied Psychology, 86*, 560–573.

Russell, C. J., Colella, A., & Bobko, P. (1993). Expanding the context of utility: The strategic impact of personnel selection. *Personnel Psychology, 46*, 781–801.

Russell, J. S., & Goode, D. L. (1988). An analysis of managers' reactions to their own performance appraisal feedback. *Journal of Applied Psychology, 73*, 63–67.

Russell, J. S., Wexley, K. N., & Hunter, J. E. (1984). Questioning the effectiveness of behavior modeling training in an industrial setting. *Personnel Psychology, 37*, 465–481.

Ryan, A. M. (2001). Explaining the black-white test score gap: The role of test perceptions. *Human Performance, 14*, 45–75.

Ryan, A. M., & Lasek, M. (1991). Negligent hiring and defamation: Areas of liability related to preemployment inquiries. *Personnel Psychology, 44*, 293–319.

Ryans, D. G., & Fredericksen, N. (1951). Performance tests of educational achievement. In E. F. Lindquist (Ed.), *Educational measurement.* Washington, DC: American Council on Education.

Rynes, S. L. (1991). Recruitment, job choice, and post-hire consequences: A call for new research directions. In M. D. Dunnette, & L. M. Hough (Eds.), *Handbook of industrial and organizational psychology* (2nd ed., Vol. 2, pp. 399–444). Palo Alto, CA: Consulting Psychologists Press.

Rynes, S. L., Bretz, R. D., & Gerhart, B. (1991). The importance of recruitment in job choice: A different way of looking. *Personnel Psychology, 44*, 487–521.

Rynes, S. L., & Cable, D. M. (2003). Recruitment research in the twenty-first century. In W. C. Borman, D. R. Ilgen, & R. J. Klimoski (Eds.), *Handbook of psychology: Vol. 12. Industrial and organizational psychology* (pp. 55–76). Hoboken, NJ: Wiley.

Rynes, S. L., Orlitzky, M. O., & Bretz, R. D. (1997). Experienced hiring versus college recruiting: Practices and emerging trends. *Personnel Psychology, 50*, 309–339.

Saad, A. (2009, April). *Filling the data vacuum in wage-and-hour litigation: The example of misclassification cases, emphasis on class certification.* Paper presented at the annual conference of the Society for Industrial and Organizational Psychology, New Orleans, LA.

Saad, S., & Sackett, P. R. (2002). Investigating differential prediction by gender in employment-oriented personality measures. *Journal of Applied Psychology, 87*, 667–674.

Saal, F. E., Downey, R. G., & Lahey, M. A. (1980). Rating the ratings: Assessing the psychometric quality of rating data. *Psychological Bulletin, 88*, 413–428.

Saari, L. M., Johnson, T. R., McLaughlin, S. D., & Zimmerle, D. M. (1988). A survey of management training and education practices in U.S. companies. *Personnel Psychology, 41*, 731–743.

Sackett, P. R. (1987). Assessment centers and content validity: Some neglected issues. *Personnel Psychology, 40*, 13–25.

Sackett, P. R. (1991). On interpreting measures of change due to training or other interventions: A comment on Cascio (1989, 1991). *Journal of Applied Psychology, 76*, 590–591.

Sackett, P. R. (2003). The status of validity generalization research: Key issues in drawing inferences from cumulative research findings. In K. R. Murphy (Ed.), *Validity generalization: A critical review* (pp. 91–114). Mahwah, NJ: Lawrence Erlbaum.

Sackett, P. R., Borneman, M. J., & Connelly, B. S. (2008). High-stakes testing in higher education and employment. *American Psychologist, 63*, 215–227.

Sackett, P. R., & DuBois, C. L. Z. (1991). Rater-ratee race effects on performance evaluation: Challenging meta-analytic conclusions. *Journal of Applied Psychology, 76*, 873–877.

Sackett, P. R., DuBois, C. L. Z., & Noe, A. W. (1991). Tokenism in performance evaluation: The effects of work group representation on male-female and white-black differences in performance ratings. *Journal of Applied Psychology, 76*, 263–267.

Sackett, P. R., & Hakel, M. D. (1979). Temporal stability and individual differences in using assessment information to form overall ratings. *Organizational Behavior and Human Performance, 23*, 120–137.

Sackett, P. R., & Laczo, R. M. (2003). Job and work analysis. In W. C. Borman, D. R. Ilgen, & R. J. Klimoski (Eds.), *Handbook of psychology: Vol. 12. Industrial and organizational psychology* (pp. 21–37). Hoboken, NJ: Wiley.

Sackett, P. R., Laczo, R. M., & Arvey, R. D. (2002). The effects of range restriction on estimates of criterion interrater reliability: Implications for validation research. *Personnel Psychology, 55*, 807–825.

Sackett, P. R., & Lievens, F. (2008). Personnel selection. *Annual Review of Psychology, 59*, 419–450.

Sackett, P. R., & Mullen, E. J. (1993). Beyond formal experimental design: Towards an expanded view of the training evaluation process. *Personnel Psychology, 46*, 613–627.

Sackett, P. R., & Wilk, S. L. (1994). Within-group norming and other forms of score adjustment in preemployment testing. *American Psychologist, 49*, 929–954.

Sackett, P. R., & Yang, H. (2000). Correction for range restriction: An expanded typology. *Journal of Applied Psychology, 85*, 112–118.

Sackett, P. R., Zedeck, S., & Fogli, L. (1988). Relations between measures of typical and maximum job performance. *Journal of Applied Psychology, 73*, 482–486.

Saks, A. M. (1995). Longitudinal field investigation of the moderating and mediating effects of self-efficacy on the relationship between training and newcomer adjustment. *Journal of Applied Psychology, 80*, 211–225.

Salas, E., Burke, C. S., & Cannon-Bowers, J. B. (2002). What we know about designing and delivering team training: Tips and guidelines. In K. Kraiger (Ed.), *Creating, implementing, and managing effective training and development* (pp. 234–259). San Francisco, CA: Jossey-Bass.

Salas, E., & Cannon-Bowers, J. B. (2000). Designing training systems systematically. In E. A. Locke (Ed.), *The Blackwell handbook of principles of organizational behavior* (pp. 43–59). Malden, MA: Blackwell.

Salas, E., & Cannon-Bowers, J. B. (2001). The science of training: A decade of progress. *Annual Review of Psychology, 52*, 471–499.

Salas, E., Wilson, K. A., & Burke, C. S. (2006). Does crew resource management training work? An update, an extension, and some critical needs. *Human Factors, 48*, 392–412.

Salgado, J. F. (1997). The five-factor model of personality and job performance in the European Community. *Journal of Applied Psychology, 82*, 30–43.

Salgado, J. F., & Anderson, N. (2002). Cognitive and GMA testing in the European Community: Issues and evidence. *Human Performance, 15*, 75–96.

Salgado, J. F., Anderson, N., Moscoso, S., Berua, C., de Fruyt, F., & Rolland, J. P. (2003). A meta-analytic study of general mental ability validity for different occupations in the European Community. *Journal of Applied Psychology*, *88*, 1068–1081.

Salgado, J. F., Viswesvaran, C., & Ones, D. S. (2001). Predictors used for personnel selection: An overview of constructs, methods, and techniques. In N. Anderson, D. S. Ones, H. K. Sinangil, & C. Viswesvaran (Eds.), *Handbook of industrial, work, and organizational psychology: Vol. 1. Personnel psychology* (pp. 165–199). London: Sage.

Sanchez, J. I., & Fraser, S. L. (1992). On the choice of scales for task analysis. *Journal of Applied Psychology*, *77*, 545–553.

Sanchez, J. I., & Levine, E. L. (2001). The analysis of work in the 20th and 21st centuries. In N. Anderson, D. S. Ones, H. K. Sinangil, & C. Viswesvaran (Eds.), *Handbook of industrial, work, and organizational psychology: Vol. 1. Personnel psych* (pp. 70–90). London: Sage.

Sands, W. A. (1973). A method for evaluating alternative recruiting-selection strategies: The CAPER model. *Journal of Applied Psychology*, *57*, 222–227.

Sawyer, J. (1966). Measurement and prediction, clinical and statistical. *Psychological Bulletin*, *66*, 178–200.

Saxe, L., Dougherty, D., & Cross, T. (1985). The validity of polygraph testing. *American Psychologist*, *40*, 355–366.

Schein E. H. (1980). *Organizational psychology* (3rd. ed.). Englewood Cliffs, NJ: Prentice Hall.

Scherbaum, C. A. (2005). Synthetic validity: Past, present, and future. *Personnel Psychology*, *58*, 481–515.

Schippmann, J. S., Ash, R. A., Battista, M., Carr, L., Eyde, L. D., Hesketh, B., Kehoe, J., Pearlman, K., Prien, E. P., & Sanchez, J. I. (2000). The practice of competency modeling. *Personnel Psychology*, *53*, 703–740.

Schleicher, D. J., & Day, D. V. (1998). A cognitive evaluation of frame-of-reference rater training: Content and process issues. *Organizational Behavior and Human Decision Processes*, *73*, 76–101.

Schleicher, D. J., Day, D. V., Mayes, B. T., & Riggio, R. E. (2002). A new frame for frame-of-reference training: Enhancing the construct validity of assessment centers. *Journal of Applied Psychology*, *87*, 735–746.

Schmieder, R. A., & Frame, M. C. (2007). Competency modeling. In S. G. Rogelberg (Ed.), *Encyclopedia of industrial and organizational psychology* (Vol. 1, pp. 85–87). Thousand Oaks, CA: Sage.

Schmidt, F. L. (1971). The relative efficiency of regression and simple unit predictor weights in applied differential psychology. *Educational and Psychological Measurement*, *31*, 699–714.

Schmidt, F. L. (1988). The problem of group differences in ability test scores in employment selection. *Journal of Vocational Behavior*, *33*, 272–292.

Schmidt, F. L. (1991). Why all banding procedures in personnel selection are logically flawed. *Human Performance*, *4*(4), 265–277.

Schmidt, F. L. (1993). *Personnel psychology* at the cutting edge. In N. Schmitt, & W. C. Borman (Eds.), *Personnel selection* in organizations (pp. 497–515). San Francisco, CA: Jossey-Bass.

Schmidt, F. L. (2002). The role of general cognitive ability and job performance: Why there cannot be a debate. *Human Performance*, *15*, 187–210.

Schmitt, N. (2007). The value of personnel selection: Reflections on some remarkable claims. *Academy of Management Perspectives*, *21*, 19–23.

Schmidt, F. L. (2008). Meta-analysis: A constantly evolving research integration tool. *Organizational Research Methods*, *11*, 96–113.

Schmidt, A., & Ford, J. K. (2003). Learning within a learner-control training environment: The interactive effects of goal orientation and metacognitive instruction on learning outcomes. *Personnel Psychology*, *56*, 405–430.

Schmidt, F. L., Greenthal, A. L., Hunter, J. E., Berner, J. G., & Seaton, F. W. (1977). Job sample vs. paper-and-pencil trades and technical tests: Adverse impact and examinee attitudes. *Personnel Psychology*, *30*, 187–197.

Schmidt, F. L., & Hunter, J. E. (1977). Development of a general solution to the problem of validity generalization. *Journal of Applied Psychology*, *62*, 529–540.

Schmidt, F. L., & Hunter, J. E. (1981). Employment testing: Old theories and new research. *American Psychologist*, *36*, 1128–1137.

Schmidt, F. L., & Hunter, J. E. (1983). Individual differences in productivity: An empirical test of estimates derived from studies of selection procedure utility. *Journal of Applied Psychology*, *68*, 407–414.

Schmidt, F. L., & Hunter, J. E. (1996). Measurement error in psychological research: Lessons from 26 research scenarios. *Psychological Methods*, *1*, 199–223.

Schmidt, F. L., & Hunter, J. E. (1998). The validity and utility of selection methods in personnel psychology. Practical and theoretical implications of 85 years of research findings. *Psychological Bulletin*, *124*, 262–274.

Schmidt, F. L., & Hunter, J. E. (2003a). History, development, evolution, and impact of validity generalization and meta-analysis methods, 1975–2001. In K. R. Murphy (Ed.), *Validity generalization: A critical review* (pp. 31–65). Mahwah, NJ: Lawrence Erlbaum.

Schmidt, F. L., & Hunter, J. E. (2003b). Meta-analysis. In J. A. Schinka, & W. F. Velicer (Eds.), *Handbook of psychology: Research methods in psychology* (Vol. 2, pp. 533–554). Hoboken, NJ: Wiley.

Schmidt, F. L., & Hunter, J. E. (2004). SED banding as a test of scientific values in I/O psychology. In H. Aguinis (Ed.), *Test score banding in human resource selection: Legal, technical, and societal issues* (pp. 151–174). Westport, CT: Praeger.

Schmidt, F. L., Hunter, J. E., McKenzie, R. C., & Muldrow, T. W. (1979). Impact of valid selection procedures on work-force productivity. *Journal of Applied Psychology*, *64*, 609–626.

Schmidt, F. L., Hunter, J. E., & Pearlman, K. (1982). Assessing the economic impact of personnel programs on productivity. *Personnel Psychology*, *35*, 333–347.

Schmidt, F. L., Hunter, J. E., & Urry, V. W. (1976). Statistical power in criterion-related validity studies. *Journal of Applied Psychology*, *61*, 473–485.

Schmidt, F. L., & Kaplan, L. B. (1971). Composite vs. multiple criteria: A review and resolution of the controversy. *Personnel Psychology, 24*, 419–434.

Schmidt, F. L., Le, H., & Ilies, R. (2003). Beyond alpha: An empirical examination of the effects of different sources of measurement error on reliability estimates for measures of individual-differences constructs. *Psychological Methods, 8*, 206–224.

Schmidt, F. L., Oh, I., & Le, H. (2006). Increasing the accuracy of corrections for range restriction: Implications for selection procedure validities and other research results. *Personnel Psychology, 59*, 281–305.

Schmidt, F. L., Pearlman, K., & Hunter, J. E. (1980). The validity and fairness of employment and educational tests for Hispanic Americans: A review and analysis. *Personnel Psychology, 33*, 705–724.

Schmidt, F., & Rader, M. (1999). Exploring the boundary conditions for interview validity: Meta-analytic validity findings for a new interview type. *Personnel Psychology, 52*, 445–464.

Schmitt, N. (1977). Interrater agreement in dimensionality and combination of assessment center judgments. *Journal of Applied Psychology, 62*, 171–176.

Schmitt, N., & Chan, D. (1998). *Personnel selection: A theoretical approach.* Thousand Oaks, CA: Sage.

Schmitt, N., & Cohen, S. A. (1989). Internal analyses of task ratings by job incumbents. *Journal of Applied Psychology, 73*, 96–104.

Schmitt, N., Cortina, J. M., Ingerick, M. J., & Wiechmann, D. (2003). Personnel selection and employee performance. In W. C. Borman, D. R. Ilgen, & R. J. Klimoski (Eds.), *Handbook of psychology: Vol. 12. Industrial and organizational psychology* (pp. 77–105). Hoboken, NJ: Wiley.

Schmitt, N., & Coyle, B. W. (1979). Applicant decisions in the employment interview. *Journal of Applied Psychology, 61*, 184–192.

Schmitt, N., Gilliland, S. W., Landis, R. S., & Devine, D. (1993). Computer-based testing applied to selection of secretarial applicants. *Personnel Psychology, 46*, 149–165.

Schmitt, N., Gooding, R. Z., Noe, R. A., & Kirsch, M. (1984). Meta-analysis of validity studies published between 1964 and 1982 and the investigation of study characteristics. *Personnel Psychology, 37*, 407–422.

Schmit, M. J., Kihm, J. A., & Robie, C. (2000). Development of a global measure of personality. *Personnel Psychology, 53*, 153–193.

Schmitt, N., & Kunce, C. (2002). The effects of required elaboration of answers to biodata questions. *Personnel Psychology, 55*, 569–587.

Schmitt, N., Mellon, P. M., & Bylenga, C. (1978). Sex differences in validity for academic and employment criteria, and different types of predictors. *Journal of Applied Psychology, 63*, 145–150.

Schmitt, N., & Oswald, F. L. (2004). Statistical weights of ability and diversity in selection decisions based on various methods of test score use. In H. Aguinis (Ed.), *Test score banding in human resource selection: Legal, technical, and societal issues* (pp. 113–132). Westport, CT: Praeger.

Schmitt, N., Oswald, F. L., Kim, B. H., Gillespie, M. A., & Ramsay, L. J. (2003). Impact of elaboration on socially desirable responding and the validity of biodata measures. *Journal of Applied Psychology, 88*, 979–988.

Schmitt, N., Pulakos, E. D., Nason, E., & Whitney, D. J. (1996). Likability and similarity as potential sources of predictor-related criterion bias in validation research. *Organizational Behavior and Human Decision Processes, 68*, 272–286.

Schmitt, N., Rogers, W., Chan, D., Sheppard, L., & Jennings, D. (1997). Adverse impact and predictive efficiency of various predictor combinations. *Journal of Applied Psychology, 82*, 719–730.

Schmitt, N., & Stults, D. (1986). Methodology review: Analysis of multitrait-multimethod matrices. *Applied Psychological Measurement, 10*, 1–22.

Schmidt, F. L., & Zimmerman, R. D (2004). A counterintuitive hypothesis about employment interview validity and some supporting evidence. *Journal of Applied Psychology, 89*, 553–561.

Schmimmack, U., Oishi, S., & Diener, E. (2005). Individualism: A valid and important dimension of cultural differences between nations. *Personality and Social Psychology Review, 9*, 17–31.

Schneider, B. (2007). Evolution of the study and practice of personality at work. *Human Resource Management, 46*, 583–610.

Schneider, J., & Mitchel, J. O. (1980). Functions of life insurance agency managers and relationships with agency characteristics and managerial tenure. *Personnel Psychology, 33*, 795–808.

Schoenfeldt, L. F., Schoenfeldt, B. B., Acker, S. R., & Perlson, M. R. (1976). Content validity revisited: The development of a content-oriented test of industrial reading. *Journal of Applied Psychology, 61*, 581–588.

Schriesheim, C. A., Powers, K. J., Scandura, T. A., Gardiner, C. C., & Lankau, M. J. (1993). Improving construct measurement in management research: Comments and a quantitative approach for assessing the theoretical adequacy of paper-and-pencil survey-type instruments. *Journal of Management, 19*, 385–417.

Schuler, R. S., & Jackson, S. E. (1989). Determinants of human resource management priorities and implications for industrial relations. *Journal of Management, 15*, 89–99.

Schwab, D. P., & Heneman, H. G., III. (1978). Age stereotyping in performance appraisal. *Journal of Applied Psychology, 63*, 573–578.

Schwager v. Sun Oil Co. of Pa., 591 F.2d 58 (10th Cir. 1979).

Schwartz, N. D. (2009, February 15). Job losses pose a threat to stability worldwide. *The New York Times.* Downloaded from www.NYTimes.com.

Scott, S. G., & Einstein, W. O. (2001). Strategic performance appraisal in team-based organizations: One size does not fit all. *Academy of Management Executive, 15*, 107–116.

Scullen, S. E. (1999). Using confirmatory factor analysis of correlated uniqueness to estimate method variance in multitrait-multimethod matrices. *Organizational Research Methods, 2*, 275–292.

Scullen, S. E., Mount, M. K., & Goff, M. (2000). Understanding the latent structure of job performance ratings. *Journal of Applied Psychology, 85*, 956–970.

Seeing forward: Succession planning and leadership development at 3M. (2008, August). DVD produced by the Society for Human Resource Management Foundation, Alexandria, VA.

Segal, J. A. (2002). Searching for answers: Don't search employees in a way that leaves them questioning your legal authority. *HRMagazine, 47*(3). Available at http://www.shrm.org/hrmagazine/articles/0302/0302legal.asp#jas.

Segal, J. A. (2006, April). They go and come . . . and go. *HRMagazine*, pp. 127–133.

Segrest Purkiss, S. L., Perrewé, P. L., Gillespie, T. L., Mayes, B. T., & Ferris, G. R. (2006). Implicit sources of bias in employment interview judgments and decisions. *Organizational Behavior and Human Decision Processes, 101,* 152–167.

Senge, P. (1999). *The fifth discipline: The art and practice of the learning organization.* New York, NY: Bantam.

Senge, P. M. (1990). *The fifth discipline: The art and practice of the learning organization.* Garden City, NY: Doubleday.

Sewell, C. (1981). Pre-employment investigations: The key to security in hiring. *Personnel Journal, 60*(5), 376–379.

Shadish, W. R., Cook, T. D., & Campbell, D. T. (2002). *Experimental and quasi-experimental designs for generalized causal inference.* Boston, MA: Houghton Mifflin.

Shalley, C. E., Oldham, G. R., & Porac, J. F. (1987). Effects of goal difficulty, goal-setting method, and expected external evaluation on intrinsic motivation. *Academy of Management Journal, 30,* 553–563.

Shapira, Z., & Shirom, A. (1980). New issues in the use of behaviorally anchored rating scales: Level of analysis, the effects of incident frequency, and external validation. *Journal of Applied Psychology, 65,* 517–523.

Sharf, J. C. (1988). Litigating personnel measurement policy. *Journal of Vocational Behavior, 33,* 235–271.

Shaw, K. N. (2004). Changing the goal-setting process at Microsoft. *Academy of Management Executive, 18*(4), 139–142.

Shen, W., & Cannella, A. A., Jr. (2002). Revisiting the performance consequences of CEO succession: The impacts of successor type, post-succession senior executive turnover, and departing CEO tenure. *Academy of Management Journal, 45,* 717–733.

Shore, L. M., & Tetrick, L. E. (1991). A construct validity study of the Survey of Perceived Organizational Support. *Journal of Applied Psychology, 76,* 637–643.

Shore, T. H., Shore, L. M., & Thornton, G. C., III. (1992). Construct validity of self- and peer evaluations of performance dimensions in an assessment center. *Journal of Applied Psychology, 77,* 42–54.

Shotland, A., Alliger, G. M., & Sales, T. (1998). Face validity in the context of personnel selection: A multimedia approach. *International Journal of Selection and Assessment, 6,* 124–130.

SHRM Foundation. (2007, October). *SHRM Foundation research on human capital challenges.* Alexandria, VA: Author.

Sieber, J. E. (1992). *Planning ethically responsible research: A guide for students and internal review boards.* Newbury Park, CA: Sage.

Siegel, L. (1982). Paired comparison evaluations of managerial effectiveness by peers and supervisors. *Personnel Psychology, 37,* 703–710.

Siehl, C., & Hessell, S. (1999). *Cadet Uniform Services: Cleaning up in the cleaning business* (Case No. A08-99-0017). Phoenix, AZ: Thunderbird—The American Graduate School of International Management.

Siero, S., Boon, M., Kok, G., & Siero, F. (1989). Modification of driving behavior in a large transport organization: A field experiment. *Journal of Applied Psychology, 74,* 417–423.

Silverman, S. B., & Wexley, K. N. (1984). Reaction of employees to performance appraisal interviews as a function of their participation in rating scale development. *Personnel Psychology, 37,* 703–710.

Silvester, J., & Anderson, N. (2003). Technology and discourse: A comparison of face-to-face and telephone employment interviews. *International Journal of Selection and Assessment, 11,* 206–214.

Silvester, J., Anderson, N., Haddleton, E., Cunningham-Snell, N., & Gibb, A. (2000). A cross-modal comparison of telephone and face-to-face selection interviews in graduate recruitment. *International Journal of Selection and Assessment, 8,* 16–21.

Simms, J. (2002). Business: Corporate social responsibility—You know it makes sense. *Accountancy, 130*(1311), 48–50.

Sinangil, H. K., & Ones, D. S. (2001). Expatriate management. In N. Anderson, D. S. Ones, H. K. Sinangil, & C. Viswesvaran (Eds.), *Handbook of industrial, work, and organizational psychology: Vol. 1. Personnel psychology* (pp. 425–443). London: Sage.

Singer, M. S., & Bruhns, C. (1991). Relative effect of applicant work experience and academic qualification on selection interview decisions: A study of between-sample generalizability. *Journal of Applied Psychology, 76,* 550–559.

Sisson, D. E. (1948). Forced choice, the new Army rating. *Personnel Psychology, 1,* 365–381.

Sitzmann, T., Kraiger, K., Stewart, D., & Wisher, R. (2006). The comparative effectiveness of Web-based and classroom instruction: A meta-analysis. *Personnel Psychology, 59,* 623–664.

Slaughter, J. E., Zickar, M. J., Highhouse, S., & Mohr, D. C. (2004). Personality trait inferences about organizations: Development of a measure and assessment of construct validity. *Journal of Applied Psychology, 89,* 85–103.

Smith, A. (2007, March 1). Beer distributor ordered to pay nearly $200,000 for age discrimination. Downloaded March 28, 2009, from http://moss07.shrm.org/LegalIssues/StateandLocalResources/Pages/1CMS_016033.aspx.

Smith, A. (2008, May 27). *Supreme Court permits retaliation claims under two more federal laws.* Downloaded May 29, 2008, from www.shrm.org/law/library.

Smith, P. C., & Kendall, L. M. (1963). Retranslation of expectations: An approach to the construction of unambiguous anchors for rating scales. *Journal of Applied Psychology, 47,* 149–155.

Smither, J. W., Collins, H., & Buda, R. (1989). When ratee satisfaction influences performance evaluations: A case of illusory correlation. *Journal of Applied Psychology, 74,* 599–605.

Smither, J. W., London, M., Vasilopoulos, N. L., Reilly, R. R., Millsap, R., & Salvemini, N. (1995). An examination of the effects of an upward feedback program over time. *Personnel Psychology, 48,* 1–34.

Smither, J. W., Reilly, R. R., Millsap, R. E., Pearlman, K., & Stoffey, R. W. (1993). Applicant reactions to selection procedures. *Personnel Psychology, 46*, 49–76.

Snyder, R. A., Raben, C. S., & Farr, J. L. (1980). A model for the systematic evaluation of human resource development programs. *Academy of Management Review, 5*, 431–444.

Soares, C. (2003). Corporate versus individual moral responsibility. *Journal of Business Ethics, 46*(2), 143–150.

Society for Industrial and Organization Psychology, Inc. (2003). *Principles for the validation and use of personnel selection procedures* (4th ed.). Bowling Green, OH: Author.

Society for Human Resource Management. (2007). *FMLA: An overview of the 2007 FMLA survey.* Alexandria, VA: SHRM.

Solomon, R. L. (1949). An extension of a control group design. *Psychological Bulletin, 46*, 137–150.

Solomon, J. (1989, April 4). As firms' personnel files grow, worker privacy falls. *The Wall Street Journal*, p. B1.

Solomonson, A. L., & Lance, C. E. (1997). Examination of the relationship between true halo and halo error in performance ratings. *Journal of Applied Psychology, 82*, 665–674.

Somaya, D., Williamson, I. O., & Lorinkova, N. (2008). Gone but not lost: The different performance impacts of employee mobility between cooperators versus competitors. *Academy of Management Journal, 51*(5), 936–953.

Sondergaard, M. (1994). Research note: Hofstede's consequences: A study of reviews, citations, and replications. *Organization Studies, 15*, 447–456.

Southwest Airlines named No. 7 in *Fortune* magazine's "Top 50 Most Admired Companies." (2009, March 2). Downloaded April 13, 2009, from www.reuters.com/article/pressRelease/idUS243125+02-Mar-2009+PRN20090302.

Spector, P. E. (1976). Choosing response categories for simulated rating scales. *Journal of Applied Psychology, 61*, 374–375.

Spector, P. E., Fox, S., & Penney, L. M. (2006). The dimensionality of counterproductivity: Are all counterproductive behaviors created equal? *Journal of Vocational Behavior, 68*, 446–460.

Spitzer, D. R. (2005). Learning-effectiveness measurement: A new approach for measuring and managing learning to achieve business results. *Advances in Developing Human Resources, 7*, 55–70.

Sprangers, M., & Hoogstraten, J. (1989). Pretesting effects in retrospective pretest-posttest designs. *Journal of Applied Psychology, 74*, 265–272.

Spreitzer, G. M., McCall, M. W., Jr., & Mahoney, J. D. (1997). Early identification of international executive potential. *Journal of Applied Psychology, 82*, 6–29.

Spychalski, A. C., Quiñones, M. A., Gaugler, B. B., & Pohley, K. (1997). A survey of assessment center practices in organizations in the United States. *Personnel Psychology, 50*, 71–90.

Srinivas, S., & Motowidlo, S. J. (1987). Effects of raters' stress on the dispersion and favorability of performance ratings. *Journal of Applied Psychology, 72*, 247–251.

Srivastava, A., Bartol, K. M., & Locke, E. A. (2006). Empowering leadership in management teams: Effects on knowledge-sharing, efficacy, and performance. *Academy of Management Journal, 49*, 1239–1251.

St. John, C. H., & Roth, P. L. (1999). The impact of cross-validation adjustments on estimates of effect size in business policy and strategy research. *Organizational Research Methods, 2*, 157–174.

Stahl, M. J. (1983). Achievement, power, and managerial motivation: Selecting managerial talent with the job choice exercise. *Personnel Psychology, 36*, 775–789.

Stahl, M. J., Grigsby, D. W., & Gulati, A. (1985). Comparing the Job Choice Exercise and the multiple-choice version of the Miner Sentence Completion Scale. *Journal of Applied Psychology, 70*, 228–232.

Stahl, M. J., & Harrell, A. M. (1982). Evolution and validation of a behavioral decision theory measurement approach to achievement, power, and affiliation. *Journal of Applied Psychology, 67*, 744–751.

Staines, G. L., & Pleck, J. H. (1984). Nonstandard work schedules and family life. *Journal of Applied Psychology, 69*, 515–523.

Stajkovic, A. D., & Luthans, F. (2003). Behavioral management and task performance in organizations: Conceptual background, meta-analysis, and test of alternative models. *Personnel Psychology, 56*, 155–194.

Stamoulis, D. T., & Hauenstein, N. M. (1993). Rater training and rating accuracy: Training for dimensional accuracy versus training for ratee differentiation. *Journal of Applied Psychology, 78*, 994–1003.

Stanton, J. M. (2000). Reactions to employee performance monitoring: Framework, review, and research directions. *Human Performance, 13*, 85–113.

Stanton, J. M., & Rogelberg, S. G. (2001). Using Internet/intranet Web pages to collect organizational research data. *Organizational Research Methods, 4*, 200–217.

Stanton, J. M., & Rogelberg, S. G. (2002). Beyond online surveys: Internet research opportunities for industrial-organizational psychology. In S. G. Rogelberg (Ed.), *Handbook of research methods in industrial and organizational psychology* (pp. 275–294). Malden, MA: Blackwell.

Stark, S., Chernyshenko, O. S., & Drasgow, F. (2006). Detecting differential item functioning with confirmatory factor analysis and item response theory: Toward a unified strategy. *Journal of Applied Psychology, 91*, 1292–1306.

Steel, E. (2007, October 9). Job-search sites face a nimble threat. *The Wall Street Journal*, p. B10.

Steel, P. D. G., Huffcutt, A. I., & Kammeyer-Mueller, J. (2006). From the work one knows the worker: A systematic review of the challenges, solutions, and steps to creating synthetic validity. *International Journal of Selection & Assessment, 14*, 16–36.

Steel, P. D., & Kammeyer-Mueller, J. D. (2002). Comparing meta-analytic moderator estimation techniques under realistic conditions. *Journal of Applied Psychology, 87*, 96–111.

Steel, P. D. G., & Kammeyer-Mueller, J. (2008). Bayesian variance estimation for meta-analysis. *Organizational Research Methods, 11*, 54–78.

Steele-Johnson, D., & Hyde, B. G. (1997). Advanced technologies in training: Intelligent tutoring systems and virtual reality. In M. A. Quiñones, & A. Ehrenstein (Eds.), *Training for a rapidly changing workplace* (pp. 225–248). Washington, DC: American Psychological Association.

Steele-Johnson, D., Osburn, H. G., & Pieper, K. F. (2000). A review and extension of current models of dynamic criteria. *International Journal of Selection and Assessment, 8*, 110–136.

Steers, R. M., & Porter, L. W. (Eds.). (1975). *Motivation and work behavior.* New York, NY: McGraw-Hill.

Steiner, D. S., & Gilliland, S. W. (1996). Fairness reactions to personnel selection techniques in France and the United States. *Journal of Applied Psychology, 81*, 134–141.

Sternberg, R. J. (1997). The concept of intelligence and its role in lifelong learning and success. *American Psychologist, 52*, 1030–1037.

Sternberg, R. J., & Hedlund, J. (2002). Practical intelligence, g, and work psychology. *Human Performance, 15*, 143–160.

Stevens, S. S. (1951). Mathematics, measurement, and psychophysics. In S. S. Stevens (Ed.), *Handbook of experimental psychology* (pp. 1–49). New York, NY: Wiley.

Stevens, C. K. (1997). Effects of preinterview beliefs on applicants' reactions to campus interviews. *Academy of Management Journal, 40*, 947–966.

Stevens, C. K. (1998). Antecedents of interview interactions, interviewers' ratings, and applicants' reactions. *Personnel Psychology, 51*, 55–85.

Stevens, C. K., & Kristof, A. L. (1995). Making the right impression: A field study of applicant impression management during job interviews. *Journal of Applied Psychology, 80*, 587–606.

Stewart, S. M., Bing, M. N., Davison, H. K., Woehr, D. J., & McIntyre, M. D. (2009). In the eyes of the beholder: A non-self-report measure of workplace deviance. *Journal of Applied Psychology, 94*, 207–215.

Stewart, G. L., Dustin, S. L., Barrick, M. R., & Darnold, T. C. (2008). Exploring the handshake in employment interviews. *Journal of Applied Psychology, 93*, 1139–1146.

Stewart, M. M., & Shapiro, D. L. (2000). Selection based on merit versus demography: Implications across race and gender lines. *Journal of Applied Psychology, 85*, 219–231.

Stites, J. (2005, May). Equal pay for the sexes. *HRMagazine*, pp. 64–69.

Stockford, L., & Bissel, H. W. (1949). Factors involved in establishing a merit rating scale. *Personnel, 26*, 94–116.

Stokes, G. S., & Cooper, L. A. (2001). Content/construct approaches in life history form development for selection. *International Journal of Selection and Assessment, 9*, 138–151.

Stokes, G. S., Hogan, J. B., & Snell, A. F. (1993). Comparability of incumbent and applicant samples for the development of biodata keys: The influence of social desirability. *Personnel Psychology, 46*, 739–762.

Stokes, G. S., & Searcy, C. A. (1999). Specification of scales in biodata form development: Rational vs. empirical and global vs. specific. *International Journal of Selection and Assessment, 7*, 72–85.

Stone, D. L., Gueutal, H. G., & McIntosh, B. (1984). The effects of feedback sequence and expertise of the rater on perceived feedback accuracy. *Personnel Psychology, 37*, 487–506.

Stone, E. F., & Hollenbeck, J. R. (1984). Some issues associated with the use of moderated regression. *Organizational Behavior and Human Performance, 34*, 195–213.

Stone, D. L., & Stone, E. F. (1987). Effects of missing application-blank information on personnel selection decisions: Do privacy protection strategies bias the outcome? *Journal of Applied Psychology, 72*, 452–456.

Stone-Romero, E. F., Alliger, G. M., & Aguinis, H. (1994). Type II error problems in the use of moderated multiple regression for the detection of moderating effects in dichotomous variables. *Journal of Management, 20*, 167–178.

Strategic planning. (2009). *Wikipedia.* Downloaded April 13, 2009, from http://en.wikipedia.org/wiki/Strategic_planning.

Street, M. D., Douglas, S. C., Geiger, S. W., & Martinko, M. J. (2001). The impact of cognitive expenditure on the ethical decision-making process: The cognitive elaboration model. *Organizational Behavior and Human Decision Processes, 86*, 256–277.

Streufert, S., Pogash, R., & Piasecki, M. (1988). Simulation-based assessment of managerial competence: Reliability and validity. *Personnel Psychology, 41*, 537–557.

Stuit, D. B., & Wilson, J. T. (1946). The effect of an increasingly well defined criterion on the prediction of success at naval training school (tactical radar). *Journal of Applied Psychology, 30*, 614–623.

Sullivan, J. (2008, May 19). Understanding why fast hiring is critical to recruitment success. n.d. Retrieved May 21, 2008, from www.ere.net/articles/db/4EE49B909CC040D391C6275116B111F8.asp.

Sugrue, B., & Rivera, R. J. (2005). *State of the industry: ASTD's annual review of trends in workplace learning and performance.* Alexandria, VA: American Society for Training & Development.

Sulsky, L. M., & Balzer, W. K. (1988). Meaning and measurement of performance rating accuracy: Some methodological and theoretical concerns. *Journal of Applied Psychology, 73*, 497–506.

Sulsky, L. M., & Day, D. V. (1992). Frameof-reference training and cognitive categorization: An empirical investigation of rater memory issues. *Journal of Applied Psychology, 77*, 501–510.

Sun, L., Aryee, S., & Law, K. S. (2007). High-performance human resource practices, citizenship behavior, and organizational performance: A relational perspective. *Academy of Management Journal, 50*, 558–577.

Sundstrom, E., McIntyre, M., Halfhill, T., & Richards, H. (2000). Work groups: From the Hawthorne studies to work teams of the 1990s and beyond. *Group Dynamics, 4*(1), 44–67.

Sundvik, L., & Lindeman, M. (1998). Performance rating accuracy: Convergence between supervisor assessment and sales productivity. *International Journal of Selection and Assessment, 6*, 9–15.

Switzer, K. C., Nagy, M. S., & Mullins, M. E. (2005). The influence of training reputation, managerial support, and self-efficacy on pre-training motivation and perceived training transfer. *Applied HRM Research*, 10, 21–34.

Taft, R. (1959). Multiple methods of personality assessment. *Psychological Bulletin, 56*, 333–352.

Tannenbaum, S. (2002). A strategic view of organizational training and learning. In K. Kraiger (Ed.), *Creating, implementing, and*

managing effective training and development (pp. 10–52). San Francisco, CA: Jossey-Bass.
Tannenbaum, R. J., & Wesley, S. (1993). Agreement between committee-based and field-based job analyses: A study in the context of licensure testing. *Journal of Applied Psychology, 78*, 975–980.
Task Force on Assessment Center Guidelines (1989). Guidelines and ethical considerations for assessment center operations. *Public Personnel Management, 18*, 457–470.
Taylor, M. S., & Bergmann, T. J. (1987). Organizational recruitment activities and applicants' reactions at different stages of the recruitment process. *Personnel Psychology, 40*, 261–285.
Taylor, M. S., Masterson, S. S., Renard, M. K., & Tracy, K. B. (1998). Managers' reactions to procedurally just performance management systems. *Academy of Management Journal, 41*, 568–579.
Taylor, P. J., Pajo, K., Cheung, G. W., & Stringfield, P. (2004). Dimensionality and validity of a structured telephone reference check procedure. *Personnel Psychology, 57*, 745–772.
Taylor, H. C., & Russell, J. T. (1939). The relationship of validity coefficients to the practical effectiveness of tests in selection. *Journal of Applied Psychology, 23*, 565–578.
Taylor, P. J., Russ-Eft, D. F., & Chan, D. W. L. (2005). A meta-analytic review of behavior modeling training. *Journal of Applied Psychology, 90*, 692–709.
Taylor, P. J., Russ-Eft, D. F., & Taylor, H. (2009). Transfer of management training from alternative perspectives. *Journal of Applied Psychology, 94*, 104–121.
Taylor, P. J., & Small, B. (2002). Asking applicants what they would do versus what they did do: A meta-analytic comparison of situational and past behavior employment interview questions. *Journal of Occupational and Organizational Psychology, 75*, 277–294.
Tellegen, A. (in press). *MPQ (Multidimensional Personality Questionnaire): Manual for administration, scoring, and interpretation.* Minneapolis: University of Minnesota Press.
Templer, K. J., Tay, C., & Chandrasekar, N. A. (2006). Motivational cultural intelligence, realistic job preview, realistic living-condition preview, and cross-cultural adjustment. *Group and Organization Management, 31*, 154–173.
Tenopyr, M. L. (1977). Content-construct confusion. *Personnel Psychology, 30*, 47–54.
Tenopyr, M. L. (1984, November). *So let it be with content validity.* Paper presented at the Content Validity III Conference, Bowling Green, OH.
Tenopyr, M. L. (2002). Theory versus reality: Evaluation of g in the workplace. *Human Performance, 15*, 107–122.
Tepper, B. J. (1994). Investigation of general and program-specific attitudes toward corporate drug-testing policies. *Journal of Applied Psychology, 79*, 392–401.
Terpstra, D. E, Mohamed, A. A., & Kethley, R. B. (1999). An analysis of federal court cases involving nine selection devices. *International Journal of Selection and Assessment, 7*, 26–34.
Tesluk, P. E., Farr, J. L., Mathieu, J. E., & Vance, R. J. (1995). Generalization of employee involvement training to the job setting: Individual and situational effects. *Personnel Psychology, 48*, 607–632.
Tesluk, P. E., & Jacobs, R. R. (1998). Toward an integrated model of work experience. *Personnel Psychology, 51*, 321–355.
Tesluk, P. E., & Mathieu, J. E. (1999). Overcoming roadblocks to effectiveness: Incorporating management of performance barriers into models of work group effectiveness. *Journal of Applied Psychology, 84*, 200–217.
Tett, R. P., & Burnett, D. D. (2003). A personality trait-based interactionist model of job performance. *Journal of Applied Psychology, 88*, 500–517.
Tett, R. P., & Christiansen, N. D. (2007). Personality tests at the crossroads: A response to Morgeson, Campion, Dipboye, Hollenbeck, Murphy, and Schmitt (2007). *Personnel Psychology, 60*, 967–993.
Tett, R. P., Jackson, D. N., & Rothstein, M. (1991). Personality measures as predictors of job performance: A meta-analytic review. *Personnel Psychology, 44*, 703–742.
Thaler-Carter, R. (2001, June). Diversify your recruitment advertising. *HRMagazine*, pp. 92–100.
Theaman, M. (1984). The impact of peer review on professional practice. *American Psychologist, 39*, 406–414.
Thelen, J. (2006, March–April). Workplace rights for service members: The USERRA regulations deconstructed. *Legal Report*, pp. 1–8.
The Global Economic Downturn: Why the UN Global Compact and Corporate Sustainability are Needed More than Ever. (2009). Retrieved March 2, 2009, from http://www.unglobalcompact.org/NewsAndEvents/news_archives/2008_10_17.html
The Responsible Endowment Coalition. (2009). Retrieved March 2, 2009, from http://www.endowmentethics.org/.
The world's most admired companies. (2009, March 16). *Fortune*, pp. 75–88.
Thompson, R. W. (1998, March). Study refutes perception that expatriation often fails. *HR News*, p. 2.
Thompson, C. (2008, March). Standard should not have been applied to hearing test. *HRMagazine*, p. 88.
Thorndike, E. L. (1920). A constant error in psychological ratings. *Journal of Applied Psychology, 4*, 25–29.
Thorndike, R. L. (1949). *Personnel selection: Test and measurement techniques.* New York, NY: Wiley.
Thornton, G. C., & Zorich, S. (1980). Training to improve observer accuracy. *Journal of Applied Psychology, 65*, 351–354.
Thornton, E. (2009, March 2). The hidden perils of layoffs. *BusinessWeek*, pp. 52, 53.
Thurstone, L. L. (1931). *The reliability and validity of tests.* Ann Arbor, MI: Edwards.
Tillema, H. H. (1998). Assessment of potential, from assessment centers to development centers. *International Journal of Selection and Assessment, 6*, 185–191.
Tippins, N. T., Beaty, J., Drasgow, F., Gibson, W. M., Pearlman, K., Segall, D. O., & Shepherd, W. (2006). Unproctored Internet testing in employment settings. *Personnel Psychology, 59*, 189–225.
Tonidandel, S., Quiñones, M. A., & Adams, A. A. (2002). Computer-adaptive testing: The impact of test characteristics on perceived performance and test takers' reactions. *Journal of Applied Psychology, 87*, 320–332.

Toops, H. A. (1944). The criterion. *Educational and Psychological Measurement, 4*, 271–297.

Tracey, J. B., Hinkin, T. R., Tannenbaum, S., & Mathieu, J. E. (2001). The influence of individual characteristics and the work environment on varying levels of training outcomes. *Human Resource Development Quarterly, 12*, 5–23

Tracey, J. B., Tannenbaum, S. I., & Kavanagh, M. J. (1995). Applying trained skills on the job: The importance of the work environment. *Journal of Applied Psychology, 80*, 239–252.

Trattner, M. H. (1982). Synthetic validity and its application to the Uniform Guidelines' validation requirements. *Personnel Psychology, 35*, 383–397.

Trattner, M. H., & O'Leary, B. S. (1980). Sample sizes for specified statistical power in testing for differential validity. *Journal of Applied Psychology, 65*, 127–134.

Triandis, H. (1971). *Attitude and attitude change.* New York, NY: Wiley.

Triandis, H. (1994). Cross-cultural industrial and organizational psychology. In H. Triandis, M. D. Dunnette, & L. M. Hough (Eds.), *Handbook of industrial and organizational psychology* (Vol. 4, pp. 103–172). Palo Alto, CA: CPP, Inc.

Triandis, H. C. (1998). Vertical and horizontal individualism and collectivism: Theory and research implications for international comparative management. In J. L. Cheng, & R. B. Peterson (Eds.), *Advances in international and comparative management* (pp. 7–35). Greenwich, CT: JAI Press.

Triandis, H. C. (2002). Generic individualism and collectivism. In M. Gannon, & K. Newman (Eds.), *The Blackwell handbook of cross-cultural management* (pp. 16–45). Oxford: Blackwell Business.

Triandis, H. C. (2004). The many dimensions of culture. *Academy of Management Executive, 18*(1), pp. 88–93.

Triandis, H. C., Kurowski, L. L., & Gelfand, M. J. (1994). Workplace diversity. In H. Triandis, M. D. Dunnette, & L. M. Hough (Eds.), *Handbook of industrial and organizational psychology* (Vol. 4, pp. 769–827). Palo Alto, CA: CPP, Inc.

Trotter, R., Zacur, S. R., & Greenwood, W. (1982). The pregnancy disability amendment: What the law provides, Part II. *Personnel Administrator, 27*, 55–58.

Tross, S. A., & Maurer, T. J. (2008). The effect of coaching interviewees on subsequent interview performance in structured experience-based interviews. *Journal of Occupational and Organizational Psychology, 81*, 589–605.

Truxillo, D. M. & Bauer, T. N. (1999). Applicant reactions to test scores banding in entry-level and promotional contexts. *Journal of Applied Psychology, 84*, 322–339.

Truxillo, D. M., Bauer, T. N., Campion, M. A., & Paronto, M. E. (2002). Selection fairness information and applicant reactions: A longitudinal field study. *Journal of Applied Psychology, 87*, 1020–1031.

Truxillo, D. M., Bauer, T. N., Campion, M. A., & Paronto, M. E. (2006). A field study of the role of Big Five Personality in applicant perceptions of selection fairness, self, and the hiring organization. *International Journal of Selection and Assessment, 14*, 269–277.

Truxillo, D. M., Donahue, L. M., & Sulzer, J. L. (1996). Setting cutoff scores for personnel selection tests: Issues, illustrations, and recommendations. *Human Performance, 9*, 275–295.

Tsaousis, I., & Nikolaou, I. E. (2001). The stability of the five-factor model of personality in personnel selection and assessment in Greece. *International Journal of Selection and Assessment, 9*, 290–301.

Tsui, A. S., & Ohlott, P. (1988). Multiple assessment of managerial effectiveness: Interrater agreement and consensus in effectiveness models. *Personnel Psychology, 41*, 779–803.

Tucker, D. H., & Rowe, P. M. (1977). Consulting the application form prior to the interview: An essential step in the selection process. *Journal of Applied Psychology, 62*, 283–287.

Tullar, W. D., Mullins, T. W., & Caldwell, S. A. (1979). Effects of interview length and applicant quality on interview decision time. *Journal of Applied Psychology, 64*, 669–674.

Turban, D. B., & Jones, A. P. (1988). Supervisor subordinate similarity: Types, effects, and mechanisms. *Journal of Applied Psychology, 73*, 228–234.

Turban, D. B., & Keon, T. L. (1993). Organizational attractiveness: An interactionist perspective. *Journal of Applied Psychology, 78*, 184–193.

Turnage, J. J., & Muchinsky, P. M. (1984). A comparison of the predictive validity of assessment center evaluations versus traditional measure in forecasting supervisory job performance: Interpretive implications of criterion distortion for the assessment paradigm. *Journal of Applied Psychology, 69*, 595–602.

Turner, N., Barling, J., Epitropaki, O., Butcher, V., & Milner, C. (2002). Transformational leadership and moral reasoning. *Journal of Applied Psychology, 87*, 304–311.

Turner, S. M., DeMers, S. T., Fox, H. R., & Reed, G. M. (2001). APA's guidelines for test user qualifications: An executive summary. *American Psychologist, 56*, 1099–1113.

Twitchell, S., Holton, E. F., III, & Trott, J. R., Jr. (2001). Technical training evaluation practices in the United States. *Performance Improvement Quarterly, 13*(3), 84–109.

Tyler, K. (2004, January). I say potato, you say patata. *HRMagazine*, pp. 85–87.

Tyler, K. (2008, September). 15 ways to train on the job. *HRMagazine*, pp. 105–108.

Tziner, A., & Dolan, S. (1982). Validity of an assessment center for identifying future female officers in the military. *Journal of Applied Psychology, 67*, 728–736.

Tziner, A., Murphy, K. R., & Cleveland, J. N. (2002). Does conscientiousness moderate the relationship between attitudes and beliefs regarding performance appraisal and rating behavior? *International Journal of Selection and Assessment, 10*, 218–224.

Uggerslev, K. L., & Sulsky, L. M. (2002). Presentation modality and indirect performance information: Effects on ratings, reactions, and memory. *Journal of Applied Psychology, 87*, 940–950.

Underhill, B. O., McAnally, K., & Koriath, J. J. (2008). *Executive coaching for results.* San Francisco, CA: Berrett-Kohler.

Uniform guidelines on employee selection procedures. (1978). 43 Fed. Reg. 38, 290–38, 315.

United States Commission on Civil Rights. (1977). *Statement on affirmative action.* Washington, DC: U.S. Government Printing Office.

U.S. Airways, Inc. v. Barnett, 535 U.S. 391 (2002) 228 F. 3d 1105.

U.S. Department of Labor. (1972). *Handbook for analyzing jobs.* Washington, DC: U.S. Government Printing Office.

U.S. Department of Labor. (1982). *A guide to job analysis: A "how to" publication for occupational analysts.* Washington, DC: U.S. Government Printing Office.

U.S. Department of Labor (2009). Downloaded March 27, 2009, from www.dol.gov/esa/ofccp/regs/compliance/ofcpcomp.htm.

U.S. Immigration and Customs Enforcement. (n.d.). Retrieved March 26, 2009, from www.ice.gov/pi/news/factsheets/worksite.htm.

Upton, G. J. G. (1982). A comparison of alternative tests for the 2×2 comparative trial. *Journal of the Royal Statistical Society, Series A, 145*, 86–105.

Useem, J. (1999, July 5). For sale online: You. *Fortune*, pp. 67–78.

Valbrun, M. (2003, August 7). EEOC sees rise in intra-race complaints of color bias. *The Wall Street Journal*, pp. B1, B3.

Vancouver, J. B., & Day, D. V. (2005). Industrial and organization research on self-regulation: From constructs to applications. *Applied Psychology, 54*, 155–185.

Van der Zee, K. I., Bakker, A. B., & Bakker, P. (2002). Why are structured interviews so rarely used in personnel selection? *Journal of Applied Psychology, 87*, 176–184.

Vance, R. J., Coovert, M. D., MacCallum, R. C., & Hedge, J. W. (1989). Construct models of task performance. *Journal of Applied Psychology, 74*, 447–455.

Vance, R. J., Winne, P. S., & Wright, E. S. (1983). A longitudinal examination of rater and ratee effects in performance ratings. *Personnel Psychology, 36*, 609–620.

Vandenberg, R. J. (2002). Toward a further understanding of an improvement in measurement invariance methods and procedures. *Organizational Research Methods, 5*, 139–158.

Van Hoye, G., & Lievens, F. (2007). Investigating web-based recruitment sources: Employee testimonials vs word-of-mouse. *International Journal of Selection and Assessment*, 15, 372–382.

Van Iddekinge, C. H., & Ployhart, R. E. (2008). Developments in the criterion-related validation of selection procedures: A critical review and recommendations for practice. *Personnel Psychology, 61*, 871–925.

Van Iddekinge, C. H., Raymark, P. H., & Roth, P. L. (2005). Assessing personality with a structured employment interview: Construct-related validity and susceptibility to response inflation. *Journal of Applied Psychology, 90*, 536–552.

Van Iddekinge, C. H., Raymark, P. H., Roth, P. L., & Payne, H. S. (2006). Comparing the psychometric characteristics of ratings of face-to-face and videotaped structured interviews. *International Journal of Selection and Assessment, 14*, 347–359.

Vardi, Y., & Weitz, E. (2004). *Misbehavior in organizations: Theory, research and management.* Mahwah, NJ: Lawrence Erlbaum.

Varela, O. E., & Premeaux, S. F. (2008). Do cross-cultural values affect multisource feedback dynamics? The case of high power distance and collectivism in two Latin American countries. *International Journal of Selection & Assessment, 16*, 134–142.

Verschoor, C. C. (2003). Corporate responsibility: High priority for CEOs. *Strategic Finance, 85*(4), 20, 22.

Varley, P. (Ed.). (1998). *The sweatshop quandary: Corporate responsibility on the global frontier.* Washington, DC: Investor Responsibility Research Center.

Vella, M. (2008, April 28). White-collar workers shoulder together—Like it or not. *BusinessWeek*, p. 58.

Vicino, F. C., & Bass, B. M. (1978). Lifespace variables and managerial success. *Journal of Applied Psychology, 63*, 81–88.

Vigneau, J. D. (1995). To catch a thief—and other workplace investigations. *HRMagazine, 40*(1), 90–95.

Vinchur, A. J., Schippmann, J. S., Smalley, M. D., & Rothe, H. F. (1991). Productivity consistency of foundry chippers and grinders: A 6-year field study. *Journal of Applied Psychology, 76*, 134–136.

Vinchur, A. J., Schippmann, J. S., Switzer, F. S., & Roth, P. L. (1998). A meta-analytic review of predictors of job performance for salespeople. *Journal of Applied Psychology, 83*, 586–597.

Viswesvaran, C., Deller, J., & Ones, D. S. (2007). Personality measures in personnel selection: Some new contributions. *International Journal of Selection and Assessment, 15*, 354–358.

Viswesvaran, C., & Ones, D. S. (2000). Perspectives on models of job performance. *International Journal of Selection and Assessment, 8*, 216–226.

Viswesvaran, C., Ones, D. S., & Schmidt, F. L. (1996). Comparative analysis of the reliability of job performance ratings. *Journal of Applied Psychology, 81*, 557–574.

Viswesvaran, C., Schmidt, F. L., & Ones, D. S. (2002). The moderating influence of job performance dimensions on convergence of supervisory and peer ratings of job performance: Unconfounding construct-level convergence and rating difficulty. *Journal of Applied Psychology, 87*, 345–354.

Von Drehle, D. (2003, June 24). Court mirrors public opinion. *The Washington Post.* Retrieved June 29, 2003, from www.washingtonpost.com.

Vranica, S., & Steel, E. (2006, October 23). Wanted: On-line media expertise. *The Wall Street Journal*, p. B4.

Vroom, V. H., & Yetton, P. W. (1973). *Leadership and decision making.* Pittsburgh, PA: University of Pittsburgh Press.

Wagner, S. H., & Goffin, R. D. (1997). Differences in accuracy of absolute and comparative performance appraisal methods. *Organizational Behavior and Human Decision Processes, 70*, 95–103.

Waldman, D. A., & Avolio, B. J. (1991). Race effects in performance evaluations: Controlling for ability, education, and experience. *Journal of Applied Psychology, 76*, 897–901.

Waldman, D. A., Ramirez, G., House, R., & Puranam, P. (2001). Does leadership matter? CEO leadership attributes and profitability under conditions of perceived environmental uncertainty. *Academy of Management Journal, 44*, 134–143.

Walker, J. W. (1980). *Human resource planning*. New York, NY: McGraw-Hill.

Walker, H. J., Feild, A. H., Giles, W. F., Armenakis, A. A., & Bernerth, J. (2008, August). *Employee testimonials on recruitment Web sites: Differences in important job- seeker reactions.* Paper presented at the annual meeting of the Academy of Management, Anaheim, CA.

Wallace, S. R. (1965). Criteria for what? *American Psychologist, 20*, 411–417.

Wanberg, C. R., Kanfer, R., & Banas, J. T. (2000). Predictors and outcomes of networking intensity among unemployed job seekers. *Journal of Applied Psychology, 85*, 491–503.

Wanek, J. E. (1999). Integrity and honesty testing: What do we know? How do we use it? *International Journal of Selection and Assessment, 7*, 183–195.

Wang, G. (2002). Control groups for human performance technology (HPT) evaluation and measurement. *Performance Improvement Quarterly, 15*(2), 34–48.

Wang, G. G., & Wilcox, S. (2006). Training evaluation: knowing more than is practiced. *Advances in Developing Human Resources, 8*, 528–539.

Wanous, J. P. (1977). Organizational entry: Newcomers moving from outside to inside. *Psychological Bulletin, 84*, 601–618.

Wanous, J. P., & Hudy, M. J. (2001). Single-item reliability: A replication and extension. *Organizational Research Methods, 4*, 361–375.

Wanous, J. P., Sullivan, S. E., & Malinak, J. (1989). The role of judgment calls in meta-analysis. *Journal of Applied Psychology, 74*, 259–264.

Wards Cove Packing v. Atonio, 490 U.S. 642 (1989).

Warr, P., & Bunce, D. (1995). Trainee characteristics and the outcomes of open learning. *Personnel Psychology, 48*, 347–376.

Washington v. Davis, 426 U.S. 229 (1976).

Watson v. Fort Worth Bank & Trust, 108 S. Ct. 299 (1988).

Wayne, S. J., & Liden, R. C. (1995). Effects of impression management on performance ratings: A longitudinal study. *Academy of Management Journal, 38*, 232–260.

Webb, E. J., Campbell, D. T., Schwartz, R. D., & Sechrest, L. (2000). *Unobtrusive measures* (rev. ed.). Thousand Oaks, CA: Sage.

Webster, E. C. (1964). *Decision making in the employment interview.* Montreal: Eagle.

Webster, E. C. (1982). *The employment interview: A social judgment process.* Ontario, Canada: S.I.P.

Weekley, J. A., Frank, B., O'Connor, E. J., & Peters, L. H. (1985). A comparison of three methods of estimating the standard deviation of performance in dollars. *Journal of Applied Psychology, 70*, 122–126.

Weekley, J. A., & Gier, J. A. (1989). Ceilings in the reliability and validity of performance ratings: The case of expert raters. *Academy of Management Journal, 32*, 213–222.

Weekley, J. A., & Jones, C. (1997). Video-based situational testing. *Personnel Psychology, 50*, 25–49.

Weekley, J. A., & Jones, C. (1999). Further studies of situational tests. *Personnel Psychology, 52*, 679–700.

Weinzimmer, L. G., Mone, M. A., & Alwan, L. C. (1994). An examination of perceptions and usage of regression diagnostics in organization studies. *Journal of Management, 20*, 179–192.

Weiss, D. J., & Dawis, R. V. (1960). An objective validation of factual interview data. *Journal of Applied Psychology, 40*, 381–385.

Weiss, D. J., England, G. W., & Lofquist, L. H. (1961). *Validity of work histories obtained by interview* (Minnesota Studies in Vocational Rehabilitation No. 12). Minneapolis: University of Minnesota.

Weiss, R. S., & Rein, M. (1970). The evaluation of broad aim programs: Experimental design, its difficulties, and an alternative. *Administrative Science Quarterly, 15*, 97–109.

Weitz, J. (1961). Criteria for criteria. *American Psychologist, 16*, 228–231.

Welch, J., & Byrne, J. A. (2001). *Jack: Straight from the gut.* New York, NY: Warner Books.

Wells, S. J. Counting on workers with disabilities. (2008, April). *HRMagazine*, pp. 44–49.

Wellins, R. S., Byham, W. C., & Wilson, J. M. (1991). *Empowered teams: Creating self-directed workgroups that improve quality, productivity, and participation.* San Francisco, CA: Jossey-Bass.

Welsh, E. T., Wanberg, C. R., Brown, K. G., & Simmering, M. J. (2003). E-learning: emerging uses, empirical results and future directions. *International Journal of Training and Development, 7*, 245–258.

Werner, J. M. (1994). Dimensions that make a difference: Examining the impact of in-role and extrarole behaviors on supervisory ratings. *Journal of Applied Psychology, 79*, 98–107.

Werner, J. M., & Bolino, M. C. (1997). Explaining U.S. courts of appeals decisions involving performance appraisal: Accuracy, fairness, and validation. *Personnel Psychology, 50*, 1–24.

Wernimont, P. F., & Campbell, J. P. (1968). Signs, samples, and criteria. *Journal of Applied Psychology, 52*, 372–376.

Wesman, A. G. (1952). *Reliability and confidence* (Test Service Bulletin No. 44). New York, NY: Psychological Corporation.

Wesman, A. G. (1966). *Double-entry expectancy tables* (Test Service Bulletin No. 56). New York, NY: Psychological Corporation.

Wessel, D. (1989, September 7). Evidence is skimpy that drug testing works, but employers embrace practice. *The Wall Street Journal*, pp. B1, B8.

Westen, D., & Weinberger, J. (2004). When clinical description becomes statistical prediction. *American Psychologist, 59*, 597–613.

Westphal, J. D., & Clement, M. B. (2008). Sociopolitical dynamics in relations between top managers and security analysts: Favor rendering, reciprocity, and analyst stock recommendations. *Academy of Management Journal, 51*, 873–897.

Wexley, K. N., Alexander, R. A., Greenawalt, J. P., & Couch, M. A. (1980). Attitudinal congruence and similarity as related to interpersonal evaluations in manager-subordinate dyads. *Academy of Management Journal, 23*, 320–330.

Wexley, K. N., & Baldwin, T. T. (1986). Management development. *Journal of Management, 12*, 277–294.

Wexley, K. N., & Latham, G. P. (2002). *Developing and training human resources in organizations* (3rd ed.). Upper Saddle River, NJ: Prentice Hall.

Wexley, K. N., Sanders, R. E., & Yukl, G. A. (1973). Training interviewers to eliminate contrast effects in employment interviews. *Journal of Applied Psychology, 57*, 233–236.

Whetzel, D. L., McDaniel, M. A., & Nguyen, N. T. (2008). Subgroup differences in situational judgment test performance: A meta-analysis. *Human Performance, 21*, 291–309.

White, R. W. (1959). Motivation reconsidered: The concept of competence. *Psychological Bulletin, 66*, 297–333.

White, E. (2005, February 1). The jungle: Focus on recruitment, pay, and getting ahead. *The Wall Street Journal*, p. B6.

Whitney, D. J., & Schmitt, N. (1997). Relationship between culture and responses to biodata employment items. *Journal of Applied Psychology, 82*, 113–129.

Whitten, J. L., & Bentley, L. D. (2006). *Introduction to systems analysis and design.* Burr Ridge, IL: McGraw-Hill/Irwin.

Whyte, G., & Latham, G. (1997). The futility of utility analysis revisited: When even an expert fails. *Personnel Psychology, 50*, 601–610.

Wiersner, W., & Cronshaw, S. (1988). A meta-analytic investigation of the impact of interview format and degree of structure on the validity of the employment interview. *Journal of Occupational Psychology, 61*, 275–290.

Wiesen, J. P. (2001, April). Some possible reasons for adverse impact. In S. D. Kriska, T. Lin, & J. P. Wiesen (Eds.), *Reducing adverse impact while maintaining validity: The public sector experience.* Practitioner forum conducted at the meeting of the Society for Industrial and Organizational Psychology, San Diego, CA.

Wigdor, A. K., & Garner, W. R. (Eds.). (1982). *Ability testing: Use, consequences, and controversies.* Washington, DC: National Academy Press.

Wiggins, J. S. (1973). *Personality and prediction: Principles of personality assessment.* Reading, MA: Addison-Wesley.

Williams, C. R., Labig, C. E., Jr., & Stone, T. H. (1993). Recruitment sources and posthire outcomes for job applicants and new hires: A test of two hypotheses. *Journal of Applied Psychology, 78*, 163–172.

Williams, J. R., & Levy, P. E. (1992). The effects of perceived system knowledge on the agreement between self-ratings and supervisor ratings. *Personnel Psychology, 45*, 835–847.

Williams, L. J., & Anderson, S. E. (1994). An alternative approach to method effects using latent variable models: Applications in organizational behavior research. *Journal of Applied Psychology, 79*, 323–331.

Williams, L. J., Cote, J. A., & Buckley, M. R. (1989). Lack of method variance in self-reported affect and perceptions at work: Reality or artifact? *Journal of Applied Psychology, 74*, 462–468.

Williams, L. J., Ford, L. R., & Nguyen, N. (2002). Basic and advanced measurement models for confirmatory factor analysis. In S. G. Rogelberg (Ed.), *Handbook of research methods in industrial and organizational psychology* (pp. 366–389). Malden, MA: Blackwell.

Williamson, L. G., Campion, J. E., Malos, S. B., Roehling, M. V., & Campion, M. A. (1997). Employment interview on trial: Linking interview structure with litigation outcomes. *Journal of Applied Psychology, 82*, 900–912.

Williamson, I. O., Lepak, D. P., & King, J. (2003). The effect of company recruitment web site orientation on individuals' perceptions of organizational attractiveness. *Journal of Vocational Behavior, 63*, 242–263.

Willman, S. K. (2003, January–February). Tips for minimizing abuses of the Americans with Disabilities Act. *Legal Report*, pp. 3–8 (Available from Society for Human Resource Management, 1800 Duke Street, Alexandria, VA).

Wills, J. L. (1993). Job analysis. In U.S. Department of Education. *Skill systems in education and industry* (Vol. 1). Washington, DC: U.S. Department of Education. Retrieved January 22, 2004, from www.dol.gov.

Witkiewitz, K., & Marlatt, G. A. (2004). Relapse prevention for alcohol and drug problems: That was Zen, this is Tao. *American Psychologist, 59*, 224–235.

Witt, L. A. (1998). Enhancing organizational goal congruence: A solution to organizational politics. *Journal of Applied Psychology, 83*, 666–674.

Witt, L. A., & Spitzmuller, C. (2007). Person-situation predictors of maximum and typical performance. *Human Performance, 20*, 305–315.

Woehr, D. J., & Arthur, W. (2003). The construct-related validity of assessment center ratings: A review and meta-analysis of the role of methodological factors. *Journal of Management, 29*, 231–258.

Woehr, D. J., & Huffcutt, A. I., (1994). Rater training for performance appraisal: A quantitative review. *Journal of Occupational and Organizational Psychology, 67*, 189–205.

Wohlers, A. J., & London, M. (1989). Ratings of managerial characteristics: Evaluation, difficulty, co-worker agreement, and self-awareness. *Personnel Psychology, 42*, 235–261.

Wollowick, H. B., & McNamara, W. J. (1969). Relationship of the components of an assessment center to management success. *Journal of Applied Psychology, 53*, 348–352.

Wood, R. E., Mento, A. J., & Locke, E. A. (1987). Task complexity as a moderator of goal effects: A meta-analysis. *Journal of Applied Psychology, 72*, 416–425.

Woodward, N. H. (2007, August). Using "cost of living adjustments" to compensate expats. *Global HR News.* Retrieved August 15, 2007, from www.shrm.org.

Wright, P. M. (2008). *Human resource strategy: Adapting to the age of globalization.* Alexandria, VA: Society for Human Resource Management Foundation.

Wright, T. A., & Wright, V. P. (1999). Ethical responsibility and the organizational researcher: A committed-to-participant research perspective. *Journal of Organizational Behavior, 20*, 1107–1112.

Wygant v. Jackson Board of Education, 476 U.S. 261 (1986).

Wymer, J. F., III. (1999, May–June). Reasonable accommodation and undue hardship. *Legal Report*, pp. 6–8 (Available from Society for Human Resource Management, 1800 Duke Street, Alexandria, VA).

Yakubovich, V., & Lup, D. (2006). Stages of the recruitment process and the referrer's performance effect. *Organization Science, 17*, 710–723.

Yang, J. L. (2009, April 13). How to get a job. *Fortune*, pp. 49–56.

Yang, H., Sackett, P. R., & Nho, Y. (2004). Developing a procedure to correct for range restriction that involves both institutional selection and applicants' rejection of job offers. *Organizational Research Methods, 7*, 442–455.

Yorks, L., & Whitsett, D. A. (1985). Hawthorne, Topeka, and the issue of science versus advocacy in organizational behavior. *Academy of Management Review, 10*, 21–30.

Yuki, M., Maddux, W. W., Brewer, M. B., & Takemura, K. (2005). Cross-cultural differences in relationship-and group-based trust. *Personality & Social Psychology Bulletin, 31*, 48–62.

Yun, G. J., Donahue, L. M., Dudley, Ni. M., & McFarland, L. A. (2005). Rater personality, rating format, and social context: Implications for performance appraisal ratings. *International Journal of Selection and Assessment, 13*, 97–107.

Zalkind, S. S., & Costello, T. W. (1962). Perception: Some recent research and implications for administration. *Administrative Science Quarterly, 7*, 218–235.

Zedeck, S., & Cascio, W. F. (1982). Performance appraisal decisions as a function of rater training and purpose of the appraisal. *Journal of Applied Psychology, 67*, 752–758.

Zedeck, S., & Cascio, W. F. (1984). Psychological issues in personnel decisions. *Annual Review of Psychology, 35*, 461–518.

Zedeck, S., Cascio, W. F., Goldstein, I. L., & Outtz, J. (1996). Sliding bands: An alternative to top-down selection. In R. S. Barrett (Ed.), *Handbook of fair employment strategies* (pp. 222–234). Westport, CT: Quorum Books.

Zedeck, S., & Goldstein, I. L. (2000). The relationship between I/O psychology and public policy: A commentary. In J. F. Kehoe (Ed.), *Managing selection in changing organizations* (pp. 371–398). San Francisco, CA: Wiley.

Zedeck, S., & Kafry, D. (1977). Capturing rater policies for processing evaluation data. *Organizational Behavior and Human Performance, 18*, 269–294.

Zhao, Y., Lei, J., Lai, B. Y. C., & Tan, H. S. (2005). What makes the difference? A practical analysis of research on the effectiveness of distance education. *Teachers College Record, 107*, 1836–1884.

Zohar, D. (1980). Safety climate in industrial organizations: Theoretical and applied implications. *Journal of Applied Psychology, 65*, 96–102.

Zottoli, M. A., & Wanous, J. P. (2000). Recruitment source research: Current status and future directions. *Human Resource Management Review, 10*, 353–383.

图书在版编目（CIP）数据

心理学与人力资源管理：第 7 版＝Applied Psychology in Human Resource Management（Seventh Edition）/韦恩·卡西欧（Wayne F. Cascio）等著；孙健敏等译．—北京：中国人民大学出版社，2017.8
（人力资源管理译丛）
ISBN 978-7-300-23834-0

Ⅰ.①心… Ⅱ.①韦… ②孙… Ⅲ.①人事心理学-高等学校-教材 Ⅳ.①D035.2

中国版本图书馆 CIP 数据核字（2017）第 004864 号

人力资源管理译丛
心理学与人力资源管理（第 7 版）
韦恩·卡西欧　赫尔曼·阿吉斯　著
孙健敏　穆桂斌　黄小勇　译
孙健敏　校
Xinlixue yu Renli Ziyuan Guanli

出版发行	中国人民大学出版社		
社　　址	北京中关村大街 31 号	**邮政编码**	100080
电　　话	010－62511242（总编室）		010－62511770（质管部）
	010－82501766（邮购部）		010－62514148（门市部）
	010－62515195（发行公司）		010－62515275（盗版举报）
网　　址	http://www.crup.com.cn		
经　　销	新华书店		
印　　刷	涿州市星河印刷有限公司		
规　　格	185 mm×260 mm　16 开本	**版　　次**	2017 年 8 月第 1 版
印　　张	32.5 插页 2	**印　　次**	2021 年 12 月第 3 次印刷
字　　数	700 000	**定　　价**	69.00 元

Pearson

尊敬的老师：

为了确保您及时有效地获得培生整体教学资源，请您务必完整填写如下表格，加盖学院的公章后以电子扫描件等形式发给我们，我们将会在 2～3 个工作日内为您处理。

请填写所需教辅的信息：

采用教材			□ 中文版 □ 英文版 □ 双语版
作　者		出版社	
版　次		ISBN	
课程时间	始于　　年　月　日	学生人数	
	止于　　年　月　日	学生年级	□ 专　科 □ 本科 1/2 年级 □ 研究生 □ 本科 3/4 年级

请填写您的个人信息：

学　校			
院系/专业			
姓　名		职　称	□ 助教 □ 讲师 □ 副教授 □ 教授
通信地址/邮编			
手　机		电　话	
传　真			
official email（必填） （eg：×××@ruc. edu. cn）		email （eg：×××@163. com）	
是否愿意接受我们定期的新书讯息通知：　□ 是　□ 否			

系/院主任：______________（签字）

（系 / 院办公室章）

____年____月____日

资源介绍：

——教材、常规教辅资源（PPT、教师手册、题库等）：请访问 www. pearson. com/us/higher-education　（免费）

——MyLabs/Mastering 系列在线平台：适合老师和学生共同使用；访问需要 Access Code　（付费）

地址：北京市东城区北三环东路 36 号环球贸易中心 D 座 1208 室（100013）

Please send this form to：copub. hed@pearson. com

Website：www. pearson. com

教师教学服务说明

中国人民大学出版社管理分社以出版经典、高品质的工商管理、统计、市场营销、人力资源管理、运营管理、物流管理、旅游管理等领域的各层次教材为宗旨。

为了更好地为一线教师服务，近年来管理分社着力建设了一批数字化、立体化的网络教学资源。教师可以通过以下方式获得免费下载教学资源的权限：

在中国人民大学出版社网站 www.crup.com.cn 进行注册，注册后进入“会员中心”，在左侧点击“我的教师认证”，填写相关信息，提交后等待审核。我们将在一个工作日内为您开通相关资源的下载权限。

如您急需教学资源或需要其他帮助，请在工作时间与我们联络：

中国人民大学出版社　管理分社

联系电话：010-82501048，62515782，62515735

电子邮箱：glcbfs@crup.com.cn

通讯地址：北京市海淀区中关村大街甲59号文化大厦1501室（100872）